ABHANDLUNGEN
DER AKADEMIE DER WISSENSCHAFTEN IN GÖTTINGEN

PHILOLOGISCH-HISTORISCHE KLASSE
DRITTE FOLGE
Nr. 152

VANDENHOECK & RUPRECHT IN GÖTTINGEN

1986

Gelebte Literatur in der Literatur

Studien zu Erscheinungsformen und Geschichte
eines literarischen Motivs

Bericht über Kolloquien
der Kommission für literaturwissenschaftliche
Motiv- und Themenforschung 1983–1985

Herausgegeben von
Theodor Wolpers

VANDENHOECK & RUPRECHT IN GÖTTINGEN

1986

Gefördert mit Mitteln der Bund-Länder-Finanzierung –
Akademienprogramm

Vorgelegt von Herrn Th. Wolpers in der Sitzung vom 7. Juni 1985

Redaktion: Thomas Habel

CIP-Kurztitelaufnahme der Deutschen Bibliothek

Gelebte Literatur in der Literatur : Studien zu
Erscheinungsformen u. Geschichte e. literar. Motivs ;
Bericht über Kolloquien d. Komm. für Literaturwiss. Motiv-
u. Themenforschung 1983–1985 / hrsg. von Theodor Wolpers. –
Göttingen : Vandenhoeck und Ruprecht, 1986.
(Abhandlungen der Akademie der Wissenschaften in Göttingen,
Philologisch-Historische Klasse ; Folge 3, Nr. 152)

ISBN 3-525-82438-6

NE: Wolpers, Theodor [Hrsg.]; Akademie der Wissenschaften
<Göttingen> /
Kommission für Literaturwissenschaftliche Motiv- und
Themenforschung; Akademie der Wissenschaften <Göttingen> /
Philologisch-Historische Klasse: Abhandlungen der Akademie ...

Inhalt

Zu Begriff und Geschichte des Motivs »Gelebte Literatur in der Literatur«
Gemeinsames Vorwort der Beiträger

Entwurf und Schlußfassung

von

THEODOR WOLPERS

1. Allgemeine Kennzeichnung des Motivs und Zielsetzung des Bandes

Das in diesem Band behandelte Motiv »Gelebte Literatur in der Literatur«, das sich auch als das des literaturnachlebenden Helden oder der literaturnachlebenden Heldin bezeichnen ließe, findet sich nicht in den einschlägigen Motivlexika und Bibliographien, weder unter diesen noch unter anderen Benennungen[1]. Aber nur die hier gewählte Bezeichnung ist neu, nicht die Sache selbst. Diese begegnet in der Literatur der gesamten Neuzeit und geht – sieht man von nur episodenhaften Gestaltungen wie der von Francesca berichteten Leseszene im 5. Gesang des »Inferno« in Dantes *Divina Commedia* (ca. 1307–21) ab – im wesentlichen auf Cervantes' *Don Quijote* (1605/15) zurück, wo das Motiv seine prototypische, bis ins 20. Jahrhundert oft nachgeahmte Gestaltung fand[2].

Für die Autoren des Bandes war jedoch nicht so sehr die lange und weitverzweigte Geschichte des Motivs von Interesse als vielmehr seine herausragende poetologische Bedeutung, die sowohl auf seinem eminent literarischen Charakter wie auf seinem hohen thematischen Potential beruht. Motivtypologisch ist an ihm bemerkenswert, daß es nicht unmittelbar auf ursprüngliche Lebensvorgänge und -bezüge abhebt, sondern auf ein Kulturphänomen: die Literatur und den Umgang mit ihr. Insbesondere

---

[1] Das gilt etwa für E. Frenzel, *Motive der Weltliteratur*, Kröners Taschenausgabe, 301 (Stuttgart, 1976), und St. Thompson, *Motif-Index of Folk-Literature*, überarb. u. erw. Ausg., 6 Bde. (Bloomington, 1975), wie für F. Baldensperger/W. P. Friedrich, *Bibliography of Comparative Literature* (New York, 1960), F. A. Schmitt, *Stoff- und Motivgeschichte der deutschen Literatur. Eine Bibliographie* (Berlin, ³1976) und C. Köttelwesch, *Bibliographisches Handbuch der deutschen Literaturwissenschaft*, 3 Bde. (Frankfurt a. M., 1973). – Don Quijote als exponiertester Vertreter »gelebter Literatur« wird dagegen sowohl unter dem Aspekt der Stoffgeschichte (vgl. E. Frenzel, *Stoffe der Weltliteratur*, Kröners Taschenausgabe, 300 [Stuttgart, ⁴1976]) als auch dem des Figurenmotivs (vgl. C. Aziza/C. Olivieri/R. Sctrick, *Dictionaire des figures et des personnages* [Paris, 1981]) berücksichtigt.

[2] Zu Vorformen des Motivs s. u. Anm. 13, 16 u. S. 24.

geht es um deren verschiedenartige, für gewisse Leser problematische Wirkungsmöglichkeiten, die, an literarischen Figuren dargestellt, einer kritischen Prüfung unterzogen werden. Dabei können komplizierte seelische Prozesse im Sinne einer vertieften Charakterauffassung hervorgehoben werden. Es verwundert deshalb nicht, daß das Motiv im Zentrum des ersten und richtungsweisenden »modernen« Romans, des *Don Quijote,* als thementragendes Grundmotiv erscheint. Von der Phantasie und Menschenkenntnis eines Cervantes ausgestaltet, ermöglichte es in besonders eindringlicher Weise die Darstellung des für den Roman der Neuzeit kennzeichnenden »problematischen Individuums«, das in einen fundamentalen Gegensatz zur Umwelt – und zu sich selbst – gerät[3]. Mit Recht hat man im Hinblick auf die zunehmende Psychologisierung im neuzeitlichen Roman von der Bedeutung des »quijotischen Prinzips« gesprochen und seine den modernen Bewußtseinsroman vorbereitende Entwicklung bis zu Jane Austens *Emma* (1816) und Flauberts *Madame Bovary* (1856/57) verfolgt[4]. Außerdem wären als Nachfahren Don Quijotes große Charaktere des humoristischen englischen Romans des 18. Jahrhunderts – Fieldings Parson Adams (*Joseph Andrews* [1742]), Sternes Walter Shandy und »my Uncle Toby« (*Tristram Shandy* [1760–67]) und Goldsmiths Rev. Dr. Primrose (*Vicar of Wakefield* [1766]) – zu nennen, die allerdings keine Literatur mehr nachleben.

Das thematische Potential des Motivs ergibt sich aus der komplexen Verbindung und Gegenüberstellung von Literatur und Leben, einer Kontrasteinheit, die in hohem Maße deutungs- und wertungsbedürftig ist. Dabei kommt es der jeweiligen Literatur- und Lebensauffassung gemäß zu wechselnden Akzentuierungen und Aussagen, in denen entweder die mehr abenteuerlichen, törichten, komischen oder tragischen oder auch die heilsam belehrenden oder ironisch relativierten Aspekte betont werden können. Dies weist auf die kulturspezifische Dimension des Motivs zurück, das als Schnittpunkt wechselnder Auffassungen von Literatur, Lektüre und Lebensgestaltung zu einem Indikator für die allgemeine Geistes- und Kulturgeschichte wird, in seinen anspruchsvolleren Gestaltungen auch zu einer kritischen Selbstreflexion der Literatur.

Dabei erscheint die problematische Spannung von Literatur und Leben vor allem im literaturnachlebenden Helden selbst, dessen Verhalten von verschiedenen Oppositionen wie Sein und Schein, Wirklichkeitssinn und Imagination, Eigen- und Fremderfahrung, Echtheit und Rollenspiel oder Wahrheit und Illusion gekennzeichnet ist. Bei deren thematischer Ausdeutung geht es zum einen um das ästhetische Problem, wie weit ein Nachleben von Literatur gegen deren künstlerische Intention verstößt. Zum an-

---

[3] Vgl. dazu, an Hegel anknüpfend, G. Lukács, *Die Theorie des Romans* (Berlin, 1920 [hier zit. nach d. Neuausg.: Neuwied, 1965]), S. 67 f.

[4] H. Levin, »The Quixotic Principle: Cervantes and Other Novelists«, in *The Interpretation of Narrative,* hg. v. M. W. Bloomfield, Harvard English Studies, 1 (Cambridge, Mass., 1970), S. 45–66.

deren sind die jeweiligen psychischen Voraussetzungen und Beweggründe wie Lebensunerfahrenheit, Illusionsbedürfnis oder starke Phantasie von Interesse. Darüber hinaus wird die ethische Frage gestellt, ob und wie ein Literaturnachleben gegenüber der als real angenommenen Welt und ihrer Moral zu rechtfertigen und innerlich zu verantworten sei. Zu den genannten Oppositionen tritt also die von Ästhetik und Ethik, wie sie vertieft in Kierkegaards *Entweder-Oder* (1843) gesehen wird. Aber schon in der lange Zeit bevorzugten Variante des »schädlichen Lesens« ist diese thematische Ausrichtung angelegt. Zusammenstöße zwischen den literarisch vermittelten und den jeweils in der Umwelt herrschenden Wertvorstellungen ergeben sich seit dem *Don Quijote* immer wieder.

Dieses Problempotential des Motivs und die ihm korrespondierenden Themenbereiche ästhetischer, psychologischer und ethischer Art bedeuten noch nicht, daß sie immer genutzt werden. Ihre Darstellung und Diskussion kann banal sein, sie kann aber auch in anspruchsvoller Differenzierung erfolgen. Don Quijote, der auf abenteuersuchender Fahrt die alten Ritterromane ins Leben zu übertragen sucht, prallt mit der Alltagswelt auf eine Weise zusammen, die ihn als lächerlichen Tor, aber auch als Menschen von hoher Idealität und Würde erscheinen läßt. Diese Mehrdimensionalität geht in vielen direkten Nachahmungen, den Donquichottiaden, verloren, zumal im 18. Jahrhundert, in dem der »quijotische Charakter« in aufklärerischer Absicht meist auf das Törichte reduziert wird. Jedoch treten im 19. und 20. Jahrhundert neue charaktervertiefende Formen an die Stelle des alten Musters, obwohl dieses auch jetzt noch gelegentlich aufgegriffen wird.

Wie immer der literaturnachlebende Held konzipiert wird, sein von der Alltagsnorm abweichendes Verhalten wird fast imer zugleich zum Maßstab für die Beurteilung der vielen Normalen und Klugen, die, gemessen an ihm, einerseits überlegen, andererseits aber auch klein und banal, sogar rücksichtslos und korrupt erscheinen können. So wurde das Motiv von Anfang an zu einem wirksamen Vehikel der Gesellschaftssatire. Ebenso wurde es oft für die Zwecke der literarischen Parodie genutzt, wobei sowohl die gelesene Literatur wie törichte Arten von Lektüre verspottet werden.

Es überrascht, daß ein so vielseitiger und für die Literatur der gesamten Neuzeit charakteristischer Motivkomplex bisher vergleichsweise wenig beachtet worden ist. Zwar liegen zahlreiche Arbeiten zu *Don Quijote* und den Donquichottiaden[5] vor, aber deren Fragestellung gilt entweder dem einen großen Roman oder der von ihm ausgelösten speziellen Gattungs- und Stoffgeschichte, nicht den motivtypologischen Aspekten der »gelebten Literatur in der Literatur«. Nur einzelne Erscheinungsformen und

---

[5] Vgl. Näheres in den Einzelbeiträgen dieses Bandes zu Neugebauer, Musäus und Wieland, Lennox und Tenney.

Aspekte dieses Motivs – wie beispielsweise die »schädliche Lektüre« oder
die Lektüre überhaupt – sind bereits behandelt worden, insbesondere von
W. Pabst[6], R. R. Wuthenow[7] und L. E. Kurth[8]. Eine eigentliche Motivgeschichte fehlt. Auch der vorliegende, aus einer Folge von Symposien her-
vorgegangene Band kann sie nicht liefern. In ihm wird aber versucht,
einige inhaltliche und formale Hauptspielarten des Motivs, wie sie in der
europäischen und nordamerikanischen Literatur erscheinen, vorzustellen
und von möglichst vielen Seiten zu beleuchten, wobei der jeweilige historische Kontext berücksichtigt werden soll. Daß die Textauswahl Lücken
aufweist und daß deshalb auch in die typologischen Überlegungen dieses
Vorwortes nicht alle literarisch existierenden Facetten des Motivs eingehen konnten, wird hingenommen in der Hoffnung, daß auch das hier
Erörterte der Bedeutung des Motivs annähernd gerecht wird.

Über seine zentralen motiv- und themenwissenschaftlichen Zielsetzungen hinaus könnte dieser Band zur Prinzipien- und Methodendiskussion
in der Literaturwissenschaft beitragen. Welche Aspekte des Motivs auch
immer in den Vordergrund gestellt werden, die vom Helden »gelebte« Literatur läßt sich stets auch als Sonderfall einer in Charakterkonzeption
und Handlung aktualisierten »Intertextualität« verstehen. Dieser Terminus ist zum Verständnis der motiv- und themenwissenschaftlichen Phäno-
mene zwar nicht erforderlich, verdeutlicht aber die hier gegebene ständige
Bezugnahme auf Vorbildtexte. Handlungs-, Figuren- und Textebene des
Motivs sind von allen nur denkbaren Spielarten intertextueller Referenzen
und Interferenzen bestimmt. Für eine Klassifikation der zwischen Texten
denkbaren Beziehungen[9] wäre also neben Parodie, Paraphrase, Allusion,
Zitat usw. auch das Motiv der »gelebten Literatur in der Literatur« von Interesse. Im Sinne der von Bachtin beschriebenen »Dialogizität«[10] wird es
zum Träger einer vorgegebenen literarischen »Stimme«, die in einen fremden Zusammenhang textlicher wie kulturhistorischer Art transponiert
wird. Aus der Konfrontation beider Schichten ergibt sich eine verfremdende Wirkung, deren Qualität ebenso wechseln kann wie die auf das Verhältnis von Literatur und Leben bezogene axiologische Einstellung.

---

[6] W. Pabst, »Fürst Galeotto oder die Macht der erfundenen Werke«, *Deutsche Beiträge,* 3
(1949), S. 168–181; ders., » ›Victimes du Livre‹. Versuch über eine literarische Konstante«, in
Filología y Didáctica Hispánica. Homenaje al Profesor Hans-Karl Schneider, hg. v. J. M. Navarro
u. a., Romanistik in Geschichte und Gegenwart, 1 (Hamburg, 1975), S. 497–525.

[7] R.-R. Wuthenow, *Im Buch die Bücher oder Der Held als Leser* (Frankfurt a. M., 1980).

[8] L. E. Kurth, *Die zweite Wirklichkeit. Studien zum Roman des achtzehnten Jahrhunderts,*
University of North Carolina Studies in the Germanic Languages and Literatures, 62 (Chapel
Hill, 1969).

[9] Vgl. hierzu K. Stierle, »Werk und Intertextualität«, in *Dialog der Texte. Hamburger Kolloquium zur Intertextualität,* hg. v. W. Schmid und W. D. Stempel, Wiener slavistischer Almanach, Sonderband 11 (Wien, 1983), S. 7–26, bes. S. 18 ff.

[10] Vgl. M. Bachtin, *Die Ästhetik des Wortes,* hg. v. R. Grübel, edition suhrkamp, 967
(Frankfurt a. M., 1979), S. 42 ff.

2. Definition und Klassifikation des Motivs

Wir sprechen in diesem Band von »gelebter Literatur in der Literatur«, wenn eine literarische Figur aufgrund von Begegnung mit (schöner) Literatur – meist gestützt auf Buchlektüre, aber auch auf mündlichen Vortrag oder Theateraufführung, gegebenenfalls auf ergänzende Literaturgespräche und Interpretationen – einen Prozeß von bewußter oder unbewußter, von zeitweiliger oder zum Habitus gewordener Literaturnachahmung durchläuft.

Diese Motivformel umschreibt den gemeinten Gegenstand in einer generalisierenden Form, die, von der Einschränkung auf schöne Literatur abgesehen, weder die Art der gelesenen Literatur noch die der Wirkung oder des Nachlebens festlegt. Es handelt sich der Begriffsstruktur nach also weniger um ein konkretes Einzelmotiv als um einen motivlichen Sammel- oder Oberbegriff, der mit den ihn fundierenden Elementen »Literatur«, »Lesen« und »Leben« auf einer höheren Abstraktionsebene liegt, als sie bei der Kennzeichnung von Motiven sonst üblich ist. Innerhalb des motivlichen Sammelbegriffs kann nach einzelnen Stofftraditionen (z. B. den Donquichottiaden) und gegebenenfalls beteiligten Einzelmotiven (z. B. »Büchernarr«, »Lesen«, »Lesewut«, »Leben nach Romanen«, »schädliche Lektüre« oder »poetisierende Lebens- oder Umweltstilisierung«) unterschieden werden. Jedoch ist auf spezielle Einzelkapitel zu diesen Fragen verzichtet worden.

Aus dem obigen Hinweis auf die kulturhistorischen Aspekte des Motivs ergibt sich ein weiterer klassifikatorischer Gesichtspunkt. »Gelebte Literatur in der Literatur« ist kein »primäres« Motiv, das – wie etwa »Heimkehrer«, »Sonderling«, »Inseldasein«, »Vatersuche« oder »Tyrannenmord« – prinzipiell immer ganz verstehbar und mitvollziehbar ist und das als menschheitstypisches, allgemeines Motiv zu allen Zeiten vorkommen kann. Es gehört vielmehr zu der Gruppe derjenigen Motive, die zu ihrem vollen Verständnis ein bestimmtes Kulturwissen voraussetzen, hier – beim fiktiven Helden wie beim Autor und Leser – die Kenntnis von Literatur. Es läßt sich deshalb in Anlehnung an eine von E. Panofsky in die Kunstwissenschaft eingeführte Unterscheidung als ein »sekundäres«, nämlich in hohem Maße kulturspezifisches Motiv bezeichnen[11]. Gerade auch deshalb ist es ein eminent literarisches Motiv, das nur in der Kunstliteratur vorkommt und erst seit Einführung des Buchdrucks und der Ausbreitung der Lektüre von schöner Literatur seine volle Bedeutung hat entfalten können.

---

[11] Vgl. E. Panofsky, *Studies in Iconology: Humanistic Themes in the Art of the Renaissance* (Oxford, 1939 [hier zit. nach der Ausg.: New York, 1962]), S. 3–5; zur Unterscheidung von primären und sekundären Motiven in der Literatur vgl. auch Th. Wolpers, »Sujets, Motive und Themen bei Henry James«, in ders. (Hg.), *Motive und Themen in Erzählungen des späten 19. Jahrhunderts,* Abhandlungen der Akademie der Wissenschaften in Göttingen, Phil.-Hist. Kl. III, 127, (Göttingen, 1982), S. 112–117.

Es setzt, wo es in zentraler Position erscheint, Buchkultur und literarische
Sensibilität voraus und ist daher in der Volksliteratur nicht denkbar.

Dennoch enthält es – wie notwendigerweise jede ästhetisch relevante se-
kundäre Einheit – ein Substrat primärer Elemente, ohne das es eine spontan erfahrbare, umfassendere Wirkung nicht haben könnte. Hier handelt
es sich um (1.) den Typus des leicht enthusiasmierbaren, lebensunerfahre-
nen Schwärmers, auch des wahnhaft handelnden, von einer fixen Idee be-
sessenen Helden, (2.) seine folgenreiche Begegnung mit der Welt der Imagination, deren von der Realität abweichende Fiktionen und Ideen auf ihn
einwirken, und (3.) seinen – meist zum Scheitern verurteilten, weil auf dem
Verkennen von Literatur und Leben beruhenden – Versuch, die imaginäre
Welt mehr oder weniger auf die Realität zu übertragen. Es gibt ähnlich
strukturierte primäre Motive, z.B. die Begegnung und Identifikation des
Helden mit Idealbildern vollkommener Liebe und Ehre oder mit glückver-
heißenden Träumen und Visionen wie »Goldenes Zeitalter«, »Schlaraffen-
land«, »Hirtenidylle« (»Arkadien«), »Ewige Jugend« oder »Lebenselixier«,
die alle auch wieder zu kulturspezifischen Stilisierungen und literarischen
Konventionen Anlaß gegeben haben. Die Verwirklichung des Imaginati-
ven führt in ihnen in ähnlicher Weise wie bei den lektürebedingten Illusionen teils zum märchenhaften Ausmalen der Wunschbilder, teils zum Zer-
brechen der Träume an der Realität. Die beiden Motivglieder »Traum«
und »Wirklichkeit« stehen hier in einem ebenso problematischen Gegensatz zueinander wie »Literatur« und »Leben«. Bei aller kulturspezifischen
Ausrichtung weist das Motiv »Gelebte Literatur in der Literatur« also eine
zweigliedrig-gegenläufige Struktur primärer Art auf, der der Modus des
wahrscheinlichen, wenn auch nicht notwendigen Scheiterns und/oder der
wünschenswerten Korrektur anhaftet. Das eigentlich Gewollte wird in
dieser Konstellation voraussichtlich auf Dauer nicht gelingen. Dies bewirkt eine dem Motiv eigentümliche Grundspannung, aus der das schon
genannte hohe thematische Potential resultiert.

3. Inhaltliche Erläuterung und Abgrenzung des Motivs

Angesichts der vielgestaltigen Materialfülle, die in unterschiedlicher Ab-
stufung mit dem Motiv in Verbindung gebracht werden könnte, war es für
die Kommission unumgänglich, zunächst einige inhaltliche Akzentuierungen und Abgrenzungen gegenüber verwandten literarischen Konventionen
und Motiven vorzunehmen. Sie beziehen sich auf die drei das Motiv kon-
stituierenden Komponenten »Literatur«, »Lesen« und »Leben« und lassen
deshalb einige für die Analysepraxis nützliche Präzisierungen des Motiv-
begriffs zu.

3.1. Literatur

Der Begriff »Gelebte Literatur« wird in diesem Bande, wie schon vermerkt, ausschließlich auf schöne Literatur bezogen, vorzugsweise auf den Roman, weil vor allem dessen Personen und Handlungen, und zwar wiederum meist in Romanen, nachgeahmt werden, so daß sich das Motiv oft zu der konkreteren Bezeichnung »Gelebter Roman im Roman« abwandeln ließe. Allerdings werden aus naheliegenden Gründen nicht die realistischen, auf die Alltagswelt verweisenden Varianten des Romans als Vorbilder gewählt, sondern die idealisierenden, romantisierenden oder empfindsamen Spielarten, einschließlich ihrer populären Versionen. Seit dem *Don Quijote* führt die Reihe vom Ritter-, Schäfer-, heroisch-galanten und Schreckensroman bis zur empfindsamen und trivialen Liebesgeschichte und zum Abenteuerroman. Seit dem 18. Jahrhundert treten, der Bedeutung der romanelesenden Damen entsprechend, in zunehmendem Maße Leserinnen auf, die Romanheldinnen nacheifern.

Natürlich hätte vergleichend auch das Nachleben von nichtbelletristischer Literatur durch literarische Figuren berücksichtigt werden können. Besonders folgende Bereiche, zu denen jeweils nur einige Beispiele genannt seien, hätten sich angeboten:

Autor/Titel:	Nachgelebte Literatur:
(1) Bibel, Hagiographie und sonstige religiöse Schriften	
John Bunyan, *The Pilgrim's Progress* (1678/84)	Bibel; puritanisches Seelentagebuch
Richard Graves, *The Spiritual Quixote* (1773)	homiletische Literatur
Charles Brockden Brown, *Wieland, or, The Transformation* (1798)	radikale religiöse Schriften
George Eliot, *The Mill on the Floss* (1860)	*Imitatio Christi*
George Eliot, *Middlemarch* (1871–72)	Leben der Teresa von Avila
Gerhard Hauptmann, *Der Narr in Christo Emanuel Quint* (1910)	*Imitatio Christi*
(2) (Moral)philosophische Schriften	
Joseph Addison, *Cato* [Akt.V] (1713)	Platons *Phaidon*
Johann Carl Wezel, *Tobias Knaut* (1773–76)	philantropische Lehren der Zeit
(3) Geschichtsschreibung und Biographie	
Stendhal, *Le rouge et le noir* (1830)	Rousseaus *Confessions;* Las Cases' *Mémorial de Sainte Hélène; Recueil des bulletins de la grande armée*
F. Scott Fitzgerald, *The Great Gatsby* (1925)	Franklins *Autobiography*
(4) Wissenschaftliche Literatur	
Alexander Pope/Jonathan Swift/John Arbuthnot, *Memoirs of the Extraordinary Life, Works and Discoveries of Martinus Scriblerus* (1741)	wissenschaftliche Literatur aus unterschiedlichen Bereichen

Autor/Titel:	Nachgelebte Literatur:
(4) Wissenschaftliche Literatur (Fortsetzung)	
Johann Karl August Musäus, *Physiognomische Reisen* (1778–79)	Lavaters physiognomische Schriften
Mary Shelley, *Frankenstein, or, The Modern Prometheus* (1818)	Berichte über Entdeckungsreisen; okkulte Naturphilosophie (Agrippa von Nettesheim, Paracelsus)
Thomas Carlyle, *Sartor Resartus* (1833–34)	universelle Belesenheit (besonders philosophisch-spekulative Texte)
Gustave Flaubert, *Bouvart et Pécuchet* (1881)	wissenschaftliche Texte verschiedener Disziplinen

Die Kommission hat eine Zeitlang erwogen, ob sie diese und ähnliche Fälle in ihre Untersuchungen einbeziehen sollte, zumal sich das Nachleben von belletristischer und nichtbelletristischer Literatur bei einigen Protagonisten überschneidet, z. B. in H. Jung-Stillings *Lebensgeschichte* (1777–1817) und J. Pezzls *Ulrich von Unkenbach und seine Steckenpferde* (1800–02). Außerdem gibt es die abstrusen Formen gelehrter oder sektiererischer Donquichotterien (wie in den bereits genannten *Martinus Scriblerus* und *The Spiritual Quixote* oder dem anonym erschienenen *Wendelin von Karlsberg, oder der Don Quixott des achtzehnten Jahrhunderts* [1789]), in denen das Nachleben von nichtbelletristischer Literatur nach dem Vorbild des *Don Quijote* erfolgt, also die große formgeschichtliche Wirkung des an der schönen Literatur entwickelten Musters erweist.

Jedoch schien es wissenschaftlich lohnender, sich auf die Gruppe derjenigen literarischen Helden und Heldinnen zu konzentrieren, die schöne Literatur – einschließlich einzelner stark literarisierter Formen von Historiographie, wie in Scotts *Waverley* (1814), – nachzuleben versuchen. Denn nur hier wird die oben erörterte innere Grundspannung des Motivs voll wirksam. Sie resultiert aus der Problematik der unmittelbaren Rückanwendung einer künstlerischen Konzeption auf das Leben. Schöne Literatur ist als ästhetisch erfahrene und gestaltete Wirklichkeit eine originäre Interpretation, nicht eine einfache Wiederholung der Lebenswirklichkeit. Sie ist – von ideologisch oder politisch engagierten Texten abgesehen – darauf angelegt, in ihren schönen, gegebenenfalls belehrenden und erbaulichen Wirkungen aufgenommen, nicht aber als ein direkt anzuwendendes Modell für die praktische Lebensgestaltung aufgefaßt zu werden. Wo letzteres geschieht, liegt das in seiner Naivität, Komik oder Tragik oben schon erörterte doppelte Mißverstehen der schönen Literatur wie des Lebens vor, das unter falschen Bezügen gesehen und durch unangemessene Erwartungen, Illusionen oder Posen ersetzt wird, die einer Berichtigung bedürfen. Dagegen sind die genannten Arten nichtbelletristischer Literatur ihrer Funktion nach auf Nachvollzug angelegt, sei es als Heilslehre oder Lebensmuster, sei es als Anweisung für bestimmte Situationen und Unternehmungen, auch solche wissenschaftlich-technischer Art. Das Nachahmungs- oder Anwendungsbedürfnis entspricht hier prinzipiell der Darstellungsintention und einem in sich stimmigen und sinnvollen Leserverhalten, auch wenn es – wie schon die in den Evangelien geforderte Nachfolge Christi – von der Umwelt nicht immer verstanden wird und zu schweren Konflikten führen kann, besonders dann, wenn wie bei gewissen absolut gesetzten Wissenschaftspostulaten moralische Gesetze verletzt werden.

Interessanterweise wird in einigen Bearbeitungen des Motivs die jahrhundertealte Diskussion über die Gefahren der Dichtung und den Nutzen der übrigen Literatur – besonders der religiösen, philosophischen und pädagogischen Schriften sowie der Geschichtsschreibung und Biographie – aufgenommen. Mehrfach müssen sich die der schönen Literatur folgenden Helden mit dem schon von Platon (*Politeia,* X, Kap. 1–8) erhobenen Vorwurf des Scheincharakters und damit der Lügenhaftigkeit der Dichtung sowie mit dem ihrer verwirrenden psychologischen Wirkung auseinandersetzen. Im *Don Quijote* werden bei der Beurteilung der vom Wirt herbeigebrachten Bücher durch den Pfarrer (I, 32) und später im Gespräch zwischen dem Domherrn und Don Quijote (I, 49/50) fiktive und historiographische Literatur einander gegenübergestellt, wobei der Held im Gegensatz zu seinem Gesprächspartner für die innere Wahrheit der Ritterbücher eintritt. Sein Argument, daß diese nicht nur die Stimmung, sondern auch den Charakter des Lesers bessern (»seitdem bin ich tapfer, freigebig, gesittet, großmütig, höflich, kühn, sanft, geduldig, ertrage leicht Mühsale, Gefangenschaft, Verzauberung«[12]), läßt eine ideale Gesinnung erkennen, außerdem – wie auch sonst in der Renaissanceliteratur, besonders bei Shakespeare – eine Bejahung der positiven, menschenverwandelnden Kraft der Imagination. Diese Position wird in einigen Donquichottiaden – z. B. in Mrs. Lennox' *The Female Quixote* (1752) und noch in Tabitha Tenneys *Female Quixotism* (1801) – zugunsten der Historiographie aufgegeben. Dies entspricht dem Usus des 18. Jahrhunderts, Fiktion möglichst als »Historie«, als authentische »Geschichte« auszugeben – vgl. Titelformulierungen wie Fieldings *History of Tom Jones* (1749) oder Wielands *Geschichte des Agathon* (1766–67) – und sich entsprechender Darstellungsformen wie Brief, Tagebuch und Reisebericht zu bedienen. Im Zeitalter der Romantik jedoch kann Jane Austens auf Romanlektüre fixierte Protagonistin in *Northanger Abbey* (1803, publ. 1818) bereits an der für sie langweiligen Historiographie der Zeit den Mangel an Erfindungsgabe kritisieren und ihr die belebende Kraft der Romane der Mrs. Radcliffe gegenüberstellen.

3.2. Lesen

Eine solche tiefergehende Analyse der Literatur bleibt meist auf Literaturgespräche beschränkt, die das Nachleben von Literatur oft begleiten. Der

---

[12] Miguel de Cervantes, *Der sinnreiche Junker Don Quijote von der Mancha,* übers. v. L. Braunfels, durchges. v. A. Spemann (München, o. J. [als dtv-Ausgabe 1979 u. ö.]), I, 50, S. 516.

eigentliche Lektüreakt wird viel einfacher dargestellt. In ihm geht es nicht
um eine kritische Würdigung des nachgelebten Werks. Wäre es anders, so
könnte es nicht zu einem naiven Nachleben des Gelesenen kommen. Lite-
raturkritische Aspekte werden allenfalls parodistisch und satirisch aus der
Sicht des Verfassers, nicht der des literaturnachlebenden Helden hervorgehoben. Die sich hier abzeichnende Selbstreflexion der Literatur unterscheidet sich also in einem wesentlichen Punkt etwa vom Künstlerroman
und vom poetologischen Gedicht. Nicht auf das Artefakt und seine Kunst-
prinzipien oder seinen Bildner richtet sich das Interesse, sondern auf die
leserpsychologischen Aspekte. Allerdings wird nicht auf ein normales, vom
Autor intendiertes Leserverhalten abgehoben, das Literatur zum Vergnügen und zur Belehrung aufnimmt und es als ästhetisches Gebilde versteht,
sondern auf einen Leser, der in so extremer Weise von Naivität, Lebensunerfahrenheit, Enthusiasmierbarkeit, Torheit oder dem Bedürfnis nach
Poetisierung der Welt beherrscht wird, daß er sich des fiktiven Charakters
des Gelesenen nicht bewußt wird und glaubt, Literatur unmittelbar in das
Leben übertragen zu können.

Was jedoch gegenüber der gelesenen Literatur als Einseitigkeit erscheint, wurzelt meist in einer unausgeglichenen und oft auch sensiblen
Psyche. Neben der Charakterdisposition spielen dabei Alter und Geschlecht des Lesers eine Rolle. Heldinnen neigen meist mehr als Helden
zu einem stark emotionalen, stimmungsintensiven Lesen und Leben von
Literatur. Im 18. Jahrhundert wird das »romanelesende Frauenzimmer« zu
einem konventionellen Motiv. Unreife junge Menschen verfallen leichter
als ältere der Faszination poetischer und imaginativer Texte. Don Quijote
selbst, obwohl Prototyp, ist als alternder Held eine der Ausnahmen, die
nur in wenigen Donquichottiaden wie in Musäus' *Grandison der Zweite*
(1760–62) oder in Graham Greenes *Monsignor Quixote* (1982) nachwirkt.
Demgegenüber ist die Bevorzugung des jungen Helden und der jungen
Heldin eine der motivgeschichtlichen Neuerungen schon des 17. Jahrhunderts, wie der Titelheld aus Sorels *Berger extravagant* (1627) und die Gestalt des Jarotte in Furetières *Roman bourgeois* (1666) zeigen. Von hier aus
wird im 18. Jahrhundert die Verbindung zum Erziehungs- und Bildungsroman hergestellt, später zur romantischen Lebenssicht, dann auch – wie
in Flauberts *Madame Bovary* – zur realistischen Desillusionsthematik.

In allen Fällen ist die eigene Lektüre oder eine andere Form der Literaturbegegnung des Helden ein wesentlicher Bestandteil des Motivs, ob sie
nun voll dargestellt oder nur summarisch erwähnt oder vorausgesetzt
wird. Deshalb scheiden aus diesem Band die vielen Fälle der älteren Epos-,
Romanzen- und Tragödienliteratur aus, in denen die Helden und Heldinnen sich zwar darauf berufen, ein zweiter Prometheus, Odysseus, Achill
oder König Arthur oder eine zweite Antigone, Hekuba oder Virginia zu
sein, in denen aber ein direkter Literaturbezug fehlt, weil die beispielgebenden Gestalten bereits aus den individuellen Texten gelöst und Bestandteil einer allgemeinen Kulturüberlieferung geworden sind. Es handelt sich

um einen hochinteressanten, das Gesamtbild der »gelebten Literatur in der
Literatur« abrundenden Prozeß, in dem es aber nicht mehr auf das Nachleben von Literatur ankommt, sondern wie im religiösen typologischen
Denken auf die Ausrichtung der Figuren auf allgemein bekannte, zu wie-
derholende Urbilder und Tugenden[13]. Deshalb findet die Identifikation
auch ohne nennenswerte Problemspannung statt, es sei denn, es wird bewußt der Kontrast zum gewählten Vorbild hervorgehoben. Infolgedessen
leistet diese Konvention auch keinen wesentlichen Beitrag zur Kennzeichnung des »problematischen Individuums« im Roman der Neuzeit, auf das
oben hingewiesen wurde.

3.3. Leben

So wichtig das Element des Lesens im Motiv der »gelebten Literatur« ist,
die Hauptbedeutung kommt der Frage zu, wie die Lektüre auf den lesenden Helden wirkt und seine Lebenseinstellung und Lebensführung beeinflußt[14]. Mit »gelebter Literatur« ist wesentlich das eigentliche Literaturnachleben durch eine fiktive Figur gemeint. Hierbei geht es um ein Geschehen auf der dargestellten personalen Ebene, nicht um eine Literaturnachahmung nur durch den Autor, der – wie in der Literaturgeschichte
üblich – seine Figuren etwa nach dem Vorbild eines Hamlet, Robinson,
Werther, Faust oder eines byronischen Helden konzipiert. Ferner wird
vorausgesetzt, daß das Motiv in zentraler, nicht nur in episodischer Stellung erscheint und daß sich in ihm eine länger anhaltende, vielleicht sogar
habituelle Identifikation mit der Literatur, insgesamt also ein wirkliches
Nachleben des Gelesenen vollzieht, nicht nur ein momentanes Erleben.
Dennoch sind erlebnishafte Identifikationen des Helden mit der Literatur
durchaus von Interesse. Sie spielen vornehmlich in der Phase der Lektüre
und des ersten Eingehens auf das Gelesene eine Rolle. Hier kommt es –
wegen der Auswirkungen auf das Leben von Literatur – sogar wesentlich
darauf an, ob das Erleben etwa selbstidentifikatorischer, illusionsbilden-
der, einfühlender, stimmungshaft-lyrisierender oder auch ästhetisch-ge-
nießender Art ist. Ferner kann sich das spontane Erleben von Literatur
(wie in Scotts *Waverley*) zu einer länger andauernden Haltung oder Disposition verfestigen, die dann die Art des Nachlebens bestimmt. Wenn es

---

[13] Aus diesem Grund wurde auch darauf verzichtet, den interessanten Fall von Ulrich von
Lichtensteins *Frauendienst* (um 1255) in diese Untersuchung einzubeziehen.

[14] Insofern unterscheidet sich das Untersuchungsfeld dieses Bandes von dem der schon
genannten Monographie von Wuthenow (Anm. 7), deren Hauptfrage nicht der Nachahmung
von Literatur durch den Helden, sondern dem lesenden Helden, den Büchern in den Büchern
bzw. der Beurteilung der Bücher durch den Helden und damit einer Art »Lesegeschichte«
(S. 77) gilt. Mehr Berührungspunkte gibt es zu der Arbeit von Kurth (Anm. 8), die – allerdings auf den deutschen Roman des 18. Jahrhunderts begrenzt – neben der Lektürewirkung
auf den Leser die »Übertragung literarischer Konfigurationen auf das Leben« (S. 3) untersucht.

aber nur um die Untermalung wechselnder Stimmungen geht, handelt es sich nicht eigentlich mehr um »gelebte Literatur«. Deshalb fehlt in diesem Band – außer im Vergleich zu zwei späteren Wertheriaden – ein Einzelbeitrag zum *Werther* (1774).

Ausgeschlossen wurde auch die nur »gespielte Literatur in der Literatur«. Ein solcher Fall liegt partiell in *Don Quijote* (II, 58) vor, wo der Protagonist einer Gruppe vornehmer junger Leute begegnet, die in reicher Schäferkleidung an einem lieblichen Ort zusammengekommen sind, um »ein neues schäferliches Arkadien«[15] zu schaffen. Weil sie sich im Gegensatz zu Don Quijote der Fiktion voll bewußt sind, berühren sich hier beide Motive. In Shakespeares *As You Like It* (1599) dagegen – das auch wegen des fehlenden konkreten Lektürebezugs unberücksichtigt bleibt – wird das Schäferleben als gesellschaftliche Konvention nur vorübergehend gespielt, nicht eigentlich gelebt, obwohl wegen des äußeren Zwangs das Spiel eine ernste und lebensläuternde Funktion erhält. Entsprechendes gilt für das Schäfertum als schützende höfische Maskerade und Fluchtraum, wie es in Philipp von Zesens tragischer Liebesgeschichte *Die adriatische Rosemund* (1645) erscheint.

Obwohl also das Motiv den literaturlesenden und -nachlebenden Helden voraussetzt, können die Grenzen zwischen auktorialer und personaler Ebene verfließen. Dies liegt bei Ich-Erzählungen schon aus erzähltechnischen Gründen nahe. Aber auch sonst kann der Erzähler am Schicksal seines literaturlebenden Helden teilnehmen und es kommentieren, was zu besonders interessanten Fällen der Motivverwendung und -abwandlung, auch zur Verschachtelung der Fiktionsebenen führt (vgl. die Beiträge zu Neugebauer, Kierkegaard, Flaubert und Čechov). Schon dadurch, daß der Autor die Macht der Literatur, ihre Anziehungskraft für die Psyche, insbesondere für die Imagination seiner Gestalten darstellt und diskutiert, setzt er sich auch selbst mit der von ihnen nachgelebten Literatur, oft auch mit seinem eigenen literarischen Schaffen auseinander. Es ist fast unvermeidlich, daß durch das Motiv »Gelebte Literatur in der Literatur« eine Spannung zwischen der ästhetischen Intention der älteren und der vom Autor konzipierten neuen Literatur entsteht. Diese Spannung kann, wie z. B. im *Don Quijote*, zu einer wichtigen thematischen Dimension des Motivs werden. Sie verringert sich allerdings dort, wo das Nachleben von Literatur nicht aus Torheit oder Selbsttäuschung geschieht, sondern aus geistig-gemütsmäßiger Übereinstimmung mit dem Vorbild. Während bei Don Quijotes erster Ausfahrt die Torheit der Literaturnachahmung noch ganz im Vordergrund steht – worin ihm seine meist simplen, direkten Nachfahren in den Donquichottiaden folgen –, kommt es im Zeitalter der Empfindsamkeit und der Romantik mehr zu Identifikationen mit poetischen Sehweisen oder Gestalten, die als wesensverwandt erfahren werden. Dies gilt etwa für Wielands *Don Sylvio* (1764), Scotts *Waverley* und Kierkegaards

---

[15] Cervantes (Anm. 12), II, 58, S. 990.

sich an Don Juan und Faust orientierender Verführerfigur in *Entweder-Oder*. Insgesamt herrscht im 19. Jahrhundert, auch in Flauberts *Madame Bovary*, weniger ein exaktes Nachleben eines literarischen Handlungsmusters als eine zunehmende Parallelität der Haltung zwischen literarischem Vorbild und nachlebendem Charakter vor. Solche Affinitäten müssen nicht auf bestimmte literaturgeschichtliche Konstellationen deuten, sie können auch auf eine im Archetypischen wurzelnde Verwandtschaft elementarer literarischer Situationen, Figuren und Handlungsfunktionen verweisen. So schuf Thomas Mann, nachdem er schon in seiner Novelle *Wälsungenblut* (1905) das Motiv des Nachlebens, hier eine bis zum Verbrechen des Inzests gehende Imitatio, verwendet hatte, in *Doktor Faustus* (1947) eine Romanfigur, die sich als Reinkarnation einer literarischen Gestalt aus älterer Zeit empfindet.

Zugleich wird sichtbar, daß das Literaturnachleben nicht immer unter dem Zeichen problematischer Wirklichkeitsfremdheit stehenbleibt. Es gibt Fälle, in denen wie in Neugebauers *Der teutsche Don Quichotte* (1753), Scotts *Waverley* und Plenzdorfs *Die neuen Leiden des jungen W.* (1972) eine positive Verbindung zwischen Literaturnachahmung und Realitätserfahrung gesucht wird. Dennoch ist das Motiv »Gelebte Literatur in der Literatur« grundsätzlich auf eine Verkehrung der richtigen, natürlichen Verhältnisse angelegt.

4. Strukturelle Aspekte des Motivs

Aus der Verbindung und Gegenüberstellung von Literatur und Leben ergibt sich, wie oben erörtert, eine zweigliedrig-gegenläufige Grundstruktur des Motivs. Diese läßt sich auch als die eines prinzipiell zweiphasigen Handlungsmotivs verstehen, das sich als zeitliche Abfolge von (1.) Literaturbegegnung und (2.) Literaturnachleben darstellt. Jedoch kann es, wenn die erste Phase nur gering ausgebildet ist, vorwiegend als Haltungs- oder Figurenmotiv erscheinen, womit es in die Nähe des meist komischen Motivs des Sonderlings oder Schwarmgeistes rückt, der hier von einer Art literarischer Krankheit befallen ist. Sofern vornehmlich die Gegenüberstellung von literaturlebender Figur und Realität betont wird, kann man von einem – ebenfalls meist komischen – Situationsmotiv sprechen. Die genannten Strukturtypen überschneiden sich natürlich und hängen von der jeweiligen Gestaltungsweise ab. Insgesamt aber dominiert die mit der Verlaufsstruktur gegebene zeitliche Sequenz des Motivs und damit sein Handlungscharakter äußerer und innerer Art. Es eignet sich deshalb weniger für die Lyrik als für die handlungsorientierten Gattungen, insbesondere für den Roman und für die Erzählung, wo es in Einzelheiten entwickelt werden kann. Im *Don Quijote* erscheint es als eine Folge grotesk-erhabener äußerer Taten und Abenteuer, die primär aus der Narrheit des Helden erwachsen, aber ohne sein *ingenio* und seine menschliche Größe, die besonders in seinen Reden zum Ausdruck kommen, nicht möglich wären. In den Romanen seit dem Zeitalter der Empfindsamkeit und der Romantik löst das Motiv einen in erster Linie innerseelischen Vorgang aus, der sich vornehmlich in Stimmungen und Reflexionen, weniger in äußerer Aktivität äußert. In episch voller gestalteten oder realistischer konzipierten Romanen wie Scotts *Waverley,* Flauberts *Madame Bovary* oder Thomas Manns *Doktor Faustus* kommt es wieder zu Kombinationen der beiden Grundmöglichkeiten. Aber auch im Drama findet sich das Motiv. Von einzelnen Tragödien wie Addisons *Cato* und Klingers *Das leidende Weib* (1775) abgesehen, hat es seinen Platz vornehmlich in der Komödie, da sich – wie etwa Molières *Les précieuses ridicules* (1659), Steeles *The Tender Husband* (1705) und Fieldings *Don Quixote in England* (1734) zeigen – gerade hier die Möglichkeiten komischer Situations- und Figurenmotive nutzen lassen.

Obwohl es Charaktereigenschaften, Haltungen und Bewußtseinsprozesse im literaturlebenden Helden gibt, die vom zeitlichen Ablauf des Geschehens unabhängig sind, lohnt es sich, für die Zwecke der Analyse und besseren Vergleichbarkeit der Ergebnisse, das grundsätzlich zweigliedrige Handlungsmodell etwas genauer zu gliedern. Das sich ergebende Fünf-Phasen-Modell, das natürlich nicht in allen Texten vollständig erscheint, stellt sich folgendermaßen dar:

(1) Situation und Verhalten des Helden (der Heldin) vor der Begegnung mit der Literatur;
(2) Begegnung des Helden (der Heldin) mit der Literatur und Übergang in die Identifikation mit ihr; erstes Erleben (noch nicht Nachleben) von Literatur;
(3) eigentliche Identifikationsphase: Nachleben (eventuell wiederholtes oder zum Habitus gewordenes Erleben) von Literatur, das kontinuierlich oder mit Unterbrechungen, unter völliger Loslösung von der Realität oder in Kontakt und Kombination mit ihr verlaufen kann;
(4) Austritt aus der Identifikation;
(5) Situation und Verhalten danach (Ergebnis).

Für die erste Phase sind die im Charakter, den Lebensumständen, der Bildung und den prägenden Erfahrungen der Hauptfigur liegenden Voraussetzungen der Literaturbegegnung zu klären.

In der zweiten Phase kommt es darauf an, zunächst die Anlässe, Ziele, Örtlichkeiten und Umstände der Lektüre oder anderer Formen der Literaturaufnahme, gegebenenfalls den Unterschied zwischen einem eher typischen und einem eher individuellen Leseverhalten zu ermitteln. Es kann sich etwa um Lektüre zum Zeitvertreib und zum Vergnügen, zum Studium oder zum Zweck der Wahrheits- und Identitätssuche handeln. Die Wirkungen können sich unterscheiden, wenn die Lektüre an unterschiedlichen Örtlichkeiten (in der Bibliothek, der Dachkammer, am Fenster, im Gartenhäuschen oder im Freien) stattfindet. Überdies hängt die Art des Rezipierens davon ab, ob man (wie in den meisten Fällen) allein oder (wie Paolo und Francesca in Dantes »Inferno«) zu zweit liest[16] oder ob vor größerem Kreise, vielleicht mit anschließender Diskussion, vorgelesen wird (wie von Scotts Waverley, der Szenen aus Shakespeares *Romeo and Juliet* vorträgt). Daneben gibt es Theater- und Opernbesuche, mündlich tradierte Erzählungen, Zitate, Liedvortrag, außerdem immer wieder Interpretationen und Gespräche und Reflexionen über Literatur.

In manchen Texten allerdings, so etwa in Kierkegaards *Entweder-Oder* und in Čechovs *Platonov* (um 1900, publ. 1923), gehört die Lektüre bzw. der Theaterbesuch der im Werk nicht mehr berichteten Vorgeschichte an, die vom Autor stillschweigend vorausgesetzt, aber durch die Vertrautheit des Helden mit den nachzuahmenden Vorbildern und seine intime Kenntnis der zugrunde liegenden Texte belegt wird.

Der Lesestoff kann (wie bei Don Quijote) aus einer nach eigenem Geschmack aufgebauten Sammlung oder (wie bei den meist jungen Lesern in Romanen des 18. und 19. Jahrhundert) aus einer einem Verwandten gehörenden Bibliothek stammen. Er kann von Dritten geschenkt (wie in Stendhals *Le rouge et le noir*) oder ausgeliehen werden (wie in Flauberts *Madame Bovary*); er kann auch von den jungen Lesern selbst besorgt werden (wie in Jane Austens *Northanger Abbey* oder Balzacs *Le curé de village* [1839/41]). Schließlich kann der Zufall (wie in Lazarevićs serbischem *Verter* [1881]) dem Helden das Buch in die Hand spielen. So gut wie immer handelt es sich – der schönen Literatur, zumal dem Roman, entsprechend – um Lektüre im privaten Bereich, nicht in öffentlichen Bibliotheken, wie sie bei der Aufnahme wissenschaftlicher Literatur üblich ist (z. B. in Carlyles *Sartor Resartus,* wo Prof. Teufelsdröckh »in most Public Libraries« gelesen hat).

Die Lesegewohnheiten können auch über die Ortswahl hinaus differieren. Dem ungezügelten und maßlosen Lesen, das Wielands Don Sylvio und Scotts Waverley auszeichnet, steht die zähe, ja fast illiterate Lektüre des Landjunkers in Musäus' *Grandison der Zweite* und des Lehrlings Edgar Wibeau in Plenzdorfs *Die neuen Leiden des jungen W.,* die durch die unerwartete Begegnung mit Büchern völlig überwältigt werden, gegenüber. Ferner kann die Lektüre sich auf nur ein Buch oder auf mehrere richten. Sie kann (wie in *The Female Quixote*) einseitig festgelegt sein oder (wie in *Don Quijote*) wechseln; sie kann wahllos (wie bei Waverley und Emma Bovary) oder sorgfältig ausgewählt (wie bei Dorian Gray) sein.

Vor allem wichtig sind natürlich die jeweils gelesenen Arten von Literatur. Wie schon erwähnt, herrschen im allgemeinen Romane vor. Aber auch auf Epen und Gedichte (z. B. in *Waverley*) wird Bezug genommen, außerdem auf Chronik- und Memoirenliteratur (z. B. in *Waverley* und *Le rouge*

---

[16] Gemeinsame Lektüre findet sich bereits in dem anonymen französischen Versroman *Floire et Blancheflor* aus dem 12. Jahrhundert.

et le noir), auf Märchen (z. B. in *Don Sylvio*) oder auch auf Dramen (z. B. in *Platonov*) und Opern (z. B. in *Entweder-Oder*). Für die Art des Nachlebens spielt auch das Niveau der gelesenen Literatur eine Rolle. Es kann sich um bedeutende Werke der Weltliteratur – wie Renaissanceepen und Shakespeare (bei Scott), den *Werther* (bei Plenzdorf), Richardsons *Grandison* (bei Musäus) und die erfolgreichen Werke der Empfindsamkeit in Goethes *Der Triumph der Empfindsamkeit* (1778) – handeln, aber auch um die jeweils gängigen Moderomane, sogar um Trivialliteratur wie bei Emma Bovary und den Protagonisten in Conrads *Lord Jim* (1900) und Faulkners *Old Man* (1939). Die gelesene Literatur kann hoffnungslos veraltet sein (wie die Ritterromane Don Quijotes und die heroisch-galanten Romane Arabellas in *The Female Quixote*). Es können aber auch zeitgenössische oder neu entdeckte, für den Zeitgeist wieder interessant gewordene Werke gelesen werden, wie etwa von dem naturschwärmerischen Paul (in Bernardin de Saint-Pierres *Paul et Virginie* [1788]), der Fénelons *Télémaque* (1699) zu seiner Lieblingslektüre macht, oder von dem Helden in Neugebauers *Der teutsche Don Quichotte*.

Mit alledem ist die Frage nach der Art der Literaturaufnahme beim Übergang in die dritte Phase, die Identifikation mit dem Gelesenen, gestellt. Zunächst handelt es sich um einen Akt des Erlebens, in dem der Eintritt in die Illusion meist mit gleichzeitigen Anzeichen für Realitätsverlust, seltener mit einem Sinn für die ästhetischen Besonderheiten und Wirkungen der Literatur verbunden ist. Auch das sich anschließende eigentliche Literaturleben durch den Helden kann sehr unterschiedliche, gegebenenfalls wechselnde Bewußtseinslagen aufweisen: vorwiegend illusionäre, gefühlsmäßige, poetisierende, intellektuelle, moralische oder philosophische Einstellungen. Dabei kann der Nachahmung von eigentlich unnatürlichen, nur literarischen Empfindungen, Haltungen und Vorstellungen bewußt der Ausdruck ursprünglicher Gefühle gegenübergestellt werden, wie es in zunehmendem Maße mit der Autonomieerklärung des Natürlichen und Echten seit dem 18. Jahrhundert geschieht. Aufschlußreich ist ferner, ob sich der Held selbst mit einer literarischen Gestalt oder Stimmung identifiziert oder ob er die Literatur vorzugsweise auf seine Umgebung projiziert, indem er diese mit literarisch vorgeprägten Motiven gleichsetzt.

Das Nachleben von Literatur kann schließlich – womit auf eine weitere Unterscheidungsmöglichkeit hingewiesen sei – sowohl bewußt als auch unbewußt bzw. halbbewußt vollzogen werden. Bei Unterbrechungen der Identifikations- oder Illusionsphase kann es deshalb zu verschiedenen, mehr oder weniger komplizierten Reaktionen kommen. Eine ist die vorübergehende Abschwächung des Literaturnachlebens. Eine andere ist der von Don Quijote mehrfach praktizierte Versuch, Störungen durch das Eindringen der rauhen Alltagsrealität dadurch fortzudisputieren, daß sie für das Werk böser Zauberer erklärt werden. Der Geist des Helden ist in diesem Falle von Illusion und Imagination so sehr angefüllt, daß er mit dem Instrumentarium der Romanwelt selbst die härtesten Zugriffe der Erfahrungswelt umdeutet. Ähnlich wird mehrfach in den Donquichottiaden verfahren; der Junker in Musäus' *Grandison der Zweite* setzt sich über alle nicht stimmigen Stellen in der ihm vorgespiegelten und von ihm weitergesponnenen imaginären Welt hinweg.

Auch die vierte Phase, der Austritt aus der Identifikation oder Illusion, wirft eigene Fragen auf. Es ist schon aufschlußreich, ob eine Beendigung der Illusion überhaupt stattfindet oder – wie im Falle des Prinzen in Goethes *Der Triumph der Empfindsamkeit,* der in seinem Wahn befangen bleibt – nicht zustandekommt. Dann ist zu klären, wie sie sich vollzieht und wodurch sie bewirkt wird. In Faulkners *Old Man* etwa, in dem diese Phase besonders ausführlich gestaltet ist, überwindet der Protagonist die Illusion, indem er die ihm nach dem Muster von *rites de passage* auferlegten Prüfungen erfolgreich besteht und so zu einem geläuterten und gereiften Bewußtsein findet. Aber es kann auch (wie in der zweiten Fassung von Musäus' *Grandison*-Roman) ein Austritt aus der Illusion durch innere Ermüdung stattfinden. Daneben kann die mehrfache Konfrontation mit der Realität und die sich daraus bildende Erfahrung in zunehmendem Maße gegen die literarische Illusion wirken. Don Quijotes stufenweise sich vollziehende Desillusionierung markiert einen solchen Fall. Zudem kann (wie etwa in der Nebenhandlung von Neugebauers *Der teutsche Don Quichotte*) ein Gegner oder Helfer auftreten, der die Heilung vom Wahn bewirkt. Auch schockartige Erlebnisse, die die Illusionen zerstören, kommen vor. Die Protagonistin in Mrs. Lennox' *The Female Quixote* wäre hier ebenso zu nennen wie zahlreiche der männlichen Helden in anderen Donquichottiaden.

Schließlich ist in der fünften Phase das Verhalten nach Beendigung des Illusionszustandes, das Ergebnis, zu befragen. Wie werden in der Rückschau die Literatur und das Literaturnachleben bewertet? Vielfach kommt es zu einer völligen Ablehnung wie in *The Female Quixote.* Aber auch eine positive Rückschau ist denkbar, wie Wielands Don Sylvio belegt, der den Feen, d. h. den Märchen, seinen Dank dafür ausspricht, daß sie ihn zu seinem Lebensglück geführt haben. Häufig sind die Ergebnisse auch nicht eindeutig. Im *Teutschen Don Quichotte* und im *Waverley* behält die Literatur einer bestimmten Richtung ihren Wert, während anderes, inzwischen als wertlos Erkanntes zurückgewiesen wird.

5. Statt einer Motivgeschichte: Zum literatur- und motivgeschichtlichen Standort der untersuchten Texte

Statt einer Motivgeschichte, die aus den oben genannten Gründen nicht gegeben werden kann, soll ein Überblick über die untersuchten Texte aus literatur- und motivgeschichtlicher Sicht folgen, ergänzt um Hinweise auf einige Werke, deren Analyse reizvoll gewesen wäre, hier aber zurückge-

stellt werden mußte. Es wäre denkbar gewesen, auf gewisse Vorformen
des Motivs einzugehen, jedoch wurde darauf, wie schon dargelegt, bewußt
verzichtet[17]. Ebenso hätten die geschichtlichen Anfänge des eigentlichen
Motivs berücksichtigt werden können. Schon in dem fast einhundert Jahre
vor dem *Don Quijote* unter dem Pseudonym Merlin Cocaio erschienenen
burlesk-satirischen Epos *Baldus* (1517) des Teofilo Folengo richtet der Titelheld, der seine Schulbücher zugunsten von Unterhaltungslektüre ver-
nachlässigt, sein Leben nach dem Vorbild von Ritterbüchern ein[18]. Aber
die erste bedeutende, über lange Zeit richtungweisende Gestaltung des
Motivs liegt erst in Cervantes' *Don Quijote* (1605/15) vor, wo es zu einer
wirklichen Problematisierung der Romanlektüre und ihrer Wirkungen
kommt. An keinem anderen Werk läßt sich das hohe thematische Potential des Motivs der »gelebten Literatur in der Literatur« so klar erkennen;
denn hier geht es nicht primär um die Kritik der Ritterbücher, vielmehr ist
die »schädliche Lektüre« nur der Ausgangspunkt für ein kunstvolles, auf
mehreren Ebenen durchgeführtes Spiel mit dem Realitätsanspruch der
Fiktion. Die verschiedenen Realisierungsmöglichkeiten der fiktiven Welt
der Ritter- und Schäferromane werden nicht nur in der Handlung des
Don Quijote vorgeführt, sondern die mit dem Motiv der »gelebten Literatur« verbundenen poetologischen Fragen stehen auch im Mittelpunkt der
Literaturgespräche, die das Romangeschehen ergänzen.

Offensichtlich ist es eine Folge der überlegenen Größe und Vorbildlichkeit des *Don Quijote,* daß die ihm folgenden Aufnahmen des Motivs der
»gelebten Literatur in der Literatur« zunächst in seinem Schatten bleiben
und bis zum Ende des 18. Jahrhunderts als Donquichottiaden vorwiegend
epigonale Erscheinungen sind. Das von Cervantes entwickelte Konzept
wird lediglich in anderer Umgebung und bezogen auf andere gelesene Literatur wiederholt, wobei die Bedeutung der Lektüre sich häufig ab-
schwächt. Oft gibt die Form nur noch den äußeren Rahmen und den Vor-
wand für bunte Abenteuerfolgen ab, oder sie wird zum Vorwurf für komische wie ernste Satiren und Parodien.

Nur in wenigen Fällen wird hierbei das vorgegebene Muster zugunsten
motivgeschichtlicher Neuerungen verändert. Neugebauer etwa fügt in seinen *Teutschen Don Quichotte* (1753) nicht nur einen zweiten, spiegelbildlich angelegten Fall »gelebter Literatur« ein, der amüsanterweise durch
den selbst von der Lektüre infizierten Protagonisten *ad absurdum* geführt
wird, er relativiert auch das zeittypische Verdikt des »schädlichen Lesens«.
Schädlich ist für ihn nämlich nur das Lesen und Nachahmen »schlechter«
(d.h. als gekünstelt und schwülstig angesehener) Romane; die nachle-

---

[17] Für die antike Literatur wären ohnehin nur rudimentäre Verwendungen des Motivs zu
nennen, wie etwa in Longos' *Daphnis und Chloë* die Wirkung der Erzählung des Philetas
über die Macht der Liebe (II, 8–9) und das Tanzen der Geschichte des Lamon (II, 37–38).
[18] Text in *Le Maccheronee,* hg. v. A. Luzio (Bari, [2]1928) und *Il »Baldus« e le altre opere la-
tine e volgari,* ausgew. und komm. v. U. E. Paoli (Florenz, 1941).

bende Lektüre »guter« (d. h. den Geboten von Natürlichkeit und Wahrscheinlichkeit folgender) Romane ist ihm dagegen – auch auf die Gefahr zeitweiliger Verirrungen und Irritationen hin – ein letztlich für die Lebenspraxis nutzbarer Gewinn.

Deutlich tritt die pädagogische Intention hervor, wenn Musäus mit seinem deutschen *Grandison* (1760–62) gegen die Beliebtheit von Richardsons Familienromanen und Wieland mit seinem *Don Sylvio* (1764) gegen die der französischen Feenmärchen zu Felde ziehen. Musäus hat außerdem den witzigen Einfall, dem in Thüringen spielenden Nachleben des Grandison ein vorgetäuschtes Weiterleben der Richardsonschen Romangestalten in England an die Seite zu stellen. Die so gefundene neue Dimension des Motivs kann ihrerseits wieder als interessante Variante des Spiels zwischen realer und fiktionaler Ebene gelten, das in anderer Form schon bei Cervantes erscheint, wenn er den in der erzählten Wirklichkeit auftretenden Don Quijote mit der Kunde von dem bereits in die Literatur eingegangenen, durch die ersten Bücher des Romans inzwischen bekannt gewordenen Don Quijote konfrontiert.

Die letztlich zukunftsträchtigste Variante der Donquichottiaden des 18. Jahrhunderts war der weibliche Quijote. In untergeordneter Funktion taucht er schon relativ früh auf, z. B. in Marivaux' *Pharsamon* (1713, publ. 1737), später auch in Neugebauers schon genanntem *Teutschen Don Quichotte;* in beiden Fällen gibt es eine weibliche Gegenspielerin zu dem im Mittelpunkt stehenden männlichen Quijote. Aber als zentrale Romangestalt erscheint eine »Quijotin« erst in *The Female Quixote* (1752) der Engländerin Mrs. Lennox, die damit eine beträchtliche Wirkungsgeschichte auslöste. Hier – wie auch in *Female Quixotism* (1801) der Amerikanerin Tabitha Tenney – wird weniger die äußere Handlung als vielmehr die Empfindung und das Gespräch entwickelt, da für die junge Dame von Stand natürlich keine fahrende Ritterschaft oder sonst eine in die Welt führende, gefahrvolle Reise denkbar war, sondern nur ein der Etikette gemäßes häusliches Leben und das Warten auf geeignete heiratswillige Bewerber. Diese Variante entsteht auch nicht zufällig im Zeitalter der beginnenden Empfindsamkeit, als Damen den überwiegenden Teil des Romanpublikums stellten und in zunehmendem Maße selbst Romane schrieben. Der weibliche Quijote ist nur eine der vielen Ausdrucksformen der allgemeinen, in England schon mit Richardsons Briefromanen *Pamela* (1740–41) und *Clarissa* (1747–48) beginnenden Gefühls- und Seelenkultur.

Mit der Empfindsamkeit setzte sich auch ein neues Verhältnis zur Lektüre durch, die nun weniger als Instrument der Bildung und der pädagogisch-moralischen Wirkung, sondern mehr als Zeichen und Schule der Gefühlsverfeinerung aufgefaßt wurde. Dies wiederum steigerte den erlebnismäßigen Charakter der Literatur selbst. Goethes Werther lebt zwar die Literatur nicht nach, aber er erlebt sie stark. Seinen wechselnden Stimmungen ordnet er jeweils die passende Literatur zu, um so die ihn schon

vorher erfüllende eigene Gestimmtheit noch intensiver erleben und genießen zu können, zumal im Beisein der Geliebten, mit der er sich dann um
so inniger verbunden weiß. Die rezipierte Literatur hat teil am Kult seiner
unglücklichen Liebe und dient noch der Umrahmung seines Selbstmords.

Diese »Werther-Haltung« führte bald auch zur Kritik an ihrer künstlichen und übertriebenen Empfindsamkeit. Goethe selbst nahm bereits wenige Jahre nach Entstehung des *Werther* (1774), während noch die zeitgenössische männliche Jugend im Werther-Frack zumindest äußerlich seinen
Briefroman nachlebte, den eigenen Erfolg und dessen Mitläufer satirisch
aufs Korn und führte im *Triumph der Empfindsamkeit* (1778) einen Prinzen vor, der den Gesamtkomplex »empfindsame Literatur« schwärmerisch
nachlebt, ihre Elemente aber so weit literarisiert, also künstlich werden
läßt, daß er, statt sich der wirklichen Natur mit ihren gelegentlichen Unbe-
quemlichkeiten auszusetzen, eine »Reisenatur« samt künstlichen Quellen,
Vogelgesang und Mondschein mit sich führt, die er nach Bedarf von einem »Naturmeister« aufstellen läßt, und der statt der attraktiven Königin
lieber eine nach deren Muster gefertigte Puppe anbetet, in deren Inneren
sich als Lebensorgane Millers *Siegwart* (1776), Rousseaus *Neue Heloise*
(1761) und Goethes *Werther* befinden.

Die Kritik am Übermaß der Empfindsamkeit findet in England in Jane
Austens *Northanger Abbey* (1803, publ. 1818), einer ironischen Neufassung und Einschränkung des weiblichen Quijote-Musters, ihren Ausdruck. Es geht bei allem Sinn für Sensibilität um die feine Satire auf ein
unkritisch-gefühlsbestimmtes, dabei betont weibliches Lesen und Nachvollziehen von Literatur – hier der empfindsamen Schreckensromane der
Mrs. Radcliffe –, nicht, wie oft fälschlich behauptet wird, um eine einfache
Parodie auf diese Gattung, die im Gegenteil ausgewogen beurteilt wird.
Die Heldin identifiziert sich aber nicht selbst mit einer Romanfigur, sondern deutet nur ihre Umgebung auf »gotische« Weise, d.h. stilisiert sie zur
Gruselwelt. Damit wird wohl zum ersten Mal in der Geschichte des Motivs das Nachleben von Literatur auf den Modus der literarisierenden Um-
weltdeutung reduziert, worin sich eine für den späteren realistischen Roman charakteristische Präferenz anzudeuten scheint.

In Scotts *Waverley* (1814) verstärkt sich der bei Jane Austen erkennbare
Grundzug, wird aber ins Romantische abgewandelt. Nicht ein illusionäres
Nachleben von Literatur steht im Mittelpunkt – obwohl es das stellen-
weise gibt –, sondern eine durchgehende Poetisierung der Realität, wobei
an die Stelle des Schauerromans die Haltungs- und Stimmungsmotive
märchenhafter Renaissanceepen und der Chroniken Froissarts treten. Entsprechend wird die ästhetisierende Sicht des Helden betont. Zudem findet
nach einer wahllosen Lektüre beim Nachleben der Literatur ein Wechsel
statt; an die Stelle der zunächst heroisch-pathetischen Bilder treten solche
einer friedfertig-häuslichen und pittoresken Art.

Insgesamt kommt es, schon bei Neugebauers *Teutschem Don Quichotte*
und bei Wielands *Don Sylvio* einsetzend, im empfindsamen und besonders

im romantischen Roman zu einer Rehabilitierung der fiktiven Literatur, sofern diese die nun an sie gestellten neuen Bedingungen erfüllt. Es geht nicht mehr so sehr um die Forderung nach Natürlichkeit der Charaktere und Wahrscheinlichkeit der Handlung, sondern vor allem um die Erwartung, daß sich starkes Gefühl, imaginative Kraft, seelisch bereichernde Sensibilität und Poesie ausdrücken. Die deutschen Frühromantiker, darunter Tieck und Novalis, erheben sogar die radikale Forderung, das Leben insgesamt nach der Literatur einzurichten[19]. Diese Tendenz wird in späteren Jahren von den Romantikern selbst und von Goethe als krankhaft und unreif zurückgewiesen, und auch Scott rückt in seinen Aufsätzen über deutsche Romantiker von dieser Position ab. Seinen Waverley läßt er wesentlich vorsichtiger agieren und nach einer vorübergehenden fieberartigen Krisis zu einem gesunden Wirklichkeitsverstehen und Urteil finden.

Ein radikales, dabei tief problematisches und unheimliches Einrichten des Lebens nach der Literatur liegt bei Kierkegaard vor. Sein Protagonist Johannes im *Tagebuch des Verführers* (1843) steht mit dem Versuch, »die Aufgabe eines poetischen Lebens zu *realisieren*«, noch deutlich in der Tradition der frühen Romantik. Aber das Nachahmen archetypischer Leitbilder wie Don Juan und Faust wird bestimmt durch ständige ästhetische Reflexion über eben diese Leitbilder und deren Funktion als Verführer, so daß schließlich, zumindest bei der Figur des Johannes, die Verführerrolle, der Habitus des intellektuellen Erotomanen so sehr verinnerlicht wird, daß ein Heraustreten aus der literarischen Identifikation nicht mehr möglich ist und der Tagebuchroman daher unvermittelt, aber doch konsequent abbricht. Kierkegaard läßt es freilich damit nicht bewenden. Mit Hilfe seines dialektischen Verfahrens setzt er im großen Entwurf seines *Entweder-Oder* (1843) der ästhetischen Lebensauffassung eine ethische in der Figur des Gerichtsrats Wilhelm entgegen. Das dialektische Verfahren führt dabei nicht wie bei Hegel zur Harmonisierung und letztlichen Aufhebung der Gegensätze, sondern zur schärfsten Konturierung des miteinander Unvereinbaren. Das kritische thematische Potential des Motivs der »gelebten Literatur« wird man bei Kierkegaard folgerichtig nicht im *Tagebuch des Verführers,* sondern vor allem in der Kritik des Ethikers Wilhelm an der ästhetischen Lebensauffassung insgesamt und damit auch am Nachleben von Literatur suchen müssen. Dabei wird nicht nur die alte Auffassung vom Scheincharakter und der Lügenhaftigkeit der Literatur wieder aufgegriffen, sondern auch das Motiv vom »schädlichen Lesen« paraphrasiert.

Mit Flauberts *Madame Bovary* (1856/57) tritt ein Leseverhalten in die Motivgeschichte ein, das nicht nur von den romantischen Positionen, sondern auch von der älteren Tradition deutlich abweicht. Emma Bovary weiß sehr wohl, daß die Welt ihrer schwärmerischen Romane nicht die Welt ist, in der sie lebt; dennoch macht sie den immer scheiternden Ver-

---

[19] Vgl. S. v. Lempicki, »Bücherwelt und wirkliche Welt. Ein Beitrag zur Wesenserfassung der Romantik«, *Deutsche Vierteljahrsschrift,* 3 (1925), S. 339–386.

such, die Stimmungen ihrer Heldinnen künstlich in sich zu erzeugen, um der eigenen Welt zu entgehen. Dies wird mit dem Blick des Realisten für die konkreten Gegebenheiten der Psyche und des Milieus und mit einer entsprechenden Wortpräzision dargestellt.

Lazarevićs serbischer *Verter* (1881) zeigt, daß auch an der europäischen Peripherie das Problem des »sekundären« Lebens aufgegriffen und einem Experiment unterzogen wird. Janko, der serbische Werther, erfaßt erst in der Identifikation mit dem Goetheschen Werther seine eigene Situation und findet so zu sich selbst. Damit wird auf eine romantische Sicht des Motivs zurückgegriffen, die allerdings in einen vergleichsweise realistischen Rahmen gestellt wird. Janko geht zwar gebeutelt von den Vertretern eines »gesunden« patriarchalischen Denkens aus dem Experiment hervor, doch bleibt er, was er war: ein Schwarmgeist.

Auch Momente einer romantischen Heldenverehrung, wie sie im 19. Jahrhundert von Carlyle vertreten wurde, haben gelegentlich auf literaturnachlebende Helden gewirkt; allerdings handelt es sich dabei mehr um die Nachahmung großer Gestalten der Geschichte als um die fiktiver Helden. Hingewiesen sei auf die vielen Fälle von Amerikanern – wirkliche wie fiktive Personen –, die im 19. und noch im 20. Jahrhundert Benjamin Franklins *Autobiography* (1791) mit ihren Anweisungen zur Selbstbildung und für einen erfolgreichen Aufstieg zum Vorbild gewählt haben; in der Literatur gehört neben den Helden in den Groschenromanen von Horatio Alger noch F. S. Fitzgeralds Great Gatsby aus dem gleichnamigen Roman (1925) zu ihnen.

Wie gerade auch dieser Roman zeigt, ist jedoch für die Literatur seit dem Zeitalter des Realismus eine zunehmende Problematisierung des Helden charakteristisch, der nun mehr in seinen Schwächen und oft als Scheiternder gezeigt wird. Diese bekannte gesamteuropäische Tendenz spitzt sich in der russischen Literatur des 19. Jahrhunderts auf das Problem des »überflüssigen Menschen« (*lišnij čelovek*) zu. In Čechovs *Platonov* (um 1900, publ. 1923) ist diese Vorstellung bereits so weit internalisiert, daß der Held ständig in verschiedene literarische Posen verfällt (Čackij, Hamlet, Don Juan), die von den Mitagierenden erkannt und benannt werden.

Mit *Lord Jim* (1900), dem Roman des aus polnischer Familie stammenden Joseph Conrad (d. i. T. J. K. Korzeniowski), erscheint dann ein tragisch scheiternder romantischer Held, der in seiner Jugend »light holiday literature« gelesen und sich aufgrund weiterer »light literature« ein abenteuerreiches Leben zur See mit bravourösen Taten ausgemalt hat. Er versagt aber gerade da, wo er nach den literarischen Klischees und der Seemannsehre hätte heroisch handeln müssen. In Conrads Erzählung *Youth* (1902) liest der wagemutige junge Held Carlyles *Sartor Resartus* (1833–34), Burnabys *A Ride to Khiva* (1876), eine Abenteuergeschichte, und »a complete set of Byron's works«.

Oscar Wildes *The Picture of Dorian Gray* (1890/91) bietet eine recht komplexe, ästhetizistisch pointierte Gestaltung des Motivs der »gelebten

Literatur«. Während in der Sibyl Vane-Handlung ein eher traditionell zu nennendes Muster illusionärer Wirklichkeitsverkennung evoziert und schließlich negiert wird, findet Dorian in der Literatur ein Medium der Selbstbegegnung und Selbstbespiegelung. Er entdeckt im Protagonisten des zum Leitbuch seines Lebens avancierenden »Gelben Buches« eine Präfiguration seiner selbst. Sein äußerst bewußtes Nachleben des literarischen Vorbildes erscheint im Roman in raffinierter perspektivischer Brechung zugleich als Identitätsfindung und als Identitätszerstörung. Die damit gegebene Ambivalenz, die sich deutlich in dem (gegen Schluß des Romans vordergründig aufgehobenen) Konflikt zwischen moralischen und ästhetischen Normen spiegelt, nutzt Wilde zu einer unkonventionellen Deutung der Wechselbeziehung zwischen Literatur und Leben.

William Faulkner hat in der langen Erzählung *Old Man* (1939) eine sehr amerikanische und in ihrer Kraßheit moderne Version des Motivs geliefert. Er versetzt es in eine fast analphabetisch primitive Welt und legt es dementsprechend extrem aus, indem er Nachahmung von Literatur als kriminellen Akt präsentiert, womit er auf sarkastische Weise zugleich die Faszination wie die Gefährlichkeit von Literatur belegt. Mehr um sich auszuzeichnen als auf Gewinn bedacht, ahmt sein Held, für den Groschenhefte die einzig erreichbare Form von Literatur sind, die dort aufregend beschriebenen Eisenbahnüberfälle der Desperados erfolglos nach. Seine Erlösung aus Unwissenheit, Naivität und Verblendung vollzieht sich, auf andere Weise modern, nach dem archetypischen Muster von Prüfungen und Bewährungen.

Thomas Manns *Doktor Faustus* (1947) markiert einen Wendepunkt in der Geschichte eines Stoffes. Nachdem der Faust-Stoff über ein Jahrhundert lang unter dem von Goethe festgelegten Gesichtspunkt der Erlösungsfähigkeit gesehen worden war, wies Mann, gemäß seiner Anschauung vom Werdegang der deutschen Geschichte, auf das verderbliche, das dämonisch-archaische Moment im alten Faustbuch zurück. Entsprechend wird der Protagonist Adrian Leverkühn durch das Gefühl der Identifikation mit dem mittelalterlichen Faust zu einer Selbst- und Schicksalserkenntnis geführt, die – trotz gelegentlichen Aufbegehrens und Ausbruchsstrebens – zur Annahme seiner Verdammung führt.

In Ulrich Plenzdorfs *Die neuen Leiden des jungen W.* (1972) hat die Verwendung von Goethes *Werther* als Selbstverwirklichungsmedium für den Lehrling Edgar Wibeau etwas mit den Positionen ostdeutscher Kulturpolitik gegenüber dem »kulturellen Erbe« zu tun. Der Autor versucht, die Erstarrung zu überwinden und die Tradition dadurch einer freieren Verfügung zuzuführen, daß er eine klassisch gewordene Figur durch Nachleben ihres Nimbus entkleidet und neu zur Disposition stellt.

»Gelebte Literatur« im *Don Quijote*

Von
MARGOT KRUSE

Bedeutung und Tragweite der »gelebten Literatur in der Literatur« lassen sich an keinem anderen Werk besser erläutern als an dem Roman *Don Quijote de la Mancha*. Hier hat Cervantes das Motiv nicht nur in komplexer Weise durch den Protagonisten und durch verschiedene andere Gestalten in Handlung umgesetzt, sondern die »gelebte Literatur« erscheint als durchgängiges Grundmotiv, das in dem Roman selbst von verschiedenen Standpunkten unter ästhetischen, moralischen und poetologischen Aspekten diskutiert wird. Der Vielfalt der Formen, in denen »gelebte Literatur« im *Don Quijote* zur Darstellung gebracht und erörtert wird, entspricht die Fülle der stilistischen Ausdrucksmittel, die Cervantes in diesem parodistischen und zutiefst ironischen Werk anwendet.

Der I. Teil des *Don Quijote* erschien 1605, genau zwei Jahrzehnte nach Cervantes' frühem Schäferroman *La Galatea*; der II. Teil wurde 1615 veröffentlicht, ein Jahr nachdem Avellaneda seine falsche und vergröbernde Fortsetzung herausgegeben hatte und zwei Jahre bevor Cervantes' später Roman *Persiles y Sigismunda* postum publiziert wurde. Beide Teile des *Don Quijote* gehören gerade im Hinblick auf das Grundmotiv »Gelebte Literatur in der Literatur« auf das engste zusammen, ja erst bei Einbeziehung des II. Teiles lassen sich die tiefere Bedeutung und die thematische Tragweite des Motivs richtig ermessen.

Nicht zufällig ist der *Don Quijote* das früheste der hier behandelten Werke, denn dieser Roman kann als der Ausgangs- und Höhepunkt in der Gestaltung unseres Motivs gelten. Damit soll natürlich nicht gesagt sein, daß es vor dem *Don Quijote* das Phänomen der »gelebten Literatur in der Literatur« nicht gegeben hätte. Man denke z.B. an die berühmte Darstellung des Liebespaares Paolo und Francesca im V. Gesang von Dantes »Inferno«, wo der Dichter Francesca selbst schildern läßt, wie die gemeinsame Lektüre des *Lancelot*-Romans – »Galeotto fu il libro« – beiden zum Verhängnis geworden ist. Dabei bezeichnet Francesca genau den Punkt, an dem die Lektüre in »gelebte Literatur« übergeht und die Liebenden zu »victimes du livre« werden. Walter Pabst ist dem von Dante meisterhaft gestalteten Aspekt unseres Motivs, der als »schädliche Lektüre« oder »Lesen bringt Unheil« bezeichnet worden ist, in zwei Beiträgen nachgegangen, die er »Fürst Galeotto oder die Macht der erfundenen Werke« und »›Victimes du livre‹. Versuch über eine literarische Konstante« überschrieben hat[1]. In den Werken des Mittelalters und der Renaissance, die als Beispiele für diese literarische Konstante herangezogen werden, bestimmt die »gelebte Literatur« jedoch nur eine Episode oder erscheint als ein Motiv neben anderen. Im *Don Quijote* dagegen beschränkt sich Cervantes nicht auf den Aspekt der Schädlichkeit der Lektüre[2], der in den ersten Kapiteln im Vordergrund steht, sondern er faßt das Motiv sehr viel weiter und macht es zu einem beide Teile des Werkes strukturierenden Prinzip.

Um die Vielschichtigkeit des Motivs im *Don Quijote* verdeutlichen zu können, muß man sich zunächst mit der Funktion, die der Literatur und der Lektüre in diesem Roman zukommt, beschäftigen. Dabei ist festzuhalten, daß hier unter »Literatur« stets fiktionale Texte mit der ihnen eigenen ästhetischen Wirklichkeit zu verstehen sind. Von »gelebter Literatur« wird gesprochen, wenn literarische Gestalten auf Grund ihrer Lektüre diese fiktive Welt in der Weise nacherleben, daß sie sich in ihrem Denken und Handeln mit den Helden der von ihnen mit Leidenschaft gelesenen Bücher so identifizieren, daß sie die fiktive Welt ihrer Lektüre nicht mehr als eine eigengesetzliche Kunstwirklichkeit erkennen, sondern sie in ihrem Lebenskreis zu realisieren suchen. Das geschieht im *Don Quijote* auf vielfältige Weise.

Die Bedeutung, die der Literatur und der Lektüre in diesem Roman zukommt, hat Mia I. Gerhardt in ihrer Don Quijote-Studie[3] überzeugend dargestellt. Sie geht von der Gestalt des Protagonisten aus, »l'homme devenu fou à force de lire«, und bezeichnet den *Don Quijote* als »le roman d'un liseur«. Das Werk schildere die Unvereinbarkeit des realen, alltäglichen Lebens in der Mancha zur Zeit des Cervantes mit dem »univers livresque«, in dem der Held des Romans lebt und dessen Gesetze er ohne Rücksicht auf ihre Angemessenheit und Realisierbarkeit durchzusetzen sucht. Die Wirklichkeit der Dichtung, »l'univers livresque«, ist in erster Linie die Ritterwelt, wie sie in den *libros de caballerías,* den Ritterromanen, geschildert wird und wie sie in den motivisch verwandten Romanzen aus den damals nicht weniger beliebten Romanzensammlungen, den *romanceros,* poetischen Ausdruck gefunden hat. Hinzu kommt die Welt der Schä-

---

[1] W. Pabst, »Fürst Galeotto oder die Macht der erfundenen Werke«, *Deutsche Beiträge,* 3 (1949), S. 168–181. – Ders., »›Victimes du livre‹. Versuch über eine literarische Konstante«, in *Filología y Didáctica Hispánica. Homenaje al Profesor Hans-Karl Schneider,* hg. v. J. M. Navarro u. a., Romanistik in Geschichte und Gegenwart, 1 (Hamburg, 1975), S. 497–525.

[2] H. Weinrich hat in seinem jüngst erschienenen Aufsatz, »Die Leser des Don Quijote«, *Zeitschrift für Literaturwissenschaft und Linguistik,* 15 (1985), H. 57/58, S. 52–66, darauf hingewiesen, daß schon Voltaire einer seiner Aufklärungsschriften den Titel *De l'horrible danger de la lecture* gegeben hat, den man auch als Untertitel für den *Don Quijote* wählen könnte (vgl. S. 52).

[3] M. I. Gerhardt, *Don Quijote, La vie et les livres,* Mededelingen der Koninklijke Nederlandse Akademie van Wetenschappen, Afdeling Letterkunde, N. R., 18, Nr. 2 (Amsterdam, 1955); die folgenden Zitate S. 17 f.

ferdichtung, die Cervantes selbst in seinem Schäferroman *La Galatea* gestaltet hatte und die als »gelebte Literatur« in mehrere Episoden des *Don
Quijote* eingegangen ist.

Zweifellos scheint es im *Don Quijote,* gerade wenn man das Werk als
Gestaltung unseres Motivs der »gelebten Literatur« interpretiert, vor allem
um eine Auseinandersetzung mit den *libros de caballerías* zu gehen, die in
Spanien im 16. Jahrhundert weiteste Verbreitung gefunden hatten⁴. Schon
im *Prólogo* zum I. Teil wird in dem fingierten Dialog zwischen dem Autor
und seinem Freund die Kritik an den Ritterbüchern als das eigentliche Ziel
des Romans bezeichnet. Der Freund geht davon aus, daß das Werk nichts
anderes bezwecke, »als das Ansehen und die Gunst zu zerstören, die die
Ritterbücher bei der Welt und bei der Masse genießen« (S. 13)⁵:

> Y, pues, esta vuestra escritura no mira a más que a deshacer la autoridad y cabida que
> en el mundo y en el vulgo tienen los libros de caballerías [...]. (S. 18)⁶

Am Ende seiner Ratschläge ermuntert der Freund den Autor sogar, sein
Augenmerk darauf zu richten, »das auf so schlechter Grundlage ruhende
Gerüste jener Ritterbücher niederzureißen, die von so vielen verabscheut
und von einer noch weit größeren Anzahl gepriesen werden« (S. 13):

> En efecto, llevad la mira puesta a derribar la máquina mal fundada destos caballeres-
> cos libros, aborrecidos de tantos y alabados de muchos más. (S. 18)

Diese in der Vorrede angegebene Zielsetzung wird am Ende des II. Teils
des Romans noch einmal durch den Autor bestätigt, wenn er abschließend
ausdrücklich sagt, seine Absicht sei keine andere gewesen, »als den Abscheu aller Menschen gegen die fabelhaften und abgeschmackten Geschichten der Ritterbücher zu wecken« (S. 1103):

> [...] no ha sido otro mi deseo que poner en aborrecimiento de los hombres las fingi-
> das y disparatadas historias de los libros de caballerías, que por las de mi verdadero
> don Quijote van ya tropezando, y han de caer del todo, sin duda alguna. (II, 74, S.
> 1139)

Aber schon hier muß man die Frage stellen, ob denn diese Zielsetzung
des Romans ernst gemeint ist, d. h. ob es Cervantes in seinem vieldeutigen,
ironischen Werk wirklich darum geht, die nicht mehr zeitgemäßen *libros*

---

⁴ Vgl. H. Thomas, *Spanish and Portuguese Romances of Chivalry* (1920 [Nachdr.: New
York, 1969]); D. Eisenberg, »*Don Quijote* and the Romances of Chivalry: the Need for a
Reexamination«, *Hispanic Review,* 41 (1973), S. 511–523; M. de Riquer, »Cervantes y la ca-
balleresca«, in *Suma Cervantina,* hg. v. J. B. Avalle-Arce und E. C. Riley (London, 1973), S.
273–292.

⁵ Die deutschen Zitate aus dem *Don Quijote* sind der Übersetzung von L. Braunfels,
durchges. v. A. Spemann, entnommen: Miguel de Cervantes, *Der sinnreiche Junker Don Quijote von der Mancha,* Deutscher Taschenbuch Verlag, 2060 (München, ²1981). – Übersetzungen fremdsprachlicher Zitate, deren Herkunft nicht eigens ausgewiesen ist, stammen von der
Verfasserin dieses Beitrags.

⁶ Zitiert wird nach der Ausgabe: Miguel de Cervantes, *Obras completas,* Bd. I, *Don Quijote
de la Mancha seguido del Quijote de Avellaneda,* hg. v. M. de Riquer, Clásicos Planeta (Barcelona, 1962).

de caballerías durch die Abenteuer Don Quijotes, also durch »gelebte Literatur«, lächerlich zu machen und das Ansehen der so weit verbreiteten Ritterbücher durch diese Form der Parodie auf burleske Weise zu vernichten. Die Frage ist – wie die Rezeptionsgeschichte des *Quijote* zeigt[7] – zu den verschiedenen Zeiten sehr unterschiedlich beantwortet worden und hat auch in der neueren Cervantes-Forschung noch keine in jeder Hinsicht befriedigende Lösung gefunden. Mit Recht fordert Hans-Jörg Neuschäfer in seiner Studie zur Parodie im *Don Quijote*[8] dazu auf, »sich die parodistische Form des *Quijote* für die Deutung seines inneren Sinns zunutze zu machen«, aber auch nachdem seine ertragreiche und gerade in unserem Zusammenhang wichtige Untersuchung vorliegt, »bleibt die Bedeutung der Parodie für den Roman des Cervantes im einzelnen noch immer zu bestimmen«.

*

Dabei läßt sich die komplizierte Entstehungsgeschichte des Werkes nicht ganz ausklammern[9], denn bei der Schilderung der ersten Ausfahrt Don Quijotes, die in der endgültigen Form des Romans mit dem »grande escrutinio« in der Bibliothek des Helden und mit der berühmten Bücherverbrennung (I,6) ihren Abschluß findet, scheint Cervantes sich wirklich nur eine Auseinandersetzung mit den *libros de caballerías* und mit den Ritterromanzen zum Ziel gesetzt zu haben. Ob er ursprünglich überhaupt nur eine kurze Erzählung in der Art seiner *Novelas ejemplares* hat schreiben wollen, die sich auf die erste Ausfahrt Don Quijotes beschränken sollte, mag dahingestellt bleiben; auf jeden Fall ging es ihm zunächst um die relativ einfache Fiktion, daß der Held sich durch zu intensive Lektüre der *libros de caballerías* so in die fiktive Ritterwelt einlebt, daß er mehr und mehr das Verhältnis zur Realität und damit den Verstand verliert, die Lebensform der »fahrenden Ritter« wählt, sein Haus und seine Angehörigen verläßt und auf närrische Weise die Liebesauffassung und die Abenteuersuche der *caballeros andantes* nachahmt. Diese Fiktion aber ist nicht eine Erfindung von Cervantes, sondern sie findet sich *mutatis mutandis* schon in einem anonymen *Entremés de los Romances,* der zwischen 1588 und 1591 entstanden sein soll[10]. In diesem Spiel ist es der Bauer Bartolo, der so viel

[7] Zur Rezeptionsgeschichte vgl. die *Bibliografía Fundamental* zu Miguel de Cervantes, *Don Quijote de la Mancha,* hg. v. L. A. Murillo, Clásicos Castalia, 79 (Madrid, ²1982), Bd. III, S. 65, Nr. 300, 1–7.

[8] H.-J. Neuschäfer, *Der Sinn der Parodie im Don Quijote,* Studia Romanica, 5 (Heidelberg, 1963); die folgenden Zitate S. 9 f.

[9] Vgl. J. J. A. Bertrand, »Die Entstehung des Meisterwerkes«, in *Don Quijote. Forschung und Kritik,* hg. v. H. Hatzfeld, Wege der Forschung, 160 (Darmstadt, 1968), S. 368–415; weitere Literaturangaben zur Entstehungsgeschichte ebd., S. 368, Anm. 1.

[10] Nach Millé y Giménez, *Sobre la génesis del Quijote* (Barcelona, 1930), S. 139, wurde der *Entremés* wahrscheinlich 1588 geschrieben, nach Menéndez Pidal, »Un aspecto en la elaboración del *Quijote*«, in ders., *De Cervantes y Lope de Vega,* Colección Austral, 120 (Madrid, 1940 [Buenos Aires, ³1945]), S. 19, im Jahre 1591 oder wenig später. Diese Entstehungszeit

in den Romanzensammlungen von der Ritterwelt gelesen hat, daß er seine
Frau und sein Land verlassen will, um Ritter zu werden und die Helden
seiner Lektüre nachzuahmen:

> De leer el Romancero
> Ha dado en ser caballero,
> Por imitar los romances;
> [...].[11]

Schon in dem *Entremés* wird »gelebte Literatur« in burlesker Weise auf die
Bühne gebracht. Bartolo, von dem gleich zu Beginn gesagt wird, er werde
bald den Verstand ganz verlieren – »que a pocos lances / Será loco verda-
dero« – tritt in grotesker Gestalt auf, mit einer Papprüstung (»armado de
papel«) und auf einem Steckenpferd (»en un caballo de caña«). Als er dem
jungen Hirten Simocho und der von diesem geliebten Schäferin Marica
begegnet, die sich Simocho zu entziehen sucht, identifiziert er ihn sogleich
mit dem vornehmen Mauren Almoradí, der in der Romanze, aus der Bartolo zitiert[12], die schöne Daraja, die er seit sechs Jahren verehrt, für sich
beansprucht. Als er zu den Versen kommt:

> Retrátate, Almoradí,
> Que es razon que te retrates
> De tus mujeriles hechos;
> Y en cosas de hombres no trates.
> Dices que Daraja es tuya:
> Suéltala, moro cobarde[13],

und Simocho auf dieses Ansinnen nicht eingeht, greift Bartolo ihn so-
gleich mit seiner Lanze an: »Pues por los cielos / Que aquesta lanza te
pase«. Darauf rächt sich Simocho, entwindet ihm die Lanze, wirft ihn zu
Boden, verprügelt ihn gründlich und macht sich auf und davon, während
Bartolo klagend auf dem Gras liegt und seinem Esel die Schuld an dem
Mißgeschick zuschreibt, da er nicht gelaufen sei, als er ihn antrieb:

> No tengo la culpa yo:
> Túvola el asno, que no
> Corrió cuando le arreaba.[14]

Schon an dieser Stelle läßt sich erkennen, daß nicht nur die Fiktion der
ersten Ausfahrt Don Quijotes Parallelen zu dem *Entremés de los Romances*

---

wird bestätigt durch die Untersuchungen von J. López Navío, »El *Entremés de los Romances,
sátira contra Lope de Vega, fuente de inspiración de los primeros capítulos del *Quijote*«,
Anales Cervantinos, 8 (1959/60), S. 151–212.
    [11] Der Text des *Entremés de los Romances* wird zitiert nach der von A. de Castro besorg-
ten Ausgabe in *Varias obras inéditas de Cervantes* (Madrid, 1874), S. 143–174, hier S. 144. Die
Annahme des Herausgebers, daß es sich bei dem *Entremés* um ein Werk von Cervantes handelt, ist von der neueren Forschung zurückgewiesen worden.
    [12] Vgl. die maurische Romanze »Andalla – VII«, in *Romancero general*, hg. v. A. Durán,
Bd. I, Biblioteca de Autores Españoles, 10 (Madrid, 1849), S. 68 f.
    [13] *Entremés [...]* (Anm. 11), S. 158. Nur die ersten vier Verse sind ein Zitat aus der ge-
nannten Romanze.
    [14] Ebd., S. 159.

aufweist, sondern daß Cervantes sich an diesen Text auch bei der Schilderung des Abenteuers erinnert hat, das der Ritter bei der Begegnung mit den toledanischen Kaufleuten meint bestehen zu müssen. Auch für Don Quijote endet dieses Abenteuer schlecht, denn auch er wird, nachdem er einen der Kaufleute mit seiner Lanze bedroht hatte, zu Boden geworfen, da Rosinante strauchelt und fällt; schließlich wird auch er von einem Maultierjungen mit seiner eigenen Lanze jämmerlich verprügelt und beteuert, als sich die anderen davonmachen, daß es nicht seine Schuld sei, wenn er dort ausgestreckt liege, sondern die seines Pferdes: »[...] no por culpa mía, sino de mi caballo, estoy aquí tendido« (I, 4, S. 62).

Noch deutlicher sind die Bezüge zwischen der »gelebten Literatur« im *Entremés de los Romances* und der Schilderung im 5. Kapitel des Romans, wo erzählt wird, wie Don Quijote, »da er nun sah, daß er sich schlechterdings nicht regen konnte« (S. 49), die berühmte Romanze von dem Markgrafen von Mantua einfällt, auf die sich auch Bartolo in dem *Entremés* beruft [15]. Diese Romanze hat für Don Quijote in der geschilderten Situation eine besondere Bedeutung, da sie von dem Neffen des Markgrafen von Mantua, Valdovinos, berichtet, den Carloto verwundet im Waldgebirge liegen ließ, einem Ereignis, das dem Ritter, wie Cervantes schreibt, »auf den Fall, in dem er sich befand, genau zu passen schien«:

> [...] y así, con muestras de grande sentimiento, se comenzó a volcar por la tierra, y a decir con debilitado aliento lo mesmo que dicen decía el herido caballero del bosque:
> – ¿ Dónde estás, señora mía,
> que no te duele mi mal? (I, 5, S. 64)
>
> [...] und so begann er mit Gebärden großen Schmerzes sich auf dem Boden zu wälzen und schwach aufatmend dasselbe zu sprechen, was, wie berichtet wird, der verwundete Ritter vom Walde sprach:
> O wo bist du, meine Herrin,
> Daß dich fühllos läßt mein Schmerz? (S. 49)

In der folgenden Episode führt die *locura* des Helden bis zur »Selbstentfremdung« [16], zugleich aber handelt es sich um »gelebte Literatur« im wahrsten Sinne, denn Don Quijote identifiziert sich so stark mit seinem literarischen Vorbild, daß er unmittelbar nacherlebt, was in der Romanze erzählt wird. Dabei bedient sich der Autor eines literarischen Kunstgriffs. Zunächst läßt er den Ritter fortfahren, mit den Worten des Valdovinos sein Leid zu klagen. Als er jedoch zu den Versen kommt, wo dem Verwundeten der Markgraf von Mantua begegnet und er diesen anspricht:

> – ¡ Oh noble marqués de Mantua,
> mi tío y señor carnal! (I, 5, S. 64),

---

[15] Es handelt sich um die Romanze 355 »Valdovinos y el Marqués de Mantua – I«, in *Romancero general* (Anm. 12), Bd. I, S. 207–212. Vgl. die possenhaft wirkenden Bezugnahmen auf diese Romanze in dem *Entremés*, S. 159–167.

[16] H. Weinrich weist darauf hin, daß dies das einzige Mal ist, »daß Selbstentfremdung erwähnt wird; in der Folge bleibt die Person Don Quijotes immer erhalten« (*Das Ingenium Don Quijotes. Ein Beitrag zur literarischen Charakterkunde* [Münster, 1956], S. 32).

richtet es Cervantes so ein, daß gerade ein Bauer aus Don Quijotes Hei-
matort an jener Stelle vorbeikommt, der ihn in seinem elenden Zustand
zuerst gar nicht erkennt, aber den Don Quijote sogleich für den Markgrafen von Mantua hält und als solchen mit den zitierten Versen anspricht.
Als Antwort auf die Frage, »wer er sei und was ihm denn weh tue, daß er
so trübselig jammere«, fährt Don Quijote mit seinen Versen dort fort, wo
Valdovinos dem Markgrafen von Mantua »Bericht über sein Unglück
gab« (S. 49), »[...] todo de la mesma manera que el romance lo canta« (I, 5,
S. 64).

Daß Cervantes der *Entremés de los Romances* bei der Darstellung »gelebter Literatur« in den ersten Kapiteln des Romans als Quelle gedient hat,
kann nach dem Gesagten nicht zweifelhaft sein. Auch an anderen Stellen
des Werkes kommt Don Quijote erneut auf den Markgrafen von Mantua
und seinen Neffen Valdovinos zu sprechen [17]. In dem *Entremés de los Romances* richtet sich die Parodie nicht allgemein auf die literarische Gattung
der *Romanceros,* sondern es handelt sich um eine Satire auf Lope de Vega
und seine Vorliebe für die Romanzenform [18]. Cervantes dagegen benutzt
Motive aus dem *Entremés* für seine Parodie der *libros de caballerías,* die bei
der Schilderung der ersten Ausfahrt Don Quijotes sicherlich primär komisch gemeint war.

*

In der vorliegenden Form des Romans, wo die erste Ausfahrt durch die
Einfügung in die komplexere Konzeption des Werkes einen anderen Stellenwert erhalten hat, kann man auf jeden Fall nur bewundern, wie konsequent die Bezugnahme auf die Ritterromane durchgeführt ist und wie
gleichzeitig doch von Anfang an deutlich wird, daß der Roman sehr viel
mehr ist als eine wirkungsvolle Parodie der *libros de caballerías.* Bezeichnend, gerade im Hinblick auf die »gelebte Literatur«, sind schon der Titel,
die Widmungsgedichte, der Romanbeginn und die Namensgebung des
Helden.

Wenn Cervantes seinen Roman *El ingenioso hidalgo Don Quixote de la
Mancha* und *Segunda Parte del ingenioso cavallero Don Quixote de la Man-
cha* überschrieben hat, so sind schon diese Titel dem ersten und berühmte-
sten spanischen Ritterroman nachgebildet, nämlich den vier Büchern des
Amadís de Gaula in der Bearbeitung von Garci Rodríguez de Montalvo,
die 1508 in Zaragoza erschienen sind unter dem Titel *Los cuatro libros del
Virtuoso cauallero Amadís de Gaula* [19]. Amadís wird als *virtuoso,* in einigen
Ausgaben des 16. Jahrhunderts auch als *muy esforzado y muy virtuoso* oder

---

[17] Vgl. I, 10, S. 108 und II, 23, S. 760; dt. Übers., S. 84 und S. 727.

[18] Den Nachweis hat López Navío (Anm. 10) geführt.

[19] Vgl. die Bibliographie der Editionen des 16. Jahrhunderts in *Amadís de Gaula,* hg. v. E.
B. Place (Madrid, 1959), Bd. I, S. XIII ff. – Zur Problematik der frühen *Amadís*-Ausgaben und
des Titels vgl. B. König, »Amadís und seine Bibliographen. Untersuchungen zu frühen Ausgaben des *Amadís de Gaula«, Romanistisches Jahrbuch,* 14 (1963), S. 294–309.

als *invencible cavallero* bezeichnet, Don Quijote dagegen wird als *ingenioso* charakterisiert, und dieses Adjektiv hat hier nicht in erster Linie parodistischen Charakter, sondern verweist mehr auf die Reden des Ritters als auf seine Taten, mehr auf den Bereich der »letras« als auf den der »armas«[20].

Die Bedeutung des *Amadís* für den *Quijote* wird noch vor Beginn der Romanhandlung erneut deutlich in den »Versos preliminares«, bei denen es sich nicht – wie z. B. bei den Sonetten, die der *Galatea* vorangestellt sind – um Huldigungs- oder Lobgedichte anderer Autoren auf Cervantes und sein Werk handelt, sondern um panegyrische Verse, die literarische Gestalten an Don Quijote, sein Buch, Dulcinea und Sancho Pansa richten. Mehrere dieser Gedichte sind Gestalten aus dem *Amadís*-Roman in den Mund gelegt. In unserem Zusammenhang sind diese Verse, mit denen Cervantes die Vorliebe Lope de Vegas für Widmungssonette parodieren wollte[21], dadurch bedeutsam, daß hier fiktive literarische Gestalten wie reale historische Personen behandelt werden. Im Hinblick auf die »gelebte Literatur« sind die beiden Sonette am wichtigsten, in denen Amadís de Gaula und der Orlando furioso Don Quijote huldigen, denn sowohl Amadís als auch der rasende Roland gehören zu den Gestalten, auf die sich der »ingenioso hidalgo« an einem der Höhepunkte des Romans ausdrücklich beruft. Amadís beginnt sein Sonett mit einer Apostrophe an Don Quijote, die auf die »gelebte Literatur« im 25. und 26. Kapitel des I. Teiles vorausweist:

> Tú, que imitaste la llorosa vida
> que tuve ausente y desdeñado sobre
> el gran ribazo de la Peña Pobre,
> de alegre a penitencia reducida, (S. 24)

> Du, der du das tränenreiche Leben nachgeahmt hast,
> das ich einsam und verlassen führte
> auf der Anhöhe des Armutsfelsens,
> statt frohen Lebens ganz auf Buße bedacht [...].

Diese Verse beziehen sich auf die berühmte Episode in der Sierra Morena, wo Don Quijote sich bei seinen Bußübungen immer wieder fragt, was wohl besser und schicklicher für ihn wäre, Orlando in seinen gewalttätigen Verrücktheiten nachzuahmen oder Amadís in seinen melancholischen Narrheiten: »[...] cuál sería mejor y le estaría más a cuento: imitar a Roldán en las locuras desaforadas que hizo, o Amadís en las malencónicas« (I, 26, S. 272).

---

[20] »Don Quijote kann in seinen Reden und Gesprächen den ganzen Kreis der Bildung abschreiten, weil er *ingenioso* ist« (Weinrich [Anm. 16], S. 70). – Zum Ingenium als pathologischem Vermögen vgl. O. H. Green, »El Ingenioso Hidalgo«, in *Don Quijote. Forschung und Kritik* (Anm. 9), S. 342–367.

[21] Auf diese polemische Absicht hat z. B. Rodríguez Marín in seinem Kommentar zum *Don Quijote* hingewiesen (vgl. *Nueva edición crítica,* 10 Bde. [Madrid, 1947–49], Bd. I, S. 24 f. u. 43). Vgl. auch P. L. Ullman, »The burlesque Poems which frame the *Quijote*«, *Anales Cervantinos,* 9 (1961–62), S. 213–227, bes. S. 214.

Literarhistorisch noch bedeutsamer ist das Widmungsgedicht, in dem Ariosts Orlando furioso sich an Don Quijote wendet, obgleich im 17. Jahrhundert der Held eines Romans keinesfalls mit dem Protagonisten eines Epos, der höchsten literarischen Gattung, auf eine Stufe gestellt werden konnte. Dennoch läßt Cervantes den Orlando furioso Don Quijote huldigen und seine Überlegenheit anerkennen, wenn es im ersten Terzett heißt:

> No puedo ser tu igual; que este decoro
> se debe a tus proezas y a tu fama,
> puesto que, como yo, perdiste el seso. (S. 27)
> Obschon du den Verstand wie ich verloren,
> Kann ich dir gleich nicht sein; das Weltall schätzt
> Weit höher deinen Ruf und deine Taten. (S. 19)

Solche Verse bedeuteten bei aller Ironie eine unerhörte Kühnheit, denn damit forderte Cervantes, wie weitere Stellen in dem Roman selbst bestätigen[22], den Vergleich seines Werkes mit dem komischen Epos von Ariost heraus, das zu jener Zeit so berühmt war, daß es mit den Epen Homers und Vergils verglichen wurde. Auch der Orlando furioso gehört zu den Vorbildern Don Quijotes, bei der Wahl zwischen den »gewalttätigen Verrücktheiten« des rasenden Roland und den »locuras malencónicas« des Amadís aber entscheidet sich der Ritter bekanntlich für die Liebesbuße des Amadís, die ihrerseits schon »gelebte Literatur« ist, wie an späterer Stelle zu zeigen sein wird[23].

Eine ganz andere Form der Parodie der *libros de caballerías* kennzeichnet den eigentlichen Romanbeginn, wo es heißt:

> En un lugar de la Mancha, de cuyo nombre no quiero acordarme, no ha mucho tiempo que vivía un hidalgo [...]. (I, 1, S. 31)[24]
> An einem Orte der Mancha, an dessen Namen ich mich nicht erinnern will, lebte vor nicht langer Zeit ein Junker [...]. (S. 21)

In bewußtem Gegensatz zu den Ritterbüchern, die feierlich und anspruchsvoll mit der Situierung der Handlung in ehrwürdig ferner Zeit und in einem fremden, oft sagenumwobenen Land zu beginnen pflegen, setzt bei Cervantes die Handlung in jüngster Vergangenheit und in unmittelbarer Nähe ein, an einem Ort in der Mancha, der so unbedeutend ist, daß der Autor vorgibt, sich nicht mehr an den Namen zu erinnern. Während in den Ritterromanen die hohe Herkunft der Helden eingehend beschrieben wird, erfährt der Leser zu Beginn des *Quijote* nicht einmal präzis den Namen des Junkers. Der Autor beruft sich vielmehr auf die unterschiedlichen Meinungen seiner Gewährsmänner und nennt als mögliche Zunamen sei-

---

[22] Vgl. M. Kruse, »Ariost und Cervantes«, *Romanistisches Jahrbuch,* 12 (1961), S. 248–264; M. Chevalier, *L'Arioste en Espagne (1530–1650). Recherches sur l'influence du »Roland furieux«* (Bordeaux, 1966), S. 439–491.

[23] S. u., S. 46.

[24] Vgl. de Riquer (Anm. 6), Kommentar zu I, 1, S. 31 f.

nes Helden Quijada, Quesada und Quejana[25]. Den Namen Don Quijote de la Mancha gibt sich der »ingenioso hidalgo« vor seiner ersten Ausfahrt selbst. Diese Namensgebung ist wiederum parodistisch und verweist auf das Motiv der »gelebten Literatur«, denn erstens hatte ein einfacher Junker auf die Bezeichnung *don* (die höheren Adelsgraden vorbehalten war) kein Anrecht, zweitens verweist das Suffix *-ote* (»que en castellano siempre a tenido un claro matiz ridículo«[26]) auf den Namen des berühmten Ritters aus dem Artuskreis »Lanzarote del Lago« und drittens wird ausdrücklich gesagt, daß der künftige Ritter die Ergänzung seines Namens »de la Mancha« im Gedanken an Amadís gewählt habe, der »sich nicht einfach damit begnügt hatte, ganz trocken Amadís zu heißen, sondern den Namen seines Königreichs und Vaterlands beifügte, um es berühmt zu machen, und sich Amadís von Gallien nannte« (S. 25):

> Pero, acordándose que el valeroso Amadís no sólo se había contentado con llamarse Amadís a secas, sino que añadió el nombre de su reino y patria, por hacerla famosa, y se llamó Amadís de Gaula, así quiso, como buen caballero, añadir al suyo el nombre de la suya y llamarse *don Quijote de la Mancha*, [...]. (I, 1, S. 38)

Ähnliches gilt für die anderen Namen, die sich der Held im weiteren Verlauf des Romans zulegt. Sehr deutlich ist die Parodie im 19. Kapitel des I. Teiles, wo Sancho Pansa (nach dem Abenteuer mit dem Leichenzug) Don Quijote den Beinamen »el Caballero de la Triste Figura« gibt. Sancho nennt ihn den »Ritter von der traurigen Gestalt« im Hinblick auf seine jämmerliche äußere Erscheinung, die er gerade beim Licht der Fakkel beobachtet hat, und er fügt hinzu:

> y débelo de haber causado, o ya el cansancio deste combate, o ya la falta de las muelas y dientes. (I, 19, S. 191)
> Daran muß entweder die Ermattung von dem Kampfe schuld sein oder das Fehlen Eurer Vorder- und Backenzähne. (S. 163)

Eine solch realistische Erklärung läßt Don Quijote selbstverständlich nicht gelten. Er meint, daß der »sabio«, d. h. der weise Zauberer, dem es nach Meinung des Ritters obliegt, seine Heldentaten aufzuschreiben, Sancho Pansa diesen Gedanken eingegeben habe, da es für ihn an der Zeit sei, »irgendeinen Beinamen anzunehmen, wie alle bisherigen Ritter einen solchen annahmen« (S. 163), »como lo tomaban todos los caballeros pasados [...]« (I, 19, S. 191). Als Beispiele werden u. a. angeführt: »el de la Ardiente Espada«, der Ritter vom flammenden Schwert Amadís de Grecia, und »el del Unicornio«, der Ritter vom Einhorn Belianís von Griechenland. Einen »Caballero de la Triste Figura« gibt es auch schon in den Ritterbüchern; diesen Beinamen hat der Fürst und spätere König Deocliano in der *Historia del muy esforzado e animoso caballero don Clarián de Landanís* (1518)[27].

---

[25] »Man behauptete, er habe den Zunamen Quijada oder Quesada geführt – denn hierin waltet einige Verschiedenheit in den Autoren, die über diesen Kasus schreiben –, wiewohl aus wahrscheinlichen Vermutungen sich annehmen läßt, daß er Quijano [Quejana] hieß« (S. 21).

[26] de Riquer (Anm. 6), Kommentar zu I, 1, S. 38, Anm. 29.

[27] Vgl. ebd., Kommentar zu I, 19, S. 190, Anm. 8.

Wichtig zum Verständnis der Parodie ist überdies die Tatsache, daß sich bei dem Fürsten Deocliano der Beiname »Caballero de la Triste Figura« auf das Bildnis der Dame bezieht, das seinen Schild schmückt, und natürlich nicht auf sein eigenes Aussehen.

Nach dem Löwenabenteuer, das einen Höhepunkt der »gelebten Literatur« im II. Teil des Romans bildet, gibt sich Don Quijote noch einmal einen neuen Beinamen. Hier wird die Parodie dadurch gesteigert, daß Don Quijote sich wie Yvain zum Löwenritter macht, obgleich der traditionelle Löwenkampf trotz seiner Tollkühnheit gar nicht stattfinden konnte, da der Löwe, beim Anblick des Ritters entmutigt, weder begehrt noch gewagt hatte, seinen Käfig zu verlassen: »no quiso ni osó salir de la jaula« (II, 17, S. 704). Dennoch hatte der Löwenwärter Don Quijote beim Abschied versprochen, seine »heldenhafte Tat dem Könige selbst zu erzählen, sobald er in der Residenz sein würde«, und der Ritter hatte darauf entgegnet:

> – Pues si acaso Su Majestad preguntare quién la hizo, diréisle que *el Caballero de los Leones;* […]. (II, 17, S. 705)
>
> »Wenn dann Seine Majestät fragen sollte, wer sie getan, so sagt ihm: *der Löwenritter;* […]«. (S. 672)

Schließlich, im letzten Kapitel des Romans, begrüßt der heimgekehrte und von seinem Wahn geheilte Don Quijote seine Freunde – den Pfarrer, den Bakkalaureus Sansón Carrasco und den Barbier Meister Nicolás - mit den Worten:

> – Dadme albricias, buenos señores, de que ya yo no soy don Quijote de la Mancha, sino Alonso Quijano, a quien mis costumbres me dieron renombre de *Bueno.* (II, 74, S. 1133)
>
> »Wünscht mir Glück, meine lieben Herren, daß ich nicht mehr Don Quijote von der Mancha bin, sondern Alonso Quijano der Gute, wie ich um meines Lebenswandels willen genannt wurde.« (S. 1097)

Ganz am Ende des Romans erfährt der Leser also doch den ursprünglichen Namen des Helden. Seine Anteilnahme aber gilt – wie schon Thomas Mann in seiner *Meerfahrt mit Don Quijote* betont [28] – nicht diesem Alonso Quijano el Bueno, sondern dem Helden der »gelebten Literatur«, dem »ingenioso caballero« Don Quijote, der in seiner durch die Lektüre bewirkten *locura* die Abenteuer selbst erfindet und bei aller Narrheit seiner Taten doch in seinen Reden so viel Einsicht und Menschlichkeit zeigt, daß er denen, die ihm begegnen, immer wieder als ein Mann »von gutem Verstande und noch bessrem Herzen« (S. 867) erscheint: »por persona muy cuerda y mejor intencionada« (II, 43, S. 900).

*

Damit sind wir an den Punkt gekommen, an dem – immer noch ausgehend von der Gestalt des Protagonisten – die Frage nach der Lektüre und dem Übergang zur »gelebten Literatur« erneut gestellt werden muß. Dabei

---

[28] Vgl. Thomas Mann, *Meerfahrt mit Don Quijote,* in ders., *Adel des Geistes,* Stockholmer Gesamtausgabe (Stockholm, 1948), S. 588–645, hier S. 638–642.

ist zu beachten, daß von der Lektüre Don Quijotes nur im 1. Kapitel des
I. Teiles die Rede ist. Schon in der zweiten Hälfte dieses Kapitels setzt die
Schilderung der »gelebten Literatur« ein, und von nun an bedarf der Held
keiner erneuten Lektüre, denn seine Vorstellungen aus der Welt der Ritterbücher sind so lebendig, daß er sie jederzeit »realisieren« kann. Zu Beginn aber wird detailliert berichtet, wie der Junker durch seine »törichte
Leidenschaft« für die *libros de caballerías* mehr und mehr den Verstand
verloren hat. So führte die übermäßige Lektüre zunächst dazu, daß er die
Jagd und die Verwaltung seines Besitzes vernachlässigte; wenig später ver-
kaufte er viele Morgen Land, um dafür Ritterbücher anzuschaffen; sodann war er ganz vernarrt in den gekünstelten Stil der Romane von Feli-
ciano de Silva und meinte, unbedingt den »Sinn des Widersinns« in seinen
verschrobenen Redensarten ergründen zu müssen. Im *Don Belianís de Grecia* von Jerónimo Fernández faszinierten ihn die unzähligen Wunden des
Helden und das Versprechen der »inacabable aventura«, des unbeendba-
ren Abenteuers, das in ihm oftmals den Wunsch erweckte, selbst »die Feder zu ergreifen und dem Buch einen Schluß zu geben« (S. 22): »y muchas
veces le vino deseo de tomar la pluma y dalle fin al pie de la letra, como
allí se promete« (I, 1, S. 34 f.). Der Autor fügt hinzu, daß dem Junker dieses Vorhaben zweifellos gelungen wäre, »wenn andere größere und ununterbrochen ihn beschäftigende Ideen es ihm nicht verwehrt hätten« (ebd.):
»y sin duda alguna lo hiciera, y aun saliera con ello, si otros mayores y
continuos pensamientos no se lo estorbaran« (ebd.). Dieses ist der erste
Hinweis auf das Bestreben des Helden, seine Leidenschaft für die *libros de
caballerías* in »gelebte Literatur« umzusetzen, und dieser Plan erscheint
bezeichnenderweise als Alternative zum Schreiben der Fortsetzung eines
Ritterromans, wobei der »gelebten Literatur« von vornherein eindeutig
der Vorzug gegeben wird. – Weiter berichtet der Autor, daß der Junker
häufig mit dem Pfarrer und mit dem Barbier (die auch eifrige Leser der *libros de caballerías* waren) Streit darüber hatte, welcher der beste und tap-
ferste Ritter gewesen sei, Palmerín de Ingalaterra, Amadís de Gaula, sein
Bruder don Galaor oder der Caballero del Febo. Das alles führte dazu,
daß sich der *hidalgo* derart in seine Bücher versenkte, daß ihm »vom wenigen Schlafen und vom vielen Lesen« (S. 23) das Gehirn so austrocknete,
daß er den Verstand verlor: »y así, del poco dormir y del mucho leer se le
secó el celebro, de manera que vino a perder el juicio« (I, 1, S. 35).

Diese *locura,* die das Handeln Don Quijotes von nun an bestimmt und
von der er erst nach seiner dritten Ausfahrt im letzten Kapitel des Romans
geheilt wird, ist die erste Voraussetzung für die Darstellung der »gelebten
Literatur« in diesem Werk. Die *locura* wird – wie Neuschäfer in seiner bereits genannten Studie gezeigt hat[29] – zum eigentlichen Motor der Handlung. Die Abenteuer sind nicht dem Helden vorherbestimmt wie in den *li-*

---

[29] Neuschäfer (Anm. 8), Kap. II, »Das neue Abenteuer und die Struktur des Geschehens
im *Quijote*«, bes. S. 37–43.

bros de caballerías, sondern sie werden von Don Quijote selbst »erfunden«;
an die Stelle des providentiell gelenkten Geschehens tritt der Zufall, ja die
Perspektive hat sich »vom Überpersönlichen auf das Persönliche, vom Geschehen auf die Personenhandlung« verlagert. Als Voraussetzung für
diese »Personenhandlung« erweist sich die Tatsache, daß der Protagonist
zugleich *loco* (ein Narr) und *ingenioso* (erfindungsreich) ist[30].
    Gleich im 2. Kapitel muß Don Quijote erfahren, daß die Abenteuer, die
er auf Grund seiner Lektüre erwartete, ausbleiben. Ersatz bietet ihm erst
seine auf der *locura* beruhende Illusion, die ihn in der ärmlichen Schenke
eine Burg »mit [...] vier Türmen und Turmhauben von glänzendem Sil-
ber« (S. 29) sehen läßt, in dem Wirt – der ihn in einer höchst burlesken
Szene zum Ritter schlagen wird – den edlen Burgherrn und in den beiden
Dirnen, die bei seiner Ankunft vor der Tür stehen, die dazugehörigen
Burgfräulein.
    So bildet die Verkennung der Realität durch Don Quijote die Voraus-
setzung für seine Existenz als *caballero andante,* und die Umdeutung der
Wirklichkeit in seinen durch die Ritterromane geprägten Vorstellungen
ermöglicht die Abenteuer, bei denen er meint, nach dem Gesetz des Ordens der fahrenden Ritter den Bedrängten und Hilfsbedürftigen beizustehen, oder die er sucht, um den Ruhm seiner Herrin Dulcinea del Toboso
zu mehren.
    Diese Zielsetzungen bestimmen schon die beiden Abenteuer der ersten
Ausfahrt, die im 4. Kapitel erzählt werden. Zunächst kommt Don Quijote
dem Bauernjungen Andrés zu Hilfe, der wehrlos an einen Baum gebunden
von seinem Herrn mit einem Gurt blutig geschlagen wird. Hier besteht die
Verkennung der Realität vorerst nur darin, daß Don Quijote den strafen-
den Bauern für einen Ritter hält, ihn mit »Descortés caballero« anspricht
und ihn zum Zweikampf herausfordert, worauf dieser natürlich nicht eingeht, sondern alles verspricht, was Don Quijote für Andrés fordert. Die
Sinnlosigkeit dieser ritterlichen Hilfeleistung, die nur zum größeren Schaden des armen Andrés ausschlägt, erfährt der Leser sofort, nachdem erzählt worden ist, wie Don Quijote im Hochgefühl, der Rächer aller Belei-
digungen und aller Widerrechtlichkeiten zu sein, davongeritten ist. Die für
den Helden bittere Ironie aber wird erst im 31. Kapitel deutlich, wo Andrés Don Quijote wieder begegnet und ihm ins Gesicht sagt, er möge ihm
niemals wieder zu Hilfe kommen, denn sein Unglück könne keinesfalls so
groß sein wie das Unheil, das ihm aus seinem Beistand erwachsen würde[31].
    Noch wichtiger ist in unserem Zusammenhang das Abenteuer mit den
toledanischen Kaufleuten, die in Geschäften nach Murcia ziehen und die

---

[30] Vgl. ebd., Kap. III, »Die Dialektik von *ingenium* und *locura* und das Problem von Ideal
und Wirklichkeit«, bes. S. 46–51.
    [31] » – Por amor de Dios, señor caballero andante, que si otra vez me encontrare, aunque
vea que me hacen pedazos, no me socorra ni ayude, sino déjeme con mi desgracia; que no
será tanta, que no sea mayor la que me vendrá de su ayuda de vuestra merced [...]« (I, 31, S.
345).

Don Quijote zur Rede stellt, da er sie für fahrende Ritter hält. Er verlangt von ihnen, sie sollten bekennen, daß es in aller Welt kein schöneres Fräulein gibt als die unvergleichliche Dulcinea, »que no hay en el mundo todo doncella más hermosa que la emperatriz de la Mancha, la sin par Dulcinea del Toboso« (I, 4, S.60). Bei dieser Episode wird ausdrücklich darauf hingewiesen, daß es sich um »gelebte Literatur« handelt. Der Autor beschreibt, wie Don Quijote, sobald er die große Schar von Leuten wahrnahm, »sich einbildete, es gebe dies wiederum ein Abenteuer, und da er in allem, soviel ihm möglich schien, die Begebnisse, die er in seinen Büchern gelesen, nachahmen wollte, so meinte er, da komme ihm ein solches gerade zupaß, um es ritterlich zu bestehen« (S.45):

> [...] y, por imitar en todo cuanto a él le parecía posible los pasos que había leído en sus libros, le pareció venir allí de molde uno que pensaba hacer. (I, 4, S.60)

In diesem Fall kommt das Abenteuer nur dadurch zustande, daß einer der Kaufleute sich zum Spaß auf eine Diskussion mit Don Quijote einläßt, die dem Autor die Möglichkeit bietet, die höfische Liebesauffassung der Ritterromane komisch zu parodieren[32]. Überdies hat gerade in diesem Fall, wo er als bewaffneter Ritter dem Gesprächspartner im Kampf überlegen sein müßte, Don Quijote selbst den Schaden von der »gelebten Literatur«, und zwar auf Grund eines Zufalls, durch den die Vorstellung von den dem Helden vorherbestimmten Abenteuern ironisch *ad absurdum* geführt wird[33].

Besonders eindrucksvolle Beispiele für die Erfindung von Abenteuern durch die *locura* und das *ingenio* des Protagonisten finden sich in der Schilderung der zweiten Ausfahrt, bei der Don Quijote von Sancho Pansa begleitet wird. Da beide die Abenteuer gemeinsam erleben und besprechen, ergibt sich für den Autor die Möglichkeit, die Ereignisse von verschiedenen Blickpunkten darzustellen und die Deutung Don Quijotes mit dem Urteil Sancho Pansas, dem die Ritterwelt zunächst völlig fremd ist, zu konfrontieren.

Das geschieht z.B. bei der Darstellung der »alta aventura«, bei der Don Quijote den Helm des Mambrin erobert (I, 21)[34]. Wie so häufig im I. Teil

[32] Der Kaufmann erhebt Einspruch und sagt, sie könnten die Forderung des Ritters nicht ohne weiteres erfüllen, sondern müßten zuvor Dulcinea zu sehen bekommen, was Don Quijote mit der Begründung ablehnt, das Wesentliche bei der Sache bestehe gerade darin, daß jeder an diese Schönheit glauben, sie bekennen, sie bestätigen, ja darauf schwören und sie verteidigen müsse, ohne sie zu sehen: »que sin verla lo habéis de creer, confesar, afirmar, jurar y defender« (I, 4, S.61).

[33] Cervantes spricht nicht von dem für Don Quijote mißlichen Zufall, sondern von der »buena suerte« des Kaufmanns, denn wenn dieses »gute Glück es nicht gefügt hätte, daß Rosinante auf halbem Weg strauchelte und fiel«, wäre es »dem verwegenen Kaufmann übel ergangen« (S.47): »[...] si la buena suerte no hiciera que en la mitad del camino tropezara y cayera Rocinante, lo pasara mal el atrevido mercader« (I, 4, S.62).

[34] Zur Bedeutung dieses Helms im I. Teil des *Don Quijote* vgl. G.Jommi, »Der Helm des Mambrin: Schein und Wirklichkeit«, in ders., *Realität der irrealen Dichtung. Don Quijote und Dante,* rowohlts deutsche enzyclopädie, 201 (Reinbek b. Hamburg, 1964), S.34–39.

des Romans nimmt das Abenteuer seinen Ausgang von einem ganz bana-
len Vorfall, der erst durch die Einbildungskraft des Ritters besondere Bedeutung gewinnt. An einem regnerischen Tag sehen Don Quijote und
Sancho Pansa, wie in der Ferne jemand auf einem grauen Tier vorbeireitet,
der eine glänzende Kopfbedeckung trägt. Für Don Quijote ist es ein Ritter
auf einem Apfelschimmel mit einem goldenen Helm auf dem Haupt, der
nur der Helm des Maurenkönigs Mambrino sein kann, der in Boiardos
Orlando innamorato von Rainaldo de Montealbano erobert worden war[35].
Sancho macht ihn darauf aufmerksam, daß er nur einen Mann auf einem
Esel erkennen könne, der auf dem Kopf etwas trage, das glänzt, »que trae
sobre la cabeza una cosa que relumbra« (I, 21, S. 208). Und in der Tat handelt es sich um einen Barbier, der sich wegen des Regens eine Bartschüssel
aus Messing auf den Kopf gesetzt hat. In Don Quijotes Vorstellung aber
wird aus der einfachen Barbierschüssel der goldene Helm des Mambrin,
der ihm von der Vorsehung zugedacht ist als Ersatz für den Verlust seines
eigenen Helms bei dem Kampf mit dem Biskayer. Aus dieser Einbildung,
die ohne Don Quijotes *locura* nicht möglich wäre, geht das ganze Abenteuer hervor. Sie veranlaßt den Ritter, den friedlichen Barbier auf seinem
Esel anzugreifen und, als dieser, um dem Lanzenstoß auszuweichen, sich
vom Esel herabgleiten läßt und ohne die Bartschüssel davonläuft, sie als
seine Beute zu betrachten. Die Parodie wird noch dadurch gesteigert, daß
Don Quijote, als er das Beutestück in Händen hält, weiter in seiner Illusion befangen bleibt, die Schüssel auf den Kopf setzt und Sancho Pansa
ausführlich zu erklären sucht, wie es dazu kommen konnte, daß dieser berühmte und gefeite Helm jetzt den Anschein einer Barbierschüssel hat,
»que parece bacía de barbero« (I, 21, S. 210). Seine Erklärung für die Veränderung des Helms ist ein gutes Beispiel für die Verbindung von *locura*
und *ingenio* bei der Interpretation der Wirklichkeit, die es Don Quijote –
zumindest im I. Teil des Romans – ermöglicht, seine ritterlichen Vorstellungen, und damit auch seine Illusionen, aufrecht zu erhalten, selbst wenn
sie durch das Resultat der Abenteuer in aller Deutlichkeit widerlegt worden sind.

   Außerdem kommt in dieser Erklärung das Thema des Gegensatzes von
Sein und Schein zur Sprache, das Cervantes – ebenso wie das Thema von
Wahrheit und Lüge – immer wieder mit dem Grundmotiv der »gelebten
Literatur« verbunden hat. Dieses Thema ist dem Autor so wichtig, daß er
Don Quijote und Sancho Pansa das Gespräch über den Helm des Mambrin im 25. Kapitel bei der Schilderung der Liebesbuße in der Sierra Morena wieder aufnehmen läßt. Dabei geht Don Quijote in der Betonung der
verschiedenartigen Möglichkeiten der Interpretation der Wirklichkeit sehr
weit. Da er zwischen Realität und Fiktion nicht zu unterscheiden vermag,
kann er Sancho erklären, daß diese Wirklichkeit jedem auf andere Weise
erscheint:

---

[35] de Riquer (Anm. 6), Kommentar zu I, 21, S. 207.

y así, eso que a ti te parece bacía de barbero, me parece a mí el yelmo de Mambrino, y
a otro le parecerá otra cosa. (I, 25, S. 260)

So kommt es, daß, was dir wie eine Barbierschüssel aussieht, mir als der Helm Mam-
brins erscheint, und einem andern wird es wieder was andres scheinen. (S. 230)

Diese Einsicht, auf deren Bedeutung für das Verständnis des ganzen Romans in der Forschung mehrfach hingewiesen worden ist[36], läßt den Helden jedoch in keiner Weise an der Wahrheit seiner Auffassung zweifeln.
Wenn die Dinge anders erscheinen, als Don Quijote behauptet hatte, so
erklärt er die alltägliche Erscheinung, an deren Realität nicht zu zweifeln
ist, als das Werk von Zauberern, deren Macht ihm aus den *libros de caballerías* vertraut ist und die alles, was die fahrenden Ritter betrifft, »ver-
wechseln und vertauschen und nach ihrem Belieben umwandeln« (S. 230):
»[...] que todas nuestras cosas mudan y truecan, y las vuelven según su
gusto, y según tienen la gana de favorecernos o destruirnos« (I, 25, S. 260).

Aber damit nicht genug, zu Beginn des 45. Kapitels wird das Thema
noch einmal aufgenommen und abgewandelt. In diesem Fall deutet nicht
nur Don Quijote selbst die Realität um, sondern nachdem der eigentliche
Besitzer der Bartschüssel in der gleichen Schenke eingekehrt ist und sein
Eigentum zurückfordert, machen sich der Barbier, der Pfarrer und einige
der hochgestellten Persönlichkeiten, die mit ihnen dort eingekehrt sind, einen Scherz daraus, einmütig mit Don Quijote zu beteuern, daß es sich keineswegs um eine Barbierschüssel handele, sondern (wie der eine *barbero*
zu dem anderen sagt) um einen Helm, wenn auch nicht um einen vollständigen: »aunque es yelmo, no es yelmo entero« (I, 45, S. 493). Die Beteiligten treiben die Fopperei (»la burla«) so weit, daß auch der eigentliche Besitzer der Bartschüssel an der Realität irre wird[37]. Zu einer Verkennung
der Wirklichkeit kommt es also auch im I. Teil des Romans nicht nur
durch die *locura* Don Quijotes, sondern auch durch Täuschung, dadurch
daß andere Romanfiguren auf die Narrheit des Helden eingehen und zu
ihrem Vergnügen in der Wirklichkeit der »gelebten Literatur« mitspielen.

Ein anderes zu Recht berühmtes Beispiel für »gelebte Literatur«, die nur
durch die Verbindung der *locura* und des *ingenio* des Helden möglich
wird, ist die bereits im Zusammenhang mit den Widmungsgedichten genannte Liebesbuße Don Quijotes (I, 25–26). Was hier parodiert wird, ist –
ebenso wie bei dem Abenteuer mit den toledanischen Kaufleuten[38] – der
Dienst, den der Ritter seiner Dame mit blindem Vertrauen nach den Regeln der höfischen Liebe leistet. In den *libros de caballerías* war dieses Liebesideal – man denke nur an die Liebe von Amadís zu Oriana – zum Mittelpunkt der ritterlichen Welt geworden. Schon im *Amadís de Gaula* aber

---

[36] Vgl. z. B. A. Castro, *El pensamiento de Cervantes* (Madrid, 1925), S. 80 ff., und (in Auseinandersetzung mit der Interpretation Castros) A. A. Parker, »Die Auffassung der Wahrheit
im *Don Quijote*«, in *Don Quijote. Forschung und Kritik* (Anm. 9), S. 17–36.

[37] Vgl. zu dieser Stelle Parker (Anm. 36), S. 21 f.

[38] I, 4, s. o., S. 42 f.

gilt dieses Liebesideal nicht mehr ganz unangefochten, sondern, wie wiederum Neuschäfer gezeigt hat[39], hängt schon in diesem Ritterroman »die Idealität der Dame von dem unbeirrbaren Glauben ihres Ritters« ab. Cervantes geht noch sehr viel weiter, denn er läßt »die Idealität der Dulcinea allein noch in der Vorstellung Don Quijotes existieren«. In beiden Teilen des Romans ist alles Streben und Tun des Ritters auf dieses Liebesideal ausgerichtet, und doch besteht die Gestalt Dulcineas nur in seiner Vorstellung oder besser gesagt in seinem unerschütterlichen Glauben. Sie ist aus seiner Lektüre hervorgegangen, und der Autor hat es so eingerichtet, daß der Abstand zu dem Anknüpfungspunkt in der Realität, dem Bauernmädchen Aldonza Lorenzo, so groß ist, daß er aus der Inkongruenz zwischen der Vorstellung Don Quijotes und dem Bezugspunkt in der Wirklichkeit die komischsten Wirkungen ziehen kann.

In der Darstellung der Pönitenz Don Quijotes in der Sierra Morena findet die komische Parodie der Abhängigkeit des Ritters von seiner Dame ihren Höhepunkt. Hier wird das Motiv der »gelebten Literatur« vielschichtig, und zwar zunächst dadurch, daß Don Quijote sich auf zwei verschiedenartige literarische Vorbilder beruft. Sowohl in dem *Amadís* als auch in dem *Orlando furioso* (in dem die Darstellung an sich schon ironisch ist) geht es um eine ganz bestimmte, besonders berühmte Episode, auf die sich Don Quijote bezieht[40] und die sich auch der Leser vergegenwärtigen muß, wenn er die Parodie richtig verstehen will. Mit der Entscheidung des Helden für die Nachahmung der Buße des Beltenebros auf der Peña Pobre aber gewinnt das Motiv der »gelebten Literatur« eine neue Tiefendimension, denn diese Selbstbestrafung des Ritters ist wiederum eine Kontrafaktur, bei der Amadís »als Archetypus einer langen literarischen Gestaltenreihe zu gelten hat«, wie von Walter Pabst überzeugend nachgewiesen worden ist[41].

*

Die Kapitel, die auf die Schilderung der Liebesbuße Don Quijotes folgen, sind im Hinblick auf unser Motiv ebenfalls von großer Bedeutung, denn hier zeigt sich zum ersten Male ganz offensichtlich, daß der Fortgang der Handlung – und d. h. die Darstellung »gelebter Literatur« – nicht nur durch die *locura* und den *ingenio* Don Quijotes ermöglicht wird, sondern auch durch die Mitwirkung anderer Romangestalten, die, wenn auch aus ganz verschiedenen Gründen, an der Nachahmung der Ritterwelt teilnehmen. Zunächst sind es der Pfarrer und der Barbier seines Heimatdor-

---

[39] Neuschäfer (Anm. 8), S. 21.

[40] Vgl. *Amadís de Gaula*, Buch II, Kap. 5, und *Orlando furioso*, XXIII. Gesang, Stanze 101–136.

[41] W. Pabst, »Die Selbstbestrafung auf dem Stein. Zur Verwandtschaft von Amadís, Gregorius und Ödipus«, in *Der Vergleich. Festgabe für H. Petriconi*, hg. v. R. Grossmann u. a., Hamburger Romanistische Studien, Reihe A, 42 (Hamburg, 1955), S. 33–49, hier S. 34.

fes, die sich entschließen, in der Vorstellungswelt Don Quijotes »mitzu-
spielen«, um ihn auf diese Weise von seiner Buße zu erlösen, ihn nach
Hause zu bringen und dort wenn möglich von seiner *locura* zu heilen. Zu
diesem Zweck verkleiden sie sich, der eine in eine hilfesuchende *doncella
andante,* der andere als ihr Knappe. In diesem Aufzug wollen sie Don
Quijote aufsuchen und ihn um seinen ritterlichen Beistand bitten, den er
ihnen nicht würde versagen können. Die Realisierung des Planes wird dadurch herausgeschoben, daß sie auf dem Wege in die Einöde erst Cardenio und dann Dorotea treffen, die ihnen jeweils ihre Geschichte erzählen.
Schließlich übernimmt Dorotea die Rolle der *doncella andante* mit der Begründung, »sie habe viele Ritterbücher gelesen und verstünde sich gut auf
den Stil, in dem die bedrängten Fräulein sprächen, wenn sie sich Vergün-
stigungen von fahrenden Rittern erbäten« (S. 287):

> [...] porque ella había leído muchos libros de caballerías y sabía bien el estilo que te-
> nían las doncellas cuitadas cuando pedían sus dones a los andantes caballeros. (I, 29,
> S. 315)

Damit beginnt die Geschichte der »princesa Micomicona«, bei der es sich
um fingierte »gelebte Literatur« handelt. Nach der Fiktion, die nicht nur
von Don Quijote, sondern auch von Sancho Pansa nicht als solche erkannt wird, ist Dorotea die Erbin des großen Reiches Micomicón in Gui-
nea, die sich auf die Suche nach dem berühmten Ritter Don Quijote bege-
ben hat, um ihn zu bitten, ihr Beistand gegen den bösen Riesen zu leisten,
der sich wider alles Recht die Herrschaft über ihr Land angemaßt hat. So
wie in den Ritterromanen die Helden häufig die weitesten Entfernungen
überwinden, um ein neues Abenteuer zu bestehen, so soll auch Don Quijote mit der bedrängten Prinzessin in die Ferne ziehen und den Riesen besiegen. Sancho wünscht sogar, daß sein Herr sie dann gleich heiraten und
Kaiser werden solle, da es ihm so ein Leichtes sein würde, ihn gebührend
zu belohnen[42]. Bei alledem beschränkt sich die Parodie nicht auf beliebte
Motive aus den *libros de caballerías,* sondern Dorotea zeigt ihre genaue
Kenntnis der Ritterbücher auch durch die gelungene Nachahmung der al-
tertümlichen und förmlichen Redeweise, durch die schon bei der Begrü-
ßung Don Quijotes eine komische Wirkung erzielt wird.

Während zuvor der Anlaß zu den Abenteuern des Helden stets von ihm
selbst gefunden oder besser »erfunden« wurde, sind es hier der Pfarrer
und Dorotea, von denen die Initiative ausgeht, auf die Don Quijote zunächst in der vorhergesehenen und beabsichtigten Weise reagiert. Dennoch kommt alles anders, als es die Initiatoren gewollt hatten, denn das
Abenteuer, mit dem sie den Ritter auf den Weg gelockt hatten und das natürlich niemals stattfinden sollte, wird alsbald von Don Quijote selbst ins
Werk gesetzt. Schon bei der Rast in der Schenke gewinnt er die Hand-

---

[42] Zur Leichtgläubigkeit Sancho Pansas in dieser Episode vgl. D. Alonso, »Sancho – Quijote, Sancho – Sancho«, in *Don Quijote. Forschung und Kritik* (Anm. 9), S. 127–137, hier S.
132 f.

lungsinitiative zurück. Das geschieht bekanntlich in Form der »brava y
descomunal batalla que Don Quijote tuvo con unos cueros de vino tinto«,
durch den »erschrecklichen und ungeheuerlichen Kampf« mit den Weinschläuchen (I, 35). Dabei ist es Sancho Pansa, der den Sinn dieses wahn-
witzigen Kampfes sofort begreift und die Gesellschaft, die noch mit der
Lektüre der Erzählung »El Curioso impertinente« beschäftigt ist, zu Hilfe
ruft mit den Worten:

> [...] ¡ Vive Dios, que ha dado una cuchillada al gigante enemigo de la señora princesa
> Micomicona, que le ha tajado la cabeza cercen a cercen, como si fuera un nabo!
> [...] que yo vi correr la sangre por el suelo, y la cabeza cortada y caída a un lado, que
> es tamaña como un gran cuero de vino. (I, 35, S. 391 f.)

> [...] So wahr Gott lebt, er hat dem Riesen, dem Feinde der Prinzessin Mikomikona,
> einen Schwerthieb versetzt, der ihm den Kopf dicht am Rumpf abgehauen hat, als
> wär's eine Rübe!
> [...] Ich sah ja das Blut auf dem Boden fließen und den Kopf abgesäbelt seitwärts lie-
> gen, der ist so lang und breit wie ein großer Weinschlauch. (S. 365 f.)

Der Kunstgriff, den Cervantes hier so wirkungsvoll anwendet, ließe sich
umschreiben mit: Verwirklichung einer in der Realität unmöglichen Heldentat im Traum. Der Effekt der Darstellung beruht darauf, daß dieses
imaginäre Abenteuer nicht nur durch eine Traumerzählung berichtet wird,
sondern daß es sich genauso ereignet wie alle anderen Abenteuer Don
Quijotes. Die detaillierte, burleske Beschreibung erfolgt in dem Augenblick, wo der Schenkwirt und die von Sancho Pansa zu Hilfe gerufene Gesellschaft die Kammer betreten, in der Don Quijote »im seltsamsten Aufzug« mit entblößtem Schwert in der Rechten dasteht, nach allen Seiten
Hiebe verteilt und Reden führt, »als wäre er wirklich im Kampf mit einem
Riesen begriffen« (»diciendo palabras como si verdaderamente estuviera
peleando con algún gigante«). Der Autor fährt fort:

> Y es lo bueno que no tenía los ojos abiertos, porque estaba durmiendo y soñando que
> estaba en batalla con el gigante; que fue tan intensa la imaginación de la aventura que
> iba a fenecer, que le hizo soñar que ya había llegado al reino de Micomicón, y que ya
> estaba en la pelea con su enemigo. Y había dado tantas cuchilladas en los cueros,
> creyendo que las daba en el gigante, que todo el aposento estaba lleno de vino. (I, 35,
> S. 392)

> Und das Beste dabei war, daß seine Augen nicht offen waren, denn er war noch im
> Schlafe und träumte nur, er sei im Gefecht mit dem Riesen. Seine Einbildung von dem
> Abenteuer, das er zu bestehen im Begriff war, war so mächtig angespannt, daß sie ihn
> träumen ließ, er sei im Königreich Mikomikón angekommen und stehe bereits im
> Kampf mit seinem Feinde. Er hatte so viele Schwerthiebe auf die Schläuche geführt,
> im Glauben, er führe sie auf den Riesen, daß das ganze Gemach voll Weines stand.
> (S. 366)

Wir haben aus der Schilderung dieses Abenteuers, das Don Quijote im
Traum besteht, etwas mehr zitiert, da der Kunstgriff, den Cervantes hier
anwendet, für unser Motiv besondere Bedeutung hat und auch von anderen Autoren übernommen worden ist. Hellmuth Petriconi hat darauf hin-

gewiesen[43], daß Heinrich Heine in den *Memoiren des Herren von Schnabelewopski* ebenfalls den Traum gewählt hat, um »gelebte Literatur« zur Darstellung zu bringen. Schnabelewopski erzählt im XI. Kapitel von dem Hauswirt, bei dem er als Theologiestudent in Leiden wohnt: »Er war seines Gewerbes ein Bruchbandmacher und seiner Religion nach ein Wiedertäufer«, der sich so sehr in die Lektüre der Bibel versenkt hatte, daß sich immer wieder Frauengestalten aus dem Alten Testament in seine Träume einschlichen, die ihn »mit der freundlichsten und zärtlichsten Aufmerksamkeit« behandelten. Da er seiner Frau am nächsten Morgen beglückt von den biblischen Begegnungen zu berichten pflegte, wuchs ihr Ärger so sehr, daß sie in ihrer eifersüchtigen Wut den armen Mann schließlich mit seinen eigenen Bruchbändern schlug:

> [...] und sie hätte ihn gewiß umgebracht, wenn er nicht aufs heiligste versprach, allen Umgang mit den alttestamentarischen Weibern aufzugeben, und künftig nur mit Erzvätern und männlichen Propheten zu verkehren.[44]

Dieses Versprechen hilft jedoch nichts, denn wenn auch der Hauswirt von nun an »sein nächtliches Glück« am nächsten Morgen »gar ängstlich verschwieg«, wurden seine biblischen Träume doch immer kühner, und da er im Schlaf zu sprechen pflegte, wurde die eifersüchtige Frau der Fortsetzung der »gelebten Literatur« alsbald gewahr. Im XII. Kapitel ruft sie Schnabelewopski als Zeugen zum Schlafgemach ihres Gatten, wo die Szene wiederum mit dem gleichen Strafgericht endet, das sie »auf die dünnen Gliedmaßen des armen Sünders« ergehen läßt[45].

Wie schon Petriconi gezeigt hat, erinnert diese mit viel Ironie erzählte Geschichte, »in der ein naiver Leser die Gestalten seiner Lektüre im Traum verlebendigt und dann für die geträumten Erlebnisse wirkliche Prügel bekommt«, zweifellos an den *Don Quijote*[46]. Der literarhistorische Zusammenhang wird ganz deutlich, wenn man die in den Kapiteln XIII und XIV folgende Simson-Episode hinzunimmt, in der Heine den gleichen Kunstgriff noch einmal steigert. An die Stelle der biblischen Träume des Hauswirts treten die Fieberphantasien des kleinen Simson, der mit Schnabelewopski in Leiden studiert. Bei den Diskussionen mit anderen Studenten ist er der Streiter für die Existenz Gottes, der sich für seinen Glauben tapfer schlägt und eines Tages im Kampf mit dem dicken Driksen schwer verletzt wird. Die Schilderung führt zu einem Höhepunkt »gelebter Literatur«, als sich der kleine Simson in der Todesstunde die Geschichte seines großen biblischen Namensvetters vorlesen läßt und am

---

[43] H. Petriconi, »Der Tod des Helden«, in ders., *Metamorphosen der Träume. Fünf Beispiele zu einer Literaturgeschichte als Themengeschichte* (Frankfurt a. M., 1971), S. 115–158, vgl. S. 152 ff.

[44] Heinrich Heine, *Aus den Memoiren des Herren von Schnabelewopski,* in ders., *Sämtliche Werke,* hg. v. O. Walzel (Leipzig, 1910–15), Bd. VI, S. 368.

[45] Vgl. ebd., S. 372 f.

[46] Petriconi (Anm. 43), S. 154.

Ende selbst den Satz: »Es sterbe meine Seele mit den Philistern« stammelt, während er mit seinen dünnen Ärmchen vergebens an den starken Bettsäulen rüttelt[47].

Die Parallele zu dieser eindrucksvollen Schlußszene aus den *Memoiren des Herren von Schnabelewopski* bildet im II. Teil des *Don Quijote* die Darstellung der Niederlage des Helden im Kampf mit dem Mondritter, dem »Caballero de la Blanca Luna« Sansón Carrasco, die Heine (wie er im letzten Teil der *Reisebilder* berichtet[48]) schon bei der ersten Lektüre des Romans zutiefst beeindruckt hat. Den Worten des kleinen Simson: »Es sterbe meine Seele mit den Philistern« entsprechen dort die viel zitierten Sätze, die Don Quijote »mit schwacher, kraftloser Stimme« spricht, als er »zerschlagen und betäubt« am Boden liegt und der Mondritter die Spitze seiner Lanze auf ihn senkt:

> »Dulcinea von Toboso ist die schönste Frau der Welt und ich der unglücklichste Ritter auf Erden, und es ist nicht recht, daß meine Schwäche diese Wahrheit verhehle. Stoß zu, Ritter, mit deiner Lanze und nimm mir das Leben, da du mir die Ehre genommen hast.«[49]
>
> – [...] Aprieta, caballero, la lanza, y quítame la vida, pues me has quitado la honra. (II, 64, S. 1079)

Dieses Ende des Kampfes mit dem Mondritter ist nicht so unmittelbar »gelebte Literatur« wie das Ende der Simson-Episode bei Heine. Don Quijotes Sieg über den Spiegelritter (II, 14) und seine Niederlage im Kampf mit dem Mondritter (II, 64) aber beziehen sich beide auf die Zweikämpfe in den *libros de caballerías*, in denen es darum geht, daß der Besiegte die unvergleichliche Schönheit der Dame des Siegers anerkennen muß. Petriconi gibt sogar eine präzise Vorlage an[50], und zwar im I. Buch des *Amadís de Gaula*, Kapitel XVIII, wo erzählt wird: »Wie Amadís mit Angriote und mit dessen Bruder kämpfte und sie besiegte, die den Durchgang durch ein Tal verwehrten, indem sie darauf bestanden, daß keiner eine schönere Freundin habe als Angriote«, »[...] que ninguno tenía más hermosa amiga que Angriote«. Die Sätze, die Angriote spricht, als er, von Amadís an mehr als zwanzig Stellen verwundet und am Ende seiner Kräfte, den Kampf aufgeben muß, lauten:

> »[...] ich sage Euch, Herr Ritter, ich halte es nicht für eine Schande, wohl aber für einen großen Verlust (was mir widerfuhr), denn ich verliere heute, was ich auf der Welt am meisten liebe.«
>
> »[...] dígoos, señor cauallero, que lo no tomo por mengua, mas por gran pérdida, que oy pierdo la cosa del mundo que más amo.«[51]

---

[47] »Aber die starken Bettsäulen blieben unbeweglich, ermattet und wehmütig lächelnd fiel der Kleine zurück auf seine Kissen, und aus seiner Wunde, deren Verband sich verschoben, quoll ein roter Blutstrom« (Anm. 44), S. 382.

[48] Vgl. *Reisebilder IV.*, »Die Stadt Lucca«, Kap. XVI, in Heine, *Sämtliche Werke* (Anm. 44), Bd. V, S. 65.

[49] Übersetzung nach H. Petriconi, »Kritik und Interpretation des *Quijote*«, *Die Neueren Sprachen*, 34 (1926), S. 336.

[50] Vgl. Petriconi (Anm. 43), S. 147.

[51] *Amadís de Gaula* (Anm. 19), Bd. I, S. 163.

Vergleicht man diese Worte mit dem Bekenntnis des besiegten Don Quijote, so wirken sie eher blaß. Hier hat Cervantes die Vorlage aus dem Ritterroman nicht parodiert, sondern wirkungsvoll gesteigert. Was den Leser in den Worten Don Quijotes ebenso ergreift wie in dem letzten Bekenntnis des kleinen Simson, ist das unbeirrbare Festhalten an den aus der Lektüre gewonnenen Idealen auch angesichts des Todes. Zwar besteht real für den besiegten Don Quijote keine Todesgefahr, aber deshalb ist sein Heldentum in diesem Augenblick nicht weniger glaubhaft, denn für ihn gibt es bis zum letzten Kapitel des Romans keine andere Wirklichkeit als die der »gelebten Literatur«.

*

Damit hat sich ausgehend von unserem Motiv bestätigt, daß die komische Parodie der Ritterromane keineswegs das einzige, ja nicht einmal das primäre Anliegen von Cervantes gewesen sein kann. Schon die Darstellung der ritterlichen Abenteuer Don Quijotes beweist, daß das Verhältnis des Autors zu den *libros de caballerías* vieldeutig ist und daß der Sinn der Parodie sich keinesfalls in einer Verurteilung der Ritterbücher erschöpft.

Um der Bedeutung der Parodie für die Zielsetzung des Romans näher zu kommen und um zu zeigen, in welch verschiedenen Formen »gelebte Literatur« im *Don Quijote* dargestellt wird, ist es jedoch notwendig, sich nicht auf die Teile des Romans zu beschränken, in denen die Welt der Ritterromane – parodistisch in Handlung umgesetzt – in den Abenteuern Don Quijotes zur Darstellung kommt, sondern auch die Abschnitte in die Untersuchung einzubeziehen, in denen die *libros de caballerías* und ihre Wirkung auf die Leser in bedeutsamen Literaturgesprächen diskutiert werden.

Außerdem ist zu bedenken, daß bei der »gründlichen Untersuchung«, die der Pfarrer und der Barbier in der Bibliothek Don Quijotes vornehmen (I, 6), nicht nur die Ritterbücher einer genauen Prüfung unterzogen werden, sondern auch die Schäferromane. Da überdies die Schäferdichtung als »gelebte Literatur« in beide Teile des Romans Eingang gefunden hat, ergibt sich für uns die Aufgabe, auch der Frage nach der *parodie pastorale* nachzugehen.

Den Ausgangspunkt für die wichtigen Literaturgespräche bildet das Gericht in der Bibliothek des Helden, das an zentraler Stelle zwischen der ersten und der zweiten Ausfahrt Don Quijotes steht. Die Bücherverbrennung wird eingeleitet, weil die Beteiligten, d. h. die Nichte, die Haushälterin, der Pfarrer und der Barbier, die *locura* Don Quijotes allein auf den schädlichen Einfluß der Bücher zurückführen, so daß sie meinen, ihn durch die Beseitigung dieser Anstifter des Unheils von seiner Narrheit heilen und von einer erneuten Ausfahrt abhalten zu können. Für den aufmerksamen Leser ist dagegen klar, daß Don Quijote der Bücher gar nicht mehr bedarf, da er die fiktive Welt der *libros de caballerías* so zu seiner eigenen gemacht hat, daß an die Stelle der Lektüre die »gelebte Literatur«

getreten ist. Überdies muß an dem Ergebnis des »grande escrutinio« auf-
fallen, daß entgegen den Bestrebungen der Haushälterin und der Nichte,
die alle Bücher verbrannt sehen wollen, gerade die besten und wirkungs-
vollsten Ritterromane – der *Amadís de Gaula,* der *Palmerín de Ingalaterra*
und der *Tirant lo Blanch* – durch das Urteil des literaturverständigen Pfarrers und die Zustimmung des lesefreudigen Barbiers vor der Vernichtung
bewahrt bleiben. Es geht also nicht um die Verurteilung der Gattung der
libros de caballerías schlechthin, sondern um die »heitere und gründliche
Prüfung« der einzelnen Werke, wie es schon im Titel des Kapitels heißt:
»Del donoso y grande escrutinio que el cura y el barbero hicieron en la li-
brería de nuestro ingenioso hidalgo« (I, 6, S.69). »Heiter« ist die Prüfung,
weil hier die Verurteilung und Bücherverbrennung nicht mit fanatischem
Eifer erfolgt, sondern die Kritik von Literaturliebhabern vorgenommen
und in scherzhaftem Ton durchgeführt wird. Auch werden die Werke
nicht nach moralischen oder religiösen Gesichtspunkten geprüft, wie man
es von einem Geistlichen zunächst erwartet hätte, sondern primär nach ästhetischen oder im engeren Sinne literarischen Kriterien. Zumeist erfolgt
die Verurteilung, wie schon E. F. Rubens festgestellt hat[52], weil es dem
Werk an Wirklichkeitsnähe fehlt oder aus stilistischen Gründen. Der
Amadís de Gaula bleibt dagegen vor der Verbrennung bewahrt, weil er angeblich der erste in Spanien gedruckte Ritterroman ist und zugleich »das
beste aller Bücher, die in dieser Art verfaßt worden« (S.54): »el mejor de
todos los libros que de este género se han compuesto« (I, 6, S.71)[53]. Am
Palmerín de Ingalaterra lobt der Pfarrer insbesondere die Kunst, mit der
die Abenteuer auf dem Schloß der Prinzessin Miraguarda gestaltet sind,
und die Gespräche, die sich durch höfischen Ton und klaren Stil auszeich-
nen und stets das, was für die sprechende Person gerade paßt, »con mucha
propriedad y entendimiento« (I, 6, S.75) zum Ausdruck bringen[54]. Wenn
der *Tirante el Blanco* ebenfalls vor dem Feuertod gerettet und dem Barbier
zur Lektüre mit nach Hause gegeben wird, so geschieht es im Hinblick auf
den ausgezeichneten Stil dieses Buches[55] und wegen seiner größeren
Wirklichkeitsnähe: »Hier wenigstens essen doch die Ritter und schlafen
und sterben in ihrem Bette [...]« (S.58)[56].
    Bei den Schäferromanen, die sich in der Bibliothek Don Quijotes befin-
den, erfolgt die Beurteilung nach den gleichen Kriterien[57]. Der Pfarrer

---

[52] E. F. Rubens, »Sobre el capítulo VI de la primera parte del *Quijote*«, *Cuadernos del Sur*
(Bahía Blanca, 1959), S.13ff.
[53] Diese Worte des Barbiers geben nicht sein persönliches Urteil wieder, sondern das, was
er hat »sagen hören«. Der Pfarrer als entscheidende Instanz bei dieser Prüfung bestätigt das
Urteil.
[54] Weinrich (Anm.16), S.100, hat darauf hingewiesen, daß schon diese Stelle zeigt, »wie
wichtig Cervantes die (aristotelische) Decorum-Lehre genommen hat«.
[55] »[...] por su estilo, es éste el mejor libro del mundo«, sagt der Pfarrer (I, 6, S.76).
[56] »aquí comen los caballeros, y duermen y mueren en sus camas, y hacen testamento an-
tes de su muerte, con estas cosas de que todos los demás libros deste género carecen« (ebd.).
[57] Die Forderungen der Wahrscheinlichkeit und der Decorum-Lehre kommen hier allerdings weniger deutlich zum Ausdruck; überdies ist das Lob auf *Los diez libros de Fortuna de*

vertrat zunächst den Standpunkt, keines dieser Bücher sollte verbrannt werden, weil sie nie solchen Schaden stifteten oder stiften würden, wie ihn die Rittergeschichten angerichtet hätten: »porque no hacen ni harán el daño que los de caballerías han hecho« (I, 6, S. 78). Er ließ sich aber von der Nichte umstimmen, die befürchtete, daß Don Quijote, wenn er von der Ritterkrankheit geheilt sei, bei der Lektüre der Schäferromane auf den Einfall kommen könne, das Gelesene ebenfalls in die Tat umsetzen zu wollen, also Schäfer zu werden und sich so zu verhalten wie die Helden der Schäferdichtung: »de hacerse pastor y andarse por los bosques y prados cantando y tañendo« (ebd.).

Diese Stelle, an der zum ersten Mal die *novelas pastoriles* in bezug auf das Motiv der »gelebten Literatur« mit den *libros de caballerías* in Verbindung gebracht werden, weist voraus auf die Marcela-Episode (I, 11–14) und auf die neue Form bewußt gelebter Schäferdichtung, der Don Quijote und Sancho Pansa im II. Teil des Romans begegnen werden (II, 58)[58]. Außerdem wird der Gedanke, daß Don Quijote selbst Schäfer werden könnte, gegen Ende des II. Teiles des Romans mehrmals wieder aufgenommen. Als Don Quijote und Sancho Pansa im 67. Kapitel – nach der Niederlage im Kampf mit dem Mondritter – an den Ort zurückkehren, wo sie »die reizenden Schäferinnen und die stattlichen Schäfer fanden, die hier das arkadische Hirtenleben nachahmen und erneuen wollten« (S. 1058), schlägt der besiegte Ritter seinem Knappen vor, daß sie selbst sich in Schäfer verwandeln könnten, wenigstens so lange er zurückgezogen leben müsse: »– [...] querría, ¡oh Sancho!, que nos convirtiésemos en pastores, siquiera el tiempo que tengo de estar recogido« (II, 67, S. 1093). Diesem Wunsch entsprechend malt Don Quijote Sancho Pansa das künftige Schäferleben so aus, wie er es aus den *novelas pastoriles* kennt, angefangen mit den Schäfernamen, die sie sich geben werden – »*el pastor Quijotiz*« und »*el pastor Pancino*« – bis zu den Gedichten, bei denen ihnen Apoll die Verse und die Liebe »geistreiche Gedanken« (»conceptos«) eingeben würden, mit denen sie sich »unsterblichen Ruhm erwerben« könnten, »nicht nur in den jetzigen Zeiten, sondern auch für alle zukünftigen« (S. 1058). Spätestens hier wird deutlich, daß Cervantes im *Quijote* auch die Möglichkeit nutzt, beliebte Motive der Schäferdichtung wirkungsvoll zu parodieren.

---

amor von Antonio de Lofraso sicherlich ironisch gemeint, da Cervantes in *El Viaje de Parnaso* über den Autor spottet (vgl. de Riquer [Anm. 6], Kommentar zu I, 6, S. 79).

[58] Es handelt sich um die Begegnung mit einer vornehmen Gesellschaft in Schäferkleidung, überaus schönen jungen Damen und stattlichen Herren, die dort in lieblicher Landschaft zusammengekommen sind, um sich zu vergnügen, indem sie gemeinsam ein neues, schäferliches Arkadien schaffen: »Formando entre todos una nueva y pastoril Arcadia« (II, 58, S. 1022). Im Unterschied zu allen Formen »gelebter Literatur«, die vorher geschildert worden waren, sind sich hier die Schäfer voll bewußt, daß es sich bei ihrer frei gewählten und nur für kurze Zeit angenommenen Lebensform um eine literarische Fiktion handelt: »[...] eux aussi vivent la littérature, mais sans perdre de vue que c'est un jeu« (Gerhardt [Anm. 3], S. 23).

Schließlich teilt Don Quijote seinen Vorsatz, Schäfer zu werden, nach seiner endgültigen Heimkehr im 73. Kapitel auch dem Pfarrer und Sansón Carrasco mit. Beide sehen in dieser Wahl einer neuen Form »gelebter Literatur« eine »nueva locura« Don Quijotes; aber in der Hoffnung, daß er dennoch während dieser Zeit geheilt werden könne, stimmen sie dem Plan zu – »aprobaron por discreta sa locura« (II, 73, S. 1129) – und bieten dem Heimgekehrten an, »ihm in seinem neuen Berufe Gesellschaft zu leisten« (S. 1094).

Wenn es auch nicht mehr zur Ausführung dieses Planes kommt, erweist sich doch die vor der zweiten Ausfahrt Don Quijotes geäußerte Befürchtung der Nichte hier am Ende der dritten Ausfahrt als durchaus berechtigt. Auch das ist ein Beispiel für die im höchsten Grade kunstvolle Struktur des Romans, die sich an der in unserem Zusammenhang besonders wichtigen Marcela-Episode am besten zeigen läßt.

Nachdem in I, 6 die Schäferromane – von der *Diana* Montemayors bis zur *Galatea* von Cervantes [59] – einer »gründlichen Prüfung« unterzogen worden waren, kommt Don Quijote schon in I, 11 mit der Welt der Schäfer in direkte Berührung. Der besondere Reiz der Marcela-Episode besteht darin, daß hier die reale Schäferwelt in Gestalt der Ziegenhirten, die Don Quijote und Sancho Pansa gastfreundlich an ihrer Abendmahlzeit teilnehmen lassen, und die Schäferwelt als »gelebte Literatur«, die mit der Geschichte der Schäferin Marcela und der Schilderung des Begräbnisses von Grisóstomo in den Mittelpunkt rückt, auf das kunstvollste miteinander verbunden sind. Gleich bei dem ersten Zusammentreffen mit den Ziegenhirten hält Don Quijote nach dem Essen eine Lobrede auf das Goldene Zeitalter und nimmt damit ein zentrales Thema der Schäferdichtung auf. Anlaß dieser langen Rede, von der der Autor selbst sagt, daß sie »ganz gut hätte unterbleiben können« (S. 90), waren die getrockneten Eicheln, die die Hirten zur Abendmahlzeit angeboten hatten. Der Anblick dieser Eicheln hatte genügt, um in Don Quijote das Goldene Zeitalter so lebendig werden zu lassen, daß man schon bei seiner Rede von »gelebter Literatur« sprechen könnte. Die wohlgesetzten Worte des Ritters zeigen, daß er in der Bukolik kaum weniger belesen ist als in den Ritterbüchern und es versteht, die traditionellen Grundzüge des Goldenen Zeitalters so zu schildern, daß ein lebendiges Bild entsteht. Diese poetische Realität wird geschickt mit der Alltagswirklichkeit konfrontiert, nämlich den Ziegenhirten,

---

[59] Der Cura behauptet, seit langen Jahren mit Cervantes befreundet zu sein und daher zu wissen, daß er erfahrener sei im Leiden als im Dichten, »que es más versado en desdichas que en versos« (I, 6, S. 80). Auch hier wird die fiktive Gestalt des Pfarrers mit der historischen Persönlichkeit des Autors auf eine »Realitätsebene« gestellt, ein Vorgang, den wir schon bei den Widmungsgedichten beobachtet hatten und der von E. Leube, »Die Kunst und das Leben. Zur ›Verselbständigung‹ der literarischen Gestalt im *Don Quijote*«, *Archiv für das Studium der Neueren Sprachen und Literaturen*, 205 (1969), S. 454–469, näher untersucht worden ist.

»welche ohne ein Wort der Erwiderung« Don Quijote »mit offenem Munde und still vor Verwunderung zuhörten« (S. 90)[60].

Durch diese Rede auf das Goldene Zeitalter wird die Haupthandlung sehr geschickt mit der Marcela-Episode verbunden, in der es darum geht, Arkadien in der historischen Wirklichkeit des cervantinischen Romans zu realisieren und damit das Kernstück der Schäferdichtung in »gelebte Literatur« umzusetzen. Dieser Versuch Marcelas muß ebenso mißlingen wie die Versuche Don Quijotes, die Ideale der Ritterwelt aus den *libros de caballerías* in selbst erfundenen Abenteuern auf seinen Ausfahrten zu verwirklichen. Dennoch ist die Marcela-Episode nicht eine Parodie der arkadischen Liebesfreiheit der Schäferdichtung in dem Sinne, wie man bei den Abenteuern Don Quijotes von einer Parodie der dem Helden vorbestimmten Abenteuer in den Ritterromanen sprechen kann. Erich Köhler hat vielmehr mit Recht von den »Wandlungen Arkadiens« in der Marcela-Episode gesprochen und gezeigt, daß Cervantes »das Grundthema bukolischer Dichtung, die arkadische Freiheit, ernster als alle anderen Dichter zuvor« genommen hat[61]. Schon in der *Diana* von Montemayor war die Willensfreiheit der Liebenden, »die in einem idealen Arkadien, wo Wille und Affekt zusammenfallen, durch kein Hindernis auf die Dauer gefährdet werden kann«, in der Hirtenwelt selbst in Frage gestellt worden. Das zeigt sich gleich zu Beginn des Romans, wo berichtet wird, wie für den Hirten Sireno die Freiheit, die ihm die Schäferwelt geboten hatte, nur solange währte, bis er von der Liebe zu Diana ergriffen wurde: »hasta que el crudo amor tomó aquella possessión de su libertad, que él suele tomar de los que más libres se imaginan«[62]. Bei Montemayor aber konnte der Konflikt zwischen der Allmacht der Liebe und der Willensfreiheit noch durch den Zaubertrank der weisen Filicia gelöst werden, eine Lösung, die Cervantes nicht gelten ließ, wie schon die Kritik des Pfarrers an der *Diana* Montemayors im *Quijote* I, 6 zeigt[63]. Auch Alonso Pérez und Gil Polo hatten sich in ihren Fortsetzungen der *Diana* mit einer solch künstlichen Harmonisierung des Konflikts nicht zufrieden gegeben, sondern nach anderen Lösungen gesucht[64]. Cervantes aber ist in der Marcela-Episode noch weiter gegangen. Mit Recht schreibt Erich Köhler:

> Die Konsequenz freilich, daß die Wahrung absoluter Willensfreiheit tragische Folgen haben kann – und im arkadischen Bereich nunmehr sogar haben muß –, hat erst Cervantes selbst gezogen [...].[65]

---

[60] »[...] antojósele hacer aquel inútil razonamiento a los cabreros, que, sin respondelle palabra, embobados y suspensos, le estuvieron escuchando« (I, 11, S. 115).

[61] Vgl. E. Köhler, »Wandlungen Arkadiens: die Marcela-Episode des *Don Quijote* (I, 11–14)«, in ders., *Esprit und arkadische Freiheit* (Frankfurt a. M., 1966), S. 302–327, Zitate S. 304.

[62] J. de Montemayor, *Los siete libros de la Diana,* hg. v. F. López Estrada, Clásicos Castellanos, 127 (Madrid, 1946), S. 10.

[63] Nach dem Urteil des Pfarrers soll die *Diana* von Montemayor nicht verbrannt werden, aber man solle ihr alles wegschneiden, »was von der weisen Filicia und dem verzauberten Wasser handelt, [...]« (S. 59; Original, I, 6, S. 78).

[64] Vgl. Köhler (Anm. 61), S. 305–307.   [65] Ebd., S. 307.

Mit den »tragischen Folgen« ist in der Marcela-Episode der Tod des berühmten Schäfers Grisóstomo gemeint, von dem schon bei der Zusammenkunft Don Quijotes mit den Ziegenhirten berichtet wird. Die Todesnachricht bringt ein junger Hirte, der aus dem nahe gelegenen Dorf zurückkehrt und erzählt, daß am gleichen Morgen »aquel famoso pastor
estudiante llamado Grisóstomo« sich das Leben genommen habe und daß
man behaupte, »er sei aus Liebe zu jenem Teufelsmädchen Marcela gestorben, der Tochter des reichen Guillermo, derselben, die in Hirtentracht
durch die abgelegenen Wildnisse dorten herumzieht« (S. 94):

> que ha muerto de amores de aquella endiablada moza de Marcela, la hija de Guil-
> lermo el rico, aquella que se anda en hábito de pastora por esos andurriales. (I, 12,
> S. 119)

Am folgenden Tage solle nach dem Willen des Verstorbenen das Be-
gräbnis auf freiem Feld stattfinden, unten am Felsen, bei der Quelle am
Korkbaum, wo man sagt, daß er Marcela zum ersten Male gesehen habe.
So beschließen die Ziegenhirten, an dieser ungewöhnlichen Feier teilzu-
nehmen, und auch Don Quijote und Sancho Pansa schließen sich ihnen
an, nachdem der Hirte Pedro auf Bitten des Ritters noch mehr über diesen
Grisóstomo und die Schäferin Marcela berichtet hat. Dabei erfuhr Don
Quijote – und mit ihm der Leser –, wie es dazu gekommen war, daß der
Verstorbene, ein reicher, vornehmer Herr und überdies ein begabter Dich-
ter, eines Tages Schäferkleidung angelegt habe und mit seinem Freunde
Ambrosio ausgezogen sei, um ein Hirtenleben zu führen. Grisóstomo
faßte diesen Entschluß, »weil er in diesen abgelegenen Gründen jener
Marcela nachgehen wollte« (S. 96), die, jung und über alle Maßen schön,
von vielen begehrt wurde, sich aber allen Bewerbern entzogen hatte und
Hirtin geworden war, gerade um ihre Freiheit zu erhalten.

Don Quijote erfährt also zunächst aus dem Bericht eines wirklichen
Ziegenhirten von jener Schäferwelt »gelebter Literatur«, die zugleich ein
Gegenbild zu bukolischer Dichtung darstellt, da sich in dem Verhalten
Marcelas die Liebesfreiheit Arkadiens verkehrt in die Freiheit, nicht zu lie-
ben, oder anders ausgedrückt, in die Freiheit von der Verpflichtung, den
Liebenden wiederzulieben.

Bezeichnenderweise hört Don Quijote dem Bericht Pedros zu wie einer
fiktiven Erzählung und dankt dem Hirten am Schluß für das Vergnügen,
das er ihm mit dem Vortrag einer so anziehenden Geschichte bereitet
habe: »[...] agradézcoos el gusto que me habéis dado con la narración de
tan sabroso cuento« (I, 12, S. 125). Was er von Grisóstomo und Marcela
gehört hat, ist für ihn nur in dem Sinne Realität, in dem auch die fiktiven
Ereignisse der Ritterbücher und Schäferromane für ihn Wirklichkeit sind.
Der »cuento« hat aber auch Folgen für sein Verhalten, denn für Don Quijote verbindet sich die Gestalt Marcelas als unerreichbares Ziel der Liebe
Grisóstomos mit der Gestalt seiner Herrin, und er verbringt den größten
Teil der Nacht »en memorias de su señora Dulcinea, a imitación de los
amantes de Marcela« (ebd.).

Die Schilderung des Begräbnisses im 13. und 14. Kapitel findet ihren Höhepunkt, als Marcela selbst in voller Schönheit auf dem Felsen über der Grabstelle erscheint und die für die »Wandlungen Arkadiens« entscheidende Rede zu ihrer Selbstverteidigung hält. Im Gegensatz zu dem traditionellen Ideal der Schäferdichtung, der Wunscherfüllung in einem arkadischen Glück der Liebesfreiheit, verteidigt Marcela die Freiheit als Selbstbestimmung, eine Freiheit, die sich nach ihren Worten nur in der Einsamkeit der Felder bewahren läßt: »Yo nací libre, y para poder vivir libre escogí la soledad de los campos« (I, 14, S. 142). Am Tode Grisóstomos sei sie unschuldig, denn da sie weder ihm noch anderen Hoffnungen gemacht habe, trage sie keine Verantwortung für seine Eifersucht und Verzweiflung. Marcela bekennt sich zu einem Leben ohne Liebe und Haß, in dem sich das Glück auf den Fluchtraum der sie umgebenden Berghöhen beschränkt[66]. So zieht sie sich nach ihrer Rede, ohne eine Antwort der Anwesenden abzuwarten, in die Einsamkeit zurück. Da die Liebhaber dennoch Anstalten machen, ihr zu folgen, sieht Don Quijote »die rechte Gelegenheit gekommen zur Übung seiner Ritterpflicht, bedrängten Jungfrauen beizustehen« (S. 118), und tritt mit beredten Worten für Marcela ein. Nachdem das Begräbnis abgeschlossen ist, faßt er überdies den Entschluß, die Hirtin aufzusuchen und ihr seine Hilfeleistung anzubieten[67].

Dieser Abschluß der eng mit der Haupthandlung verbundenen eingeschobenen Erzählung von der tragisch endenden Liebe Grisóstomos ist besonders kunstvoll, weil hier die Parallele zwischen zwei »attitudes livresques devant la vie« klar zum Ausdruck kommt. Die Marcela-Episode spiegelt im Kleinen das zentrale Thema des *Don Quijote* wider, wie schon Mia Gerhardt bemerkt hat. Sie schreibt:

> [...] ce qui est surtout significatif, c'est que la donnée purement conventionnelle du passage reflète, en petit, le thème central du livre: sans les romans pastoraux, Chrysostome ne se serait pas suicidé – et Marcelle n'aurait probablement pas été cruelle. La littérature a faussé leurs rapports avec la réalité, et cette même imitation de l'art qui a entraîné Don Quichotte vers une vie paradoxale, pousse Chrysostome dans la mort.[68]

*

Was hier als das zentrale Thema des Romans bezeichnet wird, die Verfälschung der Beziehungen zur Realität durch die Lektüre, ist auf das engste verbunden mit der grundsätzlichen Frage nach dem Wirklichkeits- und Wahrheitsanspruch der Dichtung, dem Problem von Wahrheit und Lüge, Realität und Illusion in der Literatur, Fragen, die im *Don Quijote* immer wieder diskutiert werden. Besonders aufschlußreich ist in diesem Zusammenhang das 32. Kapitel des I. Teils, da hier die Diskussion an die Bücher-

---

[66] »[...] ni quiero ni aborrezco a nadie. [...] Tienen mis deseos por término estas montañas [...]« (I, 14, S. 144; dt. Übers., S. 118).

[67] »[...] determinó de ir a buscar a la pastora Marcela y ofrecerle todo lo que él podía en su servicio« (I, 14, S. 145; dt. Übers., S. 119).

[68] Gerhardt (Anm. 3), S. 24.

verbrennung im 6. Kapitel anschließt und auch das Motiv der »gelebten Literatur« einbezieht. Dieses Gespräch findet in der Schenke statt, wo Don Quijote vor seinem Kampf mit den Weinschläuchen auf dem Dachboden ausruht, während der Pfarrer unten mit dem Wirt und den anderen Gästen über die Ritterbücher spricht, die an der Narrheit Don Quijotes schuld seien. Der Wirt vertritt dagegen den Standpunkt, daß es nichts Besseres auf der Welt zu lesen gäbe:

> […] cuando oyo decir aquellos furibundos y terribles golpes que los caballeros pegan, que me toma gana de hacer otro tanto, y que querría estar oyéndolos noches y días. (I, 32, S. 347)
>
> […] wenn ich die schrecklichen Hiebe beschreiben höre, welche die Ritter austeilen, packt mich die Lust, es ebenso zu machen, und ich möchte Tag und Nacht davon hören. (S. 318)

Auch seine Tochter und die Magd Maritornes hören gerne zu, wenn in der Schenke Ritterbücher vorgelesen werden, wobei sie nicht die Kämpfe interessieren, sondern die Liebesgeschichten und das Wehklagen der Ritter, wenn sie fern von ihren Damen sind. Von den drei Büchern, die der Wirt sorgsam verwahrt und aus denen vorgelesen wird, wenn ein Lesekundiger in der Schenke einkehrt, sind zwei Ritterromane, nämlich der *Felixmarte de Hircania,* den der Cura schon im 6. Kapitel wegen der »dureza y sequedad de su estilo« verurteilt hatte (I, 6, S. 72), und *Don Cirongilio de Tracia,* ein Werk, das sich in der Bibliothek Don Quijotes nicht befand, zu dem M. de Riquer anmerkt: »obra de estilo recargadísimo y lleno de mala retórica« [69]. Das dritte Buch dagegen ist eine Chronik, die *Historia del Gran Capitán Gonzalo Hernández de Córdoba,* die der Pfarrer als »historia verdadera« bezeichnet und die er mit Nachdruck lobt, im Gegensatz zu den beiden *libros de caballerías,* denen er vorwirft, sie seien »lügenhaft« und »voll von Torheiten und Unsinn« (S. 320): »estos dos libros son mentirosos y están llenos de disparates y devaneos« (I, 32, S. 349). Der Wirt aber ist ganz anderer Meinung, er will eher die *Historia del Gran Capitán,* die verbunden ist mit der *Vida de Diego García de Paredes,* ins Feuer werfen, ja einen Sohn verbrennen lassen, als eines von diesen Ritterbüchern:

> – Mas si alguno quiere quemar, sea ese del Gran Capitán y dese Diego García; que antes dejaré quemar un hijo que dejar quemar ninguno desotros. (I, 32, S. 349)

Dabei sind es gerade die unwahrscheinlichsten Taten der Ritter, die ihn in Begeisterung versetzen. Der chronikartige Bericht des Gonzalo Hernández de Córdoba und die Lebensbeschreibung des Diego García de Paredes können ihn nur sehr viel weniger beeindrucken, da er die Taten dieser historischen Persönlichkeiten an dem mißt, was in den Ritterromanen von Felixmarte de Hircania erzählt wird, der »mit einem einzigen Hieb fünf Riesen am Gürtel auseinandergehauen« hatte oder ein anderes Mal »ein ungeheures, gewaltiges Heer« wohlgerüsteter Krieger allein in die Flucht schlug, und von dem »wackeren« Don Cirongilio de Tracia, der auf

---

[69] de Riquer (Anm. 6), Kommentar zu I, 32, S. 348, Anm. 7.

dem Rücken einer feurigen Schlange »in die Tiefe des Flusses« (S. 321)
tauchte und dort die wunderbarsten Dinge erfuhr[70]. Wie Don Quijote
vermag auch der Wirt im Bereich der Literatur nicht zwischen Fiktion und
Realität zu unterscheiden, so daß zu fragen ist, ob es sich auch bei ihm um
»gelebte Literatur« handelt. Dieser Auffassung ist auf jeden Fall Dorotea,
die, als sie den Wirt mit solcher Verve von den Heldentaten seiner Ritter
sprechen hört, Cardenio zuflüstert:

> – Poco le falta a nuestro huésped para hacer la segunda parte de don Quijote. (I, 32,
> S. 350)
> »Wenig fehlt unserm Wirte daran, den zweiten Teil zum Don Quijote zu liefern«. (S.
> 321)

Der Pfarrer versucht vergebens, ihm begreiflich zu machen, daß es weder
einen Felixmarte de Hircania oder Cirongilio de Tracia noch andere Ritter der Art gegeben habe, wie sie in den *libros de caballerías* geschildert
werden, weil all dieses »Dichtung und Erfindung müßiger Geister« (S.
321) sei: »porque todo es compostura y ficción de ingenios ociosos [...]«
(I, 32, S. 350). Die Einsicht, daß die Ritterromane nicht auf Wahrheit im
Sinne von Wirklichkeit beruhen, sondern auf Erfindung und Täuschung,
bleibt dem Wirt verschlossen. So gibt ihm der Pfarrer die Bücher zurück
mit der Warnung, es möge ihm damit nicht so ergehen wie seinem Gast
Don Quijote. Dagegen aber verwahrt sich der Wirt mit aller Entschiedenheit:

> – Eso no – respondió el ventero –; que no seré yo tan loco que me haga caballero an-
> dante [...]. (I, 32, S. 351)
> »Das nicht«, erwiderte der Wirt. »Ich werde kein solcher Narr sein, ein fahrender Rit-
> ter zu werden. Denn das seh ich wohl, jetzt ist es nicht mehr Brauch, was es in jener
> Zeit war, als noch, wie erzählt wird, jene ruhmvollen Ritter durch die Welt zogen«.
> (S. 322)

Nicht die Fiktionalität der Ritterbücher, wohl aber das Unzeitgemäße der
Lebensform der fahrenden Ritter wird von dem Wirt erkannt, und so en-
det die Diskussion über Wahrheit und Lüge, Realität und Illusion in den
Ritterbüchern im 32. Kapitel mit einer Absage an die »gelebte Literatur«.

Diese Diskussion aber wird auf höherer Ebene wieder aufgenommen
durch das Gespräch zwischen dem Pfarrer und dem Domherrn aus To-
ledo in den Kapiteln 47–48 des I. Teiles. Zum ersten Male steht hier dem
Cura ein wirklich literaturverständiger, überlegener Gesprächspartner gegenüber. In vielen Punkten scheint der Canónigo sogar die literaturtheoretischen Anschauungen von Cervantes selbst zu vertreten, denn wie
Alonso López (›El Pinciano‹) in seiner Poetik wendet der Domherr die
aristotelischen Forderungen an das Epos auch auf den Roman an, und
zwar in der Weise, wie Cervantes sie in seinem späten »Musterroman«,
dem *Persiles,* realisiert hat[71]. Die Ritterbücher sind für den Domherrn wie

---

[70] Vgl. I, 32, S. 349 f.

[71] Vgl. T. D. Stegmann, *Cervantes' Musterroman »Persiles«. Epentheorie und Romanpraxis
um 1600 (El Pinciano, Heliodor, »Don Quijote«),* Geistes- und sozialwissenschaftliche Disser-
tationen, 15 (Hamburg, 1971).

alle Dichtung Fiktion und damit Lüge, aber der Canónigo fügt hinzu, »daß die Lüge um so besser ist, je mehr sie wahr scheint, und um so mehr gefällt, je mehr sie Wahrscheinliches und Mögliches enthält« (S. 495): »[...] que tanto la mentira es mejor cuanto más parece verdadera, y tanto más agrada cuanto tiene más de lo dudoso y posible« (I, 47, S. 518). Gegen diese Grundforderung der *verisimilitud* verstoßen nach Meinung des Domherrn die Ritterbücher ebenso wie gegen das Prinzip der *imitación,* der Nachahmung der Wirklichkeit. Er habe nahezu von allen *libros de caballerías,* die gedruckt seien, den Anfang gelesen, es aber nicht fertiggebracht, auch nur bei einem Ritterbuch bis zum Ende fortzufahren. Eines gleiche dem anderen, und überdies seien es »ungereimte Erzählungen« (»cuentos disparatados«), »die nur ergötzen und nicht belehren wollen« (S. 494), »que atienden solamente a deleitar y no a enseñar« (I, 47, S. 517). Keines dieser Bücher bilde ein einheitliches Ganzes, bei dem »die Mitte dem Anfang entspräche und das Ende dem Anfang und der Mitte«, so daß es eher den Anschein habe, die Autoren beabsichtigten »[...] eine Chimära oder sonst ein widernatürliches Ungetüm zu bilden, als eine Gestalt von richtigen Verhältnissen zu schaffen« (S. 495): »a formar una quimera o un monstruo que a hacer una figura proporcionada« (I, 47, S. 519).

Da der Domherr seine Kritik in dieser Art noch fortsetzt und der Pfarrer ihm in allen Punkten beipflichtet, gewinnt der Leser zunächst den Eindruck, daß hier – kurz vor dem Abschluß der zweiten Ausfahrt Don Quijotes – doch noch eine uneingeschränkte Verurteilung der *libros de caballerías* beabsichtigt sei. Dann aber zeigt sich am Ende des 47. Kapitels, daß der Domherr bei aller Kritik an den Ritterbüchern die in der Gattung angelegten Möglichkeiten künstlerisch sehr hoch einschätzt. Er lobt »el sujeto«, die Weite und Vielfalt des Gegenstandes, sowie die »escritura desatada destos libros«, die ungebundene Schreibart dieser Bücher, Vorzüge, die es dem Autor ermöglichten, sich auch in der Prosa des Romans »als epischer, lyrischer, tragischer, komischer Dichter zu zeigen« (S. 497):

> [...] que el autor pueda mostrarse épico, lírico, trágico, cómico, con todas aquellas partes que encierran en sí las dulcísimas y agradables ciencias de la poesía y de la oratoria; [...]. (I, 47, S. 520)

Es bleibt zu fragen, ob das, was hier als eine in der Gattung des Ritterromans gelegene Möglichkeit proklamiert wird, nicht das umschreibt, was Cervantes selbst mit seinem *Don Quijote* schaffen wollte, ein dem *Orlando Furioso* von Ariost ebenbürtiges Werk in Prosa, in dem die ganze Vielseitigkeit der Dichtkunst und der Redekunst enthalten ist. Auf diesen hohen Anspruch kann man auf jeden Fall aus dem Schlußsatz des Kapitels schließen, wo der Domherr hinzufügt: »denn die epische Dichtung läßt sich ebensogut in Prosa wie in Versen schreiben« (S. 497): »que la épica también puede escribirse en prosa como en verso« (I, 47, S. 520).

Damit ist ein Höhepunkt in der literaturtheoretischen Diskussion der Ritterromane erreicht, der – auch wenn der Standpunkt des Canónigo nicht ohne weiteres mit der Stellungnahme von Cervantes selbst gleichge-

setzt werden darf – doch einen bedeutsamen Einblick in die literaturtheo-
retische Position des Autors ermöglicht[72]. In Kapitel 48 berichtet der
Domherr nur noch, daß auch er einmal begonnen habe, ein *libro de caballerías* zu schreiben unter Beachtung der von ihm genannten Grundsätze.
Obgleich der Anfang dieses Buches von den Lesern mit Zustimmung aufgenommen worden sei, habe er dennoch nicht weiter geschrieben, weil es
ihm schien, daß diese Beschäftigung schlecht zu seinem Berufe passe, und
vor allem, weil er sein Werk nicht dem Urteil der unverständigen Menge
aussetzen wollte, die zumeist Bücher dieser Art läse. Gerade der große Erfolg der zu seiner Zeit aufgeführten Lustspiele (die der klassischen Dich-
tungslehre des Canónigo in keiner Weise entsprachen) hätte ihn erkennen
lassen, daß das Publikum mit Ausnahme von ganz wenigen einsichtigen
Leuten den Erfordernissen wahrer Kunst ganz verständnislos gegenüber-
stehe. Damit beginnt der für unsere Fragestellung weniger wichtige Teil
des Literaturgesprächs zwischen dem Domherrn und dem Pfarrer, in dem
es um die *comedia* und die bei dieser Gattung zu beachtenden Regeln geht.

Das Motiv der »gelebten Literatur« wird erst im 49. und 50. Kapitel
wieder aufgenommen, wo der Canónigo die Frage nach Wahrheit und
Lüge, Wirklichkeit und Illusion in den Ritterbüchern mit Don Quijote
selbst erörtert, der hier zum ersten Male an einem der wichtigen Literaturgespräche teilnimmt. Dabei fällt auf, daß sich der Ritter in diesem Gespräch für die Wahrheit und Wirklichkeit all dessen, was in den *libros de
caballerías* berichtet wird, noch mit großer Begeisterung einsetzt, obgleich
die Unterredung zum Zeitpunkt seiner tiefsten Demütigung stattfindet,
während er nur für kurze Zeit aus seiner Gefangenschaft auf dem Ochsen-
karren[73] befreit ist, auf dem er am Ende des I. Teiles des Romans wider
seinen Willen durch eine List des Pfarrers und des Barbiers in seinen Hei-
matort zurückgebracht wird. So wie im 32. Kapitel der Pfarrer den Wirt in
der Schenke davon zu überzeugen sucht, daß es sich bei den Ritterbüchern
um unwahre, erfundene Geschichten handelt und folglich die Lebensbeschreibung historischer Persönlichkeiten vorzuziehen sei, so rät hier der
Domherr Don Quijote, »el felicísimo talento de su ingenio« nicht auf die
libros de caballerías, sondern »auf das Lesen anderer Bücher« zu richten[74].

---

[72] Zur Literaturtheorie von Cervantes vgl. E. C. Riley, »Teoría literaria«, in *Suma Cervantina* (Anm. 4), S. 293–322.
[73] Bei dieser Gefangenschaft Don Quijotes in einer »jaula« handelt es sich – wie Bernhard König bemerkt hat – um die Parodie einer Episode aus dem *Amadís,* wo im IV. Buch erzählt wird, wie der Zauberer Arcalaus »gefangengenommen und in einer *jaula* eingesperrt«
wird. König schreibt: »Der Witz dieser Parodie [...] beruht darin, daß hier die ritterfeindli-
che Welt mit dem einzigen Ritter auf dieselbe Weise verfährt, wie die ritterliche Welt den
Zauberer unschädlich machte, und daß Don Quijote dieses Verfahren paradoxerweise für
das Werk von Zauberern hält.« (Vgl. Rezension zu H.-J. Neuschäfer, *Der Sinn der Parodie im
Don Quijote, Archiv für das Studium der Neueren Sprachen und Literaturen,* 203 [1967], S.
236–240, hier S. 237.)
[74] Wenn er dennoch seiner angeborenen Neigung entsprechend »Bücher von Großtaten
und vom Rittertum« (S. 509) lesen wolle, empfiehlt der Domherr Don Quijote das biblische

Der Ritter hört zunächst die Argumentation des Canónigo in großer Ruhe an und zeigt in seiner Antwort, daß er sehr wohl verstanden hat, daß es dem Domherrn darum ging, ihm begreiflich zu machen, »daß alle Ritterbücher falsch, lügenhaft, schädlich und für das Gemeinwesen nutzlos sind« (S. 510) und daß er schlecht daran getan habe, sie zu lesen, schlechter, daran zu glauben, und ganz schlecht, sie nachzuahmen: »[...] que yo he hecho mal en leerlos, y peor en creerlos, y más mal en imitarlos« (I, 49, S. 533)[75]. Dann aber setzt Don Quijote mit noch größerer Beredsamkeit zu seiner Entgegnung an, in der er der Behauptung, die besagten Bücher hätten ihm die Urteilskraft geraubt (»vuelto el juicio«), die These entgegensetzt, der Mann ohne Verstand (»el sin juicio«) sei der Domherr selbst:

> Porque querer dar a entender a nadie que Amadís no fue en el mundo, ni todos los otros caballeros aventureros de que están colmadas las historias, será querer persuadir que el sol no alumbra, ni el yelo enfría, ni la tierra sustenta. (I, 49, S. 533)

> Denn jemandem einreden zu wollen, daß Amadís nie auf Erden gelebt und ebensowenig auch die andern abenteuernden Ritter, von denen die Geschichtsbücher voll sind, das heißt einem einreden wollen, daß die Sonne nicht leuchtet und das Eis nicht kältet und die Erde uns nicht trägt. (S. 510 f.)

Die Wirklichkeit seiner Vorbilder und die Wahrheit der ritterlichen Heldentaten aus den Ritterbüchern zu leugnen, fordert an dieser Stelle noch Don Quijotes heftigen Widerspruch heraus, während er in den Literaturgesprächen des II. Teiles Fragen dieser Art auszuweichen sucht, da er erkannt hat, »daß die Mehrzahl der auf Erden Lebenden der Meinung ist, auf selbiger habe es fahrende Ritter niemals gegeben« und daß »jegliche darauf verwandte Mühe«, sie vom Gegenteil zu überzeugen, »vergeblich sein wird« (S. 678 f.)[76]. In der Diskussion mit dem Domherrn aber bietet Don Quijote alle Überredungskunst auf, so daß er zu Beginn des 50. Kapitels die Oberhand gewinnt und nun seinerseits den Canónigo für die Lektüre der *libros de caballerías* zu gewinnen sucht. Dabei schildert er nicht nur eloquent den Genuß, der mit dieser Lektüre verbunden ist, sondern hebt vor allem die moralische Wirkung hervor, die das »Nachleben« dieser Literatur auf ihn ausübt:

> De mí sé decir que después que soy caballero andante soy valiente, comedido, liberal, biencriado, generoso, cortés, atrevido, blando, paciente, sufridor de trabajos, de prisiones, de encantos; [...]. (I, 50, S. 539)

> Von mir wenigstens muß ich sagen, seit ich ein fahrender Ritter bin, seitdem bin ich tapfer, freigebig, gesittet, großmütig, höflich, kühn, sanft, geduldig, ertrage leicht Mühsale, Gefangenschaft, Verzauberung, [...]. (S. 516)

Hier wird zum ersten Male die »gelebte Literatur« unter ethischen Gesichtspunkten positiv gewertet; und diese Wertung, der auch von Seiten

---

Buch der Richter und authentische Darstellungen von den Heldentaten berühmter historischer Persönlichkeiten (vgl. I, 49, S. 532 f.).

[75] Hier wird der Weg zur »gelebten Literatur« in drei Stufen gekennzeichnet: Lektüre – Fürwahr-halten der Fiktion – Nachleben des Gelesenen.

[76] Vgl. II, 18, S. 711 f. – Ähnlich auch in dem Gespräch mit Don Diego de Miranda, dem Caballero del Verde Gabán (vgl. II, 16, S. 691 f.; dt. Übers., S. 658 f.).

des Domherrn nicht widersprochen wird, ist bei aller Überschätzung, mit
der der Protagonist seine ritterliche Existenz beurteilt, subjektiv sicherlich
wahr. Damit ist aus der »gelebten Literatur«, die bei der ersten Ausfahrt
des Helden fast ausschließlich unter dem Aspekt der Schädlichkeit der
Lektüre erschien, gegen Ende der zweiten Ausfahrt ein ganz ambivalentes
Motiv geworden, das erkennen läßt, wie sich auch das Verhältnis des Autors zu seinem Helden verändert hat.

*

Bei der dritten Ausfahrt Don Quijotes wird dieses vielschichtige Grundmotiv nicht nur variiert und gesteigert, wie wir es z. B. bei der neuen Namensgebung des Helden nach dem Löwenabenteuer (II, 17) oder bei der
Niederlage Don Quijotes im Kampf mit dem Mondritter (II, 64) gesehen
haben, sondern im II. Teil des Romans gewinnt die Darstellung »gelebter
Literatur« durch besondere Kunstgriffe des Autors eine ganz neue Dimension. Die in unserem Zusammenhang wichtigste Erweiterung der Konzeption besteht darin, daß Cervantes den I. Teil seines eigenen Romans in die
Fiktion des II. Teiles einbezogen hat, so daß Don Quijote schon im 2. Kapitel durch Sancho Pansa und beide im 3. Kapitel durch den Baccalaureus
Sansón Carrasco über ihre eigene im Druck erschienene Geschichte infor-
miert werden. Das gibt Cervantes Gelegenheit, die Frage nach der Wahrheit und der Glaubwürdigkeit der Darstellung, die gleich zu Beginn des
Werkes durch die Berufung auf verschiedene Gewährsmänner und im
9. Kapitel durch die Einführung des arabischen Manuskriptes von Cide
Hamete Benengeli thematisiert worden war[77], jetzt im Hinblick auf den
im Umlauf befindlichen I. Teil neu zu stellen und von den Protagonisten
selbst diskutieren zu lassen[78]. Überdies kennen die meisten Gestalten, die
dem Ritter und seinem Knappen bei der dritten Ausfahrt begegnen werden, beide bereits aus der Lektüre des I. Teiles und kommen ihnen folglich
ganz anders entgegen als die Personen, die wider ihren Willen in die
Abenteuer des I. Teiles verwickelt wurden. Hier handelt es sich wirklich
um einen ganz neuen Kunstgriff, dessen Bedeutung für das Verständnis
des II. Teiles Eberhard Leube treffend herausgearbeitet hat[79]. Der Artikel
beginnt mit einer Bemerkung, die Thomas Mann in seiner *Meerfahrt mit*

---

[77] Vgl. A. Castro, »El cómo y el porqué de Cide Hamete Benengeli«, in ders., *Hacia Cervantes* (Madrid, ³1967), S. 409–419; Gerhardt (Anm. 3), Kap. 2: »Le romancier Cervantès«, S.
25–34.

[78] Ludwig Schrader hat darauf hingewiesen, daß Don Quijote und Sancho hier »eine Art
Statuszuwachs« zuteil wird: »sie sind gleichzeitig – innerhalb der gesamten Fiktion – ›real‹
als Subjekte ihrer Taten und ›fiktiv‹ als Objekte einer Erzählung, eben des I. Teils, die sie
selbst wiederum ausgiebig kommentieren.« (»Don Quijote: Der fahrende Ritter zwischen
Ideal und Wirklichkeit«, in *Das Ritterbild in Mittelalter und Renaissance*, hg. v. Forschungsin-
stitut für Mittelalter und Renaissance, Studia humaniora, 1 [Düsseldorf, 1985], S. 149–173,
hier S. 159.)

[79] Vgl. Leube (Anm. 59), bes. S. 456–462.

Don Quijote gemacht hat, wo er von dem »epischen Witz des Cervantes« spricht, der darin besteht,

> die Abenteuer des zweiten Teiles oder doch einige davon aus Don Quijotes literarischem Ruhm erwachsen zu lassen: aus der Popularität, die er und Sancho dank »ihrem« Roman, der großen Historie, worin sie abkonterfeit worden, [...] genießen.[80]

Das gilt insbesondere für alle Abenteuer, die der Herzog und die Herzogin in den Kapiteln II, 30–57 und II, 69–70 für Don Quijote und Sancho Pansa arrangieren, denn mit Recht fährt Thomas Mann fort:

> An den Herzogshof kämen sie gar nicht, wenn nicht die Herrschaften das wunderliche Paar so gut schon aus der Lektüre kennten und nicht entzückt wären, es nun persönlich und in »Wirklichkeit« zu sehen und zu ihrer fürstlichen Kurzweil bei sich zu beherbergen.[81]

Auch die vornehmen jungen Leute, die in II, 58 bewußt die Schäferdichtung nachleben, nehmen Don Quijote und Sancho Pansa so erfreut und zuvorkommend auf, da sie aus ihrer Lektüre schon wissen, daß es sich um den »valeroso don Quijote de la Mancha« handelt, den tapfersten, den verliebtesten und den gesittetsten Ritter, »wenn anders die Geschichte uns nicht belügt und betrügt, die von seinen Großtaten im Druck verbreitet ist« (S. 991)[82]:

> el más valiente, y el más enamorado, y el más comedido que tiene el mundo, si no es que nos miente, y nos engaña una historia que de sus hazañas anda impresa [...]. (II, 58, S. 1023)

Und sie kennen natürlich auch Sancho Pansa, seinen unvergleichlichen Knappen, »a cuyas gracias no hay ningunas que se le igualen« (ebd.).

Im 59. Kapitel hat Cervantes den »epischen Witz« seiner Darstellung noch einmal gesteigert, denn von nun an wird die falsche Fortsetzung des *Don Quijote* von Avellaneda ebenfalls in die Fiktion des II. Teiles einbezogen[83]. Auch das geschieht in einer kunstvollen, für den Fortgang der Handlung bedeutsamen Art. In einem Gasthaus, in dem er auf dem Wege nach Zaragoza mit Sancho Pansa eingekehrt ist, hört nämlich Don Quijote im Nebenzimmer, wo zwei Edelleute miteinander sprechen, seinen Namen nennen, und er entnimmt dem Gespräch, daß schon ein zweiter Teil seiner Geschichte im Umlauf ist, in dem der Ritter auf seine Liebe zu Dulcinea verzichtet hat, »que pinta a don Quijote ya desenamorado de Dulcinea del Toboso« (II, 59, S. 1031). Kein Wunder, daß eine solche Verfälschung, die den Helden in dem für das Rittertum der *libros de caballerías* zentralen Punkt trifft, Don Quijotes Zorn entflammt, so daß er voll

---

[80] Thomas Mann (Anm. 28), S. 606.

[81] Ebd., S. 606 f.

[82] Durch diesen Bedingungssatz wird die Problematik, die in dem Wahrheitsanspruch des Werkes beschlossen liegt, dem Leser ironisch bewußt gemacht.

[83] »Mehr als zehnmal wird in den letzten 15 Kapiteln des zweiten Teils die apokryphe Fortsetzung des *Don Quijote* direkt angegriffen«, schreibt W. Bahner in »Cervantes und seine Auseinandersetzung mit Avellaneda«, *Beiträge zur Romanischen Philologie,* Cervantes-Sonderheft (1967), S. 27–34, hier S. 29.

Ingrimm gegen diese falsche Fortsetzung seiner Geschichte Einspruch erhebt. Das hören die Zimmernachbarn, und so kommt es zu einer Begegnung, bei der die beiden Edelleute, die selbstverständlich auch den I. Teil gelesen haben, in dem anwesenden Don Quijote den authentischen Protagonisten erkennen und ihn mit größter Freude begrüßen. Sie überreichen ihm den Avellanedaschen »Pseudo-Don-Quijote«, den der Ritter aber nur flüchtig durchblättert. Seine Bemerkung bei der Rückgabe des Exemplars läßt die Ironie der Darstellung besonders deutlich erkennen, denn was den Verfasser der Fortsetzung nach Meinung Don Quijotes »am meisten als unwissenden Menschen kennzeichnet«, ist die Tatsache, daß er die Frau Sancho Pansas (die Cervantes selbst mit verschiedenen Namen bezeichnet) Mari Gutiérrez genannt habe[84], »während sie doch Teresa Pansa heißt«:

> [...] y quien en esta parte tan principal yerra, bien se podrá temer que yerra en todas las demás de la historia. (II, 59, S. 1032)

> [...] und wer in einem solchen Hauptpunkt irrt, von dem kann man auch wohl besorgen, daß er in allen übrigen Punkten der Geschichte irrt. (S. 1000)

Von nun an fühlt sich Don Quijote aufgerufen, Beweise für die Unechtheit und Fehlerhaftigkeit der Fortsetzung zu erbringen und seine Identität in Auseinandersetzung mit dem falschen Doppelgänger nachzuweisen. So gibt der Ritter schon am Ende des 59. Kapitels seinen Plan auf, an dem Turnier in Zaragoza teilzunehmen, da Don Juan, einer der beiden Edelleute, ihn darauf hinweist, daß in der »nueva historia« Don Quijote, »möge er nun sein, wer er wolle« (S. 1002), in Zaragoza bei einem »Ringelstechen« zugegen gewesen sei[85]. Es handelt sich um ein Ritterspiel – die »sortija« in der Calle del Coso – das im 11. Kapitel der Fortsetzung beschrieben wird, wo Avellaneda seinen Don Quijote, der den Ring gleich zweimal verfehlt, als einen überheblichen und zugleich unfähigen Ritter darstellt, der gar nicht bemerkt, wie man sich über ihn lustig macht[86]. Die Kritik an der Beschreibung dieses Ritterspiels, die sich primär auf den Mangel an Erfindungsgabe (»invención«) und auf die Fülle der geschilderten Albernheiten (»simplicidades«) bezieht, wird Don Juan in den Mund gelegt. Don Quijote, der sich schon zuvor in dem Gespräch mit den Edelleuten geweigert hatte, mehr in dieser Fortsetzung zu lesen, beschränkt sich auf die Bemerkung, er werde »keinen Fuß in die Stadt Zaragoza setzen und auf solche Weise vor der ganzen Welt die Lüge dieses neuen Geschichtsschreibers offenbar machen« (S. 1002):

> – [...] no pondré los pies en Zaragoza, y así sacaré a la plaza del mundo la mentira dese historiador moderno, y echarán de ver las gentes como yo no soy el don Quijote que él dice. (II, 59, S. 1035)

---

[84] Im I. Teil des Romans wird sie Juana Gutiérrez und Mari Gutiérrez (I, 7, S. 87) sowie Juana Panza (I, 52, S. 557) genannt; im II. Teil finden sich nur noch die Namen Tereza Panza und Teresa Cascajo (II, 5, S. 611 u. 614).

[85] Vgl. II, 59, S. 1035.

[86] Vgl. den *Quijote* von Avellaneda in der Ausgabe von de Riquer (Anm. 6), S. 1235–1247.

So leicht es Don Quijote wurde, sich mit dem literarischen Bild zu identifizieren, das Cide Hamete Benengeli von ihm entworfen hatte, da er von
Anfang an nicht nur »einem literarischen Ideal *nach*«–, sondern »ebenso
bewußt auf Literatur *hin*«– gelebt hat[87], so sicher ist sich der Ritter jetzt
in der Ablehnung der »neuen Geschichte« von Avellaneda, dessen Buch er
als ganz und gar töricht bezeichnet: »lo confirmaba por todo necio« (II,
59, S.1035). Mit Recht hat Ralph-Rainer Wuthenow darauf hingewiesen,
daß Don Quijote – auch nachdem er von seinem Doppelgänger erfahren
hat – in seinem Selbstverständnis unangefochten bleibt: »Die erschrek-
kende Angst, nicht er selbst, vielleicht gar nur gedruckt zu sein, sonst
nichts, muß er nicht erfahren«[88]. Auch unter den anderen Romangestalten,
die seine Geschichte gelesen haben, gibt es niemanden, der Don Quijote
mit dem Protagonisten der Avellanedaschen Fortsetzung verwechselte.
Seine wahre Identität wird vielmehr in den letzten Kapiteln des Werkes
noch mehrmals ausdrücklich bestätigt. So begrüßt der Edelmann Don Antonio Moreno Don Quijote bei seinem Einzug in Barcelona als »Spiegel«,
»Leuchtturm«, »Sonne« und »Leitstern der gesamten fahrenden Ritterschaft« und heißt den streitbaren Don Quijote de la Mancha willkommen,
nicht den falschen, den vorgetäuschten, den untergeschobenen, »welchen
man uns dieser Tage in erlogenen Geschichten vorgeführt hat« (S.1017),
sondern den wahren, rechtmäßigen und echten, »den uns Sidi Hamét Be-
nengelí beschrieben hat, die Blume aller Geschichtsschreiber« (S.1018)[89]:

> – Bien sea venido, digo, el valeroso don Quijote de la Mancha: no el falso, no el ficti-
> cio, no el apócrifo que en falsas historias estos días nos han mostrado, sino el verda-
> dero, el legal y el fiel que nos describió Cide Hamete Benengeli, flor de los historiado-
> res. (II, 61, S.1052)

Im 72. Kapitel, wo die letzte Station auf dem Heimweg des besiegten
Don Quijote geschildert wird, hat Cervantes den »epischen Witz«, der in
der Beglaubigung der wahren Identität seines Protagonisten gelegen ist,
noch einmal gesteigert, indem er seinen Helden mit Don Álvaro Tarfe,
dem Freund des falschen Don Quijote, in einem Gasthaus zusammentreffen läßt. Hier wird einer Gestalt aus der unwahren (und folglich im Sinne
der Fiktion auch unwirklichen) Fortsetzung literarische Realität verliehen,
nur damit dieser Don Álvaro Tarfe in aller Form vor dem Bürgermeister
des Ortes erklären kann, daß er den anwesenden Don Quijote in seinem

---

[87] Vgl. Leube (Anm. 59), S.457, wo es heißt: »Don Quijote lebt ja nicht nur einem literarischen Ideal *nach,* nämlich dem der alten Ritterromane, sondern er lebt ebenso bewußt auf Literatur *hin:* Er sucht die Abenteuer, um sich damit literarischen Nachruhm zu schaffen, um
durch seine Taten Unsterblichkeit in der Dichtung zu erlangen.«

[88] R.-R. Wuthenow, »Beglaubigtes Rittertum: Don Quijote und die Bücher«, in ders., *Im
Buch die Bücher oder Der Held als Leser* (Frankfurt a.M., 1980), S.64.

[89] Auch hier bleibt das für den *Don Quijote* bezeichnende ironische Spiel mit dem Wahrheitsanspruch der Darstellung erhalten, denn der Leser kennt ja das Bedenken, das der Autor
selbst in I, 9 gegen Cide Hamete Benengeli geltend gemacht hatte, nämlich daß er »ein Ara-
ber gewesen, weil das Lügen eine besondere Eigentümlichkeit dieser Nation ist« (S.79).

ganzen Leben noch nie gesehen habe »und daß dieser nicht derselbe sei, der geschildert werde in einer im Druck erschienenen Geschichte [...], verfaßt von einem gewissen Avellaneda aus Tordesillas« (S. 1089):

> [...] y que no era aquel que andaba impreso en una historia intitulada: *Segunda parte de don Quijote de la Mancha,* compuesta por un tal de Avellaneda, natural de Tordesillas. (II, 72, S. 1125)

Wenn Cervantes gerade Don Álvaro Tarfe, den Freund des Pseudo-Don-Quijote, diese Erklärung abgeben und sich für den wahren Don Quijote und den wahren Sancho Pansa aussprechen läßt, so ist das vordergründig betrachtet in erster Linie ein wirkungsvolles Mittel der Polemik, das der Autor anwendet, um sich am Ende seines Werkes noch einmal gegen den falschen zweiten Teil und seinen Verfasser zur Wehr zu setzen. In unserem Zusammenhang aber erweisen sich die »Verselbständigung« der literarischen Gestalt des Don Álvaro Tarfe und ihre neue Funktion im authentischen *Don Quijote* als eine besonders originelle Variante der »gelebten Literatur«.

*

Bevor wir abschließend nach den verschiedenartigen Formen fragen, in denen das Motiv der »gelebten Literatur« im *Don Quijote* anzutreffen ist, soll noch an einige Abenteuer aus dem II. Teil erinnert werden, die im Hinblick auf die Gestaltung unseres Motivs neuartige Züge aufweisen.

Dabei ist zunächst an die »Verzauberung Dulcineas« (in II, 10) zu denken, wo »zum ersten Male die Rollen vertauscht erscheinen« und Sancho ein Abenteuer »erfindet«, mit dem er Don Quijote täuscht, indem er eine »Romanszene improvisiert«, wie Erich Auerbach in seiner Interpretation dieser Episode im einzelnen gezeigt hat[90]. Hier unterscheidet sich die Haltung des Knappen grundsätzlich von den Abenteuern des I. Teiles, denn anfangs nahm der Bauer Sancho Pansa an der »gelebten Literatur« teil, gerade weil er die fiktive Ritterwelt aus der Lektüre nicht kannte und sich in seiner Naivität dabei einen persönlichen Vorteil erhoffte[91]. Im II. Teil des Romans aber hat er sich so in die Vorstellungswelt seines Herrn eingelebt, daß er – nicht zuletzt auf Grund seines vorzüglichen Gedächtnisses[92] – eine Begegnung zwischen Don Quijote und Dulcinea inszenieren kann, bei der er vortäuscht, statt der drei Bäuerinnen auf ihren Eseln Dulcinea mit zwei von ihren Damen auf schönen Zeltern vor sich zu haben, während Don Quijote nur die gemeine Realität sieht und sich in die Vorstellung flüchten muß, Dulcinea und ihre Begleiterinnen seien von einem bö-

---

[90] Vgl. E. Auerbach, »Die verzauberte Dulcinea«, in *Don Quijote. Forschung und Kritik* (Anm. 9), S. 164–190, Zitate S. 167.
[91] Als Beispiel kann seine Verkennung der Realität bei der unwahrscheinlichen Geschichte der Prinzessin Micomicona (I, 29 ff.) dienen (s. o. S. 47).
[92] Auf diese Fähigkeit Sancho Pansas wird im II. Teil des Romans mehrmals hingewiesen (vgl. z. B. II, 45, S. 921; dt. Übers., S. 887).

sen Zauberer in häßliche Bauernmädchen verwandelt worden. Die impro-
visierte Romanszene, die in der Rede des vor den drei Bäuerinnen knieen-
den Knappen Sancho Pansa ihren parodistischen Höhepunkt erreicht, ist
ein kleines Meisterwerk vorgetäuschter »gelebter Literatur«. Uns ist kein
zweites Beispiel aus der Weltliteratur bekannt, wo ein Analphabet so wirkungsvoll eine literarische Situation nachahmt und damit auch den ge-
wünschten Erfolg erzielt.

Zu den wenigen Abenteuern des II. Teils, die Don Quijote selbst »erfindet«, gehört die »graciosa aventura« mit dem Puppenspiel des Meisters
Pedro, das in einer Schenke vorgeführt wird (II, 26). Auch in dieser Episode, in der die Aufführung der »wahrhaften Geschichte« von Don Gai-
feros beschrieben wird, der seine Gattin Melisendra aus der Gefangenschaft der Mauren befreit, hat Cervantes das Motiv der »gelebten Literatur« auf neuartige Weise variiert. Denn wenn Don Quijote hier in die
Handlung eingreift, handelt es sich nicht mehr um eine Verkennung der
Realität des gegenwärtigen Lebens in der Mancha wie im I. Teil, sondern
um die Verkennung des fiktiven Charakters des Puppenspiels, obgleich
der Spielcharakter gerade bei dieser Form des Theaters besonders ausgeprägt ist. Dennoch lebt Don Quijote, da es sich um einen Vorgang aus der
Ritterdichtung handelt, das Geschehen so intensiv mit, daß er, um dem
von den Mauren bedrängten Paar zu Hilfe zu kommen, die Puppen kurz
und klein schlägt und das ganze Theater zerstört[93]. Für den Schaden, der
Meister Pedro aus diesem Akt »gelebter Literatur« erwächst, kommt Don
Quijote großzügig auf, ganz im Gegensatz zu den Abenteuern des I. Teils,
wo er den Verlust, den andere durch seine ritterlichen Taten erlitten, in
keiner Weise zu ersetzen strebte.

Einen Höhepunkt des II. Teiles bildet das Abenteuer, bei dem Don Quijote in die Höhle des Montesinos hinabsteigt (II, 22). Es ist »eine Reise zu
den Ursprüngen«, auch zu den Ursprüngen der »gelebten Literatur«, denn
der Ritter weiß nach seiner Rückkehr (im 23. Kapitel) zu berichten, daß er
in der Tiefe Montesinos und seinen Freund Durandarte, also »Gestalten
aus jener wahren Ritterzeit« erblickt habe, »die er wiederbeleben
möchte«[94]. Er habe von der Verzauberung dieser Unterwelt durch Merlin
erfahren, und er sei auch der in ein Bauernmädchen verzauberten Dulcinea begegnet, über die ihm jedoch Montesinos keine Auskunft zu geben
vermochte. Nicht nur das epische Motiv des Abstiegs in die Unterwelt
charakterisiert dieses Abenteuer, sondern bezeichnend ist auch die Tatsache,
daß Don Quijote selbst unsicher ist, ob es sich bei dem, was er erlebt hat,
um Wirklichkeit oder um einen Traum handelt. Damit erweist sich die
»gelebte Literatur« beim Abstieg in die Höhle des Montesinos als eine Variation dieses Motivs bei dem ungeheuerlichen Kampf mit den Weinschläuchen (I, 35), wo wir von der Verwirklichung einer in der Realität unmöglichen Heldentat im Traum sprachen.

---

[93] Vgl. II, 26, S. 783 f.; dt. Übers., S. 749 f.   [94] Schrader (Anm. 78), S. 160.

Bei den Erlebnissen am Herzogshof besteht der grundsätzliche Unterschied zu allen Abenteuern, die vorher erzählt worden waren, darin, daß
Don Quijote und Sancho Pansa hier eine Wirklichkeit vorfinden, die der
Welt der Ritterbücher scheinbar entspricht. Der Herzog und die Herzogin, die den I. Teil des *Quijote* mit großem Vergnügen gelesen hatten
und sich in den Fiktionen der *libros de caballerías* gut auskennen, arrangieren jetzt mit großem Aufwand ritterliche Abenteuer, in denen Don Quijote zu einem passiven Helden wird und sich zumeist ohne eigenes Zutun
bewährt [95]. Auch setzen sie Sancho Pansa in aller Form als Statthalter auf
der lang ersehnten »insula« ein, einer Stadt »von etwa tausend Bürgern«
namens Baratária, die er mit viel Geschick regiert, ohne der Erfüllung seiner Wünsche froh zu werden [96]. Hier handelt es sich um Schein-Abenteuer, eine sinnentleerte Rekonstruktion der Ritterwelt, die der Hofgesellschaft Gelegenheit gibt, sich über Don Quijote und Sancho Pansa lustig
zu machen. Die den Ereignissen in den Ritterbüchern ähnelnden Erlebnisse am Hof des Herzogs tragen deshalb zur Desillusion Don Quijotes
mehr bei als alle Mißgeschicke, unter denen er bei den von ihm selbst ins
Werk gesetzten Abenteuern zu leiden hatte. Diese Form der »gelebten Literatur«, die nur noch auf Täuschung beruht und vor allem der Belustigung des Herzogspaares dienen soll, findet auch nicht mehr die Zustimmung Cide Hamete Benengelis, hinter dem sich der Autor verbirgt. Im
70. Kapitel vertritt der arabische Geschichtsschreiber sogar die Meinung,
»der Herzog und die Herzogin seien selbst keine zwei Finger breit von
der Grenze der Verrücktheit entfernt gewesen, da sie so viel Mühe darauf
verwandten, ein paar Verrückte zum besten zu haben« (S. 1074 f.) [97].

So ist die »gelebte Literatur« in den Abenteuern am Herzogshof letztlich nur eine Art Mummenschanz, der von den Betroffenen nicht recht
durchschaut wird. Wirklich ernst und bedeutsam ist dagegen für Don
Quijote die Situation aus der Ritterwelt, vor die ihn Sansón Carrasco zunächst als Spiegelritter (II, 14) und gegen Ende des Werkes als Mondritter
(II, 64) stellt [98]. Auch bei diesen beiden Ritterkämpfen handelt es sich –
wenn man das Geschehen aus der Perspektive des Baccalaureus betrachtet,
der Don Quijote besiegen und dadurch zur Heimkehr in sein Dorf verpflichten will – um vorgetäuschte »gelebte Literatur«. Für Don Quijote
selbst aber bedeutet die ritterliche Herausforderung zum Kampf für die
Anerkennung der unvergleichlichen Schönheit seiner Herrin Dulcinea

---

[95] Vgl. »La aventura del Clavileño«, die Aventüre mit dem berühmten Pferd Clavileño,
die Don Quijote »glücklich bestanden und schon dadurch zu Ende geführt, daß er sich vorgenommen, sie zu vollenden« (S. 858): »feneció y acabó la aventura [...] con sólo intentarla«
(II, 41, S. 891 f.).

[96] Durch eine vorgetäuschte Belagerung der Stadt wird Sancho im 53. Kapitel dazu gebracht abzudanken.

[97] »Y dice más Cide Hamete: que tiene para sí ser tan locos los burladores como los burlados, y que no estaban los duques dos dedos de parecer tontos, pues tanto ahínco ponían en
burlarse de dos tontos« (II, 70, S. 1110).

[98] Näheres zu diesen Zweikämpfen s.o. S. 50 f.

eine keinen Augenblick angezweifelte Wirklichkeit, bei der es um Leben
und Tod geht; Sieg und Niederlage sind für ihn entscheidende Ereignisse
seiner ritterlichen Existenz, echte »gelebte Literatur«.

Die Niederlage im Kampf mit dem Mondritter ist es auch, die die Desillusion Don Quijotes am meisten vorantreibt. So heißt es im 71. Kapitel,
daß der Ritter, seit er besiegt worden, überhaupt alle Dinge viel richtiger
ansah: »que después que le vencieron, con más juicio en todas las cosas
discurría« (II, 71, S. 1119).

Schließlich gerät auch sein unerschütterlicher Glaube an die Erfüllung
all seines Strebens ins Wanken, und Don Quijote zweifelt, ob er die ent-
zauberte Dulcinea jemals sehen werde. Der Anlaß für diese »Enttäuschung« scheint ganz unbedeutend zu sein (und darin liegt gerade die
Kunst der Darstellung). Als Don Quijote mit Sancho in sein Heimatdorf
zurückkehrt, sieht er zwei Jungen miteinander streiten, von denen der eine
zum anderen sagt:

> – No te canses, Periquillo, que no la has de ver en todos los días de tu vida. (II, 73, S.
> 1126)

> »Gib dir keine Mühe, Periquillo, du wirst sie in deinem Leben nie wiedersehen«. (S.
> 1091)

Für Don Quijote, der diesen Zuruf auf seine eigene Situation bezieht, ist
dieses Wort ein *malum signum,* für ihn bedeutet es, er werde sein Ziel nie
erreichen, Dulcinea nie mehr sehen [99]. Die Reaktion Sanchos, der sich gerade in diesem Augenblick ganz in die Vorstellungswelt seines Herrn hin-
einversetzt und ihm durch eine andere Ausdeutung der gegenwärtigen
Vorgänge etwas von seinen Illusionen wiederzugeben versucht, ist »inge-
niosa« und menschlich eindrucksvoll zugleich [100]. Er ergreift einen von
Hunden gejagten Hasen, der sich unter seinen Esel geflüchtet hat, reicht
ihn Don Quijote, und als dieser auch darin ein böses Vorzeichen sieht [101],
sagt er:

> – [...] presupongamos que esta liebre es Dulcinea del Toboso y estos galgos que la
> persiguen son los malandrines encantadores que la transformaron en labradora; ella
> huye, yo la cojo y la pongo en poder de vuesa merced, que la tiene en sus brazos y la
> regala: ¿ qué mala señal es ésta, ni qué mal agüero se puede tomar de aquí? (II, 73, S.
> 1127)

> »Wir wollen annehmen, dieser Hase ist Dulcinea von Toboso, diese Hunde, die ihn
> verfolgen, sind die schurkischen Zauberer, die sie in eine Bäuerin verwandelt haben;
> sie flieht, ich ergreife sie und bringe sie in Eure Gewalt, Ihr habt sie in Euren Armen

---

[99] Das wird ganz deutlich in der dringenden Frage, die Don Quijote an Sancho Pansa
richtet: »¿No vees tú que aplicando aquella palabra a mi intención, quiere significar que no
tengo de ver más a Dulcinea?« (II, 73, S.1127; dt. Übers., S.1091).

[100] Dieses Verhalten Sanchos ist ein Zeichen dafür, wie weit seine Annäherung an Don
Quijote (von Salvador de Madariaga »la quijotización de Sancho« genannt) am Ende des
Romans fortgeschritten ist.

[101] Don Quijote ruft aus: » – *Malum signum! Malum signum!* Liebre huye; galgos la si-
guen: ¡Dulcinea no parece!« (II, 73, S.1127); »[...] Ein Hase flieht, Hunde verfolgen ihn,
Dulcinea läßt sich nicht sehen« (S.1091).

und hegt und herzet sie; was ist das für ein böses Zeichen, oder welch böse Vorbedeutung kann man daraus entnehmen?« (S. 1091)

Doch auch mit diesem Versuch einer den Wünschen Don Quijotes entsprechenden Ausdeutung der alltäglichen Vorgänge (der als Gegenstück zur »Verzauberung Dulcineas« in II, 10 aufgefaßt werden kann) ist es Sancho nicht möglich, die »Enttäuschung« seines Herrn rückgängig zu machen, die sich schon früh in den Abenteuern des II. Teils anbahnte, aber erst in dieser bisher viel zu wenig beachteten Episode ihren Kulminationspunkt erreicht.

Vergegenwärtigt man sich so die schrittweise Desillusionierung des Protagonisten, erscheint auch der Schluß des Romans, die Absage Don Quijotes an die »gelebte Literatur« und der Tod des Helden, nicht als unbefriedigend – wie z. B. Thomas Mann ihn empfand –, sondern als eine vom Grundmotiv her zu verstehende notwendige Folge aus der Anlage des Werkes. Zweifellos bedeuten die Bekehrung und geistige Genesung des Helden auch eine »Rückkehr zu der bescheidenen satirisch-parodistischen Urabsicht des Werkes«[102], und der Tod Don Quijotes erfolgt auch, um die Gestalt vor erneuter mißbräuchlicher Verwendung zu bewahren, aber in diesen Zielsetzungen erschöpft sich keinesfalls der Sinn des letzten Kapitels dieses vielschichtigen und komplexen Romans. Für Don Quijote sind Leben und »gelebte Literatur«, wenn man das Motiv im doppelten Sinn von Nachleben literarischer Vorbilder und Ausrichtung der eigenen Lebensgestaltung auf literarischen Nachruhm versteht, gleichbedeutend geworden, und so konnte er, nachdem ihm die Voraussetzungen seiner ritterlichen Existenz entzogen waren, nicht mehr weiterleben. Mit Recht wird im letzten Kapitel des Romans von den Freunden Don Quijotes »der Kummer darüber, daß er sich besiegt und seine Sehnsucht nach Dulcineas Erlösung und Entzauberung nicht erfüllt sah« (S. 1096), für seine Krankheit verantwortlich gemacht[103]; und es ist auch folgerichtig, daß Sancho seinen Lebensmut noch einmal durch die Aussicht auf ein Schäferdasein, also eine andere Form »gelebter Literatur«, zu stärken sucht, aber die Lebensform eines Schäfers »Quijotiz« war im Grunde keine Alternative für den »ingenioso caballero Don Quijote de la Mancha«. Seine durch die verschiedenen Stufen der Desillusionierung vorbereitete Heilung im letzten Kapitel entspricht im motivischen Aufbau des Werkes dem Eintritt in die Illusion, die sich im 1. Kapitel vollzieht, und sein Tod ist nicht »ein Literaturtod aus Eifersucht«[104], sondern die auch künstlerisch notwendige Folge aus dieser Absage an die »gelebte Literatur«, die über mehr als tausend Seiten aus dem unbedeutenden Alonso Quijano den »sinnreichen« und »feinsinnigen« Don Quijote gemacht hatte.

---

[102] Thomas Mann (Anm. 28), S. 640.
[103] Vgl. II, 74, S. 1132.
[104] Thomas Mann (Anm. 28), S. 639.

Wilhelm Ehrenfried Neugebauers
Der teutsche Don Quichotte
Zur Don Quijote-Rezeption und Fiktionskritik im deutschen Roman des 18. Jahrhunderts

Von

THOMAS HABEL

I.

Schon in der frühest bekannten schriftlichen Erwähnung des *Don Quijote* in Deutschland, einer aus dem Jahr 1613 stammenden Beschreibung von Schaustellungen anläßlich der Hochzeit Friedrichs V. von der Pfalz[1], findet sich ein Hinweis auf den Zusammenhang zwischen der Ritterroman-Lektüre und der Narrheit des »verschmitzten Adelichen [...] von der trawrigen Gestalt«[2]. Daß Don Quijote nämlich, der sich unter ausdrücklichem Bezug auf seine »wunderbaren Bücher der thaten der vmbschweifenden Ritter«[3] als »recher aller beschwerung vnd gewalt, Erlöser aller Witwen vnd Waisen [vnd] spiegel aller Ritterschaft«[4] vorstellt, ein ausgesprochener Narr ist, steht für die vorliegende Quelle außer Frage; hinreichend deutlich charakterisiert sie ihn und seinesgleichen als »Vmbschweifende Ritter [...], die das ziperlen im gehirn haben, auch vnderm Hütlein nicht wol verwahret [...] seind«[5]. Nun ist dieser frühe Beleg für ein *Don Quijote*-Verständnis, das von der »Schädlichkeit« der Lektüre ausgeht, aber keineswegs repräsentativ für die deutschen Rezipienten fast des gesamten 17. Jahrhunderts. Zwar hatte Harsdörffer schon 1647 Cervantes' Roman,

---

[1] Nähere Angaben bei H. Fischer, »Don Quijote in Deutschland«, *Vierteljahrschrift für Litteraturgeschichte,* 5 (1892), S. 331 f.

[2] *Beschreibung Der Reiß: Empfahung deß Ritterlichen Ordens: Vollbringung des Heyraths: vnd glücklicher Heimführung [...] des Durchleuchtigsten, Hochgebornen Fürsten vnd Herrn, Herrn Friederichen deß Fünften, Pfaltzgraven bey Rhein [...]* (Heidelberg: Vögelin, 1613), S. 51 ff.; hier zit. nach Fischer (Anm. 1), S. 331.

[3] Aufgeführt werden (mit z. T. verballhornten Titeln) Romane aus der *Amadís*- und *Pseudo-Turpin*-Tradition (vgl. ebd., S. 332), die sich – in übrigens gleicher Reihenfolge – schon in dem berühmten Bücherprüfungskapitel (I, 6) des *Don Quijote* finden (vgl. S. 54 ff. in der hier und im folgenden herangezogenen Ausgabe: Miguel de Cervantes Saavedra, *Der sinnreiche Junker Don Quijote von der Mancha,* in der Übertr. v. L. Braunfels, durchges. v. A. Spemann, Deutscher Taschenbuch Verlag, 2060 [München, ¹1979]).

[4] *Beschreibung Der Reiß: [...]* (Anm. 2), zit. nach Fischer (Anm. 1), S. 332.

[5] Ebd.

der zunächst nur im Original und durch französische und deutsche Teil-
übersetzungen zugänglich war[6], als Satire auf »abendteuerliche« und
»gantz unverantwortliche« Liebes- und Rittergeschichten verschiedener
spanischer »Fantzendichter« bezeichnet[7], doch generell galt der *Don Quijote* seinen frühen Lesern als eben das, was sein Verfasser »im Hohlspiegel
der Satire zeigte«[8]: als nur possenhaftes Ritter- und Abenteuerbuch[9].

Ein grundlegender Wandel dieser Einschätzung kündigte sich in den
siebziger und vor allem achtziger Jahren des 17. Jahrhunderts an. Nachdem Pierre Daniel Huet 1670 in seiner auch außerhalb Frankreichs vielfach rezipierten und 1682 ins Deutsche übersetzten[10] Apologie des Romans, *Traité de l'origine des romans,* den *Don Quijote* als »fine & iudicieuse
critique«[11] des spanischen Romanschaffens gelobt hatte, wurde vermehrt
auch von Kritikern aus dem deutschsprachigen Raum die satirische Dimension des Cervantesschen Romans erkannt und z. T. verteidigt. Weg-
weisend bei diesem Verständnisprozeß war die aus dem Jahr 1682 oder
1683 stammende Vorrede des nur durch seine Initialen J. R. B. bekannten
Übersetzers der ersten vollständigen deutschen *Don Quijote*-Ausgabe[12].
Ausdrücklich stellt J. R. B. nämlich auf die satirische Intention ab:

> Wahr ist es / daß unsers Spanischen Heldens possierliche Schwermereyen / und
> Abentheurliche Kämpff mit windmühlen / Schaafen / Löwen / und dergleichen gäntz-

---

[6] Zu nennen sind die französischen Übersetzungen von Oudin (1614) und Rosset (1618)
und die deutsche von Pahsch Bastel von der Sohle (1648).

[7] Georg Philipp Harsdörffer, *Frauenzimmer Gesprächspiele,* 8 The. (Nürnberg, 1644–1649),
hier Th. VII, S. 139.

[8] J. Schwering, »Cervantes' Don Quijote und der Kampf gegen den Roman in Deutschland«, *Euphorion,* 29 (1928), S. 497–503, hier S. 498.

[9] Daß diese Einschätzung auch im 18. Jahrhundert noch durchaus verbreitet war, belegt
die kritische Anmerkung des *Don Quijote*-Übersetzers von 1734: »[...] der würde dem Bu-
che grosses Unrecht anthun, und zugleich sein schlechtes Urtheil verrathen, welcher es bloß
der wunderlichen Abentheuer wegen, die darinnen enthalten, lesen, und also die Schalen vor
den Kern nehmen wollte«. (»Vorrede des Übersetzers«, in *Des berühmten Ritters, Don Quixote von Mancha, Lustige und sinnreiche Geschichte, abgefasset von Migvel Cervantes Saavedra,*
2 The. [Leipzig: Fritsch, 1734], Th. I, fol. ** 5^r; zit. nach dem Exemplar der UB Göttingen.) –
Weitere Hinweise (und z. T. Belege) bei T. W. Berger, *Don Quixote in Deutschland und sein
Einfluß auf den deutschen Roman,* Diss. phil. Heidelberg (1908), S. 18 f.; M. H. Neumann,
»Cervantes in Deutschland«, *Die Neueren Sprachen,* 25 (1917), S. 147–162 u. 193–213, hier S.
154 f.; L. Bergel, »Cervantes in Germany«, in *Cervantes Across the Centuries. A Quadricenten-
nial Volume,* hg. v. A. Flores und M. J. Benardete (New York, 1947), S. 305–342, hier S. 308.

[10] Übersetzung von Eberhard Guerner Happel, und zwar als Buch 3, Kap. 3–8, seines Romans *Der Insulanische Mandorell [...]* (Hamburg, 1682), S. 572–629. Faks. in: Pierre Daniel
Huet, *Traité de l'origine des romans. Nach der Erstausgabe von 1670 und der Happelschen Übersetzung von 1682,* Sammlung Metzler, 54 (Stuttgart, 1966).

[11] Huet (Anm. 10), S. 75.

[12] J. R. B.s Übertragung ist insofern nicht wirklich vollständig, als sie auf der mit vielen
Texteingriffen arbeitenden Übersetzung des Filleau de Saint Martin von 1677/78 beruht. Die
gravierendste Abweichung vom Original ergibt sich aus der Veränderung des Romanendes,
das einen genesenden Don Quijote vorführt. Näheres bei J. von Stackelberg, *Übersetzungen
aus zweiter Hand. Rezeptionsvorgänge in der europäischen Literatur vom 14. bis zum 18. Jahrhundert* (Berlin, 1984), S. 69–90.

lich nach den Alten *Romans* riechen; Es ist aber zu wissen / daß diese Nachahmung auff nichts anders / als deroselben Verspottung / und Verlachung angesehen ist. Ob-wohlen man auch dieses Buch eben dieser ursach halber vor keine solche Liebes= und Helden=Geschichte / wie sie heutiges Tags mit aller Anmuth / und Wahrscheinlich-keit herauß gegeben werden / auff zu dringen gemeinet ist / so wurde ihm doch un-recht geschehen / wann es vor nichts als vor einen ledigen Possenreisser sollte gehal-ten werden; [...].[13]

Selbst ein so erklärter Gegner der Roman-Gattung wie der Züricher Pa-stor Gotthard Heidegger sah nun neben dem Possenhaften[14] auch das – allerdings ebenfalls abgelehnte – Satirische im *Don Quijote*. In der »Zu-schrifft« zu seiner 1698 erschienenen Auseinandersetzung mit der Roman-literatur heißt es:

> [...] offt [ist] ein *Roman* nichts anders [...] / als eine *Satyre* oder Stachel=Schrifft wi-der den andern / als wie *Rabelais, Quixote, le Berger extravagant* & c:[15]

Mit dem auf breiter Ebene akzeptierten Verständnis seiner satirisch-di-daktischen Funktion war die Grundlage für den »genugsam bekannt[en] [...] allgemeinen Beyfall« geschaffen, den der *Don Quijote* als »Muster ei-nes sinnreichen Romans«[16] im 18. Jahrhundert in Deutschland finden sollte. Zwar drängten zunächst für einige Jahrzehnte Don Quijote-Possen und -Singspiele in den Vordergrund[17], doch der Roman geriet keineswegs aus dem Blickfeld. So erschienen 1734 – »weil [in den Buchläden] alle *Exemplare* abgegangen«[18] waren – gleich zwei deutsche Don Quijote-Texte: einerseits David Fassmanns anonym erschienene Dialog-Nacher-zählung[19], die halb berichtend, halb kommentierend wesentliche Ab-schnitte des ersten Teils (bis I, 37) wiedergibt, und andererseits eine neue, von unbekannter Hand stammende Übersetzung[20], die – dies als Novum

---

[13] *Don Quixote von Mancha Abentheuerliche Geschichte*, 2 The. (Basel/Frankfurt a. M.: du Four, 1683), Th. I, »Vorrede« (unpag.); zit. nach dem Exemplar der UB Göttingen.

[14] Fälschlicherweise wird Heidegger immer wieder als Gewährsmann für eine Einschät-zung des *Don Quijote* als bloßer »Possenreißer« reklamiert (vgl. etwa Berger [Anm. 9], S. 18, u. Neumann [Anm. 9], S. 155). Hierbei wird nicht nur Heideggers »Zuschrifft« ignoriert, son-dern auch der Kontext der fraglichen Stelle (vgl. Heidegger [Anm. 15], S. 126 f.).

[15] Gotthard Heidegger, *Mythoscopia Romantica: oder Discours Von den so benanten Ro-mans, Das ist / Erdichteten Liebes= Helden= und Hirten=Geschichten [...]* (Zürich, 1698), fol. iiij[r]; zit. nach dem Exemplar der UB Göttingen.

[16] *Des berühmten Ritters, Don Quixote von Mancha, [...] Geschichte* (Anm. 9), »Vorrede des Übersetzers«, Th. I, fol. * 8[v].

[17] Nähere Angaben zu deutschen Don Quijote-Spielen und -Opern bei L. Rius, *Bibliogra-fía crítica de las obras de Miguel de Cervantes Saavedra*, 3 Bde. (Madrid, 1895–1904 [Reprint: New York, 1970]), hier Bd. II, S. 370–377. Vgl. auch Bergel (Anm. 9), S. 309; Berger (Anm. 9), S. 21–23.

[18] [David Fassmann], *Angenehmes Passe-Tems* (Anm. 19), fol. A 2[v]; zit. nach dem Exem-plar der Herzog-August-Bibliothek Wolfenbüttel.

[19] *Angenehmes Passe-Tems, Durch welches zwey Freunde einander mit nützlichen und lustigen Discursen vergnügen, Und kommen in diesem Bande [...] Insonderheit Viele Erzehlungen aller-hand seltsamer Begebenheiten, als des lächerlichen* Don Quixodes de la Manche *und anderer [...]; Wobey aber allemal besondere Anmerckungen gemacht, Auch die wichtigsten in Kupffer vorgestellet werden* (Frankfurt a. M./Leipzig: o. Dr., 1734).

[20] *Des berühmten Ritters, Don Quixote von Mancha, [...] Geschichte* (Anm. 9).

bei deutschen Übersetzungen – den Roman wie im Original mit dem Tod Don Quijotes enden läßt. Eine anerkennende Einschätzung erhielt der Roman aber nicht nur durch das allgemeine Lesepublikum, sondern auch durch die gerade erst ins Leben gerufenen Moralischen Wochenschriften. Schon in Gottscheds 1728 erscheinender Wochenschrift *Der Biedermann* wird einem jungen Poeten auf seine Frage,»was er wohl vor Romane mit Lust und Nutzen lesen könnte«, ausdrücklich der »Don Quixote des Spaniers Cervantes«[21] empfohlen, da er nicht nur einen angenehmen Zeitvertreib biete, sondern vor allem zu nützlichen Betrachtungen führe. Und ein Jahrzehnt später taucht der *Don Quijote* wie selbstverständlich in Zusammenstellungen von Musterbibliotheken auf, die einzelne der Wochenschriften veröffentlichten: so im »Verzeichniß einer deutschen Frauenzimmer-Bibliothek« in der zweiten Auflage von Gottscheds *Die Vernünftigen Tadlerinnen*[22] und im »Verzeichniß einer Frauen=Bibliotheck« in Bodmers *Der Mahler der Sitten*[23].

Die überaus positive Aufnahme, die der *Don Quijote* auch von seiten der Kritik erfuhr, ist insofern besonders bemerkenswert, als die Romanliteratur der Zeit – zumindest im Bewußtsein der Gebildeten – einen nur sehr geringen Stellenwert hatte. Wenn auch Heideggers vornehmlich theologisch begründetes Verdikt gegen die Gattung der »kein=nützige[n] Lugen=Bücher«[24] rasch prominenten Widerspruch – so etwa von Leibnitz[25] – auf den Plan gerufen und damit viel von seiner eigentlichen Stoßkraft verloren hatte, so bestand doch für die Mehrzahl der zeitgenössischen Kunstrichter kein ernsthafter Zweifel daran, daß der Roman einerseits »nur eine von den untersten Stellen« unter den »Gattungen der Poesie«[26] einnähme und andererseits moralisch bedenklich sei. Zwar gab es frühe Wegbereiter des Romans wie Johann Christoph Stockhausen, Ehrenmitglied der Königlich Deutschen Gesellschaft zu Göttingen, der »Verstand, Anmuth und

---

[21] *Der Biedermann*, 63. Blatt (1728), S. 49.

[22] *Die Vernünftigen Tadlerinnen*, 1, 23. Stück (²1738), S. 200. – Der schon bei Berger (Anm. 9), S. 29, auftauchende Hinweis, der *Don Quijote* werde bereits in der 1. Aufl. genannt, ist unzutreffend. Ein Blick auf die dort aufgeführten Titel läßt vielmehr deutlich werden, daß Gottsched 1725 ein Buch wie Cervantes' Roman nicht in Erwägung zog. Dreizehn Jahre später hatte sich die allgemeine geschmacksästhetische Situation dann allerdings gewandelt, so daß Gottsched nicht nur die Zuordnungssystematik, sondern auch den eigentlichen Kanon seiner Bibliotheksempfehlung umgestaltete. Damit war die Zeit auch für den *Don Quijote* gekommen.

[23] *Der Mahler der Sitten*, 2, 76. Blatt (1746), S. 282.

[24] Heidegger (Anm. 15), »Zuschrifft«, fol. iij^r.

[25] Vgl. zu Leibnitz und anderen Heidegger-Kritikern V. Meid, *Der deutsche Barockroman*, Sammlung Metzler, 128 (Stuttgart, 1974), S. 43; L. E. Kurth, *Die zweite Wirklichkeit. Studien zum Roman des 18. Jahrhunderts*, University of North Carolina Studies in the Germanic Languages and Literatures, 62 (Chapel Hill, 1969), S. 13 f.

[26] [Johann Christoph Gottsched], »Critik über Herrn Heinrich Anshelms von Ziegler und Kliphausen Asiatische Banise«, in *Beyträge zur Critischen Historie der Deutschen Sprache, Poesie und Beredsamkeit*, hg. v. Mitgliedern der Deutschen Gesellschaft in Leipzig, 6. Stück (Leipzig, 1733), S. 274–292, hier S. 274.

Naturgaben«[27] guter Romane (und somit auch des *Don Quijote*[28]) herausstellte, aber insgesamt änderte sich – auch nachdem Gottsched in die vierte Auflage seines *Versuchs einer Critischen Dichtkunst* ein an Huet angelehntes Kapitel »Von milesischen Fabeln, Ritterbüchern und Romanen«[29] eingefügt hatte – nicht allzuviel an der ablehnenden Einstellung der Gattung gegenüber. Einen deutlichen Beleg hierfür bietet etwa eine in Nicolais *Allgemeiner deutscher Bibliothek* abgedruckte Rezension zu Blanckenburgs 1774 erschienenem *Versuch über den Roman,* die allerdings durchaus nicht nur die Geringschätzung der Gattung konstatiert, sondern vor allem die wirkungsästhetische Dimension des Romans in den Blick rückt. Einleitend heißt es:

> So geringfügig auch manchem die Unternehmung des Verfassers vorkommen möchte, eine Theorie über den Roman zu schreiben, da diese Gattung von Schriften immer noch eher zu den Auswüchsen der Litteratur als zu den wahren Produkten derselben pfleget gezählt zu werden: so wichtig und passend ist sie doch gleichwohl für unsere Zeiten, wo ein jedes Jahr eine reiche Erndte solcher Geistesfrüchte liefert; und wenn der Roman auf Geschmack und Sitten der Menschen einen Einfluss hat [...], so lohnt es auch wohl der Mühe, über diese Gattung von Schriften nachzudenken.[30]

Der hier so nachhaltig betonte Hinweis auf den Einfluß des Romans »auf Geschmack und Sitten der Menschen« steht weniger im Zusammenhang mit den generellen Vorbehalten gegen die als lügenhaft und sittenverderbend angesehene Gattung als mit einer speziellen, wirkungsästhetisch und lesersoziologisch ausgerichteten Position der Romankritik, die explizit auf die Gefahr der als hochgradig schädlich verstandenen Vermischung von Fiktionswelt und Wirklichkeit abstellt. Dieser nicht nur in etlichen Wochenschrift-Beiträgen, Vorworten und Abhandlungen, sondern auch in Romanen selbst thematisierte Aspekt der Lektüreschädlichkeit erlangte im 18. Jahrhundert eine derartige Publizität[31], daß er als Topos der zeitgenössischen Romankritik gelten kann. Besonders illustrativ für diesen

---

[27] Johann Christoph Stockhausen, »Viertes Sendschreiben. Von den Romanen«, in ders., *Critischer Entwurf einer auserlesenen Bibliothek für den Liebhaber der Philosophie und der schönen Wissenschaften. [...]* (Berlin, 1752), S. 77–94, hier S. 77. – Stockhausens Schrift erlebte bis 1771 immerhin vier Auflagen und fand – wie ein Zusatz im Titel der 4. Aufl. besagt – auch im akademischen Unterricht Verwendung.

[28] Daß der *Don Quijote* zu den herausragenden Vertretern guter Romane zu rechnen sei, betont Stockhausen in der namentlich nicht ausgewiesenen »Vorrede« zu *Leben der Marianne, Oder Begebenheiten der Gräfin von ***. Aus dem Französischen des Herrn von Marivaux übersetzt,* 2. verbess. Aufl. (Braunschweig, 1751), fol. b 6ᵛ. Bemerkenswert ist das für die Zeit ungewöhnliche Argument, das ›sinnliche‹ Medium Roman sei besser zur Tugendvermittlung geeignet als die herkömmliche Sittenlehre (vgl. ebd.). – Eine auf Huet gestützte Apologie »guter Romane«, die den *Don Quijote* natürlich einschließt, findet sich schon in der »Vorrede des Übersetzers« zu *Des berühmten Ritters, Don Quixote von Mancha, [...] Geschichte* (Anm. 9), Th. I, fol. ** 5ʳ–6ᵛ, Zitat fol. ** 6ʳ.

[29] Johann Christoph Gottsched in *Versuch einer Critischen Dichtkunst,* 4. vermehrte Aufl. (Leipzig, 1751 [Reprint: Darmstadt, 1982]), S. 505–528.

[30] *Allgemeine deutsche Bibliothek,* 26, 2 (1775), S. 343.

[31] Vgl. hierzu insbesondere Kurth (Anm. 25), passim, bes. S. 10–35.

Blickwinkel der Kritik ist ein kurzer Aufsatz des Berner Buchhändlers und Verfassers von Lehr- und Handbüchern Johann Georg Heinzmann mit dem Titel »Vom Lesen der Romanen«. Schon die ersten Zeilen lassen die Richtung der Argumentation deutlich werden:

> Eine der schädlichsten Wirkungen der Romanen ist, daß sie uns das wahre Maas zur Beurtheilung der Menschen, aus den Augen rücken. [...]. Sie füllen uns den Kopf mit Idealen an, verrücken uns den Gesichtspunkt, aus welchem wir die Dinge betrachten sollen, und schaffen um uns herum eine ganz andere Welt als die wirkliche ist.[32]

Für eine in diesem Sinne aufgeklärte Lektürekritik, die auf der Beobachtung basierte, daß der Roman beim nun vorwiegend bürgerlichen Lesepublikum – ähnlich wie einige Jahrzehnte zuvor die Erbauungsliteratur[33] – vielfach als Handlungsanleitung verstanden und umgesetzt wurde[34], mußte ein Roman wie der *Don Quijote* mit seiner satirischen Darstellung eines durch die Welt der Fiktion verblendeten und sodann in der Realität scheiternden Lesers nachgerade zur ›Programmschrift‹ gegen die gefährliche Romanlektüre werden[35]. Unter diesem Blickwinkel der bloßstellenden Satire sind auch die bereits seit den späten zwanziger Jahren ausgesprochenen Empfehlungen des *Don Quijote* in den genannten Moralischen Wochenschriften zu sehen. Und auch die durchweg positiven Äußerungen der folgenden Jahrzehnte nahmen – wenn auch durch Bodmers 1741 erschienene Analyse des Romans[36] der satirische Aspekt zugunsten einer psychologischen Betrachtungsweise relativiert wurde – Bezug auf die als parodistisch und vernunftsorientiert verstandene Intention des Textes.

---

[32] Johann Georg Heinzmann, »Vom Lesen der Romanen«, in ders., *Die Feyerstunden der Grazien. Ein Lesebuch* (Bern, 1780), S. 105–107, hier S. 105 f. – Näheres zu Heinzmann und seinem Bildungsprogramm bei G. Sauder, »Gefahren empfindsamer Vollkommenheit für Leserinnen und die Furcht vor Romanen in einer Damenbibliothek. Erläuterungen zu Johann Georg Heinzmann, [...]«, in *Leser und Lesen im 18. Jahrhundert. Colloquium der Arbeitsstelle Achtzehntes Jahrhundert Gesamthochschule Wuppertal*, Beiträge der Geschichte der Literatur und Kunst des 18. Jahrhunderts, 1 (Heidelberg, 1977), S. 83–91.

[33] Zum problematischen und z. T. nur hypothetisch erfaßbaren Wechsel von Erbauungs- und Unterhaltungsliteratur im 18. Jahrhundert vgl. M. Beaujean, *Der Trivialroman im ausgehenden 18. Jahrhundert*, Abhandlungen zur Kunst-, Musik- und Literaturwissenschaft, 22 (Bonn, 1964), S. 19–31; Hinweise zudem bei R. Engelsing, *Der Bürger als Leser. Lesergeschichte in Deutschland 1500–1800* (Stuttgart, 1974), bes. S. 193 f.

[34] Vgl. Sauder (Anm. 32), S. 85 ff.; Kurth (Anm. 25), passim; Beaujean (Anm. 33), S. 22.

[35] Zu Recht weist J. Schönert, *Roman und Satire im 18. Jahrhundert. Ein Beitrag zur Poetik*, Germanistische Abhandlungen, 27 (Stuttgart, 1969), darauf hin, daß das »Thema der die Realität verfehlenden Einbildungskraft« für eine Literatur, »die sich als Hilfeleistung zur Wirklichkeitsbewältigung versteht« (S. 48), von zentraler Bedeutung sein mußte.

[36] Johann Jacob Bodmer, »Von dem Character des Don Quixote und des Sancho Pansa«, in ders., *Critische Betrachtungen über die Poetischen Gemählde der Dichter* (Zürich, 1741), S. 518–547.

II.

Von einem der dogmatischen Kunstrichter wie Gottsched als »treffliche[s] Buch«[37] anerkannt, von einem der Parteigänger der Gattung wie Stockhausen als »Meisterstück«[38] eines komischen, mit Geschmack geschriebenen Romans gepriesen und von einem unbekannten, offenbar fortschrittlichen Kritiker gar als dem Epos gleichzusetzendes Werk gelobt[39], war Cervantes' *Don Quijote* einer der wenigen einhellig von der Kritik akzeptierten, ja geschätzten Romane der Zeit. Daß das Buch überdies beim allgemeinen Lesepublikum des 18. Jahrhunderts außerordentlich beliebt war, wird nicht nur durch entsprechende Einträge in private Bibliotheksverzeichnisse[40], durch verschiedene Neu-Übersetzungen und Bearbeitungen[41] und durch zahllose Anspielungen und Zitate[42] belegt, sondern auch durch eine Reihe von Titelgebungen, bei denen – teils sachlich begründet, teils rein spekulativ – ein expliziter Bezug zu Cervantes' berühmten Protagonisten hergestellt ist.

Hinter diesen Titeln, denen in ihrer Gesamtheit wenig mehr als das letztlich durch Verleger und Buchhändler bestimmte Kennwort[43] »Don Quijote« (seltener auch »Sancho Pansa«) gemeinsam ist, verbergen sich höchst disparate, verschiedenen literarischen Gattungen und Genres angehörende Texte. Nicht sie alle sind hier von Interesse, sondern nur die, die vor dem Stichdatum 1800 in zumindest romanähnlicher Form[44] erschienen sind und insofern – über das signalsetzende Kennwort hinaus – hinrei-

---

[37] Gottsched, *Versuch einer Critischen Dichtkunst* (Anm. 29), S. 183.

[38] Stockhausen, »Viertes Sendschreiben. […]« (Anm. 27), S. 88.

[39] Vgl. die namentlich nicht ausgewiesene Besprechung in *Neue Bibliothek der schönen Wissenschaften und freyen Künste*, 1, 2 (1766), S. 230; hier zit. nach E. D. Becker, *Der deutsche Roman um 1780*, Germanistische Abhandlungen, 5 (Stuttgart, 1963), S. 7, Anm. 9.

[40] Beinahe in jedem der etwa bei M. Spiegel, *Der Roman und sein Publikum im früheren 18. Jahrhundert. 1700–1767*, Abhandlungen zur Kunst-, Musik- und Literaturwissenschaft, 41 (Bonn, 1967), Anhang I, S. 109 ff., abgedruckten Verzeichnisse taucht mindestens eine *Don Quijote*-Ausgabe auf.

[41] Überblicke zu den seit der Jahrhundertmitte vielfach in etlichen Auflagen erscheinenden Übersetzungen und Bearbeitungen (zumeist für das Volk oder die Jugend) bieten Rius (Anm. 17), Bd. I, S. 288–291, und E. Dorer, *Die Cervantes-Literatur in Deutschland. Bibliographische Uebersicht* (Zürich, 1877), S. 21, ders., *Nachträge und Berichtigungen zur Cervantes-Literatur in Deutschland* (Zürich, 1879), S. 13.

[42] Vgl. Neumann (Anm. 9), S. 157.

[43] Zum Phänomen der allein verkaufsorientierten Titelgebung auf der Basis literarischer Kennwörter wie »Robinson«, »Banise« etc. vgl. Spiegel (Anm. 40), S. 7 ff. – Daß schon die Zeitgenossen einen kritischen Blick für diese verlegerische Usance hatten, belegen unzählige Äußerungen; so etwa Gottscheds Klage über »diese Herren [, die] insgemein sehr glücklich in Erfindung der Büchertitul« seien und manchem ernsthaften Buch »ein gantz läppisch und lächerliches Ansehen« schafften (*Die Vernünftigen Tadlerinnen*, 1, 43. Stück [¹1725], S. 342).

[44] Der Begriff »Roman« wird hier – da das 18. Jahrhundert weder einen eindeutigen Gattungsbegriff noch eine feste definitorische Abgrenzung für den Roman kannte – in einem sehr weiten Sinne verwandt. – Vgl. hierzu M. Hadley, »Vorwort« zu *Romanverzeichnis: Bibliographie der zwischen 1750–1800 erschienenen Erstausgaben*, Europäische Hochschulschriften, Reihe I, Deutsche Literatur und Germanistik, 166 (Bern, 1977), S. XI ff.

chende Voraussetzungen zur Vergleichbarkeit bieten. Eine Sichtung des Bestandes[45] einschlägiger Prosatexte führt rasch zu dem Ergebnis, daß es mit der Vergleichbarkeit seine Schwierigkeit hat, da in der literarischen Landschaft des deutschen 18. Jahrhunderts nicht etwa von dem nachahmenden Don Quijote-Roman schlechthin auszugehen ist, sondern von verschiedenen zwar mehr oder weniger verwandten, aber doch unterscheidungsbedürftigen Textgruppen:

Übersicht (1696–1800)[46]

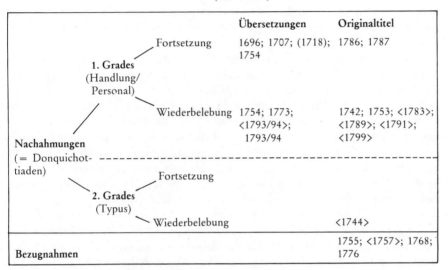

	Übersetzungen	Originaltitel
1. Grades (Handlung/ Personal) — Fortsetzung	1696; 1707; (1718); 1754	1786; 1787
Wiederbelebung	1754; 1773; <1793/94>; 1793/94	1742; 1753; <1783>; <1789>; <1791>; <1799>
Nachahmungen (= Donquichottiaden)		
2. Grades (Typus) — Fortsetzung		
Wiederbelebung		<1744>
Bezugnahmen		1755; <1757>; 1768; 1776

Da sind einerseits die seit 1696 belegbaren Übersetzungen aus dem Französischen, Spanischen und Englischen, bei denen es sich – bis auf eine Ausnahme – um klassische Donquichottiaden handelt, die entweder Don Quijote und/oder Sancho Pansa selbst als Protagonisten ihrer eigenen Romanfortsetzung auftreten lassen oder aber gänzlich neue Helden nach dem Muster der Cervantesschen Vorbildfiguren einführen. Problematisch bei diesen Romanen ist die Abgrenzung gegenüber den deutschen Originaltexten; denn es gibt sowohl Übersetzungen, die wie Originalromane aussehen, als auch Originalromane, die sich aus Verkaufsgründen als Übersetzungen ausgeben[47].

---

[45] Zu den Voraussetzungen, Problemen und Ergebnissen der Bestandssichtung s. ANHANG, S. 102–109.

[46] Die in der Übersicht aufgeführten Jahreszahlen beziehen sich auf die im ANHANG bibliographisch genau wiedergegebenen Don Quijote-Texte. Runde bzw. spitze Klammern bedeuten bedingte bzw. indirekt erschlossene Rubrizierung des jeweiligen Textes; vgl. Näheres hierzu in den die entsprechenden Texte betreffenden Kurzkommentaren im ANHANG.

[47] Das trifft auch für Neugebauers *Der teutsche Don Quichotte* zu (vgl. Näheres u. S. 84).

Da sind andererseits die seit 1742 nachweisbaren deutschen Original-
texte, die nun nicht nur die üblichen Donquichottiaden umfassen, sondern auch Schriften, die in nur chiffrenartiger Weise Bezug auf Cervantes'
Helden nehmen. Bei den Donquichottiaden, die – ebenso wie die Übersetz-
zungen – entweder als Fortsetzungen oder als Wiederbelebungen der Vorlage konzipiert sind, erweist sich eine – wenn im Einzelfall auch intrikate –
Zusatzunterscheidung als hilfreich. Neben Romanen, die in Personenkonstellation und Handlungsmuster eng an Cervantes' *Don Quijote* angelehnt
und insofern Donquichottiaden in des Wortes unmittelbarster Bedeutung
sind, gibt es nämlich auch Texte, die vorwiegend auf den durch die Don
Quijote-Figur inspirierten Typus des wirklichkeitsfremden, verstiegenen
und närrischen Phantasten[48] ausgerichtet sind.

Bei der Fragestellung des vorliegenden Bandes nach Formen und Möglichkeiten des »Nachlebens« von Literatur rücken zwangsläufig die Texte
ins Zentrum des Interesses, die – wie der *Don Quijote* selbst – nicht etwa
nur das närrische Treiben eines verblendeten Helden thematisieren, sondern vor allem auch die die Verblendung begründende Lektüre mit ihren
spezifischen Folgen. Am ehesten geschieht dies in der oben als »Donquichottiaden 1. Grades« bezeichneten Textgruppe von deutschen Original-
romanen, die – wollte man dieses literarische Genre in seiner Gesamtheit
in den Blick rücken – um etliche weitere, allerdings ›kennwortlose‹ und insofern hier nicht zu behandelnde, deutsche Donquichottiaden wie etwa
Wielands *Die Abenteuer des Don Sylvio von Rosalva* oder Musäus' *Grandison der Zweite oder Geschichte des Herrn von N****[49] zu ergänzen wäre.
Eines der allerfrühesten Beispiele aus dieser Gruppe von Texten ist ein aus
dem Jahre 1753 stammender Roman, der sich bei näherer Betrachtung zugleich als eine der literarhistorisch und motivgeschichtlich auffallendsten
Donquichottiaden des 18. Jahrhunderts erweist. Er behandelt nicht nur als
einer der ersten deutschen Romane überhaupt das Phänomen des »schädlichen Lesens«[50], er variiert auch das von Cervantes in seinem *Don Quijote*
prototyphaft vorgeformte »Nachleben« von Literatur in motivischer wie
thematischer Hinsicht und bedient sich überdies verschiedener für seine

---

[48] Auf den Don Quijote-Typus verweist schon der Übersetzer der Ausgabe von 1734:
»Man kan wohl sagen, daß, wie es in allerley Ständen eine gewisse Pedanterey giebt, es also
unter allerley Art von Leuten gewisse Don Quixoten gebe. Der Regenten=Stand, der Soldaten
Stand, der geistliche hat seine Quixoten. Es giebt Philosophische, Critische, und Poetische.«
(*Des berühmten Ritters, Don Quixote von Mancha, [...] Geschichte* [Anm. 9], Th. I, »Vorrede«,
fol. ** 4ᵛ.)

[49] Zu deutschen Donquichottiaden ohne das Kennwort »Don Quijote«, insbesondere zu
den genannten Romanen Wielands und Musäus', vgl. E. Frenzel, »Mißverstandene Lektüre.
Musäus' *Grandison der Zweite* und Wielands *Die Abenteuer des Don Sylvio von Rosalva* –
zwei deutsche Donquichottiaden des 18. Jahrhunderts«, S. 110–133 in diesem Band.

[50] Wenn auch die in der Regel dem Roman geltende Kritik des »schädlichen Lesens« in
Deutschland längst etabliert war (vgl. Kurth [Anm. 25], S. 30 ff.), fand sie doch im Roman
selbst erst über die Rezeption des *Don Quijote* ihren Platz. Neugebauers Originalroman
kommt insofern eine geradezu innovatorische Bedeutung zu.

Zeit höchst unkonventioneller erzählerischer Stilmittel. Dieser für einen
Roman aus der Mitte des 18. Jahrhunderts in der Tat bemerkenswerte
Text ist *Der teutsche Don Quichotte* des weitgehend unbekannt gebliebe-
nen Wilhelm Ehrenfried Neugebauer.

III.

Neugebauers Roman wurde 1753 unter dem Titel *Der teutsche Don Quichotte, Oder die Begebenheiten des Marggraf von Bellamonte / Komisch und
satyrisch beschrieben; aus dem Französischen übersetzt*[51] bei dem Breslauer
Verleger Carl Gottfried Meyer gedruckt. Der Mode des literarischen Ver-
steckspiels mit dem Verfassernamen und der schlechten Reputation der
Gattung ›Roman‹ entsprechend, erschien der Text anonym. Einen Hinweis auf den Autor geben allein die Initialen »W. E. N.« am Ende der an
eine unbekannt bleibende Dame gerichteten Widmungsvorrede (fol.)(
3ᵛ). Die Initialen »W. E. N.«, so wurde mehrfach vermutet und inzwischen
durch Lieselotte E. Kurth und Harold Jantz nachgewiesen[52], signalisieren
Wilhelm Ehrenfried Neugebauers Verfasserschaft; und in der Tat, ein aus
dem Jahre 1773 datierender Brief des mit dem jungen Neugebauer bekannten schlesischen Gelehrten Carl Friedrich Flögel schafft Gewißheit:
»[Neugebauers] erster Versuch«, heißt es dort, »war ein Roman Bellamonte im Geschmacke des Don Quixote«[53].

Über den 1735 oder 1736 vermutlich in Breslau geborenen und aufgewachsenen Neugebauer ist verhältnismäßig wenig bekannt[54]. Nach frühen
literarischen Versuchen in Breslauer und Leipziger Wochenschriften, die
ihm erste Kontakte zu Gottsched bescherten, schrieb er – 17- oder 18jäh-
rig – seinen *Teutschen Don Quichotte*. Zwei Jahre später, 1755, nahm er in
Frankfurt an der Oder das Studium der Jurisprudenz auf und trat einer literarischen Studentengesellschaft, dem »Orden der irrenden Ritter«, bei.
Verhöre, denen das studentische Umtriebe argwöhnende Rektorat alle »irrenden Ritter« unterzog, brachten – als eines der wenigen zeitgenössischen Zeugnisse über die Beliebtheit von Neugebauers Roman – an den

---

[51] Es existieren zwei nahezu parallel zueinander erschienene moderne Ausgaben – einerseits ein Reprint: Wilhelm Ehrenfried Neugebauer, *Der teutsche Don Quichotte. Faksimiledruck nach der Ausgabe von 1753*. Mit einem Nachwort von E. Weber, Deutsche Neudrucke,
Reihe: Texte des 18. Jahrhunderts (Stuttgart, 1971), und andererseits eine Neuedition: Wilhelm Ehrenfried Neugebauer, *Der Teutsche Don Quichotte oder die Begebenheiten des Marggraf
von Bellamonte. Komisch und satirisch beschrieben. Mit einem Anhang der Fabeln und Toten-
gespräche*, hg. v. L. E. Kurth und H. Jantz, Ausgaben deutscher Literatur des XV. bis
XVIII. Jahrhunderts, Reihe: Roman, 1 (Berlin, 1972). – Die im folgenden wiedergegebenen
und durch in Klammern gesetzte Seitenangaben ausgewiesenen Zitate beziehen sich auf die
Reprint-Ausgabe von 1971.
[52] Vgl. Kurth und Jantz (Anm. 51), »Realienteil«, S. 346 u. 348.
[53] *Briefe Deutscher Gelehrter an den Herrn Geheimen Rath Klotz*, hg. v. J. J. von Hagen
(Halle, 1773), Bd. I, S. 158; hier zit. nach Kurth und Jantz (Anm. 51), S. 348.
[54] Die materialreichsten Zusammenstellungen finden sich bei Weber (Anm. 51) sowie
Kurth und Jantz (Anm. 51).

Tag, daß sich die Mitglieder des »Ordens«, inspiriert durch ein kurz zuvor erschienenes Buch, nämlich *Der teutsche Don Quichotte,* zu einer nur losen, gänzlich unpolitischen Gruppe zusammengefunden hatten[55]. 1756 und 1757 hielt Neugebauer sich für einige Monate in Danzig auf, knüpfte Beziehungen zu den dortigen Gottschedianern und erlangte die Ehrenmitgliedschaft der »Ästhetischen Gesellschaft zu Danzig«. Nach vermutlich eher kurzer Teilnahme am Siebenjährigen Krieg, von der *Zwey Oden auf Die Siege des Königs bey Roßbach und Neumark* (Breslau, 1758)[56] sowie *Der Feldzug der alliirten Armee, 1758* (Berlin, 1758)[57] zeugen, lebte er ab spätestens 1759 für eine gewisse Zeit in Berlin. Hier brachte er nicht nur eine Übersetzung aus dem Französischen, *Die Schule des Edelmannes, oder Magazin für junge Cavaliers. [...]* (Berlin, 1759)[58], heraus, sondern arbeitete vermutlich auch an seinen *Fabeln des Fuchses nebst einem Versuch in Todtengesprächen* (Glogau, 1761)[59]. Seine angestrengten Versuche, unter den Berliner Literaten und Kritikern Fuß zu fassen, waren offenkundig zum Scheitern verurteilt. Zumindest lassen die nicht gerade schmeichelhaften Äußerungen Mendelssohns und Nicolais über den als schal und aufdringlich empfundenen Adepten ihres Leipziger Gegners Gottsched kaum einen anderen Schluß zu[60]. Nach nicht eindeutig belegbarer Wiederaufnahme seines juristischen Studiums in Greifswald ging Neugebauer 1763 – möglicherweise sogar schon 1761 – nach Österreich. Wien sollte seine letzte, ebenfalls nicht gerade erfolgreiche Lebensstation werden. Zwar wurden hier nicht nur seine Fabeln erneut gedruckt, sondern auch diverse kritische Beiträge veröffentlicht, zwar gelang hier 1766/67 sogar die Herausgabe einer eigenen Wochenschrift mit dem Titel *Der Verbesserer*[61], insgesamt aber war seine durch schlechte Gesundheit und finanzielle Bedrückungen zusätzlich erschwerte Situation als protestantischer Emigrant, der sich zudem in literarischen Lokal-Fehden aufrieb, außerordentlich mißlich[62]. Mit nur 31 Jahren starb er am 7. April 1767 bei den Barmherzigen Brüdern.

Neugebauer hinterließ ein zwar vielfältiges, insgesamt aber nur schmales literarisches Werk[63], dessen Verbreitung bei den Zeitgenossen vermut-

---

[55] Vgl. L. Golinski, *Die Studentenverbindungen in Frankfurt/Oder,* Diss. Breslau (1903), S. 75 f.

[56] Abgedruckt in *Der teutsche Don Quichotte. Faksimiledruck [...]* (Anm. 51), S. 315–336.

[57] Abgedruckt in L. E. Kurth-Voigt, »Wilhelm Ehrenfried Neugebauer: ›Der Feldzug der alliirten Armee, 1758‹«, *Daphnis,* 6 (1977), S. 233–253, hier S. 240–248.

[58] Am Ende der »Zuschrift« dieser drei didaktische Texte umfassenden Schrift steht der Vermerk: »Berlin 23. Hornung 1759 [...] Wilh. Ehrenfr. Neugebauer« (fol.)(4ᵛ); zit. nach dem Exemplar der Herzog-August-Bibliothek Wolfenbüttel.

[59] Abgedruckt in Kurth und Jantz (Anm. 51), S. 251–318.

[60] Nähere Angaben und Zitatbelege ebd., »Realienteil«, S. 354.   [61] Vgl. ebd., S. 359 ff.

[62] Vgl. zum Streit mit Joseph von Sonnenfels und zu den trostlosen Lebensverhältnissen ebd., S. 361–388 u. S. 389 f.

[63] Trotz verschiedener Funde aus jüngerer Zeit (vgl. etwa *Der Feldzug der alliirten Armee, 1758* [Anm. 57]) ist der gesamte Umfang des Neugebauerschen Werks bis heute nicht abzugrenzen. So fehlt beispielsweise von den bei Nicolai erwähnten Theaterstücken (vgl. Kurth und Jantz [Anm. 51], S. 354) bisher jede Spur.

lich eher gering war. Das mag u. a. mit den von ihm wiederholt eingesetz-
ten unkonventionellen, erst von der Folgegeneration akzeptierten literarischen Techniken zusammenhängen, die von an traditionelle Stilmittel ge-
wöhnten Lesern abgelehnt wurden. Sicherlich aber hängt es mit seiner
wenig glücklichen Position im zeitgenössischen Literaturbetrieb zusammen; denn die Berliner Aufklärer standen dem Werk des Gottsched-An-
hängers ebenso reserviert gegenüber wie die Wiener Literaten und Kritiker dem des preußischen Emigranten.

Die Aufnahme, die *Der teutsche Don Quichotte* bei Lesern und Kritikern
der Zeit fand, ist nur schwer einzuschätzen. Vermutlich war der Roman
aber nicht wesentlich populärer als das sonstige Neugebauersche Werk.
Allerdings gibt es – über den erwähnten Hinweis auf seine Beliebtheit bei
Frankfurter Studenten hinaus – einige wenige Zeugnisse über Reaktionen
vornehmlich der Kritik: Neben einer sarkastisch-witzig formulierten Ablehnung innerhalb einer anonymen Rezension in den *Schlesischen zuverlä-
ßigen Nachrichten von gelehrten Sachen* aus dem Jahr 1754[64] erfuhr der
Teutsche Don Quichotte immerhin eine ausführliche Besprechung – und
zwar von keinem geringeren als Lessing. Lessing, der im Jahr 1753 in der
Berlinischen Privilegierten Zeitung neben Neugebauers Roman nur noch
zwei weitere deutsche Romane besprach, urteilte zurückhaltend, aber
durchaus nicht ungünstig:

> Die gegenwärtige Nachahmung ist keine von den schlechtesten; der Verfasser hat ei-
> nen sehr komischen Witz, und eine Einbildungskraft, die an drolligten Bildern unge-
> mein reich ist. Allein das Kunststück, unter denselben die ernsthafteste Moral zu ver-
> stecken, scheint er nicht in seiner Gewalt zu haben.[65]

Weitaus negativer fiel das 1767 in seinen *Briefen über Merkwürdigkeiten
der Litteratur* publik gemachte Urteil Gerstenbergs aus. Die an Bodmers
Don Quijote-Analyse gewachsene Bewunderung für Cervantes ließ ihn
den *Teutschen Don Quichotte* als unbedeutende, ja verächtliche Nachahmung abtun. »Da [der Verfasser] einen albernen Ladendiener aus seinem
eignen Vaterlande zum Helden« gemacht habe[66], führt Gerstenberg aus,
fehle dem deutschen Roman die »gewisse Würde« des spanischen Vor-
bilds, der es zu danken sei, »daß die Schwärmereyen eines [Don Quijote]
wohl lächerlich, aber selten verächtlich seyn können«[67].

---

[64] Nähere Angaben bei Weber (Anm. 51), »Nachwort«, S. 4*.
[65] Abgedruckt in Gotthold Ephraim Lessing, *Sämtliche Werke,* hg. v. K. Lachmann und F.
Muncker, 22 Bde. (Stuttgart; Leipzig, ³1886–1924), hier Bd. V, S. 196 f.
[66] Daß Gerstenbergs harsche Kritik an diesem Punkt durchaus relativ ist, zeigt Blanckenburgs nur sieben Jahre später ausgesprochene Empfehlung, bei romanhaften Darstellungen
von möglichen Menschen der wirklichen Welt den nationalen Schauplatz und die einheimischen Sitten zu betonen. (Vgl. Friedrich von Blanckenburg, *Versuch über den Roman. Faksimiledruck der Originalausgabe von 1774.* Mit einem Nachwort von E. Lämmert, Sammlung
Metzler, 39 [Stuttgart, ²1977], Teil I, 18, S. 206–240.)
[67] Heinrich Wilhelm von Gerstenberg, *Briefe über Merkwürdigkeiten der Litteratur,* hg. v.
B. Seuffert, Deutsche Litteraturdenkmale des 18. und 19. Jahrhunderts in Neudrucken, 29/30
(Stuttgart, 1890), 3. Slg., 22. Brief, S. 257–260, hier S. 259.

Damit verliert sich – immerhin erst 14 Jahre nach Erscheinen des Romans – die Spur der zeitgenössischen Rezeption. Von rein bibliographischen Verweisen vornehmlich aus dem 19. Jahrhundert[68] einmal abgesehen, dauerte es fast genau 200 Jahre, ehe *Der teutsche Don Quichotte* durch Lieselotte E. Kurth wiederentdeckt[69] und in der Folge neu-rezipiert wurde.

IV.

Eine nähere Auseinandersetzung mit dem Roman selbst verlangt als ersten Analyseschritt einen genaueren Blick auf die komplizierte fiktionale Struktur des Textes und die für seine Entstehungszeit mehr als ungewöhnliche Erzählhaltung des Verfassers. Dies gilt um so mehr, als es dem bewußt anonym bleibenden Autor bei seinem »Jonglieren« mit Fiktionsebenen und Erzählperspektiven durchaus nicht nur um das Inszenieren eines witzigen literarischen Ver- und Entwirrspiels geht; im Vordergrund der äußeren Gestaltung des Romans stehen für ihn vielmehr das Erproben progressiver Erzähltechniken einerseits und – wie schon der Begriff »Begebenheiten« im Titel andeutet[70] – das Sich-Einlassen auf traditionelle Authentizitätsansprüche andererseits.

In der mit Neugebauers Initialen W.E.N. unterzeichneten Dedikation stellt ein junger Autor seinen Roman-Erstling vor, von dem er hofft, daß er – da er »französisch« sei (fol.)(3ʳ) – Gefallen finden werde. Mit diesem – eindeutiger noch auf dem Titelblatt formulierten – Hinweis auf ein französisches Original bringt Neugebauer – ähnlich wie Cervantes im *Don Quijote* – einen Übersetzer ins Spiel und schafft damit eine erste Fiktionsebene, die – nicht zuletzt wohl unter dem Blickwinkel des erhofften Verkaufserfolgs – der Vorliebe der Zeit für französische Romane Rechnung trägt[71]. In einem »Vorbericht des Uibersetzers«, der um des Anscheins memoirenhafter Echtheit willen vorgibt, nicht nur diverse entwicklungsgeschichtliche Details vorzutragen, sondern auch den bibliographisch präzisen Titel der Vorlage zu nennen, nämlich: »*Le Don Quichotte Allemand, ou les Avantures comiques et satiriques de Mrs. le Marquis de Bellamonte; decrites*

---

[68] Die Bücher-Lexika von Heinsius und Kayser kennen Neugebauers Roman ebenso wie die Cervantes-Bibliographie von Rius (Anm. 17).

[69] Vgl. L.E. Kurth, »W.E.N. – Der teutsche Don Quichotte, oder die Begebenheiten des Marggraf von Bellamonte. Ein Beitrag zur Geschichte des deutschen Romans im 18. Jahrhundert«, *Jahrbuch der deutschen Schillergesellschaft*, 9 (1965), S. 106–130.

[70] Der ab etwa 1730 in deutschen Romantiteln belegte Terminus »Begebenheiten« wurde nach der Jahrhundertmitte so häufig verwandt, daß er kurzfristig fast zum Gattungsbegriff für den Roman wurde; s. Beispiele in Hülle und Fülle bei Spiegel (Anm. 40), Anhang I, S. 109 ff.

[71] Zeitgenössische Leser erwarteten bei Romanen, die sich auf französische Originale beriefen, entweder galante Texte oder moderne empfindsame Romane in der Art Marivaux' und Prévosts.

par*** á Paris. MDCCXXVI.« (fol.)(4ᵛ), wird diese Fiktionsebene weiter ausgebaut. Interessanterweise wird die mühsam stabilisierte Übersetzer-Fiktion aber zugleich auch wieder in Frage gestellt. Denn es sind nicht nur chronologische Unstimmigkeiten konstruiert, die den angeblichen französischen Originaltext von 1726 früher erscheinen lassen, als verschiedene französische und englische Romane, auf die er Bezug nimmt[72], sondern es wird auch eine augenzwinkernd-vage Schlußbemerkung gemacht, mit der der vorgegebene Übersetzer allzu intensive Frager abwehrt:

> Von meiner Uibersetzung etwas zu sagen, halte ich nicht vor nöthig: man kan sie nicht beurtheilen, ob sie gut oder schlecht sey? wer aber doch so viel Neugier besizt, kan die Urschrift bey mir zu sehen bekommen. (fol.)(5ᵛ)

Auch auf der nächsten Fiktionsebene, die aus der Vorrede des angeblichen Verfassers besteht, eines – wie der Leser erfährt – weitgereisten und bekannten französischen Gelehrten und Autors, spielt das Vorgeben von Authentizität des Erzählten eine wesentliche Rolle. Im Sinne der Wahrheitsbeteuerung betont der Verfasser nämlich ausdrücklich: »Die Haupt=Karakter [in dem gegenwärtigen Werk] sind nicht aus der Fruchtbarkeit meiner Einbildungs=Kraft entsprossen; ich habe sie nach zwey Originalen geschildert« (fol.)(6ʳ)[73]. Selbst in diesem Zusammenhang aber kokettiert Neugebauer offenbar mit der Möglichkeit einer Fiktionsenträtselung; denn er läßt den angeblichen Verfasser des französischen Originals seinen Lesern berichten, »daß [er sich während seines Deutschlandaufenthalts] lange Zeit in B.. der Hauptstadt von Sch..n« (fol.)(6ᵛ), also in Breslau, der Heimatstadt Neugebauers und dem Druckort des Romans, aufgehalten habe.

Eine dritte Fiktionsebene entsteht schließlich, indem der angebliche französische Verfasser seinerseits einen Erzähler einführt, der ebensowenig identisch mit ihm ist wie er mit dem sich hinter immer neuen fiktiven Instanzen versteckenden e i g e n t l i c h e n Autor des Romans. Durch verschiedene biographische Einsprengsel zu Alter, Werk und Lebensumständen bekommt dieser Erzähler, der sich gleich zu Beginn des Romans als »wunderlicher Schriftsteller [und] alte[r] Eigensinn« vorstellt (S. 2), eine deutlich sowohl vom jugendlichen Autor Neugebauer als auch vom fiktiven französischen Verfasser abgesetzte eigene Existenz. Anders als im

---

[72] Zu nennen wären – um nur einige wichtige Beispiele anzuführen: Marivaux, *La vie de Marianne* (1731–42); Prévost, *Mémoires et aventures d'un homme de qualité* (1728–31); ders., *Le philosophe anglois ou Histoire de M. Cleveland* (1731–39); ders., *Le doyen de Killerine* (1735–39); Richardson, *Pamela, or Virtue Rewarded* (1740); ders., *Clarissa Harlowe* (1747–48); Fielding, *The History of Tom Jones* (1749).

[73] Neugebauer, der den französischen Verfasser wenig später einschränken läßt: »ich gebe nur die Haupt=Karakter vor wirklich aus« (fol.)(6ᵛ), operiert letztlich also nicht mit dem Wahrheits-, sondern mit dem Wahrscheinlichkeitsanspruch. (Vgl. hierzu Stockhausen, der interessanterweise 1751, also zwei Jahre vor Veröffentlichung des *Teutschen Don Quichotte*, in seiner »Vorrede« zu *Leben der Marianne* [Anm. 28], fol. a5ʳf., eine sehr ähnliche Position theoretisch fundiert.)

deutschen Roman vor Wieland sonst üblich[74], verkörpert er nicht ein den
Handlungsverlauf kompositorisch ordnendes, also unpersönliches Erzähl-
prinzip, er erweist sich vielmehr als persönlicher Erzähler, der – etwa
durch ironische Kommentare, literarische Anspielungen, poetologische
Reflexionen und selbstkritische Bemerkungen – immer wieder in den Fluß
der Handlung eingreift[75]. Dabei hat er aber durchaus nicht die Funktion
eines souveränen Autors, sondern ist trotz seiner Rolle als Erzähler nur
eine, wenn auch zentrale Romanfigur. Das wird deutlich, wenn in Kap. II,
3 sein Auftreten wie folgt beschrieben wird:

> Es trat also ein Mensch in die Stuben, welcher ein altes und schon gefliktes auch wie-
> derum zerrißnes Kleid nebst allem übrigen hiezu geschikten Anzug um sich hatte.
> Seine Minen glichen den Minen eines Schriftstellers […] in der Aufgeblasenheit und
> er sahe so aus als wenn er [es] seyn müste. (S. 105)

Wenig später wendet sich dieser »Schriftsteller« mit der folgenden hand-
lungsunterbrechenden Erläuterung an den Leser:

> Hierbey will ich meinen Lesern nur zu voraus und in Geheim enddeken, daß ich, der
> Geschichtschreiber von den Thaten des grossen Bellamonte, selbst dieser Autor war,
> ob ich gleich in Zukunft nichts davon werde merken lassen, auch nur in der dritten
> Person von mir reden. (S. 106)

Von nun an tritt er aus seiner bloßen Erzähler-Existenz heraus und wird –
in seiner Rolle als »Autor« – Figur seiner eigenen Geschichte. Als handelnde Romanfigur erlebt und erleidet er nicht nur die Abenteuer seines
Helden passiv mit, sondern er setzt auch – als die Begebenheiten des Protagonisten ein vorzeitiges und unstandesgemäßes Ende zu nehmen drohen
– das romanhafte Geschehen durch aktives Eingreifen wieder in Gang. An
den Leser gewandt, erläutert er:

> Hier würden vermuthlich die grossen Abentheuer des heldenmüthigen Marggraf von
> Bellamonte ein ungewöhnliches Ende vor einen Roman genommen haben, wenn es
> dem Autor so beliebt hätte. Allein, […ich] befinde meinen Helden noch zu viel gros-
> sen Thaten tüchtig: ich will ihn aus dem Müßiggang ziehen, wie Ubald und Karl den
> tapfern Reinhold aus Armidens Schlosse: ich will selbst jener Person vertreten, und ei-
> nen Brief von der schönen Gräfin das demantne Schild seyn lassen. (S. 152)

Zudem offenbart er seinem Helden: »Herr Marggraf, Sie hätten unter allen Schrift=Stellern keinen bessern Mann als mich finden können, Ihre Ge-

---

[74] Die nicht zuletzt durch die veränderte Erzählweise begründete Entstehung des modernen deutschen Romans wird üblicherweise mit Wielands *Die Abenteuer des Don Sylvio von
Rosalva* verbunden (vgl. W. Kayser, *Entstehung und Krise des modernen Romans* [Stuttgart,
1955], S. 13–18). Daß Neugebauers Roman mehr als ein Jahrzehnt früher erschienener Roman in diesem Zusammenhang besondere Beachtung verdient, hat zuerst Kurth (Anm. 69), S. 106 f. u.
117 f., betont. Vgl. hierzu neuerdings auch W. M. Fues, »Wirklichkeit im Spiel. Wilhlem Ehrenfried Neugebauers Roman *Der teutsche Don Quichotte* als Paradigma der Entstehung bürgerlicher Fiktionalität«, *Text & Kontext*, 12 (1984), S. 7–30, bes. S. 19.

[75] Bei der Gestaltung seiner Erzähler-Figur orientierte sich Neugebauer nicht nur am
Don Quijote, sondern auch an Marivaux' Donquichottiade *Pharsamon, ou les nouvelles folies
romanesques* von 1737, in der etwa »abschweifende« Autorkommentare geradezu programmatisch postuliert werden. Zu »Abschweifungen« dieser Art äußert sich der Erzähler im
Teutschen Don Quichotte wiederholt; vgl. insbesondere Kap. I, 7 (S. 38 ff.).

schichte zu beschreiben,« (S.108) und zeichnet nun mit Wissen Bellamontes dessen bemerkenswerte Begebenheiten in einem – wie die Gattung und
das Vorbild des *Don Quijote* nahelegen – »niedrigen Thone« (S.2) auf[76].

V.

Der eigentliche Erzählgegenstand des *Teutschen Don Quichotte,* auf den
Handlungsführung und Personengestaltung des Romans deutlich hinge-
ordnet sind, ist der der »gelebten Literatur«. Ausgehend von der Grund-
konzeption des *Don Quijote,* der Neugebauer vermutlich in einer zeitgenössischen französischen oder auch deutschen Übersetzung[77] vorlag, erzählt der dem spanischen Vorbild zuweilen bis in die Einzelmotive folgende Roman die Geschichte eines jungen, müßiggängerischen Kaufmanns, der durch die extensive Lektüre von – wie es vage heißt – »den
neuesten Romanen, welche bey uns heraus kommen«[78] (S.3), dazu verführt wird, ein dem Leseeindruck gemäßes romanhaftes Leben zu führen.
Nicht nur dem *Don Quijote* ist Neugebauer bei seiner parodistischen Darstellung des »infizierten« Lesers und Literaturnachahmers aber verpflichtet, sondern auch zwei französischen Romanen der *Don Quijote*-Nach-
folge, nämlich Sorels *Berger extravagant* (1627) und Marivaux' *Pharsamon,
ou les nouvelles folies romanesques* (1737). Es ist daher gewiß kein Zufall,
daß sich der Verfasser gleich zu Beginn des ironisch gehaltenen Musenan-
rufs, mit dem er seinen Roman eröffnet, auf die Namen Cervantes, Marivaux und Du Moulinet[79] beruft.
  Die Frage, wie der zentrale Erzählgegenstand des Neugebauerschen
Romans, das Nachleben von Literatur, im einzelnen aufgebaut und abge-
stimmt ist, beantwortet sich am besten durch einen genaueren Blick auf
Handlung und Personal: Der 20jährige Kaufmannssohn Johann Glük, der
als Waise im Haus seines Onkels[80] und Vormunds lebt, vertreibt sich – da
er der Kaufmannsexistenz nichts abgewinnen kann – die Zeit mit Spazie-

---

[76] Die von Cervantes meisterhaft beherrschte Spannung zwischen »hohem« und »niedri-
gem« Stil wird von Neugebauer verschiedentlich imitiert; vgl. etwa Kap. I, 1 des Romans.
  [77] Im selben Jahr wie *Der teutsche Don Quichotte* kam die 1734 in Leipzig erschienene
Don Quijote-Übersetzung in zweiter Auflage heraus.
  [78] Wie die in diesem Kontext genannten Namen Marivaux und d'Argens signalisieren,
werden empfindsame und galante französische Romane offenbar favorisiert.
  [79] Da Sorels Romane anonym oder unter fremdem Namen herausgekommen waren,
kannte Neugebauer offenbar nur den Namen des Advokaten und Romanciers Nicolas Moulinet Du Parc, den der Autor des *Berger extravagant* auf dem Titelblatt seines im 17. und
18.Jahrhundert bekanntesten Romans, der unzählige Male aufgelegten und vielfach – u.a.
ins Deutsche – übersetzten *Histoire comique de Francion,* genannt hatte.
  [80] Neugebauer, der nicht vom »Onkel«, sondern vom »Vetter« spricht, verwendet den Begriff – wie der Kontext eindeutig belegt – im ursprünglichen Sinne von »Vatersbruder«. (Vgl.
zur Begriffsgeschichte von »Vetter« J. und W.Grimm, *Deutsches Wörterbuch,* Bd. XII, 2,
Sp. 27 f.)

ren, Reiten und vor allem dem Romanlesen. »Er bewunderte«, heißt es
schon in Kap. I, 1, »die schönen Stellen darinn gemeinschaftlich mit seinem Bedienten [, Görge], welcher die Einfalt selbst war« (S. 3). Beide lassen sich von den von ihnen bevorzugten französischen Romanen völlig ge-
fangennehmen und halten sie für wahr, »als wenn die geleßne[n] Geschichte[n] sich wirklich so zugetragen hätten« (S. 4). Zwei Romane sind
es vor allem, die – aufgrund ihrer besonders intensiven Darstellung von
Empfindungsreichtum und Gefühlsbetontheit – die Vorstellungswelt von
Herr und Diener prägen: *Histoire d'Hipolyte, conte de Douglas* (1690) von
der Gräfin d'Aulnoy und *La vie de Marianne* (1731–42) von Marivaux[81].
Wie die diesen Romanen entstammenden Vorbilder möchte Johann großmütig, tapfer und liebevoll sein, wie sie sucht er eine ideale Geliebte, für
die er Opfer bringen und sich in der Ferne bewähren will. Um den Helden
der fiktiven Welt seiner Romane einigermaßen ebenbürtig zu sein, nimmt
er den frei erfundenen Titel und Namen eines Grafen von Bellamonte an
und macht seinen einfältigen Bedienten Görge zum Kammerdiener Du
Bois.

Während der Onkel sehr zum Verdruß des Neffen Pläne macht, ihn mit
einem dem Landadel angehörenden Fräulein v. Fr. zu verheiraten, trifft Johann – oder besser: Bellamonte, denn er »hatte vor der Benennung Herr
Johann einen solchen Abscheu, daß er sich nicht dabey ohne Aergernis
konte rufen hören« (S. 5) – zufällig auf eine unbekannte Schöne. Sie ist
ihm, wie er gerührt feststellt, die gesuchte Heldin aus den französischen
Romanen. Doch da er in seiner Enthusiasmiertheit vergißt, nach ihrem
Namen zu fragen, scheint sie ihm verloren. Den Schmerz des wahrscheinlichen Verlustes genießt er sodann – nachdem er das Romanhafte der Situation erkannt hat – in zugleich empfindsamer und nüchterner Selbstbeobachtung:

> Ach! ich unglüklicher! So sprach er und seufzte ganz verwirrt: wie er aber wieder zu
> sich selbst kam, erinnerte er sich mit vielem Vergnügen dessen, was er gesagt, weil er
> recht regelmäßig geseufzet, und sezte mit kaltem Blute diese Selbstunterhaltung in
> eben dem Thone fort, als wenn er noch so erhizt gewesen. (S. 6)

Der schnell gefaßte Entschluß, zu einer abenteuerlichen Such- und Be-
währungsfahrt aufzubrechen, wird noch am selben Tag – nicht zuletzt wegen der immer konkreter werdenden Verheiratungsabsichten des Onkels –
in die Tat umgesetzt. Schon zu Beginn ihrer ersten Ausfahrt geraten Bellamonte und Du Bois, deren imaginierte Markgrafen- bzw. Kammerdiener-
Existenz nun immer deutlicher auf Don Quijote und Sancho Pansa zu-

---

[81] Vgl. die in Kap. I, 1 aufgeführten Romanhelden »Graf von Duglas«, »Herr von Valville«, »Gräfin von Warwits« und »Marianne« (S. 4). – Im weiteren Verlauf der Handlung
wird deutlich, daß Johann Glük, der sich als ausgesprochener Kenner der Gattung erweist
(vgl. S. 263), sein Leben auch nach diversen anderen, allerdings auf der Figurenebene nicht
explizit genannten Romanen ausrichtet.

rückweist[82], in Schwierigkeiten. Als sie Zeugen eines Raubüberfalls werden, verhält sich Bellamonte zwar so, wie er es »in seinen Büchern gelesen hatte« (S. 16), nämlich edel und tapfer, aber er vermag weder das unverhohlene Besitzstreben seines Dieners zu zügeln noch der wahrheitsverkehrenden Verschlagenheit des Räubers zu begegnen. So müssen Herr und Diener schließlich froh sein, von dem ihnen nachspürenden Onkel vor einer Verhaftung bewahrt zu werden. Die aus der Lektüre gewonnenen Handlungsanweisungen reichen nicht aus – dies erkennt Bellamonte, der sich »keiner gleichen Begebenheit [aus seinen Romanen] zu erinnern« weiß (S. 19) –, um die Probleme der Wirklichkeit zu meistern. So endet die erste Ausfahrt nach nur wenigen Stunden mit der verdrießlichen Befürchtung des Helden, daß er »seinem hohen Stande absage [müsse] und sich wieder Herrn Johann solte nennen lassen« (S. 35).

Da das Erlebnis der fehleingeschätzten Realität für Bellamonte weniger abschreckend ist als das der zerstörten Fiktion, bricht er zusammen mit dem zunächst widerstrebenden Du Bois noch an dem selben Abend zu einer zweiten Ausfahrt auf. In einem nahegelegenen Gasthaus trifft er auf die verloren geglaubte unbekannte Schöne, die sich als Gräfin Villa-Franka ausgibt. In Wahrheit ist diese – vermutlich durch Marivaux' *Pharsamon* inspirierte – weibliche Gegenfigur zu dem lesenden Kaufmannssohn aber eine junge, wenig vermögende Landadlige, die nicht nur in gleicher Weise wie Bellamonte von der Fiktionswelt ihrer Romanlektüre beherrscht wird, sondern sogar die gleichen Bücher wie er liest:

> Eben die Romane, welche dem Herrn Johann Glük seinen Nahmen verekelt hatten, hatten eben die Würkung bey dem adlichen Frauenzimmer gethan, wiewohl aus ganz andern Ursachen. Herr Johann ward von dem Uebertriebnen der grossen Regungen dahin gerissen, und die Fräulein hatte sich in das Schimmernde, in das Neue und folglich vor sie Anzügliche dieser Geschichtgen verliebt. (S. 42)

Bei einem noch am selben Abend erfolgenden Besuch im Haus der Landadelsfamilie können der vorgegebene Markgarf von Bellamonte und die vorgegebene Gräfin Villa-Franka einander vorsichtig und ganz den ihnen durch die Lektüre vertrauten empfindsamen Mustern folgend ihre Liebe andeuten. In einer weit direkteren Parallelszene zwischen Du Bois und dem von der Gräfin zur Kammerjungfer Lisette aufgewerteten Nähmädchen Käthe wird in geradezu programmatischer Weise vorgeführt, wie – bei entsprechender Disposition des Romanlesers – die Fiktionswelt der Lektüre die Einschätzung der empirischen Wirklichkeit präjudizieren kann: Da Du Bois Lisette mit Ausdrücken und Redewendungen anspricht,

---

[82] Während der drei Ausfahrten, die Bellamonte und Du Bois nach dem Muster Don Quijotes und Sancho Pansas unternehmen, offenbart sich eine Reihe von Affinitäten, die insbesondere die Dienerfiguren betreffen: gemeinsam ist beiden etwa die Vorliebe für Sprichwörter, die Sorge um Nahrung, das Interesse am materiellen Gewinn, die Kritik des »gesunden Menschenverstandes« und nicht zuletzt die ständisch vorgegebene Disposition für Prügel.

die er aus zuhauf gelesenen Geschichten nachahmt (vgl. S. 54 ff.), ist sie
beglückt, »diesen Auftritt aus den edlen Begebenheiten zu spielen, oder
vielmehr eine wirkliche Haupt=Person davon zu seyn« (S. 55). Sie hat nun
keinen Zweifel mehr, »ob wirklich solche Leute als die Bücher=Helden in
der Welt wären« (S. 56 f.). Doch die von romanhafter Galanterie weit ent-
fernte Realität ihrer Dienerwelt holt sie in Form einer unerwarteten Zu-
dringlichkeit Du Bois' rasch wieder ein. Ihre spontane Klage ist bezeichnend:

> Pfuy, rief sie, schämen Sie sich, .. ich bin nicht gewohnt mir so begegnen zu lassen, ..
> wie einem Bauer=Mensche oder einer Gassen=Hure, .. erst sind Sie so zärtlich! .. und
> können darauf so ungehobelt seyn? (S. 57)

Nach nächtlichen Mißverständnissen, die zu Handgreiflichkeiten und
schließlich der Flucht von Herr und Diener führen, findet die ländliche
Idylle der beiden Paare ein rasches Ende. Während Bellamonte sich in dieser »empfindsamen« Situation ganz in die Helden seiner Romane hinein-
versetzt – nicht umsonst ist das an dieser Stelle beginnende Kap. I, 14
»Valville, Cleveland und Hypolitus« [83] überschrieben – und nach angemessenen Möglichkeiten sucht, die geliebte Gräfin aus der Hand ihrer mut-
maßlich boshaften Verwandten zu befreien, hat Villa-Franka mit mütterlichen Verheiratungsplänen zu kämpfen. Der ins Auge gefaßte Kandidat,
ein reicher Kaufmannssohn, ist natürlich kein anderer als Johann Glük.
    Zwischenzeitlich werden Herr und Diener von dem besorgten Vor-
mund und Onkel – »etwas ehrwürdiger als Don Quichotte, der im Vogel-
bauer saß« (S. 151) [84] – erneut nach Hause geholt. Für den nur der Logik
des Merkantilen zugänglichen Onkel, der höchst erstaunt über die ihm
fremden Namen Bellamonte und Du Bois ist, liegt auf der Hand, daß allein die Bücher an all den Verwirrungen und Mißlichkeiten schuld sind:

> [...] die verfluchten Bücher haben euch das Gehirn verdreht, worüber ihr euch oft in
> die Kammer einschlosset, und wo ihr beständig davon zu reden hattet: aber ich werde
> euch diese verwünschten Bücher aus dem Gesichte rüken. (S. 97 f.)

In einer Parallelszene muß sich auch Villa-Franka, von der der Leser
längst ahnt, daß sie keine andere als das Fräulein v. Fr. ist, wegen ihrer
Lektüre von französischen Romanen und den daraus erwachsenen romanhaften Grillen schelten lassen. So sagt ihre Mutter unmißverständlich:
»Die vermaledeyten französischen Bücher mit ihren zärtlichen Frazzen
machen dich toll« (S. 101). Noch krasser äußert sich ihr Bruder, ein grober
und ungebildeter Landjunker:

> Aber ja, die verfluchten Bücher! ich wolte sie wären nebst den Narren, welche sie
> machten, beym Teufel, sonst würden sie meiner Schwester nicht den Schädel verdreht
> haben: Zum Teufel mit den verteufelten Schmiererreyen! (S. 104)

---

[83] Neben den beiden oben genannten Romanen der Gräfin d'Aulnoy und Marivaux' wird
hier auf Prévosts *Le philosophe anglois ou Histoire de M. Cleveland* (1731–39) angespielt.
[84] Vgl. Cervantes, *Don Quijote* (Anm. 3), Kap. I, 46, S. 484 ff.

Ins Haus des Onkels zurückgekehrt, erlebt Bellamonte eine sein Markgrafentum existentiell berührende Krise: er wird nicht nur wieder zu Johann Glük, sondern bedauert sogar seine romanhaften »Einfälle« (S. 152) und fängt an, »etwas lächerliches darinn zu finden: [wenn er auch] mit allen seinen Ueberlegungen nicht bis auf den Grund, und den Ursprung dieses lächerlichen eindringen« kann (S. 153). Durch das Eingreifen des Erzählers, der als agierende Romanfigur einen Brief der angeblichen Gräfin Villa-Franka übermittelt, wird Bellamontes Krise überwunden. Begleitet von Du Bois, der diesen Namen erst nach erheblichem Zureden wieder annimmt, und dem Autor, der die unerhörten Begebenheiten des Markgrafen von Bellamonte aufzuzeichnen gedenkt, bricht der Protagonist nur zwei Tage nach seiner Rückkunft zu einer dritten Ausfahrt auf. Das inzwischen bei ihm geweckte – und an Don Quijote erinnernde – Bewußtsein, zur literarischen Figur zu werden [85]:

> [es] fiel ihm gleich ein, daß seine Begebenheiten wohl eben so viel wehrt seyn möchten, als die Begebenheiten der andern Marggrafen, das ist, daß sie wohl eben so gut von einem geschikten Kopf könten beschrieben und der Vergessenheit entrissen werden (S. 106),

läßt ihn tiefer denn je in die Welt seiner romanhaften Illusionen verstrickt sein.

Als Bellamonte und seine beiden Gefolgsleute die Gräfin Villa-Franka entführen, um sie vor der ungewollten Verheiratung mit dem von der Mutter bestimmten Kandidaten zu bewahren, drohen sie in einem grotesk-komischen Kampf mit Bauern zu unterliegen. Zwei in römische Gewänder gekleidete Reiter, die Bellamonte zunächst für Komödianten hält (vgl. S. 238), bringen durch ihr mutiges Eingreifen die Rettung. Komödianten allerdings sind die beiden Reiter keineswegs, sondern – wie sie versichern – der mazedonische Prinz Vardanes und sein Waffenträger Heraldo. Ihre um den Kampf gegen den mächtigen Coßroes von Trapezunt und die Rückgewinnung der kretischen Prinzessin Aurore kreisende Geschichte trifft bei Bellamonte auf deutliche Skepsis. Sein wenig respektvoller Schluß, »der Unbekandte müsse irgend einen Sparren zu viel haben« (S. 238), findet wenig später, als die wunderliche Reisegruppe in einem nahen Gasthaus absteigt, ihre Bestätigung. Zwei Herren, die auf der Suche nach den beiden merkwürdigen Reitern in Römergewändern sind, erscheinen auf dem Plan und enthüllen – als einen weiteren Fall »gelebter Literatur« – die Geschichte des vielfältig in literarische Fiktionen verstrickten Prinzen Vardanes: Er und sein Begleiter sind zwei junge Herren von Adel, die »so abscheulich auf das Lesen der Romane erpicht« waren

---

[85] Dieses Bewußtsein wird im weiteren Verlauf der Handlung zu einem zusätzlichen Movens für Bellamontes Kühnheit. In einem Selbstgespräch betont er diesen Zusammenhang ausdrücklich: »Wie viel Süßigkeit fühlet doch eine großmüthige Seele bey den Gedanken, daß sie allezeit berühmt seyn werde, so berühmt, als es mir meine Thaten und die Fähigkeit meines Geschichtsschreibers versprechen« (S. 209).

(S. 260), daß sie sich schließlich nur noch in die Welt ihrer Lektüre hineinwünschten. An nichts hatten sie mehr Freude, als in römischer Phantasiekleidung Begebenheiten aus so »närrischen Büchern« wie Meletaons[86] *Die getreue Bellandra* (1708) oder Talanders[87] *Die getreue Sclavin Doris* (1696) und *Die unglückliche Prinzessin Arsinoe* (1687) »vorzustellen« (S. 260). Als der junge Graf sich eines Tages unglücklich in eine schon versprochene Adlige verliebte, verfiel er in seinem Leid in eine schwere Fieberkrankheit und las während seiner Genesung Talanders Roman *Aurorens königlicher Princeßin aus Creta Staats- und Liebes-Geschichte* (1695), der eine der eigenen Erfahrung entfernt ähnliche Liebeshandlung hat. Unterstützt von seinem geradezu lektüreversessenen Edelknaben, versetzte er sich daraufhin ganz in die Phantasiewelt dieses Romans, um fortan als Prinz Vardanes durch die Lande zu ziehen und die verlorene Geliebte zurückzuerobern.

Auf diesen Bericht hin geschieht etwas Überraschendes: Denn Bellamonte begrüßt nicht etwa den eingebildeten mazedonischen Prinzen als geistesverwandten »nachahmenden Helden«, er versucht vielmehr, ihm aus seiner umfassenden Kenntnis der Gattung ›Roman‹ »das Abgeschmakte derselben deutlich zu machen« (S. 263). Seine kritische Auseinandersetzung mit der Romanliteratur[88] beginnt der vorgegebene Markgraf mit einem für ihn sehr bemerkenswerten Satz:

> Mein Herr, [...], ich kan ihnen nicht verhalten, daß Sie in Absicht auf die Romane eine irrige Meynung haben, wenn Sie diese Geschichte vor wahr halten und sich so sehr davon einnehmen lassen. (S. 263)

Er, der ja selbst literarische Vorbilder nachlebt, räumt zwar rechtfertigend ein, daß etliche zeitgenössische französische Romane – wie die von ihm als Identifikationsmuster geschätzten *La vie de Marianne, Le philosophe anglois ou Histoire de M. Cleveland, Le doyen de Killerine* und *Histoire d'Hipolyte, conte de Douglas* – »wahr seyn mögen, oder doch wenigstens einen grossen Schein der Wahrheit vor sich haben« (S. 263); er verurteilt aber die von Vardanes bevorzugten höfisch-historischen und vor allem heroisch-galanten deutschen Romane des 17. und 18. Jahrhunderts als gekünstelt, übertrieben, mit einem Wort: unwahr im Hinblick auf die Beschaffenheit des menschlichen Herzens und die Empfindungen der Seele (vgl. S. 266).

Während einige Anwesende, die Bellamonte zuvor »als einen [...] verrükten Kopf gesehn hatten« (S. 267), beeindruckt von den »gesunden« Ansichten des Markgrafen sind, versteht Vardanes, der von der Gewißheit der von ihm nachgelebten Romanvorwürfe völlig überzeugt ist, den Kriti-

---

[86] Meletaon ist der Nürnberger Patrizier und Privatgelehrte Johann Leonhard Rost (1688–1727), der unter seinem Pseudonym zumindest neun Romane herausbrachte.

[87] Talander ist der als Übersetzer und Autor ungemein produktive August Bohse (1661–1742), der als erster erfolgreicher und gutbezahlter Unterhaltungsschriftsteller in Deutschland gelten kann.

[88] Das Kap. IV, 4 mit Bellamontes Romankritik dürfte durch die verschiedenen Literaturdiskussionen im *Don Quijote* (vgl. I, 6; I, 32; I, 47–48; II, 16; II, 18) beeinflußt sein.

ker als Beleidiger und fordert ihn zum Zweikampf. Dieser Zweikampf, der
wegen Erschöpfung der Gegner unblutig verläuft, führt bei dem eingebildeten Prinzen aufgrund der »gewaltsamen Erschütterung des Leibes« (S.
275) zur völligen Heilung von allen romanhaften Illusionen. Bei dem eingebildeten Markgrafen dagegen läßt die ›Heilung‹ – trotz der konkreten
Anschauung des durch die Romanlektüre in seinem Wirklichkeitsver-
ständnis gestörten Vardanes – noch auf sich warten. Zunächst hat er sich
dem handfesten Verführungsversuch einer im gleichen Gasthaus abgestie-
genen Baronesse zu widersetzen. Das gelingt bei den besonderen Reizen
der Dame nur, weil er »vom Roman=Geiste getrieben seine eigne[n] Empfindungen Lügen straft« (S. 286). Als »ein von chimerischen Gedanken
ganz eingenommener Mensch« (S. 288) entsinnt er sich entsprechender
heikler Situationen aus zärtlichen Romanen und sucht sein Heil in der
Flucht. Als wenig später die Verwandten des »markgräflichen« Paares, der
Kaufmann Glük und die landadlige Frau v. Fr. mit ihrem Sohn, auftauchen
und alle Verwechselungen, Verwirrungen und Mißverständnisse aufklä-
ren, findet der Lebensabschnitt der lektürebedingten Phantastereien auch
bei Bellamonte und Villa-Franka sein Ende. Johann Glük und Lene v. Fr.,
die nun ebenso wie ihre Diener die angenommenen Namen ablegen, sind
natürlich die füreinander Bestimmten: sie die Landadlige, die er nicht
wollte, er der Kaufmannssohn, den sie nicht wollte. Nur ihre romanhaften
»Ausschweifungen« (S. 303), derer sie sich nun schämen, haben eine frühere glückliche Lösung verhindert.

So recht bedauert wird der Weg von Held und Heldin durch die Welt
ihrer Illusionen aber eigentlich nicht – im Gegenteil! Der fiktive Erzähler
kommentiert:

> Der glükliche Ausgang ihrer Begebenheiten trug sehr viel zu einer Einsicht in das Lä-
> cherliche ihrer Meynungen bey, und sie dachten nach und nach wirklich so gesund,
> daß ich glaube, diese kleine Narrheit selbst sey Schuld an ihrer künftigen klugen Auf-
> führung gewesen. (S. 303)

Auch die Schilderung ihres weiteren Lebensweges weist in diese Richtung.
Bei seiner Volljährigkeit erhält Johann Glük einen »Adel=Brief nebst dem
Nahmen von Schönberg [...] einem Nahmen der seinem marggräflichen
Nahmen völlig glich« (S. 306). Als Herr v. Schönberg heiratet er sein Fräulein v. Fr., und beide führen als exemplarisch zärtliches Paar ein tätiges,
»dem wahren Mittelwege der gesunden Vernunft« folgendes Leben (S.
307). Die Begleiter früherer Abenteuer, der inzwischen mit dem ehemaligen Nähmädchen Käthe/Lisette verheiratete Diener Görge und der die
Begebenheiten aufzeichnende Autor, leben als Amtmann und Sekretär auf
dem Schönbergschen Besitz.

VI.

»Gelebte Literatur« – das hat der Blick auf Handlungsführung und Personenkonstellation gezeigt – spielt in *Der teutsche Don Quichotte* eine zumindest ebenso zentrale Rolle wie in dem als Vorbild rezipierten *Don Quijote;* sie ist, vielleicht sogar ausschließlicher als bei Cervantes, der eigentliche Erzählgegenstand des Romans. Wichtiger noch für die Einschätzung
des Textes aber ist der spezifische Gestaltungsmodus, mit dem Neugebauer an das von den Zeitgenossen allein unter dem Aspekt »schädlichen
Lesens« gesehene Phänomen »Gelebte Literatur« herangeht: er beläßt es
nämlich nicht bei nur einer Spielart und nur einer Bewertung »gelebter Literatur«, sondern variiert das Motiv und seine thematische Valenz durch
ironisierende und relativierende Brechungs- und Spiegelungstechniken.

Ein erster Hinweis muß in diesem Zusammenhang dem fiktiven Autor[89]
gelten, der – wie erst bei genauerem Hinsehen deutlich wird – einen Sonderfall »gelebter Literatur« markiert. Er, der zugleich als Romanautor und
Romanfigur auftritt[90], zeichnet einen exemplarischen Fall »gelebter Literatur« nicht nur auf, er hat »in [s]einer Autor=Gestalt« (S. 84), als »Ge-
schichtschreiber von den Thaten des grossen Bellamonte« (S. 106), auch
teil daran. Als Romanfigur ist er bloßer Mitspieler und Beobachter des
lektürebedingten Nachahmungsprozesses, als Romanautor ist er dessen
»olympischer« Schöpfer und Interpret. Doch eines darf nicht übersehen
werden: Wenn Neugebauer mit dieser geschickt angelegten, partienweise
kaum mehr auflösbaren »Personalunion« von schaffendem und geschaffe-
nem Autor auch den Anschein authentischen Verfassertums erweckt, so ist
und bleibt die Autor-Figur doch fiktiv. Der fiktive Autor aber ist literarische Figur und kann daher seinerseits Literatur ebenso – oder zumindest
doch ähnlich – nachleben wie die »normalen« Romanfiguren. Im Falle der
Neugebauerschen Autor-Figur geschieht das – angedeutet zwar nur, aber
doch erkennbar – in der folgenden das Motiv variierenden Weise: Einerseits versetzt er sich unter immer wiederkehrenden Bezugnahmen auf
große Erzählwerke und deren Verfasser – die Reihe der Beispielsfälle
reicht von der *Ilias* und der *Aeneis* bis zum *Don Quijote* und *Tom Jones*[91] –
in die Rolle eines »überlebensgroßen« Erzählers und Chronisten, der als

---

[89] Zur Bedeutung des fiktiven Autors für die Struktur des Romans s. o. S. 85 f.

[90] Seine Doppelrolle wird von dem fiktiven Autor schon in Kap. I, 15 wie folgt angekün-
digt: »[…] meine Leser haben sich zu versehen, daß ich mich in den folgenden Theilen entweder in meiner Autor=Gestalt, oder aber unter der Larve eines andern Marggrafen, oder unter beyden zugleich darstellen werde« (S. 84.); besonders sinnfällig wird sie – von der
Schlüsselszene seines ersten Auftretens (vgl. S. 105 f.) einmal abgesehen – in der Schlußwen-
dung des Romans, die ihn sein Buch als Sekretär des zum Grafen Schönberg gewordenen
Bellamonte beenden läßt (vgl. S. 307 f.).

[91] Neben diesen und anderen positiven Vorbildern werden – mit deutlich ironischer Absicht – auch Verfasser von französischen höfisch-historischen Romanen wiederholt angesprochen: insbesondere La Calprenède und Madame de Scudéry (vgl. S. 10, 20, 28, 49 u. 208).

»Echo des berühmten Bellamonte« (S. 208) ewigen Ruhm zu erlangen sich
anschickt (vgl. S. 83, 176 u. ö.). Andererseits erlebt er in der Rolle als eigene Romanfigur Szenen, die – wie etwa das Aufstülpen eines Nachtgeschirrs als Helm des Mambrin [92] – auf literarische Vorbilder bezogen sind.
Oder anders ausgedrückt: als Romanautor trägt er Sorge dafür, daß er als
Romanfigur in literarisch präfigurierte Situationen gerät.

Der Hinweis auf die Sonderstellung der Autor-Figur im Kontext der
»gelebten Literatur« bliebe ohne Erwähnung der schon im Untertitel des
Romans angesprochenen komischen und satirischen Darstellungsintention
unvollständig. Denn mehr noch als mit den »eigentlichen« Romanfiguren
treibt Neugebauer mit dem fiktiven Autor sein ironisch-parodistisches
Spiel – ein Spiel, dessen wohlkalkulierte Wirkung auf dem komischen Gegensatz von übertrieben hohem Selbstwertgefühl einerseits und recht ein-
geschränkter »realer« Existenz andererseits beruht. Während der Autor
sich nämlich als »der beste Dichter in [s]einem Vaterlande« (S. 108) und
als philosophischer Kopf, der die »rechte Bedeutung des Wortes Erhaben«
(S. 109) gefunden hat, vorstellt, erweist er sich letztendlich als nicht unbedingt respektheischender Mann der Feder: er ist ein alternder, mittelloser
und eitler Schwadroneur, der sich mit Ideen, die »nur in dem Gehirne eines Bücherschreibers konnte[n] erwachsen seyn« (S. 296), durchs Leben
zu schlagen sucht und dabei mehr als einmal zur lächerlichen Figur wird.
Ob das Buch eines solchen Romanschreibers tatsächlich – wie Neugebauer
den fiktiven Autor im Zusammenhang der nicht gerade rühmlichen Szene
des über seinem Kopf entleerten Nachtgeschirrs ausführen läßt – »ewig
durch sich selbst und durch Myriaden künftiger Commentatoren« (S. 231)
werden wird, ist eine dem Leser geschickt insinuierte Frage, die keiner
ernsthaften Antwort bedarf.

Parodistisch ist nun aber nicht nur Neugebauers den eigenen Roman
ironisch relativierende Konzeption der Autor-Figur, parodistisch ist vor
allem auch die Gestaltung des eigentlichen Erzählgegenstandes. Dem sich
mit Cervantes' *Don Quijote* bietenden Modell folgend, macht der Verfasser des *Teutschen Don Quichotte* nicht nur eine als verbraucht und überkommen angesehene Gattung, hier den höfisch-historischen und insbesondere heroisch-galanten Roman des 17. und 18. Jahrhunderts [93], sondern
auch einen als skurril und verlachenswert geltenden Typus, hier den emp-
findsam-literaturnachlebenden Leser, zum Gegenstand seiner für das zeitgenössische Lesepublikum durchaus aktuellen Satire [94]. In dem gleicher-

---

[92] Vgl. S. 217 und *Don Quijote,* Kap. I, 21.

[93] Während Neugebauer den deutschen höfisch-historischen Roman bis auf eine Erwähnung der Zigler und Kliphausenschen *Asiatischen Banise* außer acht läßt und ausschließlich
auf die französischen Romane vornehmlich der Madame de Scudéry und La Calprenèdes
(die in zeitgenössischen deutschen Übersetzungen vorlagen – vgl. Meid [Anm. 25], S. 15 f.)
abstellt, richtet er sein Augenmerk sehr entschieden auf die sich aus dem höfisch-historischen
Roman entwickelnden deutschen heroisch-galanten Texte von Bohse und Rost.

[94] Der höfisch-historische Roman war in Frankreich, aber auch in England, im 18. Jahrhundert längst aus der Mode gekommen und insofern kein Thema mehr; in Deutschland

maßen handlungsinitiierend und sinnorganisierend wirkenden Lektüre-Motiv sind beide Satireobjekte, Lesestoff und Leser, aufeinander bezogen. Dem parodistischen Impetus des Romans entsprechend muß das Lektüre-Motiv grundsätzlich negativ akzentuiert sein; denn nur, wenn die zum Nachleben von Literatur verleitende Lektüre, im Fall der Neugebauer-schen Protagonisten das Lesen ganz bestimmter Romane, als möglicher, ja wahrscheinlicher Auslösepunkt für negative Konsequenzen der unter-schiedlichsten Art ausgewiesen ist, kann die auf Besserung durch Verla-chen angelegte Satire ihre Wirkung entfalten. Das im Text dargestellte Le-sen muß sich also als tatsächlich »schädliches Lesen« erweisen: als schäd-lich zunächst natürlich für den von der Vorstellung verblendeten Leser, daß die Wirklichkeit seiner Romane deckungsgleich mit der empirischen Wirklichkeit sei, als schädlich oder doch wenigstens verdrießlich aber im-mer wieder auch für die durch den Verblendungsprozeß des Lesers nur in-direkt betroffenen Mitmenschen.

Das »schädliche Lesen« ist denn auch – als erste und für die Entste-hungszeit des *Teutschen Don Quichotte* naheliegendste Bedeutungsebene von »gelebter Literatur« – das textstrukturierende Element des Romans schlechthin. »Ich wolte, daß dir die Teufels Bücher verdammt wären: sie sind Schuld an allen verfluchten Narrenpossen und Scherereyen« (S. 302); so oder ähnlich heißt es immer wieder geradezu leitmotivartig. Und in der Tat, am Beispiel des jungen Grafen, der Bohses Roman *Aurorens königli-cher Princeßin aus Creta Staats- und Liebes-Geschichte* als verbindliches und unzweifelhaft wahres Leitmodell für seine Lebensführung gewählt hat, wird ein geradezu exemplarischer Fall »schädlichen Lesens« vorgeführt. War ihm die Lektüre deutscher heroisch-galanter Romane, die rasch den Wunsch zumindest des nachahmenden literarischen Rollenspiels entstehen ließ, zunächst nur ein adliger Zeitvertreib mit den Symptomen allerdings einer »Leseinfektion«[95], so wird sie ihm nach einem durch Liebesenttäu-schung verursachten »hitzige[n] Fieber, welches ihm den Kopf ganz ver-rükte, daß er manchmal ordentlich rasete« (S. 260), zur handlungsbestim-menden Größe. Seucheninfektion und Fieberwahn – nicht umsonst ver-wendet Neugebauer diese beiden im 18. Jahrhundert immer wieder auf das »schädliche Lesen« bezogenen Krankheitsmotive[96] in unmittelbarer räum-

wurde er von der Kritik, vornehmlich von der Gottsched-Schule, zwar vehement attackiert, behielt in der Gunst des Lesepublikums aber jahrzehntelang seinen festen Platz. (Vgl. Belege bei Spiegel [Anm. 40], Anhang II, S. 137 ff.; Grundsätzliches bei H. Singer, *Der galante Ro-man,* Sammlung Metzler, 10 [Stuttgart, ²1966], S. 27 ff.)

[95] Im Text wird ausdrücklich hervorgehoben, daß der junge Graf von seinem Edelknaben »mit dieser Seuche« (S. 260) angesteckt worden sei.

[96] Der Vorstellungsbereich »Lesen als Krankheit« war im 18. Jahrhundert völlig geläufig: Schon der Übersetzer der *Don Quijote*-Ausgabe von 1734 spricht etwa von der »Romanen= Seuche« (*Des berühmten Ritters, Don Quixote von Mancha, [...] Geschichte* [Anm. 9], Th. I, »Vorrede«, fol. ** 2ʳ); und – um einen besonders prägnanten Fall zu nennen – Johann Pezzl beklagt in seinem satirischen Roman *Ulrich von Unkenbach und seine Steckenpferde,* 2 The. (Wien, 1800 u. 1802), nicht nur generell die epidemische Verbreitung des Werther- und Sieg-

licher Nähe – sind die Auslöser des nun durchaus nicht mehr als Spiel verstandenen Einstiegs in die Illusionswelt der Fiktion. Von nun an agiert der zur Romanfigur Vardanes gewordene Graf mit der unbeirrbaren Konsequenz eines monomanisch auf nur eine Zielvorstellung fixierten Menschen. Für seine Umwelt wird er auf diese Weise zu einem rasenden Narren, der keinem Vernunftsargument mehr zugänglich ist. Und es bedarf schon einer fast wunderbaren Heilung, die nach einem entkräftenden Zweikampf »alle romanische Einbildung« (S. 275) schwinden läßt und die Rückkehr in die »nicht-literaturnachlebende« Normalität ermöglicht.

Wenn Neugebauer auch keinen Zweifel daran läßt, daß in dem jungen Grafen, der sich auf »Talanders, Melissantes[97] und Meletaons ungereimte Erfindungen« kapriziert hat (S. 260), ein »klassisches« Opfer »schädlichen Lesens« zu sehen ist, so verdammt er doch nicht die Romanlektüre als solche. In dem poetologisch akzentuierten Romankritik-Kapitel (IV, 4), das sich direkt an den noch ganz in seine Fiktionswelt verwobenen Vardanes richtet, weiß er vielmehr wirkungsästhetisch zu differenzieren[98]: Nicht die Lektüre natürlicher und wahrscheinlicher Romane, die »den Menschen und seine Leidenschaften zum Original haben« (S. 264), ist schädlich, sondern die der »rechte[n] Ungeheuer von Romanen, [die] nichts als eine Zusammenhäufung von unnatürlichen Dingen [und] übel geschildert[en]« Charakteren sind (S. 264 f.). Schädlich sind also Bücher wie die heroisch-galanten deutschen Romane, die mit ihren »ausgekünstelte[n] Verwirrungen« (S. 266) und gänzlich unglaubhaften Personen kaum wahrscheinlicher sind als die alten Ritterbücher[99]. Bücher wie die »modernen« französischen Romane – vor allem von Marivaux, Prévost und d'Aulnoy[100] –

---

wart-Fiebers, er führt vielmehr auch diverse einzelne Krankheitssymptome der Leser auf (vgl. Th. I, S. 75–81, bes. S. 76).

[97] Die Erwähnung des Melissantes dürfte auf einer Verwechselung beruhen. Neugebauer hat vermutlich den seinen Zeitgenossen unter dem Pseudonym Menantes bekannten Christian Friedrich Hunold gemeint.

[98] Daß Neugebauer sich in dem zentralen Literatur-Gespräch seines lesenden Helden als Sprachrohr bedient, wird durch die erstaunlich positive Kennzeichnung Bellamontes in gerade dieser Situation deutlich. »Man darf nicht denken«, heißt es, »als wäre mein Held in allen Dingen ausschweiffend gewesen: nein, er war es nicht, besonders was den Geschmak in Ansehung der schönen Wissenschaften betraf. Als Beweiß davon, will ich seine Meynung über die Romane hier anführen« (S. 263).

[99] Nicht von ungefähr verweist Neugebauer in diesem Zusammenhang auf den *Amadis;* seit der zweiten Hälfte des 17. Jahrhunderts galt dessen Geschichte bei deutschen Kritikern als Inbegriff eines abgeschmackten und schädlichen Buches – vgl. Näheres bei W. E. Schäfer, »Hinweg nun Amadis und Deinesgleichen Grillen! Die Polemik gegen den Roman im 17. Jahrhundert«, *Germanisch-Romanische Monatsschrift,* 46 [N. F. 15] (1965), S. 366–384, bes. S. 378 ff. – Eben diesen negativen Bezug zwischen heroisch-galanten Romanen und Ritterbüchern stellt auch Hermann Andreas Pistorius, der Übersetzer von Charlotte Lennox' *The Female Quixote,* fast zeitgleich her (vgl. *Don Quixote im Reifrocke, oder die abentheuerlichen Begebenheiten der Romanheldinn Arabella* [Hamburg, 1754], »Vorrede des Uebersetzers«, fol.)(3ʳ; Angabe nach dem Exemplar der Studienbibliothek Dillingen).

[100] Mit *Vie de Marianne, Histoire de M. Cleveland, Doyen de Killerine* und *Histoire d'Hipolyte* hebt Neugebauer vier Romane besonders hervor.

bereiten dagegen nicht nur Vergnügen, sondern sind aufgrund der dem
Leser vermittelten Einsicht in die wahre Natur des Menschen auch nütz-
lich (vgl. S. 264)[101].

»Schädliches Lesen« – so Neugebauers auf den Fall des jungen Grafen
gestützte Aussage – wird also nur durch die schlechten Romane begründet, die ihre sie für wahr haltenden Leser unweigerlich zu Narren werden
lassen. Und in der Tat: ein Blick auf das Zentrum des Romans, das zwei
spiegelbildlich aufeinander bezogene Fälle »gelebter Literatur« zeigt, belegt, daß die Wirkungen von Lektüre und Literaturnachahmung durchaus
nicht immer verderblich sein müssen. Gewiß, Johann Glük und Lene v. Fr.
verlieren im Verlauf ihres Illusionierungsprozesses, zu dem sie als müßig-
gängerische und überdies empfindsame Leser die besten Voraussetzungen
mitbringen, das Verhältnis zur empirischen Wirklichkeit. Ja, es überwiegen
bei ihnen die aus der Lektüre gewonnenen Vorstellungen sogar so sehr,
daß sie die Eindrücke ihrer konkreten Umwelt vielfach ignorieren, verkennen oder gar umdeuten. Nur dann, wenn ihre abenteuerlichen Begebenheiten durch verwandtschaftliches Intervenieren unterbrochen sind, entsteht phasenweise ein vages – aber folgenloses – Gefühl für das Merkwürdige ihres romanhaften Treibens. Obwohl Johann Glük sogar einmal seine
»Einfälle« bedauert, »denn er hatte wirklich Einiges in seinen Unternehmungen gesehen, was ihm nicht [...] ordentlich schien« (S. 152), bleiben
sie letztlich gänzlich in die Vorstellungen ihrer Romanwelt eingebunden.

Aus der Fixierung auf die »Wirklichkeit« ihrer Lektüre ergeben sich für
die literaturnachlebenden Helden und ihre Diener zwangsläufig Probleme
mit der realen Umwelt. So unterliegen sie in ihrer Kommunikationsfähig-
keit einer derartigen Selbst-Beschränkung, daß eine sinnvolle Verständigung mit den übrigen Romanfiguren, die von der empirischen Wirklichkeit auszugehen pflegen, häufig kaum möglich ist. Ein Gespräch zwischen
dem Onkel und dem Diener des Johann Glük macht das hinlänglich deutlich; denn nachdem der noch ganz von der Welt der Fiktion beherrschte
Du Bois/Görge atemlos berichtet hat, antwortet der an konkrete, bere-
chenbare Fakten gewöhnte Kaufmann fassungslos:

> Gott sey dir gnädig, Junge, [...] du hast etwas verübt, was dir das Gehirn verrükt: ich
> verstehe von allem diesem nichts und du mußt anders reden, wo du kannst; Johann
> der Marggraf von Bellamonte, -- du Du Bois sein Kammerdiener -- die Gräfin von
> Villa=Franka -- ihre Kammerjungfer -- ihr seyd verliebt -- ein Gespenst mit Ketten
> und Mörder -- diß sind unbegreifliche Sachen. (S. 97)

Im gleichen Maße eingeschränkt ist aber auch ihre Erkenntnis- und Ein-
sichtsfähigkeit. Das wird in den Momenten am deutlichsten, in denen sie –
da für die konkrete Situation keine literarisch präfigurierte Vorbild-Lö-

---

[101] Diese positive Einschätzung entspricht einem Trend der zeitgenössischen deutschen
Literaturkritik: Schon ein Jahr vor Erscheinen des *Teutschen Don Quichotte* wurden die
gleichen hier gerühmten französischen Romane mit sehr ähnlichen Argumenten von Stockhausen (Anm. 27), S. 84–87, empfohlen.

sung abrufbar ist – »eigenverantwortlich« reagieren müssen. Nun zeigt sich nämlich – wie das oben erwähnte Abenteuer mit Räubern (I, 3–5) beispielhaft belegt –, daß sie ihr konkretes Handeln selbst jetzt nicht von der realen Situation bestimmen lassen, sondern von einer ersatzweise herangezogenen Leitvorstellung ihrer Lektüre. Natürlich kommen auf diese Weise – in z.T. grotesker Zuspitzung – verschiedene Formen von Fehlverhalten zustande, die die Schädlichkeit des Lesens demonstrativ ins Licht rücken: denn es entstehen nicht nur allen Beteiligten Verwirrung und Verdruß, es geben sich vor allem die Helden selbst der Lächerlichkeit preis.

Aber wenn Johann Glük und Lene v.Fr. als Bellamonte und Villa-Franka auch unzweifelhaft zu komischen Figuren werden, so ist doch nicht zu übersehen, daß sie sich während ihrer romanhaft-kuriosen Begebenheiten stets positiven moralischen Kategorien verpflichtet wissen[102]. Ausschließlich schädlich kann ihre Lektüre, da sie sich wie die als vorbildhaft begriffenen Helden und Heldinnen ihrer Romane mutig, selbstlos, nobel, liebevoll und treu verhalten, also nicht gewesen sein. Bestätigt wird diese Ansicht – wenn auch nur indirekt – ausgerechnet durch die härtesten Kritiker des »schädlichen Lesens«, den Onkel und den Bruder der beiden mutmaßlichen Lektüre-Opfer. Ihre an Deutlichkeit kaum zu übertreffenden Verwünschungen der zu »Roman=Grillen« führenden »Teufels Bücher« (S. 302 f.) verlieren nämlich nicht nur durch die Maßlosigkeit der Angriffe, sondern vor allem auch durch die recht fragwürdige Kompetenz der Kritiker an Gewicht. Der Kaufmann Glük und der Landadlige v.Fr. sind zwei allein den praktischen Seiten des Lebens zugewandte Männer, die – der sozial- und lesegeschichtlichen Wirklichkeit des 18.Jahrhunderts entsprechend[103] – kaum Beziehungen zur schönen Literatur haben. Sie, die das Lesen für ein Mittel der Geistesverwirrung und die Muse für eine »Poeten=Hure« (S. 195) halten, sind als Kritiker dessen, was sie nur aus der Distanz ihrer Vorurteile kennen, schwerlich ernst zu nehmen. Letztlich führen ihre gleichermaßen forcierten und borniereten Verwünschungen der Bücher damit zu einem ihrer Absicht geradezu gegenläufigen Effekt: die stigmatisierte Lektüre erlebt durch das offensichtlich Unangemessene ihrer Diskreditierung eine gewisse Aufwertung.

Bestätigt wird die Annahme, daß die Lektüre von Held und Heldin allenfalls begrenzt schadenstiftend sei, nicht zuletzt durch den weiteren Verlauf der Handlung. Anders als bei Vardanes, der von einem Augenblick

---

[102] E. Weber, *Die poetologische Selbstreflexion im deutschen Roman des 18. Jahrhunderts. Zur Theorie und Praxis von »Roman«, »Historie« und pragmatischem Roman,* Studien zur Poetik und Geschichte der Literatur, 34 (Stuttgart, 1974), S. 159 f., hat zu Recht darauf hingewiesen, daß die Romanlektüre in *Der teutsche Don Quichotte* nicht nur zu verstiegenen Reaktionen, sondern auch zur Überwindung des Müßiggangs und damit zur bürgerlichen Tugend des »tätigen Lebens« führe. Vgl. hierzu Bellamontes heftige Weigerung am Ende seiner zweiten Ausfahrt, sich »wieder nach Hause in den Müßiggang« bringen zu lassen (S. 146 f.).

[103] Zur schlechten Bildung und notorischen Lesefeindlichkeit des Kaufmannsstandes um die Mitte des 18. Jahrhunderts bietet Engelsing (Anm. 33), S. 137 ff. u. 160 ff., reichhaltiges Material.

auf den anderen von seiner romanhaften Verblendung geheilt wird, vollzieht sich der Abschluß der literaturnachahmenden Lebensphase bei Bellamonte und Villa-Franka stufenweise. Zunächst beginnt die Gewißheit ihrer imaginierten gräflichen Existenz leichte Zeichen der Verunsicherung
zu zeigen, und zwar von dem Moment an, als Bellamonte seine ritterliche
Bewährungsprobe in Form der Entführung der Villa-Franka bestanden
hat. Die Auseinandersetzung mit dem vorgegebenen mazedonischen Prinzen Vardanes, der sich als lesender Narr entlarven lassen muß, tut dann
ein übriges. Aber erst die durch die Eröffnung der Verwandten faktisch
begründete Einsicht in die Sinnlosigkeit der abenteuerlichen Bewährungs-
fahrt läßt die Illusionsphase gänzlich undramatisch beendet sein. Kom-
mentarlos heißt es:

> Herr Johann und die Fräulein fiengen izo an, sich einiger massen im Ernst über ihre
> Ausschweiffungen zu schämen. Sie entschlossen sich, niemahl mehr solche aben-
> theuerliche Händel anzufangen und nur die Zärtlichkeit in der Liebe so viel als es mit
> der Vernunft übereinstimmen wolte zu üben. (S. 303)

Die »Heilung« der Protagonisten, die den Kaufmannssohn wieder zum
Kaufmannssohn und die niedere Landadlige wieder zur niederen Landad-
ligen werden läßt, verläuft – ganz anders als etwa im Falle des Don Quijote – als durchaus nicht schmerzlicher oder gar existenzbedrohender
Vorgang. Im Gegenteil: der zuvor durchlebte Illusionierungsprozeß erweist sich – nachdem er einmal überwunden und insofern »domestiziert«
ist – als Potential der persönlichen Existenzbereicherung. Die von Held
und Heldin aus ihrer Lektüre übernommenen Wert- und Zielvorstellun-
gen bleiben, wie der Schluß des Romans zeigt, für ein Leben auch jenseits
der Illusion fruchtbar. Johann und Lene erreichen nicht nur die zuvor imaginierte gräfliche Seinsform, sie werden auch zu tätigen, vernünftigen und
zärtlichen Eheleuten.

Mit diesem fast märchenhaft anmutenden, in jeder Hinsicht positiv ver-
laufenden Ausgang der Handlung relativiert Neugebauer nicht nur die bei
seinen Zeitgenossen vorherrschende Vorstellung vom schädlichen Aspekt
des Romanlesens, er postuliert vielmehr auch eine zweite Bedeutungsebene von »gelebter Literatur«, bei der die Möglichkeit des »nützlichen
Lesens« in den Blick gerückt ist. Diese in Handlung umgesetzte Schlußaussage des *Teutschen Don Quichotte,* die in dem zentralen Literaturgespräch über den Roman[104] geschickt vorbereitet und zudem theoretisch
fundiert wird, ist in sich durchaus konsequent: Im Gegensatz zu dem jungen Grafen, der als Liebhaber heroisch-galanter Romane ausschließlich
»schlechte« Bücher liest, treiben Johann und Lene, über deren Lesevorlie-
ben keine abschließenden Angaben gemacht sind, eine offenbar recht »gemischte« Lektüre[105]. Als Identifikationsmuster aber wählen sie – und das

---

[104] S. o. S. 92 u. 97 f.
[105] Zumindest Johann ist als ausgesprochener Vielleser von Romanen ausgewiesen; er hat
– wie es im Text ausdrücklich heißt – »alle Gattungen dieser Bücher gelesen« (S. 263).

ist das Entscheidende – die seit den dreißiger Jahren des Jahrhunderts als neue Vorbilder geschätzten modernen französischen Romane[106], und zwar vor allem die schon oben genannten *Histoire d'Hipolyte, conte de Douglas* von der Gräfin d'Aulnoy, *La vie de Marianne* von Marivaux und *Le philosophe anglois ou Histoire de M. Cleveland* von Prévost[107]. Die Lektüre gerade dieser »nach der Natur [geschilderten]« Bücher (S. 264), die im Romankritik-Kapitel (IV, 4) als beispielhaft gelobt werden, hat zur Folge, daß sich bei den lesenden Protagonisten letztendlich die positiven Wirkungen der Romane durchsetzen können: nicht das Übertriebene und Verstiegene behält die Oberhand, sondern das Natürliche und Vernünftige.

Diese Schlußpointe, mit der Neugebauer in die im 18. Jahrhundert höchst aktuelle Debatte um die Gefahren des Romanlesens eingreift, ist für ihre Zeit sicherlich außergewöhnlich. Sie dient dem Verfasser des *Teutschen Don Quichotte* dazu, sein Konzept eines »erneuerten« Romans zu exemplifizieren; denn indem er – unter dem wirkungsästhetisch legitimierten Hinweis auf die Janusköpfigkeit der Romanlektüre – eine zweite Bedeutungsebene von »gelebter Literatur« nicht nur theoretisch proklamiert, sondern auch romanpraktisch umsetzt, weist er der Gattung eine veränderte Rolle zu. Beispielhaft kontrastiert er hierbei den obsoleten Roman-Ungeheuern vergangener Jahrzehnte, deren Helden »alle Menschlichkeit ausgezogen« haben (S. 265) und die die »chimerisch« von ihnen eingenommenen Leser zu Narren werden lassen, die modernen französischen Romane, die das menschliche Gemüt abschildern, »wie man es alle Tage aus einer betrachtenden Erfahrung wahrnehmen kan« (S. 264), und die insofern als Nachahmungsmuster, ja als Handlungsanleitung für die Lebenspraxis nutzbar gemacht werden können. Ein im Sinne dieser Vorbilder erneuerter deutscher Roman – so ließe sich Neugebauers implizite, von der Kritik der Zeit aber nicht akzeptierte[108], Schlußaussage zusammenfassen – wird dem Lesen nicht nur den Stachel des Schädlichen nehmen, sondern an dessen Stelle den Zugewinn des Nützlichen bieten.

Etwas mehr als ein Jahrzehnt nach Erscheinen des *Teutschen Don Quichotte* hat Neugebauer selbst diese wirkungsästhetisch nicht nur äußerst optimistische, sondern auch – da vom Leser weitestgehend abgesehen wird

---

[106] Vgl. zur ausnehmend positiven Marivaux- und Prévost-Rezeption in Deutschland R. Kramer, *Marivaux' Romane in Deutschland. Ein Beitrag zur Rezeption des französischen Romans in Deutschland im 18. Jahrhundert,* Studia Romanica, 29 (Heidelberg, 1976), und H. Friedrich, *Abbé Prevost in Deutschland. Ein Beitrag zur Geschichte der Empfindsamkeit,* Beiträge zur neueren Literaturgeschichte, 12 (Heidelberg, 1929). – Zeitgenössische Belege verweisen immer wieder auf eine freundliche Aufnahme auch der Gräfin d'Aulnoy (s. o. Anm. 101).

[107] S. o. S. 88 u. Anm. 83. – Daß auch das adlige Fräulein v. Fr. sich an eben diesen Romanen orientiert, belegt der Text (s. o. S. 89 mit Nennung der Textstelle).

[108] Vgl. die in dieser Hinsicht symptomatische Kritik Lessings (s. o. S. 83).

– höchst fragwürdige Einschätzung »guter« Romane relativiert. In einem Beitrag seiner Wiener Wochenschrift *Der Verbesserer* über das weibliche Lesen weist er darauf hin, daß nur die von Kindheit an geübte Leserin den Geist der guten Schriften wirklich in sich aufnehmen könne. Nur ihr könne etwa ein »Richardson [...] zur Natur« [109] werden. Für die ungeübte Leserin dagegen, die vornehmlich aus Renommiersucht und Langeweile eher minuten- als viertelstundenweise Romanlektüre treibe [110], seien selbst »Clarissa und Grandison [...] von eben der Schädlichkeit, als der Spiegel für andre« [111]. Die in der Folge angeführten Beispiele lassen deutlich werden, daß Neugebauer hier an nichts anderes denkt als an die schädliche Seite der Literaturnachahmung. Er fährt nämlich fort:

> Eine Stolze hält sich für eine Klärchen Harlowe – eine Lebhafte will eine Anna Howe oder eine Charlotte seyn – noch eine andre wird über das Schicksal zornig, wenn es sie nicht für genug Henriette hält, um ihr einen Grandison zum Anbether zuzuführen. [112]

Neugebauer, der also ausdrücklich betont, daß – bei ungünstigen Voraussetzungen – selbst ein an sich »nützlicher« Roman zur »schädlichen« Lektüre werden könne, hat ganz offensichtlich realisiert, daß der Vorgang literarischer Rezeption weit komplexer ist als in seinem frühen Roman programmatisch dargestellt. Denn die in *Der teutsche Don Quichotte* vertretene Auffassung, die »Schädlichkeit« oder »Nützlichkeit« der Lektüre sei allein durch eine als axiomatisch verstandene Bewertung des Lesestoffes zu bestimmen und letztlich auch zu beeinflussen, verkennt in der Tat die Rezeptionswirklichkeit individuellen Lesens. Vielleicht ist es gerade diese Schwäche des Romans, die Neugebauer dazu bewogen hat, seinen *Teutschen Don Quichotte* in späteren Jahren – soweit bekannt – nicht mehr zu erwähnen.

ANHANG

Die folgende bibliographische Übersicht, die sich als Versuch versteht, Neugebauers *Der teutsche Don Quichotte* in einen – allerdings eher buch- und lesersoziologisch als literarhistorisch formulierbaren – Zusammenhang mit anderen in deutscher Sprache erschienenen Don Quijote-Nachahmungen und -Bezugnahmen zu stellen, unterliegt den in Kap. II (s. o. S. 78 ff.) angeführten Auswahlkriterien. Daß diese Auswahlkriterien, insbesondere das des literarischen Kennworts [113], im einzelnen problematisch sind, wird nicht übersehen, ist aus Praktika-

---

[109] *Der Verbesserer, eine Wochenschrift*, 2, 2. Stück (1767), S. 9–15, hier S. 15; zit. nach dem Exemplar der UB Göttingen. – Als Verfasser »guter« Romane wird Richardson schon im Romankritik-Kapitel (IV, 4, S. 266) angeführt.

[110] Vgl. ebd., S. 13.

[111] Ebd., S. 12.

[112] Ebd.

[113] Ein besonderes Problem bieten die Fälle, in denen sich unterschiedliche Ausgaben ein und desselben Romans einmal des Kennworts bedienen und einmal nicht. Ein Beispiel ist etwa Marivaux' *Pharsamon* (1737), der 1739 in einer in Holland gedruckten Ausgabe unter

bilitätsgründen aber in Kauf genommen worden. Der Gefahr, durch dieses Verfahren eine Reihe heterogener Prosatexte zu einer literarischen Scheingruppe zusammenzufügen[114], wird einerseits durch die Unterteilung des erfaßten Bestandes und andererseits durch die knappe Kommentierung der einzelnen Titel Rechnung getragen.

Diese Übersicht zielt nicht etwa auf eine auch nur annähernd vollständige Erfassung allen einschlägigen Materials ab – das wäre bei den außergewöhnlich ungünstigen bibliographischen Voraussetzungen, die gerade für den deutschen Roman der Aufklärungszeit gelten, gar nicht möglich –, sondern auf eine Zusammenstellung der z.Zt. in öffentlichen Bibliotheken der Bundesrepublik greifbaren und/oder bibliographisch schon nachgewiesenen[115] Don Quijote- und Sancho Pansa-Texte.

Da einzelne Texte nicht im Original vorlagen, wird insgesamt auf eine diplomatisch getreue Titelaufnahme verzichtet.

Die in Kap.II (s.o. S.79 u. Anm.46) eingeführten Kennzeichnungen durch runde und spitze Klammern werden übernommen.

A. *Übersetzungen*

1. *Fortsetzungen*

A 1   1696   *Der Spannische Waghalß: Oder Des von Lieb bezauberten Ritters Don Quixott von Quixada Gantz Neue Ausschweiffung Auf seiner Weissen Rosinannta. Mit Seinem verwegenen Waffenträger Santcho Panscha Auf seiner*

---

dem veränderten Titel *Pharsamon ou le Don Quichotte français* erschien (vgl. Marivaux, *Œuvres de jeunesse,* hg. v. F.Deloffre, Bibliothèque de la Pléiade, 233 [Paris, 1972], S.1194). Bei den beiden deutschen *Pharsamon*-Übersetzungen des 18. Jahrhunderts findet sich eine Titelangabe mit und eine Titelangabe ohne den »Don Quijote«-Zusatz (s.u. S.105, Text A8). – Ein weiteres Beispiel, das ausschließlich dem Sonderfall von Übersetzungen gilt, ist Wielands *Don Sylvio von Rosalva* (1764), der nicht in der Originalsprache, aber in französischer (*Nouveau Don Quichotte* [Paris, 1770]) und russischer Übersetzung (*Novyi Don Kišot, ili Čudnye pochoždenija Dona Sil'vio de Rosal'va* [Moskau, 1782]) jeweils mit dem »Don Quijote«-Kennwort herausgebracht wurde.

[114] Etliche dieser mutmaßlichen Gruppen – wie etwa die »Simpliziaden« oder »Banisiaden« – haben sich längst als reine Mystifikationen herausgestellt.

[115] Neben den großen einschlägigen Bibliographien wurde auf die folgenden Romanverzeichnisse zurückgegriffen: Spiegel (Anm.40); Hadley (Anm.44); H.Germer, *The German Novel of Education from 1764 to 1792. A Complete Bibliography and Analysis* (Bern, 1982); E.Weber und Ch.Mithal, *Deutsche Originalromane zwischen 1680 und 1780. Eine Bibliographie mit Besitzernachweisen* (Berlin, 1983). Wesentliche Hilfen boten auch die folgenden (bibliographisch leider nicht unbedingt zuverlässigen) Arbeiten zum *Don Quijote:* Dorer (Anm.41); Rius (Anm.17); Berger (Anm.9); J.J.A.Bertrand, *Cervantes et la Romantisme Allemand* (Paris, 1914); Neumann (Anm.9); W.Brüggemann, *Cervantes und die Figur des Don Quijote in Kunstanschauung und Dichtung der deutschen Romantik,* Spanische Forschungen der Görresgesellschaft, 2. Reihe, 7 (Münster, 1958). – Ergänzende Informationen boten zudem: M.Bardon, »*Don Quichotte« en France au XVIIe et au XVIIIe Siècle. 1605–1815,* Bibliothèque de la revue de littérature comparée, 69 (Paris, 1931 [Nachdr.: Genf, 1974]) und P.Arents, *Cervantes in het Nederlands. Bibliografie,* Koninklijke Vlaamse Academie voor Taal- en Letterkunde, R. IV, 16 (Gent, 1962).

Schwartzen Elanckina: Das Erstemal mit lustigen Kupffern in Teutscher Sprach Gedruckt. Nürnberg: Tauber, 1696.

Staatsbibliothek München: P. o. hisp. 63 m

Kommentar: Es handelt sich um die deutsche Übersetzung eines Teilstücks von Filleau de Saint Martins französischer *Don Quijote*-Fortsetzung. (Vgl. zum Original Bardon [Anm. 115], S. 347 ff.)

A 2   1707   *Neue Abentheuer Und Seltzame Geschichte Des Wunderbaren Ritters Don Quichotte De La Manche, Geschrieben von dem Hrn. Alonso Fernandez de Avellaneda; Und Anfangs aus dem Spanischen ins Frantzösische, folgends aber seiner Lustigkeit wegen aus dem Frantzösischen in die Teutsche Sprach übersetzt.* 2 Theile. Kopenhagen: Paulli, 1707.

Universitätsbibliothek Göttingen: 8° Fab. Rom. II, 756

Kommentar: Es handelt sich um die deutsche Übersetzung von Lesages anonym 1704 in Paris erschienener Übersetzung und Bearbeitung von Avellanedas *Don Quijote*-Fortsetzung aus dem Jahr 1614.

A 3   (1718)   *Die Verliebte Verzweifflung. In einem anmuthigen Spanischen Roman vorgestellet; Nebst gantz neuen Abentheuern des Berühmten Ritters Don Quichotte. Aus dem Frantzösischen ins Teutsche übersetzet und mit Kupffern gezieret.* Frankfurt a. M./Leipzig: Walders, 1718.

Herzog-August-Bibliothek Wolfenbüttel: LM 4005

Kommentar: Es handelt sich bei diesem Text, der auf eine 1715 in Amsterdam erschienene französische Ausgabe *(Le Desespoir amoureux, avec les nouvelles visions de Don Quichotte. Histoire espagnole)* zurückgeht, nicht um einen Roman, sondern um eine Sammlung sehr unterschiedlich umfangreicher Novellen. (Vgl. zum Original Bardon [Anm. 115], S. 441 ff.)
Um Don Quijote geht es in den Novellen 1 und 4 des I. Teils und 1 des II. Teils.

A 4   1754   *Die Geschichte des Sancho Pansa, vormahligen Stallmeisters des Don Quixotte; aus dem Französischen übersetzt.* Leipzig: Teubner, 1754.

Universitätsbibliothek München: 8° p. gall. 513ª

Kommentar: Es handelt sich – im Gegensatz zu der Vermutung von Spiegel (Anm. 40), S. 193, und Weber/Mithal (Anm. 115), S. 156, die den Text für einen Originalroman halten, der sich nur einer verkaufsfördernden Übersetzungsbehauptung bediene, – um die Übersetzung der 1726 anonym in Paris erschienenen *Histoire de Sancho Pansa, alcade de Blandanda,* des letzten Teils der Lesage zugeschriebenen *Don Quijote*-Fortsetzung. (Vgl. zum Original Bardon [Anm. 115], S. 434 ff.)

2. Wiederbelebungen

A 5   1754   *Don Quixote im Reifrocke, oder die abentheuerlichen Bege-*
benheiten der Romanheldinn Arabella. Aus dem Englischen
übersetzt. Hamburg/Leipzig: Grund und Holle, 1754.

Studienbibliothek Dillingen: HV 467

Kommentar: Es handelt sich um die Übersetzung von Charlotte Lennox' *The Female Quixote; or, The Adventures of Arabella* (1752). Übersetzer ist der ungenannt bleibende Hermann Andreas Pistorius, dem
zwar der Name der Verfasserin unbekannt ist, der aber bereits auf eine
Autorin verweist.

Das genannte Erscheinungsjahr 1754 ist ungewiß! Es liegen verschiedene Besprechungen dieser Übersetzung schon von 1753 vor.

A 6   1773   *Der Geistliche Don Quixote, oder Gottfried Wildgoosens*
den Sommer über angestellte Wanderschaft. Ein komischer
Roman. 3 Theile. Leipzig: Weidmanns Erben und Reich,
1773.

Universitätsbibliothek Göttingen: 8° Poet. Angl. 7865

Kommentar: Es handelt sich um die Übersetzung von Richard Graves'
The Spiritual Quixote: Or, The Summer's Ramble of Mr. Geoffrey Wild-
goose (1773). Übersetzer ist der ungenannt bleibende Johann Gottfried
Gellius, der ab etwa 1755 eine große Reihe von vor allem französischen
und englischen Romanen ins Deutsche übertrug.

A 7   <1793/94>   *William Thornborough, der wohltätige Quixote.* 2 Theile.
Leipzig: Reinicke, 1793 u. 1794.

Nicht nachweisbar

Kommentar: Da der Roman auf dem Titelblatt nicht als Übersetzung
ausgewiesen ist, wird er bei Hadley (Anm. 44), S. 220, als Originalroman geführt. Es handelt sich aber um eine Übersetzung des anonym erschienenen *William Thornborough, the Benevolent Quixote* (1791) der
Misses Purbeck.

A 8   1793/94   *Pharsamons Abentheuer. Im Geschmacke des Don Quixote,*
von Marivaux. Neu übersetzt. 2 Bände. Altona: Hamme-
rich, 1793 u. 1794.

Universitätsbibliothek Hamburg: $\dfrac{A}{207\,770}$

Kommentar: Während diese zweite deutsche *Pharsamon*-Übersetzung
den gesamten Text verfügbar macht, bietet die erste Übersetzung, *Der*
Romanische Liebhaber, oder curieuse und sonderbare Begebenheiten des
Herrn Pharsamons; aus dem Frantzösischen übersetzt (Frankfurt a. M./
Leipzig, 1747), nur eine Kurzfassung.

B. Originalromane

1. Fortsetzungen

B 1 1786   *Erscheinung und Bekehrung des Don Quichotte de la Man-*
                 cha, im letzten Viertel des achtzehnten Jahrhunderts. Von
                 Magn. Nolehard Steimer. Mitglied verschiedener geheimer
                 Gesellschaften. Wesel: auf Kosten des Verfassers ge-
                 druckt, 1786.
                 Landes- und Stadtbibliothek Düsseldorf: D. Lit. 28507

                 Kommentar: Verfasser des Romans ist – wie schon das leicht zu ent-
                 schlüsselnde Anagramm Nolehard Steimer belegt – Leonhard Meister.
                 In dem zeitsatirisch-pamphletistischen Text, der sich gegen alle mögli-
                 chen geheimen Gesellschaften und vor allem gegen die Jesuiten wendet
                 (vgl. Näheres bei Berger [Anm. 9], S.78 f.), werden auch die als obsku-
                 rantistisch angesehenen Wunderheilungen eines Johann Joseph Gaßner
                 angesprochen (s. u. Text B 13).

B 2 1787   *Freymaurerische Wanderungen des weisen Junkers Don*
                 Quixote von Mancha und des großen Schildknappen Herrn
                 Sancho Pansa. Eine Jahrmarktsposse. Deutschland: ohne
                 Erlaubniß der Obern [Leipzig: Göschen], 1787.
                 Landesbibliothek Oldenburg: Ge II 4/113

                 Kommentar: Verfasser dieses halbdramatisierten Romans ist Ernst Au-
                 gust Anton von Göchhausen, dessen besonderes Verhältnis zum Frei-
                 maurertum historisch belegt ist.
                 Der als Fragment »eines bis daher noch nicht bekannt gewesenen
                 Theils der Geschichte der beyden Spanischen Helden« ausgegebene
                 Roman (S. IV) nimmt bewußten Bezug auf Meisters Donquichottiade
                 von 1786 (s. o. Text B 1).

2. Wiederbelebungen

B 3 1742   *Die Wundersamen Abentheuer Des in der Welt herumirren-*
                 den Neuen Don Quixotte oder Schwäbischen Robinson.
                 Nebst vielen andern sehr anmuthigen Liebes=Geschichten.
                 Aus dem Holländischen übersetzt von Sieur Du Chevreul.
                 Leipzig: Gäbler, 1742.
                 Universitätsbibliothek Würzburg: Horn 959

                 Kommentar: Der Text dieser – soweit ermittelbar – ältesten deutschen
                 Donquichottiade ist im Würzburger Exemplar leider nicht komplett er-
                 halten (Textabbruch nach der Q-Lage). Das Exemplar der Sächsischen
                 Landesbibliothek Dresden gilt seit 1945 als vermißt (schriftliche Mittei-
                 lung vom 4.1.1985). Der Verfasser ist nicht ermittelt.
                 Der Hinweis auf ein holländisches Original ist eine in der Vorrede
                 noch ausgebaute Fiktion; jedenfalls ist ein entsprechender holländi-

scher Druck nirgendwo nachweisbar (vgl. etwa Arents [Anm. 115], passim, bes. S. 173–188).
Die Verwendung zweier literarischer Kennwörter, hier »Don Quixotte« und »Robinson«, ist auffallend, aber nicht singulär. Entsprechende Fälle finden sich auch bei Donquichottiaden des 19. Jahrhunderts.

B 4   1753   *Der teutsche Don Quichotte, Oder die Begebenheiten des*
Marggraf von Bellamonte, Komisch und satyrisch beschrie-
ben; aus dem Französischen übersezt. 4 Theile. Breßlau/
Leipzig: Meyer, 1753.
Studienbibliothek Dillingen: HV 450
Kommentar: Verfasser ist – wie Kurth/Jantz (Anm. 51), S. 346 u. 348,
endgültig nachgewiesen haben – Wilhelm Ehrenfried Neugebauer.
Zur Übersetzungsfiktion s. o. S. 84 f. (Vgl. auch *Die Wundersamen Aben-*
theuer Des [...] Neuen Don Quixotte [s. o. Text B 3].)

B 5   <1783>   *Don Quixotte, der irrende Ritter unserer Zeit, oder Beytrag*
zu Sulzers litterarischen Reisen. Maynz: Hafner, 1783.
Nicht nachweisbar
Kommentar: Der Verfasser ist nicht ermittelt.
Eine zweite Lesart des Titels bietet Hadley (Anm. 44), S. 108.

B 6   <1789>   *Wendelin von Karlsberg, oder: Der Don Quixott des acht-*
zehnten Jahrhunderts. Leipzig: Heinsius, 1789.
Nicht nachweisbar
Kommentar: Verfasser ist Johann Gottlob Schulz.
Eine zweite Lesart des Titels bietet Germer (Anm. 115), S. 69.
Der satirische Text wendet sich gegen die schwärmerischen Weltver-
besserungsversuche der Zeit und vor allem gegen Johann Bernhard Ba-
sedow, das Haupt der sog. Philanthropisten (vgl. Hinweise bei Berger
[Anm. 9], S. 75–78, und Bertrand [Anm. 115], S. 47).
Es spricht einiges dafür, daß Schulz' Donquichottiade als eine Art von
Gegenschrift zu Christian Gotthilf Salzmanns Roman, *Carl von Carls-*
berg oder über das menschliche Elend, 6 Theile (Karlsruhe, 1784), entstand.

B 7   <1791>   *Der betrogene Landjunker, oder Geschichte eines deutschen*
Don Quixotte. Hirschberg: Ussner, 1791.
Nicht nachweisbar
Kommentar: Der Verfasser ist nicht ermittelt.
Hadley (Anm. 44), S. 187, bietet nicht nur eine zweite Lesart des Titels,
er nennt auch einen weiteren 1791 in Hirschberg erschienenen Roman,
der auf Don Quijote verweist: *Abenteuer eines Ritters von der traurigen*
Gestalt (vgl. S. 184).

B 8   <1799>   *Der deutsche Don Quixote, oder Junker Hans [Heinz?] von*
                 Knauster. Rittergeschichte des achtzehnten Jahrhunderts.
                 Leipzig: ? [Cassel: Griesbach], 1799.

                 Nicht nachweisbar

                 Kommentar: Der Verfasser ist nicht ermittelt.
                 Verschiedene Lesarten des Titels sind bekannt.

B 9   <1744>   *Der französische Dom Quichotte in Böhmen; nebzt merk-*
                 würdigem Leben, sonderbarer Krankheit, erfolgtem Tode,
                 Begräbniß, Leichenkonduckt, Leichenrede und Grabschrift,
                 sammt Inventarium der zurückgelassenen Mobilien der fran-
                 zösischen Reputation. Reise ihres Poltergeistes, dessen histo-
                 rischer Staats=Discours mit dem höllischen Archivarius Fitz-
                 lipuzli, welcher ihn hernach bey seiner Verbannung auf die
                 Spott= und Schand=Insel begleitet. Fontainebleau: o. Dr.,
                 1744.

                 Nicht nachweisbar

                 Kommentar: Verfasser ist vermutlich Johann Friedrich Vetter.
                 Wiedergabe des in verschiedenen Lesarten überlieferten Titels erfolgt –
                 unter stillschweigender Korrektur offensichtlicher Fehler – nach
                 Rius (Anm. 17), Bd. II, S. 303. Der Druckort ist fingiert.
                 Es handelt sich – laut Rius (ebd.) – um eine Satire auf den Herzog von
                 Belle-Isle, unter dessen Führung sich die französische Armee 1742 aus
                 Böhmen zurückziehen mußte. – Ein dem selben Ereignis geltendes Pas-
                 quill in Versen ist überliefert: *Der Französische Don Quichotte in Böh-*
                 men (Fontainebleau [Prag ?], 1743) [Staatsbibliothek München: P. o.
                 germ. 1107 [ns]].

3. Bezugnahmen

B 10 1755   Gottlieb Wilhelm Rabener: *Antons Panßa von Mancha*
                 Abhandlung von Sprüchwörtern, wie solche zu verstehen,
                 und zu gebrauchen sind; Dem Verfasser zum Besten, und
                 dem Leser zur Erbauung ans Licht gestellt. Leipzig: Dycks,
                 1755.

                 Universitätsbibliothek Göttingen: 8° Satirae II, 430:4

                 Kommentar: Der Text erschien im 4. Theil von Rabeners *Sammlung sa-*
                 tirischer Schriften (1751–55); er wurde wiederholt aufgelegt und war of-
                 fenbar so beliebt, daß er durch Johann Christoph Rasche eine Fortset-
                 zung erlebte: *Antons Pansa von Mancha fortgesetzte Abhandlungen von*
                 Sprüchwörtern (Frankfurt a. M.: Keßler, 1774) [Staatsbibliothek Mün-
                 chen: L. eleg. m. 628[p]].
                 In der Zueignungsschrift wird – unter Bezugnahme auf den *Don Qui-*
                 jote – das Lob auf Sanchos Esel gesungen. Der Vorbericht weist Anton
                 Panßa, den Sohn Sanchos, als Verfasser der Sprichwortsammlung aus,
                 die nur durch Flucht über Lissabon und die Niederlande nach Westfa-
                 len vor dem Zugriff der Inquisition hat bewahrt werden können.

B 11 <1757>   *Pansa von Mancha, Don Ambrosio, des Jüng., weyland*
                unpartheiisch. gelehrt. Zeitungsschreibers, jetzig. wohlbe-
                stellten Correktors, ordentl. Mitgliedes und beständigen
                Zeitungsvorlesers von sechs politischen Tabagien etc., wohl-
                gemeintes Messgeschenk, mit des Setzers Noten. Graptoma-
                niacum: [Haude, 1757].

                Nicht nachweisbar

                Kommentar: Verfasser dieses satirischen Kuriosums ist Johann Mar-
                tin Meyling (vgl. *Gesamtverzeichnis des deutschsprachigen Schrifttums*
                1700–1910, Bd. 95, S. 481, b).
                Verschiedene Lesarten des Titels sind bekannt.
                Die wiederholt auftauchende Vermutung, Rabener komme als Verfas-
                ser in Betracht (vgl. etwa Neumann [Anm. 9], S. 156), beruht auf einer
                Verwechselung der Texte B 10 und B 11.

B 12 1768   *Sancho Panca, Oder die Verwandlung des baierischen*
                Aesops. Ein Traum. Gedruckt unter der Presse der Wahr-
                heit. o. O.: o. Dr., 1768.

                Staatsbibliothek Berlin: Yy 6061

                Kommentar: Der Verfasser ist nicht ermittelt.
                Es handelt sich um eine satirische Schrift, die in den Zusammenhang ei-
                ner polemisch geführten Literaturfehde gehört. Einzelne Episoden aus
                dem *Don Quijote* – etwa das Prellen Sancho Pansas (vgl. I, 17) oder die
                erzwungene Heimführung Don Quijotes (vgl. I, 46–47) – werden zur
                Desavouierung des Gegners herangezogen.

B 13 1776   *Lustiges Abentheuer eines geistlichen Don Quixotte. Pater*
                Gaßners Teufelsbeschwörer in Ellwangen. Nach der Wahr-
                heit erzählet von einem pr...schen Officier an seinen Freund
                in Berlin. Berlin: Ringmacher, 1776.

                Universitätsbibliothek Göttingen: 8° Theol. thet. II, 266/21

                Kommentar: Goedeke (*Grundriß zur Geschichte der deutschen Dichtung*,
                Bd. IV, I. Abt., 6. Buch, I. Teil, § 224, Nr. 32, S. 588) nennt als Verfasser
                zwar Gellius, den Übersetzer des *Spiritual Quixote* (s. o. Text A 6),
                wird hierbei aber vermutlich Opfer einer Verwechselung; denn Gellius
                ist – soweit bekannt – nur als Übersetzer hervorgetreten.
                Der genannte Text ist eine von diversen zeitgenössischen Schriften, die
                sich mit den besonderen Heilmethoden des katholischen Geistlichen
                Johann Joseph Gaßner auseinandersetzten. (Vgl. auch L. Meisters Don-
                quichottiade [s. o. Text B 1].) Der kritischen Einschätzung des aus dem
                Geist der Aufklärung argumentierenden Verfassers gemäß wird Gaß-
                ner hier als Wunderheiler und Teufelsaustreiber verstanden und inso-
                fern als »wahnhaft-unaufgeklärter« Don Quijote apostrophiert.

                                           *

Die im 18. Jahrhundert einsetzende Tradition deutscher Donquichottiaden sollte im 19. und
20. Jahrhundert fortleben. Gerade das frühe 19. Jahrhundert hat eine beachtliche Zahl einschlägiger Texte hervorgebracht, so daß eine Auswertung des Materials reizvoll erscheint.
Der deutsche Don Quijote bleibt noch in mancher Hinsicht zu entdecken!

Mißverstandene Lektüre

Musäus' *Grandison der Zweite* und Wielands *Die Abenteuer des Don Sylvio von Rosalva* – zwei deutsche Donquichottiaden des 18. Jahrhunderts

Von
ELISABETH FRENZEL

Im Gegensatz zu den bisher von der Kommission untersuchten Motiven erlaubt es das Motiv der »gelebten Literatur in der Literatur« nicht, ohne literarhistorische Prämissen an den Text heranzugehen und den Motivbestand allein aus ihm herauszudestillieren. Das Motiv »Gelebte Literatur« setzt denjenigen Text voraus, auf den sich der zu untersuchende bezieht und dessen Motive er sich inkorporiert oder anverwandelt hat. Ohne Kenntnis des auslösenden Textes bleibt der ausgelöste unverständlich, und deshalb muß zunächst jener zum Gegenstand der Analyse werden. Sie erzwingt die angefeindete und für überholt geltende Aufzeigung von Einflüssen und Übernahmen, die hier durch den Sachverhalt bedingt und gerechtfertigt ist.

Bezüglich der zeitlich und inhaltlich verwandten, vielfach zueinander in Beziehung stehenden Romane *Grandison der Zweite oder Geschichte des Herrn v. N****[1] von Johann Karl August Musäus und *Der Sieg der Natur über die Schwärmerei oder Die Abenteuer des Don Sylvio von Rosalva*[2] von Christoph Martin Wieland kompliziert sich die Untersuchung des Einflusses noch dadurch, daß die Motive zum Teil mehrere literarische Werke passiert und entsprechende Brechungen erfahren haben, ehe sie in den Werken von Musäus und Wieland Gestalt annahmen. Beide Romane ge-

---

[1] J. K. A. Musäus' *Grandison der Zweite oder Geschichte des Herrn v. N*** in Briefen entworfen* erschien anonym in 3 Teilen 1760, 1761 und 1762 bei Michael Gottlieb Griesbach in Eisenach. Eine Neuausgabe existiert nicht. Merkwürdigerweise trägt in der mir vorliegenden Photokopie eines mit dem Stempel »Königl. Bibliothek Berlin« versehenen Exemplars der 1. Teil den Vermerk: »Verlegts seel. Michael Griesbachs, Wittwe und Söhne, 1768«. Es muß sich um einen Nachdruck handeln, von dem bei K. Goedeke, *Grundriß zur Geschichte der deutschen Dichtung*, Bd. IV, 1 (Berlin, 1916), S. 579, nichts erwähnt ist. – Zitate aus dem Roman werden im laufenden Text durch in Klammern gesetzte Angabe des Romanteils in römischen Ziffern und der Seitenzahl ausgewiesen.

[2] Wielands Roman erschien anonym 1764. Da *Don Sylvio* in der unvollständigen Ausgabe der *Gesammelten Schriften*, hg. v. der Preußischen Akademie der Wissenschaften (Berlin, 1909 ff.), nicht enthalten ist, wird der Roman im laufenden Text durch in Klammern gesetzte Seitenzahlen zitiert nach der Ausgabe der *Werke*, hg. v. F. Martini u. H. W. Seiffert (München, 1964), Bd. I.

hören zur Gattung der sog. deutschen Donquichottiaden, richteten sich also in der Handhabung des Motivs der »gelebten Literatur« nach dem Muster von Cervantes' *Don Quijote* und entlehnten diesem Vorbild auch eine Anzahl von Motiven, bauten in diese dann jedoch als Kern und Ziel der jeweils speziellen Satire eine andere Gruppe von gelebter Literatur an Stelle der von Cervantes bekämpften Ritterromane ein. Wieweit sich deren Motive mit denen des *Don Quijote* zur Deckung bringen ließen, wieweit sie sich an diesen reiben und sie verdrängen mußten, wieweit sie schließlich den Handlungsablauf der deutschen Neuschöpfungen begleiten oder deren satirische Absicht kontrastierend unterstützen konnten, ergab sich aus dem künstlerischen Vermögen der beiden Autoren Musäus und Wieland. Die Bemessung ihrer Leistung hat im übrigen zu berücksichtigen, daß die Motive bereits eine den beiden deutschen Schriftstellern bekannte Ausrichtung durch die satirischen Angriffe erfahren hatten, denen die Objekte der Satire in ihren Heimatländern England und Frankreich ausgesetzt waren.

Cervantes' *Don Quijote* war seit dem Ende des 17. Jahrhunderts stilistisches und thematisches Vorbild der modernen europäischen Romanliteratur, die sich vom Schema des Abenteuerromans und des heroisch-galanten Romans zu lösen bestrebte. In Deutschland[3] erreichte das Werk um die Mitte des 18. Jahrhunderts eine Popularität, die sich auch in der tiefer in seine Probleme eindringenden Romantik nicht wiederholte. Die Aufklärung verstand das Buch lediglich als Satire, als Angriff auf alles Illusorische und Phantastische. Es konnte einer sich auf Erfahrung und Vernunft gründenden Weltanschauung, die von Lektüre eine Hilfe bei der Lebens- und Wirklichkeitsbewältigung erwartete, nur hochwillkommen sein.

Eine erste deutsche Gesamtübersetzung erschien 1683. Sie war nicht nach dem spanischen Original, sondern nach der französischen Übersetzung des Filleau de Saint-Martin[4] gearbeitet; viele Deutsche lasen *Don Quijote* ohnehin in französischen Bearbeitungen. Schon 1725 nahm Gottsched *Don Quijote* in sein »Bücherverzeichnis für das deutsche Frauenzimmer« auf[5]. Seinem Beispiel folgte Bodmer, der den Roman zu seinem Bedauern nicht im Original lesen konnte, 1746 in seiner 64 Werke aufzählenden »Frauenzimmerbibliothek«[6], nachdem er 1741 eine erste ausführliche Analyse des Romans veröffentlicht hatte[7], auf die im Zusammenhang mit Wieland zurückzukommen sein wird. Lessing, der sich um 1750 in

---

[3] Vgl. dazu die detaillierten Angaben bei T.W. Berger, *Don Quixote in Deutschland und sein Einfluß auf den deutschen Roman (1613–1800)*, Phil. Diss. Heidelberg (1908), sowie bei L. Bergel, »Cervantes in Germany«, in *Cervantes across the Centuries*, hg. v. A. Flores u. M. J. Benardete (New York, 1947), S. 305–342.

[4] F. Filleau de Saint-Martin, *Histoire de l'admirable Don Quichotte de la Manche* (Paris, 1677–78).

[5] *Die vernünftigen Tadlerinnen*, hg. v. J. Ch. Gottsched, Bd. 1 (Leipzig, 1725), S. 200.

[6] *Der Mahler der Sitten*, hg. v. J. J. Bodmer, Bd. 2 (Zürich, 1746), S. 282.

[7] J. J. Bodmer, *Kritische Betrachtungen über die poetischen Gemählde der Dichter* (Zürich, 1741), S. 518–545.

Berlin mit der spanischen Sprache vertraut machte, fand 1753 begeisterte
Worte für das spanische Original, negative aber über die deutschen Donquichottiaden, von denen er eine der ersten, den unter Chiffre erschienenen *Teutschen Don Quichotte,* besprach[8]. Die Helden von Donquichottiaden wurden in der zweiten Hälfte des 18. Jahrhunderts weniger, der heuti-
gen Vorstellung entsprechend, als »edle Schwärmer«[9] dargestellt, sondern
eher als närrische Käuze, die bei der Realisierung ihrer fixen Idee notwendig scheitern. Diese fixe Idee ist nur bei dem eben erwähnten, an anderer
Stelle des vorliegenden Bandes von Th. Habel behandelten *Teutschen Don
Quichotte* sowie den hier in Rede stehenden Romanen von Musäus und
Wieland mit dem Motiv der »gelebten Literatur« gleichzusetzen. Die Helden deutscher Donquichottiaden sind in der Regel auf andere Stek-
kenpferde fixiert: Die Zentralfigur von Musäus' zweitem Roman, den *Phy-
siognomischen Reisen* (1778–79), auf physiognomische Experimente im Gefolge Lavaters, Selmann in Wezels *Tobias Knaut*[10] auf philanthropische
Projekte, für die er Originale und Hilfsbedürftige um sich versammelt, der
Landjunker Siegfried von Lindenberg in J. G. Müllers gleichnamigem Roman[11] auf den Lebensstil regierender Fürsten, die er auf seinem hinter-
pommerschen Sitz nachahmt, der Ritter A bis Z in v. Hippels *Kreuz- und
Querzügen*[12] auf menschlich-ritterliche Erfüllung in Orden und geheimen
Gesellschaften.

Musäus und Wieland hielten sich insofern eng an ihr großes Muster, als
sie im Motiv der »gelebten Literatur«, in der Gleichsetzung von Fiktion
und Wirklichkeit, den Kern von Cervantes' Dichtung sahen und es im Typus des idealistischen Schwärmers verkörpert fanden, der die Welt seiner
Lektüre, der Ritterromane, erneuern will. Zu diesem Schwärmer, der sich
einbildet, zum fahrenden Ritter und Kämpfer gegen das Unrecht bestimmt
zu sein, dem eine elende Mähre zum edlen Streitroß, ein Bauernmädchen
zur fernen »Herrin« Dulcinea, Windmühlen zu streitbaren Riesen, Schafe
zu feindlichen Heerscharen werden, gehört die Unrast auf Landstraßen
und in Wirtshäusern mit Abenteuern, die nicht zu ritterlichen Niederlagen,
sondern zu Demütigungen und schimpflichen Prügeln führen und oft erst
die Mißstände schaffen, die sie abstellen wollen. Zu der »traurigen Gestalt« eines hageren ergrauten Ritters in rostzerfressener Rüstung gehört
auch als Mit- und Gegenspieler der so ganz anders geartete »Knappe«, der
dicke, bäuerliche Sancho Pansa. Begabt mit gesundem Sinn für die Wirk-

---

[8] *Berlinische Privilegierte Zeitung,* (1753), 106. Stück; abgedruckt in G. E. Lessing, *Sämtliche Schriften,* hg. v. K. Lachmann und F. Muncker, Bd. V (Stuttgart, 1890), S. 196 f.

[9] Die *Brockhaus-Enzyklopädie,* Bd. V (Wiesbaden, 1968), S. 27, gibt unter dem Stichwort
»Donquichottiade« an: »Zum Scheitern verurteiltes Unternehmen eines edlen Schwärmers,
auch Erzählung einer solchen Handlung«.

[10] J. C. Wezel, *Lebensgeschichte Tobias Knauts des Weisen* (Leipzig, 1763–1776).

[11] J. G. Müller (von Itzehoe), *Siegfried von Lindenberg* (Hamburg, 1779 [umgearb. Neuausg.: Leipzig, 1781–1782]).

[12] Th. G. v. Hippel, *Kreuz- und Querzüge des Ritters A bis Z* (Berlin, 1793–1794).

lichkeit und einer Portion Egoismus, steht er den Idealen seines Herrn verständnislos gegenüber, macht aber um des verheißenen Lohnes willen und aus geistig-bildungsmäßiger Unterlegenheit oft gute Miene zum bösen Spiel und ist dem Ritter treu ergeben. Der Typus des für seine ritterlichen Ideale kämpfenden Schwärmers klärt sich geradezu am Kontrast und im Dialog mit dem gegensätzlichen, jedoch mitspielenden Diener, denn das Motiv der »gelebten Literatur« kann sich überhaupt erst an Mitspielern der Zentralgestalt entfalten, die deren phantastische Eingebungen ernst zu nehmen vorgeben, teils, weil sie den Partner retten und heilen wollen, teils, weil sie Spaß an seinen Verstiegenheiten haben; von Cervantes vorgeprägte Prototypen dafür sind einerseits der Pfarrer und Sansón Carrasco, andererseits das herzogliche Paar und sein Hof.

Als Musäus den zu seiner Zeit allseits bekannten Rahmen, den Cervantes für die Satire auf die Ritterromane ersann, mit Elementen von Richardsons Roman *The History of Sir Charles Grandison* füllte und zum Ziel seiner Satire machte, traf er damit einen dem Publikum nicht minder vertrauten Lesestoff. Der Londoner Buchdrucker und Autor Samuel Richardson hatte mit seinen beiden ersten Romanen *Pamela* (1740) und *Clarissa* (1747–48) einen außerordentlichen Durchbruch errungen. Die von ihm konsequent durchgeführte Methode des Erzählens durch Briefe [13], die, aus der Erstellung eines Muster-Briefstellers entwickelt, die Ereignisse nicht durch die Worte eines Dritten, eines Erzählers, sondern durch Berichte der handelnden Personen übermittelte, jede Begebenheit aus den Gesichtspunkten verschiedener Briefschreiber bespiegelte und variierte, den Leser in die Intimitäten des häuslichen, des Familienlebens einführte, ihn zum Zeugen der kleinsten Lebensvorgänge machte und ihn, kraft der Beobachtungsgabe des Autors, an den feinsten Gefühlsregungen vor allem der Frauen teilnehmen ließ, war etwas absolut Neues gewesen [14]. Sie hatte so überzeugend gewirkt, daß die in diesen Briefstrom eingeflossene pädagogische Absicht, von der Möglichkeit absoluter christlich-bürgerlicher Tugend durch die Darstellung makelloser Charaktere zu überzeugen, zunächst unwidersprochen hingenommen wurde, obwohl diese Darstellung sich im wesentlichen auf gegenseitige Lobeserhebungen der Personen, sogar auf Selbstlob, stützte. Der Eindruck des Objektiven wurde verstärkt durch die im übrigen auch von Cervantes verwandte Fiktion, daß der Autor nicht der Schöpfer, sondern nur der Vermittler des Textes, in diesem Falle dessen Herausgeber, sei. Seinen dritten Roman, *The History of Sir*

---

[13] Über die Entwicklung des Briefromans und Richardsons Stellung in ihr vgl. E. Th. Voss, *Erzählprobleme des Briefromans, dargestellt an vier Beispielen des 18. Jahrhunderts,* Phil. Diss. Bonn (1960).
[14] Vgl. dazu L. Schücking, »Die Grundlagen des Richardsonschen Romans«, *Germanisch-Romanische Monatsschrift,* 12 (1924), S. 21–42 u. 88–110, sowie E. Ewald, *Abbild und Wunschbild der Gesellschaft bei Richardson und Fielding,* Phil. Diss. Köln (1935).

Charles Grandison (1753–54), schrieb Richardson, um den in den ersten beiden Werken sowohl moralisch wie künstlerisch etwas im Schatten stehenden Männern ein den weiblichen Heldinnen ebenbürtiges männliches Musterexemplar folgen zu lassen, jenen als »good man« bezeichneten Sir Grandison, mit dem Richardson den herkömmlichen Gentleman-Typus durch seine bürgerlich-christlichen Ideale aufwertete und ein neues Wunschbild des Aristokraten schuf, das in Deutschland mit Wohlgefallen aufgenommen wurde.

Die Romane Richardsons, die rasch und wiederholt ins Deutsche übersetzt wurden[15], beherrschten rund zwanzig Jahre lang die literarische Szene. Zwar ist Gellerts *Geschichte der schwedischen Gräfin von G...* (1747–48) noch kaum von Richardson beeinflußt, und die bedeutendsten deutschen Nachahmungen, J. Th. Hermes' *Miß Fanny Wilkes* (1766) und Sophie La Roches *Geschichte des Fräuleins von Sternheim* (1771) erschienen sogar erst nach dem Angriff, den Musäus 1760 vortrug. Aber schon 1748 regte Albrecht v. Haller seinen Professorenkollegen, den Orientalisten J. D. Michaelis, zu einer Übersetzung der *Clarissa* an und schrieb noch im gleichen Jahr eine lobende Besprechung des Romans[16]. Gellert dichtete dem Autor »bei Christen« höheren Wert als Homer an[17] und lobte ihn in seinen moralischen Vorlesungen[18], Lessing gab den Werken des »unsterblichen Verfassers« den Vorzug vor anderen Büchern dieser Art[19], Klopstock schrieb eine Ode auf die »tote Clarissa«[20], Herder verteidigte Richardson gegen den Parodisten Musäus[21] und Goethe betonte die von dem

---

[15] Richardsons *Pamela* erschien in einer ersten deutschen Übersetzung von J. Mattheson 1742 in Leipzig, die ersten Teile von *Clarissa* in der Übersetzung von J. D. Michaelis 1748–1749 – die weiteren drei Teile 1750 – in Göttingen, *Sir Charles Grandison* in einer anonymen Übersetzung 1754–1759 in Leipzig.

[16] *Göttingische Gelehrte Anzeigen,* (1748), S. 274 f.; die Richardson-Kritiken A. v. Hallers sind abgedruckt in *Hallers Literaturkritik,* hg. v. K. S. Guthke, Freies Deutsches Hochstift. Schriftenreihe, 21 (Tübingen, 1970), S. 57–60 u. 66 f. Vgl. dazu Th. Wolpers, »Haller, das gelehrte Göttingen und Richardsons Clarissa«, in *Ausstellung Albrecht von Haller 1708–1777,* Arbeiten aus der Nds. Staats- u. Universitätsbibliothek Göttingen, 14a (Göttingen, 1977), S. 35–45.

[17] Ch. F. Gellert, »Über Richardsons Bildnis«, Sinngedicht, in *Sämtliche Schriften* (Leipzig, 1839), Bd. X, S. 168.

[18] Ch. F. Gellert, *Moralische Vorlesungen* (Leipzig, 1770), 10. Stück, S. 257. – Vgl. auch den Brief Gellerts an Borgward vom 6. 11. 1757: »Ja wohl, Sir Carl, das ist ein Mann, der möchte ich lieber sein, als König der Helden. O wenn ich nur sein Herz ganz hätte, so wäre ich der glücklichste Sterbliche. Und der Vater, der Schöpfer, dieses Sir Carls, den beneide ich, indem ich ihn verehre, bewundre und liebe.« (In *Sämtliche Schriften* [Anm. 17], Bd. VIII, Brief 54.) Ähnliche Äußerungen in Brief 55 vom 4. 12. 1754 an denselben (ebd., S. 95 f.) und in Brief 69 vom 3. 4. 1755 an den Grafen*** (ebd., S. 118–120).

[19] Lessing (Anm. 8), S. 453; vgl. auch Bd. VII (1891), S. 75.

[20] F. G. Klopstock, »Die tote Clarissa« (1751), in *Gesammelte Werke,* hg. v. F. Muncker (Stuttgart, o. J.), Bd. III, S. 51.

[21] J. G. Herder, »Einige Anmerkungen über Romane«, in *Sämtliche Werke,* hg. v. B. Suphan, Bd. II (Berlin, 1877), S. 320–324.

Engländer heraufgeführte Wende in der Romanliteratur noch in *Dichtung und Wahrheit*[22]. Obwohl das breite Publikum sicher Richardsons erste Romane wegen ihrer größeren Spannung dem breiten Erzählfluß in *Sir Charles Grandison* vorzog, so war doch auch das Echo dieses Romans in Deutschland so groß, daß von »Grandisonfieber« und »Grandisonianismus« gesprochen wurde. Man hat den ritterlichen Grandison sofort als eine eher der Wirklichkeit als der Phantasie zugehörige Vorbildfigur aufgefaßt. Im Dezember 1754 gelangte das englische Original in die Hand Bodmers[23], des Propagators englischer Literatur in Deutschland, und noch im gleichen Monat kleidete er die beste seiner Streitschriften gegen Gottsched und dessen Parteigänger Christoph Otto Frhr. v. Schönaich in die Fiktion »Edward Grandisons Geschichte in Görlitz« (1755), in der Grandisons Sohn während einer Studienreise durch Deutschland durch den Frhrn. v. Schönaich und einen Schweizer, Martin Kreuzner, der für Bodmer steht, gleichsam als Repräsentant für Richardson zum Schiedsrichter über die literarischen Zustände in Deutschland aufgerufen wird. Gleich darauf setzte Bodmer Sir Grandison selbst in die Richterfunktion ein, indem er seinen abtrünnigen Adlatus Wieland durch »Dr. Kreuzners Gedanken von der Geschichte Carl Grandisons«[24] über »sublimen Umgang und platonische Doctrin [...] mit dem Frauenzimmer«[25] zu belehren suchte und ihm Auszüge aus den hierauf abzielenden Gedanken des Romans mitteilte. Diese Blütenlese kann als Vorläufer jener umfänglichen Auszüge aus den Tugendlehren und dem Handlungsgang gelten, die man für den bequemen Leser jener Tage hergestellt hat[26]. Auch Sophie La Roche benutzte Grandison bei ihren pädagogischen Bemühungen als Erziehungshelfer[27]; ihr beteuernder Ausspruch: »Es gibt Grandisons!«[28] belegt, daß es den Verehrern des Romans um ein nachlebenswertes und nachlebbares Idol ging.

---

[22] *Dichtung und Wahrheit*, III, 13, in *Goethes Werke*, hg. im Auftr. der Großherzogin Sophie, Abt. I, Bd. XXVIII (Weimar, 1890), S. 193.

[23] Für das Folgende vgl. F. Budde, *Wieland und Bodmer* (Berlin, 1910), S. 103–129.

[24] *Das Angenehme mit dem Nützlichen. Eine moralische Wochenschrift*, hg. v. J. G. Schultheß, Bd. 1 (Zürich, 1756), S. 49–56.

[25] Brief Bodmers (an Zellweger?) vom 16.2.1755; vgl. J. Baechtold, *Geschichte der deutschen Literatur in der Schweiz* (Frauenfeld, 1919), Anmerkungen auf S. 183.

[26] Vgl. A. Ohlmer, *Musäus als satirischer Romanschriftsteller*, Phil. Diss. München (Hildesheim, 1912), S. 5.

[27] Vgl. S. La Roche, »Briefe an Lina«, 13. Brief, *Pomona*, 11 (Nov. 1783), S. 1090 f.

[28] Der Ausspruch wird bei Ohlmer (Anm. 26), S. 5, und bei E. Mayr, *Musäus und die englische Literatur des 18. Jahrhunderts*, Phil. Diss. Innsbruck (1958), S. 92, ohne Quellenangabe zitiert; ich habe ihn in den Werken der La Roche nicht finden können. Sie erzählt jedoch in *Erinnerungen aus meiner dritten Schweizerreise* (Offenbach, 1793), S. 155, ein Erlebnis, das auf die Verwischung der Grenzen zwischen Dichtung und Wirklichkeit hinweist: sie habe sich auf die Bekanntschaft mit einem Mann namens Grandison gefreut und sei tief enttäuscht, ja böse auf ihn gewesen, nachdem er sich als kleiner, kupferroter, stets betrunkener Mann entpuppt hatte.

In England zerstörten Kritik und Parodie bereits seit längerem das Richardsonsche Illusionsgebäude[29]. Schon 1742 erschien Henry Fieldings Roman *The History of the Adventures of Joseph Andrews and of His Friend Mr. A. Adams,* eine gleich in der Einleitung und im ersten Kapitel erklärte Kampfansage, die sich im Untertitel als »written in the imitation of the manner of Cervantes« bekannte. Hier tauchte erstmalig die Kombination Cervantes als Muster und Richardson als Ziel der Kritik auf, obwohl Fielding die Motive der beiden Dichtungen in ganz anderer Weise nutzte als später Musäus. Das Hauptmotiv des Cervantes, das der nachgelebten Kunstfiguren, interessierte ihn nicht. Er übernahm die Welt des Cervantes mit ihrem wandernden Gegensatzpaar, um der unwirklichen, streng moralischen, gefühlsseligen Atmosphäre Richardsons die bunte Wirklichkeit der Landstraßen und Gasthäuser entgegenzustellen, so wie er dessen einseitig gezeichnete Figuren durch gemischte Charaktere zu widerlegen trachtete. Dabei ist Pfarrer Adams, der die Bosheit der Welt kaum erahnt, dem Don Quijote nur durch seinen integren, arglosen Charakter verwandt, nicht aber in der Wirklichkeitsblindheit infolge von Lektüre oder einer fixen Idee, und Joseph Andrews ist eine Variante des seinem Ritter geistig und bildungsmäßig unterlegenen Sancho Pansa, ohne dessen egoistische Bauernschläue zu besitzen. Statt wie Richardson den Autor aus der Handlung zu verbannen, verwandte Fielding, Cervantes folgend, wieder einen sich in sie einschaltenden, über sich selbst reflektierenden, die Illusion durchbrechenden Erzähler. Auf eine karikierende Übernahme Richardsonscher Motive verzichtet Fielding; die satirisch gemeinte Parallelität von Josephs erotischer Situation zu der bei Richardson ausgeführten Pamelas, der Schwester Josephs, wurde bald aufgegeben und aus Joseph ein eigenständiger Charakter mit einem besonderen Schicksal entwickelt.

Zweifellos ist Musäus durch *Joseph Andrews* angeregt worden, seine Satire nach Art des Cervantes anzulegen; zweifellos kannte er aber auch schon Fieldings Roman *Tom Jones,* der wieder ein wanderndes Paar vorführte, in deutscher Übersetzung, auf die er wegen seiner mangelnden Englischkenntnisse angewiesen war[30]. Dennoch kann von einer Beeinflussung durch Fielding in größerem Ausmaß wohl nicht die Rede sein. Es war ein sehr selbständiger Grundeinfall, daß Musäus die Welt Grandisons auf den heimischen thüringischen Meridian visierte und einen thüringischen Krautjunker sich in den Ansichten und Qualitäten Grandisons üben ließ[31]. Landjunker wie Grandison waren nun sowohl Don Quijote als

[29] Vgl. hierzu die Arbeiten von Berger (Anm. 3), Bergel (Anm. 3) und Ewald (Anm. 14) sowie L. M. Price, *Die Aufnahme der englischen Literatur in Deutschland 1500–1960* (Bern, 1961).

[30] Ohlmer (Anm. 26) gibt auf S. 61 f. überzeugende Belege dafür, daß Musäus englische Werke nicht im Original las.

[31] Es handelt sich augenscheinlich um das nördliche Vorfeld von Thüringen; der in Dürrnfeld beheimatete Magister Wilibald wurde laut *Grandison der Zweite [...]* (Anm. 1), II, S. 12, »unter freiem Himmel zwischen Weißenfels und Merseburg auf der sogenannten Michelshöhe [...] gebohren«. Vgl. dazu G. Stern, »A German Imitation of Fielding: Musäus' Grandison der Zweite«, *Comparative Literature,* 10 (1958), S. 335–343, der auf S. 336 von der

auch der Junker v. N., Herr auf Kargfeld und Dürrenstein, dessen äußere Erscheinung Musäus nach dem Ritter von der traurigen Gestalt modellierte. Das nach Art Richardsons den Briefen vorangestellte Personenverzeichnis charakterisiert ihn als einen alten »Edelmann, der von Jugend auf den Ansatz gehabt hat ins Wunderbare zu fallen. Sein blasses Gesicht, und seine angenommene Soldatenmine, nebst einem langen und hagern Körper, machen ihn etwas unleidlich« (I, Vorbericht, S. 2). Die Anlehnung an Cervantes verschaffte Musäus zugleich die satirische Distanzierung der Figur gegenüber ihrem Vorbild, dem jugendlich stattlichen Grandison. An dem notwendigen Widerpart Sancho Pansa fehlte es jedoch im Umkreis Grandisons, als dessen Begleiter es nur den respektablen Dr. Bartlett gab, und so wurde dessen thüringisches Gegenstück, Magister Lampert Wilibald, ehemaliger Hauslehrer der adligen Jugend auf Kargfeld, etwas gewaltsam zu einem Sancho gemacht, indem ihm von der spanischen Dienerfigur die rundliche Gestalt, die Ängstlichkeit und die Vorliebe für Fremdwörter und Sprichwörter vererbt wurden, die Musäus allerdings Wilibalds Magisterwürde entsprechend abwandelte; hier mag auch der Einfluß der Sancho-Nachahmung Fieldings, des ständig lateinisch zitierenden Partridge in *Tom Jones,* mitgespielt haben. Dem Magister als dem Gebildeteren fiel aber auch Don Quijotes Rolle zu, Vernunftgründe durch scharfsinnige Schlüsse wegzudisputieren. Die Übertragung von Sancho-Zügen bewirkt auch hier eine ironische Distanzierung gegenüber dem englischen Urbild. Jedoch wurde Wilibald keine Gegen-, sondern eine Komplementärgestalt zu seinem Herrn. Im übrigen mischte und kreuzte Musäus die Modelle, wenn er den Magister einmal des Junkers Sancho, das andere Mal des Junkers Bartlett nennt, von der »Clementine« des »Magister Sancho« (I, S. 152) oder von der »Dulcinea von Bologna« (I, S. 63) spricht, wobei Clementine und Bologna auf Grandisons italienische Freundin Clementina von Poretta verweisen.

Auch das Milieu, das dürftige Kargfeld mit seinem bescheidenen Herrenhaus, entspricht dem Landsitz des spanischen Ritters und nicht dem prächtigen Grandisonhall, ein Gegensatz, aus dem Musäus entscheidende parodistische Möglichkeiten gewann. Die Weltferne ist bei Cervantes wie bei Musäus der Nährboden für die Verkennung von Kunstrealität. Doch ist Herr v. N. kein Büchernarr, es wird ausdrücklich erwähnt, daß er außer dem *Don Quijote* Romane nicht mochte; aber gerade die mangelnde Literaturkenntnis setzt ihn dem Eindruck der *Grandison*-Lektüre wehrlos aus, so daß er und Wilibald zu der Überzeugung kommen: »Es ist unmöglich, daß diese Geschichte [...] eine Erdichtung sei« (I, S. 6). Wie nach Exposition und erregendem Moment im Drama konnte damit Musäus den Faden der Handlung abspulen: Um auch die weitere Familie zu der gleichen Annahme zu bewegen, wird der auf Kavalierstour in England

---

»sleepy section of Pomeranian hinterlands« spricht; nicht alles deutsche »Hinterland« ist mit Pommern gleichzusetzen.

befindliche Neffe beauftragt, Erkundigungen darüber einzuziehen, ob Grandison und sein Kreis wirkliche Personen seien.

An dieser Stelle wird von Cervantes das Motiv der die Illusion fördernden Mitspieler übernommen, das die weitere Handlung wesentlich trägt: Die Schwester Amalia des in England reisenden Neffen und ihr Schwager, Baron v. F., tun das Ihrige bei der betrügerischen Auskunft, Grandison sei Wirklichkeit, der Befragte selbst habe Grandisons Bekanntschaft gemacht und sei auf Grandisonhall gastfreundlich aufgenommen worden. Seine Satire gegen das als unglaubwürdig bekämpfte literarische Idol entwickelt Musäus nun auf zweifache Weise: auf der fiktiven englischen Szene wird der *Grandison*-Roman weitergelebt, auf der realen thüringischen wird er nachgelebt; und die Berichte aus England bestätigen und bestärken, was in Thüringen dem Roman entnommen und imitiert wird.

Die Wirkung auf den thüringischen Junker geht zunächst von der großzügigen Hofhaltung des englischen Baronets aus, in deren Schilderung der Roman Richardsons mündet. Herrn v. N.s Häutung beginnt bei der Nachahmung der Details, die den glänzenden gesellschaftlichen Mittelpunkt auszuzeichnen scheinen und natürlich seinen beschränkten Möglichkeiten und Ansprüchen angepaßt werden müssen: Er läßt sich mit »Sir« anreden und tauft seinen Landsitz in N. hall um, läßt statt des Kaffees zu jeder Tageszeit Tee reichen, erhöht einen alten Gang durch Pseudo-Ahnenbilder zu einer Bildergalerie, wertet eine Stube zur Hauskapelle auf, richtet in der Kinderstube ein Musikzimmer ein, das er auch mit einigen Instrumenten bestückt, die allerdings niemand spielen kann, läßt die Noten zu *Alexanders Gastmahl* von Händel aus England kommen und veranstaltet Feuerwerke mit kümmerlich-komischen Mitteln. Während auf der deutschen Szene die parodistische Motivvariation aus der Unangemessenheit des Milieus hervorgeht, gewinnt die englische ihre satirische Stoßkraft aus der immer stärkeren Übertreibung der fiktiven Grandison-Wirklichkeit: Grandisonhall wird ins übermäßig Noble gesteigert, die Charaktere werden bis zur Unerträglichkeit veredelt, zunehmende Rührung bringt immer mehr Tränen zum Fließen.

Die englische Welt besteht nur in den Briefen – daher ist die Briefform, die Musäus ohne parodistische Absicht übernimmt [32], hier legitim. Er und seine Regisseure des Nachlebe-Spiels mußten nur darauf achten, daß die Kargfelder Illusion auf den thüringischen Raum beschränkt blieb und es bei der Nachahmung von Handlungsmotiven aus dem Richardsonschen Roman weder zur Zerstörung der englischen Seifenblase noch zur Kollision mit außerenglischen Wirklichkeitsbezirken kam. Das Zentralmotiv in Richardsons Roman, das Schwanken Grandisons zwischen zwei Frauen,

---

[32] Musäus hat sich nicht nur an dem Muster der Richardsonschen Briefe ausgerichtet, sondern auch aus dem Briefsteller Gellerts, *Briefe nebst einer praktischen Abhandlung in Briefen* (Leipzig, 1758), in *Sämtliche Schriften* (Anm. 17), Bd. IV, S. 1–188, gelernt, der sich seinerseits Richardson zum Muster genommen hatte; vgl. Ohlmer (Anm. 26), S. 33–35.

der katholischen Italienerin Clementina von Poretta und der protestanti-
schen Engländerin Harriet Byron, tritt daher bei Musäus nicht in Funktion. Die Mitteilung des Herrn v. N. an seinen Neffen, er gedenke nach
Italien zu reisen und die nach ihrem Verzicht auf Grandison zur Verfügung stehende Clementina zu heiraten, wird rasch mit der Entgegnung,
daß Clementina inzwischen verheiratet sei, beantwortet. Durch diese
räumliche Begrenzung der Handlung hat Musäus auch für das Motiv des
Chevalier errant, für Landstraßen- und Gasthofsabenteuer, keine Verwendung; nur einmal, als Herr v. N. durch die Nacht geritten ist, um nach
Grandisons Vorbild seine Werbung als »Gespenst« bei seinen künftigen
Verwandten anzubringen, kann Musäus die Formel vom »irrenden Ritter«
auf ihn anwenden (I, S. 225).

Die Werbung Grandisons, die den Zeitgenossen als Muster der Delikatesse galt, wird durch Übertragung auf die thüringische Szene als affektiert und unglaubwürdig decouvriert. Die Übernahme von Grandisons
Herzensbrecherrolle durch den alternden Junggesellen, der sein Nachah-
mungswerk mit einer Heirat krönen möchte, nach dem Scheitern der ita-
lienischen Ambitionen »eine einheimische Lady« (I, S. 86) freien will und
nicht daran zweifelt, auf eine junge Dame unwiderstehlich zu wirken, legt
die Inadäquatheit von Modell und Nachahmer bloß und rückt den Junker
wieder in die Nachbarschaft von Don Quijote, dessen Komik teilweise
auch aus seinem Glauben resultiert, daß er die Herzen der Frauen ent-
flamme. Im Nachvollzug verwandelt sich die chevalreske Grandisonsche
Attitüde in eine plumpe Pose: Des Herrn v. N. schon erwähntes nächtliches Auftauchen bei den in Aussicht genommenen Schwiegereltern raubt
ihm die Gunst der im Schlaf und im Schlafzimmer überraschten Schwie-
germutter, und bei dem Festessen, in dessen Mittelpunkt die Verlobung
stehen sollte, gerät der Junker durch die Regie des Barons v. F. so unter die
Wirkung des Alkohols, daß er gar nicht imstande ist, seinen Antrag bei
»seiner Henriette« (I, S. 225 u. ö.) vorzubringen.

Aus der mißglückten Werbung resultiert eine Beleidigung der Schwie-
germutter, was dem Junker eine wieder durch den Baron gelenkte Duell-
forderung einträgt. Sie diente Musäus dazu, Grandisons für die Zeitgenossen eindrucksvolle Ablehnung von Duellen in die Handlung einzu-
bauen und die Auseinandersetzung Grandisons mit seinen Herausforde-
rern, die von seinen Grundsätzen schließlich überzeugt werden, genau
nachzuzeichnen – nur daß eben hier alles, angefangen bei dem im Schrank
versteckten Protokollanten, ins Tölpelhaft-Komische gewendet ist. Der
jähzornige v. N. reagiert auf die Forderung natürlich zunächst kampfbe-
reit wie der stets auf Zweikämpfe erpichte Don Quijote. Um seinem ganz
anders gearteten englischen Idol zu genügen, spielt er dann aber, »dreßiret
wie ein Schulpferd« (II, S. 140), in der Maske des Gelassenen und Groß-
mütigen die berühmte Szene nach. Er überzeugt seinen Gegner, der sich
verabredungsgemäß auch überzeugen läßt, von der Sinn- und Sittenlosig-
keit des Duells, während die uneingeweihten Standesgenossen in dem Hu-

manitätsprediger den alten Raufbold und Aufschneider nicht wiedererkennen.

Die völlige Inkongruenz der Kargfelder Maßstäbe und Mittel mit denen Grandisons offenbart sich dann auch noch bei der Anverwandlung von dessen sozialpädagogischen Bestrebungen, indem auf den Rat des von Gelehrtendünkel getriebenen Wilibald in Kargfeld eine Wissenschaftsakademie gegründet wird, die nach der Angebeteten des Junkers Julianenakademie heißt. Ihr Präsident ist ein benachbarter Junker, der nicht einmal seinen Namen schreiben kann, und ihre ordentlichen Mitglieder bestehen nach formaler Anleitung durch Grandison, der »alle Bewohner seiner Herrschaften gleichsam zu Akademisten gemacht hat« (III, S. 134), statt aus Gelehrten aus »Praktikern«, d. h. Gutsverwaltern, Schulmeistern, Kantoren und Badern.

Die Illusion einer in die Wirklichkeit umgesetzten Kunstwelt gerät da an ihre Grenzen, wo gutgläubige Mitspieler aus der ihnen vorgespiegelten Wirklichkeit Folgerungen und Ansprüche ableiten zu können glauben. Wenn Sancho Pansa endlich zum Statthalter auf einer »Insel« gemacht worden ist, muß seine Amtsführung mittels eines durch Mühe und Angst herbeigeführten Verzichts beendet werden. Wenn die Kargfelder Bauern im Glauben an die Realität des großen Herrn in England ihn in einer Bittschrift um Ersatz für ihre beim Trauergeläut für seine Verwandte zersprungene Kirchenglocke bitten, muß die neue Glocke dem Vernehmen nach in die Hand des Zolls geraten und in eine Kanone umgeschmolzen werden. Wenn der durch die Narrheiten des Junkers um seine Stellung gekommene nachbarliche Gutsverwalter sich von der Hoffnung inspirieren läßt, Grandison könne ihn auf seinen Besitzungen anstellen, muß Dr. Bartlett zu seinem Bedauern von der gefährlichen Überfahrt abraten.

Bei der Ausweitung und Beschneidung des Nachlebens-Konzepts durch die Berichte aus England ist phantastischen Einfällen Spielraum gelassen: Dem Junker wird die Patenschaft für ein eben geborenes Töchterchen Grandisons angetragen, und Magister Wilibald wird zum Mitglied der Königlichen Gesellschaft der Wissenschaften in London ernannt. Wenn die Richardsonschen Figuren aber aus dem Rahmen der ursprünglichen Romanhandlung heraustreten, sich selbständig machen und Korrekturen an dieser Handlung anmelden, wenn also Musäus und seine Drahtzieher von der Parodie zu offenem Angriff übergehen, vertrauen sie in gewagtem Ausmaß auf die Verranntheit des thüringischen Junkers und seines Magisters, die eigentlich hellhörig werden und den Glauben an das Idol verlieren müßten. Das Porträt Richardsons, der im Jahre 1760 ja noch lebte und den der erfindungsreiche Neffe als Werkzeug des Autors Musäus auf Grandisonhall inmitten der von ihm geschaffenen Figuren auftreten läßt, fällt wenig schmeichelhaft aus. Der auf Mehrung seines Ruhms bedachte Schriftsteller errechnet sich nämlich bei der Erwähnung der Bestrebungen in Thüringen und des vorhandenen Briefwechsels eigenen Gewinn und dringt darauf, daß ihm der Briefwechsel überlassen wird. Während der

Neffe vorgibt, er spiele mit dem Gedanken, den Herausgeberruhm selbst ernten zu können, entgegnet der Onkel, daß keiner als Richardson über ihn schreiben solle. Die Gleichheit zwischen ihm und dem nachgelebten Idol wäre vollkommen, wenn nun auch die Briefe aus seinem Wirkungsbereich von Richardson zu einem Buch verarbeitet würden. Der thüringische Junker sieht sich bereits als literarische Figur – dies wieder ein von Cervantes übernommener Zug, den aber der deutsche Autor nur vorübergehend anklingen läßt und der bei ihm nicht die vielschichtige Funktion erhält, die er im *Don Quijote* besitzt.

Hinsichtlich der Stimmigkeit des Kreises um Grandison setzte Musäus die Briefempfänger in Thüringen einer weiteren Belastungsprobe aus, wenn Emily, das Mündel Grandisons, mit der Äußerung zitiert wird: »Sie wissen, wie oft Herr Richardson mich in der Geschichte meines Vormundes heulen läßt: Jetzo vergieße ich in der That mehrere Thränen, als mir jemals sind angedichtet worden« (II, S. 314). Und die heile Welt, die der Baronet um sich geschaffen hat, scheint vollends in Frage gestellt, wenn der Neffe berichtet, daß Grandisons Vetter Eberhard, den der Leser als reuigen, in einer Vernunftehe gebändigten Sünder in Erinnerung hat, aus der Bewachung ausgebrochen und in die Welt der Spieltische zurückgekehrt sei, sich dazu auch noch Geld von ihm geliehen und ihm nicht zurückgegeben habe[33]. Herr v. N. und Wilibald aber lassen sich selbst dann nicht zur Vernunft bringen, als ein vermeintlich leibhaftiger Zeuge der Grandison-Szene im Kargfelder Umkreis auftritt: Ein britischer Offizier hat es auf Betreiben des Barons v. F. übernommen, die Rolle des Hauptmanns Salmonet zu spielen, eines jener Widersacher Grandisons, die sich durch dessen Argumente nicht besänftigen ließen und die er dann kraft seiner Stärke und Gewandtheit mit einer Art Old-Shatterhand-Trick entwaffnete und beschämte. Der angebliche Salmonet erzählt nun eine zu Lasten Grandisons korrigierte Version dieser Entwaffnungsszene und zwingt den Magister durch massive Drohungen, als Zeugnis der Wahrheit ein »Avertissement an das Publikum« (II, S. 335–347) aufzusetzen, in dem Richardson als Verfälscher der Begebenheiten angeprangert wird – eine Sünde wider den Geist Grandisons, die Wilibald sofort widerruft und die ihm die Ungnade des Junkers einträgt.

Wie Musäus die Seifenblase der englischen Scheinwirklichkeit zerplatzen lassen wollte, erfährt der Leser leider nicht; der Roman bricht mitten in der Wiederaufnahme der Werbungsbemühungen des Junkers ab. Bei der Lösung dürfte es sich weniger um eine Heilung des Junkers als um seine Ernüchterung gehandelt haben. Denn seine Verirrung steigert sich nicht wie bei Don Quijote zur wahnhaften Identifizierung mit dem Idol, sondern bei ihm hält sich »gelebte Literatur« in den Grenzen eines auf

---

[33] Hier ergibt sich für Musäus die Gelegenheit, in Fieldingscher Manier die Londoner Halb- und Unterwelt zu schildern.

Deckungsgleichheit zielenden Rollenspiels[34]. Don Quijote ist von seiner
Anlage her ein Ritter; er könnte an die Stelle der Helden treten, von denen
er gelesen hat. Herr v. N. aber ist keineswegs ein Grandison; sein Mangel
an Bildung und Weltkenntnis, sein Fluchen, seine Neigung zum Alkohol
stehen im Gegensatz zu seinem Vorbild, das Zornausbrüche angeblich un-
terdrückte. Wie wenig er den fundamentalen Glaubenskonflikt Grandisons verstanden hat, zeigt seine Äußerung bei der geplanten Werbung um
Clementina: »Die Religion soll mir nicht lange im Wege stehen« (I, S. 49),
und wie sehr Grandisons Großzügigkeit nicht nur seiner wirtschaftlichen
Lage, sondern auch seinem Charakter widerstrebt, wird immer deutlich,
wenn er für sein Patenkind, für die umworbene Juliane, für die um ihre
Kirchenglocke gebrachten Bauern oder für den stellungslosen Verwalter
in die Tasche greifen müßte. Er kann daher auch, was bei Don Quijote
unmöglich wäre, aus der Rolle fallen; das zeigt sich an Formulierungen
wie: »Die Sprache Grandisons hatte ihn verlassen« (III, S. 222). Sein Rollenspiel und auch das des Magisters wird schon mit der Verdoppelung des
Personenverzeichnisses angedeutet, mit der Musäus Richardsons Vorbe-
merkung zu den Brieftexten variiert: In dem einen, aus der Sicht des Autors entworfenen, erscheinen die Figuren gleichsam unmaskiert, in dem
anderen, dem aus der Sicht des Magisters erstellten, treten sie in ihrer
Rolle auf. Herr v. N. ist auch insofern kein Schwärmer, als er sich nicht sofort von der Kunstwirklichkeit, sondern erst von den dann freilich fiktiven
Belegen für die Existenz seines Vorbildes überwältigen läßt. Wieweit Musäus seinem Helden diese Grenzen bewußt gezogen hat oder wieweit sie
sich ihm unwillkürlich ergaben, weil eine echte Überwältigung durch
Kunst für ihn vielleicht nicht vor- und darstellbar war, ist schwer zu entscheiden. Bleibt Musäus doch sogar in seinen *Volksmärchen* ein kritisch-
ironischer, unberührter Erzähler.

Zwanzig Jahre nach dem Erscheinen von *Grandison der Zweite* hat Musäus den Roman umgearbeitet, zu Ende geführt und als *Der deutsche Grandison* erscheinen lassen[35]. In den hier untersuchten Zusammenhängen ist
unwichtig, daß der inzwischen an Fielding, Smollett, Sterne, Wieland, Hippel geschulte Autor und Literaturkritiker die totale Briefform aufgegeben
und nur 40 der ursprünglich 103 Briefe in den nun fortlaufenden Erzähl-

---

[34] Die Charakterisierung des Junkers bei Mayr (Anm. 28), S. 62, er sei ein »lebensferner
Schwärmer wie Don Quijote«, und bei R. Grimminger, »Roman«, in *Hansers Sozialgeschichte
der deutschen Literatur,* Bd. III, 2, *Deutsche Aufklärung bis zur Französischen Revolution,
1680–1789* (München, 1980), S. 734, er sei von Richardsons Grandison »so ergriffen«, daß er
darüber die Wirklichkeit vergesse, scheint mir nicht ganz angemessen. Eher trifft F. J. Schneider, *Die deutsche Dichtung der Aufklärungszeit* (Stuttgart, ²1948), S. 312, mit der Formulierung,
daß der Junker und der Magister »über der Lektüre des *Grandison* ihr geistiges Gleichge-
wicht verloren« hätten, die Gemütslage der Figuren.
[35] *Der deutsche Grandison. Auch eine Familiengeschichte* erschien anonym in 2 Teilen in Eisenach 1781 und 1782. Eine Neuausgabe erschien in Leipzig 1800; nach ihr wird im laufenden Text durch in Klammern gesetzte Angabe des Romanteils in römischen Ziffern und der
Seitenzahl zitiert.

text eingebaut hat; es ist auch unwichtig, daß er den Roman durch Liebesgeschichten anreicherte. Die Intrige bleibt auch jetzt ungelöst; die Bekehrung des Junkers durch den Lauf der Zeit, der den »Enthusiasmus« (II,
S. 307–309) allmählich abkühlt und der »Modeschwärmerei« (II, S. 286;
vgl. auch S. 230) die Anziehungskraft nimmt, wirkt nicht überzeugend,
sondern entspricht allenfalls dem um 1780 allgemein erloschenen Interesse
an Richardson, so daß Musäus zum Verständnis seiner Satire literarhistorische Rückblicke einbaut (vgl. I, S. 96–98 u. 242 ff.). Für diese Untersuchung allein wichtig ist, daß Musäus das Motiv der »gelebten Literatur«
durch eine Doppelung verstärkte, die den Typ eingängiger machen sollte.
Der Junker hat nämlich nun in früheren Jahren schon einmal ein literarisches Erlebnis in Wirklichkeit umzusetzen gesucht, und zwar das von
Robinson Crusoe. Er gestaltete dazu ein Moor zum See um, in dessen
Mitte er eine Insel anlegen ließ, auf die er sich, entsprechend kostümiert,
zurückzog, allerdings nachdem er für das nötige Handwerkszeug und ge-
hörige Verpflegung aus der Gutsküche gesorgt hat. Auch hier also wird
nicht ein echtes Robinson-Erlebnis mit Schiffbruch und Inseldasein gesucht, sondern wieder eine Rolle gespielt. Einmal allerdings gelingt es Musäus, eine überzeugende Identifikation des Junkers mit seiner Rolle darzustellen. Als Bauernburschen aus Kirchweihlaune in Gestalt schwarz bemal-
ter Kannibalen auf der Insel landen und in wildem Tanz um ein nächtliches Feuer springen, weiß der aus einem »Kannibalentraum« Aufge-
schreckte

> nicht mehr Kopey und Original zu unterscheiden, verwandelte sich in den wahren
> ächten Robinson, seinen Fischteich in den Ocean, und den kleinen Schutthaufen den
> er selbst errichtet hatte, in ein caribisches Eyland. Das Herz klopfte laut in seiner
> Brust, alle Haare sträubten sich empor. (I, S. 22)

Er schießt unter die Tanzenden, bei deren Wehgeschrei dann »urplötzlich
[...] alle Reife von dem Faß der Illusion« springen und dieses schnelle Erwachen »ihn aus dem Zustande eines Nachtwandelers« reißt (I, S. 23–25).

In dem gleichen Jahr 1759, in dem Musäus mit der Arbeit an *Grandison
der Zweite* begonnen hatte, schrieb der zwei Jahre jüngere Wieland das
Drama *Clementina von Poretta,* das dann 1760, in demselben Jahr wie der
erste Band von Musäus' Roman, erschien. Wieland plante damals auch
noch eine Dramatisierung von *Clarissa* sowie »Briefe von Karl Grandison
an seine Pupille Emilia Jervois«. Diese großzügige Inanspruchnahme des
Richardsonschen Werkes als eines stofflichen Steinbruchs zeigt, daß der
Autor, der während seines Aufenthalts bei Bodmer 1754 mit *Grandison* bekannt geworden war[36], trotz der inzwischen erfolgten Abkehr von seiner
»Mystischen Schwärmerei«[37] und den spiritualistischen Vorstellungen der

---

[36] Budde (Anm. 23), S. 107.
[37] Brief Wielands an L. Meister vom 28. 12. 1787, in *Ausgewählte Briefe von C. M. Wieland
an verschiedene Freunde in den Jahren 1751 bis 1810 geschrieben,* hg. v. H. Geßner, 4 Bde. (Zürich, 1815), Bd. III, S. 385.

Bodmerschen Ästhetik[38] sich am Ende seiner Schweizer und zu Beginn seiner Biberacher Zeit noch völlig im Sog einer idealistisch-empfindsamen Welt- und Literaturanschauung befand. Der Prozeß seines »Herabsteigens«[39] auf die Erde ging langsam vor sich, und Wieland begann die Ausarbeitung seines *Agathon* 1761 noch unter dem Einfluß Richardsons. Aber dann ließ er diesen ernsten Entwicklungsroman plötzlich liegen und verfaßte – gleichsam als Fingerübung und heitere Parallele – von Juni 1763 bis Anfang 1764 in raschem Zuge *Der Sieg der Natur über die Schwärmerei oder Die Abenteuer des Don Sylvio von Rosalva,* der die Abwendung von Richardson und seinen makellosen Charakteren erkennen läßt[40], um dann die Arbeit an *Agathon* im Geiste Fieldings fortzusetzen. Schon 1758 hatte Wieland bekannt, daß *Don Quijote* ein gutes »Specifique« gegen Schwärmerei sei[41]. Daß dieser Griff nach dem spanischen Roman, den Wieland seit seiner Erfurter Studentenzeit (1749) kannte, durch die Lektüre Fieldings, und zwar – wie bei Musäus – hauptsächlich des *Joseph Andrews,* ausgelöst wurde, ist schon am stilistischen Einfluß zu erkennen[42]. Ob er etwa den Roman des Musäus gekannt oder von ihm gewußt hat, ist kaum festzustellen. Wieland wandte sich also im *Don Sylvio* von Richardson ab, aber seine Donquichottiade richtete sich nicht gegen den Engländer, sondern gegen die in Frankreich ungemein beliebte, in Deutschland aber weniger populäre Gattung der Feenmärchen.

Da Wieland zum Gegenstand der Satire und der nachzulebenden Literatur nicht, wie Musäus, ein bestimmtes Werk, sondern, wie Cervantes, eine ganze Gattung wählte, mußte er dem *Don Quijote*-Rahmen nicht einen oft widerstrebenden Handlungsverlauf, sondern nur einzelne Motive und Motivkomplexe einverleiben, die er beliebig montieren konnte. Außerdem unterschieden sich die Feenmärchen von den Ritterromanen nicht übermäßig, so daß parallele Handlungselemente leichter zu finden waren.

---

[38] Vgl. H. Müller-Solger, *Ein Dichtertraum: Studien zur Entwicklung der dichterischen Phantasie im Werk Christoph Martin Wielands,* Göppinger Arbeiten zur Germanistik, 24 (Göppingen, 1970), S. 33.

[39] Brief Wielands an L. Meister (Anm. 37).

[40] Die Lebensgeschichte von Don Sylvios Schwester Donna Jacinte kann als satirische Nachahmung der Lebensläufe von Richardsons tugendhaften Frauengestalten aufgefaßt werden; vgl. J. Schönert, *Roman und Satire im 18. Jahrhundert. Ein Beitrag zur Poetik,* Germanistische Abhandlungen, 27 (Stuttgart, 1969), S. 132.

[41] Brief Wielands an Zimmermann vom 5. 12. 1758, in *Wielands Briefwechsel,* hg. v. der Deutschen Akademie der Wissenschaften zu Berlin, Bd. I (Berlin, 1963), S. 390.

[42] Ob Wieland zur Zeit der Abfassung des *Don Sylvio* schon unter dem Einfluß Sternes stand, ist umstritten. Während C. A. Behmer, *Laurence Sterne und Ch. M. Wieland,* Forschungen zur neueren Literaturgeschichte, 9 (München, 1899; Repr.: Hildesheim, 1976), S. 15, Wielands Kenntnis von *Tristram Shandy* erst für die zweite Hälfte der sechziger Jahre ansetzte, weil sich Bemerkungen über Sterne in Wielands Briefen vor 1767 nicht finden, glaubt P. Michelsen, *Laurence Sterne und der deutsche Roman des achtzehnten Jahrhunderts,* Palaestra, 232 (Göttingen, 1962), S. 188, den geistigen Kontakt schon um 1763 feststellen zu können, und schreibt ihm entscheidenden Einfluß auf die Konzeption des *Don Sylvio* zu. Price (Anm. 29), S. 206, schließt sich der zeitlichen Fixierung von Behmer an.

Der Held ist, wie bei Cervantes, ein spanischer Landjunker. Jedoch entsprach der sehr jugendliche Edelmann, der den alten Ritter ersetzt, dem gängigen Märchentypus des ausziehenden Prinzen. Don Sylvio ist wie Don Quijote in der Weltabgeschiedenheit seines väterlichen Schlosses, das eine alte Tante für ihn verwaltet, der Lektüre verfallen und hält die Zauberer und Feen der Märchen für Wesen, von denen auch die wirkliche Welt bevölkert sei und denen zu begegnen er sich wünscht. Als er im Park einen blauen Schmetterling fängt, den er mitleidig wieder freiläßt, und gleich darauf im Grase das Miniaturporträt einer Schäferin findet, in die er sich verliebt, stellt seine Phantasie eine geheimnisvolle Beziehung zwischen beiden Erlebnissen her; in einem Wachtraum verheißt ihm die Fee Radiante, daß sie ihm helfen werde, die auf dem Porträt dargestellte Prinzessin zu gewinnen, falls er sie aus der Schmetterlingsgestalt, in die sie verzaubert sei, befreie. Da die Tante ihm gerade jetzt eine Heirat mit einem häßlichen Mädchen aufzwingen will, beschließt er, das Haus seiner Väter zu verlassen. Als Begleiter wählt er das wegekundige Hündchen Tintin, das dem Hengst Rocinante entspricht, sowie den Knecht und Knappen Pedrillo. Pedrillo ist ein um Züge von Fieldings Partridge bereicherter, verjüngter Sancho Pansa mit dessen Mangel an Bildung, dessen Ängstlichkeit, Neigung zu leiblichen Genüssen, Einfalt, gepaart mit Bauernschläue und Erwartung von Belohnung, dabei Gutherzigkeit und Treue zu seinem Herrn; er ist geschwätzig wie sein Vorbild, flicht ebenso Sprichwörter in seine Reden ein und verdreht auch Fremdwörter. Wieland übernimmt also das Motiv des irrenden Ritters mit Knappen, ändert aber das Ziel der Ausfahrt. Don Sylvio zieht nicht aus, um die Welt nach ritterlichen Prinzipien zurechtzurücken, sondern um eine Herzensdame von Verzauberung zu befreien und für sich zu gewinnen. Statt der nur inspirierenden Dulcinea setzte Wieland die heimzuholende ferne Geliebte ein, die den Helden als blauer Schmetterling und Porträt in die Fremde lockt und mit Erfüllung winkt. Die Motive des Cervantes sind unheroischer, leichter, rokokohaft geworden.

Im übrigen vollzieht sich die traditionelle *Queste* vom ersten Teil der Erzählung bis in den zweiten hinein unter enger Anlehnung an Cervantes[43]. Sowohl bei Cervantes als auch bei Wieland zieht der Held in einer Sommernacht aus, nachdem der Herr für Waffen und Geld, der Diener für Kleidung und Verpflegung gesorgt hat. Bei Cervantes und auch bei Wieland distanziert sich der Held durch höhere moralische Anforderungen von seinem Diener und nimmt an den gemeinsamen Mahlzeiten kaum teil. Beide Helden geraten durch die Vermischung von Traum und Wirklichkeit in Situationen, in denen sie ihren Kampfgeist am falschen Objekt auslassen: Don Quijote führt Schwerthiebe gegen Weinschläuche statt gegen Riesen, Don Sylvio würgt den treuen Diener und glaubt, den grünen Zwerg im Griff zu haben. Jederzeit bereit, die Ehre des Idols zu

---

[43] Genaue Angaben über die Parallelen in beiden Werken bei St. Tropsch, »Wielands *Don Sylvio* und Cervantes' *Don Quijote*«, Euphorion, 4 (1899), 4. Ergänzungsheft, S. 32–61.

verteidigen, straft Don Quijote Sancho für eine anzügliche Bemerkung mit Schlägen; Don Sylvio möchte ebenso reagieren, entschuldigt aber Pedrillo mit dessen Dummheit. Beide Abenteurer glauben, daß sie von Zauberern genarrt werden, die ihr Streben vereiteln wollen. Beide gelangen in unwirtlich-unheimliche Gasthäuser. Beide erhalten auf Grund ihrer Fehlinterpretation der Wirklichkeit Prügel – Don Sylvio, dem Stil und der Kürze der Erzählung entsprechend, nur einmal. Beide schieben ihre Mißerfolge auf die Tatsache, daß sie ihre Ziele nicht nachdrücklich genug verfolgt haben. Beide befinden sich in steter Auseinandersetzung mit dem die Wirklichkeit anders sehenden Diener, der allerdings im Falle Pedrillos durch Lektüre und den Einfluß seines Herrn gleichfalls in Märchengespinste verstrickt ist, so daß er zwar nüchtern bleibt, wo sein junger Herr Zauberei sieht, aber seinerseits Riesen und Feen am Werke glaubt, wo Don Sylvio einen Baum erkennt und eine Gutsherrin mit Kammermädchen vermutet. Beide Ritter kommen schließlich in einen Kreis von Menschen, der bei ihren Torheiten mitspielt – bei denen Don Sylvios jedoch aus Hilfsbereitschaft –, und beide glauben, hier am Ziel ihrer Wünsche zu sein: Don Sylvio hält das Schloß Donna Felicias für einen Feenpalast.

Über diese ganz realen Erlebnisse des Don Sylvio, die letztlich dem Motivfundus des Abenteuerromans entstammen, wölbt der jugendliche Held als Funktionsträger Wielands einen wunderbaren Überbau an Auslegungen dieser Wirklichkeit, den er dem Schatz der Feenmärchen entnimmt[44]. Bei seinem durch »Nachleben« verdeutlichten satirischen Vorstoß gegen diese vielfach mit orientalischen Motiven arbeitende, auch mit Zügen aus dem Schäferroman und dem heroisch-galanten Roman angereicherte Märchengattung ging es Wieland nicht um die märchenhaften Erzählungen als solche, deren Liebhaber er sein Leben lang blieb, sondern um ihre hypertrophen Spätformen sowie die moralischen und pädagogischen Lehren, die man aus ihnen ableitete und an deren Ernst er in seiner schwärmerischen Epoche bis 1758 geglaubt hatte. Seine Satire besteht meist darin, daß er die unsinnigen Abenteuer, die Ungereimtheiten der Zauberei und den Ausstattungsprunk der Originale noch übertrieb. Dabei hat er in Einzelheiten 43 mal Märchen der Gräfin d'Aulnoy[45] genutzt; weitere 22 Anspielungen verteilen sich auf die Märchen der Gräfin Murat[46] sowie die von Perrault[47], Hamilton[48] und Crébillon[49]. Den satirischen Stil über-

[44] Eine detaillierte Untersuchung über den Einfluß der Feenmärchen auf Wieland und die Übernahme von Märchenmotiven in den Don Sylvio gibt K. O. Mayer, »Die Feenmärchen bei Wieland«, Vierteljahrsschrift für Literaturgeschichte, 5 (1892), S. 374–408 u. 497–533.

[45] Marie Catherine Jumel de Barneville, Gräfin d'Aulnoy, Les Contes de Fées, 4 Bde. (Paris, 1697) und Les Fées à la mode (Paris, 1698).

[46] Henriette Julie de Castelnau, Gräfin Murat, Contes de Fées, 2 Bde. (Paris, 1698) und Les Nouveaux Contes de Fées (Paris, 1710).

[47] Charles Perrault, Contes de ma mère l'Oye (Paris, 1697).

[48] Antoine Graf d'Hamilton, Histoire de Fleur d'Épine (Paris, 1730); Les quatre Facardins (Paris, 1730).

[49] Claude-Prosper Jolyot de Crébillon, L'Écumoire (Amsterdam u. Leipzig, 1733); Ah, quel conte! (Brüssel, 1754) und andere.

nahm Wieland von den beiden letzteren, die ihrerseits in ihren Märchen die überhandnehmenden Verstiegenheiten und Geschmacklosigkeiten persifliert hatten. Das Motiv des blauen Schmetterlings fand Wieland in dem Märchen »Le Prince des Feuilles« der Gräfin Murat. Zum Bild des Schmetterlings hatte er wohl eine tiefere Beziehung, da er in der Zeit seines Schwärmertums die Behauptung, ein Sommervogel könne Werkzeug der Engel sein [50], mit dem gleichen Eifer zu beweisen suchte, mit dem Don Sylvio die Wirklichkeit seines Schmetterlingsmärchens verteidigt; und noch in der ätherischen Geliebten Psyche des Agathon ist das geflügelte Symbol wiederzuerkennen. Das Porträt, das dem Ritter die Wirklichkeit seiner Phantasien zu belegen scheint, kommt in Feenmärchen häufig vor; die Variante, daß der Held sich in eine längst Verstorbene verliebt hat, findet sich in *Les Mille et un Jours* als »Geschichte des Prinzen Séif el'Mulouk«. Das schäferliche Motiv des unter einem Rosenbusch schlafenden Jünglings, der von einer liebenden Frau belauscht wird, ist in »La Fée jeune et belle« enthalten, und die Schilderung des Pavillons der Donna Felicia entstammt dem Märchen »La Chatte blanche« der Gräfin d'Aulnoy. Die Verwandlung oder Verzauberung von Menschen und Feen in Tiere, die in den Hirngespinsten Don Sylvios eine große Rolle spielen, sind in den Sammlungen der Gräfin d'Aulnoy wiederholt anzutreffen. Die von Wieland in den Roman um Don Sylvio eingebaute »Geschichte des Prinzen Biribinker« schließlich, von deren Funktion bei der Heilung Don Sylvios noch zu sprechen sein wird, besteht in einer Häufung der unwahrscheinlichsten Motive, und von den auftretenden Personen ist keine einzige künstlerisches Eigentum Wielands. Seinen Anleihen aus Hamiltons *Fleur d'Épine* und *Les quatre Facardins* sowie Crébillons *Ah, quel conte!* und *L'Écumoire* sind mit den Abenteuern im Bauche des Walfischs noch Züge aus der *Alēthēs historia* des Lukian hinzugefügt, dessen Werke Wieland schon damals zu übersetzen beabsichtigte [51].

Bereits vor über 60 Jahren hat man eine weitere Quelle für *Don Sylvio* in der 1735 veröffentlichten *Voyage merveilleux du Prince Fan Féredin dans la Romancie* zu finden geglaubt [52], eine Satire gegen die Roman- und Märchenlektüre der Zeit, die G.-H. Bougeant, offener Gegner von Romanen, verfaßt hat. Hier zieht ein durch Lektüre verdorbener Prinz aus, das Land der Romane, die er für Berichte über eine wirkliche Welt hält, zu suchen, erreicht es auch und wird von einem anderen Prinzen durch dieses Land geführt. Die frappierende Übereinstimmung der schließlich als Traum des

---

[50] »Briefe über die Einführung des Chemos und den Charakter Josephs in dem Gedichte ›Joseph und Zulika‹«, in *Wielands Gesammelte Schriften* (Anm. 2), 1. Abt., 4. Bd., *Prosaische Jugendwerke* (Berlin, 1916), S. 42.

[51] Vgl. St. Tropsch, »Lucian in Wielands ›Geschichte des Prinzen Biribinker‹«, *Zeitschrift für vergleichende Literaturgeschichte*, N. F. 12 (1898), S. 454–456, sowie J. Steinberger, *Lukians Einfluß auf Wieland*, Phil. Diss. Göttingen (1902).

[52] W. Kurrelmeyer, »The Sources of Wieland's ›Don Sylvio‹«, *Modern Philology*, 16 (1918/19), S. 637–648.

Erzählers erklärten Geschichte mit Wielands *Don Sylvio* besteht darin,
daß in beiden Werken der Held einen Kavalier aus Gefahr befreit, der seiner Schwester Liebhaber ist, und der Held selbst sich dann in die Schwester des anderen verliebt. Die Möglichkeit einer Übernahme durch Wieland wirkt bestechend, untersucht man aber eine erst kürzlich wieder ins
Blickfeld gerückte deutsche Donquichottiade[53], den unter der Chiffre
W. E. N. veröffentlichten Roman *Der teutsche Don Quichotte* (1753)[54], ergibt sich eine ähnliche Fülle von Anhaltspunkten für eine denkbare Beeinflussung Wielands, zumal das Buch durch eine Kritik Lessings bekannt
war[55]. Auch dieses nämlich handelt von einem jugendlichen Helden, einem Kaufmannssohn, dem die Lektüre, hier von heroisch-galanten Romanen, die Wirklichkeit verstellt hat. Er steigert sich in die Rolle eines Grafen hinein, verläßt auf der Suche nach einer ihm flüchtig begegneten Schönen und auf der Flucht vor einer angedrohten Ehe zusammen mit seinem
Kammerdiener Heim und Pflichten, wird aber nach einigen enttäuschen-
den Abenteuern mit seiner »Gräfin«, die mit der angedrohten Heiratskan-
didatin identisch ist, vereint, während dem Diener gemäß Lustspieltradition deren Kammerjungfer zufällt. Wie bei Wieland umfaßt die erzählte
Zeit genau sechs Tage[56]. Auch diese mögliche Quelle für *Don Sylvio* endet mit der Ernüchterung des Helden, der einsehen muß, daß sein Ausflug
in die Welt der Illusion fast am Glück zweier Menschen vorbeiführte, obgleich »diese kleine Narrheit selbst schuld an ihrer künftigen klugen Aufführung gewesen«[57]. Wieland hat von sich selbst bekannt, er habe nie etwas geschrieben, wofür er den Stoff nicht außerhalb seiner selbst, »in
irgendeinem alten Romane, Legende oder Fabliau gefunden hätte«[58], und
A. W. Schlegel zitierte schon 1799[59] spöttisch eine stattliche Anzahl von
Autoren, auf deren Ansuchen über die Poesie Wielands *concursus credito-
rum* eröffnet worden sei. Es dürfte also schwer werden, völlige Klarheit
über alle Quellen und Vorbilder dieses für Motivuntersuchungen ungemein ergiebigen Autors zu erhalten, denn hinter der genialen Zusammenschau verblassen ihre Fundorte[60].

---

[53] L. E. Kurth, »W. E. N. – Der teutsche Don Quichotte, oder die Begebenheiten des
Marggraf von Bellamonte. Ein Beitrag zur Geschichte des deutschen Romans im 18. Jahrhundert«, *Jahrbuch der deutschen Schillergesellschaft*, 9 (1965), S. 106–130.

[54] Als Verfasser ist der noch vom Einfluß Gottscheds geprägte Wilhelm Ehrenfried Neugebauer (gest. um 1760) ermittelt worden.

[55] Vgl. Anm. 8.

[56] Zum zeitlichen Ablauf des Romangeschehens vgl. H. Vormweg, *Die Romane Christoph
Martin Wielands. Zeitmorphologische Reihenuntersuchung*, Phil. Diss. Bonn (1955).

[57] Kurth (Anm. 53), S. 113.

[58] K. A. Böttiger, *Literarische Zustände und Zeitgenossen* (Leipzig, 1838), Bd. I, S. 182.

[59] A. W. Schlegel, »Citatio edictalis«, *Athenaeum*, 2 (1799), 2. Stück (Neudr.: München,
1924), S. 340.

[60] Die zahlreichen Sylphen und Sylphiden, die in *Don Sylvio* vorkommen, entnahm Wieland nicht den Märchen, sondern der kabbalistischen Schrift des Abbé de Villars, *Le Comte
de Gabalis ou Entretiens sur les sciences secrètes* (Paris, 1760).

Im zweiten Teil des Romans wird Wieland selbständiger. In diesem Teil geht es um das Motiv der Heilung, der Entzauberung des Helden, um den Sieg der Natur über die Schwärmerei, und dafür gibt Cervantes wenig an die Hand. Wieland verweist auf *Don Quijote* in diesem Teil seines *Don Sylvio* nur einmal, während er ihn im ersten sechsmal erwähnt. Die Entzauberung Don Quijotes vollzieht sich sehr plötzlich während seiner Todeskrankheit: Nach einem langen Schlaf erwacht er, dankt Gott, daß er ihm die Klarheit des Denkens wiedergegeben habe, sagt allen Ritterromanen und irrenden Rittern ab und stirbt als Alonso Quijano, der Gute, der er war, bevor er sich zum Ritter Don Quijote von la Mancha erhob. Die Jugend des Helden in Wielands Roman verlangt jedoch eine rasche Abkehr vom falschen Weg, damit ein Ausblick auf ein künftiges sinnvolles Leben möglich wird; die Entzauberung des Helden darf nicht bis zu seinem Tode aufgeschoben oder dem Lauf der Zeit anvertraut werden – wie im zweiten Roman des Musäus. Es sollte nicht vergessen werden, daß die erzählte Zeit im *Don Sylvio* nur sechs Tage umfaßt und nicht derjenigen eines Entwicklungsromans, sondern eher derjenigen einer Novelle entspricht.

Die Ernüchterung Don Sylvios setzt ein, als er nach dem Kampf mit den Ackerknechten, zerschlagen und des Porträts beraubt, aus der Ohnmacht erwacht. Obwohl er nicht, wie Pedrillo, alle Feen, Märchen und Märchenerzähler zum Teufel wünscht, so zweifelt er doch zum ersten Mal daran, daß Radiante ihm wirklich erschienen sei und Versprechungen gemacht habe, da sie ihm in seiner Not nicht half. Sein Zauberglaube flammt noch einmal auf, als er nach Lirias kommt und Park und Schloß für einen Feensitz hält. Aber dann tut das Gespräch mit den dort eintreffenden Freunden, die er sich durch sein tapferes Eingreifen in den Kampf mit Donna Jacintes Entführern gewonnen hat und die er für Wesen aus Fleisch und Blut halten muß, langsam seine Wirkung. Nur durch Berührung mit »Welt« war die Aufklärung des ohne Weltkenntnis aufgewachsenen Träumers möglich, und sein Staunen über die ihm begegnende Vernunft, das ebenso groß ist wie das der anderen über seine Wundergläubigkeit, veranlaßt ihn, kritischer zu denken. Noch sperrt er sich, seinem Gefühl, das hier mit nüchternen Überlegungen übereinstimmt, zu trauen: Trotz der Ähnlichkeit Felicias mit der angebeteten Unbekannten auf dem Porträt glaubt er sich der Neigung zu ihr nicht hingeben zu dürfen, weil sie nicht die immer noch in einen Schmetterling Verzauberte ist. Er befürchtet einen durch die Ähnlichkeit herbeigeführten Irrtum seines Herzens, und er hält auch den »Instinct« für »betrüglich« (S. 226), der ihm sagt, daß Donna Jacinte seine Schwester sein könne, da seine Schwester seiner Meinung nach von einer Fee und nicht von einer Zigeunerin geraubt wurde. Jedoch sind gerade Gefühl und Instinkt die Kräfte, durch die er geheilt werden könnte, wie es sein künftiger Schwager Don Eugenio erhofft: »Die Einbildung wird nach und nach der Empfindung Platz machen« (S. 220).

Die »Geschichte des Prinzen Biribinker« wird von dem klugen Don Gabriel erfunden und erzählt, um Sylvio an einem extremen Beispiel die Unglaubwürdigkeit der Märchen und der aus ihnen abgeleiteten Scheinmoral sinnfällig zu machen, denn abgesehen von den unmöglichen Zaubereien, die er auftischt, sind seine tugendhaften Feen raffinierte Verführerinnen, deren Reizen der angeblich einem Milchmädchen treu ergebene Prinz in jeder Nacht erneut erliegt. Don Sylvio ist aber von der Unglaubwürdigkeit und der mangelnden historischen Verbürgtheit des »Biribinker« keineswegs überzeugt und geradezu verstört, als Don Gabriel sich als dessen Erfinder bekennt. Sylvio, der ja in einem selbsterdichteten Märchen lebt und täglich neue, die natürlichen Ereignisse märchenhaft auslegende Züge hinzuerfindet, begreift Erfindungsgabe noch nicht als besondere geistige Fähigkeit und versteht nicht, Phantasie und Träume von der Realität zu unterscheiden. Erst nach einer durchwachten Nacht erkennt er diesen Gegensatz auf doppelte Weise: Beim Spaziergang im Park von Lirias mit seinen gartenkünstlerischen Wundern bemerkt er, daß dieser »ein Werk der Kunst seie [und] daß die Phantasie vielleicht die einzige und wahre Mutter des Wunderbaren sei, welches er bisher, aus Unerfahrenheit, für einen Teil der Natur selbst gehalten hatte« (S. 353). Und als er die Geliebte trifft, bekennt er: »Was ich empfinde, seitdem ich Sie sehe, ist unendlich weit von den Würkungen einer erhitzten Phantasie unterschieden. Ihr erster Anblick hat das ganze Feuer meiner Einbildungs-Kraft ausgelöscht« (S. 358). Als dann die Ähnlichkeit zwischen der Schäferin auf dem Porträt und Felicia durch die Familienähnlichkeit zwischen Großmutter und Enkelin eine ganz natürliche Erklärung findet, fällt die letzte Fessel, die ihn an seinen Traum bindet. Während Bougeant, der Verfasser des *Teutschen Don Quichotte* und Musäus mit rationalen Entzauberungen schließen, spricht Wieland der Märchen- oder Romanwelt Wert und Bedeutung zu, denn Don Sylvio will die Feen

> immer als meine größte Wohltäterinnen ansehen, da ich ohne sie noch immer in der Einsamkeit von Rosalva schmachtete, und vielleicht auf ewig der Glückseligkeit entbehrt hätte, diejenige zu finden, die mein verlangendes Herz, seit dem es sich selbst fühlt, zu suchen schien. (S. 361)

Das Motiv der »gelebten Literatur« wird so bei Wieland zum Träger eines poetologischen Themas. Die Satire tritt im zweiten Teil des Romans – von der mutwillig hingefabelten »Geschichte des Prinzen Biribinker« abgesehen – hinter der Absicht des Autors zurück, das Märchenhafte erzählerisch zu legitimieren [61]. Man hat mit Recht erkannt, daß für Wieland ein Anlaß zur Satire auf die Feenmärchen entfiel, weil sie in Deutschland nicht populär waren. Sie vertraten in Wielands Sicht das Phantastische überhaupt, dessen Stellenwert er zu bestimmen suchte. Er stellte den Träumen nicht, wie Cervantes denjenigen des Don Quijote, zur Heilung die rauhe Wirklichkeit gegenüber, denn die topische Landschaft, durch die

---

[61] Michelsen (Anm. 42), S. 191–197.

Don Sylvio sich bewegt, ist weder ein historisches Spanien noch sonst eine soziale Realität, sie bleibt Utopie. Der utopische Raum wird sogar ausdrücklich wieder zu einem poetischen, wenn es heißt, daß Don Eugenio und Donna Felicia die Enkelkinder von Gil Blas und Dorothea von Jutella seien, Gil Blas das Miniaturporträt seiner Frau selbst habe anfertigen lassen und der zauberhafte Landsitz Lirias der ehemalige Wohnort des Gil Blas sei; die vorgebliche Wirklichkeit erweist sich als eine literarischem Leben nachgebaute [62]. Und wie die rationalistische Auflösung alles Wunderbaren, deren sich der Erzähler ständig befleißigt, in ihrer Ironie den mangelnden Anspruch der Ratio auf Absolutheit unterstreicht, so werden sowohl die aufklärerische Absicht, mit der Don Gabriel sein Märchen erzählt, als auch die rationalen Gründe, mit denen er Don Sylvio den Feenglauben austreiben möchte, relativiert:

> [...] er fand zu nicht geringer Beschämung seiner Philosophie [...], daß alle Arbeit schon verrichtet war, und mußte sich selbst gestehen, daß ein Paar schöne Augen in etlichen Minuten stärker überzeugen und schneller bekehren, als die Academie, das Lyceum und die Stoa. (S. 363)

Nicht die Vernunft, sondern die Natur, die Selbstbehauptung echter Empfindung, kuriert den Schwärmer.

Für den Sieg der Natur muß vorausgesetzt werden, daß der Schwärmer erkennt, wo die Grenzen der Natur liegen, wieweit die Phantasie und die ihr entspringende Kunstrealität ein Recht an der Wirklichkeit behalten. Wenn Don Sylvio über die Schwärmerei zur Erfüllung seines mehr geahnten als bewußten Lebenszieles findet – sein Mangel an Weltkenntnis wird abschließend durch eine Bildungsreise nachgeholt –, so bedeutet das, daß sein Wunderglaube zwar »objektiv als Chimäre begriffen, aber als subjektive Wirklichkeit anerkannt« [63] wird. Auch Don Gabriel billigt die Märchen als »Spielwerke«, die dazu da seien, »die Einbildungs-Kraft zu belustigen« (S. 343), und diese Funktion ist tief in der menschlichen Seele begründet. Schon am Anfang seiner Erzählung sagt Wieland:

> So wie es nämlich [...] Dinge gibt, die würklich außer uns sind, so gibt es andre, die bloß in unserm Gehirn existieren. Die erstern sind, wenn wir gleich nicht wissen, daß sie sind; die andren sind nur, in so fern wir uns einbilden, daß sie seien. Sie sind für sich selbst nichts, aber sie machen auf denjenigen, der sie für würklich hält, die nämliche Würkung, als ob sie etwas wären; und ohne daß die Menschen sich deswegen weniger dünken, sind sie die Triebfedern der meisten Handlungen des menschlichen Geschlechts, die Quelle unsrer Glückseligkeit und unsers Elends, unsrer schändlichsten Laster und unsrer glänzendsten Tugenden. (S. 55 f.)

Wenn im zweiten Teil des *Don Sylvio* der psychologische Sieg der Natur über die poetische Schwärmerei, die zur gelebten Literatur führte, immer stärker hervortritt, erkennt man unschwer, daß sich der Autor mit sei-

---

[62] Vgl. W. Kurrelmeyer, »Gil Blas and Don Sylvio«, *Modern Language Notes,* 34 (1919), S. 78–81.

[63] V. Lange, »Zur Gestalt des Schwärmers im deutschen Roman des 18. Jahrhunderts«, in *Festschrift Richard Alewyn,* hg. v. H. Singer u. B. v. Wiese (Köln, 1967), S. 151–164, hier S. 161.

nem Helden identifiziert und die Geschichte der eigenen Wandlung erzählt. Der leicht beeindruckbare Wieland hatte die Theorie des Wunderbaren seiner Schweizer Lehrer »als etwas Objektiv-Verbindliches, als Religion oder Metaphysik«[64] verstanden, unter Bodmers Einfluß dem Rich-
ardson-Kult angehangen und den Richardson-Fielding-Konflikt in sich
selbst ausgetragen[65]. Bodmer hatte Wieland jedoch auch unbeabsichtigt
den Weg gewiesen, wie er ein Don-Quijote-Schicksal in Leben und Kunst
bewältigen konnte. In der Wieland sicher wohlbekannten Analyse des *Don
Quijote* von 1741[66] dürfte der Anstoß dafür zu suchen sein, daß Wieland
die Deutung des spanischen Romans als reine Satire überwand und als erster eine Donquichottiade schrieb, in der das Motiv der »gelebten Literatur« als psychologisch-poetologisches Problem erschien. Nach Bodmers
Interpretation nämlich war Cervantes' Roman nicht so sehr Satire als Darstellung eines komplizierten psychischen Zustandes. Don Quijote sei nicht
Opfer von Illusionen; was so scheine, sei ein essentieller Bestandteil seines
Charakters, seine irrationale Seite. Anstatt ihn zu verdammen, weil er
seine rationalen Fähigkeiten seinen irrationalen Neigungen opfere, prokla-
mierte Bodmer, daß Imagination und Gefühl ihre eigene Logik hätten[67].
Auf dieser Grundlage konnte Wieland den Versuch wagen, einen heiteren
Roman zu schreiben, der, in der Maske einer Märchensatire, die selbster-
lebte Spannung zwischen enthusiastischen Vorstellungen und skeptischer
Desillusion zu lösen und den von der rationalistischen Philosophie diskre-
ditierten Typ des Schwärmers zu rechtfertigen suchte.

In den hier untersuchten Romanen von Musäus und Wieland beruht
das Motiv der »gelebten Literatur« darauf, daß die Figuren eine Kunstrealität für gelebte Wirklichkeit halten. Der im wesentlichen noch vom Ver-
nunftglauben beherrschte Musäus setzte das Motiv lediglich in satirischer
Absicht ein und schuf aus kritischer Perspektive einen Helden, der Gran-
dison-Nachahmung betreibt. Durch zahlreiche witzige Einfälle setzte er
das Motiv in Handlung um und brachte zum ersten Mal durch einen Roman ein Stück ländliche deutsche Wirklichkeit in die Literatur ein, die uns
heute den kritischen Einwand eines Zeitgenossen, der Verfasser besitze
»mehr Dorfkänntnis als Weltkänntnis«[68], als Lob erscheinen läßt. Sein
Roman besitzt zweifellos einen sophistischen, modernen Zug, den die Folgezeit aufgriff[69]. Wieland, der in *Don Sylvio* weit mehr aus traditionellem

---

[64] F. Sengle, *Wieland* (Stuttgart, 1949), S. 183.
[65] Price (Anm. 29), S. 191.
[66] Vgl. Anm. 7.
[67] Bergel (Anm. 3), S. 313.
[68] *Deutsche Bibliothek der schönen Wissenschaften,* hg. v. Ch. A. Klotz, 2 Bde. (Halle, 1768),
5. Stück, S. 86.
[69] Den modernen Zug in dem Roman des Musäus hat vor allem E. Geschke, *Untersuchungen über die beiden Fassungen von Musäus' Grandisonroman* (Königsberg, 1910), S. 5, 52 u. ö.,
betont. Das von Stern (Anm. 31), S. 343, zusätzlich gebrauchte Attribut »urban« scheint im
Hinblick auf die zitierte »Dorfkänntnis« des Musäus nicht ganz angemessen.

Gut schöpfte, gewann aus eigener Betroffenheit dem Motiv mit der Figur des Schwärmers eine psychologische Tiefendimension hinzu und machte das hinter diesem stehende poetologische Problem sichtbar. Nach Friedrich Sengle hat der deutsche Roman mit *Don Sylvio* das »Niveau der führenden europäischen Literaturen des 17. und 18. Jahrhunderts« erreicht[70]. Die Rechtfertigung der Phantasiewelt weist schon auf die Romantik. Beide Jugendwerke gehören zur Basis der deutschen Vorklassik, bei deren Ausgestaltung Musäus und Wieland wenige Jahre später am Musenhof Anna Amalias in Weimar zusammentrafen.

---

[70] Sengle (Anm. 64), S. 186.

Der weibliche Quijote in England: Charlotte Lennox' *The Female Quixote* und die literarische Tradition

Von

THEODOR WOLPERS

1. Zur literaturgeschichtlichen Stellung des Romans

Die erste englische Donquichottiade, Charlotte Lennox' *The Female Quixote, or the Adventures of Arabella* (1752)[1], wurde von einer Frau über eine Frau geschrieben. Dies scheint nicht nur für die zunehmende literarische Bedeutung der Frau im England des 18. Jahrhunderst bezeichnend, sondern bedeutet auch für die Motivgeschichte des literaturnachlebenden Helden eine vielversprechende Variation. Das Motiv des weiblichen Quijote ist zu dieser Zeit nicht mehr neu, es erscheint hier aber erstmals als Zentrum eines ganzen Romans, und obwohl dieser nicht zu den herausragenden Werken der Epoche zählt, weist er doch eine reizvolle, der englischen Tradition der *anti-romance* gemäße Kombination verschiedenartiger Elemente und Wirkungsabsichten auf; überdies war er mehr als ein halbes Jahrhundert populär[2].

Das Buch entstand im Schnittpunkt mehrerer literaturgeschichtlicher Linien, die zum Teil unmittelbar über ihre zeitgenössischen Hauptvertreter, mit denen Mrs. Lennox in persönlichem Kontakt stand, auf sie eingewirkt haben: Samuel Johnson besprach mit ihr mehrfach ihr Romanvorhaben und lieferte eine erste Skizze des weiblichen Quijote, höchstwahrscheinlich auch Begriffsunterscheidungen moralischer und literaturkritischer Art; Fielding, dessen Definition des komischen Charakters und des komischen Romans Mrs. Lennox teilweise übernahm, besprach das Buch sehr wohlwollend vom Standpunkt seiner Kategorien aus und im Ver-

---

[1] Charlotte Lennox, *The Female Quixote, or the Adventures of Arabella*, hg. v. M.Dalziel (London, 1970); Seitenangaben und Zitate nach dieser Ausgabe. (Die Übersetzungen aller fremdsprachlichen Zitate stammen vom Verfasser dieses Beitrags.)

[2] Von 1752–1820 erschienen acht Auflagen; vgl. dazu M.R.Small, *Charlotte Ramsay Lennox. An Eighteenth-Century Lady of Letters,* Yale Studies in English, 85 (1935; Repr.: 1969), S.248–260. Erste Übersetzung von H.A.Pistorius, *Don Quixote im Reifrocke, oder Die abentheuerlichen Begebenheiten der Romanheldin Arabella* (Hamburg/Leipzig, 1754); mit einer romanhistorisch interessanten »Vorrrede« des Übersetzers, s. dazu W.F.Greiner, *Studien zur Entstehung der englischen Romantheorie an der Wende zum 18. Jahrhundert* (Tübingen, 1969), S.230–235. Eine französische Übersetzung folgte 1773 (in 2. Auflage 1801), eine spanische 1808. Neuere deutsche Übersetzung und Bearbeitung von R.Berger, *Der weibliche Quichotte oder Arabellas Abenteuer* (Leipzig, 1976; Frankfurt a.M., 1983).

gleich zu Cervantes; Richardson schließlich, der damals berühmte Verfasser empfindsamer Charakterromane, erteilte Mrs. Lennox Ratschläge zu dem ihm übersandten Entwurf des Romans[3]. Ein weiterer Einfluß ging natürlich von der Popularität des *Don Quijote* und der ihm folgenden Donquichottiaden aus, außerdem von Fieldings Parson Adams (*Joseph Andrews* [1742]), dem ersten großen quijotischen Charakter, der über die engeren Nachahmungen hinausging und dem später Sternes Walter Shandy und »my Uncle Toby« (*Tristam Shandy* [1760–67]) und Goldsmiths Rev. Dr. Primrose (*The Vicar of Wakefield* [1766]) folgen sollten.

Diese Verselbständigung und Differenzierung des »quijotischen Geistes« zu neuen humoristischen Charakterkonzeptionen »Written in Imitation of the Manner of Cervantes« (so der Zusatz zum Titel von *Joseph Andrews*) liegt bei Mrs. Lennox noch nicht vor. Ihr Ausgangspunkt scheint neben der *Don Quijote*-Tradition eher Steeles *The Tender Husband* (1705) gewesen zu sein, womit für sie die einfacheren Typen der *comedy of humours*-Tradition und der Restaurationskomödie, auch die Charakterskizzen der Essayisten sowie witziger Dialogstil ins Spiel kamen. Ganz anders wieder wirkte sich die von der Heldin gelesene und nachgelebte Gattung aus: die – auch von Don Quijotes Ritterromanen sehr verschiedenen – französischen heroisch-galanten Romane des 17. Jahrhunderts in englischen Übersetzungen und Nachahmungen. Sie werden in *The Female Quixote* zwar in der Preziosität ihrer Redeweise und Manieren parodiert, aber nicht völlig negiert oder widerlegt. Vielmehr stehen *romance* und *anti-romance* wie oft in der englischen Literatur der Zeit in einem lebendigen – teils komisch-ironischen, teils ernsthaften – Spannungsverhältnis zueinander[4]. Man würde das Buch mißverstehen, wollte man es als reine Parodie wie etwa Fieldings *Shamela* (1741) auffassen; es ist wie *Joseph Andrews,* obwohl nicht so überzeugend gestaltet, eine Mischung von Komik, Parodie und Ernst. So wird etwa trotz aller Verschrobenheiten der Heldin ihr natürlicher Charakter in eine gewisse »echte« Affinität zur idealen Gesinnung der Romane gerückt. Hier und da klingt das zeittypische Interesse an Erziehungs- und Charakterproblemen an. Selbst die zentrale Liebesgeschichte bleibt in einer gewissen Korrespondenz zum Romanzenmuster, weil der Liebhaber durch taktvolle Zurückhaltung den Vorstellungen der Heldin von ritterlich-galantem Dienst in etwa entspricht, allerdings durch die von ihm repräsentierte Vernunft, Sittlichkeit und Sensibilität ihren antiquierten Kodex schließlich überspielt und aufhebt.

Die Vielfalt der wirksam werdenden Muster, Wechselbeziehungen und Wirkungsabsichten gibt der dargestellten Art von »gelebter Literatur« einen auffälligen Facettenreichtum. Mrs. Lennox, deren literarische Kennt-

---

[3] Einzelheiten D. Isles, »Johnson, Richardson, and ›The Female Quixote‹«, in Lennox, *The Female Quixote* (Anm. 1), S. 418–427.

[4] Zur Geschichte dieses Zusammenhangs in der englischen *anti-romance* P. Salzman, *English Prose Fiction, 1558–1700* (Oxford, 1985), S. 270–282.

nisse und Aktivitäten beträchtlich waren und die mit Recht als »an eighteenth century lady of letters« bezeichnet worden ist[5], hat ihn nicht ganz zu einer künstlerischen Einheit verschmolzen. Die Kombination der Teilelemente bleibt erkennbar. Sie sollen, unter Bezugnahme auf die Traditionszusammenhänge, in systematischer Anordnung behandelt werden.

2. DER WEIBLICHE QUIJOTE: VORFORMEN DES MOTIVS

Vorformen des Motivs der quijotischen Heldin oder der romanelesenden und -nachlebenden jungen Dame kommen in der französischen und englischen Literatur bereits im 17. und frühen 18. Jahrhundert vor[6]. Zu nennen wäre Bélise in Molières *Les femmes savantes* (1672), die allerdings in ihrem Sprechen und Denken mehr die lächerliche Preziöse als einen literaturnachlebenden weiblichen Don Quijote darstellt, eine Haltung, die auch in Molières *Les précieuses ridicules* verspottet wird. Deutlicher sind, wie aus Bardons Darstellung hervorgeht, die Zusammenhänge mit den in französischen Quijote-Nachahmungen gelegentlich erscheinenden cervantesken Heldinnen, besonders mit Juliette D'Arviane in Sublignys Romansatire *La Fausse Clélie* (1670; englisch: *The Mock-Clelia. Being a Comical History of French Gallantries, and Novels, in Imitation of Dom Quixote* [1678]). Die

---

[5] Small (Anm. 2), Untertitel. Vgl. auch M. Reynolds, *The Learned Lady in England 1650–1760* (Boston, 1920), S. 239–243. Das hinterlassene Werk umfaßt neben Gedichten sieben Romane, mehrere Übersetzungen französischer Memoiren und (mit Unterstützung Johnsons gesammelt und verfaßt) die erste Zusammenstellung Shakespearescher Quellen mit Analysen der Quellenverwendung, Charaktere und Handlungsauffassung Shakespeares (*Shakespeare Illustrated*, 2 Bde. [London, 1753]), eine wegen der literaturkritischen Gesichtspunkte noch heute interessante Arbeit. Mrs. Lennox, 1720 als Tochter eines englischen Offiziers in New York geboren, seit 1735 in London und seit 1747 verheiratet, lebte wegen der Mittellosigkeit ihres Mannes weitgehend von der Feder. Sie starb völlig verarmt 1804. Dr. Johnson bezeichnete sie noch in seinem Todesjahr (1784) im Vergleich zu Mrs. Carter, Miss Hannah More, Miss Fanny Burney und Mrs. Garrick als »superior to them all« (J. Boswell, *Boswell's Life of Johnson,* hg. v. G. B. Hill, erw. v. L. F. Powell, 6 Bde. [Oxford, 1934], Bd. IV, S. 254, 524).

[6] Zum französischen Bereich: M. Bardon, *»Don Quichotte« en France au XVIIe et au XVIIIe siècle. 1605–1815,* 2 Bde., Bibliothèque de la Revue de Littérature Comparée, 69 (Paris, 1931), bes. Bd. II, S. 619, wonach die ziemlich freie Übersetzung von Mrs. Lennox' Buch ins Französische als eine Art französischer Roman empfunden wurde. – Zum englischen Bereich: P. Salzman (Anm. 4); W. G. Müller, »Charlotte Lennox' *The Female Quixote* und die Geschichte des englischen Romans«, *Poetica,* 11 (1979), S. 369–392. – Zum quijotischen Helden in der Romangeschichte: H. Levin, »The Example of Cervantes«, in *Society and Self in the Novel,* hg. v. M. Schorer, English Institute Essays 1955 (New York, 1956), S. 3–25; ders., »The Quixotic Principle. Cervantes and Other Novelists«, in *The Interpretation of Narrative. Theory and Practice,* hg. v. M. W. Bloomfield, Harvard English Studies, 1 (Cambridge, Mass., 1970), S. 45–66. – Zur Geschichte der englischen Donquichottiaden: G. Becker, *Die Aufnahme des Don Quijote in die englische Literatur (1605–c. 1770),* Palaestra, 13 (Berlin, 1906). – Zur Geschichte des quijotischen Charakters: E. L. Niehus, *The Nature and the Development of the Quixote Figure in the Eighteenth-Century English Novel,* Phil. Diss. University of Minnesota (1971), Mikrofilm.

Heldin hat hier so lange M. de Scudérys *Clélie* gelesen, daß sie selbst glaubt, Clélie zu sein und danach handelt. Den Sprung ihres Vorbildes in den Tiber nachahmend, reitet sie, vor vermeintlichen Verfolgern fliehend, in einen Kanal, während Mrs. Lennox' Arabella, die schon vorher zweimal Clelias Tat gepriesen hat (vgl. S. 62 u. 277), sich gegen Ende des Buches aus demselben Grunde in die Themse stürzt. Auch die in Marivaux' *Pharsamon ou les Folies Romanesques* (1737; 1781 unter dem Titel *Le Don Quichotte Moderne*) neben den modernen Don Quijote gestellte quijotische Cydalise könnte auf Mrs. Lennox' Arabella eingewirkt haben.

Auch sonst war die Figur des »romanelesenden Frauenzimmers« im 18. Jahrhundert zu einem beliebten komischen Motiv geworden, das mehr oder weniger Anlaß zu bildungskritischer Belehrung und moralischer Warnung gab. In Steeles Komödie *The Tender Husband* (1705), die etwa vier Jahrzehnte lang in London erfolgreich gespielt worden war, lag es in farcenhaft pointierter, in Charakterkonzeption und Komik simpler Form vor. Die literarische Verstiegenheit wird hier in bühnenwirksame Dialoge und Situationen umgesetzt, erscheint aber nur als oberflächliche, modische Affektiertheit, nicht wie in Mrs. Lennox' romanhaft langer Darstellung als ein beharrliches, im tieferen Wertgefühl des Charakters wurzelndes Streben nach Idealität. Wenn Biddy ihren sehr alltäglichen Namen durch den wohlklingenden einer Romanzenheldin ersetzen will[7], sich die »barbarous genealogy« ihrer einfachen Abstammung verbittet und in gestelzten Formeln über die trivialsten Dinge redet, so kann ihre Tante das nur als »idle trash« bezeichnen und verzweifelt klagen, daß die Romanzen Biddy den Kopf verdreht haben: »Alackaday, Cousin Biddy, these idle romances have quite turned your head«. Der ungeduldig werdende Captain Clerimont bezeichnet sie als einen »perfect Quixote in petticoats!« und fügt hinzu, daß sie sich gänzlich durch Romanzen leiten lasse, aus denen sie alle Verhaltensregeln und Beispiele beziehe:

> she governs herself wholly by romance; it has got into her very blood. She starts by rule and blushes by example [...]. How am I bound to curse the cold constitutions of the Philocleas and Statiras.[8]

Auch die Nachahmung des preziösen Stils ist hier komödienhaft einfach, weniger auf literarische Parodie als solche gerichtet als auf den komischen Effekt der Diskrepanz zwischen erhabener Sprache und trivialer Wirklichkeit überhaupt – eine Wirkungsabsicht, die bei Mrs. Lennox wiederkehrt. Allerdings hebt Mrs. Lennox viel detaillierter auf die Diktion des heroisch-galanten Romans ab, während Steele die zur Mode gewordenen, inhaltsleeren Klischees häuft, wobei er – was bei Mrs. Lennox fehlt – auch

---

[7] »A name that glides through half a dozen tender syllables, as Elismonda, Clidamira, Deidamia [...] Aurelia, Sacharissa, Gloriana, for people of condition; and Celia, Chloris, Corinna, Mopsa, for their maids and those of lower rank«. Richard Steele, *The Tender Husband,* hg. v. C. Winton, Regents Restoration Drama Series (London, 1967), II, Z. 41–48.

[8] Ebd., II, Z. 309–314; die vorausgehenden Zitate II, Z. 22; 31 f.

auf den beginnenden ästhetisierenden Landschaftskult der Zeit zielt und
damit literarisch auf die augusteische Pastoraldichtung und den älteren
Hirtenroman zurückweist, der schon von Charles Sorel in *Le Berger Extravagant* (1627; englisch: *The Extravagant Shepherd* [1653] mit der Bezeichnung »Anti-Romance« im Untertitel) einflußreich verspottet worden war[9].

In einem Dialog werden »die Rivalität oder vielmehr das Bündnis von
Kunst und Natur« und »der angenehme Abwechslungsreichtum von Wasser, Schatten, Wegen und Luft« hervorgehoben:

> art and nature are in a rivalry, or rather a confederacy, to adorn this beauteous park
> with all the agreeable variety of water, shade, walks, and air. What can be more
> charming than these flowery lawns?

Ferner ist die Rede von »gloomy shades«, »embroidered valleys«, »trans-
parent stream«, »crystal mirror« usw. Dies wird ironisch als »delicacy of
[...] phrase« hingestellt (Z. 192). Die Sprache des heroisch-galanten Romans erscheint nur in karikierender Vereinfachung (z. B. »an innocent vir-
gin that has been immured almost one and twenty years from the conver-
sation of mankind« [Z. 194–196]; »One of my years is mightily governed
by example« [Z. 295]; »I am certainly by the power of an enchantment placed
among you« [Z. 301 f.]). Nur gelegentlich nähert sich Biddys Sprache
dem für Arabella charakteristischen erhabenen Ton der Romanzenheldin-
nen, etwa:

> »Spare my confusion, I beseech you, Sir, and if you have occasion to mention me, let it
> be by Parthenissa, for that's the name I have assumed ever since I came to years of
> discretion«. (Z. 244–247)

Es gibt eine Reihe anderer Stellen, an denen von der Beliebtheit und den
Gefahren der Romanlektüre junger Damen die Rede ist. Zu nennen sind:
Popes *The Rape of the Lock* (1712–14) – in Belindas Zimmer findet sich
»to Love an altar built / Of twelve vast French Romances, neatly gilt« (II,
37 f.); Swifts *Gulliver's Travels* (1726) – das in den Gemächern der liliputa-
nischen Majestät ausbrechende Feuer wird »by the Carelessness of a Maid
of Honour« verursacht, »who fell asleep while she was reading a Romance«[10]; Gays *The Beggar's Opera* (1728)– Polly (im Gegensatz zu Arabella unzeremoniell und unkritisch, auf schlichte Weise gefühlsbestimmt)
schenkt den Liebesschwüren ihres Captain Macheath schon deshalb Glauben, weil keiner der großen Romanhelden jemals in der Liebe untreu war:
»Nay, my dear, I have no reason to doubt you, for I find in the Romance

---

[9] Vgl. Salzman (Anm. 4), S. 275 f.

[10] Jonathan Swift, *Gulliver's Travels,* hg. v. P. Turner (Oxford, 1971), Teil I, Kap. 5, S. 42.
Wahrscheinlich eine an junge Damen gerichtete Warnung vor Romanen. Vgl. »A Letter to a
Young Lady«, in *Prose Writings of Jonathan Swift,* hg. v. H. Davis (Oxford, 1959–1966),
Bd. IX, S. 89, wo Swift von »that ridiculous Passion which has no Being but in Play-Books
and Romances« spricht. In einem Manuskriptentwurf »Hints: Education of Ladyes« (*Prose
Writings,* Bd. XII, S. 308) notiert Swift: »No French Romances, and few plays for young La-
dyes« (zit. nach Turner, S. 317).

you lent me, none of the great Heroes were ever false in Love« (I, Sz. 13)[11].

Instruktiv und amüsant ist auch Addisons Plauderei über eine »Lady's Library« (*Spectator,* No. 37, 12. April 1711)[12]. In den nach Bandgröße zwischen Porzellan-Arrangements hübsch angeordneten Bücherreihen finden sich neben Kochbüchern, Sir Isaac Newtons *Works,* Orthographie-Lexika, Gebetbüchern, Senecas *Morals,* einem Hebammenbuch und vielem anderen mehr *Cassandra, Cleopatra, Astraea* [...], *The Grand Cyrus,* »dem eine Stecknadel in eine der Mittelseiten gesteckt ist«, und *Clelia,* »das sich von selbst an der Stelle öffnete, an der zwei Liebende in einer Laube beschrieben werden«. Der Dame selbst hat ihre Lektüre eine eigentümliche Denkweise verliehen, die sich bis in ihr Haus, ihren Park und ihr Mobiliar auswirkt:

> As her Reading has lain very much among Romances, it has given her a very particular Turn of Thinking, and discovers itself even in her House, her Gardens and her Furniture.

Ihr Landsitz ist »in einer Art Wildnis gelegen [...] und ähnelt einem kleinen verzauberten Ort«. Der Garten enthält künstliche Grotten, schattige Wege und Lauben mit Turteltauben-Käfigen, murmelnden Quellen und einen See mit Schwänen, außerdem mehr Lerchen und Nachtigallen als – wie sonst üblich – Rebhühner und Fasanen für die Jagd. Mr. Spectator schließt eine erzieherisch ernste und besorgte Frage an, die bis in Jane Austens *Northanger Abbey* nachwirkt, weil sie, wie wir dort erfahren[13], die auf gesellschaftliches Ansehen bedachten modischen Damen und Herren veranlaßt, ihr Vergnügen an den Romanen zu leugnen und statt dessen ein Interesse an ernsthafter Literatur wie Geschichtsbüchern und Addisons *Spectator* vorzugeben:

> What improvements would a Woman have made, who is so susceptible of Impressions from what she reads, had she been guided to such Books as have a tendency to enlighten the Understanding and rectifie the Passions, as well as those which are of little more use than to divert the Imagination?
>
> (Welche Vervollkommnung hätte eine Frau, die für Lektüreeindrücke so empfänglich ist, erreichen können, wenn sie nicht nur an Bücher herangeführt worden wäre, die zu wenig mehr nütze sind, als die Phantasie zu unterhalten, sondern ebenso an solche, die den Verstand erleuchten und die Leidenschaften zügeln?)

In einem ähnlichen Gegensatz wie Gays Polly steht Smolletts Miss Williams zu Arabella. Sie ist das Zimmermädchen Narcissas in dem Roman *Roderick Random* (1748) und erzählt reumütig (Kap. 22, »The History of

---

[11] *The Poetical Works of John Gay,* hg. v. G. C. Faber (1926; Repr.: New York, 1969), S. 499.

[12] *The Spectator,* hg. v. G. G. Smith, Everyman's Library, 4 Bde. (London, ²1945), Bd. I, S. 110–113; zum kulturgeschichtlichen Zusammenhang Reynolds (Anm. 5), S. 330–333.

[13] Vgl. Verf., »Schrecken und Vernunft: Die romanelesende Heldin in Jane Austens *Northanger Abbey*«, S. 172 f. in diesem Band.

Miss Williams«), daß sie durch das Lesen von Romanzen zu ihren Torheiten verleitet worden ist. Sie hat im Gegensatz zu der ideal gesonnenen und
anspruchsvoll gebildeten Arabella nicht die strenge Zurückhaltung und
den Stolz geübt, die dem heroisch-galanten Dekorum entsprochen hätten,
sondern ist, auch ihrer niederen sozialen Stellung gemäß, einem naiven Illusionsbedürfnis und Gefühlsüberschwang erlegen – ein Grundzug, der in
differenzierterer Form bei Emma Bovary wiederkehrt:

> All night long my imagination formed a thousand ridiculous expectations. There was
> so much of knight-errantry in this gentleman's coming to the relief of a damsel in dis-
> tress, with whom he immediately became enamoured; that all I had read of love and
> chivalry recurred to my fancy, and I looked upon myself as a princess in some region
> of romance, who, being delivered from the power of a brutal giant or satyr by a gen-
> erous Oroondates was bound in gratitude, as well as led by inclination, to yield my af-
> fections to him without reserve.[14]

> (Die ganze Nacht über malte sich meine Phantasie tausend lächerliche Vorstellungen
> aus. Daß dieser Herr einem Mädchen in Not beistehen wollte und sofort von ihm be-
> zaubert war, hatte so viel von fahrender Ritterschaft an sich, daß mir alles, was ich
> von Liebe und Ritterlichkeit gelesen hatte, wieder einfiel, und ich hielt mich für eine
> Prinzessin aus den Romanzen, als die ich mich, nachdem ich von einem edlen Oroon-
> dates aus der Gewalt eines brutalen Riesen oder Satyrn befreit worden war, aus Dank-
> barkeit verpflichtet und von Neigung geleitet fühlte, ihm meine Gefühle rückhaltlos
> zu offenbaren.)

Die Bibliothek ihrer feinsinnigen Herrin Narcissa dagegen enthält keinen
einzigen Roman, sondern ist – was den ungeteilten Beifall Addisons gefunden hätte und die anhaltende Wirkung seiner Lehren zeigt –

> composed of the best English historians, poets, and philosophers; of all the French
> critics and poets, and of a few books in Italian, chiefly poetry, at the head of which
> were Tasso and Ariosto, pretty much used. Besides these, translations of the classics
> into French, but not one book in Greek or Latin; a circumstance that discovered her
> ignorance in these languages.[15]

> (zusammengesetzt aus den besten englischen Historikern, Dichtern und Philosophen;
> aus allen französischen Kritikern und Dichtern und aus einigen wenigen italienischen
> Büchern, hauptsächlich Dichtung, an deren Spitze Tasso und Ariost standen, ziemlich
> viel benutzt. Daneben Übersetzungen der Alten ins Französische, aber kein einziges
> Buch in griechisch oder latein; ein Umstand, der ihre Unkenntnis in diesen Sprachen
> verriet.)

Auch nach Erscheinen von *The Female Quixote* wird auf der Bühne das
Farcenhafte des Motivs beibehalten, so in George Colmans Einakter *Polly
Honeycombe* (1760). Interessanterweise sind es hier schon nicht mehr die
veralteten heroisch-galanten *romances,* sondern die zeitgenössischen empfindsamen *novels* (vor allem Richardsons), die einem jungen Mädchen,
dem Kind eines ehrbaren Kaufmanns, den Kopf verdreht haben. Der auf-
gebrachte Vater bezeichnet die Tochter am Schluß schlichtweg als »mad«

---

[14] *Roderick Random,* Everyman's Library (London, 1927), S. 124.
[15] Ebd., S. 221 f.

und ihr Verhalten als Raserei; er will sie ins Irrenhaus (Bedlam) stecken oder aufs Land oder ins Kloster schicken:

> She's downright raving – Mad as a March-hare – I'll put her into Bedlam – I'll send her to her relations in the country – I'll have her shut up in a nunnery – I'll –.[16]

3. Die Entstehung des Romans und die Kenntnis der heroisch-galanten Tradition in England um 1750

Mrs. Lennox hatte schon in ihrem ersten Roman, *The Life of Harriet Stuart* (1750), den Topos der Gefahren der Romanlektüre für junge Mädchen berührt. Die Heldin fühlt sich einmal als »Clelia or Statira«, und die Mutter klagt darüber, daß »these horrid romances have turned the girl's brain«[17]. Offensichtlich hatte die Verfasserin dann ihren Plan mit Samuel Johnson genauer besprochen, wobei ungeklärt ist, von wem letztlich die Idee des für Arabella bestimmenden Typus stammt. Johnson jedenfalls skizzierte ihn bereits ein Jahr vor Erscheinen des Romans. Es handelt sich um eine quijotische Romanleserin, die nicht wie Gays Polly und Smolletts Miss Williams von naivem Illusionsbedürfnis und Gefühlsüberschwang bestimmt wird, sondern mit feierlichem Ernst nur die hoheitsvolle Würde, den gebieterischen Stolz und das strenge Ehrbewußtsein ihrer Vorbilder nachzuleben sucht und wohl deshalb von Johnson den Namen Imperia erhält. Alles wird übrigens aus der Sicht des auf Brautschau befindlichen Hymenaeus geschrieben, der auch bemerkt, daß diese Art starren Hochmuts zwar aufgrund der vorhandenen natürlichen Verstandesgaben heilbar ist, aber vermutlich lange anhalten wird:

> Imperia then took possession of my affections; but kept them only for a short time. She had newly inherited a large fortune, and, having spent the early part of her life in the perusal of romances, brought with her into the gay world all the pride of Cleopatra; expected nothing less than vows, altars, and sacrifices; and thought her charms dishonoured, and her power infringed, by the softest opposition to her sentiments, or the smallest transgression of her commands. Time might indeed cure this species of pride in a mind not naturally undiscerning, and vitiated only by false representations; but the operations of time are slow; and I therefore left her to grow wise at leisure, or to continue in error at her own expence.[18]

> (Imperia nahm dann von meinen Gefühlen Besitz, beherrschte sie aber nur für kurze Zeit. Sie hatte vor kurzem ein großes Vermögen geerbt, und da sie den ersten Teil ihres Lebens mit der Lektüre von Romanzen zugebracht hatte, trug sie den ganzen

---

[16] Zit. nach Faksimile der Erstausgabe in *The Plays of George Colman the Elder*, hg. v. K. A. Burnim, Garland Series (New York, 1983), Bd. I, S. 41. Als Auszug aus dem Katalog einer »Circulating Library« fügt Colman dem »Preface« eine interessante Liste der damals populären Romane bei. Im »Prologue« wird deutlich von der Ablösung der alten »Romances« durch die jetzigen »Novels« gesprochen.

[17] Zit. nach Isles (Anm. 3), S. 419.

[18] *The Rambler*, No. 115, 23. April 1751, in *The Yale Edition of Samuel Johnson*, hg. v. W. J. Bate und A. B. Strauss (New Haven, 1969), Bd. IV, S. 247–252, hier S. 252.

Stolz Cleopatras in die heitere Welt; sie erwartete nichts Geringeres als Treue-
schwüre, Altäre und Opfer; und sie hielt ihre Reize für entehrt und ihre Macht für gebrochen, wenn ihre Gesinnung auf den leisesten Widerstand stieß und ihre Befehle im
geringsten übertreten wurden. Gewiß könnte die Zeit diese Art Stolz in einem Geist
heilen, der von Natur aus nicht ohne Einsicht und nur durch falsche Vorstellungen
verdorben war; aber die Zeit arbeitet langsam; und ich verließ Imperia, damit sie in
Ruhe und auf eigene Kosten entweder vernünftig werden oder in ihrem Irrtum behar-
ren konnte.)

Hiermit ist das Grundmuster für *The Female Quixote* vorgezeichnet, obwohl schon der romanhaften Länge wegen Arabellas Charakterzeichnung
differenzierter ausfällt. Johnson, der zusammen mit Fielding und Richardson im Roman selbst genannt wird, hat auch sonst bei der Abfassung ge-
holfen[19]. Nicht nur die Widmung, sondern höchstwahrscheinlich auch einige der moralisch-didaktischen Passagen und Begriffsdistinktionen stammen von ihm oder sind, da sie sich deutlich vom übrigen Stil des Buches
abheben, von ihm inspiriert worden (vgl. beispielsweise die Bekehrungs-
rede des Geistlichen im vorletzten Kapitel [IX, 11, das von der Verfasserin
als ihr bestes gelobt wird: »Being in the Author's Opinion, the best Chapter in this History«] und die Gedanken über die Funktion der Satire[20]).
    Zu dieser Zeit war der heroisch-galante Roman schon so veraltet, daß
Clara Reeve drei Jahrzehnte später sagen konnte, das Buch sei dreißig bis
vierzig Jahre zu spät gekommen[21]. Um die Jahrhundertmitte war die Gattung nur noch hier und da bekannt. Es gibt einzelne kritische Briefe über
ihre Unwahrscheinlichkeiten[22], und es lassen sich auch einige treue Leserinnen nennen, darunter Lady Mary Wortley Montagu, die die gesamte Bibliothek der von Arabella geliebten Bücher in englischer Übersetzung besaß und sie außerordentlich geschätzt haben soll[23]. Außerdem läßt sich
auf die Jugendlektüre von Fielding, Johnson, Horace Walpole und Mrs.
Chapone hinweisen[24] oder auf die von Boswell mitgeteilte anhaltende
Schwäche Johnsons für die älteren »romances of chivalry«, wie sie auch
von Don Quijote gelesen worden waren[25]. Aber einen allgemeineren hohen Bekanntheitsgrad gerade der französischen Romane des 17. Jahrhunderts konnte Mrs. Lennox nicht voraussetzen, und auch das Wiedererwa-
chen des Interesses an älteren Formen der Romanzenliteratur gegen Ende

---

[19] Vgl. Isles (Anm. 3).
[20] S. dazu u. S. 161.
[21] Clara Reeve, *The Progress of Romance* (1785), 2 Bde. (Repr.: New York, 1930), Bd. II,
S. 6: »[…] the Satire of *The Female Quixote* seems in great measure to have lost its aim, because at the time it first appeared the taste for those Romances was extinct […] this book
came thirty or forty years too late«.
[22] Vgl. Brief von Mrs. Chapone an Mrs. Elizabeth Carter im Jahre 1750; zit. bei Small
(Anm. 2), S. 91.
[23] Vgl. Small (Anm. 2), S. 87 f. Dies dürfte einer der Gründe dafür sein, daß Lady Mary
sich brieflich so kritisch über *The Female Quixote* äußerte (Text ebd., S. 86).
[24] So Dalziel (Anm. 1), S. xvii f.
[25] Vgl. Small (Anm. 2), S. 90 f.

des 18. Jahrhunderts lag noch in weiter Ferne[26]. Mrs. Lennox half sich damit, daß sie Arabella so reichlich aus ihren Lieblingsbüchern erzählen und zitieren ließ, daß der Leser eine gewisse Vorstellung von diesem Genre gewinnen und auch die in Arabellas Redeweise liegende Parodie goutieren konnte. Jedoch geht diese extensive Darbietung auf Kosten der Geduld von Arabellas Liebhaber. Obwohl er schließlich alles gutwillig und amüsiert erträgt, langweilt sie ihn mit ihren endlosen Geschichten ebenso wie hundert Jahre früher im realen Leben Mrs. Pepys ihren Mann mit *Grand Cyrus,* wie Pepys in seinem Tagebuch unter dem 7. Dezember 1660 und 12. Mai 1666 mitteilt[27].

Auch in der nachgeahmten Romangattung werden immer wieder die »Geschichten« der neuauftretenden Figuren erzählt und erst weiter geführt, nachdem in langen Gesprächen ihr Verhalten nach den Normen der heroisch-galanten Liebeskasuistik analysiert und bewertet worden ist[28]. Bei Arabella kommen dazu noch die ständigen Bezugnahmen auf die Romanzenvorbilder, die ihr erst die verbindlichen Exempel und Maximen liefern. Vor allem nennt sie sechs Romane, darunter fünf französische, die sie nur in Übersetzungen liest (die ohne Begründung als bedauernswert schlecht bezeichnet werden [S.7]), und eine englische Nachahmung[29]:

La Calprenède:
   1. *Cassandra: the fam'd Romance* (1652; 1661; Original: *Cassandre* [1642–45]);
   2. (Cleopatra) *Hymen's Praeludia or Love's Master-peice. Being That so much admired Romance, intituled Cleopatra* (1652ff.; 1674; Original: *Cléopâtre* [1646–57]);
   3. *Pharamond: or, the History of France. A Fam'd Romance* (1662; 1677; Original: *Faramond* [1661–70]).

Madeleine de Scudéry:
   1. *Artamenes; or, the grand Cyrus. That Excellent Romance* (1653–55; 1690–91; Original: *Artamène ou le Grand Cyrus* [1649–53]);
   2. *Clelia, an Excellent new Romance* (1655–61; 1678; Original: *Clélie* [1654–60]).

Roger Boyle, Earl of Orrery:
   Parthenissa, That most Fam'd Romance (1651–69; englische Nachahmung).

---

[26] Vgl. dazu A.Johnson, *Enchanted Ground. The Study of Medieval Romance in the Eighteenth Century* (London, 1964).
[27] Vgl. Zitate bei Small (Anm. 2), S.88.
[28] Strukturuntersuchungen, auch zu R.Boyles englischer Nachahmung *Parthenissa,* bei Salzman (Anm. 4), »The French Heroic Romance«, S.177–201, mit weiteren Literaturangaben.
[29] Vgl. die Liste bei Dalziel (Anm. 1), S.388. Eine Liste der existierenden französischen heroisch-galanten Romane des 17. Jahrhunderts und ihrer englischen Übersetzungen und Nachahmungen bei Salzman (Anm. 4), S.360 f.

4. Das Motiv des weiblichen Quijote und die Struktur des Romans

4.1. Das Motiv und die Handlungsstruktur des Romans

Der offenkundigste Unterschied zum spanischen Vorbild ergibt sich, wie oft gesagt worden ist[30], aus der Wahl eines weiblichen Helden. Damit entfällt vor allem das Konstruktionsmotiv der Reise und die Lebensform des fahrenden Ritters sowie das episodische Handlungsmuster, das bei Cervantes zu einer bunten äußeren Abenteuerfolge in fast »der ganzen Welt als Aktionsfeld«[31] führt. Im Gegensatz dazu wächst die Heldin Arabella als Tochter eines mächtigen Marquis – behütet, aber ohne den Rat der (bei der Geburt gestorbenen) Mutter – in einem Schloß auf einem großen Herrensitz mit weitläufigem Park in einer abgelegenen Grafschaft auf, wo der Vater (einst von weitreichendem Einfluß bei Hofe, nun aber beim König in Ungnade gefallen) in Zurückgezogenheit lebt. Hier kann Arabella, ausgestattet mit der Bibliothek ihres Vaters und in praktisch unbegrenzter Muße, ihre Lektüre treiben und in ihrer Phantasie die Romanzenwelt zu ihrer eigenen machen. Erst die letzten drei der insgesamt neun Bücher spielen an Treffpunkten der vornehmen Gesellschaft, und zwar zunächst in Bath, dem modischen Badeort der Zeit, und schließlich in London.

Natürlich wären bei einer Protagonistin auch Ereignisse wie eine Flucht von Zuhause oder eine gewaltsame Entführung und damit ein weiterer Handlungsraum denkbar, wie er etwa in E.S. Barretts späterem Roman *The Heroine* (1813) einbezogen wird. Arabella aber lebt zu sehr in der Welt des von ihr geliebten heroisch-galanten Romans, und sie ist zu gesittet – und auch zu sehr umsorgt –, um sich als Dame auf solche Aktionen einzulassen. Nur einmal unternimmt sie einen Fluchtversuch, weil sie sich von Entführern bedroht fühlt (II, 10–11), aber sie gibt ihn bald wieder auf. Am Ende des Romans stürzt sie sich, wie erwähnt, vor einem vermeintlichen Verfolger sogar in die Themse, wird jedoch gerettet.

Die weibliche Sensibilität und die übernommene reflektierende Haltung der heroisch-galanten Vorbilder führt ferner dazu, daß Arabella mehr reagiert als agiert. Ihre Reaktionen wiederum sind weniger äußere Handlungen als Empfindungen, Ausdeutungen, Mutmaßungen, Erwartungen und vor allem immer wieder Beurteilungen von Menschen und Situationen nach den heroisch-galanten Normen, was zu immer neuen komischen Fehleinschätzungen und Mißverständnissen führt, die für Arabella selbst jedoch meist wieder in Romanzenabenteuer umgedeutet werden, die sie zu bestehen hat. Das wieder löst bei ihren Situationspartnern Gegenreaktionen aus, die oft neue Fehlschlüsse bewirken.

---

[30] Vgl. M. Dalziel, »Jane Austen and *The Female Quixote*«, *Studies in the Novel*, 2 (1970), S. 211–221, und Müller (Anm. 6).
[31] Müller (Anm. 6), S. 372.

Letzteres entspricht dem cervantesken Vorbild. Aber die Konzentration auf die Innenwelt ist doch stärker, was nicht nur auf die Weiblichkeit der Heldin, sondern auch auf die zunehmende Empfindsamkeit des 18. Jahrhunderts verweist, obwohl Mrs. Lennox daneben das in den Donquichottiaden der Zeit dominierende Verlachen der Torheit beibehält. Kennzeichnend für Arabellas Bewußtseinslage ist der Kontrast zwischen zwei Einstellungen und das – gern kasuistisch hervorgehobene – Abwägen zwischen beiden. Als Arabella (in ihrem ersten »Abenteuer«) einen »gay Londoner« für einen in sie verliebten Gentleman »of some distinguished Rank« hält, bei dem sie selbstverständlich das Einhalten des galanten Kodex voraussetzt (S. 10), resultiert das erstens aus einer nervösen Erwartung, in der sich Befürchtungen, Hoffnungen, Wünsche und Enttäuschungen mischen –

> Her mind being wholly filled with the most extravagant Expectations, she was alarmed by every trifling Incident; and kept in a continual Anxiety by a Vicissitude of Hopes, Fears, Wishes, and Disappointments (S. 7) –

und zweitens aus ihrer (in Johnsons Skizze Imperias vorweggenommenen) hoheitsvollen und gebieterischen Haltung. In einer ihr angenehmen, stilgerechten Reflexion prüft sie, wie sie Zeichen seiner Gunst entgegennehmen soll. Schon vorher hat sie zwei widerstreitende Empfindungen gehabt, als sie teils mit Gefallen (»her Vanity was flattered with an Adorer not altogether unworthy of her Notice«), teils mit Mißfallen (»displeased at his gazing on her with so little Respect« [S. 9]) auf Mr. Herveys unbefangen an ihr bekundetes Interesse reagiert hat. Als Lucy trotz Verbots einen Brief des Fremden angenommen hat, ist Arabella, wie sie sich eingesteht, »not displeased«, obwohl sie ihn in Übereinstimmung mit der »romantic Form« ungeöffnet zurückschickt (S. 13). Im Nachhinein bringen sie ihre »great Sensibility and Softness« (S. 15) zu der Befürchtung, daß »her Lover« sich vor Kummer etwas antun könnte. Für Mr. Herveys unerwartetes Lachen über die Rücksendung des Briefs hat sie die den Romanen entnommene Erklärung parat, daß der plötzliche Schock ihm den Verstand geraubt haben muß, und sie läßt ihm ihren Befehl übermitteln weiterzuleben (vgl. S. 15). Als er jedoch eines Tages in harmloser Absicht heranreitet, wird er in ihrer Phantasie (»her Imagination«) zu einem Entführer und Frauenschänder (»Ravisher«), den sie von zwei Bediensteten festhalten und entwaffnen läßt, wonach er schleunigst die Gegend verläßt (S. 19 f.).
Nach diesem Muster laufen mit kleinen Variationen alle anderen Begegnungen ab. Für Arabellas überreizte Einbildungskraft und angespannte Erwartungshaltung werden triviale Ereignisse zu »Abenteuern«, die auf Romanzenart zu bestehen sind, und aus Alltagsmenschen werden Romanzenhelden oder -bösewichter. Im zweiten »Abenteuer« entpuppt sich ein Gärtnergehilfe als Karpfendieb, während Arabella ihn (nach dem Vorbild von Oroondates in La Calprenèdes Roman *Cassandre*) für einen vornehmen Liebhaber in Verkleidung gehalten hat, nur weil er nachdenklich auf

den Karpfenteich blickte. Umgekehrt werden für Mr. Glanville, den auf-
richtigen Liebhaber und späteren Ehemann, besondere Hindernisse aufgebaut, weil er zu unbefangen um Arabella wirbt und damit gegen ihr ober-
stes Prinzip verstößt, nach welchem kein Mann, der ihrer wert sein soll,
seine Liebe sofort erklären darf, sondern ihr lange dienen muß. Weil er
außerdem Arabella bei der ersten Begegnung unbefangen auf den Mund
geküßt hat (wozu er sich als ihr Vetter berechtigt glaubte) und in seiner
Werbung von ihrem Vater unterstützt wird, verlangt sie seine sofortige
Abreise, die vom Vater rückgängig gemacht wird. Des Vaters Eröffnung,
daß er sich Mr. Glanville als Schwiegersohn wünsche, verletzt nicht nur
ihre »Delicacy«, sondern ist für sie ein Fall von »Impropriety«, weil keine
Romanheldin jemals einen vom Vater ausgesuchten Mann geheiratet hat
(ein in differenzierterem Kontext schon in Richardsons *Clarissa* behandeltes Problem), wozu dem erstaunten Vater noch einige Heldinnen als »Beispiele heroischen Ungehorsams« aufgezählt werden (S. 27).

Die weiteren Begegnungen Arabellas mit Mr. Glanville unterscheiden
sich insofern von allen anderen, als die Heldin in ihrem Innern eine wachsende Zuneigung und Liebe zu ihm empfindet, die sie allerdings hinter ihrem literarisch stilisierten Verhalten zu verbergen sucht. Auch sich selbst
gegenüber überträgt sie das Gefühl in die Formeln galanter Sprache (hier
Periphrase und Litotes: »And, to speak in the Language of Romance, she
did not hate him« [S. 53]). Je mehr sie ihn liebt, desto mehr leidet sie
daran, daß sein Verhalten sich von dem eines Romanzenhelden unterscheidet (was Mrs. Lennox als eine der vielen Verbindungen zwischen Natürlichkeit und Fiktion herausstellt, wie noch zu erörtern sein wird). Zugleich erkennt Glanville hinter Arabellas literarischer Künstlichkeit ein in
Wahrheit sympathisches und natürliches Wesen, außerdem Geist und
Feingefühl (vgl. S. 45). Sein Versuch allerdings, einiges wiedergutzuma-
chen, schlägt fehl, weil er Arabella dadurch tief beleidigt, daß er die von
ihr erbetene Romanlektüre nur vortäuscht. Jedoch kann er – womit das
komische Moment im Verhalten der Liebenden weitergeführt wird – in ihrer Gunst wieder aufsteigen, weil er die von ihrem erzürnten Vater ange-
ordnete Bücherverbrennung (eines der wenigen eigentlich cervantesken
Handlungsmotive des Buchs) verhindert und ihr die geliebten Bücher zu-
rückbringt. Dies ist nicht gerade die heroische Kriegstat eines Romanzenhelden, aber doch ein Arabella tief beeindruckender Beweis seiner Ritter-
lichkeit und Verehrung, der die weitere positive Entwicklung ihrer Beziehung erkennen läßt (vgl. S. 56 f.).

Wie zu Beginn des Romans verlaufen Arabellas »Abenteuer« mit anderen Figuren meist noch deutlicher nach Komödienmuster. Dazu gehört
ihre groteske Annahme, daß ihr grollender Onkel, der mit ihren Flausen
nichts zu tun haben will, ihr zu nahe treten wolle, außerdem ihre naive
Verwechslung einer Halbweltdame (Miss Groves) mit einer von ihren
Liebhabern betrogenen Romanzenheldin, deren »Geschichte« sie nach ste-
reotyper Formel von den Bediensteten erfragt und mit Rührung anhört,

weshalb ihr die hinzugekommene Miss Groves voller Empörung – und zu Recht – Impertinenz und schlechte Manieren vorwirft (II, 4–6).

Einflußreich für Arabellas und Mr. Glanvilles Liebesgeschichte ist die Einführung des obligaten Rivalen (Sir George) mit entsprechendem Verstellungs- und Intrigenspiel, ein Einfall, der aufgesetzt wirkt, aber zur Komik beiträgt. Arabellas Integrität wiederum wird durch Kontrastierung unterstrichen, als Mr. Glanvilles schnippische und kokette Schwester Charlotte (Arabellas Cousine) aus London erscheint, die sich in Sir George verliebt und deshalb glaubt, die Rivalin Arabellas zu sein. Diese jedoch bemerkt nichts von Charlottes Eifersucht, auch nicht, als diese kleine Intrigen in Gang setzt, um Arabella lächerlich zu machen und auszustechen.

Rein formal ergibt sich eine Reduktion der äußeren Handlung und eine Konzentration auf die »Wiedergabe von Innenwelt«[32] schon aus der bevorzugten Verwendung von Reflexionen und besonders von Gesprächen. Dies wird vor allem deutlich, wenn Arabella sich und die von ihr gelesene Literatur verteidigt. Den auf Wirklichkeitserfahrung und Normalität pochenden Argumenten stellt sie das heroisch-galante Tugend- und Geschichtsverständnis gegenüber und rühmt besonders die Idealisierung der Liebe und die tapferen Taten der Ritter.

Dazu kommen Ausrichtungen des Geschehens auf zeitgenössische pädagogische und literarische Themen, die bei Cervantes gänzlich fehlen. Zum einen folgt die Handlung dem moralischen Erzählungsmuster, das die Überwindung jugendlicher Fehler und Illusionen durch Erfahrung und Vernunft demonstriert; zum anderen wird auf das Problem der falschen Erziehung verwiesen, das im 18. Jahrhundert häufiger und unter verschiedenen Aspekten erörtert wurde, z.B. in Addisons »Story of an Heir«[33]. Arabellas Vater hat nicht nur den Fehler begangen, seine Tochter von der Gesellschaft zu isolieren – Mr. Hervey, der junge Londoner, spricht von »strange Humour of the Marquis, who buried so beautiful a Creature in Obscurity« (S. 9) –, sondern er hat ihr auch allzu sorglos und großzügig die freie Benutzung seiner Bibliothek gestattet, in der sich die heroisch-galanten Romane befanden. Auf ungewollte Weise ist es zu einer höchst problematischen ästhetischen Erziehung und damit zum Entstehen falscher Lebenserwartungen gekommen.

Da dies alles in romanhafter Breite dargeboten wird, läßt sich bis zu einem gewissen Grade von einem Erziehungsroman sprechen. Pädagogische Fehler und jugendliche Unerfahrenheit führen zu falscher Lektüre und diese wiederum im Verein mit starker Einbildungskraft zu einem Illusionszustand, der erst durch eine schockartige Erfahrung und Belehrung aufgehoben wird und einem Normalverhalten Platz macht. In diesem Gesche-

---

[32] Ebd., S. 388.
[33] Titel so nicht bei Addison; vgl. *The Spectator,* No. 123, 21. Juli 1711 (Anm. 12), Bd. I, S. 373–377.

hen wird außerdem, besonders in den in Bath und London spielenden
Kapiteln, das für den Erziehungsroman wichtige Motiv des Eintritts einer
jungen Dame in die Welt (das »entrance into life-motif«) erkennbar, wie
es, voller ausgeführt und in der Funktion eines zentralen Konstruktions-
motivs für die Handlung, in Fanny Burneys *Evelina* (1778) und in Jane
Austens Romanen, darunter *Northanger Abbey,* vorliegt. Aufgrund der Jugend Arabellas ist in *The Female Quixote* im Gegensatz zu dem alternden
Don Quijote von Anfang an mit einer Überwindung des Irrtums durch Erfahrung bzw. durch Eintritt in das Leben wie mit einem ganz natürlichen
Vorgang zu rechnen.

Alle diese thematischen Bezüge bewirken neben der Konzentration auf
die Innenwelt eine Bindung der Ereignisse an allgemeine Gesetzmäßigkei-
ten, Normen und Problemstellungen und damit eine – so bei Cervantes
nicht gegebene – intellektuelle Anordnung und Einheit des Ganzen, in
dem das einzelne oft zum Beleg und Exempel für den übergreifenden Gedanken oder die intendierte Lehre wird.

Die in Grundriß und thematischen Positionen überschaubare Handlung
wird mehrfach, besonders in der zweiten Hälfte, mit zusätzlichen Materialien aus der Komödie und dem zeitgenössischen Gesellschaftsleben aufge-
füllt, wahrscheinlich weil Mrs. Lennox den ursprünglich kürzer geplanten
Roman auf eine zweibändige Länge bringen wollte[34]. Dadurch erhält das
Ganze gelegentlich die Dimension eines Gesellschafts- und Sittenromans
mit einer teils satirischen, teils komischen Wirkungsabsicht. Auch diese
Sehweisen bedeuten ein prüfendes, auf innere Schwächen oder Widersprüche gerichtetes, mithin wertendes Verhältnis zum Menschen; sie stärken
das Moment des normativen Denkens.

Eine größere Einheit als bei Cervantes ergibt sich schon dadurch, daß
die eine Liebesgeschichte zwischen Arabella und Mr. Glanville alles über-
greift. Diese Haupthandlung löst zum einen die Gegenhandlung des Rivalen aus. Zum anderen kommt es zu einem – allerdings nicht voll ausgeführten – Wechselspiel zwischen der von Arabella intendierten Handlung
heroisch-galanter Art und den Versuchen Mr. Glanvilles, ihres Vaters und
ihres Onkels, dies zu vereiteln. Für Arabella muß, bevor eine Heirat erlaubt ist, die Dame »unendlich viele Nöte, eine große Zahl Sorgen, Enttäuschungen und viel Ungemach der verschiedensten Art« durchstehen, und
der Liebhaber muß »sie mit dem Schwert aus einer Menge von Rivalen gewinnen und durch viele Jahre treuen Dienens in den Besitz ihres Herzens
gelangen« (S. 27). Wie jedoch Arabellas Forderungen am Charakter Glanvilles und an der Realität scheitern müssen, so an ihr des Marquis Strenge
und des Onkels grobe Art. Mr. Glanvilles sensibles Verständnis und auf-
richtige Liebe wiederum führen zu einem geduldigen Warten und verhindern so die rigorose Korrekturunternehmung, die sein Vater (Arabellas
Onkel) für unerläßlich hält (»it was his business to produce a Reformation

---

[34] Vgl. dazu Isles (Anm. 3).

in her« [S. 64]). Wäre die Gegenaktion in einer mehr oder weniger intrigen- oder schwankhaften Art verwirklicht worden, so hätte sich eine Komödienhandlung wie etwa in *The Taming of the Shrew* ergeben, das Mrs. Lennox wie auch die anderen Stücke Shakespeares sehr gut kannte[35]. Auf komödienhafte List wird allerdings nicht ganz verzichtet; sie wird auf Sir George übertragen, der damit scheitert.

Eine weitere Konzentration ergibt sich aus der Verbindung von biographisch geordneter Ereignisfolge und direktem Einsatz nach dem *medias in res*-Muster klassisch-epischen Erzählens. Zu Beginn des Buches wird in schnell summierender Form eine vitahafte Einführung in Kindheit, Leben und Lebensumstände der Heldin gegeben, dann jedoch folgt im Sinne eines *medias in res*-Einsatzes eine spannende Abfolge von drei »Abenteuern« (Begegnungen mit Mr. Hervey, dem Gärtnergehilfen und Mr. Glanville). Danach wird zwar nicht die gesamte Vorgeschichte im Retrospekt nachgeholt (wie im heroisch-galanten Roman üblich), aber es wird jetzt erst die alles erklärende Bedeutung der Lektüre Arabellas herausgestellt. Dabei ergibt sich wieder eine Betonung des inneren Zusammenhangs der Ereignisse – ein Grundzug, den Fielding im Vergleich zu der lockeren, episodischen Struktur des *Don Quijote* lobt[36].

4. 2. Funktionen der Nebenfiguren für die quijotische Heldin

Bei der Verdeutlichung der Extravaganz der Heldin kommt, wie die Handlungsstruktur zeigt, den Nebenfiguren vor allem die Funktion zu, die kontrastierende Folie des »Normalen« zu liefern. Strenggenommen ist »Normalität« jedoch nur bei einigen uneingeschränkt gegeben: bei Mr. Glanville, der mehr als Nebenfigur ist und die Funktion des taktvollen Verehrers mit der des Ratgebers, Beschützers und Helfers verbindet; bei der verständnisvollen alten Gräfin, die Arabella auf die Möglichkeit vorbereitet, geirrt zu haben; und bei dem Doctor of Divinity, der Arabella am Krankenlager darlegt, daß nur «Experience«, nicht Romanlektüre ihr helfen wird, »the Ways of Mankind« kennenzulernen (S. 379). Fast alle anderen sind mehr oder weniger auf einfache *humour*-Typen hin stilisiert: etwa Mr. Hervey, der »gay Londoner«; der kultiviert und zurückgezogen lebende Vater Arabellas; der polternde Sir Charles als Typ des robusten Landadeligen; Lucy, das naive, ergebene und Verwirrung stiftende Kammermädchen, das die Rolle Sancho Pansas übernimmt, aber bei weitem nicht die Vielschichtigkeit des von diesem verkörperten Humors erreicht.

---

[35] S. Anm. 5.

[36] Fielding spricht von »a regular Story«, die zwar nicht mit »Epic Regularity« durchgeführt werde, also nicht die Bezeichnung »Action« verdiene, die einer solchen »Perfection« aber wesentlich näher komme »than the loose unconnected Adventures in *Don Quixote; of which you may transverse the Order as you please, without any injury to the whole.«* (In *The Covent Garden Journal,* No. 24, 24. März 1752; abgedr. in *The Criticism of Henry Fielding,* hg. v. I. Williams [London, 1970], S. 191–194, hier S. 193.)

Auch Zeitsatire kommt vor, wie von der Forschung wiederholt betont wird[37]. Beispiele sind die modebewußten und koketten Damen der Gesellschaft wie Charlotte Glanville, der skandalsüchtige Stutzer Mr. Tinsel oder der klassische Bildung vortäuschende Mr. Selvin. Schon Fielding sieht in dem Roman die Bloßstellung »all jener Laster und Torheiten der Weiblichkeit, die heutzutage vorherrschen«[38]. Aber all dies bleibt im Rahmen harmloser komischer Wirkungen. Die Gesellschaftssatire im *Don Quijote* ist stärker, in Smolletts zeitgenössischer Donquichottiade *Launcelot Greaves* (1760–61)[39] tritt sie beherrschend ins Zentrum: Dem Liebeswerben des fahrenden Ritters, das etwa ein Drittel des Buches ausmacht, steht hier mit den übrigen zwei Dritteln eine scharfe Satire auf die zeitgenössischen englischen Verhältnisse gegenüber, insbesondere auf die Korruption des öffentlichen Lebens in Stadt und Land. Der quijotische Held wird zum Typus des »fahrenden Satirikers« (»satirist-errant«) abgewandelt, der hinauszieht, um Unrecht und Torheit zu bekämpfen[40]. Dieser Ton fehlt bei Mrs. Lennox, das Amüsante dominiert bei ihr[41]. Wenn Arabella gewisse Schwächen der Gesellschaft benennt, so wird das schon deshalb nicht zur beißenden Zeitkritik, weil sie alles aus dem komisch verzeichnenden Blickwinkel ihrer Verschrobenheit sieht. So klagt sie mit Recht, aber auch auf den Kodex kämpfender Ritterschaft fixiert, über die Verweichlichung der Herren der eleganten Welt – »those Men [...] with Figures so feminine, Voices so soft, such tripping Steps, and unmeaning Gestures« (S. 279), worüber Charlotte verständlicherweise, aber auch wieder komisch pointiert, aufgebracht ist, weil ihr nicht einleuchtet, daß »Persons of Quality, and fine Gentlemen« in den Krieg ziehen sollten, wenn das Sache der Offiziere ist.

Besonders amüsant ist die Konfrontation Arabellas mit dem halbgebildeten Mr. Selvin, dem jedes gründliche Studium abgeht und der nur aufgreift und notiert, was er in Unterhaltungen erfährt. Wie Sir George »affektiert« er eine Haltung (»he affected to be thought deep-read in History, and never failed to take all Opportunitie of displaying his Knowledge of Antiquity« [S. 264]). Arabella setzt ihm ihre ebenso einseitige romanzenhafte »Kenntnis« der Alten Geschichte entgegen. Danach hat Pisistratus nicht aus Rache oder Ehrgeiz gegen die athenische Republik gehandelt, sondern aus leidenschaftlicher Liebe zu einer schönen Frau (»it was the violent Affection he conceived for the beautiful Cleorante« [S. 266]). Zum Beweis für die Richtigkeit ihrer Aussage beruft sich Ara-

[37] So von Müller (Anm. 6).
[38] *Covent Garden Journal* (Anm. 36), S. 194.
[39] Tobias Smollett, *The Life and Adventures of Sir Launcelot Greaves,* hg. v. D. Evans (London, 1973).
[40] So R. Paulson, »Smollett: The Satirist as Character Type«, in ders., *Satire and the Novel in Eighteenth-Century England* (London, 1967), S. 165–218, hier S. 189 f., 199 f.
[41] Ähnlich urteilen Dalziel (Anm. 1), S. xiv, und Salzman (Anm. 4), S. 282; Müller (Anm. 6) betont stärker das Satirische und Parodistische.

bella auf Madame de Scudéry. Mr. Selvin dagegen, der den Namen für
den eines alten Historikers hält, den er nicht gelesen hat – was er nicht zugeben will –, gibt vor, daß dieser Historiker bei Herodot, Thukydides und
Plutarch vielfach zitiert werde. Mr. Glanville ist hier wie bei anderen Gele-
genheiten die Instanz, die durch Natürlichkeit und überlegene Bildung
den wahren Maßstab verkörpert, eine Funktion, die in *Northanger Abbey*
von Henry Tilney übernommen wird. Er durchschaut Mr. Selvins Oberflächlichkeit ebenso wie die Absurdität von Arabellas vermeintlichen
»Quellen«, die aller bekannten Geschichte widersprechen, weil sie für die
wichtigsten Ereignisse die lächerlichsten privaten Gründe angeben (vgl. S.
273)[42].

Unter den Nebenfiguren ist der Rivale Sir George von besonderem Interesse, weil er etwas differenzierter als die meisten angelegt ist und eine
eigene Parodie auf den heroisch-galanten Roman beisteuert, in der er
selbst die Hauptrolle spielt (IV, 1–10, S. 209–252). Als Arabella ihn gemäß
Romanzentradition nach seiner »History« gefragt hat, tischt er eine un-
glaubliche Geschichte auf, um sich in ihr Vertrauen zu schleichen. Aus seiner Perspektive und der der delektierten Beobachter handelt es sich um einen Fall von »gespielter« oder auch »vorgetäuschter« Literatur, die für die
ahnungslose Arabella allerdings zur »gelebten« Literatur wird. Den konkreten Täuschungsmanövern um Don Quijote ist diese Erzählung der
Funktion nach ähnlich, obwohl sie zunächst nicht als allgemeine Belustigung, sondern als Mittel der Intrige gemeint ist. Die Parodie bleibt nicht –
wie in der unten zu erörternden Darstellung Arabellas – auf Diktion und
Manieren beschränkt, sondern betrifft den Charakter und die Handlung,
die damit zur Karikatur werden. Sir George, der in der ersten Person erzählt, behauptet nicht nur seine königliche Geburt, sondern gibt auch vor,
die spektakulärsten Heldentaten für schöne Frauen vollbracht und dabei
die gefahrvollsten Abenteuer überstanden zu haben. Als er berichtet, daß
er fünfzig Gegner oder mehr eigenhändig erschlagen habe, verliert Sir
Charles die Geduld. An Arabella scheitert Sir George schließlich, weil sie,
alles ernst nehmend, ihm unverzeihliche Treulosigkeit vorwirft, als er berichtet, wie er sich nach dem Verschwinden der Geliebten der nächsten
Dame zugewandt habe. Indem er seine Rolle nur »affektiert« hat und dabei entlarvt worden ist, macht er sich außerdem im Sinne von Fieldings
klassizistischer Theorie des Komischen (Einleitung zu *Joseph Andrews*) lächerlich[43]. Insofern ist er gegenüber den einfacheren Typen eine anspruchsvoller angelegte komische Figur und hat in der Spannung zwischen
natürlichem Lesen und Affektation sogar etwas mit Arabella gemeinsam.

---

[42] In Jane Austens *Northanger Abbey* wird die Gegenüberstellung von Geschichtswerken
und Romanen wieder aufgenommen, jedoch wendet sich nun aus der Sicht Catherines die
Kritik gegen die Geschichte, während Mr. Tilney die Bedeutung der Gattung verteidigt.
[43] Vgl. dazu u. S. 155 f.

4.3. Der weibliche Quijote als Romancharakter

4.3.1. Parodistische Züge des weiblichen Quijote

Arabella ist nicht primär eine Parodie auf die heroisch-galante Heldin[44]. Wie schon angedeutet, liegt das Parodistische an ihr – im Gegensatz zu Sir Georges karikierender Figurendarstellung – nicht im eigentlichen Charakter, sondern in einer vorübergehend eingenommenen, lektürebedingten Stilisierung: in Diktion, Denkweise und Auftreten. Dabei ist das sprachparodistische Moment am deutlichsten, was bei der leichten Imitierbarkeit von Manierismen nicht verwundert. Mit Recht weist W.G. Müller in seiner detaillierten Analyse darauf hin[45], daß Arabellas Reden von hoheitsvoll-erlesenem Wortschatz (Wörtern wie »Adventure«, »History«, »Hero«, »Virtue«, »Valour«, und »Generosity«) und von aufwendigen rhetorischen Figuren (schmückenden Epitheta wie »great«, »valiant«, »matchless«, »noble«, Periphrase und Litotes – etwa für das Wort »Liebe«[46] –, Sentenz, Paradoxon, Prolepse usw.) durchsetzt sind.

In der Motivgeschichte des weiblichen Quijote könnte hierfür Steeles Komödie *The Tender Husband* ein Vorbild gewesen sein. Im Unterschied dazu jedoch konzentriert sich Mrs. Lennox, wie bereits erwähnt[47], viel genauer auf die Besonderheiten der feierlichen Romanzensprache selbst. Die alten Romanheldinnen kommen gewissermaßen durch Arabella erneut zu Wort, wenn auch in einer wenig angemessenen Umwelt. »Gelebte Literatur« erscheint hier in der Form der »gesprochenen Literatur«, wobei das Parodistische der Heldin natürlich nicht bewußt ist. Sie tritt wie aus einer versunkenen Welt in die Realität der Gegenwart, in der sie altmodisch wirkt, während Steeles Biddy zwar überspannt, aber durchaus modisch im Sinne der Preziosität redet.

Dennoch ist das Buch so angelegt, daß die Diskrepanz zwischen erhabenem Ausdruck und nichtigem Gegenstand schon an sich komisch wirkt und auf eine gezielte parodistische Absicht nicht angewiesen ist. Schon bei Erscheinen des Buchs dürfte, weil die imitierten Romane kaum noch bekannt waren, das bloße Vergnügen an der törichten Ungereimtheit dieses Redens im Vordergrund gestanden haben.

Besonders deutlich wird die Dominanz der komischen Wirkungen, wenn die von Arabella bevorzugten erhabenen Wörter, die in der gesellschaftlichen Wirklichkeit des 18. Jahrhunderts eine ganz andere Bedeu-

---

[44] Deshalb ist A.B. Shepperdson, *The Novel in Motley. The History of the Burlesque Novel in England* (Cambridge, Mass., 1936), der das Buch vom Standpunkt einer Gattungsgeschichte der Parodie betrachtet, enttäuscht; er hätte Arabella als »pure extravaganca« vorgezogen und findet sie »too charming, witty, and sensible outside of her own folly to be convincing in it« (S.76). Aus seiner Sicht ist Sir Georges »parody disgression [...] the best satire of the book« (ebd.).

[45] Müller (Anm. 6), S. 375–382.

[46] Beispiel s.o. S. 146.

[47] Vgl. o. S. 137 f.

tung angenommen haben, zu überraschenden Mißverständnissen führen. Das gilt vielfach auch für die von Arabella verwendeten Umschreibungen, die von Charlotte Glanville als »round-about Speeches« (S. 89) abgetan werden[48]. Diese ist aufgebracht über Arabellas Frage nach den Gunstbeweisen, die sie ihren Liebhabern zukommen lasse, denn unter »to bestow a Favour« versteht sie nicht wie Arabella das in den Romanen übliche Geben von Liebespfändern. Eine entsprechende Reaktion ruft Arabellas Frage nach Charlottes »Adventures« hervor, denn was für Arabella versuchte Entführungen, Befreiungen durch einen heldenhaften Liebhaber und ähnliches ist, sind für Charlotte anrüchige Liebesaffären. Auch bei anderen Damen der Gesellschaft lösen Arabellas Fragen und Formulierungen Entrüstung und Spott aus; umgekehrt versteht sie meist die Skandalgeschichten und Unterhaltungen über Mode, Bälle und Kartenspiel nicht und erscheint den anderen langweilig.

4.3.2. Der weibliche Quijote als komischer Charakter und die zeitgenössische Don Quijote-Auffassung

Dem Charakter nach ist Arabella nicht parodistisch, sondern vorwiegend komisch angelegt. Wäre es anders, so ginge keine lebendige und sympathische Wirkung von ihr aus. Die ihr eigentümliche Charakterkomik wird von Mrs. Lennox auf zweifache Weise eingebracht, womit sie die für das mittlere 18. Jahrhundert in der englischen Literatur typischen Linien aufnimmt: die anspruchslosere der *comedy of humours*-Tradition, in der sich auch das vereinfachende Don Quijote-Verständnis der Zeit bewegt, und die differenziertere Definition des komischen Charakters durch Fielding.
Nach der einfacheren Sehweise ist Arabella nicht mehr als ein gängiger Typ der Komödie, eine durch einseitige Fixierung lächerliche Figur, ein *humour,* der von einer zum Habitus gewordenen extravaganten Laune bestimmt wird und sich dadurch auf komische Weise vom Normalen unterscheidet. Außer auf die ältere *comedy of humours* wäre hier auf die *character-writers* des 17. Jahrhunderts, auf Addisons und Steeles »Spectator Club« und auf viele Figuren in Romanen und Komödien des 18. Jahrhunderts, so auch auf die oben erörterten Nebenfiguren in *The Female Quixote* hinzuweisen. Gerade diesen Nebenfiguren erscheint Arabella als verschrobene, von törichten Grillen beherrschte Person, deren »Imagination«, wie Sir Charles ihr unverblümt sagt, »is filled with such Whimsies« (S. 63). Selbst Mr. Glanville, der ihren eigentlichen Charakter kennt und neben allen ihren »Absurdities« »so many Charms« sieht (S. 154), sorgt sich immer wieder wegen der »Follies of Arabella«, ihrer »fantastical Determination« und »romantic Notions« (S. 116 f.), und er verliert auch einmal die Geduld, wenn er verärgert ausruft, daß er »this unaccountable Humour of yours« nicht länger ertragen könne (S. 120).

---

[48] Vgl. hierzu zusammenfassend Müller (Anm. 6), S. 380 f.

Die Reduktion Arabellas auf ein durch Extravaganz töricht und lächerlich wirkendes Verhalten entspricht nicht ihrem wahren Charakter, sondern der vereinfachenden Auffassung des Quijotischen im 18. Jahrhundert. Während zu Beginn des 20. Jahrhunderts das *Oxford English Dictionary* das Wort »quixote« als »An enthusiastic visionary person like Don
Quixote, inspired by lofty and chivalrous but false or unrealizable ideals«
definiert – wobei die seit der Romantik in Don Quijote wiederentdeckte
Verbindung von Enthusiasmus, Narrheit und visionärer Idealität gesehen
wird –, erkennt die aufklärerische Orientierung am Vernünftigen und
Normalen in ihm (und entsprechend in den Wörtern »quixotic« und
»quixotism«) nur »an imitable piece of ridicule«[49]. Schon im *Spectator,*
No. 30 (4. April 1711)[50], wird Don Quijote zum Patron des »Amorous
Club« der Oxforder Studenten nur deshalb gekürt, weil sie seine »Folly«
und »Phrenzy« sowie die »Extravagances of that unhappy Warrior« kennen. Smolletts Launcelot Greaves sieht in Don Quijote »extravagances«,
»madness« oder »spirit of lunacy«[51], nimmt aber für sich selbst in Anspruch, daß er bei klarem Verstand ist und nur gegen die Laster in der
Welt kämpfen will, was wiederum eine Marotte ist.

    Auch in den anderen Donquichottiaden der Zeit ist der Held durch eine
einseitige und in der Regel lektürebedingte Charakterfixierung bestimmt,
die nicht nur in sich komisch ist, sondern von einem lächerlich wirkenden
Realitätsverständnis begleitet wird. Immer herrscht eine Komik der Unterlegenheit und Schwäche vor, über die die Vernünftigen lachen zu können
meinen. Genannt seien Fieldings Farce *Don Quixote in England* (1734),
Richard Graves' Roman *The Spiritual Quixote* (1772)[52], in dem ein metho-
distischer Eiferer predigend und weltfremd durch England reist, und Mrs.
Lennox' spätere *The History of Sir George Warrington; or the Political
Quixote* (1797), worin der Held, durch die neuen Ideen von Gleichheit
und Freiheit in die Irre geführt, sein bisheriges Leben aufgibt – ein Buch
übrigens, mit dem Mrs. Lennox vergeblich ihren früheren Erfolg zu wie-
derholen suchte. Noch in dem 1825 in Amerika erschienenen Buch von
H. H. Brackenridge, *Modern Chivalry, containing the Adventures of a Cap-
tain, and Teague O-Regan, his Servant,* erklärt der Held, daß er wegen der
Exzentrizität seiner Reisen und Merkwürdigkeit seines Sprechens und
Verhaltens ein »Quixote« genannt werde:

> I have been called a modern Don Quixote, on account of the eccentricity of my ram-
> bles, or the singularity which they conceive themselves to discover in my conversation
> and manner. (II, S. 183 f.)[53]

---

[49] So Smollett in der von ihm besorgten Neufassung des *Don Quijote* in englischer Sprache (1745, ²1751).
[50] *Spectator* (Anm. 12), Bd. I, S. 89–91.
[51] *Launcelot Greaves* (Anm. 39), S. 12 f.
[52] Richard Graves, *The Spiritual Quixote,* hg. v. C. Tracy (London, 1967); s. auch u.
S. 155.
[53] Zit. nach Small (Anm. 2), S. 115.

Entsprechendes gilt für die durch Mrs. Lennox' Roman in Umlauf gebrachte Bezeichnung »female quixotism«. Von Sylvia in Farquhars schon 1706 aufgeführtem *The Recruiting Officer* wird 1770 gesagt, daß sich ihr Unternehmungsgeist zu einem »female quixotism« verstiegen hätte[54]. Als Romantitel erscheint das Wort dann in Tabitha Tenneys *Female Quixotism* (1801)[55].

In Richard Graves' »Essay on Quixotism« (*The Spiritual Quixote* [II, 4])[56] jedoch wird neben »absurd imagination« oder »absurdity which we laugh at« eine mildere Form des Quijotischen (»a slighter degree of Quixotism«) zugelassen, jene bei vielen Menschen gegebene harmlose Schwäche, eine große Persönlichkeit, über die sie in der Geschichte gelesen haben, in Kleidung, Lebensweise oder anderen Eigentümlichkeiten nachzuahmen – eine »harmless frailty, or, as the wise men of the world would call it, a ridiculous affectation«. Ein Beispiel eines solchen launenhaften Herrn (»a whimsical gentleman«) ist der Held des Buches, der um »in imitation of our primitive Reformers« zu leben, sich auch äußerlich durch langes Haupthaar und Verzicht auf eine vornehme Perücke angepaßt hat. Die bei Graves erkennbare zunehmende Toleranz gegenüber dem Grillenhaften und Extravaganten scheint etwas von Sternes Vertiefung des Exzentrischen zum Phänomen des unergründlichen Steckenpferdreitens und der Laune in *Tristram Shandy* (1759–60) aufzunehmen. In *The Female Quixote* kommt Mr. Glanvilles Geduld mit Arabella dieser zunehmenden Toleranz gegenüber persönlichen Sonderbarkeiten nahe.

Auch Mrs. Lennox selbst sah ihre Heldin nicht nur als lächerliche Figur im Sinne der *humour*-Tradition und des *quixotism* des 18. Jahrhunderts, sondern auch als anspruchsvolleren komischen Charakter im Sinne Fieldings. Dieser lobte an Arabella – wie auch an ihrem Ahnherrn, womit er sich von den meisten seiner Zeitgenossen unterschied – »good Sense« und »great natural Parts« sowie »great Innocence, Integrity and Honour«, außerdem »the highest Benevolence«. Ihr Kopf sei durch Romanlektüre lediglich ein wenig verwirrt worden (»the Brain a little distempered«, vorher: »the Head of a very sensible Person is entirely subverted by reading Romances [...] this Subversion of Brain«), weshalb sie etwas alberne Begriffe vom gesellschaftlichen Rang und Wesen der Menschen habe (»She conceives indeed somewhat preposterously of the Ranks and Conditions of Men«). Weil sie einerseits vernünftig und unschuldig ist, andererseits aber ein wenig den Kopf verloren hat, also ein auf komische Weise gemischter Charakter ist, beansprucht er den Roman als »a Work of true Humour«, das einem »sensible Reader« »a rational, as well as very pleasing Amusement« gebe[57]. Kurz zuvor hatte Fielding (»Preface« zu *Joseph*

---

[54] *The Dramatic Censor,* zit. nach Small (Anm. 2), S. 86.
[55] Vgl. U. Brumm, »Das Motiv ›Gelebte Literatur‹ in Tabitha Tenneys *Female Quixotism*«, S. 163 in diesem Band.
[56] *The Spiritual Quixote* (Anm. 52), S. 39–41.
[57] *Covent Garden Journal* (Anm. 36), S. 192–194.

Andrews [1742]) in einer weithin anerkannten Unterscheidung von »character« und »caricature« darauf bestanden, daß in einem komischen Roman die Parodie nur die Diktion, nicht jedoch die Charakterkonzeption betreffen dürfe, wenn nicht eine bloße Karikatur entstehen sollte. Das »wahre Lächerliche« resultiert für ihn aus den – für Menschen typischen – vorgetäuschten Haltungen (»affectations«), die entweder aus Eitelkeit oder aus Heuchelei erwachsen, wobei die »affektierten« Eigenschaften nicht im absoluten Widerspruch zur Wahrheit stehen müssen, zumal dann nicht, wenn sie der Eitelkeit entspringen. In einem solchen Fall kommt das Imitieren einer Haltung der tatsächlichen Haltung näher als im Fall der Heuchelei, die an Betrug grenzt.

In diese Überlegungen Fieldings läßt sich auch Arabellas Affektiertheit stellen, die weder in Eitelkeit noch in Heuchelei, sondern in der Romanlektüre wurzelt. In diesem von Fielding im »Preface« noch nicht vorgesehenen Fall ist die Beziehung zwischen der affektierten Haltung und dem wahren Charakter enger als im Fall der Eitelkeit. Fielding selbst führt in seiner Rezension aus, daß Arabellas törichte Übernahme der Denk- und Redeweise der Romanzen eine verzeihliche, unter den gegebenen Umständen sogar ganz natürliche, bei jedem anderen jungen Mädchen ihres Wesens ebenfalls zu erwartende Folge ihrer Lektüre sei. Danach wäre Arabella wie Don Quijote ein besonderer Fall von Charakterkomik, in dem natürliches Wesen und Affektation in einen lächerlichen Gegensatz zueinander geraten, aber auch in einer glaubhaften inneren Verbindung zueinander bleiben, so daß es hier in der Tat zu einem »more rational and useful pleasure« kommen kann.

Die Fieldingsche Definition des komischen Charakters ist in ihrer Rationalität und moralischen Fundierung zwar von einer gewissen Enge, geht aber weit über die Einfachheit der *humour*-Tradition hinaus. Unverkennbar hat sie Mrs. Lennox beeinflußt. Auch wenn sie oft nur den Typus der lächerlichen Preziösen herausstellt, legt sie sie im ganzen als einen auf komische Weise gemischten Charakter an, bei dem zeitweilig durch »affectation« die besseren oder die wahren Eigenschaften verdeckt werden, ein Modell, das über die komischen Diskrepanzen hinaus zu einer weiteren, ernstgemeinten Differenzierung des Charakters Anlaß gab.

4.3.3. Der weibliche Quijote als differenzierter Charakter

Die eigentliche Leistung Mrs. Lennox' ist der – wenn auch künstlerisch nicht immer voll gelungene – Versuch, das Fieldingsche Modell des komischen Charakters psychologisch zu differenzieren. Ausgehend von der komischen Diskrepanz zwischen Natürlichkeit und – nur erworbener und wiederablegbarer – Künstlichkeit, versteht sie zu zeigen, daß Arabellas extravagantes Verhalten nicht nur eine Verschrobenheit ist, sondern Ausdruck einer Gesinnung, die mit tiefem Ernst, sittlichem Anspruch und Eifer vertreten wird. Dazu kommen weitere Eigenschaften, so daß man in

einem über die komischen Kontraste hinausgehenden Sinne von einem
»gemischten Charakter« sprechen kann. Die Forderung nach einem solchen Konzept war schon in Addisons *Spectator,* No. 564 (7. Juli 1714)[58],
erhoben worden, allerdings mit dem rein moralischen Argument, daß Charaktere nicht einseitig gut oder böse, sondern eine Mischung von beidem
sein sollten. Danach hatte besonders Richardson gezeigt, daß »gemischte
Charaktere« auch eine psychologische Differenzierung verlangten, ein
Vorbild, das auf Mrs. Lennox nicht ohne Einfluß blieb, zumal sie mit
Richardson wie mit Fielding Kontakt hatte und seinen Rat bei der Abfassung des Buches einholte[59].

Zum Zweck einer lebendigen Charaktermischung wird eine Reihe von
Eigenschaften ins Spiel gebracht, die Arabellas natürliches Wesen zu einem wichtigen Faktor machen, auch in bezug auf ihre literarischen Grillen. Sie hat eine auffällige Willenskraft und Neigung zum Lehrhaften und
Apodiktischen, die keinen Widerspruch duldet – weshalb ihre literarischen
Fiktionen nicht nur vorübergehende Laune sind, sondern zur fixen Idee
und zum Habitus werden können. Dahinter verbirgt sich eine Selbständig-
keit, aus der, wie bereits von Fielding hervorgehoben, Integrität, Natürlichkeit und Klugheit sprechen. Dazu kommen schnelle Auffassungsgabe,
eine sympathische Sensibilität sowie Anmut und ein besonderer Liebreiz
(»Sweetness«), sofern Arabella sich natürlich gibt. Außerdem werden, was
ebenfalls schon von Fielding betont wird, die Umstände der erlesenen Erziehung und zurückgezogenen Lebensweise sowie die Unerfahrenheit, Jugend und lebhafte Phantasie des Mädchens berücksichtigt, um die besondere Intensität nachlebender Literaturnachahmung glaubhaft zu machen.
Bei aller Kultiviertheit erscheint deshalb Arabella als *anima candida;* sie ist
ohne längeren Kontakt mit der Gesellschaft herangewachsen und hat sich
Naivität und Natürlichkeit bewahrt, ist allerdings sofort unter den stärksten Einfluß der gelesenen Literatur geraten. Dies gibt ihrem Charkter
eine innere Spannung und ist auch der Grund dafür, daß ihre Erhabenheit,
Würde und Hoheit nicht in jeder Hinsicht als Pose, sondern durchaus
auch als charaktergemäß und »echt« gelten können. Es ergibt sich das interessante Faktum, daß zwischen Charakterdisposition und gelesener und
nachgelebter Literatur eine geheime Beziehung besteht, die dem Leser immer deutlicher wird.

Jedoch wird weder dies noch die ebenfalls gegebene Spannung zwischen
Natürlichem und Künstlichem – wie später bei Jane Austen – zum großen
Thema vertieft. Auch von einer Entwicklung des Charakters im Sinne eines Fortschreitens von der Illusion zur realistischen und glücklichen Annahme des Lebens[60] kann nicht die Rede sein. Dennoch gibt es in Arabella

---

[58] *Spectator* (Anm. 12), Bd. IV, S. 277–279.
[59] S. o. S. 135.
[60] So E. M. Kauvar, »Jane Austen and *The Female Quixote*«, *Studies in the Novel,* 2 (1970),
S. 211–221, hier S. 214.

einige Eigenschaften (und Korrespondenzen zwischen diesen), die ihre spätere Heilung von ihrem Wahn möglich machen. Diese Heilung erfolgt sicherlich zu abrupt und ist deshalb psychologisch eine Schwäche. Aber Mrs. Lennox erreicht auf ihre Weise auch wieder eine Differenzierung des Fieldingschen Modells der Spannung zwischen Natur und *affectation,* indem sie die zwischen beiden bestehenden Wechselbeziehungen, die theoretisch auch von Fielding gesehen werden, verstärkt. Dies gilt nicht nur für das Verhältnis von Literatur und Charakter, sondern auch für das zwischen Arabellas geheimer Liebe und ihrer künstlich aufrechterhaltenen, stilvollen Distanz zu Mr. Glanville. Mit dieser für einen komischen Roman auffälligen Psychologisierung des *mixed character* scheint Mrs. Lennox etwas von ihrer eigenen weiblichen Sensibilität einzubringen. Vielleicht ist diese auch der Grund dafür, daß sie insgesamt mehr am Charakter und an den Haltungen der Heldin als an der äußeren Handlung und ihrer stringenten Entwicklung interessiert ist.

5. TYPOLOGISCHES ZU ERSCHEINUNGSFORMEN UND FUNKTIONEN DES MOTIVS DER »GELEBTEN LITERATUR« IN THE FEMALE QUIXOTE

Aus der vorstehenden Roman- und Charakteranalyse ergibt sich für die Kennzeichnung der Erscheinungsformen des Motivs der »gelebten Literatur«, daß weniger die Stufen des Lesens und der Eintritt in die Identifikation mit der Literatur als die Illusionsphase selbst und (relativ kurz) auch der Austritt aus dieser dargestellt werden. Damit bewegt die Konzeption sich im Rahmen der Donquichottiaden des 18. Jahrhunderts.

Schon zu Beginn des Romans hat Arabella eine Vielzahl von heroisch-galanten Romanen gelesen und lebt in dieser fiktiven Welt. Dennoch wird gelegentlich von ihrer Lektüre berichtet. Sie zieht sich zu ihren geliebten Romanen zurück, wenn sie sich von ihrer Umwelt enttäuscht oder beleidigt fühlt. Mitunter kann sie sich auch von der bloßen Spannung eines Buches gefangen nehmen lassen. In einem Falle lehnt sie es ab, ihre Cousine Charlotte auf einer Fahrt zu begleiten, weil die Heldin in ihrem Buch gerade in »a most terrible situation« ist (S. 281). Dieses einfache Motiv der spannenden und aufregenden Lektüre wird von Jane Austen in *Northanger Abbey* wirkungsvoll wiederholt. Über das Lesen Arabellas wird nur summarisch berichtet; am eigentlichen Leseakt oder gar Leseerlebnis nehmen wir nicht teil. Die gelegentlich schematisierende Behandlung des Psychologischen wird hier deutlich. Jedoch werden die anhaltenden und mit Wertungen verbundenen Wirkungen der Lektüre ausgesprochen oder an Arabellas Verhalten demonstriert. Daran beteiligen sich auch andere Personen. So kommt es neben der Reflexion vielfach zur Diskussion über die Literatur. Allerdings fehlt die Darstellung fortschreitender Bewußtseinsbewegungen. Der Modus ist mehr resultativ und argumentativ als vorgänglich im Sinne ereignishafter Progression.

Arabella liest nicht wahllos wie etwa Emma Bovary, sondern sie befaßt sich in strenger Auswahl und Einseitigkeit ausschließlich mit dem französischen heroisch-galanten Roman des 17. Jahrhunderts (in englischer Übersetzung) sowie mit englischen Nachahmungen. Ihre Lektüre ist noch stärker als die Don Quijotes auf eine einzige Gattung gerichtet.

Entsprechend intensiv und ausgeprägt ist deshalb die Art ihres Nachlebens von Literatur. Sie formt ihr Leben gewissermaßen nach einem einzigen Bild. Dabei führt ihre strenge Literaturausrichtung zu einer besonders kunstvollen Lebensstilisierung. Diese ist nicht nur eine Anwendung einzelner aus der Literatur übernommener Normen oder Haltungen, sondern eine Wiederholung des Gelesenen in allen typischen Einzelheiten. Auch lebt Arabella nicht nur selbst die Literatur nach, sondern erwartet dies ebenso von allen Menschen, die ihr begegnen. Das typische Personal und die typischen Ereignisse werden von ihr über das Leben ausgebreitet, in einem Akt totaler Illusionsübertragung, wobei selbst die vielen komischen oder ernsthaften Störungen nicht recht zur Kenntnis genommen, sondern vorzugsweise nach heroisch-galanten Vorbildern umgedeutet werden. Statt eines die Heldin allein betreffenden Nachempfindens und Nachahmens ergibt sich eine Art Neuinszenierung von Literatur. Zwar folgt die Heldin auch in dieser Hinsicht den Donquichottiaden des 18. Jahrhunderts und ihrem Prototyp, aber die Wahl eines weiblichen Helden bringt, wie oben gezeigt, eine Reduktion des äußeren Spielraums und zugleich eine Verlagerung der Darstellung auf das Innerseelische, die sich so bei Cervantes nicht findet.

Das Auffälligste ist die Übernahme der (teils komisch, teils parodistisch wirkenden) preziösen Verhaltens- und Denkschemata der Romanzenhelden. »Gelebte Literatur« erscheint durchgehend in der Spielart der stilvoll »nachgesprochenen Literatur«, was bei der rhetorischen Künstlichkeit der gelesenen Romane ein naheliegender Effekt ist, der durch stete Wiederkehr allerdings ermüdend wirkt. Wichtiger ist der damit verbundene Sinn der Heldin für das Feierliche und Schöne dieses gezierten Stils. Man kann von einem Lektürebezug ästhetischer Art sprechen. Nicht nur die Reden, auch die erhabenen Taten der Heldinnen und Helden werden von Arabella als angenehme und gefällige, als »schöne« Wirkungen aufgefaßt.

Arabellas ästhetischer Sinn für den Glanz der Romanzenwelt ist so stark, daß sie keiner Kritik am Heroisch-Galanten fähig ist. Als sie Mr. Glanville für die Romanlektüre gewinnen will und die zahlreichen Bände vor ihm ausbreiten läßt, funkeln ihre Augen vor Entzücken (vgl. S. 49). Mr. Glanville dagegen sinkt angesichts der vielen Prachtbände der Mut. Während er mit kritischem Blick erkennt, daß die umständlich dargebotenen galanten Liebeskonventionen »the most trifling Subjects imaginable« (S. 49) sind, sucht Arabella in der Lektüre und Reflexion Erbauung, das heißt Bestätigung ihres eigenen Glaubens an das Große und Schöne.

Hiermit verbindet sich ihre entschieden moralische Blickrichtung. In der Romanzenliteratur findet Arabella ihre Tugendvorbilder und letzten

Normen. Sie identifiziert sich so sehr mit dem heroisch-galanten Verhaltenskodex, daß sie nicht bemerkt, daß er hoffnungslos antiquiert und mit der gesellschaftlichen Realität ihrer Zeit unvereinbar ist. Sie will lange auch nicht einsehen, daß er den Gesetzen des Landes, den Geboten der Humanität und den Prinzipien der christlichen Moral widerspricht, was besonders deutlich beim Töten der Rivalen und Feinde durch die Romanzenhelden wird. Sie hält das für eine heroische Tat, nicht für Mord. Aus Mr. Glanvilles Sicht, der sie geduldig zu belehren versucht, ist es schon unmoralisch, wenn die galanten Liebenden egoistisch nur ihre eigene Liebe sehen, ohne danach zu fragen, was sie durch ihr absolut gesetztes Verhalten vielleicht anderen antun.

Weil es Ruhm und Ehre bringt, den illustren Heldinnen und Helden des Altertums nachzueifern (vgl. S. 44), will Arabella ihr Leben systematisch so einrichten, daß es einmal als große »History« erzählt, also wieder in Literatur übergehen kann (S. 305). Dabei ist jeder Lebensabschnitt wichtig, denn es muß wie bei ihren Vorbildern ihre ganze Geschichte erzählt werden, und zwar »systematically«, wie es Arabella einmal von ihrer Zofe verlangt, d. h. anfangend mit der Geschichte der Eltern. Bei Cervantes werden die Geschichten des Helden schon innerhalb des Buches kolportiert, und sie holen ihn gelegentlich ein. Aber es fragt sich, ob man bei ihm von einem so feierlichen, bewußten Hinleben auf die eigene, beispielhafte Geschichte sprechen kann; diese Stilisierung scheint erst im heroisch-galanten Roman des 17. Jahrhunderts und in dessen Gefolge bei Mrs. Lennox aufzutreten.

Die Entschiedenheit und Dauer der Fixierung Arabellas auf Literatur basiert letztlich auf der Affinität zwischen ihrer natürlichen und der in den Romanen gesetzten Idealität der Gesinnung und Form. Diese Beziehung ist von einer Stabilität, die lange Zeit nicht erschüttert werden kann. Sie wirkt nicht einfach töricht, sondern hat auch die imponierende Wirkung des Ernstes und der lauteren Gesinnung, was in ähnlicher Weise für Don Quijote zutrifft. Arabellas Literaturnachleben wirkt deshalb auch nicht kitschig. Dazu fehlt in ihm das (bei Emma Bovary gegebene) Bewußtsein, daß sie in Wirklichkeit ein anderer Mensch ist; auch ist dazu die nachgelebte Literatur für sie zu bedeutend. Ihrer hohen Gesinnung wegen wird sie von anderen insgeheim oder offen bewundert.

Deshalb gewinnt sie auch für das gesellschaftssatirische Moment des Romans eine Funktion. Wie die Normalität der anderen Arabellas Torheit um so schärfer hervortreten läßt, so Arabellas hinter Absonderlichkeiten erkennbare Integrität die Torheiten und Schwächen der anderen. In ihrer Lauterkeit und literarisch gesteigerten Idealität wird die quijotische Heldin zur kontrastierenden Folie für Affektiertheit, Koketterie, Modebesessenheit, Skandalsucht, Amüsierbedürfnis usw. Während literaturnachlebende Helden und Heldinnen sonst meist, zumal im 19. und 20. Jahrhundert, nur sich selbst oder ihrer engsten Umgebung zum Problem werden, fungiert die Heldin hier auch als kritischer Maßstab für Probleme der Gesellschaft, was den moralischen und sozialpädagogischen Fragestellungen des 18. Jahrhunderts entspricht. Obwohl dieser Bezug bei Arabella schwächer als in anderen Donquichottiaden der Zeit bleibt, wirken neben ihr, was der Leser ebenso wie Mr. Glanville bemerkt, die meisten Damen der Gesellschaft oberflächlich. Ein besonderes Beispiel ist ihr Auftritt im Ballsaal von Bath (vgl. S. 270); er wird zur Sensation nicht nur weil sie in absurder Weise gegen alle Mode verstößt – statt im obligaten Reifrock erscheint sie in eng anliegender Robe nach dem Vorbild der altgriechischen Romanheldinnen und ist leicht verschleiert –, sondern auch, weil sie schöner und würdevoller als alle anderen Damen ist.

Obwohl Arabella die Normen des Heroischen und des Galanten zum strikten Maßstab erhebt, den sie an alles anlegt, verläßt sie sich nicht so sehr auf die strenge moralphilosophische Analyse und Argumentation – mit denen sie gegenüber vernünftigen Kritikern wenig ausrichten kann – als auf die Betonung des Schicklichen, Wohlgefälligen und Edlen. Dies zeigt sich besonders, wenn sie ihre Romane gegenüber anderen verteidigen muß, was – nach dem Vorbild Cervantes' – in mehreren Literaturgesprächen geschieht. In einem Falle spricht Arabella mit einfachen moralischen Unterscheidungen von den Funktionen der Literatur, wobei sie einige Gedanken Dr. Johnsons über die Satire aufnimmt und in einem schwerfälligen Begriffsstil vorträgt. Wie die von ihr bewunderten Romanhelden geht sie von einer einfachen Zweiteilung in gute und böse Menschen aus. Die Guten bedürfen der ständigen Anregung zum Guten, für sie ist also die Lektüre der beispielhaften Taten in den heroisch-galanten Romanen angemessen. Für die Bösen dagegen sind die Satiren geeignet; diese dienen dazu, sie in ihren bösen Gewohnheiten zu zügeln (vgl. S. 277). Die beispielgebenden alten Romane haben also eine belehrende und erbauliche Funktion, die Satiren eine abschreckende. Aber man darf, so vermerkt Arabella, Satire nicht zur Gewohnheit werden lassen, dann wird sie inhuman und zerstört Freundschaften.

Bei der in *The Female Quixote* »gelebten Literatur« handelt es sich also nicht nur um stilvoll nachgesprochene und im Denken, Fühlen und Handeln nachgeahmte, neuinszenierte und in ihren Maximen und in ihrem Erbauungswert aufgenommene Literatur, sondern in bescheidenem Maße auch um eine diskutierte, in ihrem Wert und Unwert attackierte und verteidigte Literatur. Daneben gibt es als amüsante Variation auf der Ebene eines komödienhaften Intrigenspiels die Form der nur gespielten und parodierten Literatur.

Trotz Bemühung verschiedener Helfer vollzieht sich Arabellas »Konversion«[61] als eine schockartige Entzauberung, die durch eine intrigenhafte Täuschung und eine entsprechende Blamage Arabellas ausgelöst wird. Tief beschämt, außerdem belehrt von einem Theologen, findet sie zu Vernunft und Erfahrungswirklichkeit zurück. Zwar kommen ihr vorher

---

[61] »make a Convert of Lady Bella« (S. 330).

gelegentliche Zweifel an der Richtigkeit ihrer Position, so z. B. als sie be-
rittene Räuber auf der Straße für Ritter gehalten hat – »Knights of the
Road indeed«, wie ihr Onkel sarkastisch ihre Bezeichnung »Knights« zu
der von Straßenräubern abwandelt (S. 257) –, aber sie läßt die Möglichkeit
ihres Irrtums nur als Frageform zu, und obwohl sie dann über das Geschehen nachdenkt, wird inhaltlich über ihre Reflexion nichts berichtet. An einem entscheidenden Punkt setzt die Psychologisierung der Darstellung
aus und wird durch ein summierendes Eindrucksbild ersetzt.

Letztlich unterliegt dem Lennoxschen Konzept der lektürebedingten Illusion der aufklärerisch einfache Gedanke, daß begangene Fehler, wenn
sie nur erkannt und eingesehen werden, korrigierbar sind – was hier vor
allem durch einen Schock erreicht wird. Darin wird zugleich ein einfaches
Kausaldenken erkennbar. Zwar gibt es, wie oben dargetan, eine feine
Wechselbeziehung zwischen Arabellas Charakter und ihrer Romanlektüre,
aber letztere ist der entscheidende Faktor, der zu ihrer Überspanntheit geführt hat. Mithin ist Arabella in dem Augenblick geheilt, in dem sie von
der Unwahrheit dieser Literatur überzeugt worden ist. Die alles Unheil
bewirkende Ursache ist beseitigt, die Heilung setzt ein.

Blickt man auf Jane Austens *Northanger Abbey,* Scotts *Waverley* und besonders Flauberts *Madame Bovary,* so wird deutlich, daß im Roman des
19. Jahrhunderts das Illusionsbedürfnis der Helden nicht mehr so einfach
wie bei Mrs. Lennox nur durch Lektüre verursacht wird, sondern tiefer im
Charakter angelegt ist. Deshalb können die Korrekturen auch nicht mehr
so leicht erfolgen oder sind überhaupt zum Scheitern verurteilt. Es scheint
ein allgemeiner literaturgeschichtlicher Vorgang zu sein, daß die nur im
Bücherwahn wurzelnde quijotische Variante der »gelebten Literatur« mit
dem beginnenden 19. Jahrhundert seine Dominanz verliert und psychologisch komplexeren Formen des Literaturnachlebens Platz macht.

Das Motiv »Gelebte Literatur« in Tabitha Tenneys *Female Quixotism*

Von

URSULA BRUMM

Auch die amerikanische Literatur hat eine Don Quijote-Parodie hervorgebracht, und dies nicht zufällig in der Frühphase ihrer Entwicklung: Als sich der Roman mit den ernsthaften Ambitionen lebenswahrer Schilderung von der freifabulierenden und oft trivialen *romance* abzugrenzen suchte, bot sich Don Quijote zur Verwendung an. Denn die romanhafte Ausgestaltung des Motivs des schädlichen Lesens kann gerade diese Abgrenzung leisten: Es zeigt die schlimmen Folgen auf, die durch realitätsferne und -verfälschende *romances* in naiven Köpfen angerichtet werden und bestätigt dadurch gleichzeitig die Nützlichkeit und den Wert einer nüchtern-ernsthaften Romanhandlung, in der eben dies thematisiert wird. Eine solche Belehrung war genau auf die romanfeindliche Kultur Amerikas zugeschnitten. Die in religiösen Kreisen im 18. und auch noch im 19. Jahrhundert herrschende Auffassung, daß das Romanlesen eine unnütze und zudem verderbliche Zeitverschwendung vor allem von jungen Damen sei, konnte unter Anwendung dieses Motivs im Roman selber entkräftet werden; schädliches Lesen konnte auf diese Weise durch didaktisch nützliches Lesen ersetzt werden.

Mit diesen Umständen ist auch schon ein Geschlechtswandel in einen weiblichen Don Quijote vorgezeichnet, und Charlotte Lennox hatte dies mit *The Female Quixote* innerhalb der englischen kulturellen Szene vollzogen. Aber auch für Amerika war ein weiblicher, durch Lesen verwirrter Don Quijote aus den geschilderten Gründen zu naheliegend, als daß er (oder besser sie) hätte ausgelassen werden können. Damit ist auch gegeben, daß sich Thematik und Handlung auf die Problematik der Geistesverwirrung verengen; das Motiv ist eher als »schädliches Lesen« denn als »gelebte Literatur« akzentuiert. Nicht die Übertragung oder Nachahmung der Don Quijote-Abenteuer gelten für einen weiblichen Don Quijote, sondern die Verblendungen, die die rechte Wahl des Ehepartners verhindern. Dies ist das Thema des Romans, der 1801 in Boston anonym in zwei Bänden erschien: *Female Quixotism*[1]. *Exhibited in the Romantic Opinions and*

---

[1] Die Autorin brauchte den Begriff »Quixotism« nicht zu erfinden; er ist laut *The Oxford English Dictionary*, Bd. VIII (Oxford, 1933), schon für 1688 und dann auch für das 18. Jahrhundert belegt.

Extravagant Adventures of Dorcasina Sheldon[2], mit dem Motto auf der Titelseite:

Felix Quem Faciunt Aliena Pericula Cautum.
In plain English –
Learn to be wise by others harm,
And you shall do full well.

Als Verfasserin ist Tabitha Tenney eindeutig identifiziert. Sie wurde als Tabitha Gilman 1762 in Neuengland geboren und stammt aus einer alteingesessenen Familie. Offenbar genoß sie eine gute Erziehung und bildete sich selber durch ausgedehnte Lektüre; nach ihrer Heirat mit dem Arzt Samuel Tenney, der wissenschaftlich und politisch tätig war, veröffentlichte sie eine Anthologie klassischer Literatur, *The New Pleasing Instructor* (1799), die der Bildung junger Damen dienen sollte. Ihr einziger Roman, *Female Quixotism,* dient erzieherischer Absicht in fiktionaler Form. Der Roman fand beachtliche Resonanz, denn es lassen sich bis 1849 fünf Ausgaben nachweisen. Die Brüder Duyckinck nahmen Tabitha Tenney mit einem Lebensbild und einer ausführlichen Inhaltsangabe des Romans in ihre *Cyclopaedia of American Literature* von 1855 auf[3]. Die Autorin starb 1837; sie hat, soweit bekannt, keine weiteren Werke geschrieben.

Die Heldin des Romans, Dorcas Sheldon, hat ihre Mutter früh verloren; sie lebt mit ihrem Vater auf seinen Besitzungen in der ländlichen Umgebung von Philadelphia. Ihr Vater ist an ihrer falschen Erziehung schuld, denn während er selber zwar gelegentlich, aber nicht ausschließlich Romane liest, sondern nur neben historischer und belehrender Literatur, läßt er es zu, daß seine Tochter ihre Ansichten über Liebe, Ehe und das rechte Verhalten dazu allein aus Romanen bezieht. Da ihr unter diesen Einflüssen ihr Name zu nüchtern erscheint, läßt sie sich Dorcasina anstatt Dorcas nennen. Dorcasina ist im Verständnis der Erzählerin eine »mittlere« Heldin. Sie schildert uns zunächst das für die typische *romance*-Heldin gültige ideale Aussehen, um Dorcasina davon abzusetzen:

In truth she possessed few of those beauties, in any great degree. She was of a middling stature, a little embonpoint, but neither elegant nor clumsy. Her complexion was rather dark; her skin somewhat rough; and features remarkable – neither for beauty nor deformity. Her eyes were grey and full of expression, and her whole countenance rather pleasing than otherwise. In short, she was a middling kind of person, like the greater part of her countrywomen; such as no man would be smitten with at first sight, but such as any man might love upon intimate acquaintance. (I, S.6f.)[4]

---

[2] Vgl. zum Roman auch H.Petter, *The Early American Novel* (Columbus, Ohio, 1971), S. 46–59.

[3] E.A. und G.L.Duyckinck, *Cyclopaedia of American Literature. Personal and Critical Notices of Authors, and Selections of Their Writings from the Earliest Period to the Present Day,* 2 Bde. (New York, 1855), Bd. I, S.504–506. Vgl. auch den Artikel von O.E.Winslow in *Notable American Women, 1607–1950. A Biographical Dictionary,* hg. v. E.T.James et al., 3 Bde. (Cambridge, Mass., 1971), Bd. III, S.439.

[4] Die durch Band- und Seitenangabe ausgewiesenen Zitate beziehen sich auf die oben genannte Ausgabe von 1801.

(In Wahrheit besaß sie nur wenige dieser Schönheiten in größerem Maße. Sie war von mittlerer Statur, ein wenig beleibt, aber weder elegant noch plump. Ihr Teint war ziemlich dunkel; ihre Haut ein wenig rauh; und die Gesichtszüge bemerkenswert – weder durch Schönheit noch Häßlichkeit. Ihre Augen waren grau und voller Ausdruck; und ihr ganzes Gesicht eher erfreulich als alles andere. Kurz gesagt, sie war eine mittelmäßige Person, wie der größere Teil ihrer Landsmänninnen; solche, in die sich kein Mann auf den ersten Blick verlieben würde, aber die jeder Mann bei näherem Kennenlernen lieben könnte.)[5]

Dreißig Jahre danach haben die »Verwüstungen der Zeit« und ihre Torheit ein weiteres getan, und die Schilderung der Heldin nimmt kraß realistische Züge an:

She had, in her late sickness, been deprived of all the flesh her bones were ever clothed with; teeth were all gone, and her hair was quite white. In short she looked older than many women of sixty. (II, S. 103)

(Sie war in ihrer letzten Krankheit allen Fleisches beraubt worden, das ihre Knochen je bedeckt hatte; die Zähne waren alle weg und ihr Haar war ganz weiß. Kurz gesagt, sie sah älter aus als viele Frauen mit sechzig.)

Der Roman verfolgt die selbstverursachten Fehlschläge im Leben der Heldin von ihrem 20. bis zum 50. Lebensjahr in sieben Episoden des verdrehten Herzens und Kopfes. Im Unterschied zu Charlotte Lennox' Arabella werden Dorcasinas literaturbewirkte Verirrungen nicht durch exaltierte Sprechweise im Stile von Romanzenvorbildern evident gemacht, sondern durch ihre ständigen Fehleinschätzungen von Menschen und Umständen, an denen sie so hartnäckig festhält, daß sie jedesmal erst durch die intensivste, ja handgreiflichste Belehrung bekehrt werden kann. Auf diese Weise werden mit gewissen satirischen Übertreibungen, aber doch mit großer Eindringlichkeit und für den Leser in spannender Unterhaltung die gefährlichen Folgen des schädlichen Lesens belegt.

Dorcasinas Geistesverwirrung ist absolut: sie betrifft die eigene Person, die sie noch im fortgeschrittenen Alter von 50 Jahren für begehrenswert hält und entsprechend auftakelt; diese durch wirklichkeitsverfälschende Romanzen verdorbene Einstellung läßt sie die soliden, ehrlichen Freier zurückweisen, weil sie die Bedingung nicht erfüllen: »love has to be sudden, ardent, violent and mutual« (II, S. 66). Dagegen fällt Dorcasina grundsätzlich auf jeden Schwindler herein, der ihre Schwäche erkannt hat und raffiniert ausnutzt. So läßt sie sich – in der längsten Episode – von dem ausgekochten Gauner und Mitgiftjäger, dem Iren O'Connor, umgarnen und findet für jede seiner Schurkereien eine aus dem Romanzenrepertoire entlehnte Entschuldigung. Von einem jungen Scholaren, einem bösartigen Spaßvogel, wird sie auf schmerzliche Weise genarrt. Oder sie verkennt die Gefühle unbeteiligter und unschuldiger junger Herren: Mit 41 Jahren glaubt sie sich von einem jungen verwundeten Offizier, Captain Barry, geliebt, weil das in Romanzen so üblich ist; prompt fällt sie auf die Tricks seines Dieners herein, der sich für seinen Herren ausgibt (Verkleidung

---

[5] Die Übersetzungen stammen von der Verfasserin dieses Beitrags.

und Verstellungen spielen nach Lustspieltradition eine große Rolle). Mit 50 schließlich entflammt die ältliche Dorcasina für einen jungen Diener namens John Brown, den sie für einen Sohn aus vornehmem Haus hält, weil in Smolletts *Roderick Random* der Held als John Brown bei der edlen Narcissa dient.

Natürlich hat Dorcasina einen weiblichen Sancho Pansa in Gestalt ihrer Dienerin Betty, eines unverbildeten Landmädchens, bei sich. Betty, der Vater sowie eine jüngere Freundin, Harriot Stanly, die von ihrer Mutter von allen Romanen ferngehalten wurde, haben alle Hände voll zu tun, müssen Gegenmaßnahmen und sogar Intrigen einleiten, um Dorcasina vor den schlimmen Folgen ihrer Verblendung zu bewahren. Zu diesen Helfern gehört auch der schwarze (freie) Diener Scipio, der aus Lust an der Neckerei zwar auch einmal Betty einen Streich spielt und ihre Gefühle verwirrt, aber als gewitzter und auf das Wohl seiner Herrschaft bedachter Diener in einigen Hilfsaktionen eine wichtige Rolle spielt.

Die Übertragung des Motivs des schädlichen Lesens auf eine weibliche Gestalt hat Konsequenzen im Feld der abhängigen Motive. Dorcasina unternimmt zwar einige mehr oder weniger unglücklich verlaufende Spaziergänge und Ausritte, aber dies sind keine Donquichottiaden oder Nachahmungen von ritterlichen Questen; sie ähneln nur darin dem literarischen Vorbild, daß die Heldin zumeist zerzaust und gebeutelt nach Hause zurückkehrt. Außer daß ferner Wirtshäuser und ihre Gäste eine gewisse Rolle spielen, haben die in Don Quijotes Abenteuern angesiedelten Motive kaum auf diesen Roman abgefärbt. Indem die Verkennung der Realität sich auf Dorcasinas Fehleinschätzung ihrer Freier konzentriert, sind die Auswirkungen des Hauptmotivs ganz anderer Natur als bei Cervantes und sind eher burleske Satiren auf die in der trivialen *romance*-Literatur geschilderten Liebesabenteuer. Diese falschen Vorbilder werden nicht genannt; die Anklage gegen sie ist pauschal, und außer dem Hinweis auf Smollett, der – wie wir hören – eigentlich nicht zu Dorcasinas Lieblingsautoren gehört, werden keine Namen, Werke oder fiktionalen Heldinnen und Helden genannt[6].

Die Autorin setzt sich von den kritisierten *romances* durch eine Schreibweise ab, die zumindest in der Personengestaltung gewisse Ansätze von Wirklichkeitsnähe und *verisimilitude* erkennen läßt. Dies ist in den oben zitierten Beschreibungen Dorcasinas deutlich, während ihre Taten wie auch ihr späteres lächerliches Sich-Aufputzen der didaktischen Tendenz gemäß satirisch übertrieben sind. Literarhistorisch interessante Aspekte liegen ferner in den Ansätzen zur Spiegelung von amerikanischer Wirklichkeit. Scipio ist offenbar die erste einigermaßen individuell gezeichnete schwarze Figur des amerikanischen Romans; seine Sprechweise ist ein frü-

---

[6] Duyckinck (Anm. 3), S. 504, identifiziert Dorcasinas Lektüre als »[…] the small volume novels of the Rosa-Matilda school of the past century, the vapid sentimental stuff which is now driven even from the book-stalls.«

hes Beispiel für literarisch nachgeahmtes *black English*. Auch die *maid*
Betty ist bis zu einem gewissen Grade durch ihre Sprechweise gekennzeichnet: als ungebildete Person hat sie des öfteren Mühe mit schwierigen
Wörtern, und ihre unverbildete und zupackende Art ist durch eine gelegentlich ungrammatische, aber treffende Redeweise gekennzeichnet.

Bemerkenswert ist, daß der Roman kein Happy-End hat: die über fünf-
zigjährige Dorcasina findet keinen Ehegenossen. Nachdem sie von ihren
Verwirrungen geheilt ist, widmet sie sich wohltätiger Arbeit. Sie legt ihre
Einbildungen endgültig ab, als sie im Hause ihrer jüngeren Freundin Harriot, inzwischen die Frau von Captain Barry, feststellen muß, daß die Ehe
entgegen ihren romantischen Erwartungen kein Zustand uneingeschränk-
ten Glücks ist. Der Roman schließt mit einem Brief der nun ernüchterten
Heldin an ihre Freundin Harriot, in dem sie zur allgemeinen Beherzigung
die Lehren aus ihren Abenteuern zieht. Da ist sogar ein emanzipatorischer
Zug:

> I think I possess a mind, which was originally capable of considerable improvement by
> cultivation. Had my education been properly directed [...] I believe I might have
> made acquirements, which would have enabled me to bear a part, perhaps to shine,
> when thrown among people of general information. (II, S. 212)

> (Ich denke, daß ich einen Verstand besitze, der ursprünglich zu einer beträchtlichen
> Verbesserung durch Kultivierung fähig war, wäre meine Erziehung passend ausge-
> richtet worden. Ich glaube, daß ich Kenntnisse erworben hätte, die mich befähigt hät-
> ten, einen Anteil zu haben, vielleicht sogar zu glänzen, wenn ich zwischen Leuten mit
> gewöhnlichem Wissen gelandet wäre.)

Unter den Ratschlägen, die sie der Freundin für die Erziehung von
Töchtern gibt, gilt der folgende auch für Romanautoren: »Describe life to
them as it really is, and as you have yourself found it, chequered with
good and evil« (II, S. 213). Die Heldin unterschreibt ihren Brief nun wieder mit ihrem eigentlichen Namen Dorcas und weist damit auf eine geheime Verwandtschaft zu der Autorin hin, die diese wohl mit Absicht angelegt hat. Nach Apostelgeschichte 9,36 ff. ist Dorcas die griechische
Form von Tabitha. Dorcas, »a woman of good works and almsdeeds«,
wird von Petrus wieder zum Leben erweckt.

Schrecken und Vernunft: Die romanelesende Heldin in Jane Austens *Northanger Abbey*

Von

THEODOR WOLPERS

1. Zur Entstehung und motiv- und romangeschichtlichen Stellung von Northanger Abbey

Als Jane Austen *Northanger Abbey* schrieb (begonnen um 1798, abgeschlossen 1803, veröffentlicht 1818, möglicherweise in leicht überarbeiteter Fassung)[1], war ihr Mrs. Lennox' *The Female Quixote* (1752)[2] vertraut, dessen Wirkungsgeschichte auch in Maria Edgeworths lehrhaft-einfacher Geschichte *Angelina; or l'amie inconnue*[3] und Eaton Stannard Barretts drastisch parodistischem Roman *The Heroine, or Adventures of a Fair Romance Reader* (1813)[4] erkennbar ist. Jane Austens sehr genaue Kenntnis und offensichtliche Hochschätzung des Buches geht nicht nur aus *Northanger Abbey* selbst hervor – besonders die Verbindung des Motivs der romanelesenden jungen Dame mit dem des Liebhabers in der Funktion des taktvollen und vernünftigen Ratgebers und Helfers deutet darauf hin –, sondern wird auch durch den Brief der Verfasserin vom 7. Januar 1807 an ihre Schwester Cassandra belegt, dem zufolge sie *The Female Quixote* mehrmals mit großem Vergnügen gelesen hat[5].

Eine gewisse Ähnlichkeit weisen beide Bücher auch insofern auf, als sie mehrere deutlich voneinander verschiedene Romankonventionen zusam-

---

[1] Zitate und Seitenangaben im folgenden nach der neueren Einzelausgabe: Jane Austen, *Northanger Abbey*, hg. v. A.H.Ehrenpreis, Penguin English Library (Harmondsworth, 1972), die die Emendationen der grundlegenden modernen Ausgabe von R.W.Chapman, *The Novels of Jane Austen*, 6 Bde. (Oxford, 1923–54), Bd. V: *Northanger Abbey* and *Persuasion* (1926), berücksichtigt. Übersetzungen stammen vom Verfasser dieses Beitrags. – Nach C.S.Emden, »The Composition of *Northanger Abbey*«, *Review of English Studies*, 19 (1968), S.279–287, könnte der erste Entwurf schon 1794 entstanden sein.

[2] S. dazu Verf., »Der weibliche Quijote in England: Charlotte Lennox' *The Female Quixote* und die literarische Tradition«, S.134–162 in diesem Band.

[3] In: Maria Edgeworth, *Moral Tales for Young People*, 3 Bde. (London, 1802; Repr.: New York, 1974), Bd. II, S.147–255.

[4] S. dazu u. S.177f.

[5] Das neuerdings begonnene abendliche Vorlesen des Buches im Familienkreise ist für sie ebenso vergnüglich wie die Erinnerung an ihre frühere Lektüre: »›The Female Quixotte‹ [...] now makes our evening amusement; to me a very high one, as I find the work quite equal to what I remembered it.« (Jane Austen, *Letters*, hg. v. R.W.Chapman [Oxford, 1932], Bd. I, S.173).

menführen. Dies ist zwar prinzipiell zu erwarten, wenn es um das Lesen und Nachleben von Literatur in der Literatur geht, fällt aber besonders ins Auge. Allerdings sind gerade hier die Unterschiede zwischen den beiden Romanen noch deutlicher. Sie ergeben sich schon daraus, daß Jane Austen andere und zeitgemäßere Romantypen zusammenführt, vor allem den empfindsamen und den Schreckensroman, die sie beide mit dem schon bei Mrs. Lennox erkennbaren Grundmuster des Erziehungsromans und des satirischen Gesellschaftsromans verbindet. Wesentlicher ist, daß sie im Gegensatz zu Mrs. Lennox auf das Strukturschema der Donquichottiade verzichtet, sowohl in der Handlungsfolge, die nicht mehr eine Serie von Konfrontationen des quijotischen Helden mit der Welt ist, als auch in der Gewichtung des Illusionszustandes der Heldin. Letzterer ist bei Jane Austen nur noch ein Abschnitt, der in die Lebensgeschichte und Charakterbildung der Heldin eingeführt wird, die sich auf eigene Weise entwickelt und deshalb kein weiblicher Quijote mehr ist. Die Herrschaft dieses Musters ist vorüber. Mrs. Lennox dagegen rückt die literarische Krankheit ihrer Heldin so beherrschend in das Zentrum, daß der durchaus erkennbare Versuch, daneben die unmittelbaren Äußerungen des Charakters zu berücksichtigen, künstlerisch schwierig wird. Schließlich gestaltet Jane Austen mit einer wesentlich größeren Sicherheit und führt – was ihrer Vorgängerin nicht gelang – die heterogenen Elemente zu einer wirkungsvollen Einheit zusammen, obwohl wegen der Parodie auf den Schreckensroman vorübergehend eine gewisse, die Charakterzeichnung der Heldin überlagernde Pointierung entsteht[6].

2. Die romanelesende junge Dame als unkonventionelle Heldin eines Erziehungsromans

Von vornherein wird kein Zweifel daran gelassen, daß Catherine als Anti-Heldin zum empfindsamen Roman konzipiert ist. Das Buch beginnt mit der zugleich lapidaren und ironischen Feststellung: »No one who had ever seen Catherine Morland in her infancy, would have supposed her born to

---

[6] Die Stellungnahmen der ausgedehnten Sekundärliteratur zur Struktur und Charakterauffassung des Romans können hier nicht referiert werden. Hingewiesen sei auf: A. W. Litz, *Jane Austen. A Study of Her Artistic Development* (New York, 1965); W. A. Craik, *Jane Austen: The Six Novels* (London, 1965); D. D. Devlin, *Jane Austen and Education* (London, 1975); B. Hardy, *A Reading of Jane Austen* (London, 1975); B. J. Paris, *Character and Conflict in Jane Austen's Novels: A Psychological Approach* (Detroit, 1978). – Zum Verhältnis zu Mrs. Lennox: E. M. Kauvar, »Jane Austen and *The Female Quixote*«, *Studies in the Novel*, 2 (1970), S. 211–221. W. G. Müller, »Charlotte Lennox' *The Female Quixote* und die Geschichte des englischen Romans«, *Poetica*, 11 (1979), S. 369–393, hier S. 389–392, geht nicht auf *Northanger Abbey* ein, stellt aber (im Gegensatz zu E. M. Kauvar) *Emma* in die Tradition der nur aus Einbildungskraft handelnden quijotischen Heldinnen. Wie die nachfolgende Untersuchung zeigt, unterscheidet sich Jane Austens Auffassung der quijotischen Heldin beträchtlich von derjenigen der Mrs. Lennox.

be a heroine«. Solche Negierungen von Romankonventionen waren in dieser Zeit nicht neu und finden sich etwa auch in bezug auf den Schreckensroman in Rachel Hunters *Letitia: or The Castle Without a Spectre* (1801)[7],
wo sie allerdings wesentlich gröber ausfallen. Jane Austen läßt im Verlauf
des ersten Kapitels weitere Absagen an Motive des empfindsamen Romans
folgen. Catherines Vater ist weder von seiner Familie als Erbe benachtei-
ligt worden noch arm (vgl. Kap. 1, S. 37), er ist auch nicht schön oder seinen Töchtern gegenüber tyrannisch. Er ist ein fürsorglicher Vater und hat
als wohlhabender und allseits geachteter anglikanischer Geistlicher zwei
Pfründen inne. Die Mutter ist nicht bei Catherines Geburt gestorben, sie
hat vielmehr danach noch sechs – mit Catherine insgesamt zehn – Kinder
zur Welt gebracht. Im Hause herrscht also ein glückliches und normales
Familienleben. Damit entfällt die Möglichkeit, daß Catherine als Waisen-
kind etwa bei einem hartherzigen Onkel erzogen wird. Sie leidet auch
nicht an Einsamkeit und Heimweh. Sie spielt Jungenspiele wie Cricket und
mag weder Puppen oder Kanarienvögel noch Gießkannen und Blumen im
Garten. Sie ist weder musikalisch noch kann sie zeichnen. Die häuslichen
Stunden im Schreiben, Rechnen oder Französischen sucht sie zu umgehen.
Aber sie hat ein gutes Herz und ein ausgeglichenes Temperament (S. 38)
und ist darin Fieldings Tom Jones verwandt.

Mit fünfzehn Jahren beginnt sie sich als Heldin einzuüben (»she was in
training for a heroine«, S. 39). Sie liest alles, was »Heldinnen« lesen müssen, um in ihrem »ereignisreichen Leben«, wie es ironisch heißt, mit Zitaten für alle Schicksalsschläge gerüstet zu sein. Sie bemüht sich also, die
von der Gesellschaft und im empfindsamen Roman empfohlene Literatur
aufzunehmen und im Leben anzuwenden – eine Bemühung, die bei
Catherines Temperament begrenzt ist und zu nicht viel führt (vgl. S. 39).
So memoriert sie einige zitierfähige (im Text mitgeteilte) Sentenzen aus
der englischen klassizistischen Dichtung von Pope, Gray und Thomson
(von Jane Austen hier und an anderen Stellen beharrlich »Thompson« geschrieben), auch etwas Shakespeare (Zitate aus *Othello, Measure for Measure* und *Twelfth Night*). Dergleichen könnte ebenso wie die von Catherine gelesenen Sonette für Poesiealben geeignet sein, obwohl das nicht
eigens erwähnt wird. Sie führt kein Tagebuch, wie später in Bath berichtet
wird (vgl. Kap. 3, S. 48). Wie Henry Tilney amüsiert und ironisch formuliert, frönt sie nicht »dieser entzückenden Gewohnheit [...], die so wesentlich dazu beiträgt, den leichten Stil des Schreibens auszubilden, für den die
Damen so allgemein berühmt sind« (S. 49). Obwohl Catherine sich also

---

[7] »Let it be remembered that our heroine has neither been in sea-storms nor landstorms;
She has never been interred in caverns, nor bewildered in the corridors of a haunted castle;
No assassin has lifted his dagger against her innocent bosom; No ravisher has hung on her
peaceful walks.« Zit. nach A. D. McKillop, »Critical Realism in *Northanger Abbey*« (1958), in
Jane Austen. A Collection of Critical Essays, hg. v. I. Watt (Englewood Cliffs, 1963), S. 52–61,
hier S. 55.

um gewisse »accomplishments« einer empfindsamen jungen Romanheldin bemüht, ist sie deutlich ein Gegenentwurf dazu.

Auch die Reise nach Bath verläuft ohne die im sentimentalen und im »gotischen« Roman[8] obligaten Überfälle und Unglücke und deshalb ohne die erste Begegnung mit dem Helden, der die Heldin retten könnte, was ausdrücklich vermerkt wird (vgl. Kap. 2, S. 42). Entsprechend wird das für Handlung und Thematik des weiblichen Erziehungs- und Charakterromans zentrale Motiv des Eintritts der jungen Dame in die Welt, »our heroine's entrée into life« (Kap. 2, S. 43), gestaltet. Nach der literarischen Konvention bedeutet »a young lady's entrance into the world« (Untertitel zu Fanny Burneys Roman *Evelina* [1778]) im wesentlichen eine empfindsame und verwickelte Liebesgeschichte, die mit dem ersten Auftreten der Heldin in der Gesellschaft und ihrer Begegnung mit heiratsfähigen jungen Männern einsetzt. Catherines Eintritt ins Leben vollzieht sich während des sechswöchigen Aufenthaltes der Siebzehnjährigen in dem damals exklusiven Mode-Badeort Bath unter den dort gegebenen Bedingungen: beim Wandeln auf der Promenade oder in der Brunnenhalle, beim Einkaufen, Spazierengehen oder Ausfahren und vor allem auf den für die jungen Damen besonders wichtigen Bällen, bei denen man sich drängt und nach alten und neuen Bekanntschaften und Verehrern Ausschau hält.

Jedoch steht nicht nur ihre Begleiterin Mrs. Allen wegen ihrer Trägheit und Oberflächlichkeit im Kontrast zu den obligaten Behüterinnen empfindsamer Heldinnen, auch Catherines eigenes Auftreten verläuft anders als in der literarischen Konvention. Sie wird beim ersten Ball nicht von jedermann bewundert, sondern kaum beachtet, ja sie findet nicht einmal einen Tanzpartner. Als sie dann ihrem Verehrer (und späteren Ehemann) Henry Tilney begegnet ist, wird angedeutet, daß sie möglicherweise von dem jungen Herrn nachts geträumt habe, was die Erzählerin ironisch als einen Verstoß gegen die Schicklichkeit vermerkt (vgl. Kap. 3, S. 51), wobei in einer Fußnote auf einen Brief Richardsons im *Rambler* (No. 97, vol. II) verwiesen wird. Dort heißt es (was von Jane Austen nicht zitiert wird): »that a young lady should be in love, and the love of the young gentleman undeclared, is an heterodoxy, which prudence, and even policy, must not allow«[9]. Wesentlich lebendiger sagt Jane Austen: »it must be very improper that a young lady should dream of a gentleman before the gentleman is first known to have dreamt of her«. Ein Träumen Henry Tilneys von Catherine jedoch wird nicht erwähnt. Er ist gerade nicht der schmachtende Verehrer, der immer wieder die Nähe der Angebeteten sucht, sondern er zieht sich ganz im Widerspruch zu den Romanregeln nach der ersten Begegnung für eine Woche völlig zurück und gefällt sich, wenn er mit Catherine spricht, in wohlwollend-ironischen Bemerkungen, nicht in Gefühlsbekenntnissen.

---

[8] Das Wort »gotisch« wird hier und im folgenden im Sinne von *Gothic novel*, einer der Bezeichnungen für den Schreckensroman, verstanden.

[9] Zit. nach Ehrenpreis (Anm. 1), S. 249.

Nur Isabella Thorpe, die Catherine mit Seelenfreundschaft geradezu überfällt, scheint sich ganz in den Bahnen des empfindsamen Verhaltens zu bewegen, erweist sich aber als treulos und selbstsüchtig. Ihre Art des Literaturnachlebens ist berechnend und soll ihrem gesellschaftlichen Aufstieg dienen. Sie bringt Catherine zur Lektüre von Schreckensromanen, womit diese erneut von der Etikette der Romanheldinnen abweicht.

Nach der Zeit in Bath, die in den Kap. 2–19 behandelt wird, folgt auf Einladung von General Tilney, dem Vater des Geschwisterpaares Henry und Eleanor, ein zweiwöchiger Aufenthalt auf dem alten Schloß Northanger Abbey, das für die passionierte Schreckensroman-Leserin äußerst anziehend ist. Außerdem ist Henry hier zu Hause, der als junger Pfarrer in der Nähe in einem großzügigen Pfarrhaus wohnt, das ihm vom Vater bereits übermacht worden ist. In diese Zeit (Kap. 20–28) fallen die (unten zu erörternden) Schreckensphantasien Catherines. Das Buch endet mit ihrer plötzlichen Rückkehr ins Elternhaus. Schroff und ohne Angabe von Gründen verweist General Tilney sie aus dem Schloß. Er hat sie bis dahin, wie man später erfährt, fälschlich für eine steinreiche Erbin gehalten und jagt sie davon, als er – was wiederum nicht stimmt – hört, daß sie völlig mittellos sei. Catherine jedenfalls findet sich unversehens in der dem empfindsamen Roman vertrauten Rolle der ungerecht Verstoßenen und seelisch an der Trennung von dem Liebhaber Leidenden. Ganz am Schluß also wird sie gleichsam von der Konvention des empfindsamen Romans eingeholt. Aber die Lösung erfolgt gegen alle Tradition schnell. Henry ist schon unterwegs, er erscheint bei ihr zu Hause, hält um ihre Hand an und wird erhört.

3. Die Lektüre und erste Beurteilung der Schreckensromane durch die Heldin

Das Romanelesen ist für Catherine nicht wie für Mrs. Lennox' Arabella eine feste Übung, sondern eine anfangs eher zufällige, von Langeweile und regnerischem Wetter eingegebene Beschäftigung, die auch von der Empfehlung der Freundin Isabella abhängig ist (vgl. Kap. 5, S. 57). Während die anderen jungen Damen in Bath nur »with affected indifference or momentary shame« (S. 58) über Romane sprechen, gehört Catherine zu denen, die in ihnen »more extensive and unaffected pleasure« finden als in den Werken »of any other literary corporation in the world« (S. 58). Hierin unterscheidet sie sich witzigerweise auch von den empfindsamen Romanheldinnen, die sich dem »common cant« beugen und das Romanelesen leugnen, weil es als oberflächlich gilt. Wenn eine von ihnen mit einem Roman überrascht wird, antwortet sie auf die Frage, was sie da lese: »Oh! it is only a novel« (S. 58). Romane wie *Cecilia* (1782) und *Camilla* (1786) von Fanny Burney oder *Belinda* (1801) von Maria Edgeworth, so erfahren wir, werden von den tonangebenden Gesellschaftskreisen nur mit

Herablassung genannt. Dagegen würde eine junge Dame stolz einen Band des *Spectator* vorzeigen, in dem sie gerade liest, obwohl sie als »a young person of taste« durch den veralteten Inhalt und Stil dieser moralischen Essays eigentlich hätte abgestoßen sein müssen (vgl. ebd.).

Jedoch handelt es sich bei Catherines Lesestoff gerade nicht um empfindsame Romane, sondern um die Schreckensromane der Mrs. Radcliffe, insbesondere um ihren berühmtesten, *The Mysteries of Udolpho, a Romance Interspersed with Some Pieces of Poetry* (1794), das Buch, das zwei bis drei Jahrzehnte lang in England bei einem großen literarisch interessierten Publikum bekannt und geschätzt war. Es verband wie die anderen Romane Ann Radcliffes, unter denen *The Italian* (1797), den Catherine ebenfalls liest, besonders zu erwähnen ist, die Tradition des Schreckensromans mit der des empfindsamen Romans auf eine einmalige Weise. Nicht nur trug es zur Popularisierung der Gefühlskultur und einer entsprechend sensiblen Tugendauffassung bei, sondern auch zur Verbreitung der Modeströmung des pittoresken Landschaftssehens, das Ann Radcliffe Dichtern wie Thomson, Malern wie Salvator Rosa, der zeitgenössischen Reiseliteratur und William Gilpins Schriften über das Pittoreske nachempfand und in vielgerühmten Landschaftsschilderungen zum Ausdruck brachte. Neben Einzelmotiven wie Sonnenuntergängen, Burgen, Klöstern, Ruinen in entsprechender Kulisse, Hütten, Dörfern, Volksgruppen, Festen neapolitanischer Fischer usw. berücksichtigt sie die malerischen Aufbauprinzipien (mit kontrastierendem Vorder-, Mittel- und Hintergrund und mit Hell-Dunkeleffekten) sowie die graduelle zeitliche Veränderung der Farb-, Licht- und Schattenwerte, etwa beim Untergang der Sonne, und den entsprechenden Wandel der Stimmungen. Emily, die Heldin in *Udolpho,* sucht diese Stimmungen, unter denen die Melancholie die vorherrschende ist, noch durch eigene Gedichte oder Landschaftsskizzen auszudrücken, wenn sie in kontemplativer Verfassung ist. Die schöne Naturszenerie wird, romantischer Sensibilität gemäß, sogar zur Trösterin in der Not, und die Heldin hat, selbst wenn sie auf der Flucht und in höchster Gefahr ist, als »schöne Seele« immer noch Zeit, sich an der imposanten Gebirgslandschaft zu erbauen[10]. Trotz Überstilisierungen wie dieser nannte der romantische Essayist de Quincey in *Confessions of an English Opium Eater* (1821–22, 1856) Mrs. Radcliffe »the great enchantress of that generation«. Scott erklärte sie zur »first poetess of romantic fiction« und rühmte schon an ihrem frühen *The Romance of the Forest* (1791) die unterschiedlichen Landschaftsstimmungen als »now pleasing and serene, now gloomy, now terrible – scenes which could only have been drawn by one to whom na-

---

[10] Zum Pittoresken bei Mrs. Radcliffe und in der Dichtung des 18. Jahrhunderts vgl. Verf., »Flüsse und Flußlandschaften in der Englischen Dichtung von der Renaissance bis zur Romantik«, in *Motive und Themen Romantischer Naturdichtung,* hg. v. Th. Wolpers, Abhandlungen der Akademie der Wissenschaften in Göttingen, Phil.-Hist. Kl., III, 141 (Göttingen, 1984), S. 68–189, hier S. 121–130.

ture had given the eye of a painter, with the spirit of a poet«[11]. Kein Wunder, daß selbst die großen romantischen Lyriker Ann Radcliffe schätzten, obwohl sie – wie übrigens auch Scott – ihre Schwächen sahen. So bezeichnet etwa Coleridge in seiner Rezension von *Udolpho* (*Critical Review,* August 1794) die von Mrs. Radcliffe selbst stammenden Gedichte als »all pleasing, but rather monotonous«, aber er würdigt auch den stimmungshaften Reiz des Romans. Noch am 14. März 1818, dem Jahr des Erscheinens von *Northanger Abbey,* schreibt Keats, obwohl scherzhaft, an Reynolds:

> I am going among Scenery whence I intend to tip you the Damosel Radcliffe – I'll cavern you, and grotto you, and waterfall you, and wood you, and water you, and immense-rock you, and tremendous sound you, and solitude you.[12]
>
> (Ich werde in die Landschaft gehen, von wo ich beabsichtige, die ganze Damosel Radcliffe vor euch auszuschütten – ich werde euch zudecken mit Höhlen, mit Grotten, mit Wasserfällen, mit Wäldern, mit Gewässern, mit riesigen Felsen und mit gewaltigen Klängen und mit Einsamkeit.)

Wenn also Catherine *Udolpho* liest, befindet sie sich in der Gesellschaft vieler Romantiker, freilich nicht in der der meisten Besucher von Bath in *Northanger Abbey.* Im übrigen unterscheidet sich ihre Lektüre von der der zitierten Romantiker. Sie reagiert, wie auch ihr Gespräch mit Henry Tilney (vgl. Kap. 14) zeigt, gerade nicht auf die pittoresken Schönheiten der Landschaftsschilderungen, die bekanntlich auch sonst bei Jane Austen fehlen, sondern nur auf die sie schaudern lassenden Schreckenseffekte und die Spannung. Eines Morgens hat sie seit dem Aufwachen ununterbrochen in *Udolpho* gelesen, muß die Lektüre aber, um ihre Freundin zu treffen, am Mittag an der Stelle abbrechen, die wegen ihrer Spannung besonders berühmt ist. Es ist der Augenblick, an dem die auf der Raubritterburg Udolpho gefangengehaltene Heldin Emily gerade den schwarzen Schleier des verhüllten Bildes gelüftet hat und vor Entsetzen ohnmächtig geworden ist (vgl. *The Mysteries of Udolpho* [II, 6]). Auch bei Mrs. Radcliffe wird der Leser lange im Ungewissen gelassen: »what it [= the veil] had concealed was no picture«[13], heißt es, und Catherine vermutet beinahe richtig, daß es das Skelett von Laurentina sei. In Wirklichkeit hat Emily nur einen aus Wachs nachgebildeten verwesenden Leichnam gesehen, den – so will es Mrs. Radcliffes literarisch-konventioneller Antikatholizismus – der mörderische Schurke Montoni zur Buße auf kirchliche Anordnung täglich betrachten muß.

Für Catherines naives Vergnügen an dieser literarischen Kost ist es weiterhin bezeichnend, daß sie mit *Udolpho* über ihren Liebeskummer hinwegkommt. Wenn sie sich in das Buch versenkt, wendet sie nicht einen

---

[11] »Mrs Ann Radcliffe«, Bibliographical Memoirs, I., in *The Miscellaneous Proseworks of Sir Walter Scott* (Edinburgh, 1848), Bd. III, S. 342, 344.

[12] *The Letters of John Keats,* hg. v. H. E. Rollins, 2 Bde. (Cambridge, Mass., 1958), Bd. I, S. 245. – Die (von Keats noch witzig übertriebene) verbale Verwendung von Nomina kann in der deutschen Übersetzung nicht wiedergegeben werden.

[13] *The Mysteries of Udolpho,* hg. v. B. Dobrée (Oxford, 1966), S. 249.

Gedanken an ihr eigenes Glück oder ihre Sorgen (vgl. Kap. 7, S. 72; ähnlich Kap. 6, S. 62). Nach einem unglücklich verlaufenen Ball ist sie nicht etwa untröstlich, sondern setzt sich am nächsten Morgen nach dem Frühstück ruhig »an ihr Buch« und ist gleich wieder völlig absorbiert (Kap. 9, S. 97).

Von besonderem Interesse für Catherines Art des Lesens sind einige Gespräche, die sie mit Freunden über Schreckensromane führt. Das erste dieser »Literaturgespräche« findet mit Isabella statt, die ihr, als sie Mrs. Radcliffes *The Italian* abgeschlossen hat, sieben weitere Titel empfiehlt. Es handelt sich um (wirklich existierende) Bücher der trivialsten Art, wie schon die Titel erkennen lassen: *Castle of Wolfenbach* (von Mrs. Parsons [1793]), *Clermont* (von Regina Maria Roche [1798]), *Mysterious Warnings* (richtig: *The Mysterious Warning* von Mrs. Parsons [1796]), *Necromancer of the Black Forest* (vollständig: *The Necromancer: or the Tale of the Black Forest,* deutsches Original von Lorenz Flammenberg, übersetzt von Peter Teuthold [1794]), *Midnight Bell* (von Francis Latham [1798]), *Orphan of the Rhine* (von Mrs. Sleath [1798]) und *Horrid Mysteries* (deutsches Original von C. F. A. Grosse, Übersetzung von P. Will [1796]). Catherines einzige Frage dazu ist: »[...] but are they all horrid, are you sure they are all horrid?« (Kap. 6, S. 61); sie will nur einen angenehmen, gruseligen Zeitvertreib. Dagegen vertritt der großspurige John Thorpe, Isabellas Bruder, in einem Gespräch mit Catherine (vgl. Kap. 7, S. 69 f.) die konventionelle Meinung der blasierten Gesellschaft, daß das Romanelesen überhaupt dummes Zeug sei, auf das man sich, da man Wichtigeres zu tun habe, nicht einlassen könne. Dennoch weiß er einiges von diesen Büchern, die er also irgendwie zur Kenntnis genommen haben muß.

Das wichtigste der Literaturgespräche Catherines findet mit Henry und Eleanor Tilney beim Ausflug nach Beechen Cliff statt (Kap. 14, S. 121–124). Henry stellt in leicht ironischem Sentenzton, der zugleich die Ansicht der Erzählerin wiedergibt, fest, was exakt für einen John Thorpe zutrifft:

> The person, be it gentleman or lady, who has not pleasure in a novel, a good novel, must be intolerably stupid.
>
> (Die Person, sei sie Herr oder Dame, die kein Vergnügen an einem Roman, einem guten Roman findet, muß unerträglich beschränkt sein.)

Auch des weiteren weiß Henry behutsam und kritisch zu unterscheiden. Zur freudigen Überraschung Catherines gibt er zu, vor einigen Jahren gern Mrs. Radcliffes Romane und Hunderte andere gelesen zu haben (vgl. S. 121 f.). *The Mysteries of Udolpho* hat er in zweitägiger pausenloser Lektüre verschlungen, »my hair standing on end the whole time«, und er hat es vor Begeisterung passagenweise auch seiner Schwester vorgelesen. Aber seine jetzige Einschätzung enthält eine milde Einschränkung und Differenzierung: »I have read all Mrs. Radcliffe's works, and most of them with

great pleasure«[14]. Hieraus spricht die für Jane Austen ideale Ausgewogenheit von Aufrichtigkeit, Vernunft und Empfindung. Es ist eine Leserhal-
tung, die kritischen Verstand und Genauigkeit mit natürlichem Gefühl
und Einfühlungsvermögen verbindet und deshalb zu kompetenten Aussagen finden kann.

Von dieser Reife des Urteils ist die unerfahrene Catherine, die außerdem einige Jahre jünger als Henry ist, noch weit entfernt. Auf die Schrek-
kensromane, mit denen sie erstmals und unvorbereitet in Berührung gekommen ist, kann sie zunächst nur mit natürlichem Vergnügen und naiv
reagieren. Sie bezeichnet *Udolpho* schlicht als »the nicest book in the
world« (S. 122). Henry rügt das Wort »nice« lächelnd als ungenau, womit
er recht hat, obwohl ihm seine Schwester das als sprachnörgelnde Besser-
wisserei, die Johnson (Dr. Johnsons *Dictionary* [1755]) und Blair (Hugh
Blair, *Lectures on Rhetoric* [1783]) ins Feld führe, auslegt. Amüsanterweise sucht sie selbst – von Jane Austen ironisch als ein weiterer Fall weiblicher Leserreaktion gemeint – *Udolpho* als »a most interesting work« (S.
123) zu kennzeichnen. In dem oben erwähnten Gespräch mit Isabella hat
Catherine Richardsons *Sir Charles Grandison* ebenso unbekümmert als
»very entertaining« bezeichnet, allerdings mit der Unterscheidung »It is
not like Udolpho at all« (S. 62), was mehr Verständnis als Isabellas törichte Phrase (»an amazing horrid book«) verrät. Die Nuancen zwischen
den genannten Adjektiven sind gering, aber wie stets bei Jane Austen für
die Charaktere aufschlußreich.

Obwohl Catherine noch keine kritische Haltung gegenüber den Schrek-
kensromanen ausgebildet hat, sondern im Genuß der Spannung und des
wohligen Schauderns schwelgt, wenn sie *Udolpho* liest, formuliert sie doch
aufgrund ihrer natürlichen Empfindung einen ersten Bewertungsmaßstab.
Sie macht sich bewußt, daß sie an Büchern nichts so sehr wie eine lebhafte
Erfindungsgabe entzückt: »Invention is what delights me in other books«
(S. 122) – in allen außer Geschichtswerken. Deshalb schätzt sie nun
Mrs. Radcliffe über alles und ergeht sich in einem »warm panegyric [...]
on that lady's merits« (S. 124 f.); außerdem akzeptiert sie mit einer gewissen Einschränkung Gedichte, Theaterstücke und Reisebücher. Aber
ernste, feierliche Geschichtsschreibung (»But history, real solemn history«
[S. 123]) kann sie nicht ausstehen, weil sie »very tiresome« und »so dull«
ist, während Eleanor, deren Bildung ihr Bruder beeinflußt hat, dafür ein-
genommen ist (»I am fond of history« [S. 123]) und als Beispiele
»Mr. Hume or Mr. Robertson« nennt (David Hume, *History of England*
[1754–62]; William Robertson, *History of Scotland* [1759]). Catherine
wundert sich – und man hört Jane Austens Ironie –, daß Geschichtsbücher
so langweilig sind, obwohl das meiste in ihnen – besonders die Reden, Gedanken und Zielsetzungen der Helden – Erfindung sein muß, die ihr in

---

[14] Ähnlich wertet diese Stelle M. Butler, *Jane Austen and the War of Ideas* (Oxford, 1975),
S. 174.

anderen Büchern gefällt. Aus ihr spricht ein Temperament, das auch selbst zu erfinden versteht, wie sich auf dem Landsitz Northanger Abbey zeigen wird.

Zuvor jedoch kommt es zu Henry Tilneys Versuch, Catherines zunehmende Radcliffe-Schwärmerei durch eine Parodie auf den Schreckensroman zu dämpfen, die er ihr auf der Fahrt im offenen Wagen nach Northanger Abbey erzählt (vgl. Kap. 20, S. 164–167). Er tut es, indem er scherzhaft Northanger Abbey als »gotisches« Schreckensschloß ausmalt. Vielleicht folgt Jane Austen mit dieser Einlage dem Beispiel Sir Georges in Mrs. Lennox' *The Female Quixote*[15]; jedoch sind Situations- und Charakterbezug wesentlich subtiler als dort, und an die Stelle des ein Täuschungsmanöver bezweckenden Rivalen ist der zugleich amüsierte und besorgte Liebhaber getreten. Seine sehr geraffte Geschichte ist nur aus klischeeartigen Motiven zusammengesetzt, darunter das der alten Haushälterin (hier Dorothy), des entlegenen, für die Heldin bestimmten Schloßzimmers, des Geheimganges, der Folterwerkzeuge und der versteckten Schriftstücke. Henry verspottet außerdem die sprachlichen Übertreibungen und Fehler der schlechten »gotischen« Massenproduktion[16], was erneut sein Niveau als kritischer Leser beweist. In launiger Weise macht er Catherine selbst zur »gotischen« Heldin, die Northanger Abbey, ihrer Lektüre gemäß, nur als einen Schreckensort sehen und entsprechend alle gruseligen Einzelheiten wahrnehmen wird. Vielleicht könne sie, so meint Henry, für ein paar Stunden während der ersten Nacht den Schrecken der vielen unheimlichen Vorkommnisse, dem »*unconquerable* horror of the bed« (S. 165), widerstehen, in der zweiten oder dritten Nacht jedoch, zumal bei wildem Sturm, werde sie ihm verfallen, erschreckt aufstehen und nach der Ursache der unerklärlichen Geräusche und Bewegungen suchen. Amüsanterweise bemerkt Catherine die Ironie nicht, sondern nimmt Henrys Karikatur des Schaurigen als etwas ebenso Wahres und Schreckerregendes auf wie ihre »gotischen« Romane. Sie unterbricht ihn entsetzt, möchte aber doch die Geschichte weiter hören:

>›Oh! Mr Tilney, how frightful! – This is just like a book! – But it cannot really happen to me. I'm sure your housekeeper is not really Dorothy. – Well, what then?‹ (S. 165)

4. Das Nachleben des Schreckensromans durch die Heldin

Ähnlich wie *Northanger Abbey* ist auch Eaton Stannard Barretts heute vergessenes Erfolgsbuch *The Heroine* (1813) gegen romantische Verstiegenheiten und Schreckenseffekte gerichtet. Aber seine Heldin – eigentlich Cherry Wilkinson, die sich poetisierend Cherubina nennt (darin dem Vor-

---

[15] Vgl. Verf. (Anm. 2), S. 151.
[16] So auch Butler (Anm. 14), S. 175.

bild Biddys in Steeles Komödie *The Tender Husband* folgend[17]) – wird wie
Don Quijote und seine Nachfahren in den Donquichottiaden als eine lächerlich wirkende Schwärmerin dargestellt, die ihre literarischen Fiktionen
total auf die eigene Person und Lebensführung anwendet. Sie überbietet
Mrs. Lennox' Arabella insofern, als sie nicht vorwiegend in der behüteten
Sphäre des elterlichen Hauses bleibt, sondern aus romanhaftem Taten-
drang eine verwickelte Reise unternimmt, wobei es – aus der lärmend-pa-
rodistischen Absicht des Verfassers heraus – zu den unmöglichsten und
gröbsten Situationen und psychologischen Verwirrungen kommt.

Ein derart simples Verfahren, das der Parodie wegen den Charakter
und die Handlung zur Karikatur macht, kam für Jane Austen nicht in
Frage, wenn sie ihr umfassenderes Thema, die Erziehung ihrer Heldin für
das Leben, darstellen wollte. Zwar läßt sich auch, wie schon bemerkt, von
ihren eingeschalteten »gotischen« Kapiteln sagen, daß sie nicht in jeder
Hinsicht dem vorbereiteten Charakterbild entsprechen, aber Jane Austen
geht so geschickt vor, daß Catherine – im Gegensatz etwa zu Mrs. Lennox' Arabella – sich nicht in die Rolle einer von Gefahren verfolgten Romanheldin hineinsteigert, sondern sich nur partiell und in anderer Weise
von ihrer Romanlektüre bestimmen läßt. Nicht sie selbst wird zur »gotischen« Heldin, die sich persönlich bedroht fühlt und sich zu abenteuerlichen Rettungsaktionen oder Fluchtunternehmungen entscheidet, sondern
sie projiziert die Schrecken dieser Literatur lediglich auf ihre Umwelt, besonders dann, wenn die gegebene Örtlichkeit wie ein altes Schloß und sein
mysteriöser Bewohner dazu Anlaß geben. Catherine selbst bleibt, bezogen
auf die Tradition des Schreckensromans, ebenso eine Anti-Heldin wie im
ersten Teil in bezug auf die empfindsame Tradition. Auch wenn sie ihren
törichten Spekulationen folgt, also in dieser Hinsicht das Verhalten von
Heldinnen wie Emily in *The Mysteries of Udolpho* nachlebt, behält sie einen vergleichsweise kühlen Kopf und bleibt Beobachterin, ohne zum Ak-
teur eines Schreckensgeschehens zu werden. Sie wahrt ständigen Kontakt
zur Wirklichkeit, auch wenn sie harmlose Einzelheiten auf extreme Weise
im Sinne der Romanklischees überinterpretiert. Weder ihre Vernunft und
gute Natur noch ihr moralischer Sinn gehen verloren. Beobachtungsgabe
und Urteilsvermögen, von Anfang an ihre Stärken, werden nur vorübergehend unter dem Einfluß der schwelgerisch betriebenen Romanlektüre verdeckt, weshalb auch die Befreiung von diesen fremden Mächten relativ
leicht möglich ist.

Catherines Fiktionalisierung der realen Umwelt, nicht ihrer eigenen
Persönlichkeit, beginnt schon in Bath unter dem ersten Eindruck der hin-
reißenden *Udolpho*-Lektüre. Sie vergleicht die Landschaft um Bath mit
der in Südfrankreich, das sie nur aus *Udolpho* kennt. Ein zu besichtigen-
des Schloß – Blaize Castle – nimmt ihre Phantasie gefangen, weil es
Türme und Gänge wie in den Romanen hat und als das älteste in England

---

[17] S. dazu Verf. (Anm. 2), S. 137.

bezeichnet wird, jedenfalls von dem unwissenden John Thorpe. In Wirklichkeit handelt es sich – was Catherine nie erfährt, dem damaligen Leser aber bewußt war und als ironische Pointe verstanden wurde, – um ein erst im 18. Jahrhundert errichtetes Gebäude:

> ›What, is it really a castle, an old castle?‹
> ›The oldest in the kingdom.‹
> ›But is it like what one reads of?‹
> ›Exactly – The very same.‹
> ›But now really – Are there towers and long galleries?‹
> ›By dozens.‹
> ›Then I should like to see it; […].‹ (S.101)

Northanger Abbey bietet den zusätzlichen Reiz, daß es aus einem ehemaligen Kloster mit Zellen und Kreuzgang hervorgegangen ist; außerdem sind Catherines Erwartungen durch Henrys launige Schauergeschichte auf das äußerste gespannt. Jedoch wird ihr Realitätssinn wachgehalten. Zu ihrer Enttäuschung muß sie registrieren, daß das Anwesen bei der Anfahrt von der Straße her keineswegs malerisch oder geheimnisvoll wirkt und daß die zahlreichen und großen Räume auf das modernste und bequemste eingerichtet sind. Dennoch ist Catherine der Geist der »gotischen« Literatur hold. Ein abendlicher Sturm, der die Fenster und Türen klappern läßt, schafft endlich die Atmosphäre, die hinreichend literaturfähig und erlebniswürdig ist. Catherines Phantasie kann nun die Unheimlichkeiten hinzuerfinden, die zum Schreckensinventar gehören.

Catherines in dieser Phase »gelebte Literatur« ist im Grunde nur ästhetischer Genuß, in Verbindung mit moralischen Erwägungen, womit Jane Austen sie in den Rahmen klassizistischer Kunstauffassung stellt. Catherine gestattet sich zu ihrer Unterhaltung eine Art Gruselinszenierung, in die sie General Tilney, den sie zum Bösewicht macht, und seine vor neun Jahren verstorbene Frau einbezieht. Sie handelt nicht aus einem großen, leidenschaftlichen Trieb wie etwa eine Emma Bovary. Die Lektüre ist für sie nicht zu einer ihr ganzes Selbst ergreifenden Macht geworden, sondern hat nur ihr ungeteiltes Vergnügen am Unheimlichen, Schaurigen und Spannenden geweckt und sie in ihrer Empörung über alles Bösartige bestärkt. Hier liegt – trotz der Impertinenz ihrer ungeheuerlichen Verdächtigung des Generals – letztlich auch die Harmlosigkeit ihres Verhaltens. Es erscheint als ein mit jungmädchenhaftem Feuereifer und mit Naivität betriebenes, verzeihliches Spiel. Diese Dimension paßt in die im ganzen heitere, wenn auch von einigen Gefahren umlauerte Welt dieses Romans; sie verträgt sich mit dem Ideal des *good sense.*

Zur Illustration der Methode, mit welcher Catherine ihre Umwelt nach »gotischen« Mustern uminterpretiert, seien einige Passagen herausgegriffen. Zweimal hat Catherine zu ihrer Beschämung erkennen müssen, daß sie sich in ihrer überhitzten Phantasie nur etwas eingebildet hat. Dies geschieht beim Öffnen der geheimnisvollen Truhe in ihrem Zimmer, in der sie nichts als eine sauber gefaltete Steppdecke findet (vgl. Kap. 21, S.

169f.). Etwas Ähnliches wiederholt sich beim Entdecken der mysteriösen Schriftstücke in dem Geheimfach des schwarzen Sekretärs (vgl. Kap. 21–22, S.173–178), die sich als das Inventar einer Wäscherechnung, die Hemden, Strümpfe, Krawatten usw. aufzählt, und andere Haushaltsaufstellungen entpuppen. Die Lösung der Spannung, die mit Kap. 21 einsetzt, wird jedoch kunstvoll bis zu Kap. 22 hinausgezögert. Dies ist zum einen eine amüsante Parodie auf die ebenfalls hinausgezögerte Aufdeckung des Geheimnisses hinter dem schwarzen Schleier in *The Mysteries of Udolpho*[18], zum anderen muß Catherine, weil ihre Kerze in dem Augenblick verlischt, als sie das Manuskript gefunden hat, die quälenden – nun durchaus echten, nicht mehr nur eingebildeten – Schrecken der nächtlichen Finsternis über sich ergehen lassen.

Dennoch läßt sie sich noch einmal und radikaler auf eine ihrer schauererregenden Mutmaßungen und Erfindungen ein, jetzt in bezug auf General Tilney. Er ist ihr immer schon fremd und unheimlich gewesen. Als sie nun beobachtet, daß er bei Besichtigung des Anwesens den Pfad durch den dunklen Nadelwald meidet, der der Lieblingsweg seiner toten Frau gewesen ist, gilt für sie als erwiesen, daß seine Frau unglücklich und er ein rücksichtsloser Ehemann gewesen sein muß. Auch an seiner Physiognomie glaubt sie das ablesen zu können (vgl. Kap. 22, S.184). Als »another proof« gilt ihr der Umstand, daß das Porträt der Verstorbenen nicht im Zimmer des Generals hängt (vgl. ebd.). Nun wird ihr auch klar – so folgert sie weiter –, daß die gewisse Abneigung, die sie immer vor dem General empfunden hat, ein »absoluter Widerwille« (»absolute aversion« [S. 185]) ist. Dieses Gefühl wiederum ist nach der Romanliteratur ein unwiderlegbarer Beweis für des Generals tatsächliche Grausamkeit:

> Yes, aversion! His cruelty to such a charming woman made him odious to her. She had often read of such characters; characters, which Mr Allen had been used to call unnatural and overdrawn; but here was proof positive of the contrary. (ebd.)

Eleanors Bericht vom plötzlichen Tod der Mutter bringt sie dann auf den entsetzlichen Gedanken, daß der General der Mörder seiner eigenen Frau sein könnte, und es gruselt sie (»Catherine's blood ran cold with a horrid suggestion« [Kap. 23, S.190]). Wie sie in der folgenden erlebten Rede ausdrückt, scheinen die vielen literarischen Beispiele, die sie kennt, ihre Annahme zu bestätigen:

> Could it be possible? – Could Henry's father? – And yet how many were the examples to justify even the blackest suspicions! (ebd.)

Zu erhöhter Aufmerksamkeit veranlaßt, vermutet sie bei Besichtigung des Schloßgebäudes, einer vierflügligen Anlage um einen Innenhof, daß der General ihr viele Zimmer absichtlich verheimlicht; verschiedene Verbindungen und Gänge werden ihr nämlich nicht klar. Als der Rundgang vor einer abgetrennten Zimmerflucht vom General brüsk abgebrochen wird –

---

[18] S. dazu o. S.174.

mit der Bemerkung, daß Catherine nun wohl genug gesehen habe und durch mehr nur gelangweilt werde – und sie überdies erfährt, daß sich das Sterbezimmer seiner Frau dort befindet, wird diese Szenerie für sie – nach dem Vorbild des Schreckensromans – zu der der verbotenen Tür (»forbidden door« [Kap. 24, S. 195]).

Catherines ausschließlich rezeptiv-beobachtende und weitgehend ästhetisch orientierte (da auf die Schauereffekte gerichtete) Haltung wird besonders deutlich, als ihr die Mimik und Gestik des Generals beweisen, daß er wirklich ein Montoni ist, also dem finsteren Bösewicht in *The Mysteries of Udolpho* gleicht, der gefühlsroh und geldgierig seine Frau ins Grab gebracht hat (vgl. Kap. 23, S. 190). In Wirklichkeit sieht Catherine nicht mehr als das bühnenmäßige Klischee eines gedankenvollen Auf- und Abgehens mit auf den Boden geheftetem Blick und zusammengezogenen Augenbrauen – ein Bild, das jede Art von Sorge und Nachdenklichkeit ausdrücken kann, für Catherine aber nur »the gloomy workings of a mind not wholly dead to every sense of humanity, in its fearful review of past scenes of guilt« ist, weshalb der General für sie zum »Unhappy man« wird (S. 190). Weil dieser nun am Abend nicht sofort zu Bett zu gehen wünscht, sondern aufbleiben möchte, um sich mit Pamphleten über die Geschicke der Nation zu befassen (vgl. S. 190 f.), kommt ihr der neue Gedanke, daß er aus Eifersucht oder bloßer Grausamkeit seine Frau in einem Verlies, einer ehemaligen Klosterzelle des Schlosses, seit neun Jahren bei schmaler Kost gefangen halten könnte – eine Schandtat, die wenigstens (wie Catherine differenzierend einfügt) besser als ein Mord wäre.

Bei aller Absurdität solcher Konstruktionen und Ungeheuerlichkeiten ist Catherines moralisch-kritisches Wertgefühl ebenso erkennbar wie ihre beobachtende, ästhetisch rezeptive und analytische Fähigkeit – Qualitäten, die jeweils aus anderen Gründen einer Arabella oder einer Emma Bovary weitgehend fehlen. Vor allem ein handelndes Mitspielen in der fiktiven Welt kommt für Catherine nicht in Betracht. Das Muster der Donquichottiaden und ihres Ahnherrn gilt nicht mehr. Jane Austens romanelesende Heldin ist kein weiblicher Quijote wie Mrs. Lennox' Arabella, die mit eigenem, hochstilisiertem Rollenspiel auftrat. Sie ist für die Zeit ihrer Illusionen die (freilich klügere) Schwester der empfindsamen Heldin Emily in Mrs. Radcliffes *Mysteries of Udolpho*. Als Verfolgte ist diese zwar Handlungsbeteiligte, aber auch ihre Schrecken sind meist nur eingebildet, sind Vermutungen, nicht tatsächliche Gefahren. Vor allem hat sie wie Catherine das Bedürfnis, ihre unheimliche Umgebung zu erkunden, und die Fähigkeit, zu typischen Örtlichkeiten die passenden Requisiten und Figuren hinzuzuerfinden, so etwa, um nur ein Beispiel zu nennen, zur düsteren Silhouette einer wilden Bergschlucht im Apennin (nach dem Vorbild der Gemälde Salvator Rosas) eine Gruppe »banditti«[19].

---

[19] *The Mysteries of Udolpho* (Anm. 13), Bd. III, Kap. 6, S. 402.

5. Die Rückkehr der Heldin zur Vernunft und ihr abschliessendes
Urteil über Mrs. Radcliffes Schreckensromane

Die Desillusionierung der Heldin folgt mit dem lange von Catherine ersehnten Besuch des Sterbezimmers der Frau des Generals. Zu Catherines
Überraschung erweist es sich als ein großer, heller und gepflegter Raum,
in den das heitere Sonnenlicht fällt. Ganz andere Gefühle als die erwarteten stellen sich ein, und auch ihr Verstand kehrt endlich wieder:

> Astonishment and doubt first seized them [ihre Gefühle]; and a shortly succeeding
> ray of common sense added some bitter emotions of shame. (S. 196)

Zu ihrer Beschämung und endgültigen Umkehr trägt Henry Tilney bei,
der sie vor dem Sterbezimmer überrascht (vgl. S. 196 ff.). Mit der Frage
»What have you been judging from?« (S. 199) macht er ihr klar, daß sie
sich den fremden, unnatürlichen »visions of romance« (Kap. 25, S. 201)
überlassen hat und nicht ihrem eigenen Verstand und Urteil gefolgt ist.
Dann stellt er ihr die Realität vor Augen. Er ruft ihr in Erinnerung, in welchem Land und Jahrhundert sie leben: »Remember that we are English,
that we are Christians«. Sie soll ihre Umwelt mit ihrem eigenen Verstand,
Beobachtungsvermögen und Urteil wahrnehmen:

> ›Consult your own understanding, your own sense of the probable, your own observa-
> tion of what is passing around you.‹ (S. 199)

Er erinnert an ihre gemeinsame Erziehung, an die Gesetze des Landes und
daran, daß entsetzliche Verbrechen hier wegen der vielfältigen und freien
Kontakte zwischen den Menschen, auch wegen der Presse und Aufmerksamkeit der Nachbarn nicht verborgen bleiben könnten. Mit anderen
Worten: in England ist man sicher. Catherine hat nur fremde Gedanken in
sich eingelassen, wie Henry es schonend ausdrückt: »Dearest Miss Morland, what ideas have you been admitting?« (S. 200). Catherine vergießt
Tränen der Scham.

Aber sie behält, wie ausdrücklich gesagt wird (S. 202), die Entschluß-
kraft, sich selbst zu verzeihen. Hier gibt es keine Larmoyanz, keine über-
flüssige Selbstquälerei, schon gar keine Selbstmordgedanken wie bei
Emma Bovary, sondern eine gesunde und spontane Reaktion: ein Fehler
wurde begangen, und er wird, nachdem er erkannt ist, korrigiert. Dies ist
für die letztlich alles durchdringende Heiterkeit, das menschliche Verstehen und den aufklärerischen Optimismus des Romans ein charakteristischer Zug. Die Heldin hat, die natürliche Phase jungmädchenhafter Ro-
maneinbildungen abstreifend, ihre Erziehung zur Wirklichkeit durchlau-
fen. Sie gesteht sich auch ein, daß Mrs. Radcliffes Bücher, so »charming«
sie seien (S. 202), doch nicht die Art von »human nature« darstellen, die
man im Leben antreffe, jedenfalls nicht »in the midland counties of England«. Allenfalls, so wird ironisch auch aus der Sicht der Erzählerin hinzugefügt, könne dergleichen in »the northern and western extremities« Bri-

tanniens begegnen (also in Schottland und Wales) und wahrscheinlich in den Pyrenäen und Alpen oder in Italien und Südfrankreich.

Zur Rückkehr Catherines ins normale Leben gehört die oben erwähnte Anti-Klimax am Schluß des Romans, die rücksichtslose Verweisung der Heldin von Northanger Abbey durch General Tilney. Dies scheint Catherines Mutmaßungen über den General im nachhinein zu rechtfertigen und ihn doch als eine Art Montoni zu erweisen. Aber gegen diese wiederholt vertretene Auffassung muß eingewandt werden, daß General Tilney zwar in einer beispiellosen Weise unhöflich ist, aber keineswegs ein Schurke. Er ist ein Mensch, der ein schwieriges, leicht reizbares Temperament hat, wie seine Kinder Henry und Eleanor zu wissen scheinen. Außerdem ist er von Besitzdenken und Herrenallüren beherrscht. Als er erfährt, daß Catherine nicht die große Erbin ist, die er in ihr vermutet hat, machen sich sein ganzer Ärger und seine Übellaunigkeit in der genannten unerhörten Weise Luft. Wie oben schon vermerkt, ergibt sich daraus für Catherine eine zusätzliche Erfahrung, die nun auch ihre Heiratsträume zu vernichten scheint und sie vorübergehend in die empfindsame Rolle der ungerecht Verstoßenen und der von ihrem Liebhaber Getrennten versetzt.

Es ist deshalb mehrfach darauf hingewiesen worden, daß Catherine nach ihrer Rückkehr in das elterliche Haus eine romantische Gefühlshaltung bewiesen habe. Wenn das zuträfe, müßte man ihr eine zusätzliche Spielart »gelebter Literatur« zubilligen. Tatsächlich scheint die Erzählerin, wenn man den Passus für sich betrachtet, dieser Auffassung recht zu geben. Catherine kann mit den moralischen Belehrungen durch die Mutter und mit dem ihr empfohlenem Ideal der wohlausgeglichenen, vernünftigen Haltung nichts anfangen; auf einige menschliche Situationen und Befindlichkeiten hat offensichtlich »good sense« keinen Einfluß:

> There was a great deal of good sense in all this; but there are some situations of the human mind in which good sense has very little power; and Catherine's feelings contradicted almost every position her mother advanced. (Kap. 29, S. 236)
>
> (In all dem steckte viel Vernünftiges. Aber es gibt im menschlichen Bewußtsein Situationen, in denen die Vernunft wenig bewirkt; und Catherines Gefühle widersprachen fast jedem Punkt, den ihre Mutter vorbrachte.)

Jedoch muß man sehen, daß die Gefühle Catherines ausschließlich ihre Liebe zu Henry betreffen. Während ihre Mutter auf sie einredet, wandern ihre Gedanken zu ihm, und sie stellt sich vor, daß er nun von ihrer Abreise erfahren hat und nach Hereford unterwegs ist:

> Catherine was silently reflecting that *now* Henry must have arrived at Northanger; *now* he must have heard of her departure; and *now,* perhaps, they were all setting off for Hereford. (ebd.)

Man kann auf diese Stelle also nicht die These gründen, daß Catherine insgesamt nun eine mehr romantische, von der Literatur beeinflußte Lebenssicht gewonnen habe und sie gegen die des *good sense* stellen wolle. Dies wird unter den bedeutenderen literaturlesenden Helden im englischen Roman erst Scotts Edward Waverley (*Waverley* [1814]) tun.

Mrs. Morland mißversteht die Gefühlslage ihrer Tochter in einer für den Leser amüsanten Weise. Sie glaubt, Catherine von der Verwöhnung durch den herrschaftlichen Haushalt in Northanger Abbey heilen zu müssen, indem sie ihr einen Band von Henry Mackenzies populären moralischen Essays *The Mirror* (1779–80; in vielen Neuauflagen verbreitet) empfiehlt. Sie denkt an »a very clever Essay [...] about young girls that have been spoiled for home by great aquaintance« (Kap. 30, S. 238)[20]. Aber erst die Ankunft Henrys vermag plötzlich Catherines Kummer zu heilen.

---

[20] Es handelt sich um Essay No. 12 vom 6. März 1779. »John Homespun« klagt darüber, daß seine zwei Töchter bei einem einwöchigen Aufenthalt im Hause einer großen Dame nichts gelernt haben als langes Aufbleiben am Abend, das Nachäffen extravaganter Mode, maßloses Geldausgeben, den Gebrauch vornehmer französischer Redewendungen und sogar das Kartenspiel am Sonntag und das Zweifeln an der Unsterblichkeit der Seele (vgl. Ehrenpreis [Anm. 1], S. 252).

Der romantische Leser als Kriegsheld und Liebhaber: Poetisierung der Realität in Walter Scotts *Waverley*

Von

THEODOR WOLPERS

Willi Erzgräber zum 60. Geburtstag

1. ALLGEMEINE MOTIVGESCHICHTLICHE EINORDNUNG

Waverleys Imagination ist nicht wie die Don Quijotes gänzlich von Literatur und hohen Idealen beherrscht. Damit entfällt die Dimension der Torheit ebenso wie die der Größe. Waverley ist, verglichen mit dem spanischen Ritter, ein »mittlerer Held«, der auf eine für den Leser leichter mitvollziehbare Weise eine gewisse Wirklichkeitserfahrung mit einer typisierenden, in der Literatur wurzelnden Poetisierung verbindet. In *Waverley* wird auch nicht mehr – wie vielfach noch in den Donquichottiaden des 18. Jahrhunderts – von vorwiegend schädlicher Romanlektüre gesprochen, die eine lächerlich wirkende Geistesverfassung und Realitätsferne erzeugt. Dies ist schon deshalb nicht der Fall, weil vornehmlich Situationen aus romantisierender Geschichtsschreibung und Renaissanceepik aufgegriffen werden. Die positive Einstellung zur Literatur verbindet Scott mit Jane Austens fast zeitgleich entstandenem *Northanger Abbey,* in dem selbst die Romanlektüre nicht mehr gänzlich abgelehnt, sondern als harmloses und natürliches Vergnügen, außerdem als Zeichen lebendiger Emotionalität und Vorstellungskraft verstanden wird. Auch in der Verbindung von Erkenntnis und literarischer Überhöhung der Realität gleicht Waverleys Verhalten dem der Hauptpersonen in *Northanger Abbey,* wo die Heldin ein Schloß nach dem Vorbild Mrs. Radcliffes ins Schauerromanhafte und der Held eine Landschaft nach dem Muster des Pittoresken stilisiert.

Jedoch ist Waverleys Literarisierung der Umwelt vielseitiger. Sie umfaßt sowohl das Spektrum der poetischen Stimmungen und ästhetischen Wirkungen des späten 18. Jahrhunderts (das Pittoreske, Sublime, Idyllische, Elegische usw.) wie einige neue, im engeren Sinne romantische Töne (z. B. den des volksliedhaft Einfachen und Rührenden, des Rätselhaften und Unheimlichen, des Patriotischen, des Heroischen und Schicksalhaften, auch den des Altehrwürdigen, vom Hauch der Vergangenheit Umgebenen). Dagegen fehlen die extremen Bewußtseinslagen sowohl einer totalen Literaturbestimmtheit als auch einer sich absolut setzenden Phantasie, die

Scott in E. T. A. Hoffmann zu sehen glaubte und – trotz gewisser Bewunderung – ablehnte.

Schon zu Beginn des Romans, in Kap. 5 [1], teilt der Erzähler mit, daß man nicht »an imitation of the romances of Cervantes« (S. 82) erwarten dürfe:

> My intention is not to follow the steps of that inimitable author, in describing such to-tal perversion of intellect as misconstrues the objects actually presented to the senses, but that more common aberration from sound judgment, which apprehends occurrences indeed in their reality, but communicates to them a tincture of its own romantic tone and colouring. (ebd.)
>
> (Es ist nicht meine Absicht, dem Verfahren jenes unnachahmlichen Autors zu folgen, indem ich eine totale Geistesverkehrung beschreibe, die die von den Sinnen erfaßten Objekte mißversteht, sondern jene häufigere Abweichung vom gesunden Urteilsvermögen, die zwar die Geschehnisse in ihrer Realität erfaßt, ihnen aber einen Anstrich von eigener romantischer Tönung und Färbung verleiht.)

Das Wort »romantisch« ist hier, dem damaligen englischen Wortgebrauch gemäß, noch nicht als Epochenbezeichnung gemeint, sondern bedeutet »romanzenhaft«, »märchenhaft«, »phantastisch« oder »wirklichkeitsfern«.

Edward Waverley kann also die Wahrnehmung der Realität mit poetischer Tönung verbinden; der Blick für die Wirklichkeit geht aber verloren, wenn der junge Held – was wiederholt geschieht – gänzlich unter den Einfluß von Leidenschaften gerät. Ein Beispiel bietet Kap. 27. Trotz aller Enthusiasmierung durch Romanzen und Gedichte sieht Edward das militärisch Unmögliche und Wahnwitzige eines Aufstandes der schlecht ausgerüsteten Hochländer gegen die mächtige Regierung und ihre schlagkräftige Armee. Er richtet an seinen Freund Fergus Mac-Ivor, den einflußreichen Stammesführer, die Frage: »But are you serious in your purpose, with such inferior forces to rise against an established government? It is mere frenzy« (S. 220). Er lehnt die Beteiligung an der Rebellion außerdem aus moralischen Bedenken ab. Weil er dem Haus Hannover gerade ein Treueversprechen gegeben und damit dessen Legitimität anerkannt hat, kann er es jetzt nicht bekämpfen. Erst durch ein Täuschungsmanöver der Hochländer, das ihn glauben läßt, ungerecht und beleidigend von seinen Vorgesetzten und der englischen Krone behandelt worden zu sein, wird er, von Fergus angestachelt, dazu verleitet, sich aus bloßem Racheverlangen und zur Wiederherstellung seiner Ehre an dem Unternehmen des Prinzen Charles gegen Georg II. zu beteiligen. Von Leidenschaften beherrscht, folgt er in dieser Phase nicht mehr der Stimme der Vernunft und des Gewissens. Später sieht er diesen Irrtum ebenso ein wie den seiner romantisierenden Liebe zu Fergus' Schwester Flora. Was schließlich bleibt, ist das bescheidenere, fast spätromantisch-biedermeierlich anmutende, aber immer noch poetisch getönte Ideal häuslichen Glücks.

---

[1] Zitate und Seitenangaben im folgenden nach Sir Walter Scott, *Waverley*, hg. v. J. C. Corson, Everyman's Library (London, 1969). – Die Übersetzungen stammen vom Verfasser dieses Beitrags.

2. Imagination und Lektüre

Die Voraussetzung für Waverleys Poetisierung der Realität ist eine äußerst lebhafte Einbildungskraft, die aus Veranlagung und noch unerfahrener Jugend resultiert. Ihre einseitige Ausrichtung (»bias« [S. 82]) erhält sie jedoch durch Lektüre und mündlich erzählte heroische Familiengeschichten. Diese literarische Beeinflussung wird in den Kap. 3 (»Education«) und 4 (»Castle-building«) dargestellt, wobei das Luftschlösserbauen oder Tagträumen im letzteren schon auf die besondere Art des Lesens verweist. Der Fünfzehnjährige betreibt seine immense Lektüre nämlich nicht unter rechter Anleitung (der Tutor ist zu alt und nachsichtig) oder mit klarer Zielsetzung, sondern meist allein und planlos. Er folgt nur seiner eigenen Lust und Laune (»he was thus permitted to read only for the gratification of his amusement« [S. 74]; »our young hero [...] was permitted to seek his instruction only according to the bent of his own mind« [S. 75]). Auf das ernsthafte Studium eines klassischen Autors nach den kritischen philologischen Gesichtspunkten eines Scaliger oder Bentley läßt er sich nicht ein; er beginnt nur einmal diese Art des Lesens aus Neugierde, bricht sie aber wieder ab, sobald der Reiz des Neuen erschöpft ist. Es geht ihm nur darum, den Stil eines klassischen Autors zu erfassen und spielend zu meistern; die erzählte Geschichte liest er nur dann zu Ende, wenn sie ihm vergnüglich oder interessant erscheint (vgl. S. 74).

Begünstigt wird dieses Leseverhalten durch Waverleys insgesamt unsystematische Erziehung (»The education of our hero, Edward Waverley, was of a nature somewhat desultory« [S. 73]), die wiederum die Folge eines ständigen Aufenthaltswechsels ist. Dieser findet statt zwischen Waverley-Honour (dem Herrenhaus seines unverheirateten Onkels, Sir Everard Waverley of Waverley-Honour, Bart., der wie der ganze Haushalt von stuarttreuer Gesinnung geprägt ist) und Brere-wood Lodge (dem Landsitz seines verwitweten Vaters, der, um Karriere zu machen, zum regierenden Haus Hannover übergegangen ist). Die so entstandene Gewohnheit eines ziel- und planlosen Lesens (»desultory habit of reading« [S. 76]) wird vom Erzähler bitter beklagt. Nach seiner Ansicht wird durch sie – die darin den damals neuen spielerischen Lehrmethoden für Kinder gleicht (»children are taught the driest doctrines by the insinuating method of instructive games [...] accustomed only to acquire instruction through the medium of amusement« [S. 75]) – die Gelegenheit vertan, daß Waverley charakterliche Festigkeit entwickelt und seine Geisteskräfte (»the powers of his mind« [ebd.]) auf ernsthafte Unternehmungen konzentrieren lernt. Damit stellt sich Scott auf die Seite der älteren und strengeren, für die Gedanken einer neuen Pädagogik verschlossenen Erziehungslehre. Als Erzähler betont er, daß nur Waverleys Kraft der Imagination und des Gefühls, in Verbindung mit lebhafter und schneller, an Intuition grenzender Auffassungsgabe und Vorstellungskraft, ihn davor habe bewahren können, an seiner Disziplinlosigkeit (»to learn as he pleased, what he pleased, when he

pleased« [S.74]) zu scheitern. Aber seine Einbildungskraft und Liebe zur
Literatur hätten auch wieder, obwohl sie als lebendige und glühende Gefühle an sich zu bejahen seien, die böse Folge gehabt, seinen Hang zur In-
dolenz und zum Lesen nur aus Neigung zu verstärken (vgl. S.74 f.).

Jedoch betrifft Scotts negatives Urteil nicht die gelesene Literatur selbst.
Diese wird vielmehr ähnlich wie bei Jane Austen positiv beurteilt. Entsprechendes gilt für die durch Literatur angeregte Illusionsfähigkeit und deren
die Realität überhöhende, poetisierende Kraft. Weder das eine noch das
andere ist an sich schädlich, sondern im Gegenteil etwas Bereicherndes
und Kultivierendes. Jedoch können Lektüre und poetische Imagination
wie bei Waverley mit einem bedauerlichen Mangel an Lebenskenntnis und
psychischer Ausgewogenheit einhergehen. Erst nach leidvollen Erfahrungen kann der Held seine Schwächen überwinden. Insofern ist der Ge-
schichtsroman *Waverley* zugleich ein Erziehungs- und Bildungsroman.
Der junge Waverley weiß aufgrund seiner vielseitigen Lektüre zwar »vieles, was nur wenige kennen«, jedoch ist er nach dem Urteil des Erzählers
in dieser Phase noch ein Unwissender.

> since he knew little of what adds dignity to man, and qualifies him to support and
> adorn an elevated situation in society. (S.77)
>
> (weil er wenig von dem wußte, was einem Mann Würde verleiht und ihn befähigt, in
> der Gesellschaft eine herausragende Stellung einzunehmen und ihr zur Ehre zu gerei-
> chen.)

Welche Literatur wird mit welchen Wirkungen von Waverley gelesen?
Die Bibliothek von Waverley-Honour befindet sich in einem »large Gothic room, with double arches and a gallery«. In ihrer Vielseitigkeit ist sie
typisch für das, was sich in zweihundert Jahren in einer wohlhabenden Familie ansammelt, die ihre Regale »mit der laufenden Literatur des Tages
ohne viel Überlegung oder behutsame Auswahl anfüllt« (S.76). Hier kann
der junge Held seine Lesebedürfnisse befriedigen:

> With a desire of amusement, therefore, which better discipline might soon have con-
> verted into a thirst for knowledge, young Waverley drove through the sea of books,
> like a vessel without a pilot or a rudder. (S.76)
>
> (Mit dem Wunsch nach Vergnügen, den eine bessere Disziplin schnell in Wissensdurst
> hätte verwandeln können, segelte der junge Waverley deshalb durch ein Meer von Bü-
> chern wie ein Schiff ohne Lotse oder Steuer.)

Wie ein Epikureer, der nur von der Sonnenseite des Pfirsichs einen Bissen
nimmt, liest er »keinen Band einen Augenblick länger, als seine Neugierde
oder sein Interesse erregt sind« (ebd.), weshalb eine Befriedigung seines
Verlangens immer schwieriger wird und schließlich in einer Art Sättigung
gegenüber der Literatur endet.

Vorher aber hat Waverley unendlich viel gelesen und in einem ungewöhnlich guten Gedächtnis gespeichert (vgl. S.76 f.). Er beherrscht (»he
was master of«) in der englischen Literatur (1.) Shakespeare, (2.) Milton
und (3.) die frühen Dramatiker neben Shakespeare; außerdem (4.) viele

»pittoreske und interessante Passagen« aus alten Chroniken und (5.) besonders Spenser, Drayton und andere Dichter,

> who have exercised themselves on romantic fiction, of all themes the most fascinating to a youthful imagination, before the passions have roused themselves, and demand poetry of a more sentimental description. (S. 76 f.)
>
> (die sich im romantischen Erzählen [gemeint sind elisabethanische Epen] geübt haben, von allen Gegenständen die faszinierendsten für die jugendliche Einbildungskraft, bevor die Leidenschaften erwachen und eine Dichtung empfindsamerer Art verlangen.)

Scott stellt also den Wert verschiedener Typen von Literatur für verschiedene Altersphasen des Jünglings heraus. An italienischer Dichtung kennt Waverley (6.) »zahlreiche romantische Gedichte«, wie sie »seit den Tagen Pulcis« (15. Jahrhundert) geschrieben wurden und (7.) viele Novellensammlungen, »die vom Geist dieses eleganten, aber verschwenderisch lebenden Volkes im Wetteifer mit dem Dekameron hervorgebracht wurden«. Von (8.) der klassischen Literatur heißt es nur, daß Waverley »die üblichen Fortschritte gemacht und die üblichen Autoren gelesen« hätte. Und (9.) hätten ihm die Franzosen »eine schier unerschöpfliche Sammlung« von Memoiren und Romanen geboten, die, wie mit leiser Ironie vermerkt wird, kaum voneinander zu unterscheiden gewesen seien. Zu Waverleys Lieblingstexten gehören jedoch (10.):

> The splendid pages of Froissart, with his heart-stirring and eye-dazzling descriptions of war and of tournaments, (S. 77)
>
> (Die glanzvollen Seiten Froissarts mit ihren das Herz bewegenden und das Auge blendenden Beschreibungen von Kriegen und Turnieren)

– also Froissarts umfangreiche *Chroniques de France, d'Angleterre et des pais voisins* (um 1400), die Scott besonders in *Quentin Durward* auswertete. Außerdem lernt Waverley (11.) aus Brantôme (*Vies des dames galantes* [um 1600, publ. 1665]) und de La Noue (*Discours politiques et militaires* [1587]), das sittenlose und abergläubische Verhalten der Adeligen der (katholischen) Liga mit der rigiden, manchmal turbulenten Haltung der Hugenotten zu vergleichen. Genannt werden (12.) die Spanier als Beiträger zu Waverleys »reichem Vorrat an ritterlichem und romantischem Wissen« und schließlich (13.) – worin sich Scotts romantisches Interesse an alten englischen und schottischen Volksballaden spiegelt – »die ältere Literatur der nördlichen Völker«.

So weltliterarisch breit die Liste zu sein scheint, aus ihr spricht ein auf das »Romantische« gerichteter Geschmack, der, wie in Kap. 4 ausgeführt wird, durch ein müßiggängerisches Leben erworben und übertrieben wählerisch ist. Er bewirkt, daß der Held für ein ernstes und nüchternes Studium unfähig wird und erfüllt ihn sogar mit einem Widerwillen gegen seine eigene Schwelgerei (vgl. S. 78). Der Hinweis auf den eigenen Geschmack Waverleys und den anderer Gestalten im Roman ist von motivgeschichtlichem Interesse, weil damit die Kategorie des subjektiven Erlebens hervorgehoben wird, von dem aus das literarische Wirkungselement in je-

weils anderer Weise erfaßt werden kann. Das ästhetisch sensibilisierte In-
dividuum, nicht mehr ein Narr erlebt und lebt Literatur.

Im sechzehnten Lebensjahr Waverleys machen sich als weitere Eigenschaften Geistesabwesenheit bzw. Zerstreutheit (»habits of abstraction«
[S.78]) und ein starkes Bedürfnis nach Einsamkeit (»love of solitude«
[ebd.]) bemerkbar. Im folgenden Frühjahr führt die Lektüre von Isaac
Waltons »fascinating volume« (*The Compleat Angler* [1653]) zu dem überraschenden Entschluß »to become ›a brother of the angle‹« (ebd.). Aber
der literarisch entfachte Enthusiasmus führt nur zur Enttäuschung, denn
das Angeln muß sich für jemanden, der sowohl indolent als auch ungeduldig ist, als ungeeignet erweisen. Von der Gesellschaft sondert Waverley
sich als ein »youthful visionary« ab, was wiederum zu Unterlegenheitsge-
fühlen gegenüber anderen gebildeten jungen Leuten führt. Charakteristi-
scherweise fehlt es Waverley in dieser Einsamkeitsphase an dem Geschick,
sich klar und überzeugend auszudrücken. Mit seiner zunehmenden Empfindsamkeit wird er der Gesellschaft gegenüber immer unsicherer, und er
befürchtet, sich durch Mißachtung der Etikette lächerlich zu machen (vgl.
S.79).

In dieser Zeit wird seine Phantasie durch die im häuslichen Kreis von
Sir Everard vorgetragene Familiengeschichte der Waverleys angeregt. Obwohl diese Erzählungen, wie der Erzähler bemerkt, mit ihren genealogi-
schen Einzelheiten streckenweise trivial und langweilig sind, bieten sie an
alten Sitten und kleinen Vorkommnissen doch so viel Seltenes und Wert-
volles, wie es »durch kein anderes Medium hätte bewahrt und übermittelt
werden können« (S.79). Aus dieser Verteidigung der literarischen Eigen-
leistung der mündlichen Überlieferung spricht der Romantiker Scott, der
selbst zahlreiche Balladen und Volkslieder herausgegeben und literarisch
nachgeahmt hatte, bevor er *Waverley* 1814 publizierte. Im – unten noch
zu erörternden – weiteren Verlauf des Romans zeigt er überdies, wie die
Erinnerung an die glanzvollen ritterlichen und königlichen Zeiten Schott-
lands in einem ganzen Volk lebendig gehalten und aus Nationalgefühl
wiederbelebt wird. Als Beispiele von Familienerzählungen, die den Siebzehnjährigen besonders ansprechen, werden summarisch gekennzeichnet:
(1.) die romanzenhaft typisierten Kreuzritter-Abenteuer des Wilibert von
Waverley, der am Abend der Hochzeit seiner ehemaligen Braut, die nun
mit einem anderen vermählt ist, heimkehrt und, Verzicht übend, in ein
Kloster geht, und (2.) die zugleich rührende und heroische Geschichte von
Leid und Tapferkeit der Lady Alice Waverley, die, um König Charles während des Bürgerkrieges vor den *Roundheads* zu retten, ihren eigenen Sohn
in Gefahr bringt und verliert, der dann von seiner Braut ein Leben lang betrauert wird (vgl. S.79f.).

Es ist kennzeichnend für die ästhetisch sensible, die Phantasie anregende Art der Lektüre des jungen Mannes, daß er sich, als er diese »Legenden« (S.80) seiner Vorfahren gehört hat, davonstiehlt, um sich in einer
Ecke der düsteren, nur von etwas Glut im Kamin erleuchteten Bibliothek

dem Genuß der Träumereien hinzugeben, die die Erzählungen in ihm her-
vorgerufen haben (»to indulge the fancies they excited« [S. 80 f.]). In seiner Phantasie malt er sich – wie er es später auch im Gespräch über die
Chroniken tut (vgl. S. 130) – in stundenlanger »innerer Zauberei« (S. 81)
den Ablauf der Geschehnisse aus. Ein ganzer Aufzug von Gestalten und
Ereignissen wird so vor dem »Auge des Träumers« heraufbeschworen. Edward sieht alles in bildhafter Anschaulichkeit vor sich, wie es ähnlich Scott
selbst in seiner bunten Darstellung der Geschichtsbegebenheiten tut. Es
liegt ein Typus von »erlebter Literatur« nach Art literarischer Fiktionalisierung vor.

Um möglichst ungestört »in seiner idealen Welt« (S. 81) verweilen zu
können, zieht Waverley sich gern in den weitläufigen Park Waverley-
Chase zurück, ein Waldgebiet, das trotz Lichtungen noch viel von seinem
»ursprünglichen und wilden Charakter bewahrt hat«. Am moosüberwach-
senen gotischen Monument, an dem Königin Elisabeth einmal sieben Reh-
böcke erlegt haben soll, – also an einem sowohl pittoresken wie ge-
schichtsträchtigen Ort – ist Waverleys Lieblingsaufenthalt (»a favourite
haunt of Waverley« [S. 81]). Oft geht er auch mit einem Buch an einen
kleinen See, wo sich die Ruine eines (in den Rosenkriegen von dem bekannten Richard of Gloucester zerstörten) einsamen Turms befindet, von
dem aus sich im 17. Jahrhundert königstreue Aristokraten unter der Führung von Nigel Waverley gegen die *Roundheads* verteidigt haben. Waverleys Lesesituation und -örtlichkeit beflügeln mit ihren historischen und
malerisch-stimmungsvollen Qualitäten seine literarische Imagination:

> Through these scenes it was that Edward loved to »chew the cud of sweet and bitter
> fancy,« and, like a child among his toys, culled and arranged, from the splendid yet
> useless imagery and emblems with which his imagination was stored, visions as bril-
> liant and as fading as those of an evening sky. (S. 82)
>
> (Bei Betrachtung dieser Szenen liebte es Edward, »die bitter-süßen Phantasiebilder
> hin- und herzuwenden« [abgewandeltes Zitat nach Shakespeare, *As You Like It*, IV, 3,
> 103: »Chewing the food of sweet and bitter fancy«], und wie ein Kind inmitten seines
> Spielzeugs wählte und entwarf er, aus dem glanzvollen, aber nutzlosen Bild- und Em-
> blemvorrat seiner Imagination schöpfend, Visionen, die ebenso brillant und vergäng-
> lich waren wie die an einem Abendhimmel.)

3. Die Wirkungen der Lektüre: »Gelebte Literatur« als Poetisierung der Realität

Wie das Schwelgen in den schönen Vorstellungs- und Eindrucksbildern
der Literatur und der Landschaft (gelegentlich auch der Innenräume) auf
Waverleys Temperament und Charakter wirkt, wird in Kap. 5 (»Choice of
a Profession«) dargestellt. Scott selbst spricht von dem »effect of this in-
dulgence on his temper and character« (S. 82). Im Gegensatz zu Don Quijote behält Waverley so viel Realitätsblick – und Unsicherheit –, daß er

sich der Verständnislosigkeit der anderen Menschen für seine Empfindungen und Phantasien bewußt bleibt und nichts so sehr fürchtet wie das Entdecktwerden seiner Tagträume (vgl. S. 82 f.). Sein Vergnügen ist die poetische Umstilisierung seiner Umwelt. So macht er zunächst eine junge Dame, Miss Cecilia Stubbs, nach literarischem Vorbild zum Objekt seiner Anbetung, ohne daß er seine Rolle als romantischer Liebhaber sehr ernst nähme. Er bleibt vielmehr – wie Romeo in seinem Verhältnis zu Rosalind vor dem Auftreten von Juliet – auf der Ebene einer nur konventionellen Stilisierung. Der Kommentar des Erzählers läßt bis in den Wortlaut (»idolater«, »adoration«) den Einfluß von Shakespeares *Romeo and Juliet* erkennen, das hier aber noch nicht genannt wird[2]: »A romantic lover is a strange idolater, who sometimes cares not out of what log he frames the object of his adoration« (S. 83).

Cecilia bedeutet Waverley nichts mehr, als der Vater ihm vorschlägt, als Hauptmann in die Armee einzutreten. Sofort erfaßt den jungen Mann eine freudige Erregung und – wenn er an die stattliche Uniform denkt – Eitelkeit. Wie es bei seiner stark literarisierten Haltung naheliegt, drückt sich »the wild and irregular spirit of our hero« in einem von ihm selbst verfaßten Gedicht aus. Es setzt mit einem an einem Herbstabend sich plötzlich auftuenden Sturm ein. Die vorher ruhig gespiegelte Welt, die den nur fiktiven Vorstellungen der literarischen Phantasie gleichgesetzt wird, geht im Toben der Wellen unter, was in Waverley Freude bewirkt. Denn er betrauert nicht den Verlust der beschaulichen Szene, sondern deutet den Aufruhr als Einbruch der Wahrheit in müßige Jugendträume. Tatsächlich aber erfüllen ihn neue Träume, die von den heroischen Erzählungen und Chroniken genährt worden sind. Die letzten vier Verse lauten:

> For ever dead to fancy's eye
> Be each gay form that glided by,
> While dreams of love and lady's charms
> Give place to honour and to arms! (S. 88)

> (Für immer tot für das Auge der Phantasie
> Sei jede schöne Gestalt, die vorüberglitt,
> Während Träume von Liebe und Frauenschönheit
> Der Ehre und den Waffen weichen!)

Was mit dem Überwechseln zur Armee und nach der Begegnung mit den Schotten folgt, ist nur eine andere Form »gelebter Literatur«. Der Sinn richtet sich jetzt – wozu noch die Strophe einer alten Ballade zitiert wird (vgl. S. 88) – ganz auf Heldenehre. Tatsächlich aber wird es auch neue Liebeserfahrungen, erst eine romantisierende und fehlgeleitete, dann eine zu wirklichem Glück führende, geben. Außerdem wird die Realität aus anderem Blickwinkel und in zunehmendem Maße in ihrer eigenen Beschaffenheit wahrgenommen. Zunächst allerdings macht Waverley sich bei der militärischen Ausbildung wiederholt durch seine Geistesabwesenheit lächer-

---

[2] S. jedoch u. S. 196.

lich (vgl. z. B. S. 98). Seine Gewöhnung an wahllose, nur die Phantasie anregende Lektüre paßt ganz und gar nicht zum soldatischen Leben, in dem es auf Konzentration und Sachlichkeit ankommt. Aber weil die Welt der Armee neu ist, scheint sie dem jungen Waverley zunächst auch schön (vgl. S. 97).

Neben den Traum vom heroischen Kämpfer treten andere literarische Bilder, wobei Edward eine »wild romance of his spirit« (S. 140) durchläuft. Er überläßt sich der »full romance of his situation« (S. 156) bzw. der »exercise of a romantic imagination« oder den »dreams of imagination« (S. 157). Gemeint ist damit ein Sehen der Realität durch eine romantische Phantasie hindurch, d. h. durch entsprechende literarische Tönungen und Motive (Stimmungsqualitäten, Situationen, Gestalten, Ereignisse, Örtlichkeiten). Die Wirklichkeit wird erfahren und identifiziert als eine Wiederholung von Literatur. Man könnte von literarisch-typologischem Denken sprechen; denn das Erfahrene wird dem literarischen Prototyp zugeordnet und als dessen Nachahmung überhaupt erst greifbar. Dies ließe sich durch den gesamten Roman in einer reichen Fülle von Beispielen belegen. Nur auf einige wenige sei hier verwiesen.

In Kap. 8 bewirken das Malerische und die völlige Ruhe des im übrigen verlassenen und heruntergekommenen schottischen Herrenhauses Tully-Veolan, daß Waverleys Phantasie einen klösterlichen Bezirk daraus macht (»the whole scene still maintained the monastic illusion which the fancy of Waverley had conjured up« [S. 103 f.]), eine Vorstellung, die vom Erzähler ihrer Kunstform nach als »still life« klassifiziert wird. Als sich kurz darauf, in Kap. 9, niemand auf Waverleys Klopfen regt, fühlt dieser sich in einer Situation, wie sie in Spensers (hier zitiertem) Epos *Fairie Queene* Prinz Arthur vorfindet, nachdem er den schrecklichen Riesen Orgoglio erschlagen und furchtlos dessen Burg betreten hat:

> When[3] 'gan he loudly through the house to call,
> But no man cared to answer to his cry;
> There reign'd a solemn silence over all,
> Nor voice was heard, no wight was seen in bower or hall.
> (Buch I, Canto VIII, Str. 29, 6–9)
>
> (Als er laut durch das Haus zu rufen begann,
> Gab sich niemand die Mühe, ihm zu antworten;
> Ein feierliches Schweigen lag über allem,
> Keine Stimme war zu hören, kein Mensch zu sehen in Frauengemach oder Halle.)

Im Erzählbericht heißt es:

> Waverley began to think that he had reached the castle of Orgoglio, as entered by the victorious Prince Arthur, [...]. Filled almost with expectation of beholding some »old, old man, with beard as white as snow«, whom he might question concerning this deserted mansion, our hero turned to a little oaken wicket-door [...]. (S. 104)
>
> (Waverley begann zu glauben, daß er Orgoglios Burg in dem Augenblick erreicht hatte, als sie von dem siegreichen Prinzen Arthur betreten wurde [...]. Fast von der

---

[3] In modernen Spenser-Ausgaben »Then«.

Erwartung erfüllt, einen »alten, alten Mann mit einem Bart so weiß wie Schnee« [Zitat nach *Fairie Queene,* I, VIII, Str. 30, 2] zu sehen, den er hinsichtlich des verlassenen Hauses befragen konnte, wandte sich unser Held einer kleinen Eichenpforte zu [...].)

Bei der Schilderung des schönen Gartens mit seinen grotesken Tierfiguren und dem großen Bach, der, von einem hohen Damm herabfließend, eine Kaskade bildet und aus dessen Talgebüsch sich eine massive Turmruine (als pittoreskes Bild) erhebt (vgl. S. 104 f.), heißt es mit erneutem literarischen Bezug (hier offensichtlich auf Ariosts *Orlando Furioso,* Canto VI, Str. 68–76 und 81: Schilderung des schönen Mädchenpaares; Canto VII, Str. 8 und 53: Schilderung des Gartens der zaubermächtigen Alcina): »The scene though pleasing, was not quite equal to the gardens of Alcina; yet wanted not the ›due donzelette garrule‹ of that enchanted paradise [...]«. Für Waverley wird dies immer mehr ein »solitary and seemingly enchanted mansion« (S. 106). Als dann der merkwürdige Diener und Führer erscheint, wirkt er auf Edward »not much unlike one of Shakespeare's roynish clowns« (S. 107).

Ebenfalls literarisch identifiziert wird in Kap. 11 der Stolz, mit dem Baron Bradwardine seinen goldenen Humpen, der die Gestalt eines »auf den Hinterbeinen stehenden Bären« (S. 115) hat, betrachtet; Waverley »erinnert dies unwiderstehlich an Ben Jonsons Tom Otter mit seinem Bullen, Pferd und Hund, wie dieser Witzbold zum Spaß seine wichtigsten Trinkbecher nannte« (gemeint ist eine Figur in Jonsons *Epicoene, or The Silent Woman* [1609]). Ähnliche Fälle sind etwa ein Bezug auf Shakespeares *King Henry IV* (»while spending, what Falstaff calls the sweet of the night, in the genial licence of a tavern« [S. 118]) und *Twelfth Night* (»like Sir Toby Belch« [S. 121]) oder auch auf Dr. Johnsons Lob des schottischen Frühstücks (»which induced even Johnson himself to extol the luxury of a Scotch breakfast table above that of all other countries« [S. 123]).

Als Edward Waverley und Baron Bradwardine nebeneinander reiten, wird der – für beide amüsante – Gegensatz zwischen ihren Charakteren durch ihre unterschiedliche Auffassung von Chroniken herausgestellt:

> Edward, we have informed the reader, was warm in his feelings, wild and romantic in his ideas and in his taste of reading, with a strong disposition towards poetry. Mr. Bradwardine was the reverse of all this, [...]. (S. 129)
>
> (Edward, wie wir dem Leser mitgeteilt haben, war voll lebhaften Gefühls, wild und romantisch in seinen Vorstellungen und in seinem literarischen Geschmack, und er hatte eine starke Neigung für die Dichtung. Mr. Bradwardine war das genaue Gegenteil von alledem [...].)

Wenn der Baron geschichtliche Fakten berichtet hat, ist es Waverleys Vergnügen,

> to fill up and round the sketch with the colouring of a warm and vivid imagination, which gives light and life to the actors and speakers in the drama of past ages. (S. 130)
>
> (eine Skizze mit der Tönung seiner warmen und lebhaften Einbildungskraft anzufüllen und abzurunden, so daß die Akteure und Sprecher des Dramas der Vergangenheit Licht und Leben gewinnen.)

Der Baron dagegen, dem die metrische Form der Verschroniken, die er viel lieber in einfacher Prosa läse, zuwider ist, belastet sein Gedächtnis mit nichts als »matters of fact; the cold, dry, hard outlines which history delineates« (»mit Tatsachen; mit den kalten, trockenen und harten Umrissen, die die Geschichte zeichnet« [S. 130]). Mit seiner minutiös-trockenen Erzählweise gibt er Waverley

> fresh subjects of the kind upon which his fancy loved to labour and opened to him a new mine of incident and of character. (ebd.)
>
> (neue Gegenstände der Art, mit der sich seine Phantasie gern beschäftigte, und eröffnete ihm so einen Vorrat an Ereignissen und Charakteren.)

Als der Baron von den großen Taten schottischer Ritter erzählt hat und die Sage von der Entstehung des Namens St. Swithin's Chair für einen Felsen erwähnt wird, fühlt Edward sich wegen des Aberglaubens »an einen Vers erinnert, den Edgar in *King Lear* zitiert« (S. 133). Rose wird sofort gebeten, ein kleines Lied von einem Dorfdichter zu singen (der balladenhafte Text wird S. 133 f. zitiert), in dem die Einzelheiten der Sage verarbeitet sind.

Wichtiger für die Romanhandlung ist, daß in Kap. 26 Fergus, der an sich Waverleys Begeisterung für Romanzen spöttisch belächelt, die Schwäche des Freundes ausnutzen will, indem er dessen Verhältnis zu Flora als das eines dienenden Ritters zu einer höfischen Dame darstellt und daran erinnert, daß die Damen einst ihren Rittern die Waffen anreichten und sie auf abenteuerliche, große Fahrt schickten (vgl. S. 217). Er möchte die beiden in diesem – für ihn politisch nützlichen – literarischen Rollenspiel sehen. Flora jedoch warnt vor jeder Unbesonnenheit und fordert vorher das Abwägen der Gerechtigkeit und der Gefahr des Unternehmens (wie Brutus vor dem Mord an Caesar in Shakespeares *Julius Caesar,* ein literarischer Bezug, der jedoch nicht ausgesprochen wird). Fergus betont im übrigen den Unterschied zwischen Realität und Romanzenwelt. Der Anblick bewaffneter und kampfbereiter Männer ist ihm so viel wert wie alle Tiraden der Romanzen zusammen (vgl. S. 219). Als Waverley ihm gesteht, daß er in seine Schwester Flora verliebt ist, heißt es: »›And is this your very sober earnest,‹ said Fergus more gravely, ›or are we in the land of romance and fiction?‹« (S. 221).

Auch andere Personen sehen die Analogie zwischen heroischen Gedichten und Waverleys Handeln, so der Untersuchungsrichter, Major Melville, nach Waverleys Festnahme (vgl. S. 252 u. 260). Mitunter werden nicht einzelne Verse zum Vorbild, sondern die allgemeine nationale Überlieferung vom königlich-ritterlichen Glanz des alten Schottland. Aber auch hier handelt es sich um Elemente, die durch literarische Formen wie Chroniken, Heldenromanzen, Gedichte und mündlich tradierte Familiengeschichten vermittelt sind. Als eines der Beispiele sei die höfische Huldigungsszene in Kap. 50 genannt, in der Baron Bradwardine das alte Privileg und Ehrenamt seines Hauses beansprucht, dem König nach der Schlacht die Stiefel ausziehen zu dürfen (vgl. S. 350 ff.). Gestützt auf eine Tradition, wird ein Zeremoniell nachgeahmt – eines der pittoresken Details, wie Edward Waverley (und Scott) sie liebt. Hier wird es humorvoll belebt durch die (auch sonst, z. B. in Kap. 64, herausgestellte) liebenswürdig-skurrile Art des stets lateinische, englische oder schottische Maximen im Munde führenden Barons, in dessen gelehrt-exzentrischem Zitierbedürf-nis man eine karikaturenhafte Variante des Motivs der »gelebten Litera-tur« sehen kann, obwohl es nicht eigentlich mehr um Nachleben, sondern um prosaisches Anwenden von Literatur geht.

Der ganz in die geschichtliche Öffentlichkeit gehobene Fall von »geleb-ter Literatur« ist der des Chevalier selbst, des Thronprätendenten Prince Charles, der wiederholt als der große königliche Abenteurer (»the royal Adventurer« [S. 296]) bezeichnet wird. Er läßt sich in nobler und furchtlo-ser, jedoch unbedachter Weise auf die romantisch-glanzvolle und verzwei-felte Unternehmung ein, nur mit Hilfe der Hochländer die Krone für die Stuarts zurückzuerobern – »a gallant enterprise« (S. 296). Auf Waverley wirkt der faszinierende junge Prinz wie ein Held aus der Romanzenwelt – er »answered his ideas as a hero of romance« (ebd.). Von ihm persönlich um Gefolgschaft gebeten zu werden, »gave Edward in his own eyes the dignity and importance which he had ceased to consider as his attributes« (ebd.). Zugleich fühlt er sich von der englischen Seite zurückgewiesen, verleumdet und bedroht. So kniet er vor dem Prinzen nieder und weiht ihm – wie ein Ritter in Epen und Romanzen – sein Herz und sein Schwert – »Waverley, kneeling to Charles Edward, devoted his heart and sword to the vindication of his rights!« (ebd.).

Alles dies aber erweist sich als ein romantischer, letztlich in Waverleys Lektüre und Imagination wurzelnder Traum. Bestand dagegen haben seine ebenfalls literarisch inspirierten Visionen der schönen Natur und ei-nes häuslichen und menschlichen Glücks. Am deutlichsten sieht Flora, daß Waverley nicht zum Kriegshelden geboren ist. Nachdem er Szenen aus Shakespeares *Romeo and Juliet* vorgelesen hat, gibt sie, die literarisch hochgebildet ist, absichtlich eine unsentimentale Deutung (»unsentimental conclusion« [S. 373]) des Wechsels der Liebe Romeos von der unnahba-ren Rosalind zu Juliet. Sie will, daß Waverley diese Interpretation auf sein Verhältnis zu ihr und Rose anwendet und sich der letzteren zuwendet, was er versteht und schließlich tut (vgl. S. 372 f.). Flora macht Rose schon vor-her klar, daß Waverley in Wahrheit nach einem häuslichen, nicht nach ei-nem kriegerischen Leben strebt. Sie malt ein Bild seines künftigen, glückli-chen Daseins am Arm einer schönen Frau aus, ein Leben »in the quiet circle of domestic happiness, lettered indolence, and elegant enjoyments« (S. 365), begleitet von Poesie, Lektüre in der alten Bibliothek von Waver-ley-Honour und von Planungen für einen Landschaftsgarten mit Tempeln und Grotten. »He would never have been his celebrated ancestor Sir Ni-gel,« sagt sie, »but only Sir Nigel's eulogist and poet« (S. 364).

Später folgt Waverleys eigene Ernüchterung. Er kann jetzt Fletchers hu-morvollen Leutnant (Pyniero in der Tragikomödie *The Island Princess*

[1619]) zitieren, der ebenfalls des Kämpfens müde ist (»even as weary of his fighting«). Für sich selbst bemerkt er: »I am heartily tired of the trade of war«, und er fährt fort:

> The plumed troops and the big war used to enchant me in poetry; but the night marches, vigils, couches under the wintry sky, and such accompaniments of the glorious trade, are not at all to my taste in practice. (S. 415 f.)
> (Die mit Federn geschmückten Truppen [die Hochländer] und der große Krieg pflegten mich in der Dichtung zu verzaubern; aber die Nachtmärsche, die nächtlichen Wachen, das Lagern unter dem Winterhimmel und was alles zum glorreichen Kriegshandwerk gehört, passen ganz und gar nicht zu meinem Geschmack im praktischen Leben.)

Als er sich nach Beendigung des Krieges und auf der Suche nach der geliebten Rose dem verlassenen Tully-Veolan nähert, heißt es: »›A sadder and a wiser man,‹ he felt« (S. 422), womit überraschenderweise Coleridges *The Ancient Mariner* (1798) zitiert wird. Dies ist – weil im Kontext erlebter Rede erscheinend – teils aus Waverleys Perspektive gesagt (und damit in bezug auf die 1745 spielenden Ereignisse anachronistisch), teils aus der des Erzählers, der für den literaturlebenden Helden spricht. Etwas später erinnert die Hütte der alten Janet in der einsamen, dunklen Schlucht Waverley noch einmal an eine entsprechende düstere Beschreibung bei Spenser, die zitiert wird (vgl. S. 445). Als er aber wieder in England ist, erlebt er

> that pleasure which almost all feel who return to a verdant, populous, and highly cultivated country, from scenes of waste desolation, or of solitary and melancholy grandeur (S. 463)
> (die Freude, die fast alle erfahren, die von den Schauplätzen wüster Verlassenheit oder einsamer und melancholischer Größe in ein grünendes, bewohntes und reich entwickeltes Land zurückkehren),

und im Park von Waverley-Chase malt er sich aus, mit welcher Freude er Rose als seiner Frau alle seine Lieblingsplätze (»his favourite haunts« [S. 463]) zeigen wird, an denen er sich, wie oben dargelegt, seiner schwärmerischen Lektüre hingegeben hat.

Wie schon gelegentlich angedeutet, ist die Poetisierung der Realität auch für Scotts eigenes Verfahren kennzeichnend. Seine Art, romanhafte Wirklichkeit zu konzipieren, läßt sich weitgehend als die Übertragung typischer Motive und Handlungsmuster der Epen-, Romanzen- und Chroniktradition – sowie Shakespeares – auf die jeweils ausgewählten Epochen und Regionen und ihre Menschen und auf den »mittleren Helden« verstehen, ein Prozeß, in dem zugleich die übernommenen Schemata durch die neuen Erlebnis- und Realitätsbezüge abgewandelt und ergänzt, gewissermaßen neu »gelebt« werden. »Gelebte Literatur in der Literatur« ist für Scott also kein zufällig behandeltes, sondern ein für seine Romankunst charakteristisches Motiv.

Kierkegaards Verführer, Don Juan und Faust

Von

FRITZ PAUL

Thomas Mann berichtet in der *Entstehung des Doktor Faustus,* wie er mitten in der Arbeit an diesem großen Roman von Adorno auf Kierkegaard aufmerksam gemacht worden sei[1]. Er habe dann dessen Hauptwerk *Entweder-Oder* (1843; dän. *Enten-Eller*) »mit tiefer Aufmerksamkeit« gelesen und eine »Verwandtschaft des Romans mit der Ideenwelt Kierkegaards, ohne Kenntnis davon« feststellen müssen. Nach der Lektüre begann er, »das Teufelskapitel zu schreiben, an dessen Beginn Leverkühn im welschen Saal das Buch des ›Christen‹ ja in Händen hält«[2], oder wie es in »Adrians geheime[r] Aufzeichnung« heißt: »Saß allein hier im Saal, nahendt bei den Fenstern, die mit den Läden vermacht, vor mir die Länge des Raums, bei meiner Lampe und las Kierkegaard über Mozarts Don Juan«[3].

Auf sinnfällige Weise sind hier Kierkegaards antagonistische Zentralfiguren, die beiden Verführer Faust und Don Juan kontrapunktiert, wenn Adrian Leverkühn, der neue Doktor Faustus, als Vertreter moderner Reflexion sich in eine Schrift über Don Juans »sinnliche Genialität« und »Unmittelbarkeit« vertieft. Vermutlich ist Thomas Mann erst durch seine Kierkegaard-Lektüre auf diese Konstellation aufmerksam geworden. Denn in Kierkegaards Auffassung sind die beiden Verführer Don Juan und Faust literarische und existentielle Grundtypen, die sich gegenseitig bedingen und ergänzen als die ursprünglichsten Vertreter von »Unmittelbarkeit« bzw. »Reflexion«, repräsentiert jeweils in den Medien Musik und Sprache. Hans-Joachim Sandberg sieht sogar in dem »Disput zwischen Teufel und Leverkühn nichts anderes als die Objektivation des Zwiegesprächs zwischen dem Ästhetizisten und dem Ethiker Thomas Mann«[4],

---

[1] Thomas Mann, *Die Entstehung des Doktor Faustus. Roman eines Romans,* in ders., *Gesammelte Werke in dreizehn Bänden* (Frankfurt a. M., 1974), Bd. XI, S. 145–301, hier S. 201. – Die ersten Hinweise auf Kierkegaard kamen nicht von Adorno, sondern von Paul Tillich, als Thomas Mann »mit der Niederschrift des Romans begann« (H.-J. Sandberg, »Kierkegaard und Leverkühn. Zum Problem der Verzweiflung in Thomas Manns Roman ›Doktor Faustus‹«, *Nerthus. Nordisch-deutsche Beiträge,* 4 [1979], S. 93–108, hier S. 93. Vgl. auch ders., »Der Kierkegaard-Komplex in Thomas Manns Roman ›Doktor Faustus‹. Zur Adaption einer beziehungsreichen Thematik«, *Text & Kontext,* 6 [1978], S. 257–274).

[2] *Die Entstehung des Doktor Faustus* (Anm. 1), S. 213 f.

[3] Thomas Mann, *Doktor Faustus. Das Leben des deutschen Tonsetzers Adrian Leverkühn erzählt von einem Freunde,* in ders., *Gesammelte Werke* (Anm. 1), Bd. VI, S. 294 u. 297.

[4] Sandberg (Anm. 1), »Kierkegaard und Leverkühn«, S. 97.

der sich in Kierkegaards Antinomie von Ästhetik und Ethik in *Entweder-Oder* bestätigt finde. Und selbst der Teufel bescheinigt bei Thomas Mann dem dänischen Dichter-Philosophen Kompetenz zumindest im Bereich der Ästhetik, wenn er zu Leverkühn sagt: »Wenn ich nicht irre, lasest du da vorhin in dem Buch des in die Ästhetik verliebten Christen? Der wußte Bescheid«[5].

Kierkegaard hat in sein erstes großes philosophisches Werk *Entweder-Oder,* das aufgrund seiner fiktionalen Verschachtelung auch als Roman gelesen werden kann, einen kleinen Brief- und Tagebuchroman mit dem Titel *Tagebuch des Verführers (Forførerens Dagbog)* eingefügt, der vielleicht sein literarisches *magnum opus* ist. Von dem fiktiven Verfasser des Tagebuchs erfährt man nur den Vornamen: Johannes. Er lebt, offensichtlich ohne Amt und Beruf, aber mit reichlichen finanziellen Mitteln und einem Diener ausgestattet, das Leben eines mit Literatur und Musik vertrauten Müßiggängers im biedermeierlichen Kopenhagen. Unverkennbar repräsentiert er den Typus des byronesken Dandy. Die abgründigen, ja dämonischen Seiten seines Wesens offenbaren sich in einer ungewöhnlichen »Passion«: der minutiös geplanten und als intellektuell-ästhetisches Vergnügen vollzogenen Verführung junger unschuldiger Mädchen. Johannes, ein Erotomane ganz eigener Art, steht dabei offensichtlich in der Nachfolge der großen »literarischen« Verführer Don Juan und Faust, und er empfindet sich auch als solcher. Sobald die Verführung als einmaliger Akt vollendet ist, verliert er das Interesse an seinem Opfer. Das Tagebuch schildert nun detailliert den äußeren Verlauf, mehr aber noch die psychischen Voraussetzungen und Folgen einer solchen Verführung: Johannes wird eines Tages von der unmittelbar ausstrahlenden Unschuld eines jungen, ihm unbekannten Mädchens, dem er auf der Straße begegnet, derart gefesselt, daß er dessen Verführung beschließt. Er ermittelt ihren Namen »Cordelia« und verschafft sich mit allerlei Intrigen Zutritt zu ihrem kleinbürgerlichen Lebenskreis. Der genau ausgeklügelte Verführungsplan, der sich in manchen Einzelheiten an Mozarts *Don Giovanni* und Goethes *Faust* orientiert, beginnt mit der Demontage von Cordelias Verehrer Edvard. Johannes nimmt bald den Platz des in den Augen des Mädchens lächerlich gewordenen Rivalen ein und verlobt sich zunächst mit Cordelia, um sie bald darauf mit Hilfe subtilen psychologischen Drucks zur Aufhebung der Verlobung zu zwingen. In diesem Zustand äußerster seelischer Labilität läßt sich das Mädchen schließlich aus vermeintlich freiem Willen verführen. In der mit Hilfe des Dieners bis in alle Einzelheiten vorbereiteten einmaligen Liebesnacht hat der Verführer Johannes sein Ziel erreicht. Folgerichtig schließt das Tagebuch an dieser Stelle. Zugleich sind damit aber auch die Aufzeichnungen des Ästhetikers A und der erste Teil von Kierkegaards *Entweder-Oder* beendet.

---

[5] *Doktor Faustus* (Anm. 3), S. 322.

Es wurde vielfach in der Literatur, u. a. von Walther Rehm und Aage Henriksen, darauf hingewiesen, daß Johannes, der ästhetisch bewußte Verführer des Tagebuchs, von Kierkegaard als Gegenmodell zu Don Juan, dem unreflektierten Vertreter der »Begierde« und der »Unmittelbarkeit«, mit gleichzeitigen Allusionen auf die Faust-Figur konzipiert wurde[6]. Selbst Victor Eremita, der fiktive Herausgeber des Werks, weist als innerliterarische Instanz ausdrücklich auf dieses Kontrastverfahren hin:

> daß nämlich die Analogie zu Don Juan ein reflektierter Verführer sein müsse, der innerhalb der Kategorie des Interessanten liegt, wo es also nicht darum geht, wieviele er verführt, sondern um das Wie. (S. 18)[7]

> (at nemlig Analogien til Don Juan maa være en reflecteret Forfører, der ligger i det Interessantes Kategori, hvor derfor ikke bliver Spørgsmaal om, hvor Mange han forfører, men om, hvorledes.) (I, S. XIV)[8]

Solche literarischen Kontrafakturen und Allusionen betreffen zunächst – bei Kierkegaard scheinbar – nur die Autorperspektive und tangieren das Motiv »Gelebte Literatur in der Literatur« allenfalls am Rande. Zu fragen wäre, ob nur der Autor Kierkegaard das Leben seines Verführers als Kontrastmodell zu Mozarts *Don Giovanni* oder Goethes *Faust* einrichtet, oder ob sein Held selbst einen Lebensabschnitt als Verführer nach solchen Vorbildern plant und gestaltet. Kierkegaard gibt in seinen Papieren 1844 einen Hinweis darauf, daß der Verführer selbst sich an der Don Juan-Figur orientiert. In der Skizze einer geplanten Fortsetzung mit dem Titel »Tagebuch des Verführers Nr. 2. Ein Versuch über das Dämonische von Johannes Mephistopheles« (»Forførerens Dagbog Nr. 2. Et Forsøg i det Dæmoniske af Johannes Mephistopheles«) heißt es: »Er caramboliert mit einem Don Juan bei dem gleichen Mädchen. Dadurch wird die Methode beleuchtet, aber er weiß Don Juan als dienendes Element in seinem Plan zu benutzen«[9]. Dies verweist deutlich auf eine Strategie des Nachahmens

---

[6] W. Rehm, *Kierkegaard und der Verführer* (München, 1949), bes. S. 75 ff. – A. Henriksen, *Kierkegaards romaner* (Kopenhagen, 1954 [Nachdr. 1969]), S. 27 f. – Ferner: F. J. Billeskov Jansen, *Studier i Søren Kierkegaards litterære kunst* (Kopenhagen, 1951), S. 35 ff. – Neuerdings: K. Pulmer, *Die dementierte Alternative. Gesellschaft und Geschichte in der ästhetischen Konstruktion von Kierkegaards ›Entweder-Oder‹* (Frankfurt a. M., 1982), S. 98 ff.

[7] Sören Kierkegaard, *Entweder-Oder,* u. Mitw. v. N. Thulstrup und der Kopenhagener Kierkegaard-Gesellschaft hg. v. H. Diem und W. Rest. Deutsche Übersetzung von H. Fauteck (München, ³1980). – Der Nachweis der dieser Ausgabe entnommenen deutschen Zitate erfolgt fortlaufend im Text mit Seitenangabe in Klammern.

[8] Søren Kierkegaard, *Enten-Eller,* in *Søren Kierkegaards Samlede Værker,* hg. v. A. B. Drachmann, J. L. Heiberg und H. O. Lange, 15 Bde. (Kopenhagen, ²1920–1936). – Die dänischen Originalzitate werden entweder fortlaufend im Text (längere Zitate) oder in den Fußnoten (kürzere Zitate) nach dieser Ausgabe mit römischer Bandzahl und Seitenangabe nachgewiesen.

[9] *Søren Kierkegaards Papirer,* hg. v. d. Danske Sprog- og Litteraturselskab und d. Søren Kierkegaard Selskabet, 2., von N. Thulstrup überarb. Aufl., 16 Bde. (Kopenhagen, 1968–1977), hier Bd. IV, A 181, S. 67. (Die Übersetzung des Zitats stammt vom Verfasser dieses Aufsatzes. Das Original lautet: »Han carambolerer med en Don Juan paa den samme Pige. Derved belyses Methoden, men han veed at benytte Don Juan som et tjenende Moment i sin Plan«.)

und Nachlebens der literarischen Don Juan-Gestalt auch auf der Bewußt-
heitsebene des fiktiven Verführers. Da jedoch die Trennung von Autor-
und Figurenperspektive bei Kierkegaard schwieriger ist als in vielen anderen Fällen, muß kurz auf die besondere fiktionale Struktur von *Entweder-
Oder* und das zugrundeliegende Verständnis der Don Juan- und Faust-Figur eingegangen werden[10].

1843 veröffentlicht Kierkegaard das Werk unter dem »sprechenden«
Pseudonym Victor Eremita; hier handelt es sich jedoch nicht, wie in der
älteren Literatur oft angenommen, um ein normales Pseudonym zur Ver-
hüllung des Autorennamens. Victor Eremita gehört vielmehr hier und
auch in anderen Werken mit zur Fiktionswelt Kierkegaards.

In einem »Vorwort« berichtet dieser Victor Eremita, wie er 1836 bei einem Trödler einen alten Sekretär gekauft und dort in einem Geheimfach
ungeordnete Papiere, die »zwei Formationen bildeten«, gefunden habe (S.
15)[11].

> Der eine Teil enthielt eine Menge größerer oder kleinerer ästhetischer Abhandlungen,
> der andere bestand aus zwei großen Untersuchungen und einer kleineren, alle ethi-
> schen Inhalts, [...] Briefe, die an den Verfasser der ersteren geschrieben sind. (S. 16)
> (Den ene Deel indeholdt en Mængde større eller mindre æsthetiske Afhandlinger, den
> anden bestod af to store Undersøgelser og een mindre, alle af ethisk Indhold, [...]
> Breve, der ere skrevne til Forfatteren af den første.) (I, S. XI f.)

Victor Eremita bezeichnet die Verfasser als A und B und versucht, die Papiere zu ordnen. Während dies bei B keine Schwierigkeiten macht, läßt er
bei den Papieren As – »eine Menge von Zetteln, die mit Aphorismen, lyrischen Ergüssen und Reflexionen beschrieben waren« – »den Zufall die
Ordnung bestimmen« (S. 16)[12], greift aber andererseits doch editorisch
ein, indem er als Herausgeber teilweise Kapitelüberschriften und auch
Motti, so etwa bei den Diapsalmata (Kehrreimen), aus dem Text übernimmt bzw. selbst erfindet (vgl. S. 17/I, S. XIII). Damit lassen sich aber
nicht alle editorischen Klippen umschiffen, denn:

> Das letzte von As Papieren ist eine Erzählung mit dem Titel: ›Das Tagebuch des Ver-
> führers‹. Hier begegnen neue Schwierigkeiten, indem nämlich *A* sich nicht als Verfas-
> ser, sondern lediglich als Herausgeber erklärt. Das ist ein alter Novellistenkniff [...].
> (S. 18)
> (Det sidste af *A.s* Papirer er en Fortælling, betitlet: Forførerens Dagbog. Her møde
> nye Vanskeligheder, idet *A* ikke erklærer sig for Forfatter, men kun for Udgiver. Det
> er et gammelt Novellist-Kneb [...].) (I, S. XIII f.)

---

[10] Es würde den Rahmen dieses Aufsatzes sprengen, wenn auf die umfangreiche Don
Juan- und Fauststoff-Forschung, auf Kierkegaards Philosophie, Theologie, Anthropologie
und Psychologie oder gar auf die Zusammenhänge mit Kierkegaards eigener Biographie
(Verlobung mit Regine Olsen, Bordellbesuch?) eingegangen würde. Dasselbe gilt für die Forschung zu Text und Musik von Mozarts *Don Giovanni*.

[11] »de dannede to Formationer« (I, S. XI).

[12] »en Mængde Lapper, paa hvilke der var skrevet Aphorismer, lyriske Udbrud, Reflexio-
ner«/»Tilfældet bestemme Ordenen« (I, S. XII).

Victor Eremita zielt auf die Vorrede zum *Tagebuch des Verführers,* wo A
wiederum erklärt, er habe im Sekretär eines Freundes eine Handschrift mit
dem Titel »Commentarius perpetuus Nr. 4« gefunden, von der er »in größter Eile und mit viel Unruhe« ohne Wissen des Verfassers eine »flüchtige
Abschrift« angefertigt habe (S. 351)[13].

Victor Eremita erklärt dies als »Novellistenkniff« (»Novellist-Kneb«)
und vermutet, daß A nicht der Herausgeber, sondern der eigentliche Verfasser des *Tagebuchs des Verführers* ist[14], ja wahrscheinlich sogar dessen
Dichter, der die Verführung nicht als eine »wirkliche Begebenheit« (»vir-
kelig Begivenhed«) erlebt habe. Dieses System von Fiktionsebenen[15] vergleicht er mit dem chinesischen Schachtelspiel, da ein Verfasser in dem anderen drinstecke und auch die Stellung des Herausgebers »so verwickelt«
sei (S. 18)[16]. Am Ende der Verschachtelungen steht dann, und dies muß
der Leser erschließen, nicht nur Victor Eremita als Gesamtherausgeber,
sondern der ideale Autor des Werkes und, eine Schachtel weiter, auch
Kierkegaard selbst, der vor allem, wie viele Paralleltexte, etwa seine *Papiere (Papirer*[17]), zeigen, als übergeordnete Instanz nicht völlig ausgeschal-
tet werden darf[18]. Die Annahme Victor Eremitas, daß A identisch sei mit
Johannes, dem Verführer, bzw. das Tagebuch verfaßt habe, ist für den Interpreten nicht nur eine vage Vermutung, sondern vielmehr beglaubigen-
der Hinweis einer immanenten Erzählerinstanz. Mit seinem Zweifel an
der Authentizität des Tagebuchs und dem Hinweis auf den »Novellistenkniff« legt Victor Eremita freilich dem Leser nahe, auch an seiner eigenen
Herausgeberfiktion zu zweifeln, zumal er so sehr betont, er habe »doch
mit dieser Erzählung gar nichts zu tun« (S. 18)[19]. Die Vermutung liegt
nahe, daß Victor Eremita in Wirklichkeit alle Papiere selbst verfaßt hat
und mit seiner angeblichen Herausgeberschaft und der Geschichte von
dem Geheimfach in dem gekauften Sekretär ebenfalls nur den alten »Novellistenkniff« anwendet.

Entscheidend für unsere Fragestellung, ob das Tagebuch mehr ist als
nur literarische Kontrafaktur einer übergeordneten Erzählerinstanz, nämlich auch das Nachleben von Modellen oder besser das Dagegenleben der

---

[13] »i største Hast og med megen Uro«/»flygtige Afskrift« (I, S. 317).

[14] Für die Identität der Verfasserschaft sprechen auch äußere Indizien, etwa die Ähnlichkeit von Papierformat und -qualität. Die Schriften As sind auf »Post-Velin geschrieben, in
Quart« (»skreven paa en Art Post-Velin, i Qvart«) (S. 15/I, S. XI), das Format des von A angeblich gefundenen Tagebuchs ist »Großquart« (»stort Qvart«) (S. 351/I, S. 317).

[15] Zur Problematik der Herausgeberfiktion neuerdings W. Baumgartner in dem anregen-
den Aufsatz »Natürlich, ein altes Manuskript ... Die Herausgeberfiktion in Almqvists *Amo-
rina* und in Kierkegaards *Entweder-Oder* – zum fiktionalen Kommunikationsangebot zweier
romantischer Romane«, in *Festschrift für Oskar Bandle,* hg. v. H.-P. Naumann (Basel, 1986),
S. 265–283.

[16] »saa forviklet« (I, S. XIV).

[17] *Søren Kierkegaards Papirer* (Anm. 9).

[18] Anderer Ansicht ist Pulmer (Anm. 6), S. 45.

[19] »slet Intet [...] med denne Fortælling at gjøre« (I, S. XIV).

berichtenden Hauptfigur (Johannes als bewußter Anti-Don Juan), ist in der Tat das Problem der Identität von A mit dem Verfasser des Tagebuchs. Da wir aufgrund der Hinweise der immanenten Erzählinstanz mit gutem Gewissen von dieser Identität ausgehen können, gehören auch die vorgeschalteten Schriften As unmittelbar zu den Kontexten des Tagebuchs: denn was A dort u. a. über Don Juan und Faust »denkt«, lebt er als fiktiver Johannes nach.

Wenn bei der narrativen Ausgestaltung des Motivs der »gelebten Literatur« in den meisten Fällen die vorhergehende Lektüre bzw. der Theaterbesuch als Grundlage des Illusions- oder Identifikationsaktes ausführlich beschrieben werden, so muß dies in den Papieren As und dem *Tagebuch des Verführers* stillschweigend vorausgesetzt sein: Denn nur genaueste, durch sorgfältige Lektüre erworbene Textkenntnis des *Don Giovanni* und des *Faust* sowie ein mehrfaches intensives Erleben von Aufführungen der Oper Mozarts können die intime Kennerschaft As als Ausleger dieser Texte und deren »Anwendung« in der Maske des Johannes erklären. Die Wurzeln der Identifikation mit den Verführergestalten Don Juan und Faust müssen daher in der Vorgeschichte der eigentlichen Erzählung gesucht werden. Für eine solche intensive Befassung mit den Vorbild-Texten gibt es ein weiteres Indiz, das auch im Hinblick auf das Verhältnis zwischen A und seinem Sprachrohr Johannes, dem Verführer, von Bedeutung ist: Der Titel *Tagebuch des Verführers* stammt offensichtlich nicht vom fiktiven Herausgeber Victor Eremita, sondern wohl von A (vgl. S. 18/I, S. XIII f.). Das entscheidende Motto aus Mozarts *Don Giovanni* muß daher ebenfalls zumindest A, wenn nicht gar dem fiktiven Tagebuchverfasser selbst zugeschrieben werden, da es in der Anordnung nach dem Titel bereits zum Textcorpus gehört (vgl. S. 351/I, S. 316). Wenn A aber der Verfasser und nicht nur der unberechtigte Abschreiber des Tagebuchs ist – und dafür spricht nahezu alles –, dann ist dieses markante Motto nicht nur Verweis einer übergeordneten Erzählinstanz auf eine literarische Kontrafaktur, sondern darüber hinausgehend Handlungsmuster, ja geradezu Anleitung zum Vorgehen des Verführers.

A, dem wir dieses Motto zuschreiben wollen, zitiert mit Quellenangabe (wie ein guter Philologe) eine Passage aus der Registerarie des Leporello aus Mozarts *Don Giovanni* (1. Akt, Szene V):

> Sua passion' predominante
> e la giovin principiante.
> *Don Giovanni* Nr. 4 *Aria* (S. 351/I, S. 316)
> (Seine größte Leidenschaft ist die junge Anfängerin.)

Hier müssen wir kurz zum Ende des chinesischen Schachtelspiels, zu Kierkegaard selbst, zurückkehren, nicht weil das Zitat mit kritischen Mozart-Ausgaben nicht übereinstimmt[20] – A zitiert offensichtlich »nach dem 1801

---

[20] Dort heißt es: »Ma passion predominante/ È la giovin principiante.«

bei Breitkopf und Härtel in Leipzig erschienenen Erstdruck der Parti-
tur«[21] –, sondern weil der textliche und philologische Hintergrund der
Don Giovanni-Zitate und -Allusionen, damit also auch das »Dagegenleben« des Verführers, nicht das italienische Original, sondern die dänische
Bearbeitung Kruses war[22], in der die Oper nicht nur nach dem deutschen
Vorbild Don Juan hieß, sondern auch die Secco-Rezitative durch neuge-
dichtete Versdialoge ersetzt wurden. Kruse baute dabei nicht nur Szenen
aus, er »importiert Situationen, ja sogar ganze Figuren von Molière«[23].
   Es ist unklar, ob Kierkegaard die Differenzen dieser dänischen Fassung
zum Original genauer untersucht hat; er war sich ihrer jedoch bewußt,
denn er (bzw. A) spricht an einer Stelle von den »Repliken, die von dem
dänischen Übersetzer herrühren« (S. 118, vgl. auch S. 123)[24]. Die dänische
Fassung bildet jedenfalls – mit Ausnahme des Mottos – die Grundlage für
alle Überlegungen und auch Zitate in Entweder-Oder. Und damit kommt
auch der reale Autor wieder ins Spiel! Für Kierkegaard selbst war Mozarts
Oper sicher das größte und tiefste Kunsterlebnis seines Daseins[25], und es
ist anzunehmen, daß er seit seinen Studententagen ab 1830 kaum eine der
zahlreichen Vorstellungen der Oper in Kopenhagen versäumt hat. Frithiof
Brandt hat auf die zeitlichen Zusammenhänge zwischen den gesicherten
Vorstellungstagen und den datierten Eintragungen über Probleme der
Don Juan-Thematik in den Papieren mit einem Schwerpunkt in den Jahren
1835–37 hingewiesen[26]. Alle diese Don Juan-Vorstellungen fanden in dänischer Sprache mit Kruses erweitertem Text statt, und Kierkegaard läßt
seine Geschöpfe Johannes bzw. A eben diesen Text zitieren und »nachleben«, den er selbst am besten kannte: Mozarts Don Giovanni als »gelebte
Literatur in dänischer Übersetzung«, eine Konstellation nicht ohne Ironie
und Delikatesse!
   Dabei ist Don Juan als Vertreter der Unmittelbarkeit und letzter vollendeter Ausdruck des unmittelbar Erotischen nicht nur für den Verführer
Johannes und für den Ästhetiker A die große Gegenfigur, sondern auch
für Kierkegaard selbst, der ja das letzte Glied in dem ganzen fiktionalen
System bildet. In seinem erst postum veröffentlichten Werk Der Gesichts-

[21] Diesen Hinweis verdanke ich Dr. Wolfgang Plath, einem der Herausgeber der Neuen
Mozart-Ausgabe.
[22] Don Juan. Opera i tvende Akter bearbeidet til Mozarts Musik af L. Kruse (Kopenhagen,
1807).
[23] N. Barfoed, Don Juan. En studie i dansk litteratur (Kopenhagen, 1978), S. 115.
[24] »Replikker, der skyldes den danske Oversætter« (I, S. 90; vgl. auch S. 95).
[25] Vgl. Barfoed (Anm. 23), S. 193. – In einer Tagebuchaufzeichnung von 1839 notiert
Kierkegaard: »[...] det er dette Stykke, der saa diabolisk har grebet mig, at jeg aldrig mere
kan glemme det; det var dette Stykke, der drev mig som Elvira ud af Klostrets stille Nat.«
(»[...] es ist dieses Stück, das mich so diabolisch ergriffen hat, daß ich es niemals mehr vergessen kann; es war dieses Stück, das mich wie Elvira hinaustrieb aus der stillen Nacht des Klosters.«) (Papirer [Anm. 9], Bd. II, A 491).
[26] F. Brandt, »Mozarts Don Juan« (1935), in ders., Syv Kierkegaard-Studier (Kopenhagen,
1962), S. 1–57, bes. S. 30 ff. – Zum Thema Kierkegaard und Mozart vgl. auch G. Harbsmeier,
Unmittelbares Leben. Mozart und Kierkegaard, Bursfelder Hefte, 1 (Göttingen, 1980).

punkt für meine Wirksamkeit als Schriftsteller (dt. 1922) *(Synspunktet for min Forfatter-Virksomhed)* bezeichnete er es als sein Lebensunglück, daß er nie Mensch gewesen sei:

> Gelebt habe ich eigentlich nicht [...], Mensch bin ich nicht gewesen, am wenigsten Kind und Jüngling. [...] Ich habe keine Unmittelbarkeit gehabt [...], nicht gelebt; ich habe sogleich mit Reflexion begonnen. [27]
>
> (levet havde jeg egentligen ikke [...], Menneske havde jeg ikke været, Barn og Yngling da allermindst. [...] Jeg har ingen Umiddelbarhed havt [...], ikke levet; jeg er strax begyndt med Reflexion.) (XIII, S. 607 f.)

Man wird dies berücksichtigen müssen bei der Beurteilung der ästhetischen Lebenshaltung des A und dessen Konzeption einer reflektierten Verführung durch Johannes. Da A der Verfasser des Tagebuchs ist, gehören auch seine theoretischen Arbeiten (»Papiere«) als Kontext zum Modell der geplanten Verführung und sind Ausgangspunkt dieser fiktiven Erlebnissituationen.

Unter diesen »Papieren« finden sich zwei Abhandlungen, die sich mit Mozarts *Don Juan* bzw. der Don Juan-Figur überhaupt sowie mit dem *Faust* befassen: »Die unmittelbaren erotischen Stadien oder Das Musikalisch-Erotische« (»De umiddelbare erotiske Stadier eller Det Musikalsk-Erotiske«) (S. 57 ff./I, S. 33 ff.) und unter dem Abschnitt »Schattenrisse« (»Skyggerids«) je ein Kapitel über »Donna Elvira« (S. 225 ff./I, S. 193 ff.) und »Gretchen« (»Margrete«) (S. 242 ff./I, S. 209 ff.). Diese Abhandlungen haben durchaus Modellcharakter und sind für die antithetische Lebenspraxis des Verführers Johannes von großer Bedeutung. Die »sinnliche Genialität« wird in As Aufsatz über »Die unmittelbaren erotischen Stadien oder Das Musikalisch-Erotische« als »abstrakteste« Idee bezeichnet, die »allein durch Musik« als abstraktes Medium dargestellt werden kann (S. 69) [28]. »Die vollendete Einheit dieser Idee und der ihr entsprechenden Form« erblickt der Ästhetiker in Mozarts *Don Juan,* weil der Stoff »in sich selbst absolut musikalisch ist« (S. 69) [29]. Daher nehme Mozarts Werk »unter allen klassischen Werken den ersten Platz« ein (S. 70) [30]. Auch der *Faust* sei ein klassisches Werk, »aber es ist eine geschichtliche Idee«, deren »Medium die Sprache« sei (S. 70) [31]. Gerade weil durch dieses weit konkretere Medium Sprache die Darstellung erfolge, »lassen sich [...] mehrere Werke von gleicher Art denken« (S. 70) [32]. Es ist unschwer zu erkennen, daß das *Tagebuch des Verführers* eine dieser angedeuteten Varianten ist, die durch das Medium der Sprache und damit der Reflexion das Verführungsthema paraphrasieren. Da die »sinnlich-erotische Genialität in all ihrer

---

[27] Übersetzung vom Verfasser dieses Aufsatzes.

[28] »den sandselige Genialitet«/»alene ved Musik« (I, S. 45).

[29] »Den fuldendte Eenhed af denne Idee og den dertil svarende Form«/»et Stof, der absolut i sig selv er musikalsk« (I, S. 46).

[30] »blandt alle classiske Værker indtager den første Plads« (I, S. 47).

[31] »men det er en historisk Idee«/»har Sproget til sit Medium« (I, S. 46).

[32] »lader der sig [...] tænke flere Værker af samme Art« (I, S. 46).

Unmittelbarkeit« nur in der Musik ihren Ausdruck finden kann (S. 78) [33],
ist Mozart der Meister, der dies auf drei Ebenen und in drei Stadien geleistet hat. Nach dem *Figaro*-Pagen und dem Papageno der *Zauberflöte* repräsentiert Don Juan als drittes Stadium die Begierde (vgl. S. 103/I, S. 77).
Don Juan, »die Inkarnation des Fleisches« (S. 107) [34], wie auch Faust sind
Ideen und »Titanen und Giganten des Mittelalters«:

> *Don Juan* ist [...] der Ausdruck des Dämonischen, das als das Sinnliche bestimmt ist,
> *Faust* ist der Ausdruck des Dämonischen, das bestimmt ist als jenes Geistige, welches
> der christliche Geist ausschließt. (S. 109 f.)

> (*Don Juan* er [...] Udtrykket for det Dæmoniske bestemmet som det Sandselige,
> *Faust* er Udtrykket for det Dæmoniske bestemmet som det Aandelige, den christelige
> Aand udelukker.) (I, S. 83)

Damit ist der Ästhetiker A bei seinem dialektischen Grundschema mit den
beiden Polen »unreflektierte Sinnlichkeit« und »ästhetische Reflexion«
(»jenes Geistige« [»det Aandelige«]) angelangt, das auch die Grundstruktur des Tagebuchs und die Lebenspraxis des Verführers Johannes bestimmt. Das dialektische Verfahren ist dabei nicht, wie bei Hegel, zur
letztlichen Aufhebung der Gegensätze, sondern zu deren schärfster Konturierung eingesetzt. Dem Entweder-Oder von Ästhetik und Ethik entsprechen auch die dialektischen Positionen von Unmittelbarkeit und Reflexion im Bereich des Sinnlich-Erotischen, und für den Verführer Johannes ist die Lebenswelt des Don Juan nur im dialektischen, antithetischen
Dagegenleben authentisch erfahrbar. Faust steht so dem Johannes näher
als Don Juan. In den »Schattenrissen« (»Skyggerids«) wird daher Faust
zwar als »eine Reproduktion Don Juans« (S. 243) [35] begriffen, die sich aber
auf einer anderen Ebene vollzieht und daher andere »Methoden« erfor-
dert: »Nicht die verführerische Gabe eines Don Juan«, sondern »seine un-
geheure Überlegenheit« fesselt Gretchen an Faust (S. 248) [36]. Auch dies
wird für die Verführungsstrategie des Johannes bedeutsam. Trotz aller
Unmittelbarkeit hat Don Juans Sinnlichkeit eine Motivierung: Angst, und
zwar nicht »subjektiv reflektierte Angst«, sondern Angst als ursächlich begründetes Urmoment: »Angst ist seine Energie« (S. 156) [37]. Faust als re-
flektierter Verführer im Umfeld der Kategorie des »Interessanten« scheint
diese Urangst nicht zu kennen, ebensowenig wie der Johannes des Tagebuchs.

Das *Tagebuch des Verführers* ist daher nicht nur abstraktes Konzept einer Gegenwelt zur Unmittelbarkeit des Don Juan, also gleichsam eine Abhandlung über die »Stadien des mittelbar Erotischen oder das Dichte-
risch-Erotische«, wie es Walther Rehm selbst dialektisch formuliert hat [38],

---

[33] »sandselige erotiske Genialitet i al sin Umiddelbarhed« (I, S. 54).
[34] »Kjødets Incarnation« (I, S. 80).
[35] »en Reproduction af Don Juan« (I, S. 210).
[36] »ikke en Don Juans forføreriske Gave«/»hans uhyre Overlegenhed« (I, S. 215).
[37] »subjectiv reflekteret Angst«/»Angst er hans Energi« (I, S. 126).
[38] Rehm (Anm. 6), S. 88.

es ist zugleich auch das praktizierte Gegenmodell einer reflektierten Verführung.

Selbst wenn das Tagebuch nur die Erfindung As sein sollte, bleibt der pragmatische Anspruch dieser Fiktion bestehen, wobei die Fiktion ihre immanente Gesetzmäßigkeit nicht verliert. Denn das Tagebuch sei, so sagt A in seiner Vorrede, »ein Versuch gewesen, die Aufgabe eines poetischen Lebens zu realisieren«[39] (S. 353)[40]. Diese Realisierung, das Nachleben von Poesie, leistet Johannes »mit einem scharf entwickelten Organ, das Interessante im Leben ausfindig zu machen [...] und, nachdem er es gefunden hatte, das Erlebte immer wieder halb dichterisch« zu reproduzieren. Das Tagebuch sei daher mit seinen Vergegenwärtigungstendenzen nicht »einfach erzählend, nicht indikativisch, sondern konjunktivisch« (S. 353)[41]. Damit erklären sich auch die jeder Tagebuchstruktur eigentlich zuwiderlaufenden fortwährenden Apostrophen, auch die berühmte Anrede des Beginns: »Vorsicht, meine schöne Unbekannte!« (S. 364)[42].

Johannes selbst (also nicht mehr A) nennt das Tagebuch einmal ein »heimliches Gespräch« (S. 512)[43], das bisweilen völlig die Perspektive des Mädchens imaginiert (vgl. S. 368 f./I, S. 334). »Die Aufgabe eines poetischen Lebens zu realisieren«, als Anti-Don Juan und zweiter Faust zu agieren, wird durch die Kontrafakturen, die wir ja dem Autor A innerhalb unserer Fiktionsebene zuschreiben müssen, verdeutlicht: Johannes trägt den Vornamen seiner Antipoden und Vorbilder Don Juan und Doktor Johannes Faust. Der Name der verführten Cordelia Wahl ist ein unvollkommenes Anagramm von (Mozarts) Elvira, die ohnehin in der Auffassung Kierkegaards (die er von der deutschen Romantik, vor allem von E. T. A. Hoffmann, übernommen hatte[44]) als ehemaliger Klosterzögling (vgl. S. 225/I, S. 193) viel Ähnlichkeit mit Cordelia hat[45].

Diese Namensparallelen bzw. Kryptogramme scheinen Konstruktionen des Autorensubjekts A, die Johannes nicht selbst bestimmen kann. Allerdings notiert A in seiner Vorrede zum Tagebuch, die »meisten Namen« seien »so absonderlich, daß es durchaus nicht den Anschein hat, als ob sie historisch seien« (S. 353)[46], und es wird ausdrücklich darauf hingewiesen,

---

[39] Hervorhebung vom Verfasser dieses Aufsatzes.

[40] »har været et Forsøg paa at realisere den Opgave at leve poetisk« (I, S. 319).

[41] »med et skarpt udviklet Organ for at udfinde det Interessante i Livet [..], og efterat have fundet det bestandigt halvt digterisk [...] det Oplevede«/»simpelt fortællende, ikke indikativisk, men conjunktivisk« (I, S. 319).

[42] »Forsigtighed, min skjønne Ubekjendte!« (I, S. 330).

[43] »hemmelig Samtale« (I, S. 470).

[44] Insbesondere aus E. T. A. Hoffmanns »Don Juan«, in ders., *Phantasiestücke in Callots Manier.*

[45] In Mozarts Oper gibt es in Wirklichkeit keine Andeutung einer solchen Vorgeschichte Elviras. Kierkegaard hat Elvira auch mit seiner Verlobten Regine verglichen (vgl. Barfoed [Anm. 23], S. 226). Da Cordelia in der biographischen Forschung oft als Abbild Regines betrachtet wurde, ergibt sich auch auf diese Weise eine Verbindung zwischen Cordelia und Elvira.

[46] »saa besynderlige, at der aldeles ingen Sandsynlighed er for, at de ere historiske« (I, S. 319).

daß Cordelia in Wirklichkeit nicht »Wahl« geheißen habe. Der poetisch-deiktische Sinn der Namenssetzung (Anagramm für Elvira, deutsche Bedeutung des Wortes »Wahl«) bliebe also durchaus auch für Johannes als Tagebuchverfasser erhalten, wenn man davon ausgeht, daß er selbst die Namen verändert hat. Darauf deuten alle Hinweise As. Über eine Bewußtwerdung dieser Namenssetzungen und -parallelen gibt der Text freilich keine Auskunft. Daß der verdrängte Nebenbuhler Edvard dem blassen Ottavio der Oper ähnelt und vor allem, daß der Diener des Johannes am Ende alle Funktionen eines Leporello als Mitwisser und Verführungsgehilfe übernimmt, geht jedoch über den Bereich literarischer Kontrafaktur hinaus. Der Verführer Johannes kennt Situationen und Methoden seiner Vorbilder und kann entsprechend agieren und arrangieren. Er inszeniert sein Anti-Stück freilich nicht mehr als Drama, sondern als Epopöe des 19. Jahrhunderts, dessen Hauptgenre bekanntlich ja der Roman wurde, als Gattung, die am vorzüglichsten zur Reflexion taugt. Das Tagebuch zeigt uns arrangierte und nachgelebte Romanszenen. Johannes kann sich in ein »Mädchen hineindichten« als »Ästhetiker« und »Erotiker, der das Wesen der Liebe und die Pointe darin begriffen hat« (S. 429)[47]; er vollbringt aber auch das »Meisterstück«, sich aus einem »Mädchen herauszudichten« (S. 521)[48].

Das Bewußtsein, selbst literarische Figur zu sein, ist bei diesen Arrangements stets gegenwärtig:

> Alles ist Bild, ich selbst bin ein Mythos meiner selbst, denn ist es nicht wie ein Mythos, daß ich zu dieser Begegnung eile? Wer ich bin, tut nichts zur Sache. (S. 520)
>
> (Alt er Billede, jeg selv er en Mythe om mig selv, thi er det ikke ligesom en Mythe, at jeg iler til dette Møde? Hvo jeg er, gjør Intet til Sagen.) (I, S. 478)

Johannes spielt hier, in der Nacht der endgültigen Verführung, auf seine Vorbilder Don Juan und Faust an, er ahmt sie nicht nur nach, sondern fühlt sich als deren Neuinkarnation, denn er kennt, wie er in einem Brief an Cordelia offen schreibt,

> keine Grenzen. Was gestern erlebt wurde, das schiebe ich tausend Jahre in der Zeit zurück und erinnere mich dessen, als wäre es gestern gelebt. (S. 464)
>
> (ingen Grændse. Hvad der er oplevet igaar, det skyder jeg tusinde Aar tilbage i Tiden, og erindrer det, som om det var oplevet igaar.) (I, S. 424)

Einerseits zeitlos als Typ wie Don Juan, Faust und Ahasver, hat Johannes doch seine Gegenwart und Vergangenheit. Das Tagebuch, dem ja wohl erst A den Titel *Tagebuch des Verführers* verleiht, hat Johannes nach den Auskünften As eigenhändig als »Commentarius perpetuus Nr. 4« überschrieben (S. 351/I, S. 317) und damit angedeutet, daß es weitere vorangehende und vermutlich auch nachfolgende Werke gleicher Art gibt. Johannes ist also ein Verführer aus Passion und mit Vergangenheit, auch wenn

---

[47] »digte sig ind i en Pige«/»Erotiker, der har fattet Kjærligheds Væsen og Pointet i den« (I, S. 390).

[48] »at digte sig ud af en Pige« (I, S. 479; vgl. ähnliche Formulierung auch S. 429/I, S. 390).

er nicht auf die in der Registerarie aufgezählten mehr als zweitausend Schönen des Don Juan kommt.

Das Register von Kierkegaards Verführer wird zwar nicht aufgeführt, aber es läßt sich durch Andeutungen und Anspielungen erschließen – auch dies eine dem Roman gemäße Verfahrensweise: Johannes erinnert sich an das »erste Mal« (S. 373) [49] und das »erste Mädchen« (S. 403) [50] oder etwa an die Episode mit einer »kleinen *Emilie*« (S. 455/I, S. 415) und bezeichnet sich selbst als einen »ziemlich alten Praktiker« (S. 456) [51]. Zwar sucht er, wie Faust, im Augenblick nur die eine und wird daher »gewiß nicht viel einsammeln« in diesem Jahr (S. 379) [52] – dies deutet auf größere Erfolge in anderen Jahren hin –, er hat auch nie einem Mädchen ein Eheversprechen gegeben (vgl. S. 428/I, S. 390), aber es bahnen sich schon im Verlauf der inszenierten Verführung neue Abenteuer an. Er findet Gefallen an einem anderen Mädchen; der Diener muß bereits wieder sechs Stunden im Regen stehen, um es abzupassen (vgl. S. 462/I, S. 422), ein wahres Leporello-Schicksal. Auch bereitet sich vor dem Ende der gegenwärtigen Verführung offensichtlich die nächste Episode mit einer Kaufmannstochter vor (vgl. S. 476 f./I, S. 437 f.).

Johannes ist als reflektierender, planender Verführer zwar in der Anzahl und Weltläufigkeit der Verführungen dem Vorbild Don Juan nicht gewachsen, aber in der Beschränkung, auch auf Dänemark oder sogar Kopenhagen und seine Umgebung, ist er der bürgerliche Don Juan des 19. Jahrhunderts, der seinen eigenen bürgerlichen Roman inszeniert und lebt. Der Kontrast ist am sinnfälligsten, wenn man das Schloß, in das Don Juan Zerline einlädt (»Là ci darem la mano / Là mi dirai di sì«, *Don Giovanni,* 1. Akt, Szene 9), mit Kierkegaards bürgerlicher Szenerie, vor allem mit dem von Johannes mehrfach beschriebenen und deutlich herausgehobenen Sofa am Teetisch vergleicht, an dem sich die Verführung anbahnt. Denn Sofa und Teetisch als Ort bürgerlicher, ja biedermeierlicher Existenzform gehören mit in den bewußt inszenierten Verführungsroman von Kierkegaards Geschöpf Johannes. Was dem Verführer diese Situation bedeutet, zeigt sich am Wiederholungsakt kurz vor dem Ende. Johannes bietet kein Schloß, sondern ein Landhaus, in dem er die frühere Anordnung von Teetisch und Sofa, Fortepiano und Notenpult täuschend ähnlich nachstellen läßt (vgl. S. 518/I, S. 476). Hier wird der selbstinszenierte Roman am Ende nachgelebt. Diese Szene zeigt jedoch auch, wie sehr hier »gelebte Literatur in der Literatur« noch auf einer weiteren Ebene des Arrangements im Spiele ist. »Eine deutsche Übersetzung von *Amor und Psyche,* der bekannten Schrift des *Apulejus*« wird von Johannes so geschickt hingelegt, daß Cordelia das Werk finden wird: »Sie wird dieses Buch le-

---

[49] »første Gang« (I, S. 338).
[50] »første Pige« (I, S. 366).
[51] »temmelig gammel Praktiker« (I, S. 416).
[52] »Iaar samler jeg nok ikke meget ind« (I, S. 344).

sen, damit ist der Zweck erreicht« (S. 518 f.) [53]. Der Verführer lebt nicht
nur Vorbildern nach oder gegen sie an, er läßt auch seine Geschöpfe nach
der Literatur leben. Daß er die Verführung als »Literatur« inszeniert, zeigt
sich auch vielfältig in der Sprachform des Tagebuchs. Er verwendet wie
ein Dichter »Amphibolien« (S. 431/I, S. 392). Cordelia sieht für ihn aus
»wie der noch nicht erschienene [...] Kommentar zu meinem Buch, ein
Kommentar, der die Möglichkeit jeder Auslegung enthält« (S. 437) [54], und
er bezeichnet sich in einem Brief an Cordelia als »der bescheidene Erzähler, der Deine Triumphe begleitet« (S. 474) [55], ja das Leben wird ihm
schließlich zu einer »Mythe über Dich« (S. 475) [56].

Diese Haltung eines Autors des eigenen Romans setzt sich auch in
Form und Struktur fort: Zwar ist das *Tagebuch des Verführers* rein äußerlich schon von Beginn an eine Mischung von Brief- und Tagebuchroman,
da ja A am Anfang einige Briefe Cordelias mitteilt, die ihm angeblich zu-
gekommen sind. Aber auch Johannes läßt seinen Roman zum Briefroman
werden, sicher in genauer Kenntnis der Geschichte des Genres. Die im
letzten Drittel bewußt verwendeten Briefe (vgl. S. 452 ff./I, S. 412 ff.) sind
ja nicht nur strategische Instrumente, sondern auch Elemente der literarischen Struktur: der Tagebuchroman wird zum selbstinszenierten Briefroman, und man kann die Muster bis hin zum *Werther* ahnen. Wahrscheinlich hat dabei, wie F. J. Billeskov Jansen vermutet hat, Choderlos de Laclos'
Briefroman *Les Liaisons Dangereuses* (1782) ein entscheidendes Vorbild
abgegeben [57], zumal er 1832, in Kierkegaards Studentenzeit, ins Dänische
übersetzt wurde [58]. Für diese Vermutung spricht nicht nur die Verwendung
von Briefen als Mittel der Verführung, sondern auch die Funktion und
Selbstdarstellung der (fiktiven) Herausgeber. Während Kierkegaards Victor Eremita die Papiere durch einen merkwürdigen Zufall in die Hände
geraten, erhält sie der namentlich nicht genannte »Rédacteur« bei Laclos
(der natürlich bereits mit in die fiktionale Welt gehört und nicht mit dem
Autor verwechselt werden darf!) von nicht weiter bezeichneten Personen,
die selbst eine Veröffentlichung planten (»et que je savais dans l'intention
de la publier« [59]). Und ebenso wie Kierkegaard durch die skizzierte Verschachtelung der Herausgeberfiktionen und die gezielten Vermutungen
über die Autorschaft des Tagebuches das scheinbar historisch Gesicherte
relativiert, so schaltet Laclos der Vorrede seines »Rédacteurs« einen Hin-

---

[53] »en tydsk Oversættelse af det bekjendte Skrift af *Apuleius: Amor og Psyche*«/»Hun vil
læse denne Bog, dermed er Hensigten opnaaet« (I, S. 477).
[54] »som den ikke endnu udkomne [...] Commentar til min Bog, en Commentar, der inde-
holder Muligheden af enhver Fortolkning« (I, S. 397).
[55] »den beskedne Fortæller, der følger Dine Triumpher« (I, S. 434).
[56] »Mythe over Dig« (I, S. 435).
[57] Billeskov Jansen (Anm. 6), S. 36.
[58] Die dänische Übersetzung erschien unter dem Titel *De farlige Bekjendtskaber, fremstil-
lede i en Samling af Breve efter Chauderlos-Laclos's franske Original* (Kopenhagen, 1832).
[59] Choderlos de Laclos, *Les Liaisons Dangereuses,* in ders., *Œuvres complètes,* hg. u. annot.
v. L. Versini (Paris, 1979), S. 5.

weis des »Editeurs« vor, in dem die Authentizität der Briefsammlung in Frage gestellt und die Vermutung geäußert wird, daß es sich um einen Roman handele (»que ce n'est qu'un Roman« [60]).

Das Nachahmen und Nachleben literarischer Vorbilder führt so weit, daß Johannes, wie A es ausdrückt, aufgrund seiner dichterischen Natur »Poesie und Wirklichkeit« nicht mehr präzise voneinander zu scheiden vermag (S. 354) [61]. Man kann dies durchaus als Anspielung auf den *Don Quijote* ansehen.

Das Leben in der Literatur und nach der Literatur verlangt aber auch Belesenheit bis hin zur Fähigkeit des originalen und originellen Zitats. Wenn Johannes in einer Eintragung feststellt, daß man aus Romanen über die Liebe »lauter Lügen« erfahre (S. 400) [62], so gilt dieses negative Urteil offensichtlich nicht für die gesamte Literatur. Die antiken, deutschen und einheimischen Klassiker bieten ihm durchaus Anleitung zu Reflexion und Handlung. Er folgt etwa »jener Anweisung, die in dem alten Vers steht« (S. 423) [63], eine Anspielung auf eine dänische *folkevise,* oder er zitiert neben Platon (vgl. S. 488/I, S. 448), Horaz (vgl. S. 499/I, S. 458) und Pausanias (vgl. S. 515/I, S. 474) mehrfach Ovid als Autorität auf dem Gebiet der Erotik, der Handlungsanweisungen bis ins Detail gibt:

> Zum Handgemenge gehört ein Händedruck, eine Berührung mit dem Fuß, was Ovid bekanntlich ebenso sehr empfiehlt, wie er mit tiefer Eifersucht dagegen eifert, von einem Kuß, einer Umarmung ganz zu schweigen. (S. 440) [64]
>
> (Til Haandgemænget hører et Haandtryk, en Berørelse med Foden, Noget Ovid som bekjendt ligesaa meget anbefaler som med dyb Jalousi ivrer imod, ikke at tale om et Kys, et Favnetag.) (I, S. 401)

Romane, vor allem Liebesromane, sind ihm offensichtlich zu stereotyp. Er äußert sich einmal ironisch über die Romanschreiber, die allzuviel grobes Ziegelrot verwendeten, »wenn sie ihre Heldinnen ›über und über‹ erröten lassen« (S. 424) [65]. Bei der erotischen Lektüre, die er daher für Cordelia über das von ihm gesteuerte Medium Edvard zur Einstimmung auf das spätere Verhältnis erwägt, handelt es sich um »Theklas Lied« aus Schillers Gedichten und um Bürgers »Lenore« (S. 425/I, S. 386). Aus einer Ausgabe des Matthias Claudius übersendet er später ein Kupfer zur gefälligen Betrachtung (vgl. S. 514/I, S. 472). Schon im allerersten Tagebucheintrag bietet er der »schönen Unbekannten« (wenn auch nur in seiner Imagination) an, ihr eine Novelle von Tieck zu leihen (S. 364/I, S. 330). Damit ist ganz offensichtlich »Die wilde Engländerin« gemeint, die »als Kind erschreckt worden [war], als sie in einer Anatomie über das Geschlechtsleben las« [66].

---

[60] Ebd., S. 3.

[61] »Poesi og Virkelighed« (I, S. 320).

[62] »lutter Løgne« (I, S. 364).

[63] »hiin Anviisning, der findes i det gamle Vers« (I, S. 385).

[64] Vgl. Thulstrups Kommentar zu *Entweder-Oder* (Anm. 7), S. 985: »Ovid: ›Amores‹ 1, 4, 16 und 44«.

[65] »naar de lade deres Heltinder rødme over und over« (I, S. 385).

[66] Thulstrup, Kommentar zu *Entweder-Oder* (Anm. 7), S. 979.

So wird nicht nur die erotische Thematik bereits in der dritten Zeile des
Tagebuchs exponiert, sondern die entsprechend ausgewählte und dem
Mädchen zugedachte Literatur auch als bewußtseinsstiftende Instanz ein-
geführt.

Neben den dänischen Zeitgenossen Oehlenschläger, Grundtvig, Heiberg zitiert und schätzt Johannes vor allem Mythen, Märchen und Volks-
sagen[67] in ihren erotischen Komponenten, die er Cordelia zur Lektüre besorgt (vgl. S. 481/I, S. 441), aber auch (so wortwörtlich) selbst »zu Rate«
zieht (S. 505/I, S. 464). So regt er etwa an, »in Märchen, Sagen, Volkslie-
dern und Mythologien auszuzählen, ob öfter ein Mädchen treulos ist oder
ein Mann« (S. 443)[68]. Auch aus der Bibel werden die entsprechenden The-
menfelder (Jakob und Laban, vgl. S. 471/I, S. 430) und Autoren, etwa Sa-
lomo, alludiert und zitiert, und wenn in zwei Briefen an Cordelia ausdrücklich von Ariadne die Rede ist (vgl. S. 468 u. 471/I, S. 427 u. 431), so
muß darin wohl eine erste Andeutung des Verlassenwerdens gesehen werden, auch wenn vielleicht die Adressatin aufgrund ihrer Bildung und Ausbildung dies nicht enträtseln und daher auch in Johannes keine Theseus-
Gestalt erkennen kann. Die bitteren Briefe der am Ende verlassenen Cordelia zeigen freilich, daß sie ohne rettenden Dionysos weiterleben muß,
daß bei der Überführung der Mythe in ein bürgerliches Zeitalter das vorgegebene Handlungsmuster nicht mehr bis zum glücklichen Ende mit dem
deus ex machina nachvollzogen werden kann.

Das Reflektieren und Räsonieren über die Erotik führt so weit, daß sich
Johannes ironisch-humoristisch selbst als wissenschaftlichen Theoretiker
auf diesem Gebiet vorstellen kann. Er habe daran gedacht, »Materialien
zu sammeln, zu einer Schrift mit dem Titel: Beiträge zur Theorie des Kus-
ses, allen zärtlich Liebenden gewidmet« (S. 486)[69]. Dies ist Anlaß genug,
das Thema selbst und zugleich die Klassifikationsmanie der Wissenschaft
zu karikieren bzw. zu parodieren: »Bald ist der Kuß schmatzend, bald zi-
schelnd, bald klatschend, bald knallend, bald dröhnend, bald voll, bald
hohl, bald wie Kattun usw. usw.« (S. 487)[70].

Johannes führt, wie wir gesehen haben, ein Leben in Zitaten und Anspielungen, darin sicher das krasse Gegenteil zum Don Juan der Unmittelbarkeit, der als Kontrastfolie stets durchscheint, bei dem aber in der Tat
solches Zitieren und Leben in der Literatur ebenso undenkbar wäre wie
etwa die voyeuristischen Neigungen des Johannes[71]. Dies schließt jedoch
nicht aus, daß einzelne Handlungsmuster direkt aus dem Gegenmodell

---

[67] z. B. J. M. Thiele, *Danske Folkesagn* (1818–23); vgl. Thulstrup, Kommentar, ebd., S. 989.

[68] »tælle op i Eventyr, Sagn, Folkeviser, Mythologier, om det oftere er en Pige der er
troløs eller en Mand« (I, S. 403).

[69] »samle Materialier til et Skrift, betitlet: Bidrag til Kyssets Theori, alle ømt Elskende
helliget« (I, S. 445).

[70] »Snart er det smækkende, snart hvislende, snart klaskende, snart knaldende, snart
drønende, snart fuldt, snart huult, snart som Kattun o. s. v., o. s. v.« (I, S. 447).

[71] z. B. die Beobachtung einer Liebesszene (vgl. S. 473/I, S. 433).

übernommen werden: »Nicht nur in Komödien, auch in der Wirklichkeit ist es schwierig, ein junges Mädchen abzupassen« (S. 463)[72], heißt es denn auch in Anspielung auf entsprechende Schwierigkeiten Don Juans und Leporellos im *Don Giovanni,* der ja bekanntlich trotz des ernsten Schlusses ein *dramma giocoso* ist und auch von Kierkegaard so verstanden wurde. Mit direkten Mozart-Zitaten hält sich der Tagebuchschreiber eher zurück. Es ist jedoch wahrscheinlich, daß in dem Text noch manche unentdeckte Allusion, auch auf der Figurenebene, und mancher versteckte Zitatfetzen auffindbar wären. Bei den Zitaten gebraucht Johannes wie Kierkegaard die dänischen Bearbeitungen, so daß sich etwa ein Ausspruch wie »In der Ausstellung wimmelt es ja von Mädchen, um Donna Annas Worte zu gebrauchen« (S. 372)[73] im Original gar nicht verifizieren läßt, da er von Kruse dazugedichtet wurde[74]. Don Juan, heißt es an anderer Stelle, verführe die Mädchen und laufe »ihnen davon« (S. 506)[75], während ein Blaubart sie töte. Johannes kommt nicht wie Don Juan schnell, sondern mit absichtlicher Verzögerung ans Ziel. Die meisten genießen jüngere Mädchen »wie Champagner« (Anspielung auf die Champagnerarie?, *Don Giovanni,* 1. Akt, Szene 15), Johannes dagegen kennt »keine Ungeduld, keine Gier, alles will in langsamen Zügen genossen sein« (S. 367 f.)[76]. Dieser grundsätzliche Unterschied in der Vorgehensweise hindert den dänischen Verführer nicht daran, in Mantel und Mütze wie der verkleidete Don Giovanni (2. Akt, Szene 1) unter dem Fenster der Erwählten zu wandeln (vgl. S. 410/I, S. 372 f.), und ebenso wie Don Giovanni hat er keinen Nachnamen, keinen Beruf, kein Amt außer dem des Verführers, und bei seinen Verführungsplänen gibt es – darauf hat Aage Henriksen hingewiesen – keine bürgerlichen Beschwernisse mit wachsamen Vätern, Geldmangel etc[77]. Der reine Typus, den Don Juan repräsentiert, hat sich freilich zum antibürgerlichen Dandy byronesken Zuschnitts gewandelt, der als Müßiggänger vermutlich von seinen Zinsen lebt, so wie Kierkegaard selbst zeitweilig diesen Typ spielte und bis zu seinem Tode aus dem Nachlaß seines Vaters lebte.

Cordelia Wahl ist, wie schon erwähnt, in den Augen des Verführers eine Donna Elvira-Inkarnation, auch wenn sie, worauf Johannes selbst hinweist, den Namen von »*Lears* dritte[r] Tochter« trägt (S. 391)[78]. Eine kleine Episode, die an sich beiläufig ist, mag die These von der Verwandt-

---

[72] »Det er ikke blot i Comedier, men ogsaa i Virkeligheden, vanskeligt at passe paa en ung Pige« (I, S. 422).

[73] »Paa Udstillingen vrimler det jo af Piger, for at bruge Donna Annas Ord« (I, S. 337).

[74] In der dänischen Fassung von Kruse (Anm. 22), S. 52: »der vrimler jo af Piger«. Dort in Akt 1 als neue Szene 16 eingefügt nach Szene 15 mit der Champagnerarie. Ohne Vorbild im Originallibretto (dort Szene 16: Masetto und Zerlina).

[75] »løber fra dem« (I, S. 464).

[76] »Ingen Utaalmodighed, ingen Gridskhed, Alt vil nydes i langsomme Drag« (I, S. 333).

[77] Vgl. Henriksen (Anm. 6), S. 84.

[78] »*Lears* tredie Datter« (I, S. 355).

schaft zwischen Cordelia und Elvira stützen. Cordelia geht in eine Ausstellung im »Reisekleid« (S. 374)[79], worauf Johannes ausdrücklich hinweist. Der Ausdruck befremdet. Man geht wohl kaum im »Reisekleid« in Ausstellungen. Cordelia »reist« auch nirgendwohin. Was soll also das »Reisekleid«? Ist es Zufall, daß wir die verlassene Donna Elvira im *Don Giovanni* bei ihrem ersten Auftritt im »Reisekleid« (»in abito da viaggio«, 1. Akt, Szene 4) antreffen? Handelt es sich um eine Kontrafaktur oder Allusion auf der Verfasserebene, oder deutet gerade Johannes die Kleidung in diesem und damit in seinem Sinne um? Cordelia als Elvira vor der Verführung, also in der Vorgeschichte der Oper. Sie lebt, streng erzogen (vgl. S. 396/I, S. 360), mit ihren 17 Jahren (vgl. S. 421/I, S. 383) isoliert bei ihrer Tante, ohne Welt- und Menschenkenntnis (vgl. S. 394/I, S. 358), ebenso wie die nach As und Kierkegaards Meinung in der Zucht des Klosters erzogene Elvira (vgl. S. 225/I, S. 193). Diese wird freilich »Juan in jedem entlegenen Winkel suchen« (S. 226)[80], die betrogene Cordelia dagegen schreibt in deutlicher Anspielung darauf in einem der Briefe, die Johannes ungeöffnet zurückgehen läßt und die in As Besitz geraten: »Freue Dich nicht darauf, daß es meine Absicht sei, Dich zu verfolgen« (S. 362)[81]. Warum sollte er sich darauf »freuen«, es sei denn, es ginge um das Nachvollziehen der literarischen Vorlage und damit um eine »Vollendung« ganz eigener Art.

Nachahmung und Kontrast sind hier, wie auch im dialektischen Verhältnis der Verführergestalten Faust/Juan/Johannes, das strukturierende Prinzip. Johannes weist auch in einer Tagebucheintragung direkt auf Möglichkeiten und Grenzen solcher Parallelisierungen am Beispiel seiner Dreiecksbeziehung zu Edvard und Cordelia hin:

> Wollte ich an bekannte Bilder denken, so könnte ich wohl eine Analogie finden, sofern ich bei mir selbst an *Mephistopheles* denke; die Schwierigkeit ist jedoch die, daß *Edvard* kein *Faust* ist. Mache ich mich selbst zu Faust, so ergibt sich wieder die Schwierigkeit, daß Edvard gewiß kein Mephistopheles ist. Auch ich bin kein Mephistopheles, am allerwenigsten in Edvards Augen. (S. 408)
>
> (Vil jeg tænke paa bekjendte Billeder, saa kunde jeg vel finde en Analogi, forsaavidt som jeg ved mig selv tænker paa, *Mephistopheles;* Vanskeligheden bliver imidlertid den, at *Edvard* ikke er nogen *Faust.* Gjør jeg mig selv til Faust saa bliver Vanskeligheden atter, at Edvard visselig ikke er nogen Mephistopheles. Jeg er heller ikke nogen Mephistopheles, allermindst i Edvards Øine.) (I, S. 370 f.)

Das Muster solcher Parallelisierungen ist nicht stabil, sondern changiert ständig. Darin besteht nicht zuletzt allerdings sein besonderer Reiz. Johannes ist einerseits, wie Faust, der reflektierende Verführer, andererseits aber eben doch ein Mephisto, der alles arrangiert, die Fäden des Marionettenspiels zieht, ja der sich nicht scheut, den Kuppler zu spielen und für andere Liebesbriefe zu schreiben (vgl. S. 434 f./I, S. 395 f.). Er redet Cordelia

---

[79] »Reisetøiet« (I, S. 340).
[80] »søge Juan i enhver Afkrog« (I, S. 194).
[81] »Glæd Dig ikke til, at det skulde være min Hensigt at forfølge Dig« (I, S. 327).

mit direktem *Faust*-Zitat als »schönes Fräulein« (S. 373)[82] an. Sie ist ja wie Gretchen zunächst »ein bürgerliches kleines Mädchen« (S. 242)[83]. Als Betrogene, in der die »vielzüngige Reflexion« geweckt wurde (S. 358)[84], beschreibt sie schließlich ihr Verhältnis zu Johannes mit einem Goethe-Zitat: »Gehe, / Verschmähe / Die Treue, / Die Reue / Kommt nach« (S. 361/I, S. 327)[85]. Die einsamen Gretchen-Klagen sind, auch dies ein Zeichen des bürgerlichen Zeitalters, zu den nie gelesenen Abschiedsbriefen Cordelias geworden.

Der *Faust* liefert für Johannes ein weiteres negatives Handlungsmuster, wenige Seiten vor dem Ende des Tagebuchs. Man müsse »die Frage nach der Zukunft und die Katechisation über den Glauben« vermeiden. Faust sei unvorsichtig gewesen, so daß Gretchen »solch eine kleine Examination mit ihm abhält« (S. 517)[86]. Am Ende der langen Verführungsgeschichte scheinen überhaupt die vorgegebenen Handlungsmuster und Personenkonfigurationen ineinander überzugehen. Johannes, der als reflektierender Verführer Faust weit ähnlicher ist als Don Juan, übernimmt voll dessen Strategie bei Cordelia/Elvira/Gretchen, und erst in dieser Schlußphase tritt die Leporello-Funktion des »hochbetrauten« Dieners (S. 513)[87] ganz klar zutage. Er wird dem Mädchen zur »Aufwartung« zugeordnet und begleitet sie in das Landhaus, den Ort der Verführung, denn »nächst mir kenne ich niemand, der sich besser dazu eignete als Johann« (S. 514)[88]. Don Juans Einfluß auf Leporello ist so groß, daß er »ihn sich assimiliert, so daß er fast zu einem Organ Don Juans wird« (S. 151)[89]. Der Domestik des dänischen Verführers ist bereits so assimiliert, daß er sogar den Namen seines Herrn trägt (in den Vorentwürfen heißt er noch »Fritz«) und so, deutlicher noch als Leporello, in die Galerie der Verführer mit dem Namen Johannes eingegliedert ist. Er erhält von seinem Herrn genaue Anweisung für die Ausstattung der opernhaften Verführungsszenerie des Schlusses, denn »er ist auf seine Art ein vollendeter Virtuose« (S. 517)[90].

Für das eigentliche Ende, das mit Geduld und überlegter Strategie langsam erreichte Ziel einer einmaligen Vereinigung, benötigt Johannes in seinem Tagebuch nur noch zwei Eintragungen und wenige Zeilen (vgl. S.

---

[82] »skjønne Frøken« (I, S. 339).
[83] »en borgerlig lille Pige« (I, S. 209).
[84] »mangetungede Reflexion« (I, S. 324).
[85] Aus dem Singspiel *Jery und Bätely*.
[86] »Spørgsmaal om Fremtid og Katechisation over Troen«/»holder en saadan lille Examination over ham« (I, S. 475).
[87] »høitbetroede« (I, S. 471). – Bessere Übersetzung für »høitbetroede«: »äußerst vertrauenswürdiger«. Damit ist auch die Stellung des Dieners und seine Funktion bei den Verführungsszenen genau gekennzeichnet.
[88] »Opvartning«/»næst mig selv kjender jeg Ingen, der er bedre skikket hertil end Johan« (I, S. 472).
[89] »han assimilerer sig ham, saa at han næsten kan blive et Organ for Don Juan« (I, S. 121).
[90] »han er paa sin Viis en fuldendt Virtuos« (I, S. 476).

519 ff./I, S. 478 ff.). Hier endet auch jede Nachahmung, Allusion und Kontrafaktur. Eine ethische, moralische oder transzendentale Wendung bleibt
dem Verführer und seinem verführten Geschöpf erspart bzw. versagt:
Denn Mozarts steinerner Gast ist in der bürgerlichen Epopöe ebenso undenkbar wie Goethes »Stimme von oben: Ist gerettet!« oder gar die Erlö-
sungsszenerie des zweiten Teils des *Faust.* Das Tagebuch bricht ab, bleibt
Fragment eines ästhetisch konzipierten Lebens. Mögliche Antworten,
Ethik und Moral betreffend, gibt der Gerichtsrat Wilhelm als B des zweiten Teils von *Entweder-Oder.* Dieser äußert sich denn auch recht kritisch
über die Literatur, vor allem über die Romanschreiber und Romanleser
der vergangenen Jahrhunderte:

> Ich zweifle sehr, ob je ein Mensch das Gefühl gehabt hat, durch die Lektüre derarti-
> ger Schriften zu der Erfüllung der Aufgabe, die er sich gestellt, befähigt oder über das
> Leben orientiert worden zu sein; denn es ist eben das Verderbliche, das Ungesunde an
> jenen Schriften, daß sie enden, wo sie anfangen sollten. (S. 540)
>
> (Jeg tvivler meget om, at der nogensinde har været noget Menneske, der ved Læsning
> af slige Skrifter har følt sig gjort dygtigt til at fuldkomme den Opgave, han har sat sig,
> eller følt sig orienteret i Livet; thi dette er netop det Fordærvelige, det Usunde ved
> hine Skrifter, at de ende, hvor de skulde begynde. (II, S. 20 f.)

Damit wird nicht nur das alte Motiv des »schädlichen Lesens«, der Lügenhaftigkeit der Literatur, wieder aufgegriffen, das seit dem *Don Quijote* nahezu untrennbar mit dem Motiv der »gelebten Literatur« verbunden war,
sondern es wird indirekt auch der Stab über das »literarische« Leben des
Verführers Johannes und dessen Identifikation mit dramatischen Vorbildern gebrochen.

Oder ist es gar nicht mehr ausschließlich der bürgerliche und bisweilen
pedantische Gerichtsrat Wilhelm, den wir hier vernehmen, sondern der
reale Autor Kierkegaard selbst, zumal dies in manchen späteren Schriften
des dänischen Dichter-Philosophen vielfältig wiederholt und variiert
wird? Dies ist jedoch eine andere Frage, die mit der »gelebten Literatur in
der Literatur« kaum mehr etwas zu tun hat[91].

---

[91] Ich möchte an dieser Stelle ausdrücklich Frau Ulrike-Christine Sander danken. Sie hat
nicht nur die Zitate dieses Beitrags überprüft und teilweise auch verifiziert, sondern auch aus
einer schwer überschaubaren Vorlage überhaupt erst ein druckfertiges Manuskript gemacht.
Ferner danke ich Herrn Lutz Rühling, der Zweitkorrektur gelesen und nochmals die Zitate
überprüft hat.

Gustave Flaubert: *Madame Bovary. Mœurs de province*

Von
ULRICH MÖLK

Die Bedeutung, die die »Thematik der Lektüre« für *Madame Bovary* hat[1], wird auf verschiedenen Ebenen sichtbar: in erster Linie auf der Ebene des Romangeschehens, dann aber auch auf der Ebene des Erzählers, schließlich ebenfalls auf der Ebene des Autors, womit wir sagen wollen, daß Flaubert seinem Leser deutlich macht, welches Werk er gelesen hat, um *Madame Bovary* schreiben zu können. Wir wollen unsere Ausführungen nach diesen drei Ebenen gliedern und kommen dabei zu folgenden vier Punkten von unterschiedlichem Gewicht: 1. Leseszenen, Gespräche über Lektüre, lesende Nebenfiguren; 2. Die lesende Titelfigur: Haltung und Bewußtsein; 3. Der Erzähler und die Lektüre seiner Figuren; 4. *Madame Bovary* und *Don Quijote*.

I.

Das berühmte Kapitel I,6, das Emma Bovary als lesendes junges Mädchen einführt (»Elle avait lu *Paul et Virginie*«), ist nicht das einzige Kapitel, in dem es um Lektüre geht. Emma liest nicht nur als junges Mädchen, und außer ihr lesen fast alle wichtigen Romanfiguren, nur Rodolphe und der Pfarrer Bournisien nicht, Homais oder Léon dagegen häufig, Charles Bovary wiederum selten, weil es ihm schwerfällt. Charles ist es sogar, nicht Emma, der als erste lesende Figur erscheint.

Die Mitschüler beobachten Charles bei der abendlichen Lektüre im Arbeitsraum des Internats (I, 1):

> Le soir, à l'Étude [...]. Nous le vîmes qui travaillait en conscience, cherchant tous les mots dans le dictionnaire et se donnant beaucoup de mal. [...] il repassait ses cahiers d'histoire, ou bien lisait un vieux volume d'*Anacharsis* qui traînait dans l'étude. (S. 6 u. 9)[2]

---

[1] Mit der durch Anführungszeichen hervorgehobenen Formel beziehen wir uns auf den wertvollen Aufsatz von V. Roloff, »Zur Thematik der Lektüre bei G. Flaubert. ›Madame Bovary. Mœurs de province‹«, *Germanisch-Romanische Monatsschrift*, 56 (1975), S. 322–337; s. auch J.-M. Gautier, »Les Lectures d'Emma«, in *Le lecteur et la lecture dans l'œuvre. Actes du Colloque international* (Clermont-Ferrand, 1982), S. 59–68, und R.-R. Wuthenow, *Im Buch die Bücher oder Der Held als Leser* (Frankfurt a. M., 1980), S. 126–148.

[2] Die Seitenzahlen sind diejenigen der kritischen Ausgabe: G. Flaubert, *Madame Bovary. Mœurs de Province*, hg. v. C. Gothot-Mersch, Classiques Garnier (Paris, 1971), nach der wir hier und im folgenden zitieren. – Die in Klammern beigefügten Übersetzungen stammen vom Verfasser.

(Am Abend im Arbeitsraum [...]. Wir sahen, wie er mit großer Sorgfalt arbeitete, alle Wörter im Wörterbuch nachschlug und sich viel Mühe gab. [...] er ging seine Geschichtshefte durch oder las in einem alten Exemplar der *Reise des jungen Anacharsis,* das im Arbeitsraum herumlag.)

Wie hier die Mitschüler, beobachtet ihn später Emma bei der Lektüre einer medizinischen Zeitschrift, die er abonniert hat, um sich fachlich weiterzubilden. Doch Charles schläft bei der Lektüre ein (I, 9):

Il en lisait un peu après son dîner; mais la chaleur de l'appartement, jointe à la digestion, faisait qu' au bout de cinq minutes il s'endormait [...]. Emma le regardait en haussant les épaules. Que n'avait-elle, au moins, pour mari un de ces hommes d'ardeurs taciturnes qui travaillent la nuit dans les livres, et portent enfin, à soixante ans, quand vient l'âge des rhumatismes, une brochette de croix, sur leur habit noir, mal fait. (S. 63)

(Er las darin ein wenig nach dem Essen, aber die Wärme im Zimmer hatte im Verein mit der Verdauung zur Folge, daß er nach fünf Minuten einschlief [...]. Emma betrachtete ihn achselzuckend. Warum hatte sie nicht wenigstens einen jener Männer geheiratet, die nachts mit stillem Eifer über den Büchern saßen und später mit sechzig Jahren, wenn sich gewöhnlich das Rheuma einstellt, an ihrem schäbigen Frack das Kreuz der Ehrenlegion tragen?)

Einige Zeit später läßt sich Charles von Homais und Emma zur Operation von Hippolytes Klumpfuß überreden. Charles bereitet sich durch die Lektüre einer gerade erschienenen medizinischen Fachstudie vor; er versinkt in der Lektüre (II, 11):

Il fit venir de Rouen le volume du docteur Duval, et, tous les soirs, se prenant la tête entre les mains, il s'enfonçait dans cette lecture. (S. 179)

(Er bestellte aus Rouen den Band des Dr. Duval und versank jeden Abend, den Kopf in die Hände gestützt, in der Lektüre.)

Wie der Leser noch im selben Kapitel erfährt, bringt diese Lektüre Unheil über Charles: die Operation scheitert, und Emma, die sich gerade bemühte, innerlich zu Charles zu finden, ist ihm auf immer verloren. Die Analogie von I,6 (Emmas Lektüre) und II,11 (Charles' Lektüre) ist ganz deutlich. In beiden Fällen identifiziert sich der Lesende mit einer Figur des gelesenen Werks, Emma mit den romantisch-exotischen Frauenfiguren, Charles mit dem modernen Chirurgen, der Klumpfüße operiert. Im Falle von II,11 ist die unheilbringende Lektüre auf zwei Figuren verteilt, auf Charles, der liest und operiert, und auf Homais, der liest und zur Operation überredet. Hinsichtlich der Analogie von I,6 und II,11 ist es bemerkenswert, daß beide Kapitel mit den gleichen drei Wörtern einsetzen: »Elle avait lu« - »Il avait lu«.

Dasselbe Kapitel II,11 enthält eine andere Lesezene besonderer Art. Am Abend des Operationstages - alle Beteiligten sind davon überzeugt, daß die Operation gelungen ist; Charles denkt an künftigen Ruhm, Emma an künftiges Glück in der Ehe - stürzt der Apotheker in das Schlafzimmer der Bovarys (»Ils étaient au lit lorsque M. Homais, malgré la cuisinière, entra tout à coup dans la chambre« [S. 182]). Er hat gerade den Artikel über die Operation verfaßt, der in der Zeitschrift *Fanal de Rouen* veröffentlicht werden soll. Eine Leseszene besonderer Art: die Eheleute im Bett, der Apotheker, seinen enthusiastischen Artikel vorlesend, gelegentlich von Charles beipflichtend oder, wenn Homais den Landarzt allzu sehr rühmt, gerührt und abwehrend unterbrochen.

Homais ist überhaupt als Leser eine Art Gegenfigur zu Emma; der Gegensatz besteht darin, daß seine Lektüre trotz einzelner Rückschläge zum gesellschaftlichen Erfolg führt. Wir lernen sogar seine Bibliothek kennen (II, 2), d. h. er führt Emma, sich in ihr Gespräch mit Léon mischend, seine Bücher vor: »une bibliothèque composée des meilleurs auteurs: Voltaire, Rousseau, Delille, Walter Scott« (S. 86) – Walter Scott gehört, wie in I, 6 gesagt wurde, auch zu den Lieblingsautoren Emmas. Von Homais' Büchern, Lesefrüchten, literarischem Geschmack ist auch im weiteren Verlauf des Romans die Rede. Nach Emmas Tod bildet sich Homais durch Lektüre immer weiter, er schreibt nun nicht nur für die Zeitschrift *Fanal de Rouen,* er verfaßt auch Schriften über verschiedene Gebiete, in die er sich eingearbeitet hat. Die gesellschaftliche Anerkennung bleibt nicht aus. Am Schluß des Romans (letzter Satz: »Il vient de recevoir la croix d'honneur«) erscheint Homais als der Typus des von Emma erträumten gealterten Ehegatten.

Mit Léon (II, 2) kommt Emma schnell ins Gespräch, weil er allem anderen Zeitvertreib die Lektüre vorzieht, und zwar die Lektüre von Werken, die das Herz ansprechen. Emma: »Je déteste les héros communs et les sentiments tempérés, comme il y en a dans la nature« (S. 86) – Léon: »[...] ces ouvrages ne touchant pas le cœur, s'écartent, il me semble, du vrai but de l'Art« (S. 86). Die Übereinstimmung im literarischen Geschmack und in den Lesegewohnheiten bringt sie während des Gesprächs einander näher:

> Sans qu'il s'en aperçût, tout en causant, Léon avait posé son pied sur un des barreaux de la chaise où madame Bovary était assise. Elle portait une petite cravate de soie bleue. (S. 86)
> (Ohne es selbst zu merken, hatte Léon beim Plaudern seinen Fuß auf eine der Querleisten des Stuhls von Madame Bovary gesetzt. Sie trug eine kurze, blauseidene Krawatte.)

Die Emma Bovary zugeordnete Farbe Blau weist hier wie im Verlauf des ganzen Romans symbolisch auf erträumtes Lebensglück, erträumte, wie es im Text heißt, »sympathie commune« (S. 87). Das Literaturgespräch, das Emma und Léon zueinander führt, aber auch dadurch Bedeutung gewinnt, daß es scharf mit dem ganz anders gearteten Gespräch zwischen den am selben Tisch sitzenden Charles und Homais kontrastiert, bereitet eine andere Szene vor, die durch einen analogen Simultankontrast gekennzeichnet ist. Das Kapitel II, 4 bringt die vier Personen erneut zusammen: sie sitzen diesmal am Tisch im Salon der Bovarys. Emma und Léon lesen gemeinsam in einer Modezeitschrift, Charles und Homais spielen Domino; der Spiellärm stört die Verliebten, die durch »une sorte d'association, un commerce continuel de livres et de romances« (S. 102) miteinander verbunden sind:

> [...] ils regardaient ensemble les gravures et s'attendaient au bas des pages. Souvent elle le priait de lui lire des vers; Léon les déclamait d'une voix traînante et qu'il faisait expirer soigneusement aux passages d'amour. Mais le bruit des dominos le contrariait. (S. 101)

> (Sie sahen sich zusammen die Stiche an und warteten am Ende der Seiten aufeinander. Oft bat sie ihn, ihr Verse vorzulesen; Léon trug sie mit schleppender Stimme vor, wobei er darauf achtete, an Stellen, an denen von Liebe die Rede war, seine Stimme ersterben zu lassen. Aber der Lärm der Dominosteine störte ihn.)

Kein Zweifel, daß Flaubert hier eine Motivvariante aufnimmt, die nach und vor vielen anderen Dante verwendet hatte (Sich-Verlieben bei und durch gemeinsame Lektüre); kein Zweifel auch, daß diese Kontrastszene auf die berühmten *Comices agricoles* (II, 8) vorausweist, in der Verführungsgespräch (Rodolphe – Emma) und offizielle Reden kontrastiv aufeinander bezogen sind.

Das Gespräch im Hotel ›Zum Goldenen Löwen‹ (II, 2) am Ankunftstag der Bovarys in Yonville ist nicht das einzige Gespräch über Literatur. Dort waren es Léon, Emma und schließlich Homais, die ihre positive Meinung über Literatur und Lektüre artikulierten. In II, 7 unterhalten sich Charles und seine Mutter über Literatur. Die Mutter hat eine feste Meinung: Romanlektüre sei unzüchtig und bringe Unheil. »Ah! elle s'occupe! A quoi donc? A lire des romans, de mauvais livres, des ouvrages qui sont contre la religion« (S. 129). Und man vereinbart, daß die Mutter heimlich nach Rouen fährt, um die Lieferungen abzubestellen. (Es ist dies ein Passus, den Flaubert sozusagen im letzten Augenblick radikal gekürzt hat[3].) Später kann die Mutter triumphierend an ihren Rat erinnern (II, 12): Emma sei nur deswegen so tief gesunken, weil sie sich weiterhin der Romanlektüre hingegeben habe (»Charles n'avait point écouté ses conseils pour l'interdiction des romans« [S. 197]). Auch Homais erleben wir zwei weitere Male als Teilnehmer an einem Gespräch über Literatur und Lektüre: in II, 14 und dann in III, 9 verteidigt er gegenüber dem Pfarrer den guten Einfluß, den die schöne Literatur ausüben kann. Für Homais gibt es allerdings auch schlechte, weil gefährliche Bücher. In III, 2 verbietet er seinem jugendlichen Gehilfen die Lektüre eines Aufklärungsbuches mit dem Titel *L'amour conjugal* (»ce livre infâme« [S. 255]), weil es seine Kinder verderben könnte, obwohl er kurz darauf, fortschrittlich, wie er ist, sein Verdikt modifiziert: »Ce n'est pas que je désapprouve entièrement l'ouvrage!« (S. 256).

Mit unserem Lektüremotiv ist das Motiv der Nichtlektüre kontradiktorisch verbunden. Wir haben es eben kennengelernt, als wir von dem Leseverbot des Apothekers oder der Mutter Charles' sprachen. Es findet sich aber auch an anderen Stellen. Am Ende des I. Teils (I, 9) verliert Emma angesichts der Trostlosigkeit ihrer jungen Ehe die Fähigkeit, sich in ihre Ro-

---

[3] Vgl. *Madame Bovary* (Anm. 2), S. 397. Der Passus stand noch im Autograph (Rouen, Bibliothèque municipale, Ms. g 221); Flaubert hat ihn erst in der für den Druck hergestellten Abschrift (Rouen, Bibliothèque municipale, Ms. g 222) gestrichen.

manwelt zu flüchten. »J'ai tout lu«, sagt sie (S. 65). Von der seelischen Krankheit, die sie befällt, soll sie ein Klimawechsel, der Umzug nach Yonville, befreien. Eine ähnliche Stimmung des Lebensekels überfällt Emma nach Léons Abreise, der, obwohl in sie verliebt, auf ihr Liebesangebot nicht eingegangen war. Ihre Stimmung wird charakterisiert durch Wörter und Wendungen wie »atmosphère noire«, »mélancolie morne«, »ennui«, »malheureuse«, »chagrin«, »accès«, »extravagances« (S. 126–128). Aus dem seelischen Tief vermag ihr die Lektüre nicht herauszuhelfen. Historische und philosophische Werke (»des lectures sérieuses« [S. 128]) schlägt sie auf, um sie ungelesen in ihrem Schrank zu stapeln. Oder sie kleidet sich extravagant, schließt die Fensterläden, nimmt ein Buch, legt sich aufs Kanapee und verharrt in dieser Pose, freilich ohne das Buch zu lesen.

Eine besondere Bedeutung erhält die Negativvariante unseres Motivs in der Kapitelfolge des III. Romanteils, die die Zeit von der Wiederbegegnung Emmas mit Léon (III, 1) bis zu ihrem Tod (III, 8) behandelt. Es ist bereits interessant, daß der Theaterbesuch in Rouen Emmas Resignation nicht mehr aufhalten kann. Eine momentane Identifikation mit Lucia di Lammermoor auf der Bühne kann sie abschütteln, weil sie von der »désillusion de l'adultère« (S. 230) einen Begriff hat. Literatur, Theater, Musik sind für sie ein »mensonge imaginé«; sie findet, daß die Kunst die Leidenschaften übertreibe. Die Schlußszene der Oper will sie sich nicht mehr anhören (II, 15). So ist es denn konsequent, daß Emma in den folgenden acht Kapiteln Romane und andere Bücher nicht mehr benötigt, um sich in eine Traumwelt zu flüchten, und so ist es unserer Ansicht nach im künstlerischen Sinn konsequent, wenn in diesen acht Kapiteln das Motiv der Lektüre fast nur noch in seiner Negativvariante, als Nichtlektüre, erscheint. Hier einige Beispiele: Der Kirchendiener, der Léon und Emma durch die Kathedrale führt und schließlich mehrere Werke zum Kauf anbietet (»C'étaient les ouvrages *qui traitaient de la cathédrale*« [S. 249]), wird abgewiesen (III, 1). – Der Brief, den Emma Léon überreichen will, wird ungelesen und in kleine Stücke zerrissen aus dem Fenster der fahrenden Kutsche geworfen (III, 1, Schluß). – Emma, die in Yonville aus der Postkutsche aussteigt, wird gebeten, sofort den Apotheker aufzusuchen; bei Homais herrscht große Unruhe: »Le grand fauteuil était renversé, et même *le Fanal de Rouen* gisait par terre« (III, 2, S. 252). – Emma wünscht von Léon Liebesgedichte zu lesen, deren er nicht fähig ist (III, 5).

II.

Es war schon in unserem ersten Abschnitt unvermeidlich, von der lesenden oder auch gelegentlich die Lektüre meidenden Emma Bovary zu sprechen. Sehen wir uns jetzt die Dinge genauer an, wobei wir abermals mit dem Kapitel I, 6 beginnen wollen. Der erste und der letzte Satz des Kapitels haben ein Schlüsselwort gemein: »rêvé« (»Elle avait lu *Paul et Virginie* et elle

avait rêvé« – »le bonheur qu'elle avait rêvé«). Ihren Traum (»rêve«) vom
fraulichen Lebensglück erbaut sie sich mit Elementen aus ihrer Lektüre.
Zunächst handelt es sich wirklich um kleinste Elemente, nämlich um suggestive Wörter (I, 5 am Schluß: »Et Emma cherchait à savoir ce que l'on
entendait au juste dans la vie par les mots de *félicité,* de *passion* et d'*ivresse,*
qui lui avaient paru si beaux dans les livres« – I, 6 ähnlich: »Les comparai-
sons de fiancé, d'époux, d'amant céleste et de mariage éternel qui revien-
nent dans les sermons lui soulevaient au fond de l'âme des douceurs inat-
tendues.«) [4]. Inhaltlich fällt auf, daß hier Erotik und religiöse Inbrunst
ineinander verwoben sind – für Emmas Libido, wie der Leser später erfährt, bezeichnend. Formal fällt auf, daß es sich um Wörter handelt, die
von einer Aura exotischen Glücks umwoben sind, einer Aura, die sie an bestimmte Episoden aus Büchern erinnert und die sie später bei immer neuer
Lektüre von neuem wahrnimmt. Dabei ist es wichtig festzustellen, daß
Emmas Lieblingslektüre nicht die Lektüre eines bestimmten Buches ist, ja
nicht einmal einer bestimmten literarischen Gattung, sondern daß Emma,
die schon im Kloster die verschiedensten literarischen Werke, Romane,
Predigten, Almanache, verschlungen hat, auch in ihrem Erwachsenenleben
mit einer fast wahllosen Lektüre fortfährt: sie liest Romane und Zeitschriften aller Art. Gewiß werden in I, 6 auch Titel genannt (*Paul et Virginie, Le Génie du christianisme*) oder auch Autoren (Frayssinous, Scott);
charakteristischer sind jedoch die Namen bestimmter historischer oder literarischer Figuren und bestimmter literarischer Typen und Szenen. Wie
aus früheren Entwürfen erkennbar, hatte Flaubert zunächst die Absicht, in
dem Kapitel über Emmas Jungmädchenlektüre einen Bücherkatalog auf-
zustellen; die endgültige Fassung zeigt, daß er von seinem Vorhaben Abstand genommen hat und sich damit zugleich von allen literarischen Vor-
läufern, die dasselbe Motiv der Lektüre im Werk verwendet haben, deutlich unterscheidet. Worauf es bei Emma ankommt, ist nicht die Verführung oder Selbstverführung durch ein bestimmtes Buch oder eine bestimmte Werkreihe, sondern der Umstand, daß sich Emma einen Traum-
bezirk konstruiert, dessen Elemente ganz allgemein vornehmlich aus der
Literatur bezogen sind und der durch immer neue Lektüre weitere (in
Wahrheit immer gleiche) Nahrung bezieht. Emma ist im wahrsten Sinne
des Wortes eine Person, die Bücher verschlingt, die Bücher – modern gesagt – konsumiert. Folgerichtig werden bei Emma Lektüre und Nahrungs-
aufnahme fast synonym (I, 9):

> Elle s'abonna à *la Corbeille,* journal des femmes [...]. Elle dévorait, sans en rien pas-
> ser, tous les comptes rendus de premières représentations [...]. A table même, elle ap-

---

[4] Der Gedanke, nicht ein einzelnes Wort, sondern suggestive Wörter zum Ausgangspunkt
von Emmas Träumen zu machen, ist Flaubert wohl erst in einem der letzten Entwürfe gekommen; s. den Entwurf im Ms. Rouen, Bibliothèque municipale, g 223(1), f. 129 ʳ: »[...] et
elle cherchait à savoir ce que l'on entendait au juste dans la vie *par ce mot livr* par les mots
d'*ivresse* de felicite de passion & d'ivresse [...]« (die hier kursiv gesetzten Buchstabenfolgen
sind im Ms. gestrichen).

portait son livre, et elle tournait les feuillets, pendant que Charles mangeait en lui parlant. (S. 59)

(Sie abonnierte die Frauenzeitschrift *La Corbeille* [...]. Ohne ein Wort auszulassen, verschlang sie alle Besprechungen von Premieren [...]. Ihr Buch nahm sie sogar mit zu Tisch und blätterte darin die Seiten um, während Charles aß und zu ihr sprach.)

Psychologisch bemerkenswert ist, daß Emma durchaus Hürden kennt, die sie bei ihren Versuchen, ins Reich des exotischen Traumes hinüberzugelangen, nicht überwinden kann und will. Sie kennt als Bauerntochter das Leben auf dem Lande nur zu gut. Deshalb ist sie gegen lyrische Ergüsse in der Natur und durch die Natur gefeit. Das führt uns zu einem anderen zentralen Punkt in Emmas emotionalem Habitus, den der Erzähler in I, 6 ebenfalls anspricht und der mit dem eben herausgestellten Moment zusammenhängt. Emmas Bewußtsein ist kein naives Bewußtsein; sie kann sich kontrollieren, und insbesondere kann sie ihre Stimmungen weitgehend kontrollieren. Sie läßt, angestoßen durch Lektüre, nicht einfach ihre Gedanken und Sehnsüchte gleichsam ohne Willenskontrolle in ihr Traumreich schweifen, sondern sie begibt sich in bestimmte Situationen, um Emotionen in sich selbst zu entfachen, deren Aufwallen zu beobachten und beobachtend zu genießen. Der erste Passus in I, 6, der dies klar vor Augen führt, ist der Beginn des vierten Absatzes: »Quand elle allait à confesse, elle inventait de petits péchés afin de rester là plus longtemps, à genoux dans l'ombre« (S. 37) – *elle inventait:* ihr Willen ist also an der Entstehung ihrer Emotionen beteiligt. Etwas später im selben Kapitel, als von ihrem Verhalten beim Tod der Mutter die Rede ist, wird die Interaktion von Emotionen und Willen ausführlicher dargestellt. Wir können mehrere Phasen unterscheiden:

a) Emma weint, trauert, möchte dereinst im Grab ihrer Mutter begraben sein;
b) sie genießt ihre Trauer (»Elle fut intérieurement satisfaite«);
c) sie versucht, die »mélancolie«, die sie bewußt genießt, durch geeignete Übungen zu stabilisieren (»Elle se laissait donc glisser«);
d) die Stimmung bricht plötzlich ab, und zwar gegen ihren Willen, und läßt sich nun trotz mancher Wiederbelebungsversuche nicht erneuern;
e) das Genußerlebnis ist abgeschlossen, ohne daß Emma wirklich eine Erfahrung gemacht hat.

In nuce ist hier beschrieben, was Emmas gesamtes Leben charakterisiert: sie züchtet ihre Emotionen, wird desillusioniert, macht aber keine Erfahrungen, aus denen sie Lehren zieht. Und zweitens: Emma erlebt ihre Gefühle nicht naiv, sondern erzeugt sie unter Beteiligung ihres Willens und genießt sie, indem sie sich selbst beobachtet. Daß dies nicht nur für ihre Jungmädchenjahre (I, 6) gilt, sondern für ihr ganzes weiteres Leben, läßt sich leicht zeigen. Ich führe drei Belege an:

Cependant, d'après des théories qu'elle croyait bonnes, elle voulut se donner de l'amour. Au clair de lune, dans le jardin, elle récitait tout ce qu'elle savait par cœur de rimes passionnées. (I, 7, S. 45)

(Nach Theorien, die sie für gut hielt, beschloß sie, sich in Liebesstimmung zu versetzen. Beim Mondschein deklamierte sie im Garten alle leidenschaftlichen Gedichte, die
sie auswendig kannte.)

Elle était amoureuse de Léon, et elle recherchait la solitude, afin de pouvoir plus à
l'aise se délecter en son image. La vue de sa personne troublait la volupté de cette mé-
ditation. (II, 4, S. 110)

(Sie war in Léon verliebt und sie suchte die Einsamkeit, um die Vorstellung, die sie
von ihm hatte, besser genießen zu können. Sein Anblick störte die Wollust ihrer Me-
ditation.)

Emma priait, ou plutôt s'efforçait de prier, espérant qu'il allait lui descendre du ciel
quelque résolution subite; et, pour attirer le secours divin, elle s'emplissait les yeux des
splendeurs du tabernacle. (III, 1, S. 246)

(Emma betete, oder vielmehr sie zwang sich zum Beten in der Hoffnung, irgendein
plötzlicher Entschluß werde vom Himmel auf sie herabsteigen; um die göttliche Hilfe
auf sich zu ziehen, tauchte sie ihre Augen in den Glanz des Tabernakels.)

Wir sagten, Emmas Bewußtsein sei kein naives Bewußtsein. Es ist auch
nicht einfach ein falsches Bewußtsein (wenn wir uns nicht irren, haben alle
ihre literarischen Vorfahren, die sich ihr Leben nach ihrer Lektüre einrichten und daran scheitern, entweder ein naives oder ein falsches Bewußtsein). Wir suchten nach einem bezeichnenden Ausdruck und fanden
ihn in Ludwig Gießens Buch *Phänomenologie des Kitsches*[5]. Gieß fragt nicht
nach einer Definition des Kitschgegenstandes, sondern des Bewußtseins,
das und insofern es sich zu Kitsch positiv verhält. Die Stimmung des
Kitschgenießens nennt Gieß ›Sentimentalität‹ und ›Rührseligkeit‹ und –
dies sein eigentlicher Terminus – ›Genüßlichkeit‹. Für das kitschige Bewußtsein gelten nach Gieß folgende Beschreibungen:

Die Unechtheit und das Wissen davon, wenn auch zumeist verdeckt, aber dennoch gegenwärtig, sind gleichzeitig zur Stelle. (S. 27)
Der Sentimentale geht nicht auf im Gefühl, sondern im spielerischen Genuß. Er verwendet, gebraucht das Gefühl, statt von ihm erfüllt zu sein. (S. 34)
Das Ingenium des kitschhaften Auges besteht in der Entdeckung rührender Aspekte
sowie in der gleichzeitigen Verschleierung aller gegenteiligen Instanzen. (S. 46)
Kitschstimmung: schon absichtlich induziert, wird sie noch während ihres Abklingens
sozusagen gelutscht. (S. 54)
Die Hingabe an kitschige Gefühle (Stimmungen) ist ein ambivalentes Spiel von Willen
und Empfindung des Gefühls. (S. 84)

Emmas Bewußtsein ist in Gießens Terminologie ein kitschiges Bewußtsein[6]. Wohl wissend – und als Bauerntochter hat sie hinsichtlich stim-
mungsvoller Naturszenen durchaus ihre rationalen Barrieren –, daß es
sich bei den durch die Lektüre evozierten Emotionen um Emotionen in

---

[5] L. Gieß, *Phänomenologie des Kitsches. Ein Beitrag zur anthropologischen Ästhetik* (Heidelberg, 1960).
[6] Gieß (Anm. 5), der seine ›Phänomenologie‹ in Kenntnis und sicher auch unter ›Ausnutzung‹ der *Madame Bovary* geschrieben hat, bezieht sich nur einmal ganz kurz auf den Roman: »Madame Bovary ist kitschig und erlebt Kitsch, Flaubert aber ist ein großer Künstler«
(S. 66).

imaginärem Ambiente handelt, also Unechtheit im Spiele ist, erzeugt sie ihre Emotionen und beobachtet sich in ihrem Genuß. Desillusionierungen sind für sie keine Erfahrungen, die sie reicher machen: sie fängt, da sie um Entstehungsbedingungen und Verlauf ihrer Gefühlswallungen weiß, sozusagen immer von neuem an. Bevor wir weitere Aspekte ihres emotionalen Lebensrhythmus behandeln, wollen wir uns nun, wenn auch nur mit ein paar Bemerkungen, dem Erzähler zuwenden.

III.

In derselben Zeit, in der Flaubert an *Madame Bovary* arbeitete, hat er sich, vorab in seinen Briefen an Louise Colet, zu Fragen der Literarästhetik geäußert. Aus seinen Ausführungen dieser und der folgenden Jahre ist eine literarische Theorie rekonstruierbar, deren Hauptmomente durch die Begriffe *impersonnalité, impartialité* und *impassibilité* bezeichnet werden können[7]. Als Forderung an das epische Kunstwerk besagen diese Begriffe, die Aspekte eines einzigen zentralen Gedankens darstellen, daß der Erzähler zum Verschwinden gebracht werden muß: der Erzähler darf keine autobiographischen Bezüge zum Autor aufweisen (*impersonnalité*), der Erzähler darf keinen politischen, moralischen usw. Standpunkt erkennen lassen (*impartialité*), der Erzähler soll nicht mitfühlen, sondern zeigen (*impassibilité*). Es ist immer interessant, die literarische Theorie eines Autors mit der literarischen Praxis zu vergleichen. Ein Fehler wird dabei freilich oft gemacht: man hält ein bestimmtes Werk für die Verwirklichung dessen, was der Autor als Literaturtheoretiker fordert. Nun kann man nicht daran zweifeln, daß sich Flaubert in seinem Roman weitgehend um die Verwirklichung seiner ästhetischen Prinzipien bemüht hat; ebensowenig sollte man jedoch daran zweifeln, daß – um bei dem uns interessierenden Beispiel zu bleiben – der Erzähler im Roman noch nicht der Erzähler der Theorie ist. Das läßt sich gerade an unserem Motiv der Lektüre im Roman zeigen, und hier wiederum besonders deutlich in I,6. In keinem anderen Kapitel ist der Erzähler so wenig *impartial* und *impassible* wie hier. In keinem anderen Kapitel qualifiziert und kommentiert der Erzähler so wie hier. Zitieren wir, um diesen Gedankengang abzuschließen, noch einen Passus aus II,5. An dieser Stelle macht sich der Erzähler darüber lustig, daß die Leute von Yonville eine literarische Neuerscheinung, nämlich Victor Hugos *Notre-Dame de Paris,* nicht kannten; sonst hätten sie Emmas aufkommende Muttergefühle (sie verhätschelt plötzlich ihr Töchterchen) unbedingt an die Figur namens la Sachette aus diesem Roman erinnert:

---

[7] Erhellend G.W.Frey, *Die ästhetische Begriffswelt Flauberts. Studien zu der ästhetischen Terminologie der Briefe Flauberts,* Freiburger Schriften zur Romanischen Philologie, 21 (München, 1972).

Elle déclarait adorer les enfants; c'était sa consolation, sa joie, sa folie, et elle accompagnait ses caresses d'expansions lyriques, qui, à d'autres qu'à des Yonvillais, eussent rappelé la Sachette de *Notre-Dame de Paris.* (S. 109)[8]

(Sie erklärte, sie bete die Kinder an; sie seien ihr Trost, ihre Freude, ihre Leidenschaft, und sie begleitete ihre Liebkosungen mit lyrischen Ergüssen, die nur die Bewohner von Yonville nicht an die Sachette aus *Notre-Dame de Paris* erinnerten.)

Wir können also feststellen, daß auch der Erzähler seine ›persönliche‹ Anschauung von Lektüre und Literatur, von Lesegewohnheiten und literarischem Geschmack hat – ganz so wie seine Figuren.

IV.

Die Frage, die wir uns in unserem letzten Abschnitt stellen, lautet: inwieweit macht der Autor sichtbar, daß er *Don Quijote* gelesen hat, genauer: sind Anspielungen und Analogien zu diesem spanischen Roman für den gebildeten Leser erkennbar oder gar offenkundig?[9]

Durchblättert man Flauberts Briefe, so sieht man, daß Cervantes' Roman Flaubert das ganze Leben hindurch begleitet hat:

1832 (Flaubert ist elf Jahre alt): »Je prends des notes sur don quichotte et mr mignot dit qu'ilsont trés bien« (I, S. 5 f.)[10]. Es handelt sich um das 1828 erschienene Werk *Le Don Quichotte en estampes;* M. Mignot ist Ernest Chevaliers Großvater, der dem kleinen Gustave aus dem Werk vorliest.

1847: »Je relis maintenant *Don Quichotte* dans la nouvelle traduction de Damas-Hinard. J'en suis ébloui, j'en ai la maladie de l'Espagne. Quel livre! quel livre! comme cette poésie-là est gaiement mélancolique!« (I, S. 487). Die Übersetzung ist 1847 unter dem Titel *L'Admirable don Quichotte de la Manche* in zwei Bänden erschienen.

1852 (Flaubert arbeitet an *Madame Bovary*): »Je retrouve toutes mes origines dans le livre que je savais par cœur avant de savoir lire, *Don Quichotte.*« (II, S. 111)

1852: »Ce qu'il y a de prodigieux dans *Don Quichotte,* c'est l'absence d'art et cette perpétuelle fusion de l'illusion et de la réalité qui en fait un livre si

---

[8] Daß der Relativsatz die Perspektive Emmas wiedergibt, halten wir grammatikalisch für ausgeschlossen, freilich nicht inhaltlich, auch wenn der Text keine Auskunft darüber gibt, ob Emma den Roman gelesen hat. Allerdings heißt Emmas Hund (»petite levrette d'Italie«), den sie in Tostes von ihrem Mannes geschenkt bekommt, wie die Ziege der Esmeralda ›Djali‹ (I,7); den Namen scheint jedoch nicht Emma gewählt zu haben.

[9] Bereits ein zeitgenössischer Kritiker, Emile Montégut, vergleicht beide Romane (*Revue des Deux Mondes,* 1.12.1876, S.626 f.); s. auch Flauberts Brief an Turgenev vom 14.12.1876 und besonders an Caroline vom 15.12.1876.

[10] Band- und Seitenzahlen sind diejenigen der kritischen Ausgabe *Flaubert: Correspondance,* hg. v. J.Bruneau, 2 Bde., Bibliothèque de la Pléiade, 244 u. 284 (Paris, 1973 u. 1980). Zum Thema ›Flaubert – Cervantes‹ vgl. auch E.Sabiston, »The Prison of Womanhood«, *Comparative Literature,* 25 (1973), S.336–351, hier S.348 ff., und J.Bruneau, *Les Débuts littéraires de Gustave Flaubert* (Paris, 1962), S.24 f.

comique et si poétique. Quels nains que tous les autres à côté! Comme on
se sent petit, mon Dieu! comme on se sent petit!« (II, S. 179)
Um die eben gestellte Frage zu beantworten, wollen wir wiederum von I, 6
ausgehen. Marianne Beyerle ist unseres Wissens die erste, die darauf aufmerksam gemacht hat, daß das Lektürekapitel des *Quijote* ebenfalls das
sechste des I. Teils ist[11]. Ist das ein Zufall? Die Frage ist deshalb nicht
leicht zu beantworten, weil Flaubert erst zu allerletzt die Einteilung seines
Werks in Kapitel vorgenommen hat. Flaubert hat, wie später Proust, gemeint, daß der Romantext ohne äußere Unterbrechung verlaufen müsse:
die Kapitelgliederung ist als Konzession an den Leser aufzufassen; Flauberts Reinschrift enthält sie noch nicht (wohl aber die Dreiteilung des
ganzen Textes); erst in der nicht von ihm gefertigten als Druckvorlage bestimmten Abschrift des Autographs hat Flaubert die Kapitelanfänge markiert und für die drei Romanteile mit römischen Ziffern durchgezählt[12].
Sieht man sich die Nahtstellen zum Beispiel im Übergang I, 5/6 und I, 6/7
an, so bemerkt man, daß wenigstens I, 5–6–7 ohne Zäsuren hätte publiziert
werden können. Aber gerade weil das so ist, könnte man meinen, daß
Flaubert durch eine hier nicht zwingend erscheinende Kapitelgliederung
den Abschnitt über die Klosterlektüre hat hervorheben wollen. Wenn es
auch ein Zufall sein mag, daß nun das Lektürekapitel gerade wie im *Quijote* das Kapitel I, 6 ist, so wird man den Gedanken nicht abwenden können, daß Flaubert die so entstandene äußere Parallele zum *Quijote* höchst
willkommen sein mußte. Denn im weiteren Verlauf des Romangeschehens
ist das in I, 6 Erzählte für beide Protagonisten, für Don Quijote und für
Emma Bovary, unverzichtbare Erklärung und Deutung.
Wichtiger ist allerdings etwas anderes. Don Quijote wird durch Buchlektüre (Ritterromane und Schäferromane) ein Narr (*loco*), der die Welt
seiner literarischen Helden über die seiner Gegenwart stülpt, indem er das
anachronistische Bewußtsein des fahrenden Ritters annimmt. Das ist seine
Narrheit (*locura*), von der er erst auf dem Totenbett geheilt wird (*desen-
gaño*). Don Quijote stirbt also nicht im falschen Bewußtsein des *loco,* son-

---

[11] M. Beyerle, *›Madame Bovary‹ als Roman der Versuchung,* Analecta Romanica, 37 (Frankfurt a. M., 1975), S. 92.
[12] Seltsamerweise geben weder Gothot-Mersch noch die anderen Herausgeber darüber
Auskunft, ob die Kapiteleinteilung in der Druckvorlage (= Ms. g 222) Textänderungen zur
Folge hatte und ob bei der Bezeichnung der Kapitelanfänge Selbstkorrekturen erkennbar
sind. Hier der Befund: 1) Flaubert hat nur im Übergang von I, 1/2, I, 2/3 und III, 6/7 die Ka-
pitelgrenzen zunächst anders markiert, und zwar vor »Charles avait entrevu« (S. 12), »Dans
les premiers temps« (S. 19) und »Le jour de la mi-carême« (S. 297); 2) Nur bei I, 3, I, 6, II, 12
und III, 5 hat die Festlegung des Kapitelbeginns eine Textänderung zur Folge gehabt; 3) Nur
in I, 6 und II, 12 betrifft diese Textänderung den unmittelbaren Kapiteleinsatz. – Aus dem Befund ergibt sich immerhin, daß der Abschnitt über Emmas Jungmädchenlektüre von vornherein als 6. Kapitel gedacht war und daß von den beiden unter 3) genannten Fällen allein hier
die markantere Gestaltung des Kapiteleinsatzes im Dienst der Konturierung des Rückgriffs
des Erzählers steht, der genau mit dem letzten Satz des Kapitels auf die am Ende von I, 5 verlassene Erzählebene zurückschwenkt.

dern in dem richtigen (*cuerdo*) Bewußtsein seiner tatsächlichen Identität. Gilt dies *mutatis mutandis* auch für Emma Bovary? Kann Emma Bovary ihr – wie wir gesagt haben – kitschiges Bewußtsein ablegen? Gewinnt sie angesichts des Todes die Identität einer klarsichtigen erwachsenen Frau?

Emma Bovary stirbt sozusagen zweimal, einmal und endgültig in III, 8, das andere Mal, so scheint es ihr jedenfalls, in II, 14, als sie, nachdem Rodolphe sie verlassen hat, sterbenskrank wird. In ihrer vermeintlichen Agonie (der Priester reicht ihr die Sterbesakramente usw.) fühlt sie sich in himmlische Sphären emporgehoben, Gott, den Engeln und Heiligen entgegen. Aber kaum aus ihrer Bewußtlosigkeit erwacht, erlangt sie mit ihren Sinnen das kitschige Bewußtsein zurück. Alle Schlüsselbegriffe stehen im Text:

> Cette vision splendide demeura dans sa mémoire comme la chose la plus belle qu'il fût possible de rêver; si bien qu'à présent elle s'efforçait d'en ressaisir la sensation, qui continuait cependant [...]; et, savourant le plaisir d'être faible, Emma contemplait en elle-même la destruction de sa volonté, qui devait faire aux envahissements de la grâce une large entrée. (S. 219)
>
> (Diese strahlende Vision blieb in ihrer Erinnerung als das Schönste haften, das man erträumen konnte, und zwar so fest, daß sie sich jetzt darum bemühte, die damalige Empfindung, die nicht ganz abgeklungen war, in vollem Umfang zurückzurufen [...]. Emma genoß das Gefühl der Schwäche und schaute sich selbst dabei zu, wie ihr Wille dahinschwand, um sich der hereinflutenden Gnade weit öffnen zu können.)

Alle Merkmale des kitschigen Bewußtseins sind da: emotionale Kapazität, der Wille, die Emotionen zu entfalten, die Genüßlichkeit, die Selbstbeobachtung. In dieser kitschigen Stimmung identifiziert sie sich mit einer Heiligen (»Elle voulut devenir une sainte.« [S. 219]); wiederum ist es die Lektüre, nun die Lektüre erbaulicher Schriften, die ihr in ihrem kitschigen Identifikationsversuch mit einer Heiligen Nahrung verschaffen soll, wie ja für sie – das wissen wir aus ihrem jugendlichen Klosterleben – religiöse Inbrunst und Erotik nur zwei verschiedene Formen desselben Energievolumens sind. Und wiederum klingt die neue Stimmung allmählich ab, ohne daß Emma eine Erfahrung gemacht hat, ohne daß sie anders geworden ist.

Wie aber steht es um sie angesichts ihres mit Sicherheit zu erwartenden Todes, nachdem sie das Gift genommen hat? Es scheint, daß sie jetzt wirklich von ihrem kitschigen Bewußtsein befreit ist. Der Selbstfindungsprozeß geschieht in mehreren Schritten, die im Text mit aller Deutlichkeit gekennzeichnet sind. – Der Theaterbesuch bringt sie einer Bewußtseinsklärung insofern näher, als sie findet, daß die Kunst die Gefühle unangemessen, nämlich übertrieben, darstelle. Diese Einsicht bewahrt sie jedoch nicht, sich abermals auf die »illusion de l'adultère«, diesmal mit Léon, einzulassen. Als Léon das Rendezvous nicht einhält, wendet sie sich innerlich von ihm ab, aber noch voller Affekte (»Elle le détestait maintenant.« [S. 287]). Sie kommt in Rouen an ihrem Kloster vorbei. Sie sehnt sich nach der klösterlichen Ruhe ihres Jungmädchenlebens, zu dem, jedenfalls in ihrer Erinnerung, auch die stille Lektüre gehörte (»Quel calme dans ce temps-là! comme elle enviait les ineffables sentiments d'amour qu'elle tâ-

chait, d'après les livres, de se figurer!« [S. 289]). Als alles verloren ist, ist
sie zum Selbstmord entschlossen. Dieser Entschluß ist das Ergebnis einer
plötzlichen, noch affektgeladenen Bewußtseinsklärung (III, 8):

> Alors sa situation, telle qu'un abîme, se représenta. Elle haletait à se rompre la poi-
> trine. (S. 320)
> (Da tat sich ihre ganze Lage wie ein Abgrund vor ihr auf. Sie keuchte, als wollte ihr
> die Brust zerspringen.)

Auf dem Totenbett ist sie einer liebevollen Geste, die nichts Affektiertes
an sich hat, gegenüber Charles fähig – das erstemal in ihrem Leben:

> Oui..., c'est vrai..., tu es bon, toi!
> Et elle lui passait la main dans les cheveux, lentement [...]. Elle en avait fini, songeait-
> elle, avec toutes les trahisons, les bassesses et les innombrables convoitises qui la tortu-
> raient. Elle ne haïssait personne, maintenant. (S. 324)
> (Ja..., das stimmt..., du bist gut, du! Und sie fuhr ihm langsam mit der Hand durch
> das Haar [...]. Sie hatte nun Schluß gemacht, dachte sie, mit all den Betrügereien, Ge-
> meinheiten und zahllosen Begierden, die sie gequält hatten. Jetzt haßte sie niemanden
> mehr.)

Im Gefühl der Freude, die sie beim Anblick der priesterlichen Stola überkommt, scheint sie die Wollust ihrer jugendlichen »élancements mysti-
ques« (S. 330) wiederzufinden, und ihr Kuß auf das Kruzifix, das ihr der
Priester reicht, ist ein Kuß äußerster Liebe und Hingabe[13], aber diese Gefühle und Gebärden ereignen sich spontan und kraftvoll, vorbereitet durch
ein »apaisement extraordinaire« und ausklingend in einer »sérénité« (S.
331), die echt empfunden und nicht mehr ›genüßlich‹ ist.

Die letzte Phase der Bewußtseinsklärung, die für Emma das endgültige
Herauswachsen aus dem kitschigen Bewußtsein bedeutet, aber auch die
Gewißheit ihrer eigenen Verdammnis, beschreibt Flaubert mit Hilfe des
traditionellen Bildes eines Spiegels, der das Gesicht des sich selbst Betrachtenden wiedergibt[14]. Emma erwacht aus dem Traum ihres kitschigen Bewußtseins und erkennt im Spiegel ihr von Verdammnis gezeichnetes Gesicht:

> En effet, elle regarda tout autour d'elle, lentement, comme quelqu'un qui se réveille
> d'un songe; puis, d'une voix distincte, elle demanda son miroir, et elle resta penchée
> dessus quelque temps, jusqu'au moment où de grosses larmes lui découlèrent des
> yeux. Alors elle se renversa la tête en poussant un soupir et retomba sur l'oreiller. (S.
> 331 f.)
> (In der Tat schaute sie langsam um sich wie jemand, der aus einem Traum erwacht;
> dann bat sie mit klarer Stimme um einen Spiegel und blieb eine Zeitlang über ihn ge-
> beugt, bis ihr plötzlich dicke Tränen aus den Augen rannen. Da warf sie den Kopf zu-
> rück, seufzte auf und sank auf das Kissen.)

---

[13] Der Umstand, daß Flaubert in dem Satz »elle y déposa de toute sa force expirante le
plus grand baiser d'amour« (S. 331; so auch im Autograph und in der Abschrift) die Wort-
folge »de toute sa force expirante« erst recht spät einfügte und bei der Anfertigung der Reinschrift (= ›Autograph‹) leicht änderte (Rouen, Bibliothèque municipale, Ms. g. 223[6], f.
241ʳ, hat noch »de toutes ses forces expirantes«), spricht vielleicht für unsere Interpretation
der Textstelle.
[14] Diese Szene ist das Gegenstück zur Spiegelszene in II, 9 (S. 167).

In diesem Augenblick beginnt die Agonie. Emma stirbt nicht sentimental-rührselig-kitschig, sondern mit klarem Bewußtsein. Diese Läuterung von ihrem kitschigen Bewußtsein darf der Leser genausowenig übersehen wie die Entstehung ihres kitschigen Bewußtseins, bei der die Lektüre eine entscheidende Rolle spielt. Dies ist eine zentrale strukturelle Analogie zum *Quijote,* in dem der durch Lektüre der *locura* verfallende Held erst angesichts des Todes von seiner Narrheit befreit wird und mit klarem Bewußtsein stirbt[15].

---

[15] Hinsichtlich der verschiedenen Phasen der Bewußtseinsklärung im *Quijote* s. die Ausführungen von Margot Kruse in diesem Band.

Realistisches Wiedererzählen und »gelebte Literatur«

Zur intertextuellen Struktur von Laza Lazarevićs »Verter«

Von

REINHARD LAUER

> Man hätte viel gewonnen, wenn man, durch zeitige Belehrung, den Wahn, daß in der Welt viel zu holen sei, in den Jünglingen ausrotten könnte. Aber das Umgekehrte geschieht dadurch, daß meistens uns das Leben früher durch die Dichtung, als durch die Wirklichkeit bekannt wird. [...] Der Jüngling erwartet einen Lebenslauf in Form eines interessanten Romans.
>
> Arthur Schopenhauer, *Aphorismen zur Lebensweisheit*[1]

0. VORBEMERKUNGEN: LAZA LAZAREVIĆ UND SEIN »VERTER«

Die neuere serbische Literatur[2] setzt um 1700 ein. In ihr verschmelzen zunächst kirchenslavische Traditionen des Mittelalters mit verspäteten Impulsen der Formationen Barock, Klassizismus und Sentimentalismus. In der serbischen Romantik, die ebenfalls erst spät anzusetzen ist, mischen sich nationalpatriotische Tendenzen mit Relikten der Aufklärung. Von Realismus kann in der serbischen Literatur erst nach 1870 die Rede sein. Vorherrschende Gattung ist die Dorferzählung mit starken ethnographisch-beschreibenden Elementen. Zu den ersten Werken mit urban-sozialer Thematik zählt Laza Lazarevićs Erzählung »Verter« (1881)[3].

---

[1] Arthur Schopenhauer, *Zürcher Ausgabe. Werke in zehn Bänden* [nach der hist.-krit. Ausg. v. A. Hübscher, 3. Aufl.] (Zürich, 1977), Bd. VIII, *Parerga und Paralipomena: kleine philosophische Schriften,* 2. Teilband, S. 522 f.

[2] Noch immer mangelt es an befriedigenden deutschsprachigen Darstellungen der serbischen – wie überhaupt der südslavischen – Literatur. Die Literaturgeschichte von G. Gesemann, *Die serbokroatische Literatur,* Handbuch der Literaturwissenschaft (Wildpark-Potsdam, 1930), ist veraltet; die Bearbeitung des Überblicks von A. Barac, *Geschichte der jugoslavischen Literaturen von den Anfängen bis zur Gegenwart,* hg. v. R.-D. Kluge (Wiesbaden, 1977), ist nur ein Provisorium. Zur serbischen Vorromantik neuerdings: M. Pavić, »Die serbische Literatur der Vorromantik«, in *Sprachen und Literaturen Jugoslaviens,* hg. v. R. Lauer (Wiesbaden, 1985), S. 130–148. Zum serbischen Realismus: P. Gerlinghoff, »Die realistische Periode in den Literaturen Südosteuropas«, in *Europäischer Realismus,* hg. v. R. Lauer, Neues Handbuch der Literaturwissenschaft, 17 (Wiesbaden, 1980), S. 391–414.

[3] Die Erzählung erschien zuerst in der Belgrader Zeitschrift *Otadžbina,* 7 (1881), S. 398–404, 513–528; 8 (1881), S. 37–46, 175–193. – Die vorliegende Untersuchung stützt sich auf folgende Ausgaben der Werke von Laza K. Lazarević, *Sabrana dela [= SD],* hg. v. G. Tar-

Laza Lazarević (1851–1890) stammt aus der serbischen Provinzstadt Ša-
bac. Nach dem Besuch des Gymnasiums in Belgrad studierte er von
1867–1871 an der dortigen Velika škola die Rechte. 1872 ging er mit einem staatlichen Stipendium zum Medizinstudium nach Berlin. Hier zähl-
ten zu seinen akademischen Lehrern Rudolph Virchow, Hermann von
Helmholtz und Emil Du Bois-Reymond. Nach dem serbisch-türkischen
Krieg 1876–1878, in dem er als Militärarzt eingesetzt war, promovierte er
1879 in Berlin mit der Dissertation »Experimentelle Beiträge zur Wirkung
des Quecksilbers«. Danach begann seine steile Karriere als Arzt in Belgrad. Zuerst Distriktsarzt, dann Primarius des Belgrader Staatlichen Kran-
kenhauses, brachte er es schließlich bis zum Sanitätsoberstleutnant und
Leibarzt des serbischen Königs Milan. Seinen Arztberuf nahm Lazarević
überaus ernst. Von seinen medizinisch-wissenschaftlichen Interessen zeugen zahlreiche Publikationen und Vorträge[4]. Sein literarisches Werk
nimmt sich dagegen schmal aus. Neben Übersetzungen einiger Texte von
N. G. Černyševskij, N. V. Gogol', A. F. Pisemskij, Michael Faraday und Eu-
gène Scribe aus den Jahren 1869–1871 und kleineren Fragmenten umfaßt
es lediglich neun Erzählungen, die freilich nach wie vor zum Besten in der
serbischen Literatur zählen. Das Etikett des »serbischen Turgenev«, das
man ihm früh angeheftet hat[5], trifft bestimmte Züge seiner Erzählkunst.

Der Inhalt der Erzählung »Verter«, die übrigens bereits zu Anfang un-
seres Jahrhunderts ins Deutsche übertragen wurde[6], sei hier kurz skizziert:
In einem kleinen serbischen Kurort trifft Janko, ein junger Mann, der im
Ausland Kameralwissenschaften studiert hat, seine einstige Jugendliebe,
Marija, die inzwischen verheiratet ist. Die Liebe zwischen beiden keimt

---

talja und M. Carcaracević, Srpski pisci (Belgrad, 1956). Nach dieser Ausgabe werden Textstellen mit Seitenangaben in Klammern zitiert. Ferner: Celokupna dela, hg. v. J. Živanović, Biblioteka srpskih pisaca (Belgrad, 1929); Pripovetke [= Pripovetke[1]], Vorwort von V. Gligo-
rić, Jugoslovenski pisci (Belgrad, 1956); Pripovetke [= Pripovetke[2]], hg. v. Ž. Boškov, Srpska
književnost u sto knjiga, 34 (Novi Sad, 1958).

[4] Vgl. B. Kovačević, »Laza K. Lazarević«, in SD, S. XXV; sowie die bibliographischen An-
gaben in SD, S. 593; Ž. Boškov, »Laza K. Lazarević – o ličnosti i o delu«, in Pripovetke[2], S. 18.
Ferner: V. Djordjević, »Lekar Dr. L. K. Lazarević«, Otadžbina, 9 (1891), Heft 106, S. VIII–
XIV.

[5] J. Skerlić, Istorija nove srpske književnosti (Belgrad, ³1953), S. 366. – Dieses Signum war
schon zu seinen Lebzeiten verbreitet, wie der Überblick über zeitgenössische Kritik in
Otadžbina, 9 (1891), S. XV–LXXXIV, zeigt. Auch A. G. Matoš Kritik aus dem Jahre 1902
betont die Verwandtschaft mit Turgenev; vgl. A. G. Matoš, Eseji i feljtoni o srpskim piscima
(Belgrad, 1952), S. 14; sowie Boškov (Anm. 4), S. 20 f.

[6] Vgl. die bibliographischen Angaben in SD, S. 590 ff. sowie S. Kostić, Nemački prevodi
srpskih umetničkih pripovedaka i romana do drugog svetskog rata (Novi Sad, 1959), passim;
ders., »Nemački prevodi pripovedaka Laze Lazarevića u ocenama kritike«, Prevodna književnost, 8–9 (1978, 1980), S. 133–139. Den folgenden Zitationen wird die deutsche Übersetzung von Josef Beckmann (L. Lazarević, Serbische Erzählungen [Leipzig, 1903]) zugrunde gelegt [= SE], die freilich an vielen Stellen verbessert und ergänzt werden mußte. Zu den
gravierenden Mängeln der Übersetzung vgl. Kostić, Nemački prevodi srpskih umetničkih pripovedaka [...], S. 51–53.

neu auf. Janko liest Goethes *Werther* und identifiziert sich mit dem Helden so weit, daß er an Selbstmord denkt. Marijas Gatte, Mladen, erfährt durch einen anonymen Brief von der Liebesbeziehung seiner Frau und kommt angereist. Sein Freund, der Apotheker Katanić, führt eine Gelegenheit herbei, bei der Mladen Goethes *Werther* aufs schärfste kritisieren kann und damit natürlich Janko meint. Janko ist konsterniert und reist am nächsten Tag davon.

Über Lazarevićs »Verter« ist viel geschrieben worden. Fast könnte man annehmen, es sei über die nicht gerade lange Erzählung bereits alles Wesentliche gesagt. Doch lehrt der Blick auf die bisherige Literatur, daß trotz eingehender Analyseversuche und vieler erhellender Bemerkungen entscheidende Fragen noch überhaupt nicht gestellt worden sind, so die fundamentale Frage nach dem Verhältnis des serbischen »Verter« zu seinem offensichtlichen Bezugswerk, Goethes *Leiden des jungen Werthers* (1774). Die gegenwärtig ausgreifende Erforschung intertextueller Relationen, die, anders als das Fahnden nach Einflüssen und Impulsen, auf die Analyse und Bewertung des »Dialogs der Texte« abstellt[7], scheint gerade für die Interpretation der »Verter«-Erzählung von Lazarević neue Ansatzpunkte zu bieten. Denn wenn mit der Vokabel Intertextualität die – nicht erst heute bekannte – Tatsache benannt wird, daß Literatur im nationalen wie internationalen Rahmen sich in einem beständigen Dialog befindet; daß Texte immer wieder Fragen stellen und Antworten erteilen, um wiederum auf gegebene Antworten neu zu antworten; daß »Stimmen«, die sich einmal in der Literatur haben hören lassen, fortgeführt werden; daß sie in neuen kulturhistorischen Kontexten umgestimmt oder verstimmt werden; daß sie teilhaben an dem großen »kulturellen Dialog«, von dem Michail Bachtin[8] spricht – dann haben wir in Lazarevićs »Verter« einen geradezu exemplarischen Fall intertextueller Verhältnisse vor uns. Die Erzählung enthält eine vielschichtige Auseinandersetzung mit Goethes *Werther*-Roman unter gänzlich veränderten Rahmenbedingungen.

Goethes empfindsamer Roman gehört – neben dem *Faust* – wohl zu den stärksten »Stimmen«, die aus der deutschen Literatur je hervorgegangen sind. Er wurde unzählige Male nachgeahmt, adaptiert, parodiert, satirisch umgekehrt, und das nicht nur in Deutschland, sondern auch in Frankreich, England, Rußland, Serbien, Bulgarien und anderswo[9].

Die bisherigen Interpretationen der Erzählung »Verter« richteten sich zuerst und vor allem auf die Problematik des Helden Janko und seine Bedeutung. Weitere Untersuchungen galten der Ideologie der Erzählung,

---

[7] Vgl. *Dialog der Texte. Hamburger Kolloquium zur Intertextualität,* hg. v. W. Schmid und W.-D. Stempel, Wiener Slavistischer Almanach, Sonderband 11 (Wien, 1983).

[8] M. Bachtin, *Die Ästhetik des Wortes,* hg. v. R. Grübel (Frankfurt a. M., 1979), S. 42 ff., 74, 357.

[9] Vgl. E. Frenzel, *Stoffe der Weltliteratur* (Stuttgart, ⁴1976), S. 773–776; K. Scherpe, *Werther und Wertherwirkung. Zum Syndrom bürgerlicher Gesellschaftsordnung im 18. Jahrhundert* (Bad Homburg v. d. H., 1970).

der Kohärenz oder Inkonsequenz ihrer Komposition und möglichen literarischen Einflüssen. Frühe Kritiker wie Janko Ibler oder Milivoj Šrepel schätzten Lazarevićs Erzählkunst ungewöhnlich hoch ein. Ibler pries schon 1883 in seiner ausführlichen Studie über Lazarević den »Verter« als eine Novelle (*pripoviest*), »wie sie (nur) ein erstrangiger Dichter und der beste Schriftsteller der serbischen Literatur« schreiben konnte [10]. Er stellte bereits die zweipolige Komposition der Erzählung heraus und erkannte ihre klare Botschaft einmal in der Absage an die in der deutschen Literatur verbreitete »krankhafte Sentimentalität«, zum andern im Bekenntnis zum »gesunden und ehrlichen Volksgeist« der Serben [11]. Noch heute begegnen Einschätzungen dieser Art. Sie sagen freilich mehr über bestimmte Rezeptionsstandpunkte als über die Sinnstruktur der »Verter«-Erzählung aus. Die negative Bewertung der Erzählungen Lazarevićs durch die einflußreichen serbischen Kritiker Ljubomir Nedić und Jovan Skerlić entsprang bei dem einen dem Zweifel an Lazarevićs künstlerischem Talent – nur die handwerkliche Fertigkeit (*veština*) gestand er dem Autor zu [12] –, bei dem anderen der Abneigung gegen die konservativ-patriarchalische Ideologie und den moralischen Rigorismus Lazarevićs, die die Lösung emotionaler Konflikte im Sinne regressiver gesellschaftlicher Normen nahelegten [13]. Für Skerlić – und andere vor und nach ihm – bestand übrigens kein Zweifel daran, daß der sentimentale, süßliche Charakter des Weichlings Janko in den Erzählungen »Verter« und »Vetar« (Der Wind, 1889) ein Selbstporträt des Autors darstellte [14], Lazarevićs, der sich aus einem Materialisten und Sozialreformer, einem Anhänger Darwins und Černyševskijs, zu einem Konservativen, Idealisten und Optimisten entwickelt hatte und der deutschen Gefühligkeit, die er nach außen schmähte, insgeheim frönte. (Skerlić vergleicht ihn mit dem flauen Arkadij Kirsanov in Turgenevs *Otcy i deti* [Väter und Söhne, 1862] [15].) Gegen eine solche Deutung Lazarevićs haben sich später allerdings Kritiker wie Milan Bogdanović [16] gewandt, der mit Recht hervorhob, daß Lazarević ein echter Realist und Analytiker der menschlichen Seele sei und somit, im Sinne des von Friedrich Engels be-

[10] J. Ibler (Desiderius), »Biogradske književne studije. I. Laza K. Lazarević«, *Narodne novine*, 49 (Zagreb, 1883), Nr. 218, S. 1.
[11] Ebd., Nr. 223, S. 2.
[12] Lj. Nedić, *Celokupna dela,* Biblioteka srpskih pisaca (Belgrad, o. J.), Bd. II, S. 289.
[13] J. Skerlić, »Laza Lazarević. Književna studija«, in ders., *Pisci i knjige* (Belgrad, 1955), Bd. II, S. 113, 117, 121 und passim.
[14] Ebd., S. 101. Ähnlich bei Matoš (Anm. 5), S. 16, und anderen. Noch weiter geht P. Mitropan, »Srpsko shvatanje Geteovog Vertera. U prilog pitanja o razumevanju pesničkih proizvoda«, *Južna Srbija*, 2 (1922), Nr. 9, S. 205 ff. Er erblickt im »Verter« gleichsam eine Selbsttherapie des Autors: »indem er den Werther-Typus vom Piedestal reißt, gelingt es ihm, die noch nicht überwundene nebulose romantische Stimmung in seiner Seele zu überwinden und sich von ihr zu befreien«.
[15] Skerlić (Anm. 13), S. 103.
[16] M. Bogdanović, »O Lazi Lazareviću«, in *Epoha realizma,* hg. v. M. Protić, Srpska književnost u književnoj kritici, 5 (Belgrad, 1966), S. 67–78.

schworenen »Triumphs des Realismus«[17], ein Künstler, der unabhängig von seinen persönlichen Überzeugungen ein Bild der Wirklichkeit entwerfe.

Eine eingehende, in vieler Hinsicht auch zutreffende Interpretation des »Verter« von Lazarević gab der Belgrader Germanist Miloš Trivunac 1910 im *Srpski Knjiæevni Glasnik*[18]. Seine Analyse gipfelte in der These, die Novelle zerfalle in zwei gegensätzliche Teile, deren erster – die erneuerte Jugendliebe zwischen Janko und Marija – nach dem Vorbild von Theodor Storms Novelle »Immensee« (1849), der zweite – die Abrechnung mit Goethes *Werther* – hingegen nach Friedrich Nicolais *Werther*-Parodie *Freuden des jungen Werthers – Leiden und Freuden Werthers des Mannes* (1775) gestaltet sei[19]. Diese Argumentation, die jahrzehntelang als gültig hingenommen worden ist[20], hat Branimir Živojinović 1976 mit guten Gründen widerlegt[21]. Živojinović führt zu Recht die offensichtlichen Übereinstimmungen zwischen den betreffenden Werken auf die Ähnlichkeit der allgemeinen Situation und der Intention zurück, also auf die Dreieckssituation in den Erzählungen von Storm und Lazarević und die »Konfrontation zweier Menschen, von denen einer den ›Werther‹ verteidigt, während der andere ihn angreift«[22], bei Nicolai und Lazarević. Zudem ist die Wahrscheinlichkeit, daß dieser Nicolais *Werther*-Parodie gelesen hat, außerordentlich gering, und nicht einmal die Tatsache, daß er Storms »Immensee« jemals in Händen gehabt, läßt sich zweifelsfrei erhärten. Hingegen hat Lazarević mit Sicherheit Goethes *Werther* gelesen, wahrscheinlich angezogen und abgestoßen in einem von diesem Roman[23].

---

[17] K. Marx, F. Engels, W. I. Lenin, *Über Kultur, Ästhetik, Literatur. Ausgewählte Texte* (Leipzig, 1975), S. 437.

[18] M. Trivunac, »O ›Verteru‹ Laze K. Lazarevića«, *Srpski Knjiæevni Glasnik* [= *SKG*], 24 (1910), S. 744–753, 837–846, 918–928; 25 (1910), S. 31–38, 113–125, 520–535.

[19] Trivunac, ebd., 24 (1910), S. 919, setzt die Zäsur zwischen erstem und zweitem Teil nach dem nächtlichen Besuch Marijas bei Janko (*SD*, S. 175), d. h. vor dessen *Werther*-Lektüre, an. Die Erzählung ist damit zwar in zwei ungefähr gleich große Teile geteilt, doch verstößt dies gegen den Kompositionsplan, der aus den vier Folgen der Erstveröffentlichung klar abzulesen ist. Lazarevićs durchaus sinnreiche Gliederung der Zeitschriftenversion sieht so aus:
1. Folge (*SD*, S. 151–157): Exposition – Leben und Gestalten im Kurort;
2. Folge (*SD*, S. 157–172): Rückblick auf Jankos Jugendliebe; Entwicklung der Beziehung zwischen Janko und Marija bis zu der Duellaffäre;
3. Folge (*SD*, S. 172–181): Nächtlicher Besuch Marijas bei Janko; *Werther*-Lektüre und weitgehende Identifikation Jankos mit Werther;
4. Folge (*SD*, S. 181–199): Gegenintrige Katanićs; Mladens Abrechnung mit *Werther* und Janko.

[20] Noch M. Mojašević, »Einige Randbemerkungen zum serbischen Werther«, in *Serta Slavica in memoriam Aloisii Schmaus* (München, 1971), S. 515, sieht in Lazarevićs Erzählung eher »ein Echo des Nicolaischen als des Goetheschen ›Werther‹«.

[21] B. Živojinović, »Teorija Miloša Trivunca o ›Verteru‹ Laze Lazarevića«, *Prilozi za knjiæevnost, jezik, istoriju i folklor,* 42 (1976), S. 431–438.

[22] Ebd., S. 433.

[23] Seine erste Erzählung, »Švabica« (Die Deutsche), die Ende der 1870er Jahre entstand, aber erst 1898 posthum veröffentlicht wurde, erinnert zumindest in der Briefform an den

Unzweifelhaft sind außerdem Anregungen aus I.A.Gončarovs Roman
Obyknovennaja istorija (Eine gewöhnliche Geschichte, 1847), wie bereits
auch Trivunac vermutete[24]. Sie betreffen jedoch nicht nur Einzelmotive
wie die absichtliche Namensverwechslung oder die »Abrechnung« mit
Hilfe literarischer Werke[25], sondern weit wesentlichere Komponenten des
»Verter«. So sind Jankos Charakteranlage, seine Verführbarkeit durch Literatur und schließlich die Belehrung eines »Idealisten« durch einen »Realisten« bei Gončarov vorgebildet[26]. Jedenfalls erscheinen uns diese Beziehungen deutlicher als die von Miloš Savković aufgezeigten Parallelen mit
Flauberts *Education sentimentale* (1869), dem »französischen Werther«[27].

Letztlich erweist sich die Konstatierung derartiger Einflüsse oder Parallelen als wenig ergiebig, sofern nicht auch ihr künstlerischer und kulturhistorischer Stellenwert erörtert und erkannt wird. Die aufwendige Beweis-
führung von Trivunac hätte, selbst wenn sie zutreffend gewesen wäre,
kaum zum eigentlichen Verständnis des serbischen »Verter« beigetragen.
Die vorliegende Untersuchung nun richtet sich auf zwei intertextuelle
Aspekte, die in der Bedeutungsstruktur der Erzählung Lazarevićs nach unserer Meinung eine gewichtige Rolle spielen. Es handelt sich a) um das
Problem des Wiedererzählens alter Geschichten; b) um das Problem der
gelebten Literatur im Sinne der Fragestellung dieses Sammelbandes. Beide
Verfahren sind in der Literatur altbekannt, sie wurden aber gerade in der
realistischen Erzählkunst des 19. Jahrhunderts neu aktualisiert.

1. GOETHES WERTHER – REALISTISCH WIEDERERZÄHLT

Werfen wir einen Blick auf die europäische Literatur der realistischen
Epoche, so bemerken wir eine ganze Reihe von Erzählungen und Romanen, in denen alte, allgemein bekannte Erzählstoffe wieder aufgenommen

---

Werther, wie vor allem E. D. Goy, »Laza Lazarević. A Study in Theme and Background«, *The
Slavonic and East European Review,* 35 (1956/57), Nr. 84, S.139, betont hat. Lazarević hat
hier Erfahrungen aus seiner Berliner Zeit verarbeitet; vgl. M. Selešković, »Ana Gutjar«, *SKG,*
57 (1939), S.490.   [24] Trivunac (Anm.18), 25 (1910), S.529–531.

[25] Bei Gončarov verwechselt der Rationalist und Räsoneur Petr Ivanyč Aduev die Namen
der Angebeteten seines Neffen Aleksandr; dieser, in seiner Liebe enttäuscht, rechnet mit der
Gesellschaft ab, indem er ihre Vertreter mit den Tieren aus den Fabeln I.A.Krylovs vergleicht; s. I.A.Gončarov, *Sobranie sočinenij v vos'mi tomach* (Moskau, 1977–80), Bd.I, S.
161 ff., 189 ff.; vgl. auch S.251.

[26] Die Konfrontation des »Idealisten« mit dem »Realisten« bestimmt ja auch die Sinnstruktur von Gončarovs *Oblomov* (1859). Wie im »Verter« gewinnen die weichlichen, ge-
fühlsreichen Helden Gončarovs, entgegen der Autorenintention, weitgehend die Sympathie
des Lesers; vgl. hierzu Trivunac (Anm.18), 24 (1910), S.746: Janko bleibe, trotz der unver-
hohlenen Autorenabsicht, ihn möglichst lächerlich zu machen, fast immer sympathisch, der
Leser sei stets auf seiner Seite.

[27] M.Savković, »Laza Lazarević u školi francuskog realizma«, *SKG,* 49 (1936), S.
496–518. Die Grundkonstellation ist in der Tat ähnlich gelagert: Frédéric Moreau liebt Madame Marie Arnoux, die Gattin seines Freundes. Seine »reine Liebe« ist freilich Ausdruck seiner Charakterschwäche (vgl. S.502). Auch zwischen der Duellepisode bei Flaubert und Lazarević besteht – nach Savković – eine gewisse Ähnlichkeit.

und auf neue Art und Weise erzählt werden. So etwa werden alte Heiligenlegenden, Mythen, Märchen sowie ältere literarische Werke jetzt nicht mehr als phantastisches, ungewöhnliches, abstraktes Geschehen, sondern als reales Geschehen im Sinne der realistischen Ästhetik, also mit einer ausgebauten soziologischen, sozialpsychologischen, oft auch sozialkritischen Motivation[28], dargeboten. Zwei Varianten des realistischen Wiedererzählens lassen sich unterscheiden:

a) Die Fabel bleibt in ihrem bisherigen zeitlich-räumlichen Rahmen erhalten, wird jedoch in ein breit angelegtes, oft auf wissenschaftlichen Studien beruhendes Bild der historischen Situation eingebaut, das zugleich als motivierendes Milieu im Sinne der realistischen Gesellschaftsanalyse dient. Auf diese Weise konzipierte beispielsweise Flaubert seine Legenden »La Tentation de Saint Antoine« (1874) und »Hérodias« (1877). Und ähnlich ging bereits zuvor Gottfried Keller in seinen *Sieben Legenden* (1862) vor. Er hat selbst erklärt, daß er diese Erzählungen nach dem Legendenschatz des Ludwig Theobul Kosegarten schrieb, wobei er die »in einem läppisch frömmelnden und einfältiglichen Stile« erzählten Texte in »erotisch-weltliche Historie« umwandelte[29].

b) Häufiger ist die zweite Variante. Hier werden aus der literarischen Tradition bekannte Gestalten und Konflikte, die an bestimmte Gestalten gebunden sind, in die Gegenwart versetzt. Die Handlungen spielen sich in der zeitgenössischen Gesellschaft ab und werden nach dem Muster realistischer Zeitprosa motiviert[30]. Ein überaus aufschlußreiches Beispiel dieser Variante des realistischen Wiedererzählens ist Gottfried Kellers Erzählung »Romeo und Julia auf dem Dorfe« (1855). Keller selbst geht hier gleich zu Anfang auf die Problematik des realistischen Wiedererzählens ein, wenn er schreibt:

> Diese Geschichte zu erzählen würde eine müßige Nachahmung sein, wenn sie nicht auf einem wirklichen Vorfall beruhte, zum Beweise, wie tief im Menschenleben jede jener Fabeln wurzelt, auf welche die großen alten Werke gebaut sind. Die Zahl solcher Fabeln ist mäßig; aber stets treten sie in neuem Gewande wieder in die Erscheinung und zwingen alsdann die Hand, sie festzuhalten.[31]

Keller ist sich, wie auch andere realistische Erzähler, zutiefst jener anthropologischen Konstante bewußt, die sich in den alten »Fabeln« verbirgt,

---

[28] Vgl. A. Flaker, »Motivation und Stil«, in *Marxistische Literaturkritik,* hg. v. V. Žmegač (Bad Homburg v. d. H., 1970), S. 389 ff.

[29] Zit. nach Gottfried Keller, *Sämtliche Werke in acht Bänden* (Berlin, 1958), Bd. V., S. 453.

[30] Wir trennen diese Form des Wiedererzählens von dem Motiv des wiederkehrenden Helden, das meist dazu dient, Kritik an der Gegenwart durch das verfremdende Prisma des einstigen Helden zu ermöglichen. Zu denken wäre an Leonhard Meisters *Erscheinung und Bekehrung des Don Quichotte de la Mancha* (1786), vgl. S. 106, F. M. Dostoevskijs »Legende vom Großinquisitor« im Zweiten Teil der *Brüder Karamazov* (1879/80) oder an die Satire *Kraljević Marko po drugi put medju Srbima* (Königsohn Marko zum zweiten Male unter den Serben, 1901) des Serben Radoje Domanović. Zu Domanović und einer ungarischen Parallele vgl. G. Schubert, »Die Gesellschaft Ungarns und Serbiens der Jahrhundertwende im Spiegel der Literatur, *Zeitschrift für Balkanologie,* 14 (1978), S. 158–183.

[31] Keller (Anm. 29), Bd. VI, S. 69.

aber er empfindet zugleich die innere Notwendigkeit, sie aus neuer, realistischer Sicht zu gestalten. Wir können zu jenen »Fabeln im neuen Gewande« Flauberts Erzählung »Un cœur simple« zählen[32], eine Heiligenlegende, die zur realistischen Erzählung umgestaltet wurde, auch I. S. Turgenevs Erzählung »Gamlet Ščigrovskogo uezda« (Hamlet aus dem Landkreis Ščigry, 1849), N. S. Leskovs »Ledi Makbet Mcenskogo uezda« (Lady Macbeth aus dem Landkreis Mcensk, 1865) und manche andere. Nach der neuen Interpretation, die Petar Džadžić kürzlich veröffentlichte[33], gehört auch die Erzählung »Kanjoš Macedonović« (1870) des Montenegriners Stjepan Mitrov Ljubiša zu den wiedererzählten Geschichten der realistischen Literatur. Wie Džadžić nachweist, beleuchtet Ljubiša in ihr auf ironisch-burleske Weise den Heldentypus der balkanischen Volksepik.

Die ironisch-burleske Brechung der wiedererzählten Gegenstände begegnet nicht selten. Ihre kulturhistorische Aufgabe besteht darin, literarisch fixierte Weisen überholten Denkens, Fühlens und Verhaltens zu kritisieren und zu parodieren. In der Galerie der nicht mehr zeitgemäßen Enthusiasten, Phantasten, Idealisten, Romantiker, die solcherart in der realistischen Erzählliteratur vorgeführt werden, nimmt Lazarevićs Janko, der serbische Werther, einen beachtlichen Platz ein.

Fragen wir nun, wie Lazarević das Wiedererzählen in seinem Text realisiert, so ist zu vermerken, daß es wohl wenige Werke geben dürfte, in denen das Verfahren so dicht und wiederum auch differenziert angewendet wird wie im »Verter«. Lazarević wiederholt nämlich den Grundkonflikt aus dem *Werther* mit der bekannten Personenkonstellation nicht nur in der Fabel seiner Erzählung – dies wäre gleichsam der Normalfall realistischen Wiedererzählens –, sondern bringt zudem ein dreimaliges Wiedererzählen des Goetheschen Romans von verschiedenen Bedeutungspositionen[34] aus ins Spiel. Mit anderen Worten, Goethes *Werther* ist im Sinne des Wiedererzählens auf vier verschiedene Weisen in unserem Text anwesend. Das bedeutet, daß wir zugleich vier verschiedene Arten der Rezeption des Goetheschen Romans vor uns haben. Natürlich ist nur durch eine sinnvolle Bewertung dieser vier verschiedenen Rezeptionsarten die Möglichkeit gegeben, des Erzählers, respektive Lazarevićs, Standpunkt zum *Werther* zu ermitteln, nicht aber durch die Isolierung nur eines Standpunktes. Gleichwohl hat man gewöhnlich einfach den Standpunkt Mladens mit dem Lazarevićs gleichgesetzt.

Hinsichtlich der Grundfabel entspricht Lazarevićs »Verter« in einigen wesentlichen Zügen der des Goetheschen *Werthers*. Das heißt, die Kon-

---

[32] Vgl. U. Mölk, »Über ein Motivpaar in Gustave Flauberts Un Cœur Simple«, in *Motive und Themen in Erzählungen des späten 19. Jahrhunderts,* hg. v. Th. Wolpers, Abhandlungen der Akademie der Wissenschaften in Göttingen, Phil.-hist. Kl., III. Folge, 127 (Göttingen, 1982), S. 11–21.

[33] P. Džadžić, »Homo heroicus, homo balcanicus«, *Književnost,* (Belgrad, 1984), S. 1331–1365, vor allem S. 1339 ff.

[34] Der Begriff wird im Sinne von M. Bachtin gebraucht; vgl. W. Schmid, *Der Textaufbau in den Erzählungen Dostoevskijs* (München, 1973), S. 30 ff.

stellation Janko-Marija-Mladen nimmt, wenn auch in anderen zeitlichen und räumlichen Gegebenheiten, die Konstellation Werther-Lotte-Albert wieder auf, freilich mit dem gravierenden Unterschied, daß Goethes Konfliktlösung, der Selbstmord des Helden, durch eine vernünftig-lehrhafte Wendung ersetzt wird, die den Helden vor der Selbstvernichtung bewahrt. So betrachtet, ist Lazarevićs Erzählung gewiß unter die Antiwertheriaden einzuordnen. Ein anderes Bild ergibt sich allerdings, wenn wir die innerfiktionalen Interpretationen des Goetheschen *Werthers* betrachten und uns den Epilog à la Turgenev vergegenwärtigen, der Janko als unverbesserlichen »Idealisten« ausweist.

Die erste Gelegenheit, den Inhalt des *Werther* wiederzuerzählen, ergibt sich in dem Moment, als Janko zufällig den Roman zur Lektüre von Dr. Nedić erhält[35]. Janko erinnert sich »wie durch Nebel hindurch« an Werthers Schicksal – er hat den Roman vor langer Zeit schon einmal gelesen – und kann es kaum erwarten, ihn erneut zu lesen. In diesem Moment schaltet sich der Erzähler ein und bringt den Inhalt des Goetheschen Romans in Erinnerung:

> U toj se knjizi priča kako je neki sanjalo, po imenu Verter, došao u neki kraj gde je sve tiho i mirno, idilski, i tu poznao jednu devojku koja se zvala Lota, a bila zaručena s nekim Albertom. Verter se odmah zaljubi u nju, i već ne zna od ljubavi kud udara. Albert, koji je za vreme poznanstva Verterova s Lotom bio negde na putu, vrati se i venča se s Lotom. Verter, da bi razagnao svoje jade, primi se nekakve službe i ode odatle; ali nabrzo se vrati, i njegova ljubav prema Loti još jače razbukti. Jednom, kad joj muž nije bio kod kuće, spopadne je ljubiti, ali već posle toga nije mu ostalo ništa drugo nego da se ubije. On ozbilja napiše, kao što se to obično radi, mnogo pisama, pogori svoje hartije, napuni pištolj, potegne i ubije se. (*SD*, S. 179)

> (In diesem Buch wird erzählt, wie einst ein Träumer namens Werther in eine idyllische Gegend gelangt, wo Ruhe und Friede herrscht; dort lernt er ein Mädchen kennen, das Lotte heißt und mit einem Manne namens Albert verlobt ist. Werther verliebt sich sogleich in sie und weiß weder aus noch ein vor Liebe. Albert, der zur Zeit der Bekanntschaft Werthers mit Lotte auf Reisen gewesen, kehrt zurück und heiratet Lotte. Um seinem Liebeskummer zu entgehen, geht Werther in eine Dienststellung und verläßt den Ort, aber bald kehrt er wieder zurück, und seine Liebe zu Lotte entfacht sich noch stärker. Als ihr Gatte einmal abwesend ist, reißt es ihn hin, sie zu küssen; danach bleibt ihm nichts anderes übrig, als sich zu töten. Er schreibt allen Ernstes, wie das zur Sache gehört, zahlreiche Briefe, verbrennt seine Papiere, lädt die Pistole, setzt an und tötet sich.) [*SE*, S. 87]

Wir haben hier eine distanzierte, verfremdende Wiedererzählung vor uns, die gleichsam unterstellt, der Leser kenne Goethes *Werther* nicht. Dabei war der Roman längst auch ins Serbische übersetzt[36]; in der Vojvodina

---

[35] An dieser Stelle ist, wenn auch in knappster Form, eine weitere *Werther*-Rezeption zu erkennen: Dr. Nedić kommentiert den Roman mit den Worten:

– Dakako! Koliko se mladih ljudi ubilo zbog toga! Haj, haj! Kao muhe! Pročitaju »Vertera«, pa pištolj u čelo! (*SD*, S. 179)

(»Freilich! Wieviele junge Menschen haben sich deswegen umgebracht! Ja, ja! Wie die Fliegen. Sie lesen den ›Werther‹ – und dann die Pistole an die Stirn!« [*SE*, S. 87])

[36] Die erste Übersetzung, *Stradanija mladoga Vertera* (Novi Sad, 1844), stammt von Jovan Rajić dem Jüngeren. Später folgten vollständige Übersetzungen von Sv. M. Jakšić (1905),

und in Serbien dürften viele Leser das Werk im Original gekannt haben [37]. Durch das Wiedererzählen seitens des Erzählers werden einmal die Ähnlichkeiten zwischen Goethes *Werther* und dem Geschehen, das vor dem Leser abläuft, ins Bewußtsein gehoben, während andererseits aber auch die Unterschiede deutlich werden, die zwischen beiden Werken bestehen.

Verfremdung und Distanz des Erzählers werden alsbald durch die Wiedergabe des Leseerlebnisses ersetzt, wobei sich Janko fast vollständig in Werther wiedererkennt. Dies ist das zweite Wiedererzählen des Romaninhalts in unserer Erzählung, diesmal mit schrittweiser Gegenüberstellung bzw. Gleichsetzung von Werthers und Jankos Seelenzuständen:

Već na prvim stranama Janko vide da je i on sam Verter, i, pri svakoj sceni u knjizi, tražaše kakvu sličnu sitnicu iz svoga života. Verterova jadikovanja za samo ga srce ujedahu, i on mu u pameti stiskavaše ruku, koja je već davno na nebu, s Lotom zajedno. Sve, sve mu se dopadaše, i u svemu on vidjaše sebe. On se slaže s Verterom da mu ne trebaju knjige, jer je srce i bez toga uzburkano; samo mu treba tiha, mirna pesma koja se peva deci uz kolevku. I njemu je, kao i Verteru, najmiliji onaj pisac u kome on nalazi svoj svet i gde je sve nalik na život čitaočev. A u Verteru je sve tako nalik na Janka. Nalik ono bežanje od sveta a traženje Marije, nalik je ono osećanje koje ga prožima od glave do pete kad se, kao što veli Verter, njegov prst nehotično takne njezina, ili kad im se noge sretnu pod stolom [...]. (*SD*, S. 180) [38]

(Schon auf den ersten Seiten sah Janko, daß er selbst Werther war, und bei jeder Episode des Romans suchte er nach ähnlichen Details im eigenen Leben. Werthers Klagen griffen schmerzlich an sein Herz; er drückte im Geiste die Hand des Mannes, der seit langem im Himmelreich weilte, mit Lotte vereint. Alles, alles gefiel ihm; in allem sah er sich selbst. Er stimmte mit Werther darin überein, daß er kein Buch mehr brauche, denn sein Herz war auch ohnedies sturmbewegt; ihn verlangte es nach stillen, ruhigen Liedern, die man Kindern an der Wiege singt. Und er zog, wie Werther, jenen Autor vor, bei dem er die eigene Gefühlswelt wiederfand, wo alles an das eigene Leben erinnerte. Im Werther gemahnte einfach alles an Janko. Die gleiche Flucht vor der Welt und die gleiche Sehnsucht nach Marija, und das gleiche Gefühl durchschauerte ihn vom Kopf bis zum Fuße, wenn, wie Werther erzählt, sein Finger unwillkürlich den ihrigen streifte oder sich ihre Füße unter dem Tisch berührten [...].) [*SE*, S. 87 f.]

Janko, so heißt es weiter, »verbrüderte sich« (»zbratimljaše se«) mehr und mehr mit Werther. Zuletzt empfindet er ihn als seinen Wahlbruder (*pobratim*), womit Lazarević auf den bei den Südslaven verbreiteten Brauch

---

Branko Mušicki (1905, [2]1923) und Isidora Sekulić (1923). Vgl. D. Perišić, *Goethe bei den Serben*. Mit einer Vorrede von M. Mojašević, Slavistische Beiträge, 17 (München, 1968), S. 80–93.

[37] Unter den ethnischen Bedingungen in der Vojvodina seit dem 18. Jahrhundert entwickelte sich eine magyarisch-slavisch-deutsche Mischkultur mit zeitweiliger Dominanz der deutschen Sprache; vgl. R. Lauer, »Deutsche und serbokroatische Literatur an der österreichischen Peripherie (1740–1835)«, in *Die österreichische Literatur. Ihr Profil an der Wende vom 18. zum 19. Jahrhundert (1750–1830)*, hg. v. H. Zeman (Graz, 1979), Teil I, S. 492 ff.

[38] Wir verzichten hier auf die Angabe der entsprechenden Stellen in Goethes *Werther*. Bezeichnenderweise greift Lazarević gerade auch jene Stelle heraus, in der von Werthers Leseerlebnissen die Rede ist; vgl. Goethe, *Berliner Ausgabe*, Bd. IX, *Romane und Erzählungen I* (Berlin-Weimar, [2]1970), S. 81. Vgl. auch S. 249 der vorliegenden Studie.

der *fraternitas adoptiva* (*pobratimstvo*) anspielt, ein Freundschaftsgelübde, das – nach den schlichten Worten Vuk St. Karadžićs – geschlossen wird, »wenn jemand, der sich in Not befindet, im Traum zu einem anderen spricht: ›sei mein Bruder in Gott!‹ (da si mi po Bogu brat!)«[39]. Damit übertrifft Janko noch das, was die kurze Vorrede zum Ersten Teil der *Leiden des jungen Werthers* dem Leser suggeriert:

> Und du gute Seele, die du ebenden Drang fühlst wie er, schöpfe Trost aus seinem Leiden und laß das Büchlein deinen Freund sein, wenn du aus Geschick oder eigner Schuld keinen nähern finden kannst.[40]

Was Janko in der eigenen Geschichte noch fehlt, will er nach Werthers Vorbild ergänzen, so wenn es heißt:

> Pa kako je dobra Lota, koja pušta Vertera da se pokatkad isplače na njenoj ruci! – I on će to pokušati kod Marije, to je zaista uzvišeno a nevino zadovoljstvo. (*SD*, S. 180)
>
> (Wie gütig war es doch von Lotte, daß sie manchmal Werther, über ihre Hände geneigt, seinen Schmerz ausweinen ließ. Er mußte auch bei Marija versuchen, dieses erhabenen und doch unschuldigen Genusses teilhaftig zu werden.) [*SE*, S. 88]

Und gleich darauf:

> Verter čita Loti svoj prevod Osijana, a Janko? On će Mariji dati »Vertera«, da čita. Nek vidi moje jade. (*SD*, S. 180)
>
> (Werther las Lotte seine Übersetzung des Ossian vor – und Janko? ... er mußte Marija Werthers Leiden zu lesen geben: Sie sollte seine Qualen kennen!) [*SE*, S. 88]

Die emphatische, lückenlose Identifikation Jankos mit Werther besitzt natürlich ihren Stellenwert im Bedeutungsgefüge der Erzählung. Janko ist zumindest in der ersten Hälfte der Erzählung – hierin sind sich fast alle Kritiker einig[41] – mit durchweg positiven, liebenswerten Zügen ausgestattet. Für seine Bedeutungsposition heißt das, daß hier eine höchst affirmative Rezeption des *Werther*-Romans durch einen Helden geleistet wird, der auf die Sympathie des Lesers rechnen kann.

Das letzte Wiedererzählen des *Werther* bildet Mladens »Abrechnung« mit Werther und damit zugleich mit der gesamten deutschen Romantik, zu der – nicht ganz zu Unrecht – aus fremder Sicht auch Goethe gezählt wird[42]. Es ist schwer zu verstehen, warum die Botschaft des »Verter« von Lazarević letztendlich immer nur auf Mladens Einstellung zu Werther und Wertherismus zurückgeführt wurde. Alles was er vorbringt, zeugt nämlich nicht nur von beträchtlicher Ignoranz, sondern es wird auch unter wachsendem Alkoholeinfluß vorgebracht. In diesem Zusammenhang »Mladens nüchterne Kritik« (»trezvenu kritiku Mladenovu«) hervorzuhe-

---

[39] Vuk St. Karadžić, *Srpski rječnik* (Belgrad, [4]1935), S. 528. Vgl. *SD*, S. 180 f. Später, als Janko im Streit mit Mladen sich anschickt, Werther zu verteidigen, taucht erneut die Wendung »nesudjeni pobratim« (vom Schicksal nicht bestimmter Wahlbruder) auf (*SD*, S. 195).

[40] Goethe (Anm. 38), S. 7.

[41] Vgl. sogar Trivunac (Anm. 18), S. 746.

[42] Vgl. K. Rosenbaum, »Deutsche Klassik und Literatur der slowakischen nationalen Wiedergeburt«, in *Slawische Kulturen in der Geschichte der europäischen Kulturen vom 18. bis zum 20. Jahrhundert. Internationaler Studienband,* hg. v. G. Ziegengeist (Berlin, 1982), S. 215.

ben, wie es Petar Mitropan tut[43], entbehrt nicht der unfreiwilligen Komik. Mladens Bedeutungsposition ist einfach die schwächste, die wir in der ganzen Erzählung vor uns haben. (Nur wenn sich der Leutnant Vasiljević auf die Wiedererzählung des *Werther* einlassen würde, käme noch Unbegründeteres zutage.)

Diese »Abrechnung« mit dem *Werther* und sogar mit dem *Faust* stellt in der Tat ein Kabinettstück von besonderer ironischer und satirischer Qualität dar. Mladen, der handfeste, gesunde Serbe, von vielen als der positive Held der Erzählung eingeschätzt, erweist sich letztlich als ungebildeter Narr. Einmal verwechselt er – wie Petr Ivanyč Aduev bei Gončarov – alle Namen; statt Lotte sagt er Margarita oder Greta, statt Albert Winkler, Moritz und Gustav (*SD*, S. 193 ff.), was noch als besondere Form von Ironie hingehen mag. Dann aber lesen wir:

> Mladen ne čekaše da mu se da povoda da nastavi:
> – I vidite, što me najviše jedi da su naši ljudi majmuni; sve što vide u drugoga – dobro, rdjavo, to im se dopada. Nadali dreku:»Gete, Gete!« a, ovamo, anališite ga s koje hoćete strane, on je najjači u toj bolesnoj fantaziji. Pomislite samo na Fausta! Faust je ...Mladen ne znadjaše šta da kaže. Pokaja se što je skočio s Vertera na Fausta, kad ga se Faust i onako ništa ne tiče. On proguta pljuvačku, pa nastavi: – Faust je to isto što i Verter. Mislim, naravno, po vrednosti, ne po predmetu. I vi mislite da Verter može imati kakve vrednosti! Šta hoće on? Da ne radi ništa, da se lunja ovamo-onamo, »idilski«, da pravi deci kuće od karata i da trebi boraniju! Odrastao, mlad, zdrav čovek – pa kao bogalj. Pa onda još sam sebe na silu boga pravi nesrećnim. (*SD*, S. 194)

> (Mladen wartete nicht erst einen Vorwand zum Weitersprechen ab: »Und sehen Sie, was mich am meisten empört? Daß unsere Männer Affen sind; was sie im Ausland sehen – gut oder schlecht –, das gefällt ihnen. Was für Geschrei um Goethe! Goethe! Und nun analysieren Sie hier welche Seite Sie wollen und Sie werden finden, daß in dieser krankhaften Phantasie seine größte Stärke liegt. Denken Sie an Faust. Faust ist...« Mladen wußte nicht, was er weiter sagen sollte. Er bereute es, vom Werther zum Faust übergegangen zu sein, zumal ihn ja auch Faust gar nichts anging. Er verschluckte sich und fuhr dann fort: »Faust ist nicht dasselbe wie Werther. Ich meine natürlich hinsichtlich seines moralischen Wertes und nicht hinsichtlich des Gegenstandes. Und Sie glauben, daß ein Werther irgendeinen Wert besitzen kann! Was will er denn? Nichts tun, idyllisch herumflanieren, den Kindern Kartenhäuser bauen und Bohnen schälen! Ein erwachsener, junger, gesunder Mensch – und dabei ein Krüppel! Und dann macht er sich auch noch mit aller Gewalt selbst unglücklich!«) [*SE*, S. 103]

In diesem Stil, auf diesem Niveau wird die berühmte Abrechnung mit dem *Werther* vorgenommen. Die These von Petar Mitropan, »Verter« stelle ein Experiment dar, bei dem zwei Charaktere und zwei Haltungen im Streit um die Interpretation eines literarischen Werkes einander gegenübergestellt werden, ist nicht zu bezweifeln[44]. Nur ist zu bedenken, daß Mladen alles andere als ein überlegener Sieger ist und Janko, wie der Epilog zeigt, keine innere Wandlung durchmacht[45]. Der Sinn des Geschehens erklärt

---

[43] Mitropan (Anm. 14), S. 209.   [44] Ebd., S. 206.

[45] Eine Wandlung des Helden, wie sie D. Vučenov, »Funkcija junaka u srpskoj narativnoj prozi tokom epohe realizma«, *Prilozi za književnost, jezik, istoriju i folklor*, 32 (1966), S. 223 ff., in den Erzählungen Lazarevićs annimmt, liegt im »Verter« nicht vor.

sich aus der kulturgeschichtlichen Situation, in der die Erzählung entstand.

Zwei Lehren sollen offenbar durch Lazarevićs »Verter« vermittelt werden: 1) daß in der modernen, vernünftigen Gesellschaft die Ehe sakrosankt, unverletzlich ist; und 2) daß der Selbstmord aus unglücklicher Liebe in der Gegenwart überholt ist. Aus der Logik der Handlung folgt, daß der Wertherismus mit tödlichem Ausgang obsolet ist und überwunden werden muß. Das Gegenmittel gegen diese Krankheit ist die Vernunft, die sich in der Gestalt Katanićs der List und der Intrige bedient. Diese antiwertherische Tendenz deckt sich mit den allgemeinen Ansichten vom Menschen und seiner Rolle in der Gesellschaft, die wir in der Epoche des Realismus vor uns haben. Gerade bei den Südslaven lassen sich manche Daten über den Antiwertherismus in den siebziger und achtziger Jahren des vorigen Jahrhunderts auffinden. Zu denken ist an die Äußerung Ljubomir Nedićs, daß er in jungen Jahren Goethes *Werther* las und dies sorgfältig vor seinen Schulkameraden verbarg, denn:

> Wer wäre damals so kühn gewesen, ein Buch zu erwähnen, von dem in einer Omladina-Diskussion gesagt worden war, daß Goethe mit ihm mehr Schaden angerichtet habe als mit all seinen anderen Büchern zusammen Gutes![46]

Eine ähnliche Werther-Auffasung ist in der benachbarten bulgarischen Literatur in dem Roman *Pod igoto* (Unterm Joch, 1889/90) von Ivan Vazov ausgedrückt. Hier ruft Vazovs Held Kandov aus, indem er auf die gefährlichen Folgen des Wertherismus hinweist: »Der Selbstmord ist eben ansteckend!«[47].

Wenn wir also insgesamt eine antiwertherische Botschaft oder Belehrung in Lazarevićs »Verter« einräumen, so gilt doch für die Sinnstruktur der Erzählung, daß weder Jankos unkritische Identifikation noch Mladens inkompetenter Haßausbruch als adäquate *Werther*-Rezeption angesehen werden können. Jankos und Mladens Standpunkte besitzen lediglich den Status von Argumenten innerhalb der Erzählung, sind aber keineswegs identisch mit dem Erzählerstandpunkt, geschweige denn dem Autorenstandpunkt. Der Autorenstandpunkt liegt irgendwo zwischen ihnen, er ist distanziert, mit feiner Ironie am ehesten ausgedrückt in der ersten textinternen Wiedererzählung des Goetheschen *Werthers*. Die realistische Methode ermöglicht es Lazarević, ein vielschichtiges, differenziertes Bild des Werkes zu geben, das er wiedererzählt. Das gleiche gilt für seinen Helden

---

[46] Nedić (Anm. 12), Bd. II, S. 199. Nedić hat die positivistischen Tendenzen innerhalb der serbischen kulturpolitischen Bewegung »Omladina« der siebziger Jahre im Auge; vgl. J. Skerlić, *Omladina i njena književnost (1848–1871). Izučavanja o nacionalnom i književnom romantizmu kod Srba,* hg. v. Vl. Ćorović (Belgrad, ²1925), S. 215 ff.

[47] I. Vazov, *Săbrani săčinenija v dvadeset toma* (Sofia, 1955–57), Bd. XII, S. 294; vgl. R. Lauer, »Die deutsche Literatur in Bulgarien – typologische und genetische Beziehungen«, in *1300 Jahre Bulgarien,* hg. v. W. Gesemann u. a., Bulgarische Sammlung, 2 (Neuried, 1981), Bd. I, S. 258.

Janko, den serbischen Werther. Zwar wird ihm der obsolete Werther-Tod verwehrt, aber er braucht auch seinen Enthusiasmus und seine Empfindsamkeit nicht dranzugeben. Gewiß, er ist ein wenig lächerlich gezeichnet, aber diese Lächerlichkeit, oder besser: die lächerliche Beleuchtung seiner Person teilt er mit allen Gestalten, die in Lazarevićs serbischem Kurort auftauchen. Die ganze Erzählung ist von Anfang bis Ende ironisch-satirisch intoniert. Denken wir nur an die Beschreibung des gesellschaftlichen Lebens in der Banja und an die Gestalten, die sich dort bewegen – das ist, wenn auch in milder Form, realistische Gesellschaftssatire.

Die intertextuelle Beziehung zwischen Goethes *Werther* und Lazarevićs »Verter« wie auch die Beziehungen der Gestalten in der serbischen Erzählung stellen sich komplexer dar, als man bisher annahm. Wenigstens legt die Analyse beider Werke unter dem Gesichtspunkt des realistischen Wiedererzählens ein solches Ergebnis nahe.

2. Das Motiv der »gelebten Literatur«

Wie wir gesehen haben, ist das Verfahren des Wiedererzählens eines literarischen Werkes ungemein dicht in Lazarevićs Erzählung ausgenutzt. Ganz ähnlich verhält es sich mit dem Motiv der »gelebten Literatur«. Selbstverständlich ist beides aufs engste miteinander verbunden, schon deshalb, weil das zentrale literarische Objekt, das die intertextuelle Beziehung begründet, sowohl für das Wiedererzählen als auch für das Literaturerleben das gleiche ist, nämlich Goethes *Leiden des jungen Werthers.*

Dennoch wäre es falsch, das Motiv der »gelebten Literatur« in unserer Erzählung allein auf die Identifikation Jankos mit Werther zu beschränken. Es zeigt sich vielmehr, daß Lazarević mit seinem Janko einen Typus vorstellt, der schlechthin als der durch Literatur Verführbare und Verführte zu bezeichnen ist. Daß Janko in der zweiten Hälfte der Erzählung in seinen Werther-Taumel verfällt, ist, wenn wir seine Vorgeschichte genau lesen, längst vorbereitet und motiviert.

Zunächst soll versucht werden, die Stadien der Entfaltung des Motivs der »gelebten Literatur« nachzuzeichnen. Die Erzählung setzt mit einer launigen Schilderung des geselligen Lebens in einem serbischen Kurort ein. In Form einer Plauderei mit dem Leser werden verschiedene typische Badegäste und Ortsansässige geschildert: Professor Nedić, der Briefträger Košutić, der Leutnant Vasiljević, ein serbischer *miles gloriosus,* der Apotheker Katanić, apostrophiert als »schlimmer Schelm und großer Intrigant« (»strašan obešenjak i veliki intrigant«, *SD,* S. 153), und schließlich Janko, ein Beamter, dreißig Jahre alt, der als »Held dieser Erzählung« vorgestellt wird (*SD,* S. 153). Die Schilderung seines Äußeren und seines Charakters – rundes, bleiches Gesicht, Augen voller Naivität und Sehnsucht – erinnert an Gončarovs Oblomov[48]. Und wie bei Gončarov, so ist auch die Einstellung des serbischen Erzählers zu seinem Helden durchaus ironisch:

> jednom reči: to beše čovek sa širokim grudima i tesnim cipelama. (*SD*, S. 154)[49]
>
> (Mit einem Wort: er war ein Mann mit breiter Brust und engen Stiefeln.) [*SE*, S. 58 f.]

Die anschließende Beschreibung von Jankos Entwicklung und Charakter erfolgt größtenteils im Hinblick auf seine Leseerlebnisse. Janko stammt aus einer reichen Familie, wurde verzogen, war vom Glücke begünstigt. Dann aber heißt es:

> nikad nije čitao Hamleta ni večeravao luka i hleba. (*SD*, S. 154)
>
> (Er hatte niemals den Hamlet gelesen noch Brot und Zwiebel zum Nachtmahl essen müssen.) [*SE*, S. 59]

Hier interessiert nicht die Disparatheit der Erscheinungen, die Janko unbekannt bleiben, sondern der Hinweis auf den nichtgelesenen *Hamlet*. Dieser Hinweis besagt doch wohl, angesichts der Anlage Jankos zum Nacherleben von Literatur, daß es ihm bisher versagt blieb, ein serbischer Hamlet zu werden[50]. Dafür las er, wie wir weiter hören, mit Vorliebe Victor Hugo und wollte selbst ein Romanheld sein (*SD*, S. 154). Seine Jugendliebe Marija stilisiert er in eine »idyllische Liebe« nach allen Regeln der *Populären Ästhetik* von Carl Lemcke um[51]. Unmittelbar darauf wird

---

[48] Zu denken ist vor allem an die Beschreibung Oblomovs zu Beginn des Ersten Teiles des Romans; vgl. Gončarov (Anm. 25), Bd. IV, S. 7. Auch die Rückerinnerung an die mit Marija verlebte Kindheit (*SD*, S. 157 ff.) hat mehr mit Oblomovs Traum als mit Storms »Immensee« zu tun.

[49] Die gleiche Formel dient auch schon in Lazarevićs Erzählung »Švabica« zur Kennzeichnung des »Idealismus« des Helden, der am Schluß bekennen muß:

> – Sve me je ostavilo. Ideali i ideje, široke grudi i tesne cipele, patriotstvo, rad. (*SD*, S. 54)
>
> (»Alles ist von mir gewichen: Ideale und Ideen, breite Brust und enge Schuhe, Patriotismus, Arbeit.«)

[50] Man denke etwa an Turgenevs »Gamlet Ščigrovskogo uezda« aus den *Aufzeichnungen eines Jägers*. Dieser Gutsbesitzer ist ein Schwätzer und Räsoneur, ein *lišnij čelovek* (überflüssiger Mensch), in dem Sinne, wie Turgenev in seinem Vortrag »Hamlet und Don Quijote« (1860) den Hamlet-Typus definiert hat. S. auch S. 268 ff. des vorliegenden Sammelbandes.

[51] Dieses Werk des Heidelberger Philosophen Carl Lemcke war im letzten Drittel des 19. Jahrhunderts außerordentlich verbreitet. Wahrscheinlich kannte Lazarević die 1867 in Leipzig erschienene zweite Auflage. – Der Begriff »idyllisch« (idilski), eines der Schlüsselwörter im »Verter«, erscheint erneut in der Inhaltsangabe durch den Erzähler (*SD*, S. 179) und in der »Abrechnung« Mladens mit Goethes Roman (*SD*, S. 194). Bei Lemcke wird Idylle/idyllisch an zwei Stellen expliziert. Bei der Erörterung des Epos weist er auf die »dem Heldenhaften sich entfremdende Anschauung« hin, die als größeres oder kleineres Lebensbild gestaltet werden könne. In diesem Zusammenhang nennt er Goethes *Hermann und Dorothea* als »das herrlichste größere derartige Lebensbild«, während er das kleinere »Lebensbildchen, meistens des natürlichen einfachen Volkslebens« als Idylle bestimmt. – An anderer Stelle, wo von dem Alltäglichen als Inhalt des Romans die Rede ist, fordert er – durchaus im Sinne der deutschen Romanpoetik: »Das Alltägliche in idealer Auffassung hat der Idylle zu entsprechen. [...] Die Dorfgeschichte unserer Zeit ist ein extremes Gegenstück gegen den Salonroman und einseitig, wie dieser, falls sie nicht als Idylle behandelt wird und als solche

das, was wir hier als »gelebte Literatur« bezeichnen, als das eigentliche Lebenselement Jankos herausgestellt:

> Pa ipak, on u srcu osećaše tu ljubavnu prazninu, i kako mladi ljudi, što god čitaju, aplikuju na se, to se i on jednom bavljaše mišlju da obuče gvozdene cipele, pa da ide po svetu tražiti svoj ideal, kao što je to u nekakoj knjïzi za nekoga čitao. (*SD*, S. 154)
>
> (Dennoch spürte er im Herzen diese Liebesleere, und da junge Menschen, was sie gerade lesen, auf sich selbst anwenden, so beschäftigte auch er sich mit dem Gedanken, Eisenschuhe anzuziehen, in die Welt zu ziehen und sein Ideal zu suchen, wie er es in einem Buch über jemanden gelesen hatte.) [*SE*, S. 59]

Mit diesen »Eisenschuhen« (»gvozdene cipele«) [52] und der Suche nach dem weiblichen Ideal spielt Lazarević sehr wahrscheinlich auf den sinnreichen Ritter Don Quijote und seine Dame Dulcinea an [53]. Das Don-Quijote-Motiv wird übrigens im weiteren Verlauf der Erzählung fortgesponnen: Die Auseinandersetzung zwischen Janko und dem Leutnant Vasiljević, erste dramatische Zuspitzung im Handlungsablauf der Erzählung, die um ein Haar zum Duell zwischen beiden führt, wird dadurch ausgelöst, daß Vasiljević Janko im Kaffeehaus hänselt:

> – A, dobro veče, krdžalijo! A gde ti je… onaj…ona tvoja dulčinea? (*SD*, S. 168)
>
> (»Oh, guten Abend, Straßenräuber! Wo ist denn diese…diese… deine Dulcinea?«) [*SE*, S. 155]

Vasiljević weiß zwar gar nicht, was dieses, seiner Meinung nach französische, Wort bedeutet; aber Janko weiß es – und natürlich auch der Leser. An dieser Stelle wird gleichsam die frühere Anspielung auf Don Quijote eingelöst: Janko hat seine Dulcinea gefunden, wagt aber nicht, es sich einzugestehen. Zugleich verhält er sich wie der spanische Ritter, wenn er, um die beleidigende Äußerung zu entgelten, den Leutnant um Satisfaktion bittet. Nur durch das Eingreifen des Brigadiers Veljko wird das Duell verhindert. Wenn später Mladen im Zuge der »Abrechnung« unter den Werken einer »gesunden« Literatur außer Petar Petrović Njegoš' *Gorski vijenac* (Der Bergkranz, 1847), dem serbischen Nationalepos, und der Marseillaise auch den *Don Quijote* nennt (*SD*, S. 197), so ist dies gewiß nicht als Sympathieerklärung für den Ritter von der traurigen Gestalt zu werten,

---

von der harmonischen Schönheit getragen wird« (C. Lemcke, *Populäre Ästhetik* [Leipzig, ²1867], S. 489, 501). Lazarević distanziert sich offensichtlich von derartigen ästhetischen Positionen.

[52] Bei Josef Beckmann steht »nägelbeschlagene Stiefel« (*SE*, S. 59). Das klingt zwar »realistisch«, doch ist es nicht nur falsch – das serbokroatische Äquivalent hätte sonst lauten müssen: »potkovane čizme« –, sondern verwischt zudem die literarische Allusion, um die es hier geht.

[53] Gleich im ersten Kapitel des Romans hören wir bei Cervantes, daß Don Quijote eine alte Ritterrüstung anlegte, dann heißt es: »Da er nun seine Waffen gereinigt, aus der Sturmhaube einen Turnierhelm gemacht, seinem Rosse einen Namen gegeben und sich selbst neu gefirmelt hatte, führte er sich zu Gemüt, daß ihm nichts anderes fehle, als eine Dame zu suchen, um sich in sie zu verlieben; denn der fahrende Ritter ohne Liebe sei wie ein Baum ohne Blätter, ein Körper ohne Seele« (Miguel de Cervantes Saavedra, *Der sinnreiche Junker Don Quijote von der Mancha,* hg. v. H. Tiemann [Hamburg, 1928], Bd. I, S. 35).

sondern im Sinne der Abrechnung mit der idealischen Verstiegenheit des
»ingenioso hidalgo«, der erklärtermaßen zu den geistigen Ahnen Jankos
zählt.

Im Eingangspassus, also bei der Charakterisierung Jankos, folgt noch
ein weiterer Hinweis auf »gelebte Literatur«. Es ist die Rede von französischen Romanen, die Janko gelesen habe:

> Srećom, iz francuskih romana zaboravio je brakolomstvo, a zapamtio čast i slavu.
> (*SD*, S. 154 f.)
>
> (Zum Glück hatte er aus den französischen Romanen den Ehebruch vergessen, sich
> aber Ruhm und Ehre eingeprägt.) [*SE*, S. 59]

Auch diese Aussage, so allgemein sie sein mag, ist für unsere Fragestellung
nicht ohne Bedeutung.

In der Charakterbeschreibung Jankos durch den Autor finden wir somit
nicht weniger als fünf Hinweise auf Jankos Disposition zum Nacherleben
literarischer Werke. Ja, man muß sagen, daß diese Anlage als sein wichtig-
ster Charakterzug hervorgehoben ist. Janko ist als der die Literatur nach-
erlebende Typus charakterisiert. Daneben hat der Erzähler in der Reihung
der literarischen Anspielungen bereits vorausdeutend einige wichtige Attribute genannt, die in der »Verter«-Geschichte eine Rolle spielen werden
– wobei es zunächst nur um die Nennung eines Attributs, nicht aber um
seine Funktion geht:

1. »Hamlet« – deutet auf den reflektierenden, zum Handeln unfähigen
   Helden, den Janko repräsentiert, auch wenn er Shakespeares Tragödie
   nicht gelesen hat;
2. »Hugo« – besagt, daß Janko sich mit Romanhelden identifiziert;
3. »Lemcke« – meint die Idyllisierung von Liebesbeziehungen;
4. »Don Quijote« – deutet auf ein platonisches Liebesverständnis;
5. »französische Romane« – spielen auf Ehebruchsgeschichten an, auch
   wenn sie von Janko verdrängt werden.

In der Ausgestaltung weist das Lektüremotiv in der obigen Sequenz eine
bemerkenswerte Variabilität auf:

1. »Hamlet« – hier wird das Werk genannt, das aber nicht gelesen
   wurde (Minus-Variante);
2. »Hugo« – hier ist der Autor genannt; es besteht der Wunsch des
   Nacherlebens;
3. »Lemcke« – der Autor ist genannt; das Nacherleben wird verwirklicht;
4. »Don Quijote« – Autor und Werk werden nicht ausdrücklich, sondern
   nur in Anspielung genannt; es besteht der Wunsch des Nacherlebens;
5. »französische Romane« – Autoren und Werke sind nicht genannt; das
   Nacherleben ist nur partiell.

Ehe er das Nacherleben des Goetheschen *Werther* zum Thema der Erzählung macht, hat Lazarević noch eine weitere Zwischenpartikel des Mo-

tivs der »gelebten Literatur« eingeschaltet, und zwar wieder in einer neuen
Variante. Das neuerliche Zusammentreffen mit seiner Jugendliebe Marija
hat Jankos Gefühle stark aufgewühlt, dennoch redet er sich ein, daß der
ständige Umgang mit Marija nur Ausdruck »gewöhnlicher Freundschaft
und Sympathie« sei (*SD*, S. 167). Just zu dieser Zeit liest er den Roman eines russischen Autors – der Titel wird nicht genannt –,

> u kome se ovaj svojim anatomskim perom smejaše običnoj zabludi idealista da se
> mlad čovek i mlada ženska, koji nisu ni rod ni pomozibog, mogu voleti kao brat i se-
> stra. (*SD*, S. 168)
>
> (in dem sich dieser mit seiner anatomischen Feder über den gewöhnlichen Irrtum der
> Idealisten lustig macht, daß sich ein junger Mann und eine junge Frau, die weder ver-
> wandt noch verheiratet sind, wie Bruder und Schwester lieben könnten.) [*SE*, S. 153]

Janko reagiert entsetzt, wirft das Buch hin und spuckt auf den Boden, im
Herzen aber spürt er bereits die bekannte Leere (*praznina*)[54]. An dieser
Stelle wird erstmals der Mechanismus bloßgelegt, auf welche Weise litera-
rische Werke auf Janko wirken. Er wird sich nämlich seines seelischen Zu-
standes, der Liebe, die in ihm wächst, erst und nur durch die Lektüre des
Romans bewußt. Er wehrt sich dagegen, weigert sich also gleichsam, dem
literarischen Vorbild zu folgen, natürlich vergebens. Bei dem russischen
Roman, den Lazarević hier im Auge hat, handelt es sich um Gončarovs
Obyknovennaja istorija (Eine gewöhnliche Geschichte, 1847), wo Aleksandr Aduev im Zweiten Teil in eine ähnliche, ungeklärte Beziehung zu
Liza Kostjakova geraten ist. Das paraphrasierte Zitat ist eine Erzählerre-
flexion, die im Original so lautet:

> Ottogo i govorjat, čto meždu mužčinoj i ženščinoj net i ne možet byt' družby, čto na-
> zyvaemoe družboj meždu nimi – est' ne čto inoe, kak ili načalo ili ostatki ljubvi, ili, na-
> konec, samaja ljubov'.[55]
>
> (Daher sagt man auch, daß es zwischen einem Mann und einer Frau keine Freund-
> schaft gebe oder geben könne; daß das, was man Freundschaft zwischen ihnen nennt,
> nichts anderes sei als der Beginn oder die Überreste einer Liebe, oder letztendlich sel-
> ber Liebe.)

Nach der literarisch bewirkten Bewußtwerdung seiner Liebe steigern sich
Jankos Gefühle immer weiter bis zu der nächtlichen Szene im Hotel, als
Marija ihn in seinem Zimmer aufsucht und küßt. Nach Marijas Abreise

---

[54] Diese »Leere« entspricht der »Lücke«, die Werther im Busen fühlt; vgl. den Brief vom
19. Oktober, Goethe (Anm. 38), S. 81.

[55] Gončarov (Anm. 25), Bd. I, S. 265; vgl. S. 236. Wie stark sich Lazarević an Gončarov an-
lehnt, zeigen folgende Details: In *Obyknovennaja istorija* spielt bei der Beziehung zwischen
Aleksandr und Liza das Teetrinken eine Rolle. Aleksandr lehnt es ab, weil es Annäherung
und Bekanntschaft zu stark fördere (Bd. I, S. 264). Gleich darauf kommentiert der Erzähler
die Beziehung der beiden auf die obige Weise. In balkanischer Entsprechung bedeutet das
gemeinsame Kaffeetrinken einen in der Beziehung zwischen Janko und Marija entscheidenden Schritt voran: – Hajd'mote kod nas, da pijete kavu! (*SD*, S. 167) (»Kommen Sie doch
zum Kaffeetrinken zu uns!« [*SE*, S. 73]) fordert Marija den Freund auf. Janko weigert sich
nicht und nimmt fortan bei den Damen den Kaffee ein. Kurz darauf berichtet der Erzähler
von Jankos Lektüre.

gerät Janko in eine verliebt-verzweifelte Raserei, die der Erzähler in erlebter Rede wiedergibt. Der entsprechende Passus ist in reinstem wertherischen Affettuoso ausgeführt:

> Nigde da nadje mira! Leškari na krevetu, turi ruku preko očiju, pa sanja, sanja. Onda ujedanput skoči, pa po sto puta prodje sobu tamo i amo. Posle opet legne na krevet, pa se daje u misli: kako ona ulazi kao senka, šapće mu. Zamišlja kako bi mu bilo da ga pomiluje rukom po usijanom čelu, kako bi se on onda topio, kako joj ne bi ništa govorio, samo bi uzeo kraj njezine haljine, pa bi ga ljubio… aja, ne bi ga ljubio… naslonio bi ga sebi na obraz… njenu bi ruku naslonio na obraz… samo bi je malo dodirnuo usnama. Ako bi ga ona poljubila, on bi… šta bi on radio?… On bi kazao: »hvala, hvala!« … Ne! Ne bi ništa kazao… umro bi, da, umro bi – to je najlepše!
>
> Ali i to se već dosadi, spopade ga nestrpljenje. Predveče podje putem kojim je ona otišla i idjaše daleko napred, a sve mu se činjaše: sad će je sresti; i čim čuje da otud zvrkte kola, već smišlja kako će kazati da je sasvim slučajno pošao, ovuda da šeta, a nije upravo ni znao da je to taj put. A da će se ona vratiti večeras, sad odmah – to mu je govorilo srce njegovo, i stoga idjaše sve dalje napred, i sve slobodnije, jer se sve više osamljivaše. (*SD*, S. 177 f.)

> (Nirgends fand er Ruhe. Er wälzte sich ruhelos auf dem Bette, bedeckte die Augen mit der Hand und träumte, träumte! Dann sprang er plötzlich auf und durchquerte sein Zimmer wohl hundertmal. Er legte sich nochmals hin, sah sie wieder wie einen Schatten eintreten. Sie flüsterte ihm etwas zu. Er überlegte, wie es ihm gewesen wäre, wenn sie mit der Hand seine heiße Stirne geliebkost hätte. Wie hätte er sich da selig gefühlt, er wäre stumm geblieben und hätte nur den Saum ihres Kleides ergriffen und geküßt – nein, nicht küssen – er würde ihn auf sein Gesicht legen – ihre Hand auf sein Gesicht legen, sie nur leicht mit den Lippen berühren. Und wenn sie ihn küßte, würde er – was würde er tun? – Er würde flüstern: »Dank, tausend Dank!« Nein, nichts würde er sagen – er würde sterben, vor Wonne sterben. Das wäre das Schönste, Herrlichste!
>
> Er hielt es nicht länger aus vor innerer Erregung und Ungeduld. Gegen Abend ging er den Weg, den sie genommen, und schritt immer weiter hinaus, dabei war es ihm, als müßte er ihr jeden Augenblick begegnen. Wenn er vor sich das Rollen eines Wagens vernahm, dachte er, sie sei es und nahm sich vor, ihr zu sagen, daß er sich ganz zufällig hierher verirrt und nicht gewußt habe, daß es ihr Weg sei. Und daß sie noch diesen Abend zurückkehren werde, jetzt gleich – das sagte ihm sein Herz. Dabei schritt er immer weiter, sich in dem Maße freier fühlend, wie es um ihn herum einsamer wurde.) [*SE*, S. 85]

Diese Schilderung von Jankos Seelenzustand weist große Ähnlichkeiten mit Werthers Briefaufzeichnungen von Ende Oktober, der Zeit, da Ossian in seinem Herzen den Homer verdrängt hat, bis Anfang Dezember, also kurz vor seinem Tode, auf[56]. Erst jetzt, nachdem Janko sich bereits in ei-

---

[56] Zu denken ist an Werthers Aufzeichnungen am 3. November:

»Weiß Gott, ich lege mich so oft zu Bette mit dem Wunsche, ja manchmal mit der Hoffnung, nicht wieder zu erwachen, und morgens schlag ich die Augen auf, sehe die Sonne wieder und bin elend […].«

am 24. November:

»Sie fühlt, was ich dulde. Heut ist mir ihr Blick tief durchs Herz gedrungen. Ich fand sie allein. Ich sagte nichts, und sie sah mich an. Und ich sah nicht mehr in ihr die liebliche Schönheit, nicht mehr das Leuchten des trefflichen Geistes; das war all vor meinen Augen verschwunden. Ein weit herrlicherer Blick würkte auf mich, voll Ausdruck des innigsten Anteils, des süß'sten Mitleidens. Warum durft ich mich nicht ihr zu Füßen werfen! warum durft ich

nem wertherischen Zustande befindet und dies auch stilmimetisch realisiert worden ist, fällt ihm endlich, ganz zufällig, der Goethesche *Werther*
in die Hand. Damit erlangt das Motiv der »gelebten Literatur« – wohl vorbereitet, wie zu sehen war –[57] den Rang eines Hauptmotivs oder Makro-
motivs in der Erzählung. Jedoch haben wir im Verhältnis zum idealen Modell des Motivs[58] mit den drei Phasen

    I Eintreten in die Illusion[59] durch Lektüre;
    II Verlauf der Illusion;
    III Beendigung der Illusion

bei Lazarević eine Modifikation vor uns. Janko liest nicht den *Werther*
und verfällt dadurch in die Illusion, verliebt zu sein, sondern er befindet
sich bereits im Zustand heilloser Verliebtheit, als er den *Werther* erneut

---

nicht an ihrem Halse mit tausend Küssen antworten! [...] Ich widerstund nicht länger, neigte
mich und schwur: Nie will ich's wagen, einen Kuß euch einzudrücken, Lippen, auf denen die
Geister des Himmels schweben – Und doch – ich will! – Ha! siehst du, das steht wie eine
Scheidewand vor meiner Seelen – diese Seligkeit – und dann untergegangen, die Sünde abzubüßen – Sünde?«

am 6. Dezember:
»Wie mich die Gestalt verfolgt. Wachend und träumend füllt sie meine ganze Seele. Hier,
wenn ich die Augen schließe, hier an meiner Stirne, wo die innere Sehkraft sich vereinigt, stehen ihre schwarzen Augen. Hier! Ich kann dir's nicht ausdrücken. Mach ich meine Augen zu,
so sind sie da, wie ein Meer, wie ein Abgrund ruhen sie vor mir, in mir, füllen die Sinnen meiner Stirne.«

am 8. Dezember:
»Manchmal ergreift mich's, es ist nicht Angst, nicht Begier! es ist ein inneres unbekanntes
Toben, das meine Brust zu zerreißen droht, das mir die Gurgel zupreßt! Wehe! Wehe! Und
dann schweif ich umher in den furchtbaren nächtlichen Szenen dieser menschenfeindlichen
Jahreszeit.
Gestern nacht mußt ich hinaus [...].«

am 17. Dezember:
»Träume! O wie wahr fühlten die Menschen, die so widersprechende Würkungen fremden
Mächten zuschrieben. Diese Nacht! ich zittere, es zu sagen, hielt ich sie in meinen Armen,
fest an meinen Busen gedrückt, und deckte ihren Liebe lispelnden Mund mit unendlichen
Küssen. Mein Auge schwamm in der Trunkenheit des ihrigen. Gott! bin ich strafbar, daß ich
auch jetzt noch eine Seligkeit fühle, mir diese glühende Freuden mit voller Innigkeit zurück-
zurufen, Lotte! Lotte! –
Und mit mir ist's aus! Meine Sinnen verwirren sich. Schon acht Tage hab ich keine Besin-
nungskraft, meine Augen sind voll Tränen. Ich bin nirgends wohl und überall wohl. Ich wünsche nichts, verlange nichts. Mir wär's besser, ich ginge.« (Goethe [Anm. 38], S. 83, 86, 91,
93.)
   [57] Die These von der inkonsequenten Komposition und mangelnden Motivation erhält
durch die vorliegende Untersuchung keine Nahrung.
   [58] Vgl. das Vorwort zu diesem Sammelband, wo ein fünfphasiges Modell vorgestellt wird
(S. 19–23).
   [59] Der Begriff Illusion wird hier aus terminologischen Gründen beibehalten, obwohl Jankos Liebe durchaus keine Illusion, sondern ein aufrichtiges und edles Gefühl ist, das nur
darum einen Konflikt auslöst, weil Marija verheiratet ist und Janko sich seinem Gefühl
schwelgerisch überläßt.

liest und in dem Buch den eigenen Zustand aufs genaueste beschrieben findet, so daß er sich sofort in Werther wiedererkennt (*SD*, S. 180). Das zweite Wiedererzählen des Goetheschen *Werthers* baut dann diese Identifikation systematisch und lückenlos auf. Mit anderen Worten: durch Goethes *Werther* wird sich Janko seines Zustandes erst bewußt; das Buch bekräftigt nur die Illusion, die bereits vorhanden war, löst sie jedoch nicht aus. Die gleiche Funktion hatte Gončarovs Roman in einer früheren Phase des erotischen Kristallisationsprozesses wahrgenommen. Der Ingress in die Illusion kann und braucht bei Janko nicht mehr durch ein einzelnes Literaturwerk ausgelöst zu werden, weil er – nach dem Motivationsschema, das der Erzähler gleich zu Anfang angeboten hat – seit seiner Kindheit von der Literatur verdorben, d. h. in eine illusionistische, die Realität verkennende Haltung versetzt worden ist. So haben wir hier die Inversion der Phasen I und II im Verhältnis zu dem idealen Modell vor uns: die Illusion ist gegeben, ehe das Leseerlebnis stattfindet. Das Leseerlebnis ist nur noch Bestätigung der Illusion.

Wie sieht nun aber die Phase III, der Austritt aus der durch Literatur gestützten Illusion, aus? Lazarević hat sich auch hier die originelle Lösung einfallen lassen, Goethes *Werther* selbst zum Mittel zu erheben, mit dem der Held von seiner unglücklichen Liebe und seinen Selbstmordgedanken geheilt werden soll. Dies ist der Gegenstand des letzten Teils der Erzählung. Katanićs Intrige und die »Abrechnung« Mladens mit dem Goetheschen *Werther* (das vierte Wiedererzählen) entsprechen dem, was man im Russischen mit dem Sprichwort »klin klinom vybivat'« (den Keil mit dem Keil herausschlagen) benennen würde. Das Werther-Fieber soll durch Werther-Kritik geheilt werden. So rät Katanić seinem Freunde Mladen:

> Poniziti verterizam u njegovim očima, a dići što drugo, pa eto ti izlaska! Zainteresovati ga za politiku, prijateljstvo, otadžbinu, što mu je drago, već naći će se šta! (*SD*, S. 188)
>
> (Man muß den Wertherismus in seinen Augen herabsetzen und etwas anderes als erhaben hinstellen – das ist der Ausweg! Ihn für Politik, für Freundschaft, für das Vaterland interessieren, für was auch immer, es wird sich schon etwas finden!) [*SE*, S. 96]

Als nicht ausreichend motiviert erscheint nur die Schnelligkeit, mit der Janko die recht unbedarften Belehrungen schluckt. Es sei denn, man nimmt ihn rundum als Schwächling und Hasenfuß, was aber wiederum auch nicht zutrifft. Auf jeden Fall wird Phase III, der Austritt aus der Illusion, innerfiktional durch einen pädagogischen Akt erreicht[60], bei dem

---

[60] In diesem Verfahren besteht die einzige wirkliche Übereinstimmung mit Nicolais *Freuden des jungen Werthers – Leiden und Freuden Werthers des Mannes* (1775). Ansonsten läuft Nicolais Intention darauf hinaus, das spätere Lebensschicksal Werthers und Lottes vorzuführen. Werther hat, da Albert die Kugeln mit Hühnerblut vertauschte, den Selbstmordversuch überlebt, heiratet Lotte, findet sich in der Rolle Alberts wieder, trennt sich von Lotte, wird durch Albert wieder mit ihr versöhnt, erlebt wirtschaftliche Not und Wohlstand usf. usf. Kurz, wir haben ein typisches Supplementum zu Goethes *Werther* vor uns, d. h. die Fortset-

Janko regelrecht überrumpelt wird. Im Bedeutungsgefüge der gesamten Erzählung büßt die drastische Remedur, wie bereits erwähnt, an Wert wieder ein, da sie von einem grobschlächtigen Ignoranten vorgenommen wird.

Bemerkenswert an dieser Konstruktion scheint uns, daß in Handlung und Gegenhandlung, in denen es um wertherische Konflikte und Haltungen geht, Goethes *Werther* auch als Buch, d.h. als greifbares Objekt, eine nicht unwichtige Rolle spielt. Janko erhält das Buch von Dr. Nedić und liest es – mit dem bekannten Ergebnis. Im Zuge der Gegenhandlung entwendet Katanić das Buch, als Janko Wasser am Brunnen schöpft. Mladen liest den Roman (auch bereits zum weiten Male) und gewinnt aus den unterstrichenen Stellen ein Bild von Jankos Seelenzustand. Die Abrechnung beginnt damit, daß Katanić dem erstaunten Janko das Buch wieder zurückgibt.

Man hat in letzter Zeit[61] mit Recht darauf hingewiesen, daß Lazarević wohl mit der deutschen Novellentheorie, vor allem der sogenannten Falkentheroie, vertraut gewesen sei und ihre Prinzipien bei der Komposition seiner Erzählungen beachtet habe. Die wichtigsten Postulate, die Paul Heyse 1871 in seiner Einleitung zum *Deutschen Novellenschatz* zur Poetik der Novelle aufstellte[62], beziehen sich

a) auf das klar umrissene Grundmotiv, das so beschaffen sein muß, daß sein Inhalt in einigen Zeilen, gegebenenfalls bereits in der Überschrift, wiedergegeben werden kann;

b) auf den Handlungsverlauf, der eine »unvorhergesehene Wendung«, also eine Peripetie, aufweisen muß, welche dramatische Spannung gewährleistet;

c) auf die Forderung, daß Grundmotiv und Peripetie mit einem symbolträchtigen Objekt verbunden sein müssen – in der von Heyse analysierten Boccaccio-Novelle ist es ein Falke –, daß also jede Novelle ihren unverwechselbaren »Falken« aufweisen müsse[63]. Dragiša Živković hat diese

---

zung des Romans über dessen zeitliche Grenze hinaus. Voraussetzung für diese Konstruktion ist es, den Tod des Helden zu umgehen.

   D.D. Minaev stand vor dem gleichen Problem, als er seine Parodie *Evgenij Onegin našego vremeni* (Eugen Onegin unserer Zeit, 1865–77) schrieb. Das Duell zwischen Onegin und Lenskij kommt nicht zustande; so kann das weitere Schicksal der Romanhelden geschildert werden; vgl. R. Lauer, »Rezeption der ›Otcy i deti‹ von I.S. Turgenev in Satire, Parodie und Karikatur«, in *Slavistische Studien zum IX. Internationalen Slavistenkongreß in Kiev 1983,* hg. v. R. Olesch u. a. (Köln, 1983), S. 298–304.

   [61] B. Milanović, *Od realizma do moderne. Ogledi i studije o književnim koncepcijama i ostvarenjima* (Sarajevo, 1972), S. 40–41; D. Živković, *Evropski okviri srpske književnosti II* (Belgrad, 1977), S. 194–205.

   [62] *Deutscher Novellenschatz,* hg. v. P. Heyse und H. Kurz (München, 1871), Bd. I, S. V–XXIV, bes. S. XIX; vgl. auch *Novelle,* hg. v. J. Kunz, Wege der Forschung, 55 (Darmstadt, 1973), S. 66–68.

   [63] Der bekannte Passus bei Heyse (ebd.), S. XX, lautet: »[...] eine so einfache Form wird sich nicht für jedes Thema unseres vielbrüchigen modernen Culturlebens finden lassen. Gleichwohl aber könnte es nicht schaden, wenn der Erzähler auch bei dem innerlichsten oder

Konstruktionsprinzipien in einigen Novellen Lazarevićs auch überzeugend nachgewiesen[64], freilich nicht im »Verter«, wo Grundmotiv, Peripetie und vor allem der »Falke« besonders klar und konzentriert ausgeführt sind – nämlich unter Ausnutzung des Goetheschen *Werther*. Denn in Lazarevićs »Verter« ist natürlich Goethes *Werther* der Heysesche »Falke«.

3. Schlussbemerkung: Die Überwindung des Wertherismus

Das Verfahren des Wiedererzählens und das Motiv der »gelebten Literatur« sind, wie zu sehen war, in Lazarevićs Novelle mit großer Intensität und wohl auch einigem Kunstverstand verwendet worden. Zusammenfassend soll noch einmal die Funktion der beiden auf Intertextualitätsbezüge begründeten Erscheinungen umrissen werden: Beide Erscheinungen sind typisch für die Literatur des Realismus. Es geht in ihnen um eine neue Sinngebung von Wirklichkeitsphänomenen und um die Kritik obsoleten Verhaltens und Bewußtseins, also letztlich um die Abweisung alter und die Etablierung neuer kulturanthropologischer und sozialethischer Normen.

Das Verfahren des realistischen Wiedererzählens ermöglicht es, den ursprünglichen Werther-Konflikt (ehebrecherisches Dreieck, Exaltation, Suizidgefährdung), in zeitgenössisches Milieu versetzt, auf »vernünftige« Weise zu lösen. Die Tragödie wird zur Komödie. Von der komisch-satirischen Einfärbung sind freilich auch die »Realisten« (Katanić, Mladen) nicht ausgenommen. Da, wie der Epilog zeigt, eine nachhaltige Besserung des »Idealisten« Janko nicht erreicht wurde, bleibt die Lösung – wie oft auch bei Gončarov oder Turgenev – letztlich offen.

Das Motiv der »gelebten Literatur« ermöglicht die Darstellung und Bekämpfung einer bestimmten, literarisch fixierten, Fehlhaltung, die offenbar in der Kulturentwicklung Südosteuropas in den siebziger und achtziger Jahren des 19. Jahrhunderts zu einer Modekrankheit zu werden drohte. Der Werther-Haltung werden nicht, wie etwa in der russischen Literatur (Petr Aduev und Štol'c bei Gončarov, Bazarov bei Turgenev) die neuen positivistisch-materialistischen Werte entgegengesetzt, sondern, wie auch sonst bei Lazarević, das Wertsystem der südslavischen – oder genauer noch: der schumadinischen[65] – Patriarchalität. In literarischen Chiffren ausgedrückt: Njegoš, der montenegrinische Fürstbischof und Dichter, gegen Goethe, den Verfasser von *Werther* und *Faust* (*SD,* S.197).

Es spricht für Lazarević, daß der Erzähler in »Verter« die extremen Positionen (Janko, Mladen) nicht teilt, sondern relativiert. Dem idealen Au-

---

reichsten Stoff sich zuerst fragen wollte, wo ›der Falke‹ sei, das Specifische, das diese Geschichte von tausend anderen unterscheidet.«

[64] Živković (Anm. 61), S. 201 ff.

[65] Die Šumadija, die Waldregion südlich von Belgrad, bildet das eigentliche Kernland Serbiens im 19. Jahrhundert.

tor kann man eine leichte Präferenz für die antiwertherische Position
Mladens und Katanićs zubilligen. Vom realen Autor wird berichtet, daß er
zu Sentimentalität neigte und eine ähnliche Affäre, wie im »Verter« gestaltet, selbst durchlebt habe[66].

Zweifellos ist sein »Verter« eine Antiwertheriade. Aber auch Goethes
Werther propagierte ja nicht die wertherische Haltung, sondern war ein
Mittel zu ihrer Überwindung. Wie hat es Goethe im Blick auf Friedrich
Nicolais *Freuden des jungen Werthers* im März 1775 in seinem »Stoßgebet«
ausgedrückt:

> Vor Werthers Leiden,
> mehr noch vor seinen Freuden
> bewahr uns, lieber Herre Gott![67]

---

[66] Trivunac (Anm. 18), S. 528, Anm. 1.
[67] Goethe (Anm. 38), S. 260.

Die literarischen Folien in A. P. Čechovs frühem Drama *Platonov*

Von

REINHARD LAUER

1. »Gelebte Literatur« in der russischen Literatur

Die russische Literatur ist, obwohl oder weil sie lange Zeit die fehlende politische Öffentlichkeit zu ersetzen hatte, eine eminent literarische Literatur. Immer wieder reagiert sie auf Themen, Gestalten, Motive, Verfahren aus der literarischen Tradition, reflektiert sie literarische Probleme, die allemal auch gesellschaftliche waren. Sie verfügt über einen breiten Fächer an Formen – Zitat, Allusion, Bloßlegung des Kunstmittels, Supplementum, literarische Satire, Parodie, Travestie usw. –, um gegebene literarische Texte (»Prätexte«[1]) in neuen Texten zu spiegeln. Für die Erforschung der Intertextualität bietet sie reichstes Material.

Das uns beschäftigende Motiv der »gelebten Literatur« macht da keine Ausnahme. Wachsende Besorgnis wegen der verderblichen Wirkung der Romane läßt sich bereits um die Mitte des 18. Jahrhunderts in Äußerungen von M. V. Lomonosov und A. P. Sumarokov feststellen[2]. Der von der Literatur geprägte Held – die Einlösung solcher Besorgnis – tritt aber, soweit wir sehen, erst in Werken des ausgehenden 18. Jahrhunderts auf, wobei zunächst westliche Einflüsse eine Rolle gespielt haben dürften. Da sind die russischen Wertheriaden der empfindsamen Epoche, in denen die Lektüre bestimmter Romane regelmäßig im Motivationsschema des Werther-

---

[1] Vgl. W. Schmid, »Sinnpotentiale der diegetischen Allusion. Aleksandr Puškins Posthalternovelle und ihre Prätexte«, in *Dialog der Texte. Hamburger Kolloquium zur Intertextualität*, hg. v. W. Schmid und W.-D. Stempel, Wiener Slavistischer Almanach, Sonderbd. 11 (Wien, 1983), S. 143.

[2] Lomonosov wertet in seinem *Kratkoe rukovodstvo k krasnorečiju* (Kurze Anleitung zur Rhetorik, 1748) die »französischen Märchen (*skazki*), die man bei ihnen Romane nennt«, ab, da sie nur zum Verderb der menschlichen Sitten und zu größerer Verfestigung im Luxus dienten; M. V. Lomonosov, *Polnoe sobranie sočinenij*, hg. v. d. AN SSSR, Bd. VII, *Trudy po filologii 1739–1750gg.* (Moskau, 1952), S. 223. – A. P. Sumarokov geißelt in seinem Traktat »Pis'mo o čtenii romanov« (Brief über das Romanelesen, 1759) die Nutzlosigkeit der Romane, wobei er allerdings Fénélons *Télémaque* und Cervantes' *Don Quijote* ausdrücklich ausnimmt; den letzteren gerade darum, weil er eine Satire auf die Romane darstelle; vgl. A. P. Sumarokov, *Trudoljubivaja pčela* (St. Petersburg, 1759), S. 375. Vgl. W. Schamschula, *Der russische historische Roman vom Klassizismus bis zur Romantik*, Frankfurter Abhandlungen zur Slavistik, 3 (Meisenheim am Glan, 1961), S. 27 ff., 30 ff.

Syndroms auftaucht³. Besonders deutlich ist das Motiv in N.M. Karamzins unvollendeter Erzählung »Rycar' našego vremeni« (Ein Ritter unserer
Zeit, 1802/03) ausgeführt⁴. Hier wird mit satirischen Akzenten die Lebensgeschichte eines jungen Adligen erzählt. Der Leser erhält genaue Angaben über die Kinderlektüre des Helden und die daraus resultierenden ir-
rigen Vorstellungen seines Weltbildes. So wird es als eine Folge der Lektüre der Fabeln Äsops hingestellt, daß der Held in seinem ganzen Leben
eine Hochachtung vor den »wortlosen Wesen« besaß und bedauerte, daß
die Menschen nicht mit der Vernunft der Äsopschen Tiere ausgestattet seien.
Zur Lektüre des Helden zählen ferner Romane und geistliche Traktate,
die Melancholie und ein illusionäres Weltbild bei ihm begründeten. Dieses
Muster ist in der Folgezeit bei den verschiedensten Autoren immer wieder
zu beobachten, es gewinnt Toposcharakter, namentlich wenn es um die
Konstituierung weiblicher Charaktere geht.

So wird auch Tat'jana Larina in A.S. Puškins *Evgenij Onegin* (1823 -
1830) als eine junge Landadlige geschildert, deren romantische Verstiegenheit aus ihrer Romanlektüre (Richardson, Rousseau) resultiert⁵. (Auch
ihre Mutter war schon von Richardson geprägt worden, obwohl sie seine
Romane allein vom Hörensagen kannte⁶.) Später, als sich Tat'jana in Onegin verliebt hat, läßt sich der Autor nochmals über den Lektürekanon seiner Heldin aus und berichtet von den Folgen der Lektüre:

> Voobražajas' geroinoj
> Svoich vozljublennych tvorcov,
> Klarisoj, Juliej, Del'finoj,
> Tat'jana v tišine lesov
> Odna s opasnoj knigoj brodit,
> Ona v nej iščet i nachodit
> Svoj tajnyj žar, svoi mečty,
> Plody serdečnoj polnoty,
> Vzdychaet, i sebe prisvoja
> Čužoj vostorg, čužuju grust',
> V zabven'i šepčet naizust'
> Pis'mo dlja milogo geroja.⁷

---

³ In A.I. Klušins *Nesčastnyj M-v* (Der unglückliche M-v, 1793) hat der Held Young und
Pope verworfen, während *Werther* und die *Nouvelle Héloïse* an seinem schmachtenden Busen liegen. In M.V. Suškovs *Rossijskij Verter* (Russischer Werther, 1801) knüpft der Held
und Ich-Erzähler erklärtermaßen an P.Ju. L'vovs *Rossijskaja Pamela* (Russische Pamela,
1789) und Goethes *Werther*-Roman an. Vgl. *Russkaja sentimental'naja povest'*, hg. v. P.A. Orlov (Moskau, 1975), S.124, 203. – Zu den russischen Wertheriaden vgl. V.M. Žirmunskij,
Gete v russkoj literature (Leningrad, 1981), S.49–60.
⁴ N.M. Karamzin, *Izbrannye sočinenija v dvuch tomach* (Moskau, 1964), Bd. I, S.755–782.
⁵ A.S. Puškin, *Polnoe sobranie sočinenij*, hg. v. d. AN SSSR (Moskau, 1937–59), Bd. VI, S.
44. Auch Marija Gavrilovna, die Heldin der Erzählung »Metel'« (Der Schneesturm, 1830),
die sich entführen läßt, im Schneesturm verirrt und mit dem falschen Bräutigam getraut wird,
»war an französischen Romanen erzogen worden und, folglich, verliebt«; Puškin, Bd. VIII,
S.77.
⁶ Ebd., Bd. VI, S.44f.
⁷ Ebd., S.55. – Deutsche Übertragung von R.-D. Keil: A. Puschkin, *Jewgenij Onegin. Roman in Versen* (Gießen, 1980), S.123.

(Indem sie glaubt, die Heroine
Der Dichter, die sie liebt, zu sein,
Clarissa, Julia, Delphine,
Schweift sie im stillen Wald, allein,
Des Buchs Gefahren überlassen,
Sie sucht und meint darin zu fassen
Ihr heimlich Glühn, ihr Traumgesicht,
Wie's übervollem Herz entspricht,
Sie seufzt, indem sie selbst sich schmücket
Mit fremder Trauer, fremder Lust,
Und memoriert halb unbewußt
Den Brief, den sie dem Helden schicket.)

Daß Puškin mit seinem *Evgenij Onegin* nicht zuletzt auch die Frage nach dem Verhältnis von Literatur und Leben stellen wollte, belegen zwei Textteile, die in die endgültige Fassung des Versromans von 1830 nicht aufgenommen wurden. Bei dem ersten handelt es sich um die später ausgelassene Strophe IX des Ersten Kapitels, die Onegins *education sentimentale* mit folgenden Versen kommentiert:

Nas pyl serdečnyj rano mučit.
Očarovatel'nyj obman,
Ljubvi nas ne priroda učit,
A Stal' ili Šatobrian.
My alčem žizn' uznat' zarane,
My uznaem ee v romane,
My vse uznali, meždu tem
Ne nasladilis' my ničem.[8]

(Uns quält früh die Herzensglut.
Bestrickender Trug,
lehrt uns die Liebe nicht die Natur,
sondern Madame de Stael oder Chateaubriand.
Wir trachten, das Leben beizeiten kennenzulernen,
Wir lernen es aus Romanen kennen,
Haben wir alles kennengelernt,
so haben wir gleichwohl nichts genossen.)

Die zweite Textstelle betrifft das Epigraph zum Dritten Kapitel des Romans. Hier hatte Puškin ursprünglich drei Verse aus Dantes *Göttlicher Komödie* vorgesehen, und zwar aus jener Episode um Francesca und Paolo im V. Gesang des Ersten Teiles »Die Hölle«, die als klassisches Vorbild für die verhängnisvolle Wirkung der Literatur auf den Leser gelten kann. Es ist jene Frage des Höllenwanderers:

Ma dimmi: nel tempo di dolci sospiri
A che e come concedette amore
Che conosceste i dubbioso desiri?[9]

---

[8] Puškin (Anm. 5), Bd. VI, S. 546.
[9] Dante Alighieri, *Divina Commedia,* »Inferno«, V, 118–120, in *Le Opere di Dante Alighieri,* Edizione Nazionale, Bd. VII, 2 (1966), S. 91 f. – Deutsche Übersetzung von R. Zoozmann, *Die Göttliche Komödie in deutschen Terzinen* (Leipzig, o.J.), S. 22. Vgl. Puškin (Anm. 5), Bd. VI, S. 573.

(Doch sprich: als liebeskrank geseufzt ihr beiden,
Wie und wodurch saht ihr in solchen Stunden
Des Herzens bangen Zweifel sich entscheiden?),

die von der unglückseligen Francesca mit dem Eingeständnis beantwortet
wird, die gemeinsame Lektüre des *Lancelot*-Romans sei die erste Wurzel
der Liebe (»la prima radice«) gewesen. Puškin, der die Wirkung der Romane ja keineswegs unterschätzte und sie im gleichen Kapitel zudem auch
an Lenskij und Ol'ga vor Augen führt, mag, wie auch Dmitrij Blagoj vermutet[10], die vorrangig literarische Motivation der Liebe Tat'janas zu Onegin unglaubwürdig erschienen sein. So ersetzte er – wiederum sehr bezie-
hungsreich – das Dante-Motto durch ein Zitat aus einer Verserzählung
von Jacques Louis Clinchamp de Malfilâtre: »Elle était fille, elle était
amoureuse«[11].

Der Lebensweg der durch die Literatur verbildeten jungen Mädchen
führt dann meist dazu, daß durch Liebesenttäuschungen u. ä. die illusionä-
ren Haltungen überwunden werden und die praktische Lebenswirklichkeit
endlich akzeptiert wird. Tat'jana Larina bildet den berühmten und folgen-
reichen Prototyp dieser Entwicklung von der Literatur zum Leben. In der
Literatur des russischen Realismus trifft man allenthalben auf dieses Modell der Desillusionierung: die Gewinnung eines lebensphilosophischen
Realismus bildet eines der großen Themen dieser Literatur. A.N. Ostrov-
skij, einer der wenigen russischen Autoren bürgerlicher Herkunft, hat in
seinen Komödien oftmals die literarisch motivierten Verstiegenheiten und
Posen mit dem gesellschaftlichen Dünkel seiner Helden oder Heldinnen
verbunden, die schließlich durch die praktische Nüchternheit der bürgerlichen Kaufleute und Unternehmer überrundet werden[12].

Daß dieses Muster auch umgekehrt werden kann, zeigt ein Beispiel aus
der neueren Sowjetliteratur. Il'ja Ėrenburgs Roman *Ottepel'* (Tauwetter,
1953) führt einen Fabrikdirektor und Funktionär namens Žuravlev vor, einen typischen »Apparatschik«, dessen Scheitern in Beruf und Privatleben
als Symptom für das Aufbrechen stalinistischer Verkrustungen steht. Žuravlev macht die Literatur für die neuen, ihm unverständlichen Entwick-
lungen verantwortlich. Nach der Katastrophe, der Trennung von seiner
Frau, räsoniert er:

[10] D.D.Blagoj, *Duša v zavetnoj lire. Očerki žizni i tvorčestva Puškina* (Moskau, 1977), S.
110 ff.
[11] Puškin (Anm.5), Bd. VI, S.51. Vgl. auch R.Picchio, »Dante and J.Malfilâtre as Literary Sources of Tat'janas Erotic Dream. Notes on the Third Chapter of Pushkins Evgenij
Onegin«, in *Alexander Pushkin. A Symposium on the 175th Anniversary of his Birth*, hg. v. A.
Kodjak und K.Taranovsky (New York, 1976).
[12] Erwähnt sei hier nur die späte Komödie *Poslednjaja žertva* (Das letzte Opfer, 1878), wo
die ganz von Literatur durchdrungene Irina erklärt: »Ich habe nicht viel erlebt, aber ich habe
viele Romane gelesen und verstehe darum alles, alles«; vgl. A.N.Ostrovskij, *Polnoe sobranie
sočinenij v dvenadcati tomach* (Moskau, 1973–80), Bd. IV, S.379.

Sie hat sich mit blöden Romanen vollgelesen und das Leben eines ehrlichen sowjetischen Arbeiters durcheinandergebracht.[13]

Die inkriminierten Romane werden beschrieben; es sind Werke, in denen menschliche Konflikte anstelle von Produktionsvorgängen geschildert werden. Ein in *Ottepel'* intensiv eingesetztes Verfahren, nämlich durch literarische Allusionen, Angaben zur Lektüre, Nennung beliebter oder nicht beliebter Autoren die Helden zu charakterisieren, ist in der russischen Literatur außerordentlich verbreitet. Andererseits scheint es aber kaum Beispiele dafür zu geben, daß literarische Werke zum Leitbuch eines Helden werden, die sein Denken und Handeln Schritt um Schritt bestimmen. Das Muster etwa aus *Le Rouge et le Noir*, wo Napoleons *Mémorial de Sainte Hélène* und die Bulletins der Großen Armee zum Verhaltenskodex für Julien Sorel werden konnten, d.h. Literatur im unmittelbaren Sinne nachgelebt wird, ist in der russischen Literatur wohl nicht zu belegen. Dostoevskijs Rodion Raskol'nikov will zwar seine »Napoleon-Idee« erproben, aber es gibt keine konkrete literarische Vorlage, an der er sein Handeln orientiert[14].

Bei I.S. Turgenev kommt das Motiv in einer besonderen Spielart vor: die Begegnung mit der Literatur führt gleichsam zu einem emotionalen Dammbruch mit verhängnisvollen Folgen. Wir finden dies in zwei Erzählungen aus den 1850er Jahren, »Zatiš'e« (Im stillen Winkel, 1854) und »Faust« (1856). In beiden Erzählungen durchbrechen die Heldinnen eine, wie sich zeigt, sehr wohl begründete literarische Abstinenz, was bei ihnen tragische Liebesbeziehungen auslöst, die zu ihrem Tod führen. In »Zatiš'e« ist Puškins Gedicht »Ančar« (Der Upasbaum, 1828) der verhängnisvolle Text, der die Heldin Mar'ja Pavlovna in die Arme des begabten, aber leichtsinnigen Veret'ev treibt. Das in dem Gedicht ausgedrückte Verhältnis eines Sklaven zu seinem Gebieter symbolisiert zugleich die Beziehung Mar'jas zu Veret'ev[15]. Noch größer ist die zerstörerische Kraft der Literatur in Turgenevs »Faust«. Hier brechen in der Heldin Vera El'cova, die nie zuvor ein belletristisches Werk gelesen hat, nachdem ihr der Ich-Erzähler Goethes *Faust* deklamiert hat, leidenschaftliche Gefühle und Wollust (*nega*) mit Macht hervor und begründen den Verderb der Heldin[16]. Die

[13] I. Ėrenburg, *Sobranie sočinenij v devjati tomach* (Moskau, 1962–67), Bd. VI, S. 107; vgl. R. Lauer, »Funktionen der Literatur in der Literatur. Die literarischen Anspielungen in Il'ja Ėrenburgs Roman ›Ottepel'‹«, in *Ost und West*, Bd. II, *Aufsätze zur Slavischen und Baltischen Philologie und allgemeinen Sprachwissenschaft*, hg. v. A. Rammelmeyer und G. Giesemann (Wiesbaden, 1977), S. 146.

[14] Immerhin hat die Forschung nachgewiesen, daß die Napoleon-Idee aus dem Umkreis der Diskussion um das Buch *Geschichte Julius Cäsars* (1865) von Napoleon III. hervorging; vgl. M. Gus, *Idei i obrazy F. M. Dostoevskogo* (Moskau, ²1971), S. 302–304.

[15] I. S. Turgenev, *Polnoe sobranie sočinenij i pisem v 28 tomach* (Moskau, 1960–68), *Sočinenija*, Bd. VI, S. 108, 117, 126. In Puškins »Ančar« wird die Beziehung eines Gebieters zu seinem Sklaven ausgedrückt. Die »Ančar«-Episode scheint auf ein tatsächliches Erlebnis Turgenevs zurückzugehen; vgl. ebd., S. 520.

[16] Turgenev (Anm. 15), *Sočinenija*, Bd. VII, S. 7–50. Bei der Erstveröffentlichung im Oktoberheft des *Sovremennik* 1856 folgte übrigens auf Turgenevs »Faust«-Ezählung die Über-

Übertretung des von der Mutter verhängten Leseverbotes ist freilich nur
einer von mehreren Motivsträngen in der Erzählung. Da in ihr eine Reihe
von *Faust*-Motiven angelegt und der Lesevorgang stark hervorgehoben
wurde, tangiert die Erzählung sowohl unser Motiv als auch das Problem
des realistischen Wiedererzählens[17].

Über die genannten Spielarten hinaus gibt es in der russischen Literatur
die verdeckte Form des Motivs. Immer wieder läßt sich beobachten, daß literarische Helden als Neufassung vorausgegangener Heldenmodelle erscheinen, daß sie gleichsam Denken und Verhalten früherer Helden in
sich aufgenommen, »internalisiert« haben und jetzt wie diese agieren,
ohne daß dies expliziert oder durch Leseerlebnisse motiviert würde. Der
Autor begnügt sich vielmehr mit gewissen Signalen, die dem Leser den Bezug zu dem vorgegebenen Helden ins Bewußtsein bringen. So erscheint
eine Figur plötzlich in der Rolle eines anderen Helden, handelt wie vor einer literarischen Folie, die vom Rezipienten identifiziert werden kann.

Bei der immensen Bedeutung der Heldenproblematik in der russischen
Literatur des 19. Jahrhunderts – bildeten doch die literarischen Helden die
Schnittpunkte aller brennenden sozialen, psychologischen, philosophischen, religiösen und ästhetischen Fragen, die die Literatur aufgriff – kann
ein solches Verfahren nicht verwundern[18]. A.P. Čechovs frühes Drama
Platonov scheint ein Musterfall für die Verwendung literarischer Folien
zu sein. Hier wird der Held im Verlaufe der Handlung in den Rollen mehrerer vorgegebener Helden erkannt und benannt.

2. ČECHOVS PLATONOV UND DAS PROBLEM DES LITERARISCHEN HELDEN

Čechovs Jugenddrama wurde nach der Oktoberrevolution im Safe der
Schwester Čechovs in einer Moskauer Bank entdeckt. Der titellose Text
befand sich in fünf zusammengenähten, vielfach bearbeiteten Heften mit
einer Widmung an die berühmte Schauspielerin Marija Nikolaevna Ermo-

---

setzung des Goetheschen *Faust* (Erster Teil) von A.N. Strugovščikov (vgl. ebd., S. 396). Der
Bezug auf Goethes *Faust* scheint mir weit enger zu sein, als bisher angenommen; vgl. P.
Brang, *I. S. Turgenev. Sein Leben und sein Werk* (Wiesbaden, 1977); Žirmunskij (Anm. 3), S.
278. – Als Prototyp der El'cova gilt L.N. Tolstojs Schwester Marija, die der Poesie und Belle-
tristik ablehnend gegenüberstand (Turgenev, ebd., S. 398 ff.).

[17] Siehe S. 236–244 im vorliegenden Sammelband.

[18] Hier sei nur daran erinnert, daß seit N.M. Karamzins Traktat »Čuvstvitel'nyj i cholod-
nyj« (Der Empfindsame und der Kalte, 1803) bis zu I.S. Turgenevs »Gamlet i Don-Kichot«
(Hamlet und Don Quijote, 1860) immer wieder Charaktertypologien entworfen worden
sind, die unmittelbar auf die Literatur einwirkten; daß die maßgeblichen Literaturkritiker,
namentlich N.A. Dobroljubov, N.G. Černyševskij, D.I. Pisarev, A.V. Družinin und A.P. Gri-
gor'ev, die literarischen Werke meist im Hinblick auf ihre Helden analysierten und werteten;
daß die auffälligste Entwicklungslinie der russischen Literatur an der Genealogie der »überflüssigen Menschen« (*lišnie ljudi*) zu verfolgen ist, die von Puškins Onegin, über Lermontovs
Pečorin, Gončarovs Oblomov bis zu Arcybaševs Sanin führt.

lova (1853-1928). Der Titel *Platonov* – nach dem Haupthelden – konkurriert mit dem Titel *Bezotcovščina* (Vaterlosigkeit/Die Vaterlosen), der sich aus frühen Äußerungen Čechovs belegen läßt[19]. Es gibt nämlich eine Reihe von Hinweisen, daß Čechov als Schüler im Alter von siebzehn bis achtzehn Jahren ein »großes Drama« geschrieben hatte, das unter dem Namen *Bezotcovščina* bekannt war. Als junger Student des II. Kurses soll er es dann der berühmten Schauspielerin Ermolova vorgelegt haben, der die Rolle der Anna Petrovna Vojniceva gleichsam auf den Leib geschrieben war. Alles deutet darauf hin, daß das posthum aufgefundene und 1923 zuerst veröffentlichte Stück mit dem Jugenddrama *Bezotcovščina* identisch ist[20]. Wahrscheinlich hat Čechov es 1878-1881, also im Alter von achtzehn bis einundzwanzig Jahren, geschrieben[21].

Das Drama umfaßt vier Akte und ist mit 173 Druckseiten in der neuen Akademieausgabe der Werke Čechovs[22] ungewöhnlich lang. Es weist eine große Anzahl handelnder Personen auf, darunter Vertreter der älteren, der Vätergeneration, und der jüngeren Generation im südrussischen Gutsbesitzermilieu um 1880. Die Handlung spielt auf dem Gut der Anna Petrovna Vojniceva, einem hoffnungslos heruntergewirtschafteten Adelsbesitz. Zentraler Held ist Michail Vasil'evič Platonov, ein verarmter Gutsbesitzerssohn, der eine Stelle als Dorflehrer angenommen hat. In der Provinzgesellschaft führt er sich als Charmeur und geistreicher Unterhalter auf, und obwohl er mit der recht unbedarften Saša Trileckaja verheiratet ist, haben sich in ihn verschiedene Damen dieser Gesellschaft verliebt, darunter Anna Petrovna Vojniceva, die noch junge Witwe eines Generals, deren Stiefsohn, Sergej Vojnicev, Platonovs bester Freund ist. Vojnicev kehrt mit seiner jungen Frau Sof'ja auf das Gut zurück. Platonov erkennt in ihr seine verflossene Liebe aus Studententagen. Sof'ja verliebt sich erneut in Platonov und will mit ihm ein neues Leben (»novaja žizn'«) beginnen. Die gleiche Absicht hegt auch Anna Petrovna. Platonov, von vier Frauen be-

---

[19] A. P. Čechov, *Polnoe sobranie sočinenij i pisem v tridcati tomach* (Moskau, 1974–83), *Sočinenija*, Bd. XI, S. 394 ff. Wir geben dem Titel *Platonov* vor *Bezotcovščina* und in Analogie zu *Ivanov* den Vorzug, weil das Stück nur zu Anfang den Generationskonflikt betont, in seinem Verlauf aber immer stärker auf das Heldenproblem abstellt. Vgl. Z. Papernyj, »*Vopreki vsem pravilam...*«: *P'esy i vodevili Čechova* (Moskau, 1982), S. 33.

[20] Zur Entstehungsgeschichte ausführlich: E. Lo Gatto, »Neskol'ko zametok o neizdannoj p'ese Čechova«, *Slavia*, 19 (1949–50), S. 363–381.

[21] Wenn der polnische Regisseur Adam Hanuszkiewicz, der das Stück im Mai 1980 im Deutschen Theater in Göttingen inszenierte, wider alle Wahrscheinlichkeit *Platonov* für ein Werk des reifen Čechov hält (vgl. *Blätter des Deutschen Theaters in Göttingen*, Spielzeit 1979/80 – XXX. Jahr, Heft 475, S. 210 ff.), mag man darin einen für das Theater produktiven Irrtum erkennen, der an den literarhistorischen Tatsachen nichts ändert. Da das Stück für jede Aufführung drastisch gekürzt werden muß – die Aufführungszeit des vollständigen Textes betrüge etwa sechs Stunden –, sind dramaturgischen Eigenmächtigkeiten ohnehin Tür und Tor geöffnet.

[22] Čechov (Anm. 19), *Sočinenija*, Bd. XI, S. 5–180; unter dem Titel: [*Bezotcovščina*]. Textzitate sind im folgenden durch die Seitenangabe belegt. Die beigefügten Übersetzungen stammen, sofern nicht anders gekennzeichnet, vom Verfasser dieses Beitrags.

drängt (die vierte ist die verklemmte Chemielehrerin Grekova), zieht sich
resigniert in sein Dorflehrerhaus zurück, ergibt sich dem Trunk und ver-
kommt innerlich und äußerlich. Als Sof'ja, ein stolzer Charakter, erkennt,
daß Platonov sie betrogen hat, erschießt sie ihn. Dies ist in knappen Zügen
der Inhalt des Dramas.

Im dramatischen Aufbau und in der Dichte der Milieuschilderung erinnert *Platonov* an Ostrovskijs Gesellschaftsdramen, nur sprengen Perso-
nenzahl, Handlungsfülle und ausgedehnte Dialoge deren Dimensionen.
Wie Ostrovskijs Gesellschaftsdramen ist das Stück in der Grundhaltung
komisch. Bestimmte Charaktere, Typen und Motive der künftigen Dramen Čechovs sind bereits in *Platonov* erkennbar: die attraktive, warmher-
zige Gutsbesitzerswitwe in materieller Bedrängnis; die gerissenen Kaufleute, die sie betrügen; der Landarzt, die Gutsbesitzer vom alten Schlage,
die »Adelsintelligenz«; das heruntergewirtschaftete Gut usw. So bildet
Platonov den dramatischen Grundakkord Čechovs, aus dem die späteren
Dramen entfaltet wurden[22a]. In seiner künstlerischen Ökonomie und kom-
positionellen Sicherheit steht es freilich den späteren Stücken Čechovs
noch sehr fern. Abgesehen von der Milieuzeichnung im Sinne der Ostrov-
skijschen Dramatik muß die mit der Gestalt Platonovs verbundene Heldenproblematik als das eigentliche Thema des Dramas angesehen werden.
Sie ordnet sich ein in ähnliche Versuche des jungen Čechov, sich mit der
literarischen Tradition auseinanderzusetzen.

Čechov beginnt mit seinen literarischen Versuchen Ende der siebziger,
Anfang der achtziger Jahre, einer Zeit also, in der sich die Krise des Realismus abzeichnet[23]. In der realistischen Epoche zwischen 1840-1880 hatte
die Literaturentwicklung unter dem Gesetz gestanden, daß die Darstellung der Gesellschaft und der in ihr lebenden und wirkenden Charaktere
(»Helden«) zunächst in kurzen Erzählungen und Skizzen, dann in Zyklen
von Erzählungen, Kurzromanen (*povesti*) und endlich in Romanen sich
vollzog, die immer mehr an Umfang und Breite der eingefangenen gesellschaftlichen Sphäre zunahmen. Am Ende der siebziger Jahre entstanden
die großen Gesellschaftsromane *Anna Karenina* von L.N. Tolstoj und
Brat'ja Karamazovy (Die Brüder Karamasov) von F. M. Dostoevskij. Der
Tod Dostoevskijs und Turgenevs wie auch die Absage an die Kunst in
Tolstojs *Beichte* (1879) markierten einen Wendepunkt in der Literatur,
den der junge Čechov, ebenso wie andere Autoren seiner Generation,
deutlich erkannte[24].

Eine seiner ersten kleinen Prosaarbeiten, die er seit 1880 in satirischen
Zeitschriften veröffentlichte, trägt den Titel »Čto čašče vsego vstrečaetsja

---

[22a] Hierzu Lo Gatto (Anm. 20), S. 374 ff.; Papernyj (Anm. 19), S. 6–26.

[23] Vgl. R. Lauer, »Der russische Realismus«, in ders. (Hg.), *Europäischer Realismus*, Neues
Handbuch der Literaturwissenschaft, 17 (Wiesbaden, 1980), S. 279.

[24] Zu denken ist an N. A. Lejkin und andere Schriftsteller der Čechov-Zeit, die neuerdings in einer Sammeledition wieder zugänglich wurden; vgl. *Pisateli čechovskoj pory. Izbrannye proizvedenija pisatelej 80-90-ch godov v dvuch tomach* (Moskau, 1982).

v romanach, povestjach i tomu podobnom?« (Was meist in Romanen, Erzählungen und dergleichen begegnet)[25]. In ihr werden mit parodistischer Absicht klischeehafte Typen, Attribute und Episoden aufgezählt, Elemente, die der junge Autor künftig vermeiden oder aber satirisch einsetzen wird. Einen ähnlichen parodistischen Ansatz kann man wohl auch in den literarischen Heldenfolien in *Platonov* vermuten. Platonov wird, indem er mehrere Modelle problematischer Helden in sich vereinigt, gleichsam zum hyperproblematischen Helden, zu einer tragikomischen Gestalt, die zur Parodie der »überflüssigen Menschen« *(lišnie ljudi)* aus der bisherigen Literaturentwicklung gerät. Wie diese Folien im einzelnen eingesetzt werden, soll im folgenden betrachtet werden.

Zunächst ist festzustellen, daß die Heldenproblematik generell schon sehr frühzeitig in dem Stück aufgeworfen wird. Im I. Akt versammeln sich im Salon der Anna Petrovna Vojniceva Gäste, besonders wird auch Platonov erwartet, der geistreiche Unterhalter, der sich seit sechs Monaten nicht mehr in der Gesellschaft hat sehen lassen. Unmittelbar vor seinem Auftritt charakterisiert ihn Glagol'ev, ein befreundeter Gutsbesitzer der älteren Generation mit Faible für Anna Petrovna, in einer Weise, die Bedeutung für das Personenkonzept Platonovs das ganze Stück hindurch besitzt. Auf die Frage der Anna Petrovna:

> Kto takoj, čto za čelovek, na vaš vzgljad, ètot Platonov? Geroj ili ne geroj? (S. 16)
>
> (Wer ist das, was für ein Mensch ist, nach Ihrer Ansicht, dieser Platonov? Ist er ein Held oder ist er kein Held?)

antwortet Glagol'ev:

> Kak vam skazat'? Platonov, po-moemu, est' lučšij vyrazitel' sovremennoj neopredelennosti... Èto geroj lučšego, ešče, k sožaleniju, nenapisannogo romana... (Smeetsja) Pod neopredelennost'ju ja razumeju sovremennoe sostojanie našego obščestva: russkij belletrist čuvstvuet ètu neopredelennost'. On stal v tupik, terjaetsja, ne znaet, na čem ostanovit'sja, ne ponimaet... Trudno ponjat' ved' ètich gospod! (Ukazyvaet na Vojniceva.) Romany donel'zja plochi, natjanuty, meločny... i nemudreno! Vse krajne neopredelenno, neponjatno... Vse smešalos' do krajnosti, pereputalos'... Vot ètoj-to neopredelennosti, po moemu mneniju, i javljaetsja vyrazitel' naš umnejšij Platonov. (S. 16)
>
> (Wie soll ich Ihnen sagen? Platonov ist meiner Meinung nach jemand, der am besten die moderne Unbestimmtheit ausdrückt... Er ist der Held des besten, leider noch nicht geschriebenen zeitgenössischen Romans... (Lacht.) Unter Unbestimmtheit verstehe ich den gegenwärtigen Zustand unserer Gesellschaft: Ein russischer Schriftsteller spürt diese Unbestimmtheit. Er ist in eine Sackgasse geraten, verliert sich, weiß nicht, womit er sich beschäftigen soll, versteht nichts... Es ist schon ziemlich schwer, diese Herrschaften zu begreifen! (Zeigt auf Vojnicev.) Die Romane sind bis zum Geht-nicht-mehr schlecht, gezwungen, kleinlich... Auch kein Wunder! Alles ist äußerst unbestimmt, unbegreiflich... Alles wurde durcheinandergeworfen, verwirrt bis zum Äußersten. Sehen Sie, und diese Unbestimmtheit drückt nach meiner Meinung unser neunmalkluger Platonov aus.)

---

[25] Čechov (Anm. 19), *Sočinenija*, Bd. I, S. 17 f.

Von der Unbestimmtheit (*neopredelennost'*) des neuen Helden wird das Drama ausgiebig handeln; es wird am Ende die Realisierung des »ungeschriebenen Romans« sein.

Das Heldenthema wird mehrfach noch aufgenommen. In der 13. Szene des I. Aktes, als Sof'ja Platonov wiedererkannt hat, ironisiert Platonov seine Entwicklung – auch er hat früher Ideale gehabt, scheint der Volkstümlerbewegung, den *narodniki*, nahegestanden zu haben, doch jetzt stellt er fest:

> So mnoj sud'ba moja sygrala to, čego ja ni v kakom slučae ne mog predpolagat' v to vremja, kogda vy videli vo mne vtorogo Bajrona, a ja v sebe buduščego ministra kakich-to osobennych del i Christofora Kolumba. A škol'nyj učitel', Sof'ja Egorovna, tol'ko vsego. (S. 33)

> (Mir hat das Schicksal so mitgespielt, wie ich es in jener Zeit keinesfalls vermuten konnte, als Sie in mir einen zweiten Byron sahen, und ich in mir einen künftigen Minister für irgendwelche besonderen Angelegenheiten und einen Christoph Kolumbus sah. Ich bin Dorfschullehrer, Sof'ja Egorovna, und das ist alles.)

Die 5. Szene im III. Akt knüpft an die Aussage Glagol'evs im I. Akt an. Anna Petrovna ist zu Platonov gekommen, um ihn für sich zu gewinnen, mit ihm zu fliehen und ein neues Leben anzufangen. Zuerst ist sie überrascht, wie abgemagert und verfallen er aussieht. Sie redet auf ihn ein:

> Ne terplju ja ètich romaničeskich geroev! Čto vy stroite iz sebja, Platonov? Razygryvaete geroja kakogo romana? Chandra, toska, bor'ba strastej, ljubov' s predislovijami …Fi! Deržite sebja po-čelovečeski! Živite, glupyj čelovek, kak ljudi živut! Čto vy za archangel takoj, čto vam ne živetsja, ne dyšitsja i ne siditsja tak, kak obyknovennym smertnym? (S. 133)

> (Ich kann diese Romanhelden nicht leiden! Was machen Sie aus sich, Platonov? Spielen Sie den Helden eines Romans? Langeweile, Melancholie, Kampf der Leidenschaften, Liebe mit Herumreden…Pfui! Verhalten Sie sich wie ein Mensch! Leben Sie, dummer Mensch, wie die Menschen leben! Was sind Sie für ein Erzengel, daß Sie nicht leben, atmen, dasitzen wollen wie die gewöhnlichen Sterblichen?)

Platonov bleibt in dieser Szene die Antwort schuldig: seine »Unbestimmtheit« kulminiert in gänzlicher Antriebslosigkeit. Anna Petrovna aber hat, wenn sie Platonov als Romanhelden apostrophiert, das literarische Muster seines Verhaltens klar erkannt. *Chandra*, russische Langeweile, russischer Spleen, etymologisch von der griechisch-lateinischen *hypochondria* abstammend[26], und *toska*, russische Schwermut, sind zudem die ständigen Attribute der *lišnie ljudi*[27]. Die konkreten literarischen Folien in Čechovs Stück werden dann freilich nicht an Romanhelden, sondern, wie wir sogleich sehen werden, an Helden aus der dramatischen Literatur entfaltet.

---

[26] M. Vasmer, *Russisches etymologisches Wörterbuch* (Heidelberg, 1953–58), Bd. III, S. 229. In der Literatur begegnet sie zuerst als eine dem englischen Spleen zu vergleichende »Krankheit« (*nedug*) Onegins in der XXXVIII. Strophe des ersten Kapitels von Puškins Versroman; vgl. Puškin (Anm. 5), Bd. VI, S. 21.

[27] Der Ausdruck geht wohl auf I. S. Turgenevs »Dnevnik lišnego čeloveka« (Tagebuch eines überflüssigen Menschen, 1850) zurück; vgl. *Kratkaja literaturnaja ènciklopedija* (Moskau, 1962–78), Bd. IV, Sp. 400–402.

3. Die literarischen Folien in Platonov

3.1. Die Čackij-Folie (Der Raisoneur)

Die erste erkennbare literarische Folie, die in *Platonov* ausgeführt wird, ist die Čackij-Folie. Aleksandr Andreevič Čackij, der Held aus A.S. Griboedovs Komödie *Gore ot uma* (Verstand schafft Leiden, 1822-24), ist eine Figur, die entweder noch als Raisoneur oder Misanthrop im klassischen Sinne oder aber bereits auch als *lišnij čelovek* gedeutet werden kann[28]. Auf jeden Fall ist er ein skeptisch-analytischer Geist, der die Gesellschaft, die ihn umgibt, nicht mehr akzeptieren kann und will, sich gegen sie stellt und von ihr ausgestoßen wird. Čackij ist von einer Auslandsreise in das Moskau um 1817 zurückgekehrt, ins Haus des Würdenträgers Famusov, dessen Tochter Sof'ja er einst geliebt hat. Im III. Akt wird eine Soirée im Hause Famusovs gezeigt. In rascher Szenenfolge vollzieht sich die Ankunft der Gäste. Die Ankommenden, typische Vertreter der Moskauer Adelsgesellschaft, versieht Čackij jeweils mit boshaften Aperçus und stößt damit alle vor den Kopf. Sof'ja ist davon so aufgebracht, daß sie sich fragt, ob Čackij noch bei gutem Verstande sei (»On ne v svoem ume«). Aus der verärgerten Bemerkung entsteht das Gerücht, Čackij sei wahnsinnig geworden, das sich mit Windeseile – wiederum in einer Szenenfolge – in der Gesellschaft verbreitet[29].

Das gleiche Handlungsmuster finden wir im I. Akt von *Platonov*. Die Gäste treffen nacheinander einzeln oder in kleinen Gruppen im Salon der Anna Petrovna ein. Platonov beginnt mit allen sarkastische Gespräche, stößt jenen vor den Kopf, beleidigt diesen, bis er alle aus dem Salon vertrieben hat, sogar den jüdischen Geldgeber Anna Petrovnas, Vengerovič, von dem diese finanziell abhängig ist. Hier taucht nun in der 21. Szene des I. Aktes Vengerovičs Sohn auf und mahnt Platonov, er solle seinen Vater unbehelligt lassen. Dieser Vengerovič II tut überlegen und wendet sich dann an Platonov:

> Ne dumaete li vy, čto ja seržus' na vas za to, čto vy ne daete pokoja moemu otcu? Ni-
> čut'. Ja poučajus', a ne seržus'...Ja izučaju na vas sovremennych Čackich i...poni-

---

[28] Schon in den zeitgenössischen Reaktionen auf die Komödie, vor allem in der Kontroverse zwischen Michail Dmitriev und Orest Somov, kommt diese unterschiedliche Sicht zur Geltung; vgl. M. G. Zel'dovič und L. Ja. Livšic, *Russkaja literatura XIX v. Chrestomatija kritičeskich materialov* (Moskau, ²1969), S. 167 ff.

[29] A. S. Griboedov, *Sočinenija*, hg. v. Vl. Orlov (Moskau, 1959), S. 71. Vgl. die Analyse des Verleumdungsmotivs bei Ju. N. Tynjanov, »Sjužet ›Gorja ot uma‹«, in ders., *Puškin i ego sovremenniki* (Moskau, 1968), S. 352. Tynjanov bringt das Motiv mit einer Verleumdungsaffäre um den kaiserlichen Adjutanten und späteren Philosophen P. Ja. Čaadaev in Verbindung (ebd., S. 360 ff.). – Übrigens hat auch M. Ju. Lermontov das Verleumdungsmotiv auf ähnliche Weise in seinem romantischen Drama *Strannyj čelovek* (Ein seltsamer Mensch, 1831) in der XII. Szene verwendet: M. Ju. Lermontov, *Sobranie sočinenij v četyrech tomach* (Moskau, 1957–58), Bd. III, S. 351 ff.; vgl. B. M. Èjchenbaum, »M. Ju. Lermontov«, in *Russkie dramaturgi XVIII–XIX vv. Monografičeskie očerki v trech tomach* (Leningrad, 1959–62), Bd. II, S. 200 ff.

maju vas! Esli by vam bylo veselo, esli by ne bylo tak bezdel'ničeski skučno, to, po-
ver'te, vy ne trogali by moego otca. Vy, gospodin Čackij, ne pravdy iščete, a uveselja-
etes', zabavljaetes' [...]. (S. 50)

(Sie denken doch wohl nicht, daß ich Ihnen zürne, weil Sie meinem Vater keine Ruhe
geben? Keineswegs. Ich studiere, aber zürne nicht... Ich studiere an Ihnen die modernen Čackijs und... Ich verstehe Sie. Wenn Sie frohgestimmt wären, wenn Ihnen nicht
so müßiggängerisch langweilig wäre, so würden Sie meinen Vater nicht anrühren. Sie,
Herr Čackij, suchen nicht die Wahrheit, sondern Sie machen sich einen Spaß, ein Vergnügen daraus [...].)

Szene um Szene lief nach dem Čackij-Muster ab; auf dem Höhepunkt
kommt das Signal: Platonov wird in der Handlung mit Čackij identifiziert,
er ist der »moderne Čackij«, dem allerdings kein Streben nach Wahrheit,
sondern nur noch der billige Spaß an der Erniedrigung anderer unterstellt
wird.

Der nächste Schritt folgt, wieder in Entsprechung zu Griboedovs Ko-
mödie, in der 4. Szene des II. Aktes, als Sof'ja – so heißt auch Griboedovs
Heldin – bei einem Gartenfest mit Platonov allein sprechen kann. Sie war
ihm sofort, als sie ihn sah, wieder verfallen, jedoch auch irritiert von ihm.
Als er ihr sarkastisch seine Zuneigung erklärt, fährt sie ihn an: »Platonov!
Vy s uma sošli!« (S. 66) (»Platonov, Sie sind verrückt geworden!«). Dieser
Ausspruch wird bei Čechov nicht zum Gerücht, das sich wellengleich verbreitet wie in *Gore ot uma*, doch wird er im weiteren Verlaufe des Stückes
rekapituliert. Bezeichnenderweise geschieht das in der 11. Szene des IV.
Aktes, also ganz gegen Ende des Dramas. Platonov redet vor der Grekova
in jämmerlichen Worten über seinen Zustand und ruft dann aus:

Ponimaju ja carja Ėdipa, vykolovšego sebe glaza! Kak ja nizok i kak gluboko poznaju
svoju nizost'! Otojdite! Ne stoit...Ja bolen. [...] Ja s uma schožu! (S. 177)

(Ich verstehe jetzt den König Ödipus, der sich die Augen ausstach! Wie niederträchtig
ich doch bin und wie tief ich meine Niedertracht erkenne! Gehen Sie von mir! Es
lohnt sich nicht... Ich bin krank. [...] Ich werde verrückt!)

Unmittelbar darauf erscheint Sof'ja, zieht den Revolver und schießt auf
Platonov.

3. 2. Die Don-Juan-Folie (Der Verführer)

Platonov wird in Čechovs Stück als ein Verführer gezeigt, als ein neuer
Don Juan, dem es jedoch nicht nur an der Fähigkeit zu lieben gebricht,
sondern auch an der Kraft, seine Unwiderstehlichkeit zu steuern und zu
nutzen. So erscheint er letztlich als ein »Don Juan wider Willen«, der seine
erotischen Erfolge mit Depression begleicht[30]. Von einer Wiederaufnahme des Don-Juan-Motivs durch Čechov kann dennoch kaum die Rede

---

[30] Ganz auf diesen Aspekt hebt beispielsweise die ostdeutsche Erstaufführung im Berliner
Maxim-Gorki-Theater im Juni 1984 ab; vgl. die Besprechung von M. Stone, »Ein Don Juan
wider Willen«, *Tagesspiegel*, 19. VI. 1984. Vgl. auch Papernyj (Anm. 19), S. 9.

sein. Übereinstimmungen mit dem tradierten Stoff sind lediglich darin zu sehen, daß Platonov – wie Don Juan Tenorio in der klassischen Version des Stoffes, in Tirso de Molinas Drama *El burlador de Sevilla y convidado de piedra*[31] (Der Spötter von Sevilla und der steinerne Gast, 1630) – seine Verführungskünste an vier Frauen erprobt: Saša, seiner einfältigen Ehefrau, Mar'ja Grekova, der Tochter eines Gutsbesitzers, Sof'ja Vojniceva, der Frau seines Freundes, und Anna Vojniceva, der Stiefmutter seines Freundes. Die wichtigste weibliche Gestalt bei Čechov ist ohne Zweifel Anna Vojniceva, ähnlich wie im überlieferten Don-Juan-Stoff Donna Anna, die Tochter des Komturs. In diesem Sinne könnte selbst noch der Vatersname der Anna Vojniceva, Petrovna, mit dem steinernen Gast verbunden werden. Dem widerspricht scheinbar ein anderes Detail, der Umstand nämlich, daß Anna Petrovna Vojniceva die Witwe eines Generals ist. Denn dies wieder könnte auf Puškins Dramolett *Kamennyj gost'* (Der steinerne Gast, 1830) weisen, wo Donna Anna als Witwe des Komturs erscheint. Sie hat ihrem Gatten ein Denkmal errichtet, das sie jeden Tag besucht[32].

Sollte Čechov überhaupt eine bestimmte Vorlage ausgewertet haben, dann wäre am ehesten an Puškins kleine Tragödie, ein klassisches Werk der russischen Literatur, zu denken, und weniger an Mozarts *Don Giovanni* oder gar A.K. Tolstojs dramatisches Poem *Don Žuan* (1862). Die Art und Weise jedoch, wie die Don-Juan-Folie in *Platonov* eingesetzt wird, bezeugt eine unspezifische, recht allgemeine Vorstellung von Don Juan, dem Verführer, der die Frauen unglücklich macht, ohne selbst glücklich zu werden.

An zwei Stellen in *Platonov* wird die Don-Juan-Folie signalisiert mit der Folge, daß Platonov innerhalb der fiktionalen Welt als Don Juan erkannt werden kann. In der schon erwähnten Auseinandersetzung zwischen Platonov und Anna in der 5.Szene des III.Aktes, als Anna Petrovna ihren Helden aufrütteln, aus seinen Rollen treiben will, wirft sie ihm auch sein inkonsequentes Verhalten vor:

> V prošlom godu soblaznil i do samoj oseni chodil mokroj kuricej, tak i teper' ... Don-Žuan i žalkij trus v odnom tele. (S. 131)

> (Im vergangenen Jahr war er ein Verführer, und dann lief er bis zum Herbst wie ein begossenes Huhn herum, und jetzt ist es wieder dasselbe... Ein Don Juan und ein Feigling in einem Leib.)

In einer der letzten Szenen (IV, 11.), kurz bevor Sof'ja Platonov erschießt, räsoniert dieser in einem reuigen Monolog sein armseliges, russisches Don Juan-Dasein:

> Razgromil, pridušil ženščin slabych, ni v čem ne povinnych... Ne žalko bylo by, esli by ja ich ubil kak-nibud' inače, pod naporom čudoviščnych strastej, kak-nibud' po-ispanski, a to ubil tak... glupo kak-to, po-russki... (S. 175)

---

[31] Vgl. *Kindler Literatur Lexikon* (Zürich, 1965–74), Bd. I, Sp. 1980–1982.
[32] Puškin (Anm. 5), Bd. VII, S. 140 ff.

(Ich habe schwache, unschuldige Frauen zugrunde gerichtet, gewürgt ... Es wäre
nicht so schlimm gewesen, wenn ich sie irgendwie anders getötet hätte, unter dem
Druck ungeheuerlicher Leidenschaften, irgendwie auf spanische Art, aber ich habe sie
so... irgendwie dumm, auf russische Art getötet ...)

Hier besteht das Signal nur aus einer Anspielung, die leicht überlesen werden könnte: nur das Adverbium »po-ispanski« (auf spanische Art und
Weise) evoziert die Don-Juan-Folie, vor der sich Platonov diesmal selbst
als einen russischen Don Juan erkennt. Im Zusammenhang der Folien-
struktur des Dramas erhält die Anspielung ihren Sinn.

3.3. Die Hamlet-Folie (Der Zweifler)

Die Hamlet-Folie ist für die Konzeption des Helden Platonov wahrscheinlich die wichtigste. Sie trägt die ganze Figur. Dabei ist diese Folie
weniger vom primären Hamlet Shakespeares geprägt, als von der Hamlet-
Interpretation, die Turgenev 1860 gegeben hatte und die der junge Čechov
nachweislich kannte[33]. In seinem bekannten Vortrag »Gamlet i Don-Kichot« (Hamlet und Don Quijote, 1860) hatte Turgenev ein Typenschema
vorgelegt, in dem die beiden etwa gleichzeitig entstandenen Figuren der
Weltliteratur als zwei grundlegende, gegensätzliche Eigenarten (osobenno-
sti) der menschlichen Natur, als »die beiden Enden jener Achse, um die
sich diese dreht«, aufgefaßt werden[34]. Alle Menschen lassen sich, laut Turgenev, mehr oder weniger einem dieser beiden Typen zuordnen[35]. So finden wir sie bei Turgenev charakterisiert[36]:
    Hamlet trägt sein Lebensprinzip in sich. Er ist von Egoismus und Un-
glauben (bezver'e) zu erfüllt und lebt nur für sich selbst. Er ist Analytiker,
Skeptiker, Ironiker. Seine Liebe zum Leben drückt sich in Phantasien darüber aus, daß man es durch Selbstmord beenden müsse. Hamlet besitzt ein
glänzendes Äußeres und verfügt über die »Poesie der Rede«. Er ist von
seiner Überlegenheit ebenso überzeugt wie von seiner Schwäche. Es mangelt ihm an Kraft, Menschen zu führen. Er verachtet die Menge. Er ist unfähig zur Liebe und zu schöpferischen Hervorbringungen. So gleicht er
dem Mephistopheles. Don Quijote hingegen besitzt sein Lebensprinzip
außerhalb seiner selbst. Er glaubt an das Ewige und Beständige. Die
Wahrheit ist sein Ideal, um dessentwillen er zu dienen und zu leiden bereit
ist. Er lebt für andere und bekämpft das Übel. Er ist frei von Egoismus,
bereit zur Aufopferung, von Begeisterung durchdrungen. Sein Denken jedoch neigt zur Einseitigkeit. »Er weiß wenig und braucht auch nicht viel

---

[33] Vgl. E. Rowe, *Hamlet. A Window on Russia* (New York, 1976), S. 107–114.
[34] Turgenev (Anm. 15), *Sočinenija*, Bd. VIII, S. 172.
[35] Ebd.
[36] Ebd., S. 173 ff. Vgl. A. Č. Ilić, »Turgenjev o Hamletu«, in: *Zbornik Matice Srpske za književnost i jezik*, 31 (1983), H. 1, S. 52–56.

zu wissen.« Er verfügt über starke Willenskraft. Die Menschen folgen
ihm. Ihn leitet die ideale Liebe zu Dulcinea.

Kein Zweifel, daß Platonov als Charaktertypus in groben Zügen dem
Hamlet-Konzept Turgenevs entspricht. Andererseits ist aber zu bedenken,
daß in diesem Konzept zahlreiche Attribute der *lišnie ljudi* zu einem kohä-
renten Bild zusammengeschlossen wurden. So kann es kaum angehen, Platonovs Charakterzüge zwingend und ausschließlich auf das Hamlet-Bild
Turgenevs zurückzuführen. Daß Platonov gleichwohl im Sinne des Fo-
lienverfahrens als Hamlet, und sei es im allgemeinen, bildlichen Verständnis dieser Gestalt[37], gesehen werden sollte, lag unstreitig in der Absicht
Čechovs. Sein Stück enthält die entsprechenden Signale.

Dreimal wird Hamlet erwähnt; ferner begegnen drei Allusionen auf
Shakespeares *Hamlet*[38]. Die Grekova, von Platonov düpiert, äußert sich
über ihn im Gespräch mit dem närrischen Trileckij:

> Vam vsem kažetsja, čto on na Gamleta pochož... Nu i ljubujtes' im! Dela mne net...
> (S. 70)
>
> (Ihnen scheint es allen, daß er [Platonov] Hamlet ähnelt. Nun, ergötzt Euch nur an
> ihm! Ich will damit nichts zu tun haben.)

Die zweite Nennung (II, 16) bringt eine spielerische Umdeutung der gegebenen Hamlet-Konstellation. Gerade nachdem Platonov die schriftliche
Aufforderung von Sof'ja erhalten hat, gemeinsam mit ihr zu fliehen,
kommt sein ahnungsloser Freund und Rivale zu ihm herein. Er ist halb be-
trunken und will ihn zur Jagd abholen. Im Gespräch erwähnt er die Absicht, den *Hamlet* aufzuführen[39]:

---

[37] Im Russischen – wie auch anderswo – bezeichnet man als »Hamlet« einen Menschen,
»der ständig an allem zweifelt, in Gedanken versunken ist und unfähig, rasch und entschieden zu handeln«; N. S. Ašukin und M. G. Ašukina, *Krylatye slova – literaturnye citaty –
obraznye vyraženija* (Moskau, [3]1966), S. 141. Von den russischen Hamlets (*gamlety, gamle-
tiki*) sprechen Turgenev in »Gamlet Ščigrovskogo uezda« (Ein Hamlet aus dem Kreise Ščigry, 1852), Gončarov in *Oblomov* (1859) oder auch Čechov in *Ivanov* (2. Fassung 1889; II.
Akt, 6. Szene). Bei Čechov wird in einer Replik die Verbindung zwischen den »Hamlets« und
den »überflüssigen Menschen« noch einmal augenfällig:
> »Est' žalkie ljudi, kotorym l'stit, kogda ich nazyvajut gamletami ili lišnimi, no dlja
> menja èto – pozor.«
> (Es gibt jämmerliche Menschen, denen es schmeichelt, wenn man sie Hamlet oder
> überflüssige Menschen nennt, aber für mich ist das eine Schande.)
[Čechov (Anm. 19), *Sočinenija*, Bd. XII, S. 37.]

[38] In der 13. Szene des I. Aktes variiert Trileckij Shakespeares Wort »O ženščiny, ženščiny!« (O Frauen, o Frauen!, 31). Sof'ja (87) und Platonov (114) drücken ihre Unentschie-
denheit durch die Wendung »Idti ili ne idti?« (Gehen oder nicht gehen?) aus, die an den Beginn von Hamlets großem Monolog denken läßt.

[39] Das Motiv der *Hamlet*-Aufführung in der russischen Provinz begegnet bereits in A. F.
Pisemskijs Roman *Ljudi sorokovych godov* (Menschen der vierziger Jahre, 1869). Pavel Vi-
chrov, der Held des Romans, spielt in einer Liebhaberaufführung in einer Provinzstadt den
Hamlet. Ähnlich wie bei Čechov ergibt die Rollenverteilung einen Bezug zum Romangeschehen. Vgl. A. F. Pisemskij, *Sobranie sočinenij v pjati tomach* (Moskau, 1982–84), Bd. V, S.
196–204.

Ty slušal, čto my vydumali? Ne genial'no razve? My dumaem Gamleta sygrat'! (...) Ja
– Gamlet, Sofi – Ofelija, ty – Klavdij, Trileckij – Goracio... Kak ja sčastliv! Dovolen!
Šekspir, Sofi, ty i maman! Bol'še mne ničego ne nužno! Vpročem, ešče Glinka. Ničego
bol'še! Ja Gamlet... (S. 117)

(Hast du schon gehört, was wir uns ausgedacht haben? Ist das nicht genial? Wir wollen den Hamlet aufführen. [...] Ich [also: Vojnicev] bin Hamlet, Sof'ja ist Ophelia, du
bist Claudius, Trileckij ist Horatio... Wie glücklich ich bin! Wie zufrieden! Shakespeare, Sophie, du und Mama! Mehr brauche ich nicht! Vielleicht noch Glinka.
Nichts weiter! Ich bin Hamlet...)

Dies wird in dem Moment gesagt, da Platonov eben nicht mehr Claudius,
der Liebhaber der Mutter, ist, sondern gerade als Hamlet, der Liebhaber
Ophelias bzw. Sof'jas, bestätigt wurde. Platonov und der Leser/Zuschauer
haben hier gegenüber Vojnicev das bessere Wissen, wer Hamlet in Wirklichkeit ist.

In dem schon zitierten Schlußmonolog von Platonov findet sich die
dritte Nennung Hamlets. Kurz ehe er seinen Selbstmordversuch unternimmt, sagt Platonov, den Revolver in der Hand:

Gamlet bojalsja snovidenij... Ja bojus'... žizni! (S. 175)

(Hamlet fürchtete sich vor seinen Traumgesichten... Ich fürchte mich... vor dem Leben!)

Über diese Linie der Identifikation Platonovs mit Hamlet hinaus ist in
dem Stück eine Fülle von Attributen, Gedanken, Vorstellungen eingebaut,
die die Hamlet-Folie im Sinne der schon erwähnten allgemeinen Bedeutung auskleiden, was hier aber nicht im einzelnen ausgeführt werden soll.

3.4. Zur Funktion der literarischen Folien

Unsere Untersuchung hat gezeigt, daß Platonov im Verlaufe der Dramen-
handlung mit Čackij, Don Juan und Hamlet in Verbindung gebracht wird,
und zwar innerfiktional, also in der Weise, daß Platonov oder seine Mitspieler den Bezug selbst feststellen und aussprechen. Die Čackij- und die
Don-Juan-Folie bieten darüber hinaus bestimmte Analogien auch in der
Handlungskomposition; für die Hamlet-Folie gibt es hier nur das Pendant
der geplanten *Hamlet*-Aufführung, das freilich augenzwinkernd die Un-
stimmigkeit der Personenkonstellation hervorkehrt.

In der 11. Szene des IV. Aktes, kurz vor dem tödlichen Schuß auf Platonov, sind die drei Folien noch einmal im larmoyanten Bekenntnis des Helden wie zu einem Knoten geschnürt. Hier kulminiert, was mittels der Folien von Station zu Station demonstriert worden war: Immer wieder war
Platonovs Verhalten als literarische Pose erkannt worden, indes sogleich
konstatiert wurde, daß er an die Vorbilder, die er bewußt oder unbewußt
nachahmte, nicht heranreiche. Wo Čackij nach Wahrheit strebte, leistet
sich Platonov schale Späße; wo Don Juan Leidenschaft und Kühnheit
zeigte, erfassen Platonov Feigheit und Kleinmut; wo Hamlet Visionen und
Traumgespinste schaute, jammert Platonov um sein Leben. Die Folien ver-

weisen also nicht so sehr auf Platonovs Identität mit den Vorbildern, wie auf seine Unterlegenheit im Verhältnis zu ihnen. Platonov ist der schwächliche Nachfahre der Čackij, Don Juan, Hamlet. In der Kulminierung der Heldenproblematik und in der komischen Brechung, die Platonovs Drama trotz seines tödlichen Ausgangs besitzt, zeigen sich Momente der Parodie. Die literarischen Folien stellen den Bezug zur russischen Heldenproblematik her und bilden somit ein wichtiges Element der Sinnstruktur des Dramas. Auch in seinen späteren Dramen hat Čechov mit der Folientechnik gearbeitet: ein reizvolles Thema für weitere Forschungen[40].

---

[40] Zu denken ist vor allem an *Ivanov* und *Čajka* (Die Möwe, 1896); vgl. T. A. Stroud, »*Hamlet* and *The Seagull*«, *Shakespeare Quarterly,* 9 (1958), S. 367–372; T. G. Winner, »Chekhov's *Seagull* and Shakespeare's *Hamlet*. A Study in Dramatic Device«, *American Slavic and East European Review,* 15 (1956), S. 103–112; A. H. Wilson, »The Influence of *Hamlet* upon Chekhov's *The Seagull*«, *Susquehanna University Studies,* (1952), S. 309–316. Für Hinweise und Anregungen danke ich an dieser Stelle Frau Kollegin Ursula Brumm, Berlin, Fräulein Christine Roll, Konstanz, sowie den Teilnehmern meines literaturwissenschaftlichen Hauptseminars über Čechovs *Platonov* im Wintersemester 1979/80.

Ästhetisches Rollenspiel. Zum Motiv der »gelebten Literatur« in Oscar Wildes *The Picture of Dorian Gray*

Von

ALFONS KLEIN

> »Life imitates Art far more
> than Art imitates Life«
> (*The Decay of Lying*)

The Picture of Dorian Gray, der wohl bedeutendste Roman des spätviktorianischen Ästhetizismus, wird in der vorliegenden Studie als eine zeitgeschichtlich auffällige Variante des seit Cervantes' *Don Quijote* weltliterarisch etablierten Motivs der »gelebten Literatur« vorgestellt und als ein für die Komplexität wie für die Wandlungsfähigkeit dieses Motivs besonders aufschlußreiches Beispiel beschrieben. Im Mittelpunkt des Interesses stehen dabei die auf der Figurebene des Romans greifbaren Erscheinungsformen literarischer Imitatio; quellen- und stoffgeschichtliche Fragen nach der Aufnahme und Verarbeitung von literarischen Vorbildern durch den Autor[1] oder nach der Abhängigkeit des Textes von bestimmten Motivtraditionen werden hingegen nur beiläufig aufgeworfen.

Was den Anstoß zu der eigenwilligen Motivgestaltung in Wildes *The Picture of Dorian Gray* gab, darüber ließe sich lange spekulieren. Es mögen intensive persönliche Lektüreerlebnisse dieses Autors gewesen sein, der selbst Walter Paters *The Renaissance: Studies in Art and Poetry* als sein »golden book«[2] bezeichnete und ihm »a strange influence over my life«[3]

---

[1] Die Wilde-Forschung hat intensiv nach literarischen Vorbildern für markante erzählerische Details in *The Picture of Dorian Gray* gesucht und (mitunter wenig überzeugende) Bezüge zu Werken von so verschiedenartigen Autoren wie Balzac, Bulwer-Lytton, Disraeli, Flaubert, Gautier, Goethe, Hawthorne, Huysmans, Maturin, Musset, Pater, Stevenson, Tennyson und Zola herausgestellt. Ein Ende solcher Spurensichtung ist nicht abzusehen. Vgl. u. a. E. Roditi, *Oscar Wilde* (Norfolk, Conn., 1947), S. 113–124; N. Kohl, *Oscar Wilde: Das literarische Werk zwischen Provokation und Anpassung* (Heidelberg, 1980), S. 262–271; D. L. Lawler und Ch. E. Knott, »The Context of Invention: Suggested Origins of Dorian Gray«, *Modern Philology,* 73 (1976), S. 389–398; eine äußerst kritische, streckenweise polemische Auseinandersetzung mit der einschlägigen Forschung bietet W. Maier, *Oscar Wilde, »The Picture of Dorian Gray«. Eine kritische Analyse der anglistischen Forschung von 1962 bis 1982* (Frankfurt a. M., 1984).
[2] W. B. Yeats überliefert in seiner Autobiographie dieses Wort von Wilde: »It is my golden book; I never travel anywhere without it; but it is the very flower of decadence; the last trumpet should have sounded the moment it was written.« Zit. nach *Oscar Wilde: A Collection of Critical Essays,* hg. v. R. Ellmann (Englewood Cliffs, N. J., 1969), S. 9.
[3] *The Letters of Oscar Wilde,* hg. v. R. Hart-Davis (London, 1962), S. 471.

zusprach. Es mögen konkrete literarische Vorbilder gewesen sein, wie er sie u. a. in Stendhals Roman *Le Rouge et le Noir,* dessen Held seine Lebensorientierung aus der Literatur gewinnt[4], oder auch bei Walter Pater hätte finden können, der nur wenige Jahre zuvor in *Marius the Epicurean* (1885) und in *Gaston de Latour* (1888) die Wirkung der Lektüre auf fiktionale Charaktere beschrieben hatte. Wie dem auch sei, das komplexe Motiv der »gelebten Literatur« mußte sich einem Schriftsteller wie Wilde, dessen Darstellungsinteresse sich immer wieder auf das Verhältnis von Kunst und Leben richtete[5], geradezu aufdrängen. Denn es scheint wie geschaffen, jene provozierende These aus *The Decay of Lying* (1889), derzufolge das Leben die Kunst in höherem Maße nachahmt als die Kunst das Leben[6], fiktional in Szene zu setzen. Und es mag kein Zufall sein, daß dieser nahezu gleichzeitig mit *The Picture of Dorian Gray* entstandene dialogische Essay in einem Diskurs der beiden Gesprächspartner auch begrifflich dem hier zu untersuchenden Motivkomplex nahekommt. Der Ästhet Vivian beschreibt darin seinem Freund Cyril das Phänomen, das dem von ihm formulierten ästhetizistischen Axiom zugrunde liegt, als das Resultat eines Nachahmungstriebes, der Menschen veranlaßt, Fiktionales in der Wirklichkeit zu wiederholen; dabei skizziert er sogar eine rudimentäre Typologie von Erscheinungsformen solcher Imitation. Deren Spektrum[7] reicht von einer eher zufällig zustande gekommenen und anfänglich unbewußten Nachahmung literarischer Vorbilder bis zum systematischen und zwanghaften Nachvollziehen des Lebensweges einer Romanfigur. Als eine besonders landläufige und schon darum als vulgär geltende Art der Nachahmung von Literatur wird das Verhalten einfältiger Jugendlicher zitiert, die etwa nach der Lektüre der Abenteuer eines Jack Sheppard oder Dick Turpin sich maskieren und bewaffnen, Geschäfte überfallen und auf einsamen Wegen braven Bürgern auflauern. Ein solch unreflektiertes, erfolgsorientiertes und durch Abenteuerlust inspiriertes Nachleben von Handlungsweisen fiktionaler Helden erscheint wie eine negative Kontrastfolie, vor der sich ein Grundzug des in *The Picture of Dorian Gray* gestalteten Motivs der »gelebten Literatur« besonders deutlich abzeichnet: die ästhetische Sensibilität der Hauptfiguren und die von ihnen praktizierte enge Verflechtung von Kunst und Leben.

---

[4] Julien Sorel war dem jungen Wilde der liebste Romanheld neben Balzacs Lucien de Rubempré. O'Sullivan hat die folgende Äußerung von Wilde überliefert: »When I was a boy my two favourite characters were Lucien de Rubempré and Julien Sorel. Lucien hanged himself, Julien died on the scaffold, and I died in prison.« Zit. nach *Letters* (Anm. 3), S. 493.

[5] Dieser Darstellungsbereich schlägt sich in *The Picture of Dorian Gray* nicht nur in der Figurenkonstellation, der Handlungsführung und dem zentralen Bildsymbol nieder, sondern wird auch in dem »Preface« akzentuiert, das Wilde der erweiterten Buchfassung des Romans voranstellte. Vgl. zur Entstehungsgeschichte und den verschiedenen Textfassungen W. Edeners kritische Ausgabe *The Picture of Dorian Gray (Urfassung 1890)*, Erlanger Beiträge zur Sprach- und Kunstwissenschaft, 18 (Nürnberg, 1964), S. IX–XLIV.

[6] *Complete Works of Oscar Wilde,* hg. v. V. Holland (London, 1966), S. 985.

[7] *Complete Works* (Anm. 6), S. 983–985.

I.

In diesem Sinn darf schon der Umstand, daß die Romanfiguren sich selbst und andere mit Hilfe von literarischen Kategorien oder Anspielungen charakterisieren, wenn auch nicht als wesentlicher Bestandteil, so doch als bemerkenswerte Randerscheinung des Motivs angesehen werden. Aus der Fülle der einschlägigen Belege seien deshalb zumindest einige wenige hier angeführt: Der Maler Basil Hallward kennzeichnet den jungen Dorian Gray zu Beginn des Romans als »a motive in art« (S. 24) [8]; der Protagonist Dorian stellt sich vor, daß Hetty, ein schönes Dorfmädchen, das er verlassen hat, weiter leben könne »wie Perdita in ihrem Garten voll Minze und Ringelblumen« (S. 228) [9]; Lord Henry führt diesen idyllisierenden Vergleich ironisch aus und stellt Dorian als treulosen Florizel hin, dessen selbstsüchtiger Verzicht möglicherweise dazu geführt hat, daß Hetty »in einem von Sternen beschienenen Mühlteich treibt, von lieblichen Seerosen umgeben, wie Ophelia« (S. 229). Dieser aristokratische Dandy läßt bei seinen literarischen Charakterisierungen anderer Personen oft ein Gespür für komische Diskrepanzen (meist zwischen Moralischem und Ästhetischem) erkennen. So vergleicht er Madame de Ferrol, die eine Schwäche für großzügig dekolletierte Abendkleider hat, mit einer »*édition de luxe* of a bad French novel« (S. 136), während er die tugendhafte, aber geschmacklos gekleidete Mrs. Vandeleur als »a badly bound hymn-book« (S. 42) charakterisiert. In ernsteren Kontexten zeigt sich dieser spöttische Geist aber auch von einer weniger frivolen Seite und beschreibt Dorian als »young Adonis« und »Narcissus« (S. 19) oder setzt den musizierenden Jüngling zu Apoll und sich selbst zu Marsyas in Parallele.

Von besonderem Interesse ist in diesem Zusammenhang die nicht nur von Lord Henry eingebrachte Allusion auf den antiken Mythos vom schönen Narkissos [10], der sein Bild im Wasserspiegel betrachtet und an seiner unstillbaren Selbstliebe stirbt. Denn diese Anspielungen markieren eine für den Motivkomplex »Gelebte Literatur« wichtige Nahtstelle, da sie zum einen deutlich machen, daß der Autor der Konzeption seines Protagonisten diesen mythischen Bezug als literarische Konstruktionsfolie unterlegt,

---

[8] Der Roman wird hier und im folgenden nach der Ausgabe in den *Complete Works* (Anm. 6) zitiert.

[9] Die deutsche Übersetzung dieses und der folgenden Zitate aus *The Picture of Dorian Gray* stammt aus Oscar Wilde, *Das Bildnis des Dorian Gray,* übersetzt von Ch. Hoeppener, insel taschenbuch, 582 (Frankfurt a. M., 1982).

[10] Lord Henry identifiziert Dorian ausdrücklich und völlig eindeutig als Narziß: »he is a Narcissus« (S. 19); der Maler gestaltet diese Beziehung als Bildmotiv, das er Dorian, der dafür Modell gestanden hat, wie folgt beschreibt: »›You had leant over the still pool of some Greek woodland, and seen in the water's silent silver the marvel of your own face‹« (S. 94); Dorian übernimmt einmal ganz bewußt die Rolle des Narziß: »Once, in boyish mockery of Narcissus, he had kissed, or feigned to kiss, those painted lips that now smiled so cruelly at him« (S. 88).

und zum andern andeuten, daß der Protagonist selbst sich mehr oder weniger bewußt als moderner Narziß begreift und, wie wir vorwegnehmen können, sich der Literatur als Spiegel bedient, um sich in ihm zu erkennen.

Die Literarisierung menschlichen Verhaltens ist bei dem Protagonisten Dorian Gray und bei seinem Mentor Lord Henry am intensivsten ausgeprägt, sie ist jedoch nicht gänzlich auf die Hauptfiguren des Romans beschränkt. Auch bei den Mitgliedern der Vane-Familie lassen sich Elemente einer (freilich nicht so reflektierten und ästhetisch raffinierten) Verquickung von literarischer Erfahrung und menschlichem Verhalten beobachten. Sibyl Vane und ihre Mutter sind schon aufgrund ihrer schauspielerischen Existenz und des am Theater vorgegebenen problematischen Verhältnisses von Illusion und Wirklichkeit diesem Aspekt des Motivs der »gelebten Literatur« zugeordnet. Der Habitus des Rollenspielens hat sich bei der Mutter dermaßen verfestigt, daß sie auch den Umgang mit ihren Kindern als Inszenierung eines dramatischen Textes erlebt oder als solche erleben möchte. Theatralische Gebärden sind ihr zur zweiten Natur geworden, so daß sie Gefühlen kaum anders als in melodramatischer Manier Ausdruck verleihen kann. So ist ihr die offene Aussprache, die ihr Sohn sucht, zuwider wie »a bad rehearsal« (S. 64); als er jedoch pathetisch wird und »mad melodramatic words« (S. 65) von sich gibt, sieht sie sofort die Gelegenheit zu einem großen Auftritt und bemüht sich, die Szene ähnlich gefühlvoll fortzusetzen, muß sich jedoch enttäuscht damit abfinden, daß der Sohn nicht mitspielt.

Im Gegensatz zur Mutter läßt sich die Tochter, die mit einem feineren Sensorium ausgestattet ist, nicht von kruden Melodramen beeinflussen; vielmehr weist sie ihren eifersüchtigen Bruder, der sich in der Pose des Beschützers einer verfolgten Unschuld gefällt, kritisch mit den Worten zurecht: »You are like one of the heroes of those silly melodramas mother used to be so fond of acting in« (S. 63). Allerdings gerät sie selbst in den Bannkreis von Shakespeares Dramen, und zumindest zeitweise wird für sie das Verkörpern dramatischer Figuren auf der Bühne zu einem Nachleben dieser literarischen Rollen, so daß sich hier ein Übergang von nur gespielter zu gelebter Literatur abzeichnet. Dieser Umstand veranlaßt uns, die Sibyl-Vane-Handlung nicht nur als eine für Dorians Entwicklungsgang exemplarische Episode zu sehen, sondern sie zunächst (gleichsam aus dem Blickwinkel der Schauspielerin) als einen besonderen Aspekt des in *The Picture of Dorian Gray* gestalteten Motivkomplexes der »gelebten Literatur in der Literatur« zu beschreiben.

II.

Das identifikatorische Nachleben der Shakespeareschen Frauengestalten befähigt Sibyl Vane zu großen schauspielerischen Leistungen, die eine faszinierende Wirkung auf die Zuschauer ausüben. Wenn sie auf der Bühne steht, so agiert sie jedoch nicht wie eine professionelle Schauspielerin, die sich mit den ihr zufallenden dramatischen Rollen identifiziert, um die Verkörperung überzeugend zu machen; vielmehr geht sie so vorbehaltlos in der Identifikation mit den Dramenfiguren auf, daß sie in ihnen die eigene Lebenswirklichkeit findet. Sie ist sich nicht länger des Rollencharakters ihres Verhaltens bewußt. Die triste Bühne des zu einer Schmiere heruntergekommenen Theaters in Holborn bedeutet ihr die Welt, und die drittklassigen Mitspieler erscheinen ihr wie Götter. Den aristokratischen Verehrer aber nimmt sie anfänglich wie »a person in a play« (S. 53) in ihre illusionäre Vorstellungswelt auf und gibt ihm den märchenhaften Beinamen »Prince Charming« (S. 53). Ihre Sicht der Dinge verändert sich jedoch grundlegend, als der »Märchenprinz« sie küßt und ihr die Ehe verspricht.

Im Unterschied zu der nur andeutungsweise sichtbar werdenden Phase der Identifikation und Illusionsbefangenheit werden Sibyls Austritt aus der Illusion und die daraus sich ergebenden Folgen relativ eingehend dargestellt. Die Schauspielerin selbst erfährt und artikuliert ihre Neuorientierung im Zusammenhang mit der ersten (und zugleich letzten) Vorstellung, die sie nach ihrer Liebesbegegnung auf der Bühne gibt. Sie soll die Julia in Shakespeares *Romeo and Juliet* spielen, und Dorian, der sie bei seinem ersten Theaterbesuch in dieser Rolle gesehen und sogleich bewundert hatte, hat diesmal seine beiden Freunde, den Maler und den Dandy, eingeladen, den ästhetischen Genuß mit ihm zu teilen und das künstlerische Genie seiner Verlobten zu bewundern.

Das dicht gefüllte Haus feiert den Auftritt der schönen Schauspielerin mit einem lang anhaltenden Beifallssturm, doch die Begeisterung weicht schon bald tiefer Enttäuschung. Sibyls Spiel, das vordem das Publikum verzauberte, ist so hölzern und schulmädchenhaft, daß nicht nur die Kunstkenner, sondern auch die ungebildeten Zuschauer unwillig werden und sich entweder über die Darbietung lustig machen oder wie Basil Hallward und Lord Henry gelangweilt das Theater verlassen. Der letzte Akt wird vor fast leeren Bänken gespielt, und der Abgang der Schauspielerin wird mit Pfiffen und spöttischem Gelächter begleitet. Sibyl selbst aber nimmt dies völlig gelassen hin. Denn für sie wurde ganz unverhofft diese Aufführung zu einem freudig begrüßten Abschied von der Bühne theatralischer Illusion. Das Theater hat urplötzlich jeglichen Zauber für sie verloren, und selbst die Shakespeareschen Frauengestalten, mit denen sie sich ehedem völlig identifizierte, sind ihr fremd und gleichgültig geworden. Im Bewußtsein des neuen Selbstgefühls distanziert sie sich von ihnen als nur äußerlichen Rollen und belanglosen »puppets of a play« (S. 75) und feiert das schauspielerische Fiasko als Triumph ihrer wirklichen Liebe über die nur imaginär gelebte, als Sieg des Lebens über die Kunst. Ekstatisch begrüßt die Liebende ihren aufgebrachten Märchenprinzen, dessen Verstimmung sie nicht wahrnimmt, als »Fürst des Lebens«, der sie aus ihrem gefängnishaften Schattendasein befreit und gelehrt habe, was Liebe wirklich ist:

»I knew nothing but shadows, and I thought them real. You came – oh, my beautiful love! – and you freed my soul from prison. You taught me what reality really is. To-night, for the first time in my life, I saw through the hollowness, the sham, the silliness of the empty pageant in which I had always played. To-night, for the first time, I be-came conscious that the Romeo was hideous, and old, and painted, that the moonlight in the orchard was false, that the scenery was vulgar, and that the words I had to speak were unreal, were not my words, were not what I wanted to say. You had brought me something higher, something of which all art is but a reflection. You had made me understand what love really is. My love! My love! Prince Charming! Prince of life!« (S. 74 f.)

(»Ich kannte nur Schattenbilder und hielt sie für etwas Wirkliches. Dann kamst du, o mein schöner Geliebter, und befreitest meine Seele aus dem Gefängnis. Du lehrtest mich, was in Wahrheit wirklich ist. Heute abend durchschaute ich zum ersten Mal in meinem Leben die Hohlheit, den Trug und die Albernheit des eitlen Schaugepränges, in dem ich immer gespielt hatte. Heute abend wurde mir zum erstenmal bewußt, daß Romeo häßlich und alt und geschminkt, daß das Mondlicht im Obstgarten nicht echt war, die Dekorationen gewöhnlich und die Worte, die ich zu sprechen hatte, unecht waren, nicht meine Worte, nicht das, was ich sagen wollte. Du hattest mir Höheres ge-bracht, etwas, wovon die Kunst nur ein Widerschein ist. Du hast mich begreifen las-sen, was die Liebe wirklich ist. Mein Liebster! Mein Liebster! Prinz Wunderhold! Fürst des Lebens!« [S. 99])

Sibyls Absage an das identifikatorische Rollenspiel, ihre Rückkehr aus dem Bereich der dramatischen Illusion in die Wirklichkeit, ihre Abwertung der Kunst angesichts des in der Liebe gefundenen Lebensglücks: all dies scheint die Passage als einen exemplarischen Beleg für eine besonders na-heliegende thematische Akzentuierung des Motivs der »gelebten Litera-tur« auszuweisen. Doch die einfache und eindeutig wertende Opposition von Kunst und Leben, Illusion und Wirklichkeit [11] wird durch eine überra-schende Wendung in Frage gestellt. Das Liebesglück, das Sibyl bereits für Realität hielt, erweist sich unvermittelt als bloße Illusion. Die junge Frau muß die bittere Erfahrung machen, daß Dorian seine Liebe nicht ihr selbst, dem menschlichen Wesen aus Fleisch und Blut namens Sibyl Vane, schenkte, sondern dem künstlerischen Medium, das für ihn die Frauenge-stalten Skakespeares zum Leben erweckte. Als faszinierende Rollenspiele-rin bedeutete sie ihm alles auf der Welt; jetzt, da sie ihm als wirkliche Lie-

---

[11] Eine solche wertende Ausprägung des Motivs der »gelebten Literatur« würde auch eher einem Autor wie Bernard Shaw nahestehen, dessen Dramatik nicht von ungefähr als »Kunst der Desillusionierung« beschrieben worden ist. Ein bemerkenswertes Beispiel aus Shaws Komödienpraxis hierfür ist die Konzeption der Figuren Raina und Sergius in *Arms and the Man* (1894), deren Lebensideale romantischer Literatur entstammen. Beide Figuren müssen sich durch den »Realisten« Bluntschli von der Weltfremdheit und Unzeitgemäßheit ihrer Vorstellungen überzeugen lassen. Raina hatte freilich selbst schon Zweifel am Reali-tätsgehalt ihrer Ideale von Liebe und Heldentum und hatte angesichts ihres byronischen Ver-lobten geargwöhnt, »that perhaps we only had our heroic ideas because we are so fond of reading Byron and Pushkin, and because we were so delighted with the opera that season at Bucharest. Real life is so seldom like that!« (*Plays Pleasant and Unpleasant,* Standard Edition [London, 1931], S. 5). Daß Shaw sich bewußt war, in welcher Tradition er mit einer solchen Konzeption steht, erhellt daraus, daß er den weniger luziden byronischen Helden gleich drei-mal durch seinen realistischen Helden als »Don Quixote« verspotten läßt.

bende und nicht als Kunstfigur entgegentritt, ist sie ihm nichts mehr. Der
Geliebte, den sie als »Fürst des Lebens« vergötterte, hat sich selbst der
Kunst und dem ästhetischen Rollenspiel[12] verschrieben und beschuldigt
sie, durch ihre Geringschätzung der Kunst seine Liebe getötet zu haben:

> »Yes,« he cried, »you have killed my love. You used to stir my imagination. Now you
> don't even stir my curiosity. You simply produce no effect. [...] My God! how mad I
> was to love you! What a fool I have been! You are nothing to me now. I will never see
> you again. [...] I wish I had never laid eyes upon you! You have spoiled the romance
> of my life. How little you can know of love, if you say it mars your art! Without your
> art you are nothing. [...] What are you now? A third-rate actress with a pretty face.«
> (S. 75)

> (»Ja«, rief er, »du hast meine Liebe getötet. Sonst erregtest du meine Phantasie. Jetzt
> erregst du nicht einmal meine Neugier. Du bringst einfach keine Wirkung mehr her-
> vor. [...] Mein Gott! Wie verrückt war ich doch, dich zu lieben! Welch ein Narr war
> ich! Jetzt bist du mir nichts mehr. Ich will dich nie wiedersehen. [...] Ich wünschte, du
> wärest mir nie zu Gesicht gekommen! Du hast den Roman meines Lebens zerstört.
> Wie wenig kannst du doch von Liebe wissen, wenn du sagst, sie vernichtet deine
> Kunst! Ohne deine Kunst bist du nichts. [...] Was bist du jetzt? Eine drittklassige
> Schauspielerin mit einem hübschen Gesicht.« [S. 100])

Die ins Herz getroffene Liebende stürzt zu Boden und gelobt, ihre un-
künstlerische Haltung zu revidieren. Doch der indignierte Ästhet läßt sich
weder durch dieses Versprechen noch durch die Tränen und Klageschreie
seiner Geliebten rühren; er kann und will die Profanierung der Kunst
nicht verzeihen. Für die Schauspielerin verwandelt sich so der »Fürst des
Lebens« in einen Engel des Todes. Sie kehrt noch ein letztes Mal in das
Theater zurück, freilich nur, um endgültig von der Bühne des Theaters
wie des Lebens abzutreten. Ihr Freitod mag im Rahmen des Motivkomplexes der »gelebten Literatur« als Bereitschaft gedeutet werden, die tragische
Rolle der verschmähten Liebenden in der Wirklichkeit konsequent zu
Ende zu spielen. Nahegelegt wird eine solche Zuordnung auch durch die
ästhetizistische Pointierung, die die Sibyl-Vane-Handlung aus der Sicht
von Dorian und Lord Henry erfährt.

Dorian hat die schöne Schauspielerin von Anfang an nur als ein prote-
isches Wesen, das den Kunstgeschöpfen großer Dichter Form und Gestalt
gibt, wahrgenommen. Er sah in ihr jeweils nur die verkörperte Rolle, nicht
aber die Person mit einer individuellen Identität. Auf Lord Henrys Frage,
wann er sie als Sibyl Vane treffe, gab er die ebenso lakonische wie zutreffende Antwort: »Never« (S. 53). Und die Bedenken, die Basil Hallward gegen die nicht standesgemäße Verbindung mit einer Schauspielerin äußerte,
tat er aufgrund dieser Sicht als gegenstandslos ab:

> »I have been right, Basil, haven't I, to take my love out of poetry, and to find my wife
> in Shakespeare's plays? Lips that Shakespeare taught to speak have whispered their se-
> cret in my ear. I have had the arms of Rosalind around me, and kissed Juliet on the
> mouth.« (S. 68)

---

[12] Nur am Rande sei daran erinnert, daß, wie Masao Miyoshi formuliert, »Role-playing
was a matter of dead seriousness with the men of the nineties« (*The Divided Self. A Perspec-
tive on the Literature of the Victorians* [New York, 1969], S. 320).

(»Ich habe recht getan, nicht wahr, Basil, meine Liebe aus der Poesie zu holen und meine Frau in Shakespeares Stücken zu suchen? Lippen, die Shakespeare sprechen lehrte, haben mir ihr Geheimnis ins Ohr geflüstert. Rosalinde schlang die Arme um mich, und ich habe Julias Mund geküßt.« [S. 89])

Die vorgestellte poetische Allianz ist jedoch in dem Augenblick gescheitert, als der ästhetische Genuß am dramatischen Rollenspiel ausbleibt und die Liebesbeziehung sich in eine ihn persönlich fordernde menschliche Bindung zu verwandeln droht. Dorian hatte einmal den Menschen, der Sibyl Vane ein Leid zufügen könnte, als »a beast without a heart« (S. 68) charakterisiert und damit ironischerweise das Urteil über sich selbst gesprochen. Denn er stößt jetzt die ihm zu Füßen liegende Frau erbarmungslos zurück. Erst angesichts seines Porträts[13], das auf magische Weise einen Zug der Grausamkeit angenommen hat, scheint er die Brutalität seines Verhaltens zu erkennen. Aus Mitleid mit dem Abbild seiner selbst will er seine Untat wiedergutmachen. Er schwelgt in Selbstanklagen und schreibt einen leidenschaftlichen Brief, den er aber nicht abschickt und der ohnehin den Empfänger nicht erreicht hätte, da Sibyl zu diesem Zeitpunkt bereits aus dem Leben geschieden ist. Daß der Liebesbrief an eine Tote gerichtet ist, macht überdeutlich, daß im Grunde Dorian selbst der wahre Adressat ist. Im Akt des Schreibens hat er Schuldgefühle und Gewissensbisse gebannt und sich gleichsam selbst die Absolution erteilt. Als schließlich die Nachricht von Sibyls Selbstmord eintrifft, hat er bereits seine Haltung ästhetischer Indifferenz zurückgewonnen. Zwar möchte er nicht als hartherzig gelten, doch kann er seine Gelassenheit nur als eine eigentümlich ästhetische Reaktion beschreiben, in der sich das gewöhnliche Verhältnis von Kunst und Leben umkehrt.

Als literarisches Sujet in einem Buch hätte das Geschehene, so meint Dorian in einem Gespräch mit Lord Henry, ihn zu Tränen rühren können, als tatsächlicher dramatischer Vorfall, in den er selbst verstrickt ist, bestaunt er es jedoch wie ein wunderbares Stück »gelebter Literatur«, wie eine große Tragödie, in der er selbst, ohne Schaden zu nehmen, eine Hauptrolle spielte:

»I must admit that this thing that has happened does not affect me as it should. It seems to me to be simply like a wonderful ending to a wonderful play. It has all the terrible beauty of a Greek tragedy, a tragedy in which I took a great part, but by which I have not been wounded.« (S. 84 f.)

(»Und doch muß ich zugeben, daß mich das Geschehene nicht so ergreift, wie es sollte. Es mutet mich einfach wie der wundervolle Schluß eines wundervollen Stückes an. Es hat die ganze grausige Schönheit einer griechischen Tragödie, einer Tragödie, an der ich stark beteiligt war, ohne jedoch von ihr verwundet zu werden.« [S. 114])

Lord Henry registriert leicht amüsiert die selbstgefällige Haltung Dorians, der sich den ästhetischen Genuß nicht durch moralische Skrupel trüben

---

[13] Vgl. zu Bedeutung und Funktion des Porträtmotivs in *The Picture of Dorian Gray* wie zur Frage seiner literarischen Vorbilder die umsichtige Darstellung von W. Maier (Anm. 1), S. 205–318.

lassen will, und kommt dem impliziten Appell nach Selbstrechtfertigung
nach, indem er ihm eine passende Anleitung für die angemessene Reaktion
auf Sibyls Selbstmord an die Hand gibt:

> »But you must think of that lonely death in the tawdry dressing-room simply as a
> strange lurid fragment from some Jacobean tragedy, as a wonderful scene from Web-
> ster, or Ford, or Cyril Tourneur. [...] Mourn for Ophelia, if you like. Put ashes on
> your head because Cordelia was strangled. Cry out against Heaven because the
> daughter of Brabantio died. But don't waste your tears over Sibyl Vane. She was less
> real than they are.« (S. 86)

> (»Aber Sie müssen an diesen einsamen Tod in der geschmacklosen Garderobe wie an
> ein seltsames gespenstisches Fragment aus irgendeiner Tragödie zur Zeit Jakobs I.
> denken, wie an eine wunderbare Szene von Webster oder Ford oder Cyril Tourneur.
> [...] Trauern Sie, wenn Sie wollen, um Ophelia. Streuen Sie Asche auf Ihr Haupt, weil
> Cordelia erwürgt wurde. Schreien Sie zum Himmel, weil Brabantios Tochter starb.
> Aber verschwenden Sie nicht Ihre Tränen an Sibyl Vane. Sie war weniger wirklich als
> jene.« [S. 117])

Dorian macht sich diese Deutung des Geschehenen bereitwillig zu eigen.
Ist sie doch nichts weiter als eine konsequente Formulierung der von ihm
selbst vertretenen Position. Sibyl ist somit endgültig in jenes schattenhafte
Dasein verbannt, aus dem sie sich für kurze Zeit befreit wähnte; Dorian
aber kann sich bereits eine Stunde nach Eintreffen der Todesnachricht in
der Oper einem neuen Kunstgenuß hingeben. Vergeblich wird sich Basil
Hallward, der über solche Indifferenz gegenüber dem Schicksal der jungen Schauspielerin erschrickt, bemühen, Dorian den fundamentalen Unterschied zwischen Kunst und Leben ins Bewußtsein zu rücken. Es ist bezeichnend für die pointierte Gestaltungsweise in *The Picture of Dorian
Gray,* daß nur der Maler, der einzige wirkliche Künstler im Roman, die
konventionelle Auffassung vom Primat des Lebens und des menschlichen
Mitgefühls vertritt und sich dann von seinem Modell über die angemessene künstlerische Sehweise belehren lassen muß. Für Dorian hat das Geschehene, soll es nicht völlig der Vergessenheit anheimfallen, nur noch in
ästhetischer Verklärung Bestand. Er sieht die Schauspielerin gleichsam als
eine Verkörperung des Motivs der »gelebten Literatur«, wenn er in seiner
Antwort Sibyls Freitod als Rückkehr der Geliebten in den ihr gemäßen Bereich dramatischer Kunst umschreibt:

> »She lived her finest tragedy. She was always a heroine. The last night she played –
> the night you saw her – she acted badly because she had known the reality of love.
> When she knew its unreality, she died, as Juliet might have died. She passed again into
> the sphere of art.« (S. 90)

> (»Ihre schönste Tragödie lebte sie. An dem letzten Abend, als sie spielte – an dem
> Abend, als ihr sie saht –, war sie miserabel, weil sie die Liebe in Wirklichkeit kennen-
> gelernt hatte. Als sie ihre Unwirklichkeit erkannte, starb sie, wie Julia hätte sterben
> können. Sie trat wieder in den Bereich der Kunst.« [S. 123])

Dorian weist darum auch Basils Versuch, ihn über den tragischen Vorfall
hinwegzutrösten, als überflüssigen und unangebrachten moralischen Zuspruch zurück und beruft sich dabei auf eine Lektürereminiszenz aus
Théophile Gautiers Gedichten: »›if you really want to console me, teach

me rather to forget what has happened, or to see it from the proper artistic point of view. [...] I know you are surprised at my talking to you like this. You have not realised how I have developed‹« (S. 91).

Seine im Zeichen der Literatur erfolgende »Entwicklung«, die zu diesem Zeitpunkt noch keineswegs abgeschlossen ist und von Dorian auch noch nicht ganz abgeschätzt werden kann, soll im Folgenden im Hinblick auf drei für das Motiv der »gelebten Literatur« wichtige Aspekte beschrieben werden. Zunächst gilt es, die besondere Form der Vermittlung von Literatur und deren Wirkung auf Dorian zu untersuchen; in einem zweiten Schritt wird der spezifische Modus des »Nachlebens« von Literatur skizziert, und daran anschließend wird drittens die thematische Akzentuierung durch die Variante des schädlichen Lesens verdeutlicht.

III.

Der Impuls, seine Lebenspraxis an literarischen Vorbildern zu orientieren, bildet sich für Dorian im Kontakt mit Lord Henry heraus. Der Vorgang der Literaturvermittlung zwischen diesen beiden Figuren wird in *The Picture of Dorian Gray* recht detailliert geschildert, und zwar in zweifacher Stufung. Lord Henrys literarischer Einfluß beruht zunächst auf der Macht seines Wortes, sodann auf einem Buch, das er Dorian übergibt und das für diesen vorbildhafte Bedeutung gewinnt. Die Konzeption dieser Figur macht einen nicht geringen Teil des Reizes der Wildeschen Motivgestaltung aus; denn sie wird nicht einfach auf die Funktion eines bloßen Vermittlers reduziert, sondern erscheint selbst wie die Inkarnation eines literarischen Textes[14]. Diese Dimension wird im III. Kapitel des Romans auch den Lesern ins Bewußtsein gehoben, die bis dahin die eminent literarische Qualität, die aphoristische Prägnanz und die stilistische Brillanz von Lord Henrys Sprache noch nicht entsprechend gewürdigt haben. Dort verkündet Mr. Erskine, ein literarischer Connaisseur, der seine eigenen schriftstellerischen Ambitionen schon vor langer Zeit aufgegeben hat, aber immer noch am liebsten in einer Welt von Büchern zu Hause ist, daß er Lord Henrys Konversation nachhaltiger genieße als die Lektüre eines Buches. Er stellt sich vor, wie die bloße Anwesenheit dieses Causeurs seine erlesene und weithin bekannte Bibliothek auf geradezu ideale Weise vervollkommnen würde, und wundert sich, daß er bei seinem rhetorischen Talent kein Buch schreibe: »›You talk books away‹, he said; ›why don't you write one?‹« (S. 45).

---

[14] Es überrascht daher auch kaum, daß Lord Henry seinen Einfluß auf Dorian der Wirkung eines literarischen Kunstwerks gleichsetzt: »He had made him premature. That was something. Ordinary people waited till life disclosed to them its secrets, but to the few, to the elect, the mysteries of life were revealed before the veil was drawn. Sometimes this was the effect of art, and chiefly of the art of literature, which dealt immediately with the passions and the intellect. But now and then a complex personality took the place and assumed the office of art; was, indeed, in its way, a real work of art« (*Complete Works* [Anm. 6], S. 55).

Lord Henry kennzeichnet sich in seiner Antwort nicht nur als leidenschaftlichen Leser, sondern auch als potentiellen Romancier, dem freilich
in England das geeignete literarische Publikum fehle:

> »I am too fond of reading books to care to write them, Mr. Erskine. I should like to
> write a novel certainly; a novel that would be as lovely as a Persian carpet, and as un-
> real. But there is no literary public in England for anything except newspapers, prim-
> ers, and encyclopaedias. Of all people in the world the English have the least sense of
> the beauty of literature.« (S. 45)

> (»Ich lese Bücher viel zu gern, als daß ich Lust hätte, welche zu schreiben, Mister Ers-
> kine. Sicherlich würde ich gern einen Roman schreiben, einen Roman, der so köstlich
> wäre wie ein persischer Teppich und ebenso unwirklich. Aber es gibt in England kein
> literarisches Publikum für etwas anderes als Zeitungen, Abc-Bücher und Enzyklopä-
> dien. Von allen Völkern der Welt haben die Engländer am wenigsten Sinn für die
> Schönheit der Literatur.« [S. 54])

Dieser wahre Kunstfreund, der die schöne Form der Literatur genießt,
setzt sich mit aristokratischer Arroganz von einer banausischen Gesellschaft ab, die nur auf nützliche Informationen bedacht ist und neben Zei-
tungen, Lehrbüchern und Nachschlagewerken keine andere Lektüre gelten
läßt. Sein Spott, mit dem er das für ästhetische Qualitäten unempfängliche
englische Lesepublikum überzieht, richtet sich selbstverständlich nicht gegen Dorian. Denn in dem auffallend schönen Jüngling findet er einen sensiblen Zuhörer, dem er seinen »unwirklichen« Roman mündlich suggerie-
ren und zum lebendigen Nachvollzug anbieten kann.

Die Konturen dieser für Wildes Gestaltung des Motivs der »gelebten
Literatur« grundlegenden Figurenkonstellation zeichnen sich schon beim
ersten Zusammentreffen dieser beiden Charaktere ab. Diese Begegnung,
die im Atelier des Malers stattfindet, obwohl dieser (nicht nur aus künstlerischen Beweggründen) sein Modell dem Freund vorenthalten möchte,
läßt die gegenüber Musik und Malerei abgehobene Wirksamkeit der
Sprachkunst deutlich hervortreten. Denn noch während der schweigende
Maler an der Fertigstellung des Porträts arbeitet, beginnt Dorian, der wie
gebannt Lord Henrys musikalischer Stimme lauscht, sich seiner selbst bewußt zu werden. Was die Musik nicht vermochte: den in ihm aufsteigen-
den Empfindungen und Sehnsüchten einen Namen und eine Richtung zu
geben, das bewirken die an ihn gerichteten Worte. Der Pose des Modells
überdrüssig, verspürt er den Wunsch, das »Hohe Lied« von Jugend,
Schönheit und Selbstverwirklichung, das an sein Ohr dringt, in seinem Leben zu erfüllen.

Der in seine abbildende Arbeit vertiefte Maler nimmt die Veränderung,
die mit Dorian vor sich geht, als einen neuen Gesichtsausdruck an seinem
Modell wahr, durch den sein Bild die zuvor vergeblich gesuchte Ausstrah-
lungskraft gewinnt. Lord Henry, der somit zur Vollendung des Porträts
beigetragen hat [15], erkennt an der spontan einsetzenden Wirkung seiner

---

[15] Daß Lord Henry zur Vollendung des Bildes beigetragen hat, anerkennt der Maler mit
den folgenden Worten: » ›I don't know what Harry has been saying to you, but he has certainly made you have the most wonderful expression‹ « (S. 30). Auch das Porträt, das zum
zentralen Bildsymbol des Romans avanciert, ist somit von vornherein literarisch vermittelt.

geistreichen Aperçus über das Ideal hedonistischer Selbstverwirklichung, daß hier die Möglichkeit literarischer Beeinflussung besteht; er stellt sich vor, daß sein junger Zuhörer eine Erfahrung macht, die jener gleicht, die er selbst als Sechzehnjähriger beim Lesen eines Buches durchlebte: »a book which had revealed to him much that he had not known before« (S. 30). Diese Annahme bewahrheitet sich schon bei der Übergabe des fertigen Porträts an Dorian. In früheren Gemälden hatte Basil den schönen Jüngling nur indirekt und künstlerisch verfremdet dargestellt: als Adonis, Paris oder Narziß, in diesem Porträt aber hat er Dorian selbst abgebildet und dabei, wie Lord Henry genießerisch anerkennt, sein Meisterwerk geschaffen: »a wonderful work of art, and a wonderful likeness as well« (S. 33). Diente Dorian bislang dem Maler als Vorbild für die Hervorbringung von allegorischen Kunstgebilden, so begegnet er hier seinem Ebenbild als Kunstwerk. Seine Reaktion ist geprägt von einer durchaus narzißtisch zu nennenden Eigenliebe. Während er Basils Malerei im allgemeinen wenig Interesse entgegenbringt, wird ihm der Anblick des Porträts, in dessen glänzenden Augen und halb geöffneten Lippen sich sein erwachter Lebenshunger spiegelt, zu einer Offenbarung: »A look of joy came into his eyes, as if he had recognised himself for the first time. [...] The sense of his own beauty came on him like a revelation. He had never felt it before« (S. 33 f.).

Ruft das neue Selbstbewußtsein ein Gefühl der Freude hervor, so zeitigt die Vorstellung von der Vergänglichkeit seiner Schönheit und Jugend eine schier wahnwitzige Eifersucht auf das dauerhaft schöne Kunstwerk und führt zu dem phantastischen Wunsch, nicht er selbst, sondern das Bildnis möge altern und häßlich werden. Dafür gäbe er seine Seele! Ausgerechnet das Modell, in dem der Maler eine Inkarnation seines künstlerischen Ideals sieht und ein Symbol für die Harmonie von Leib und Seele, negiert damit radikal den Zusammenhang von Ethik und Ästhetik, es wendet sich vom Maler ab und sucht die Freundschaft Lord Henrys, dessen hedonistische Botschaft ihm den Weg weist zu einer mit der Kunst wetteifernden ästhetischen Existenzweise.

Dorian begibt sich bereitwillig in den Einflußbereich dieses literarisch hochgebildeten Dandys, der sich an der Vorstellung, Einfluß auszuüben und einem anderen Menschen sein »temperament« (S. 41) einzuprägen, berauscht, obwohl er selbst jede Form von Einfluß als unmoralisch und dem Gebot der Selbstverwirklichung abträglich stigmatisiert. Welche Bedeutung Dorian dessen Worten (»musical words, said with musical utterance«, S. 55) beimißt, mag der Anfang des IV. Kapitels illustrieren. Dorian wartet auf den abwesenden Lord in dessen luxuriöser Bibliothek; er ist umgeben von kostbaren bibliophilen Ausgaben, würdigt sie jedoch kaum eines Blickes. Auch so einem reizvollen Buch wie *Les Cent Nouvelles* schenkt er keine Aufmerksamkeit, und in der prachtvoll illustrierten Ausgabe von *Manon Lescaut,* die er in die Hand nimmt, liest er nicht, sondern blättert nur lustlos und aus Langeweile. Diese nachdrückliche Betonung der unter-

lassen Lektüre verdeutlicht, daß mithin auch und gerade für Dorian
Lord Henrys mündliche Rede jede Buchlektüre in den Schatten stellt. Die
Äußerungen des zu seinem Mentor avancierenden Lords faszinieren ihn
durch Inhalt und Form gleichermaßen; er genießt die geistreichen Maximen nicht nur als literarische Kostbarkeiten, sondern nimmt selbstgefällig
für sich in Anspruch, sie in die Lebenspraxis umzusetzen: »›That is one of
your aphorisms. I am putting it into practice as I do everything that you
say‹« (S. 48) [16].

Das dem Motiv der »gelebten Literatur« inhärente Phänomen der Aufnahme von Literatur wird in *The Picture of Dorian Gray* somit zunächst
nur indirekt als Lektüre greifbar: als bereits vollzogene Lektüre (Sibyl
Vanes Vertrautheit mit den Dramen Shakespeares, Dorians und Lord
Henrys umfangreiche literarische Bildung); als Nicht-Lektüre (desinteres-
siertes Durchblättern oder Ignorieren bestimmter Bücher); als »mündlich
vermittelte Lektüre« (in der besonderen Gesprächsbeziehung zwischen
Lord Henry und Dorian). Solchermaßen vorbereitet, wird es schließlich an
zentraler Stelle, genau in der Mitte des Romans, direkt und ausführlich als
Lektüre eines bestimmten Buches dargestellt. Der Übergang vollzieht sich
Ende des X. Kapitels. Dorian hat zu diesem Zeitpunkt, da er als Leser präsentiert wird, zwei entscheidende Erfahrungen gemacht: Er hat seine
Liebe zu der schönen Schauspielerin konsequent als rein ästhetische
durchlebt, und er hat die Gewißheit erlangt, daß sein Abbild an seiner
Statt von den Spuren des Alters wie des Lasters entstellt wird, er selbst
aber seine jugendliche Schönheit dauerhaft genießen kann. Er hütet sorgfältig dieses Geheimnis, da es ihm die Führung eines Doppellebens [17] ge-

---

[16] Freilich gilt dies (soweit im Roman nachprüfbar) allenfalls für solche Leitsätze, die seinem Streben nach Lebensgenuß und Selbstentfaltung entsprechen. Schon die Sibyl-Vane-
Episode zeigt, daß selbst explizite Empfehlungen, die seiner narzißtischen Haltung entgegen-
stehen, von Dorian ignoriert werden. Vgl. hierzu Lord Henrys Kommentar anläßlich der
miserablen Vorstellung, die Sibyl als Julia gibt: »›Besides, I don't suppose you will want your
wife to act. So what does it matter if she plays Juliet like a wooden doll? She is very lovely,
and if she knows as little about life as she does about acting, she will be a delightful experience‹« (*Complete Works* [Anm. 6], S. 73).
[17] Vgl. zum Doppelgänger-Motiv O. Rank, *Der Doppelgänger. Eine psychoanalytische Studie* (Leipzig, 1925); R. Rogers, *The Double in Literature* (Detroit, 1970); R. Tymms, *Doubles
in Literary Psychology* (Cambridge, 1949); von besonderem Interesse ist J. Korgs Aufsatz
»The Rage of Caliban«, *University of Toronto Quarterly*, 37 (1969), S. 75–89, der Wildes Gestaltung als Vorwegnahme des »twentieth-century theme of multiplicity« und als bedeutsamen Beitrag zur ›literature of personal identity‹ diskutiert. – Neben der Identitätsproblema-
tik ist jedoch auch zu beachten, daß *The Picture of Dorian Gray* ein irritierendes Spiel mit der
konventionellen Auffassung treibt, daß das Böse sichtbare Spuren in der äußeren Erscheinung des Menschen hinterläßt (J. R. Reed spricht in anderem Zusammenhang von »the
Victorian assumption that evil should be visible« [*Victorian Conventions* (Athens, O., 1975),
S. 347]). So scheint die Schilderung des Doppellebens diese Auffassung einerseits zu diskreditieren, da der Protagonist trotz seiner Laster und Verbrechen seine Schönheit bewahrt, ja
sie sogar als Deckmantel für seine Untaten benutzt; andrerseits scheint der Roman die konventionelle Sicht zu bestätigen, indem er die Spuren des Bösen zunächst im Bild und schließlich im entstellten Leichnam sichtbar macht.

stattet und somit ungeahnte Möglichkeiten der Selbstentfaltung eröffnet. In diesem Kontext bittet er Lord Henry, dessen Konversation offensichtlich einen Teil ihrer Faszination verloren hat, um einen interessanten Lesestoff. Das Buch, das er auf eigenen Wunsch erhält, übernimmt im weiteren Verlauf von *The Picture of Dorian Gray* die literarisch prägende Rolle, die zuvor dem mündlichen Wort zugefallen war. Dies bedingt, daß auch Lord Henry von diesem Zeitpunkt an als Romanfigur deutlich in den Hintergrund tritt.

Der Buchsendung hat Lord Henry eine Zeitung beigelegt, und zwar ein Exemplar der *St. James's Gazette,* in dem er den Bericht über die Obduktion von Sibyl Vanes Leiche rot angekreuzt hat. Dieses alternative Lektürenangebot leistet nicht nur einen offenkundigen Beitrag zur Verknüpfung verschiedener Zeitphasen des Romans, sondern fungiert auch und vor allem als Probe auf Dorians narzißtisches Leseverhalten. Der schroffe Kontrast in der intensiven Reaktion des Lesenden auf diese beiden Texte ist äußerst aufschlußreich: Dorian, der zunächst zur Zeitung greift, gerät in Zorn darüber, daß ihm diese Lektüre zugemutet wird: »He frowned, and, tearing the paper in two, went across the room and flung the pieces away. How ugly it all was! And how horribly real ugliness made things!« (S. 100). Der schonungslose Bericht, der in voller Länge zitiert wird, erlaubt nicht jene ästhetische Rührung, die er angeblich verspürt hätte, wäre ihm Sibyls Schicksal als dichterische Gestaltung in einem literarischen Text begegnet; er konfrontiert ihn vielmehr mit der schrecklichen Wirklichkeit ihres Todes, die als häßlich zurückgewiesen wird. Erst nachdem er diese unwillkommene Lektüre vernichtet hat, wendet er sich neugierig dem Buch zu, das wegen der Farbe seines Papiereinbandes als »yellow book« (S. 101) [18] bezeichnet wird und von dem Lord Henry annimmt, daß es sein Interesse wecken könnte. – Kaum hat Dorian begonnen, es zu durchblättern, da ist er schon ganz in seinem Bann. Sujet und Sprache dieses Buches, das für ihn das merkwürdigste ist, das er je gelesen hat, nehmen ihn gleichermaßen gefangen:

> It was a novel without a plot, and with only one character, being, indeed, simply a psychological study of a certain young Parisian, who spent his life trying to realise in the nineteenth century all the passions and modes of thought that belonged to every century except his own. (S. 101)

> (Es war ein Roman ohne Handlung und mit nur einer einzigen Person, im Grunde genommen nichts weiter als eine psychologische Studie über einen jungen Pariser, der sein Leben damit verbrachte, im neunzehnten Jahrhundert alle Leidenschaften und Denkarten zu verwirklichen, die jedem Jahrhundert außer dem seinen angehörten. [S. 140])

Hatte Dorian vor nicht allzu langer Zeit in Lord Henrys Bibliothek lustlos in einer bibliophilen Ausgabe geblättert und ungeduldig auf das Erscheinen des Freundes gewartet, so ist er jetzt in seiner eigenen Bibliothek von

---

[18] Diesen Namen erhält nur wenige Jahre später eine berühmt gewordene Zeitschrift (*The Yellow Book,* 1894–1897), in der u. a. Aubrey Beardsley und Max Beerbohm publizierten.

diesem in gelbem Papier gebundenen Buch so gefesselt, daß er seine Verabredung mit Lord Henry vergißt und nicht merkt, wie die Zeit verstreicht.

In der egozentrischen Vergegenwärtigung und Verwirklichung der Leidenschaften und Denkinhalte früherer Jahrhunderte und in dem damit verbundenen eskapistischen Affront gegen die Normen und Konventionen der eigenen Zeit tritt dem Lesenden ein literarisches Modell vor Augen, das zum Nachvollzug geradezu einlädt. Seine Faszination wächst von Kapitel zu Kapitel, und trotz mehrmaliger Erinnerung durch seinen Diener liest er bei dem abnehmenden Licht weiter, bis er nichts mehr sehen kann. Das Buch fasziniert Dorian weit über diese erste Lektüre hinaus, es wird zum Leitbuch seines weiteren Lebens.

IV.

Auch die nach literarischen Vorlagen suchende Wilde-Forschung ist der Faszination des gelben Buches in *The Picture of Dorian Gray* zumindest teilweise erlegen und sieht in ihm ein real existierendes literarisches Werk. Für Holbrook Jackson, dem wir die erste wissenschaftliche Zusammenschau aller Tendenzen in der Kunst und Literatur der *Eighteen Nineties* verdanken, galt es 1913 als ausgemacht, daß die Beschreibung des »yellow book« auf den Roman *A Rebours* von Joris-Karl Huysmans verweist[19], und wenige Jahre später verbuchte Walter Fischer als Ergebnis seines Textvergleichs die Gewißheit, daß es »tatsächlich *A Rebours* ist«[20]. Daß eine solche einfache Gleichsetzung nicht zulässig ist, haben inzwischen quellenkritische Untersuchungen hinreichend deutlich gemacht. Bernhard Fehr wies schon im Jahre 1921 nach, daß das XI. Kapitel in *The Picture of Dorian Gray* »aus vielen fremden Motiven in orientalischer Asymmetrie zusammengesetzt«[21] ist, und betrachtete deshalb das »yellow book« als »eine Romangestalt, die der Wirklichkeit entnommen sein soll und deren Original man kennt. Aber das Original selber ist von Künstlers Hand mit andern Typen zusammen in die Überwirklichkeit hinaufgebaut worden, wo die Urelemente voneinander nicht mehr unterscheidbar sind«[22]. Fehr konnte durch ausführliche Textvergleiche nachweisen, daß Wilde für die inhaltliche Kennzeichnung des gelben Buches u.a. Werke von E. Gibbon (*Decline and Fall of the Roman Empire*), J.A. Symonds (*The Renaissance in Italy* und *Sketches in Italy*) und Sueton (*Vitae Caesarum*) verarbeitet hat. Diese Ergebnisse sind in den einschlägigen Arbeiten der späteren Wilde-

---

[19] H. Jackson, *The Eighteen Nineties* (London, 1913), S. 61.
[20] W. Fischer, »›The Poisonous Book‹ in Oskar (sic) Wildes ›Dorian Gray‹«, *Englische Studien,* 51 (1917), S. 47.
[21] B. Fehr, »Das gelbe Buch in Oscar Wildes ›Dorian Gray‹«, *Englische Studien,* 55 (1921), S. 255.
[22] Fehr (Anm. 21), S. 237 f.

Forschung bestätigt und differenziert worden. Das Urteil über den zusammengesetzten und fiktiven Charakter des Textes wurde überdies durch die überraschende Entdeckung erhärtet, daß Wilde ursprünglich Angaben zu Titel und Verfasser vorgesehen hatte. Während das »yellow book« in den publizierten Fassungen von *The Picture of Dorian Gray* nicht näher identifiziert wird, figuriert es in der Manuskriptversion als *Le Secret de Raoul*[23] und wird einem Autor namens »Catulle Sarrazin« zugeschrieben. (Dieser Name ist fingiert und darf wohl als Zusammensetzung aus den Namen von Catulle Mendès und Gabriel Sarrazin gedeutet werden[24].) Dennoch halten zahlreiche Kritiker bis in die jüngste Vergangenheit an der Identität des gelben Buches mit *A Rebours* fest, wenn auch nicht alle so unverblümt wie Jeffrey Meyers, der ohne weiteres behauptet, Lord Henry schicke Dorian »a copy of *Against Nature* bound in yellow paper«[25]. Ob dieser »Mythos *A Rebours*«, wie Wolfgang Maier in seiner Analyse der Wilde-Forschung (1984) begründet fordert, »endlich der Vergangenheit angehören«[26] wird, erscheint darum mehr als fraglich. Denn wenn auch die inhaltlichen Details, durch die das gelbe Buch gekennzeichnet wird, nachweislich aus anderen Quellen stammen, so bleiben auffällige äußere Gemeinsamkeiten, die den »Mythos« von der Identität der beiden Texte zu stützen scheinen: Auch *A Rebours* könnte beschrieben werden als eine psychologisch orientierte Romanstudie über einen (freilich nicht mehr ganz so jungen) Pariser.

Wilde selbst hat im Prozeß gegen Lord Queensberry[27] und in zwei Briefen aus den Jahren 1892 und 1894 zur Frage nach dem Original Stellung genommen[28]. In diesen Äußerungen gesteht er einerseits zu, daß das gelbe Buch zum Teil durch *A Rebours* angeregt sei, er beansprucht aber andrerseits ausdrücklich, daß es nur ein Produkt seiner Phantasie sei und nicht wirklich existiere. Wildes Insistieren auf dem fiktiven Charakter des Buches soll hier nicht weiter auf seine Berechtigung überprüft, sondern als Hinweis auf die Frage nach den funktionalen Bezügen dieses Buches innerhalb des Romans aufgegriffen werden. Schließlich interessiert im Rahmen unserer Motivuntersuchung vor allem der Einfluß, den die Literatur

---

[23] Der erste Hinweis hierauf stammt wohl von F. Winwar, *Oscar Wilde* (London, 1938), S. 166.

[24] Vgl. dazu »Introduction«, in *The Picture of Dorian Gray*, hg. v. I. Murray (Oxford, 1974), S. 244, sowie W. Maier (Anm. 1), S. 197–203.

[25] J. Meyers, *Homosexuality and Literature 1890–1930* (London, 1977), S. 26.

[26] W. Maier (Anm. 1), S. 203.

[27] Im Prozeß gegen Lord Queensberry soll Wilde die Identität des gelben Buches mit *A Rebours* bestätigt haben. Vgl. St. Mason, *Oscar Wilde: Three Times Tried* (London, 1912), S. 50; H. Montgomery Hyde, *The Trials of Oscar Wilde* (London, 1948), S. 130; W. Maier (Anm. 1), S. 193–197.

[28] »The book in *Dorian Gray* is one of the many books I have never written, but it is partly suggested by Huysmans's *A Rebours*« (*Letters* [Anm. 3], S. 313). »The book that poisoned, or made perfect, Dorian Gray does not exist; it is a fancy of mine merely« (ebd., S. 352).

auf Dorian ausübt. Das gelbe Buch, das als stilistisches Meisterwerk des
französischen Symbolismus ausgewiesen und somit für Leser gedacht ist,
die anders als das verspottete englische Publikum für ästhetische Qualitäten empfänglich sind, weckt nicht von ungefähr Assoziationen zu jenem
unidentifiziert bleibenden Buch, das Lord Henry im II. Kapitel von *The
Picture of Dorian Gray* vor Augen hat, als er die Wirkung seiner Worte beobachtet; es erscheint wie eine Vorstudie zu dem imaginären Roman, den
er hätte schreiben wollen, aber nie geschrieben hat. Hierfür sprechen neben der stilistischen Eigenart die mit Lord Henrys psychologischem Interesse korrelierende experimentierende Lebenseinstellung des Pariser Helden und vor allem der Umstand, daß Dorian im Protagonisten des gelben
Buches eine prototypische Ausprägung des modernen Hedonisten erkennt[29].

Das gelbe Buch gefällt Dorian nicht unbedingt, aber es fesselt ihn. Auf
diesen Unterschied legt er Wert, als er Lord Henry gegenüber seine erste
Lesereaktion beschreibt: »›I didn't say I liked it, Harry. I said it fascinated
me. There is a great difference‹« (S. 102). Seine im Laufe der Zeit immer
enger werdende Bindung an das Buch entspringt somit offenkundig nicht
einer naiven oder kritiklosen Hingabe an ideale Identifikationsmuster.
Der Lesende ist sich vielmehr der Eigenart der moralisch nicht gerade un-
bedenklichen Lektüre bewußt, denn es treten ihm hier die Sünden der
Welt entgegen:

> It was the strangest book that he had ever read. It seemed to him that in exquisite rai-
> ment, and to the delicate sound of flutes, the sins of the world were passing in dumb
> show before him. Things that he had dimly dreamed of were suddenly made real to
> him. Things of which he had never dreamed were gradually revealed. (S. 101)
>
> (Es war das ungewöhnlichste Buch, das er je gelesen hatte. Ihm war, als zögen in köst-
> lichen Gewändern zu lieblichem Flötenklang die Sünden der Welt in stummem Schau-
> spiel an ihm vorüber. Dinge, von denen er unklar geträumt hatte, wurden ihm plötz-
> lich zur Wirklichkeit. Dinge, von denen er nie geträumt hatte, enthüllten sich ihm
> nach und nach. [S. 140])

Was anfänglich wie eine fremde Melodie klingt, enthüllt sich schließlich
als Teil seines eigenen Wesens. Wie zuvor das Porträt und die Wortmusik
des Freundes, so wird ihm jetzt das Buch zur Offenbarung seiner selbst.
Die Sünden der Welt, die, in ästhetischem Zeremoniell lockend, an seinem
Auge vorüberziehen, erweisen sich zum Teil als literarische Wirklichkeit
gewordene Inhalte seiner eigenen Träume. Und je länger er liest, um so
deutlicher findet er sich im Dargestellten wieder. In dieser subjektiven Re-
zeptionshaltung kristallisiert sich besonders anschaulich die für Dorian
charakteristische Neigung, sich selbst in Analogie zu literarischen Gestal-

---

[29] Bezeichnenderweise kommt Dorian bei dieser Lektüre zu einer affirmativen Formulierung des ihm zu Beginn von *The Picture of Dorian Gray* nahegelegten Neuen Hedonismus:
»›Yes: there was to be, as Lord Henry had prophesied, a new Hedonism that was to recreate
life, and to save it from that harsh, uncomely puritanism that is having, in our own day, its
curious revival‹« (S. 104).

ten zu setzen. Wie er in der Oper die Ouvertüre zu Wagners *Tannhäuser*[30] als Ausdruck der Tragödie seiner eigenen Seele genießt, so rezipiert er die psychologische Romanstudie wie die Geschichte seines eigenen Lebens. Er entdeckt sich selbst als eine bereits in die Literatur eingegangene Figur; in dem französischen Protagonisten sieht er nicht ein fremdes Ideal, dem es nachzueifern gelte, sondern eine »Präfiguration« seiner eigenen Person:

> The hero, the wonderful young Parisian, in whom the romantic and the scientific temperaments were so strangely blended, became to him a kind of pre-figuring type of himself. And, indeed, the whole book seemed to him to contain the story of his own life, written before he had lived it. (S. 102)
>
> (Der Held, dieser erstaunliche junge Pariser, in dem die romantischen und wissenschaftlichen Anlagen auf so sonderbare Weise vermengt waren, wurde für ihn so etwas wie ein im voraus geschaffenes Urbild seiner selbst. Und tatsächlich schien es ihm, als enthalte das ganze Buch die Geschichte seines eigenen Lebens, geschrieben ehe er es gelebt hatte. [S. 141 f.])

»Präfiguration« heißt für Dorian selbstverständlich nicht völlige Gleichheit oder Identifikation mit seinem Vorbild; dem stünde ohnehin ein bedeutsamer Unterschied in den äußeren Lebensumständen entgegen. So hat der junge Pariser schon früh ganz plötzlich seine außergewöhnliche Schönheit verloren und lebt deshalb in ständiger Furcht vor Spiegeln. Dorian, dessen jugendliche Schönheit dank des phantastischen Porträts von Dauer ist, kennt solche Spiegelscheu nicht; er findet im Gegenteil lange Zeit Gefallen daran, sein schönes Spiegelbild mit der immer häßlicher werdenden Fratze des Porträts zu vergleichen, und er liest mit besonderem Genuß die zweite Hälfte des Buches, in dem die Verzweiflung des Protagonisten über die verlorene Schönheit überhandnimmt. Das Insistieren auf diesem Unterschied akzentuiert den besonderen Modus von Dorians Aufnahme der Literatur, der sich sowohl durch ästhetische Sensibilität wie durch starke Ichbezogenheit auszeichnet. Der Lesende sieht sich durch die vorgefundene hedonistische Existenzweise des ihm wesensverwandten Romanhelden in seinem Streben, alle Formen des Lebensgenusses zu erfahren, bestätigt. Das Buch wird ihm gleichsam zu einem Spiegel, in dem er die ihm gemäßen Erlebnis- und Genußmöglichkeiten zu entdecken sucht; und da sein Ich von mannigfaltigen Stimmungen geprägt ist, beschafft er sich aus Paris gleich neun Luxusausgaben der ersten Auflage und läßt sie in verschiedenen Farben binden, um je nach Laune ein besonderes Exemplar des Buches in die Hand nehmen zu können.

Wie der junge Pariser findet Dorian eine Zeitlang Gefallen am Ritual der katholischen Kirche und vertieft sich gleichermaßen genießerisch in die Mystik wie in die deutsche Bewegung des Darwinismus – nicht um sich an einen Glauben oder an eine Lebenstheorie zu binden, sondern um seine Neugier zu befriedigen. Denn sein Ziel ist die Erfahrung selbst, und

---

[30] Vgl. zur Bedeutung von Wagner und seiner Musik für die Décadence-Literatur E. Koeppen, *Dekadenter Wagnerismus. Studien zur europäischen Literatur des Fin de siècle* (Berlin, 1973).

geistige Spekulation verwirft er zugunsten der Vergeistigung der Sinne und einem Suchen nach immer neuen Reizen und Sensationen. So gibt sich dieser Freund klassischer Musik auch eine Weile den schrillen Dissonanzen barbarischer Musik hin, trägt eine Sammlung bizarrer Instrumente zusammen und veranstaltet wilde Konzerte, in denen Zigeunerinnen, Tunesier und Neger auftreten. Er studiert mit großem Eifer die Wirkungen von Parfums und die Geheimnisse ihrer Herstellung, um »a real psychology of perfumes« (S. 106) auszuarbeiten; und er erschließt sich alle erdenklichen Kunstgegenstände als Quelle besonderer sinnlicher Reize, indem er sie auf ihre ästhetischen Eigenschaften untersucht und ihnen assoziativ unterschiedliche Stimmungsqualitäten zuordnet. Mit Vorliebe widmet er sich dabei seinen kostbaren Juwelen, doch er verlegt sich auch auf das Sammeln von seltenen und ausgesucht schönen Stickereien und Webereien, exquisiten Stoffen, Gobelins und Meßgewändern und steigert seinen Genuß an diesen Kostbarkeiten noch durch das Lesen von dem verschwenderischen Reichtum, dem Prunk und Schmuck früherer Zeiten.

Dorian bleibt indessen keineswegs bei solchen im Grunde relativ harmlosen Obsessionen stehen, sondern begibt sich bei seinem Nachvollzug des vorgelebten Hedonismus auch auf den Weg des Verbrechens. Dabei wird er, der sich beim Lesen des gelben Buches an der Verzweiflung des Parisers über den Verlust der physischen Schönheit weidete, phasenweise selbst von Angst und Verzweiflung (angesichts des ästhetischen Verfalls seines Bildnisses) heimgesucht. So mag seine exzessive Konzentration auf immer neue Artefakte, die primär der Kultivierung seines ästhetischen Raffinements dient, mitunter wie eine Flucht ins Vergessen wirken[31].

Der junge Pariser tritt selbst auch als Leser in Erscheinung, und zwar gleich in drei Kapiteln des gelben Buches. Bei seinem Versuch, alle Leidenschaften und Denkweisen früherer Jahrhunderte zu verwirklichen, greift er auf die in Büchern festgehaltenen Lebensschilderungen bedeutsamer Persönlichkeiten zurück. Imaginativ vollzieht er das ausschweifende Leben der römischen Kaiser nach: er sieht sich wie Tiberius in einem Garten auf Capri sitzen und die schmachvollen Bücher *Elephantis* lesen, zecht wie Caligula mit den Jockeys in ihren Ställen und ißt gemeinsam mit einem Pferd aus einer elfenbeinernen Krippe, leidet wie Domitian am *taedium vitae,* besucht wie Nero den Zirkus und läßt wie Elagabal von Karthago den Mond holen.

Dorian versenkt sich immer wieder aufs neue in diese Schilderungen äußerst intensiver Leseerlebnisse, in denen sich das eigene identifikatorische Rezeptionsverhalten spiegelt. Seine Sicht des französischen Romanhelden als Präfiguration seiner selbst erfährt im Zusammenhang mit dieser Metalektüre eine imaginative Ausweitung und zugleich eine pseudowissenschaftliche Begründung. Für Dorian, der seine Identität im Genuß des Le-

---

[31] »For these treasures [...] were to be to him means of forgetfulness, modes by which he could escape, for a season, from the fear that seemed to him at times to be almost too great to be borne« (*Complete Works* [Anm. 6], S. 111).

bensganzen zu erfüllen sucht, steht fest, daß das menschliche Ich, das einer flachen Psychologie als »a thing simple, permanent, reliable, and of one essence« (S. 112) erscheinen mag, in Wahrheit ein zusammengesetztes, vielfältiges Wesen mit Erbschaften des Denkens und der Leidenschaften ist: »a being with myriad lives and myriad sensations, a complex multiform creature« (S. 112). Er selbst begreift sich als nicht festgelegtes Wesen und will alle in ihm liegenden Entwicklungsmöglichkeiten erkunden und verwirklichen. Bei dieser Suche nach sich selbst ergibt sich wie schon zu Beginn von *The Picture of Dorian Gray* eine eigentümliche Verbindung von Malerei und Literatur. Dorian, der das eigene Bildnis in einer verschlossenen Dachkammer verborgen hält, betrachtet oft die Porträts in seiner Ahnengalerie und spekuliert über den Einfluß der Vorfahren auf sein Wesen. Im Bild seiner Mutter, die, in einem losen Bacchantinnenkleid, mit ihrem Lady-Hamilton-Gesicht ihn anlacht, entdeckt er den Ursprung der eigenen Schönheit und seiner Leidenschaft für die Schönheit anderer. Unter den Bildern entfernterer Vorfahren, deren Blut auch in seinen Adern fließt, stellt er sich vor, daß er schlimme Leidenschaften von ihnen geerbt habe und bisweilen sogar ihr Leben führe. In weit stärkerem Maße als die Ahnengalerie wird ihm jedoch die Literatur zur Quelle solcher Identifikationsmöglichkeiten, und er formuliert die Überzeugung, daß er neben leiblichen auch literarische Vorfahren habe:

> Yet one had ancestors in literature, as well as in one's own race, nearer perhaps in type and temperament, many of them, and certainly with an influence of which one was more absolutely conscious. (S. 113)

> (Doch so wie in seinem eigenen Geschlecht hatte man auch Vorfahren in der Literatur, viele davon waren einem vielleicht in Typ und Charakter noch näher verwandt und übten zweifellos einen Einfluß aus, dessen man sich noch nicht entschiedener bewußt war. [S. 160])

In einem Kreis solcher Literatur-Ahnen würde der junge Pariser zweifellos die zentrale Position einnehmen, denn in seiner experimentierenden Lebenshaltung hat Dorian das Vorbild für den antipuritanischen »Neuen Hedonismus« gefunden, dem er sich selbst verschrieben hat. Freilich kommt dem Lesenden in seinem Drang, ein Höchstmaß an menschenmöglichen Empfindungsweisen in sich aufzunehmen, mitunter gar die ganze Weltgeschichte wie der Bericht des eigenen Lebens vor.

Dank des Privilegs der ewigen Jugend kann Dorian auch kriminelle und moralisch verwerfliche Möglichkeiten der Selbstentfaltung, die er in der Literatur vorfindet, ausleben, ohne auf seine dem Verfasser des *Satyrikon* nachempfundene Rolle des *arbiter elegantiarum* der Gesellschaft seiner Zeit verzichten zu müssen. Denn wenn das planvolle Doppelgängerdasein, das er zur Vermeidung gesellschaftlicher Sanktionen führt, auch das Entstehen von Gerüchten über seinen unmoralischen Lebenswandel nicht ganz unterbinden kann, so scheint doch die makellose Schönheit seines Antlitzes alle Verdächtigungen zu dementieren. Das Porträt aber, das zum Spiegel seiner Seele geworden ist, bekommt außer ihm nur ein einziger

Mensch zu Gesicht. Dorian enthüllt sein Geheimnis allein dem Maler. In grausamer Zuspitzung zeigt sich dabei der Amoralismus, ja Immoralismus seiner narzißtischen Selbstbespiegelung. Er empfindet eine schreckliche Lust, Basil mit dem monströsen Zerrbild seines Meisterwerks der Porträtkunst zu konfrontieren. Denn er meint, den Schöpfer des Bildnisses dadurch für die eigene Verderbtheit verantwortlich zu machen. Als dieser aber, über die Zerstörung seines Kunst- und Lebensideals entsetzt, ihm ins Gewissen redet und ihn zu einem gemeinsamen Gebet der Reue auffordert, überkommt Dorian ein unbändiges Gefühl des Hasses. Hatte er nach dem Freitod von Sibyl Vane Basils moralischen Zuspruch unter Berufung auf Théophile Gautiers Dichtungstheorie ästhetisch abgewehrt, so greift er diesmal zum Messer und ermordet den moralisierenden Freund. Freilich wird auch der Tod dieses durch und durch viktorianischen Künstlers gleichsam ästhetizistisch besiegelt. Denn Dorian liest, während er auf den Chemiker wartet, der die Leiche spurlos verschwinden lassen soll, in einer Luxusausgabe von Gautiers Gedichtband *Emaux et Camées*. Sein Blick fällt zunächst auf das Gedicht über Lacenaires vom Verbrechen noch nicht rein gewaschene Mörderhand, und er betrachtet, unwillkürlich erschauernd, die eigenen weißen Hände. Doch statt Wesensverwandtschaft mit literarischen Figuren sucht er diesmal eine ästhetische Distanzierung von dem blutigen Vorfall und wendet sich sogleich anderen Gedichten in diesem Band zu, die er mit großem Vergnügen intensiv auf sich wirken läßt. Der ästhetische Genuß des Lesenden, der sich an Gautiers Versen auf Venedig berauscht, unterbindet jedes Mitgefühl mit dem Ermordeten; er wird jedoch schließlich durch die Furcht, der Chemiker könnte nicht kommen, getrübt.

Die Niederungen des Menschseins, in die das im Dienst radikaler Selbstentfaltung vollzogene ästhetische Rollenspiel Dorian des weiteren führt, werden im Roman nur vage angedeutet und brauchen, da sie keine neuen Einsichten in Wildes Gestaltung des Motivs der »gelebten Literatur« erlauben, in diesem Zusammenhang nicht nachgezeichnet zu werden. Besondere Beachtung verdient jedoch der markante Abschluß, den das im Zeichen der Literatur geführte Leben in *The Picture of Dorian Gray* findet. Dorian, der sich in Opium- und Lasterhöhlen auskennt wie in den Salons der feinen Gesellschaft, freundet sich gut achtzehn Jahre nach seiner ersten Lektüre des gelben Buches mit dem Gedanken an, sein Leben zu ändern. Als das Porträt, das seine moralische Läuterung bestätigen soll, den vermeintlichen Anfang seiner *vita nuova* als heuchlerisches Rollenspiel entlarvt, will er sich endlich von diesem Zeugen seiner Schandtaten befreien. Indem er mit jenem Messer, das bereits zur Ermordung des Malers diente, auf sein Abbild einsticht, tötet er sich jedoch selbst und schenkt dem Porträt die ursprüngliche Schönheit zurück. Sein Leichnam aber ist bis zur Unkenntlichkeit entstellt und kann nur durch die Ringe an seiner Hand identifiziert werden. Die angenommene kunstwerkhafte Identität lebt Dorian somit bis zu seinem Selbstmord konsequent aus.

Dieser effektvoll inszenierte Romanschluß ist in der Wilde-Forschung recht umstritten. Angesichts der offenkundigen Spannungen zwischen ästhetischen und moralischen Normen mag man *The Picture of Dorian Gray* in der Tat, wie dies in jüngster Zeit zunehmend geschieht, als märchenhaft-symbolische Gestaltung konkurrierender Existenzweisen lesen. Fragwürdig werden solche Deutungen aber, wenn sie die Spannung didaktisch auflösen und die Schlußpointe eindeutig entweder als Absage an den Ästhetizismus oder als Kritik an einer Verfälschung des Ästhetizismus bestimmen[32]. Der von uns gewählte Ansatz legte nahe, die Akzente anders zu setzen und die doppelte Funktion der Literatur als Medium der Identitätsfindung und der Selbstbespiegelung herauszustellen. Dabei ist freilich die auch für die Interpretation des Romanschlusses relevante Frage, wie der Einfluß der Literatur auf das Leben Dorians zu werten sei, noch nicht ausdrücklich aufgeworfen worden. Dies soll in den abschließenden Bemerkungen nachgeholt werden.

V.

Wilde bringt in *The Picture of Dorian Gray* massiv eine dem Motiv der »gelebten Literatur« oft zugeordnete literarische Konstante ins Spiel, die Walter Pabst als »Victimes du Livre«[33] bestimmt und die wir als »schädliches Lesen« bezeichnen wollen. Dorian selbst schwingt sich kurz vor seinem Tode zum Richter über das *yellow book* auf, und es scheint, als sollte man seinen unfreiwilligen Selbstmord als eine Bestätigung seines Verdikts gegen dieses Buch, als eine tödliche Konsequenz seiner Lektüre auffassen. Freilich bleibt die Anklage gegen die Literatur nicht unwidersprochen, und die Art und Weise, in der Wilde diese literarische Konstante einsetzt, ist eher dazu angetan, sie zu diskreditieren als sie zu bekräftigen.

Bereits im X. Kapitel wird dem Buch, das durch seinen Klangkörper wie durch Weihrauch die Sinne des Lesenden betört und klare moralische Urteile zu suspendieren scheint, die Qualität »poisonous« (S. 101) zugesprochen, und am Schluß des XI. Kapitels wird der Lesende in Analogie zu den in der Renaissance geläufigen bizarren Vergiftungsmethoden als Op-

---

[32] Vgl. u.a. Roditi (Anm. 1), S. 124: »Dorian Gray distorts this doctrine and becomes a fallen dandy«. P. Goetsch, »Bemerkungen zur Urfassung von Wildes *The Picture of Dorian Gray*«, *Die Neueren Sprachen,* 65 (1966), S. 324–332, und Kohl (Anm. 1), S. 249–250, betonen demgegenüber die Unzulänglichkeit der ästhetischen Kunstauffassung und der hedonistischen Lebensphilosophie. Nicht alle Kritiker pflichten jedoch Wilde bei, der in einem Brief aus dem Jahr 1890 (*Letters* [Anm. 3], S. 259) dem Roman eine »terrible moral« zusprach. Hans Mayer z. B. meint, »dies scheinbar so moralisierende Finale« sei »ein bloß effektvoller, also abermals ästhetischer Abschluß, wenn es nicht als hohnvolle Konzession des Autors gedeutet werden muß« (*Außenseiter* [Frankfurt a. M., 1975], S. 262).

[33] W. Pabst, »›Victimes du Livre‹. Versuch über eine literarische Konstante«, in *Filología y Didáctica Hispánica. Homenaje al Profesor Hans-Karl Schneider,* hg. v. J. M. Navarro u. a., Romanistik in Geschichte und Gegenwart, 1 (Hamburg, 1975), S. 497–525.

fer eines Buches bezeichnet: »Dorian had been poisoned by a book. There were moments when he looked on evil simply as a mode through which he could realise his conception of the beautiful« (S. 115). Im XIX., dem vorletzten Kapitel des Romans klagt Dorian, der sich an der Schwelle einer *vita nuova* dünkt, Lord Henry an. Er beschuldigt seinen Freund, ihn durch das Buch vergiftet zu haben, und beschwört ihn, es keinem anderen Leser zugänglich zu machen, da es Unheil stifte: »›Yet you poisoned me with a book once. I should not forgive that. Harry, promise me that you will never lend that book to any one. It does harm‹« (S. 163).

Das Schlüsselwort »poisonous«, durch das in der zweiten Hälfte des Romans die verhängnisvolle Wirkung der Lektüre sprachlich scheinbar eindeutig fixiert wird, verwendet Dorian zuvor schon einmal, als er aufgrund seiner vermeintlichen Liebeserfahrung Lord Henrys ästhetische Theorien, die er später im gelben Buch bestätigt findet, leichthin abtut: »›the mere touch of Sibyl Vane's hand makes me forget you and all your wrong, fascinating, poisonous, delightful theories‹« (S. 69). Der Kontext, in dem das Wort steht, macht deutlich, daß Dorian die hedonistische Lebenskonzeption seines Freundes als (ästhetisch) faszinierend und wunderbar empfindet, aber auch als (moralisch) falsch und verderblich einstuft und sich ihrem Einfluß entziehen könnte.

Berücksichtigt man diese Urteile, so könnte man dem gelben Buch die Wirkung einer das moralische Empfinden anästhesierenden Droge zuschreiben, müßte aber sogleich hinzufügen, daß der Lesende den Genuß dieser Droge bewußt sucht und keinen Versuch unternimmt, sich ihrer Wirkung zu entziehen. In diesem Sinn darf man auch die Eingangssätze des XI. Kapitels, das die Auswirkungen der Lektüre detailliert nachzeichnet, zitieren: »For years, Dorian Gray could not free himself from the influence of this book. Or perhaps it would be more accurate to say that he never sought to free himself from it« (S. 102).

Die Möglichkeit einer alternativen Deutung des literarischen Einflusses, die sich in dieser Selbstkorrektur des Erzählers andeutet, wird im vorletzten Kapitel des Romans nachdrücklich herausgearbeitet. Denn die Anklage, die Dorian selbstgefällig vorbringt, wird von dem Beschuldigten als unangebrachte moralische Attitüde zurückgewiesen:

> »My dear boy, you are really beginning to moralise. You will soon be going about like the converted, and the revivalist, warning people against all the sins of which you have grown tired. You are much too delightful to do that. Besides, it is no use. You and I are what we are, and will be what we will be. As for being poisoned by a book, there is no such thing as that. Art has no influence upon action. It annihilates the desire to act. It is superbly sterile. The books that the world calls immoral are books that show the world its own shame. That is all. But we won't discuss literature.« (S. 163)

> (»Mein lieber Junge, jetzt fangen Sie wahrhaftig an zu moralisieren. Bald werden Sie wie der Bekehrte und Erweckungsprediger umherwandern und die Leute vor allen Sünden warnen, deren Sie überdrüssig geworden sind. Um das zu tun, sind Sie viel zu entzückend. Außerdem ist es sinnlos. Sie und ich, wir sind, was wir sind, und werden sein, was wir sein werden. Von einem Buch vergiftet werden, so etwas gibt es nicht. Kunst hat keinen Einfluß auf das Handeln. Sie hebt das Verlangen zu handeln auf.

Sie ist im höchsten Grade unfruchtbar. Die Bücher, die von der Welt unmoralisch genannt werden, sind Bücher, die der Welt ihre eigene Schande zeigen. Das ist alles.
Aber wir wollen nicht über Literatur reden.« [S. 236 f.])

Der als Verführer zum schädlichen Lesen angeklagte Lord spricht die Literatur kategorisch von dem Vorwurf frei, sie könne den Lesenden »vergiften« (moralisch korrumpieren). Er führt dabei das ästhetizistische Ideal
der Sterilität[34] der Kunst ins Feld und lastet die angebliche Unmoral literarischer Werke dem Rezipienten an[35]. Der Disput über den Einfluß der Literatur, der sich hier in der Frontstellung extremer Auffassungen anbahnt,
wird nicht ausgeführt, sondern von Lord Henry lakonisch unterbunden:
»›But we won't discuss literature‹«. Statt die thematische Wertigkeit der
literarischen Konstante explizit zu erörtern und eindeutig festzulegen, läßt
Wildes Gestaltung des Motivs der »gelebten Literatur« somit ein in seiner
Widersprüchlichkeit provokatorisches Nebeneinander von ästhetizistischen und moralischen Beurteilungsnormen bestehen, was den Interpreten
dazu zwingt, die Plausibilität der widersprüchlichen Positionen im Romankontext zu prüfen, bevor er sein Urteil fällt.

Lord Henrys These, daß niemand durch ein Buch verdorben werden
könne, da die Kunst keine Handlungsimpulse freisetze, scheint durch das
Romangeschehen widerlegt zu werden. Gewinnt doch sein hedonistisches
Credo einen so großen Einfluß auf Dorian, daß er wie ein Verführer erscheint, der mit einem bildsamen Jüngling ein skrupelloses psychologi-
sches Experiment anstellt. Man mag darum in der Beziehung zwischen
beiden Figuren die Konstellation Faust – Mephistopheles[36] durchscheinen
sehen, muß dabei aber bedenken, daß Dorian, wie weiter oben ausgeführt
wurde, sich der Wirkung des Buches willig aussetzt, ja, sie von seinen
Stimmungen abhängig macht, und daß er in dem Romanhelden eine Präfiguration seiner selbst entdeckt. Der »verderbliche« Einfluß kommt nur bedingt von außen, er hat seinen Ursprung offenkundig auch in einer inneren Disposition des Lesenden. Zudem bewirkt die Lektüre keine Verfälschung oder radikale Veränderung seiner Lebenseinstellung, sondern
führt ihn zur Aktualisierung seines Erlebnis- und Vorstellungspotentials.
Wilde selbst liefert einen instruktiven Beleg für diese Deutung, wenn er in
einem Brief »vervollkommnen« und »vergiften« als gleichsam austausch-
bare Begriffe verwendet und die Wirkung des gelben Buches wie folgt beschreibt: »The book that poisoned, or made perfect, Dorian Gray«[37].

---

[34] Vgl. dazu L. Hönnighausen, *Grundprobleme der englischen Literaturtheorie des neunzehn-
ten Jahrhunderts* (Darmstadt, 1977), S. 47.
[35] Die Position, die Lord Henry hier vertritt, korrespondiert mit den ästhetizistischen
Maximen der Vorrede, die Wilde als provokatorische Leseanleitung der Buchfassung von
The Picture of Dorian Gray voranstellte und mit seinem Namen unterzeichnete.
[36] Vgl. Kohl (Anm. 1), S. 255 u. 264 f.; dort weitere Literaturangaben. Vgl. auch R.-R.
Wuthenow, *Im Buch die Bücher oder Der Held als Leser* (Frankfurt a. M., 1980), S. 161: »es ist,
als könnte er [...] einen verklärenden Spiegel, ein harmonisierendes Echo auskosten in dieser
neo-sokratischen Beziehung, in der aus Sokrates ein Luzifer geworden ist«.
[37] *Letters* (Anm. 3), S. 352. – Hervorhebung stammt vom Verfasser dieses Beitrags.

Dorians Urteil, durch das Buch »vergiftet« worden zu sein, wird bei näherem Hinsehen zusehends fragwürdiger, und die scheinbar abwegige Replik des Lords gewinnt an Überzeugungskraft. Sie leugnet ja keineswegs
jede Form von literarischem Einfluß, sondern weist vor allem den Vorwurf
der moralischen Korrumpierung zurück und lenkt den Blick auf das Wesen dieses Lesers, der sich selbstgerecht als Opfer des Buches hinstellt. –
Die Frage nach der Identität des Dorian Gray wird bezeichnenderweise
schon früh in *The Picture of Dorian Gray* aufgeworfen, und zwar in einem
kurzen Gespräch zwischen Basil Hallward und Lord Henry, die recht unterschiedliche Vorstellungen von »the real Dorian« (S. 35) erkennen lassen. Während der Maler seinem Modell »a simple and a beautiful nature«
(S. 26)[38] zuschreibt und in ihm die ideale Verkörperung der Harmonie von
Seele und Körper sieht, erkennt der psychologisch geschulte Ästhet sogleich den radikalen Egoismus des jungen Narziß und findet Gefallen
daran, dessen Selbstentwicklung zu verfolgen und zu fördern. Freilich ist
auch seine Einsicht in das Wesen Dorians begrenzt; zwar ist er nicht so
naiv, Schönheit mit Reinheit und Unschuld gleichzusetzen, doch es über-
steigt seinen Vorstellungshorizont, daß Dorian ein Verbrechen, geschweige denn einen Mord begehen könnte. Während Basil schließlich
den wahren Dorian zu sehen bekommt und dafür mit seinem Leben büßt,
bleibt Lord Henry in seiner begrenzten ästhetischen Sicht befangen. Und
so preist dieser aristokratische Dandy, dem alles Vulgäre ein Verbrechen
und jedes Verbrechen vulgär ist, den zum Mörder gewordenen Dorian als
vollkommenen Lebenskünstler. Dorian selbst hat bereits bei der Entgegen-
nahme des Porträts, als er sich zum erstenmal seiner selbst bewußt wurde,
vorausgesehen, daß die Erfüllung der in ihm sich regenden Sehnsüchte
und Leidenschaften ihn »dreadful, hideous, and uncouth« (S. 33) machen
würde. Er hat sich für das »Schöne« entschieden und ist wissentlich in einen fundamentalen Widerspruch zum »Guten« geraten. Selbstzweifel und
Gewissensbisse sind ihm zwar nicht völlig fremd, da ihn der Maler und
insbesondere das schreckliche Bildnis aufdringlich mahnen, aber sie fech-
ten ihn nicht ernsthaft an. Die düsteren Stimmungen, die ihn mitunter
überkommen, werden immer wieder durch den Wunsch, das Leben auszu-
kosten, überlagert. Gegen Ende des Romans, da er auch das Monströse
und Häßliche in seinem Leben verwirklicht hat, trägt er sich wieder einmal
mit dem Gedanken einer Konversion zu einem neuen, besseren Leben: »›I
want to be better. I am going to be better‹« (S. 159).
    Der Entschluß erweist sich jedoch als heuchlerische Pose, als eitler
Wunsch, ohne innere Umkehr oder Buße schließlich auch noch den Luxus

---

[38] Trotz seiner Verliebtheit entdeckt aber auch Basil schon sehr früh, noch bevor Dorian
Lord Henry getroffen hat, daß sein Idol grausam und eitel sein kann: »›Now and then,
however, he is horribly thoughtless, and seems to take a real delight in giving me pain. Then I
feel, Harry, that I have given away my whole soul to some one who treats it as if it were a flower to put in his coat, a bit of decoration to charm his vanity, an ornament for a summer's
day‹« (S. 25).

eines reinen Gewissens zu genießen. Sein Mitgefühl gilt nicht den Menschen, die er ermordet oder in den Tod getrieben hat, sondern richtet sich narzißtisch auf die eigene Seele. Von Natur aus »wilful« und »petulant« (S. 27), ist dieser Narziß nicht bereit, die Verantwortung für seine Taten selbst zu tragen oder gar Reue zu empfinden. Er weist die Schuld statt dessen anderen zu: dem Maler, dem Porträt, Lord Henry und schließlich dem Buch.

Das moralische Verdikt gegen die Literatur fällt letztlich auf den Urteilenden zurück. Denn seine Lektüre war alles andere als blinde Übernahme eines verderblichen Identifikationsmusters. Indem er sich an das gelbe Buch hielt, erlag er keiner dämonischen Verführung zum Bösen, sondern lebte sich selbst aus. Im Unterschied zu den meisten »Victimes du Livre«, die (aufgrund idealistischer Illusionen oder infolge des Bedürfnisses, frustrierte Lebenserwartungen zu kompensieren) ihre Lebenswirklichkeit verfehlen, wird für Dorian der Umgang mit Literatur zu einer Form der Selbstbegegnung. Daß dieser Leser sich schließlich als Opfer der Literatur begreift, ist indessen nicht nur psychologisch plausibel begründet, sondern dient dem Autor zum provozierenden Spiel mit moralisch bornierten Vorurteilen gegen ästhetizistische Literatur[39]. Und es liegt eine maliziöse Ironie in Wildes Gestaltung des Motivs der »gelebten Literatur«, wenn eine heuchlerische Pose moralischer Überlegenheit Dorian schließlich zum unfreiwilligen Selbstmord treibt und damit die Zerstörung seiner physischen und die Restituierung seiner ästhetischen Identität bewirkt.

---

[39] Symptomatisch für solche moralische Borniertheit ist der böse Kalauer, mit dem *Punch* das Erscheinen von Algernon Swinburnes *Notes on Poems and Reviews* kommentierte. Dem Autor, der als erster in England die Theorie des »art for art's sake« formulieren sollte, wurde nahegelegt, sich »Swineborn« zu nennen: »Having read Mr. Swinburne's defence of his prurient poetics, *Punch* hereby gives him his royal licence to change his name to what is evidently its true form SWINE-BORN« (*Punch,* 51 [November 10, 1866], S. 189).

Das Motiv »Gelebte Literatur« in William Faulkners »Old Man«

Von

URSULA BRUMM

Faulkners »Old Man« ist eine in mehrfacher Hinsicht ungewöhnliche Erzählung; ungewöhnlich schon deshalb, weil hier das Motiv der »gelebten Literatur« in eine so gut wie literaturlose Welt versetzt wird[1]. Auch Werkgeschichte und Form machen diese Geschichte zur Ausnahme. Faulkner hat sie mit einer anderen Erzählung kapitelweise alternierend verwoben und hat beide unter dem Titel der anderen Erzählung als *The Wild Palms* 1939 veröffentlicht. Er habe diese kontrapunktische Schreibweise, so meinte er in einem Interview[2], zur Überwindung einer schöpferischen Flaute gebraucht. Die Literaturkritik hat demgemäß auch in »Old Man« vor allem die kontrastierenden oder parallelen Züge zu »The Wild Palms« aufgezeigt und »Old Man« im allgemeinen als die schwächere, jedenfalls als die abhängige Geschichte angesehen.

Eine solche Interpretation, die von dem fragwürdigen Postulat der Einheit des Bandes ausgeht, wird jedoch »Old Man« und seiner Eigenständigkeit und Bedeutung nicht gerecht[3]. Sie muß von vornherein das Motiv der »gelebten Literatur« vernachlässigen, das für diese Geschichte, und nur für sie, von zentraler thematischer, ja schöpferischer Bedeutung ist. Beide Geschichten werden jetzt auch unabhängig voneinander veröffentlicht, und Faulkner hat das ausdrücklich gebilligt[4].

[1] Eine motivische Analyse ist bisher, soweit ich sehe, nicht unternommen worden; ebenso ist die *rites de passage*-Struktur nicht diskutiert worden.

[2] Nachdem er den ersten Abschnitt von »Wild Palms« geschrieben habe, habe er gemerkt, daß etwas fehle, »it needed emphasis, something to lift it like counterpoint music. So I wrote on the ›Old Man‹ story until ›The Wild Palms‹ story rose back to pitch«. *William Faulkner. Three Decades of Criticism,* hg. v. F.J.Hoffman und O.W.Vickery (East Lansing, Mich., 1960), S.75.

[3] Vgl. J.J.Moldenhauer, »Unity of Theme and Structure in *The Wild Palms*«, in *William Faulkner. Three Decades of Criticism* (Anm.2), S.305–322; Th.L.McHaney, *William Faulkner's The Wild Palms* (Jackson, Miss., 1975), sieht »Old Man« als »secondary« (S.39); W.P. Cushman, »Knowledge and Involvement in Faulkner's *The Wild Palms*«, in *Faulkner: The Unappeased Imagination,* hg. v. G.O.Carey (Troy, N.Y., 1980), ergibt wenig für unsere Betrachtung; s. auch R.Stonesifer, »Faulkner's Old Man in the Classroom«, *College English,* 17 (1955), S.254–257.

[4] Malcolm Cowley gegenüber, der »Old Man« in seinen *Viking Portable Faulkner* aufgenommen hat. Cowley hat in seiner Einleitung darauf hingewiesen, daß sie neben *Huck Finn* die einzige Mississippi-Geschichte der amerikanischen Literatur sei, die, auch wenn sie *Huck Finn* nicht erreiche, neben ihr bestehen könne.

Das Motiv der »gelebten Literatur« entfaltet sich in unserer Geschichte zwischen zwei sehr ungleichen Protagonisten, von denen der eine, die Titelgestalt, der »Old Man«, eben gerade nicht-menschlich ist. Es ist der Mississippi, der »Vater aller Ströme«, also Naturgewalt und numinose Kraft, der Flußgott. Er ist sprachlos, aber nicht stumm: er macht sich durch »sound« bemerkbar. Der »Alte Mann« ist sogar der primär und verursachend Handelnde in der Geschichte, der die Erzählung in Schwung bringt und in Schwung hält. Er ist »on a debauch«, und dies ist eigentlich seine natürliche Seinsweise: von Zeit zu Zeit durchbricht er die Dämme, in die der Mensch ihn einzwängen will, läßt seine Kraft spielen, seinen Launen freien Lauf, und seine zerstörerische Macht beweist seine Gewalt und seine Fruchtbarkeit. Er ist Mentor/Schamane in dem *rites de passage*-Geschehen, das der Geschichte zugrunde liegt.

Der zweite, der menschliche Protagonist, der »hillman«, bleibt, im Gegensatz zum Fluß, namenlos; er ist »the tall convict« – der hagere, hochgewachsene Sträfling. Genauer: er ist »convict«, nämlich der Verurteilte, der seine Gefängnisstrafe absitzt. – Daß er »convict« ist, ist die Konsequenz von »gelebter Literatur«. Der Sträfling ist ein junger Mann von 25 Jahren, der seit sieben Jahren auf der Gefängnisfarm Parchman, hinter der Eindämmung des großen Flusses arbeitet (»under the shadow of the levee«). Als Mann aus dem hügeligen, unfruchtbaren Hinterland von Faulkners Yoknapatawpha Bezirk vertritt er einen bestimmten Menschentyp: die armen Weißen (»Poor White«), Nachkommen schottischer und schottisch-irischer Einwanderer, die dem kargen Boden auf kleinen, kümmerlichen Farmen gerade das bare Existenzminimum abringen. Sie können kaum lesen und schreiben, ihre Sicht, Erfahrung, Gefühle sind beschränkt oder abgestumpft; aber sie sind zäh und leidensfähig und haben in ihrer Armut eine spröde Art von Stolz entwickelt. Diese Eigenschaften gelten auch für den Sträfling, der seit seinem 19. Lebensjahr im Gefängnis arbeitet und somit weiteren Einschränkungen ausgesetzt ist: er ist fast ohne Erfahrung, zunächst auch fast ohne Worte, »inarticulate«, bevor ihn der mächtige Fluß in die große Erfahrung seines Lebens reißt.

Die Geschichte hat spezifische historische und geographische Bezüge. Es geht um die große Überschwemmungskatastrophe, die der Mississippi im Frühjahr 1927 anrichtete, die schlimmste in Menschengedenken, die viele Opfer forderte und immense Zerstörungen verursachte. Die Gefängnisfarm Parchman, in der der Verurteilte seine Strafe abbüßt, ist die Strafanstalt des Staates Mississippi, in der die Gefangenen auf einer großen Baumwollplantage arbeiten. Unter den geographischen Bezugspunkten der Geschichte ist Vicksburg der wichtigste: Vicksburg war der Ort, zu dem sich die Menschen aus den überschwemmten Gebieten flüchteten. Der Sträfling sucht Vicksburg zu erreichen, während er richtungs- und zeitlos auf der Flut paddelt, er rudert daran vorbei (wie Huck Finn und Nigger Jim an Cairo, Ohio) und geht schließlich bei Vicksburg an Land, um sich den Behörden zu stellen. Dabei ist daran zu erinnern, daß Vicks-

burg ein schmerzliches südstaatliches Symbol ist: Nach dem Fall von
Vicksburg 1863 beherrschten die Truppen der Nordstaaten den gesamten
Staat Mississippi, und dies signalisierte die Niederlage am Ende des Bür-
gerkriegs.

In dieser Welt, bei diesen Protagonisten muß es überraschen, ja schok-
kieren, dem Motiv »Gelebte Literatur« zu begegnen, und Faulkner hat den
Schock zweifellos beabsichtigt. Es tritt in einer herabgekommenen, vom
Ideellen ins Materielle verkehrten Form auf: es ist in die Trivialliteratur
(*popular literature*), die *crime story* verlegt, die Verbrechen als Abenteuer,
als spannende Unterhaltung präsentiert. Der Sträfling ist zu 15 Jahren
Haft verurteilt wegen eines Überfalls auf einen Zug, den er nach der Anregung und Anleitung von Groschenheften unternommen hat, der einzigen
Form von Literatur, die ihm zugänglich ist. Seinen Überfall hat er in peni-
bler Befolgung der literarischen Anweisungen vorbereitet:

> He had laid his plans in advance, he had followed his printed (and false) authority to
> the letter; he had saved the paper-backs for two years, reading and re-reading them,
> memorizing them, comparing and weighing story and method, taking the good from
> each and discarding the dross as his workable plan emerged, keeping his mind open to
> make the subtle last-minute changes without haste and without impatience, as the
> newer pamphlets appeared on their appointed days, as a conscientious dressmaker
> makes the subtle alterations in a court presentation costume as the newer bulletins ap-
> pear. (S. 542) [5]

> (Er hatte alles im voraus geplant gehabt, war der gedruckten (und falschen) Autorität
> bis auf den Buchstaben gefolgt; zwei Jahre lang hatte er Romanhefte gesammelt, sie
> wieder und wieder gelesen und auswendig gelernt, Handlung und Methode mit
> Handlung und Methode verglichen und abgewogen, hatte von allem nur das Beste
> ausgewählt und alles Wertlose weggeworfen, als sich ein brauchbarer Plan herausbil-
> dete, hatte Augen und Ohren offengehalten, um noch in letzter Minute in Ruhe und
> Geduld kleine Änderungen vornehmen zu können, wenn an den fälligen Tagen die
> neuesten Hefte erschienen, so wie ein gewissenhafter Schneider an einem Ballkleid für
> die Vorstellung bei Hofe noch kleine Änderungen vornimmt, wenn die neueste Zeit-
> schrift erscheint. [S. 6 f.]) [6]

Als er dann zur Ausführung schreitet, geht alles schief. Noch bevor er den
Reisenden ihre Wertsachen abnehmen kann, wird er im Expreßwagen, wo
der Safe ist, verhaftet. Seit seiner Verhaftung brütet er über das, was er vor
dem Gericht nicht ausdrücken konnte, daß es ihm nämlich nicht um Geld
und Reichtümer gegangen sei:

> It was not the money he had wanted. It was not riches, not the crass loot; that would
> have been merely a bangle to wear upon the breast of his pride like the Olympic run-
> ner's amateur medal – a symbol, a badge to show that he too was the best at his cho-
> sen gambit in the living and fluid world of his time. (S. 543)

---

[5] Zit. nach *The Portable Faulkner,* hg. v. M. Cowley (New York, 1946). – Die Zitatstellen
für Original und Übersetzung werden hier und im folgenden durch in Klammern gesetzte
Seitenangaben im laufenden Text ausgewiesen.
[6] Die deutsche Übersetzung der Zitate stammt aus William Faulkner, *Der Strom,* übers. v.
H. M. Braem und E. Kaiser (Zürich, 1957); Lizenzausgabe des S. Fischer-Verlags (Frankfurt
a. M., 1978).

(Es war nicht das Geld, das er gewollt hatte. Es waren nicht Reichtümer, nicht bloß
die zu erbeutenden Schätze; sie wären für ihn nicht mehr als eine Spange gewesen, die
er auf der Brust seines Stolzes hätte tragen können, wie der Olympialäufer seine Me-
daille – ein Symbol, ein Zeichen dafür, daß er auf seine Weise der Beste war, der Beste
dieses erwählten, gewagten Spiels in der fort und fort lebenden und fließenden Welt
seiner Zeit. [S.7f.])

Nach seiner Verurteilung richtet sich seine Wut – »outrage«, das Gefühl, betrogen zu sein[7] – nicht gegen die Rechtsanwälte und Richter, die
ihn ins Gefängnis gebracht hatten, sondern gegen die Schriftsteller, denen
er Unkenntnis und Leichtgläubigkeit vorwirft:

[...] the writers, the uncorporeal names attached to the stories, the paper novels – the
Diamond Dicks and Jesse Jameses and such – whom he believed had led him into his
present predicament through their own ignorance and gullibility regarding the medium in which they dealt and took money for, in accepting information on which they
placed the stamp of verisimilitude and authenticity [...]. (S.541)

([...] die Schriftsteller, gegen die gestaltlosen Namen, die mit den Geschichten, den
Zeitungsromanen verbunden waren – die Diamond Dicks und Jesse James' und ähnliche – und denen er die Schuld an seiner augenblicklichen Lage gab, weil sie für die
übernommene Aufgabe, die ihnen schließlich bezahlt wurde, zu unwissend und leicht-
gläubig waren und sich mit Informationen zufriedengaben, denen sie obendrein den
Stempel der Wahrscheinlichkeit und Glaubwürdigkeit aufdrückten [...]. [S.5])

Der Zorn des Sträflings gilt nicht nur den gewissenlosen Produzenten
von Trivialliteratur – die er als solche gar nicht erkennt –, sondern den
Schriftstellern allgemein, und zweifellos will sich Faulkner hierfür mitbe-
troffen erklären. Jede Fiktion stellt dem Leser Fallen, verlangt von ihm,
zwischen Fiktion und Wirklichkeit zu unterscheiden, und gerade die er-
zielte Glaubwürdigkeit der Dichtung macht dies zum Problem. Hier ist
ein Mann, der aus einer Welt stammt, die in ihrer Primitivität fast ohne
Worte auskommt; ein Mann, dem von allem Gedruckten gerade die Groschenhefte (*pulp magazines*) mit ihren Räuberhelden zugänglich sind – gerade ihm muß Literatur zum Verhängnis werden –, und er hält in seiner
Unwissenheit – die bei Faulkner auch »Unschuld« aus mangelnder Selbst-
kenntnis ist – diese Literatur so stur für Wahrheit, geradezu für eine »how
to do it«–Anleitung, daß er glaubt, durch ihre Nachahmung sich aus der
Beschränkung seines Lebens lösen, etwas Außerordentliches leisten zu
können.

Don Quijote in Yoknapatawpha: das ist anstelle des belesenen Ritters
von der traurigen Gestalt ein armer, dürrer und ungebildeter Kerl aus dem
Hinterland, wie Don Quijote »tall, lean, flat-stomached« (S.541). Anstelle
von Ritterromanen, der populären Literatur des späten Mittelalters und
der frühen Neuzeit, liest er Kriminalgeschichten und Räuberpistolen, die

---

[7] Das Wort »outrage«, das bei Faulkner die Empfindung von hilflos-wütendem Ausgelie-
fertsein ausdrückt, ist in der deutschen Übersetzung einmal als »Empörung« und dann als
»wütende Ohnmacht« wiedergegeben.

Massenliteratur unserer Zeit. Dies ist natürlich nicht nur eine herabge-
setzte, sondern auch eine in mancher Beziehung verkürzte Fassung des
Motivs: sie kann nicht Literatur und Wirklichkeit so ausführlich kontra-
stieren und die wechselseitigen Beziehungen von Ideal und Leben so detailliert diskutieren wie Cervantes' *Don Quijote*. Gleichzeitig steckt in dieser Version des Motivs eine Verstärkung. Selbst für den fast analphabeti-
schen Hinterwäldler ist Fiktion eine Gefahr; und daß Fiktion potentiell
immer gefährlich ist, wird dadurch signalisiert, daß es sich um Kriminalli-
teratur handelt.

Die phantasielose und sklavische Anwendung von Literatur »berei-
chert« nicht, weder ideell durch die Einsichten der Literatur, noch mate-
riell durch ihre Nachahmung in einem Raubüberfall. Im Gegenteil, anstatt
den Hinterwäldler von seinen Beschränkungen zu befreien, bringt sie ihn
in noch engere Einschränkung, ins Gefängnis. Faulkner liebte es, solche
radikalen Bedeutungen geradezu »allegorisch« zu verdeutlichen. Wir beginnen zu begreifen, warum Faulkner ausgerechnet das Motiv »Gelebte
Literatur« in eine Geschichte einbrachte, die von der großen Überschwemmung des Mississippi im Jahre 1927 handelt.

Zunächst: sicher aus der Freude am Kontrast, am Widersprüchlichen,
der scheinbaren Unvereinbarkeit von Motiv, Personen und Handlung, die
zuerst so verblüfft, daß die Wirkung komisch und grotesk ist. Faulkner
liebte es, das Prekäre und Absurde des menschlichen Lebens durch solche
Wirkungen möglichst kraß ins Bewußtsein zu rücken: das Fast-Lächerli-
che des Fast-Tragischen der menschlichen Existenz zu dokumentieren.
Die Fluten des Mississippi und gedruckte Literatur – das sind zunächst in-
kongruente Bereiche. Aber: diese augenscheinliche Inkongruenz hat schon
andere fasziniert, Goethe-Hafis im *West-Östlichen Diwan:* »Schöpft des
Dichters reine Hand, / Wasser wird sich ballen.« Wasser ist Naturmacht,
Lebenselement, ist formlos; der Fluß sprengt die Dämme, die ihm Form
geben und Grenzen setzen, er verwandelt das Land in endlose Fläche, Wü-
stenei. Literatur ist vor allem Form, ein Kulturprodukt, sublime menschliche Schöpfung: Sprache, Mitteilung, gestaltete Erfahrung.

Der Fluß tritt hier als Zerstörer, aber auch als Befreier auf; als der däm-
mesprengende Vernichter von Menschenwerk, das er als Treibgut herum-
wirbelt, wird er zum Befreier des Sträflings. Er holt ihn aus dem Gefängnis, in das die Literatur ihn gebracht hat; er befreit ihn, um ihm außerordentliche Prüfungen aufzuerlegen. Die extreme Fassung unseres Motivs –
»Gelebte Literatur« ist kriminell und führt ins Gefängnis – verlangt nach
dramatischer Wendung, nach Befreiung, sie fordert Veränderung, Erlösung aus den Engpässen des Lebens (aus dem »Gefängnis«), sie verlangt
nach geistiger Entwicklung aus der Unreife der Nachahmung und nach
moralischer Entsühnung, sie weist handlungsmäßig den Weg zu »Über-
gängen« in bessere, höhere Formen der Einsicht und Lebensführung. Es
hat daher eine innere Logik, wenn unser Motiv zu seiner Durchführung
sich der Handlungsstruktur und der Motive nach dem archetypischen Mu-

ster von *rites de passage* bedient, um mit ihrer Hilfe zu der notwendigen
Auflösung der im Motiv gegebenen Problematik zu kommen[8].

Es sei daran erinnert, daß das Motiv schon bei Don Quijote zu Ausflü-
gen Anlaß gab, die *rites de passage*-ähnlichen Charakter haben, und daß die
Questen der Ritterromanzen, die sich Don Quijote zum Vorbild nimmt,
diesem Muster und seinen mythischen Bedeutungen noch näher sind. So
kann die Verkoppelung des Motivs »Gelebte Literatur« mit der Missis-
sippi-Flut von 1927 kaum noch überraschen. Das überschwemmte Land
und der reißende Fluß entsprechen in geradezu klassischer Weise dem
Territorium des Übergangs, dem Niemandsland und gefährlich-unvertrau-
ten Bezirk, in dem der Novize seine Bewährungen bestehen muß.

Die Erzählung »Old Man« ist sehr deutlich nach den drei Phasen von
rites de passage, nämlich Trennung, Übergang und Wiederaufnahme (»sep-
aration«, »transition«, »incorporation«) angelegt. Der Sträfling wird aus
der Gemeinschaft des Gefängnisses »entlassen«, von ihr getrennt, er wird
allein in das weg- und orientierungslose Territorium der Überschwemmung geschickt und zum Schluß als ein Veränderter, Gereifter, Geläuter-
ter wieder in die Gemeinschaft eingegliedert. Sogar der eigentliche Anlaß
dieser *rites de passage,* die Bewältigung von Status-Veränderung, ist andeutungsweise vorhanden: eine Beförderung zum Vertrauensmann des Gefängnisses hatte er abgelehnt, weil er nicht noch einmal ein Gewehr in die
Hand nehmen wollte; nach seiner Rückkehr hat er jedoch ohne diese problematische Beförderung eine neue, geachtete Position als Erfahrener,
Wissender unter den Gefangenen erreicht.

Jede der drei Phasen ist durch Bildlichkeit und Motive charakterisiert,
die ihre *rites de passage*-Bedeutung ausdrücken.

Das Niemandsland der Flut ist von der menschlichen Gemeinschaft und
Ordnung zu Land durch eine fast abstrakt gehandhabte Bildlichkeit der
Kontraste abgesetzt: das Fließend-Unbegrenzte des Überschwemmungs-
gebietes mit seinem Treibgut, seinen Strudeln und Flutwellen gegen das
Kantig-Metallische, Begrenzende der Gefängniswelt. Bilder und Motive
einer gefährlichen Freiheit stehen gegen die des Eingeschlossenseins:
Dämme, Ketten, Fesseln, Lastwagen mit Stahlkörpern, Hand- und Fuß-
schellen.

Der Aufbruch aus der Gemeinschaft wird von dem Fluß veranlaßt; als
der Fluß den Damm durchbricht, werden die Gefangenen zur Katastro-

---

[8] Die Initiations- und die umfassendere *rites de passage*-Thematik hat von Anfang an in
der amerikanischen Literatur eine bedeutende Rolle gespielt. In neuerer Zeit hat die anthro-
pologische und die Mythenforschung diesen Interessen neue Impulse gegeben. A. v. Genneps
Les rites de passage (1909) wurde zwar erst 1960 ins Englische übersetzt, hat aber schon vorher weitreichende Impulse ausgestrahlt, etwa bei Frazer und der Gruppe der Cambridger An-
thropologen, die starke literarische Wirkungen gehabt haben. Unabhängig von der Kenntnis
der Initiationsriten in primitiven Gesellschaften versinnbildlicht *rites de passage* die psychi-
sche und reale Übergangsproblematik, vgl. J. Campbell, *The Hero with a Thousand Faces*
(New York, 1940). Vgl. dazu auch R. A. Zwick, *»Rites de passage« in den Romanen ›Why Are
We in Vietnam‹ und ›An American Dream‹ von Norman Mailer* (Tübingen, 1984).

phenhilfe gefahren. In den Lastwagen sind sie »padlocked by the ankles to the truck itself« (S. 551). Beim Aussteigen werden sie paarweise mit Fuß-ketten aneinander gefesselt. Diese Bildlichkeit des Gefangenseins wird verstärkt durch die akustischen Signale von »clashing and clanking of the shackles«, bis der Sträfling auf einen anderen Klang aufmerksam wird: »a profound deep whisper«. Auf seine Frage antwortet ihm ein Schwarzer: »Dat's him. Dat's de Ole Man« (S.557).

Für seine Aufgaben bei der Fluthilfe wird der Sträfling aus der Fesse-lung entlassen. Er wird zusammen mit einem Mitgefangenen – »The plump convict«, die beiden sind äußerlich ein Don Quijote/Sancho Pansa-Paar – in ein Boot gesetzt. Es wird ihm aufgetragen, in dem überfluteten Land eine Frau aus einem Baum und einen Mann vom Dach einer Baum-wollscheune zu holen.

Natürlich kann der Mann aus dem Hügelland, der nie den Mississippi gesehen hat, nicht rudern. Er steht dieser Aufgabe genauso unerfahren, ungeübt und naiv gegenüber wie vor sieben Jahren dem Eisenbahnüberfall – es gibt diesmal auch kein angelesenes Modell für sein Handeln –, aber er versucht, seinen Auftrag mit der gleichen unbeirrbaren, halsstarrigen Be-harrlichkeit, mit einer störrischen Buchstabentreue durchzuführen wie das frühere Unternehmen: »[...] he wanted to do it the right way« (S.580).

Es ist unvermeidlich, daß die Initiationsreise auf dem unvertrauten Ge-biet des überschwemmten Landes mit einem Todes- und Wiedergeburtsri-tual beginnt. Der Mann des Hügellandes, der nie ein Boot gerudert hat, kentert im ersten Strömungswirbel. Sein Begleiter, der kleine, dicke Sträf-ling, kann sich an einem Baum festhalten und berichtet bei seiner Rettung, daß der hagere Sträfling ertrunken sei. Für die Gefängnisverwaltung ist er nun tot und frei; man läßt seine Entlassungspapiere ausstellen.

Der große, hagere Sträfling hat sich jedoch an dem Ruder festgehalten; er taucht wieder auf und kann sich in das Boot ziehen:

> With both hands free he now dragged himself over the stern and lay prone on his face, streaming with blood and water and panting, not with exhaustion, but with that furious rage which is terror's aftermath. (S. 566)
>
> (Da er nun beide Hände frei hatte, konnte er sich übers Heck ziehen, und dann lag er ausgestreckt auf dem Bauch, triefend von Blut und Wasser und keuchend, weniger vor Erschöpfung als vielmehr jener erregten Empörung, die der Angst folgt. [S. 40 f.])

Eine Allergie, die Blutungen auslöst, markiert die ersten Stationen der Fahrt mit Blutstürzen, und Blut fließen zu lassen, gehört zu den charakte-ristischen Leistungen solcher rites de passage.

Durch alle Stationen seiner Irrfahrt zu Wasser und zu Land hält der Sträfling das ihm anvertraute Boot fest – er schlingt die Weinranke, die ihm als Bootstau dient, um das Handgelenk, so wie er früher seine Hand-schellen um das Handgelenk trug. Aber jetzt ist es eben keine Kette, nicht einmal ein Tau, sondern ein natürliches Seil, »a grapevine«, eine Wein-ranke, mit der sich zuerst die Frau im Baum festhielt. »The grapevine still wrapped about the convict's wrist« (S.597, 606 f., 612) – so führt er das

Boot wie Don Quijote seinen Gaul Rosinante mit sich. Der Sträfling lehnt es jedesmal kategorisch ab, sich von dem Boot zu trennen, er nimmt es auf Dampfer und Lastwagen mit, verlangt, daß es auf Fähren hinterhergezogen wird, trägt es über Land. Als es ihm schließlich gelingt, sich den Behörden zu stellen, faßt er das Ergebnis seiner Mission so zusammen: »Yonder's your boat, and here's the woman. But I never did find that bastard on the ›cottonhouse‹« (S. 637)[9].

Die Aufgabe des Sträflings ist eine echte Queste – die Rettung einer Frau in Not, »of a damsel in distress«, so wie es sich in chevalresken Romanzen gehört (also auch hier ein versteckter Hinweis auf Don Quijote). Diese Queste hat aber eine besondere, romanzen-widrige Komplikation, denn die Frau, die der Sträfling aus dem Baum rettet und in sein Boot nimmt, ist hochschwanger, ihre Niederkunft steht unmittelbar bevor. Aber auch diese Aufgabe löst der Mann, der zu dumm für einen Eisenbahnüberfall war. Er folgt diesmal nicht der Literatur, sondern der Natur, den Tieren (Tiere oder Instinkte sind Initiationsführer): er paddelt den Rehen nach, die er in eine bestimmte Richtung schwimmen sieht, und landet mit seinem Boot und der Frau auf einer Insel. Dort gebiert die Frau; der Sträfling leistet Geburtshilfe: er schneidet mit dem schartigen Deckel einer Konservendose die Nabelschnur durch. Er sorgt für Frau und Kind, kocht für sie und sich ein *stew* aus dem Fleisch ertrunkener Kaninchen.

Eine Insel – das ist der gegebene Zufluchtsort in der mediterranen Welt der *Odyssee* – überrascht aber zunächst im Mississippi Stromland. Dennoch ist sie ein realistisches, zugleich auch ein mythisches Element in dieser Geschichte der Mississippi-Überschwemmung. Hier befinden wir uns im Reich der »Großen Mutter«; die Insel, auf der die Geburt stattfindet, ist ein *Indian mound,* ein Geburts- und Totenhügel[10]. Diese Hügel, die es vor allem am Mississippi und Ohio gibt, waren während der großen Flut Zufluchtsorte für die Bewohner der überschwemmten Gebiete. In den *rites de passage* des Sträflings ist es der Ort, an dem er mit den chthonischen Mächten des Landes in Verbindung tritt, seine Begegnung mit der mythischen Vorzeit. Diese *Indian mounds* sind Relikte aus der indianischen Vorzeit des Gebietes (wahrscheinlich von Vorgängern der in historischer Zeit dort lebenden Indianer errichtet). Sie sind künstlich geschaffene Hügel, die sakrale Bedeutung hatten: Toten- und Tempelhügel, die mit den Ursprungsmythen ihrer Erbauer verknüpft wurden. Boten dieser chthonischen Welt sind die Schlangen, mythische und Totemtiere der Indianer; sie beherrschen dieses Totenreich, das der Boden für neue Geburt wird. Der Hügel ist ein Zufluchtsort für viele Tiere, »that earthen Ark out of

---

[9] Erstaunlicherweise hat Faulkner zunächst zugestimmt, als Cowley die Geschichte beim Abdruck in *The Viking Portable Faulkner* an dieser Stelle enden lassen wollte; sie ist dann aber doch in ganzer Länge abgedruckt worden; vgl. M. Cowley, *The Faulkner-Cowley File. Letters and Memories, 1944–1962* (New York, 1966), S. 55.

[10] Vgl. E. Neumann, *Die Große Mutter. Eine Phänomenologie der weiblichen Gestaltungen des Unbewußten* (Olten, [6]1983), zu Geburt, Gefäßen, Hügeln, Tieren, passim.

Genesis«; und biblische Anklänge sind auch in der Josephrolle des Sträflings vorhanden.

Nach diesen Erfahrungen und Leistungen ist der Sträfling vorbereitet
für den wichtigsten Akt seiner *rites de passage,* die innere Reinigung von
der Verirrung und Schuld seines bisherigen Lebens, in die er durch Nachahmung von Literatur gekommen ist. Auf einem Dampfer, der das Boot
mit Insassen aufnimmt, trifft er auf seinen Mentor-Prüfer, den Arzt (Scha-
mane und Medizinmann), einen freundlichen Mann (»the mild man«) mit
scharfprüfenden Augen. Er hat »the power to bind and to loose, if not by
Jehovah perhaps, certainly by the American Medical Association« (S.611).

Der Arzt, der seine Blutung stoppt, indem er ihm eine Spritze gegen die
Allergie gibt, unterzieht den Sträfling einer Befragung über seine Schuld,
will wissen, wofür er verurteilt ist. Der Sträfling gibt darauf bereitwillig
Auskunft. Er habe sehr eingehend (»right smart«) darüber nachgedacht
und abgeschworen; ein nächstes Mal werde es nicht geben. »I was
eighteen then. I'm twenty-five now« (S.611).

Es kann hier nicht unsere Aufgabe sein, alle weiteren Akte des »Übergangs« und seine Motive zu analysieren, darunter so typische *rites de passage*-Motive wie Ausdauer-Tests, Kleiderwechsel, Essens- und Schlafent-
zug, Überwindung (oder Bewußtwerdung) von Angst, Mut- und Tüchtig-
keitsproben wie das Töten von gefährlichen Tieren (Alligatoren) mit der
blanken, nur mit einem Messer bewaffneten Hand.

Wie jede Irrfahrt zu Wasser, so hat auch diese Parallelen und versteckte
Verweise auf die *Odyssee,* die herrlichste dichterische Ausgestaltung des
archetypischen Musters einer solchen Fahrt. Wie Odysseus von dem Zorn
des Meeresgottes Poseidon herumgetrieben wird, so der Sträfling von den
Launen des herrischen Flußgottes, der der wilde und unberechenbare Ar-
rangeur seiner Reise ist. Der große »Dulder Odysseus« hat einen niederen
Nachkommen in dem beharrlich erduldenden »hillman« (»to endure« ist
in dieser Geschichte wie in allen anderen Werken Faulkners ein Schlüssel-
begriff). Unser Protagonist ist kein König, sondern ein »armer Weißer«,
der aber auch den charakteristischen Stolz dieser Leute hat: »[...] who
will not ask anything of strangers, not even information« (S.613). Wie
Odysseus will auch er heim, allerdings nicht zu seiner Frau, sondern ins
Gefängnis, der einzigen Gemeinschaft, die er kennt, zu der er gehört, die
ihm »offensteht«.

Wie Odysseus auf der Insel der Kalypso nach dem Verlust seiner
Schiffe sich ein Floß zimmert, so muß der Sträfling sein fortgeschwemm-
tes Ruder ersetzen, indem er einen Baumstamm zuerst mit Feuer, dann mit
dem Deckel seiner Konservendose bearbeitet. Auch dies eine erfolgreiche
Initiationsleistung, die Durchführung einer schwierigen Aufgabe, die Erfindungsgabe, Geschicklichkeit und Ausdauer verlangt und Vorbedingung
für das Überleben ist[11].

---

[11] McHaney (Anm.3), S.112, sieht »Old Man« als »a kind of modern fertility ritual«, *convict* und schwangere Frau als »King and Queen of May«.

Die Fahrt wird durch die freiwillige, gewollte Rückkehr des Sträflings in das Gefängnis beendet[12]. Diese Rückkehr ist das in der wenigen Sekundärliteratur zu dieser Geschichte am meisten diskutierte Thema; sie wird zumeist als Lebensverzicht oder -verneinung der Hauptgestalt kritisiert. Die Rückkehr ist jedoch die einzig mögliche und richtige Vollendung dieser Geschichte: sie beendet die *rites de passage* und stellt die gelungene Vollendung, die Wiedereingliederung des »erwachsenen«, gereiften Helden in die Gemeinschaft dar. Das Sich-Freiwillig-Stellen ist außerdem Zeugnis von Einsicht, Abkehr von dem als falsch erkannten Weg, der ins Gefängnis geführt hat, und dokumentiert Bereitwilligkeit, die Schuld abzubüßen. Nur im Gefängnis, vor den alten Bekannten, in der *male solidarity group,* den Mitgefangenen, kann der Sträfling dann die Leistung vollbringen, zu der ihn seine Initiationsreise befähigt: die Zigarre als Symbol seines Erwachsenseins, seiner Männlichkeit, in der Hand, erzählt er den anderen seine Irrfahrten und Abenteuer.

Der Vergleich mit Odysseus, der den Phäaken seine Abenteuer erzählt, drängt sich auf und damit der Vergleich mit der Form der *Odyssee*, die sich teils aus der Erzählung des Odysseus, teils aus der des Sängers konstituiert. Die Fähigkeit zu erzählen ist eine Frucht der Prüfungen des Übergangs; die ursprüngliche geistige Unentwickeltheit und Unselbständigkeit ist überwunden. Das Motiv des »telling« ist Element der Selbstfindung; es ist das Motiv des »Spracherwerbs«, d. h. der Entwicklung der Fähigkeit sich auszudrücken und zu kommunizieren, und umfaßt die ganze Erzählung. Bei seiner Verurteilung kann der Sträfling nicht sagen, worum es ihm geht: »he could not tell them at the trial, did not know how to tell them« (S. 543). Unterwegs auf der Flut gibt es in verschiedenen Situationen verschiedene Grade der Ausdrucksfähigkeit. Mit dem Cajun, einem *patois* französisch sprechenden Alligatorenjäger, verständigt er sich ohne Worte.

Als er nach seiner Flutfahrt in die Gefängnisfarm zurückgekehrt ist, kann der Sträfling seine Erlebnisse erzählen. »This is how he told about it seven weeks later« (S. 578)[13], heißt es, nachdem die Anfangsturbulenzen der Irrfahrt mit Blitz, Donner und Flutwellen überwunden sind. Wir haben gerade erfahren, daß der Sträfling, ohne es zu wissen, vom überfluteten Land auf das eigentliche Flußbett getrieben worden ist: »onto the wild bosom of the Father of Waters« (S. 578). Der größte Teil der Irrfahrt und

---

[12] Hier klingt das Motiv des geliebten Gefängnisses an, das z. B. Byron am Schluß des »Prisoner of Chillon« formuliert hat:

These heavy walls to me had grown
A hermitage – and all my own!
And half I felt as they were come
To tear me from a second home:
[...]

[13] Auch hier ist die deutsche Übersetzung erstaunlich ungenau: »Das war es, was er sieben Wochen später erzählte« (*Der Strom,* S. 57).

die Erlebnisse des Sträflings werden von da an teils in auktorialer, teils in
personaler Form gegeben; immer wieder werden Teile seiner Erlebnisse,
so wie er sie nach der Rückkehr den Mitgefangenen erzählt, nebst deren
Fragen und Einwürfen in direkter Rede übermittelt. Erst kurz vor der
Beendigung dieser Erzählleistung kommt der Durchbruch zu voller Ausdrucksfähigkeit.

Diese Stelle verdient genaue Beachtung: Der Bericht des Sträflings, der
die Grundlage der Erzählung ist, hat offensichtlich in Etappen stattgefunden. An dieser Stelle ist der (auktoriale) Bericht über die miesen Strategien
eingefügt, mit denen die Gefängnisleitung das Problem löst, einen als tot
entlassenen Gefangenen wieder aufnehmen zu müssen. Es ist eine zyni-
sche Farce von »Gerechtigkeit«, mit der die menschliche Ordnung die vom
Fluß geschaffene schöpferische Unordnung beseitigt, auf das Faktum von
Tod und Wiedergeburt reagiert: man verurteilt den Sträfling wegen
Fluchtversuchs zu 10 Jahren zusätzlicher Strafe. Der Sträfling akzeptiert
das: »If that's the rule«. Man gibt ihm eine Zigarre, und dann sitzt er, die
Zigarre unangezündet in der Hand, »jackknifed [...] between the upper
and lower bunk«[14], fühlt sich aber offenbar recht gemütlich und gelassen:
»[...] he was safe again« (S. 643).

In dieser Situation nimmt er seine Erzählung wieder auf; einer seiner
Zuhörer gibt ihm das Stichwort, indem er ihn erinnert, daß er gerade erzählt habe, wie er wieder auf das Flußbett zurückgekommen sei (zwischen
Flußbett und überschwemmtem Land ist der Unterschied von trägem,
ziemlich ruhigem Wasser und dem tobenden Flußgott). Der Sträfling erinnert sich, daß er gerudert sei: »The water was still high. It was running
still. I never made much speed for the first week or two. After that it got
better« (S. 643). So weit seine direkte Rede, dann die auktoriale Erzählung:

> Then, suddenly and quietly, something – the inarticulateness, the innate and inherited
> reluctance for speech, dissolved and he found himself, listened to himself, telling it
> quietly, the words coming not fast but easily to the tongue as he required them: [...]
> (S. 643)
>
> (Dann plötzlich lockerte sich unversehens und unauffällig die Wortkargheit, das [an-
> geborene[15]], ererbte Zögern im Sprechen, und er merkte, daß er erzählte, hörte sich
> selber dabei zu, und die Worte glitten ihm zwar nicht schnell, aber doch leicht, wie er
> sie gerade brauchte, über die Zunge: [...] [S. 149])

Dies ist der eigentliche, der innere Abschluß des Abenteuers und des damit verbundenen Reifeprozesses: Der Sträfling ist heimgekehrt und wieder eingegliedert in die Gefängnisgemeinschaft, in der er nun eine von den
anderen Insassen geachtete Persönlichkeit ist. Eine Statuserhöhung hat

---

[14] Auch hier versagt die deutsche Übersetzung: »zurückgeklappt wie ein Messer« ist nicht
die im Bild ausgedrückte Bedeutung, sondern: gebückt, eingezwängt wie ein Klappmesser
zwischen oben und unten!

[15] In der deutschen Übersetzung der Erzählung hat sich ein unverzeihlicher Fehler ein-
geschlichen: »ungeboren« anstatt »angeboren« für *innate*!

stattgefunden. Indem er sich seiner Erlebnisse berichtend erinnert, sich
und den anderen damit Rechenschaft gebend, löst sich ihm mittwegs in
der Erzählung, nachdem er schon eine gewisse Übung in der Fähigkeit des
Erinnerns, Wertens, Zusammenfassens, Auswählens, Höhepunkte-Setzens,
die zur Kunst des Erzählens gehören, erlangt hat, die Zunge: »[...] telling
it quietly, the words coming not fast but easily to the tongue« (S. 643). *To
tell* ist ein Verb von breiterer Bedeutung als *sagen* oder *erzählen,* es meint
»sagen«, »äußern«, »erzählen«, – ausdrücken können, was man von sich
mitzuteilen wünscht (wozu der Protagonist vor Gericht nicht fähig war).

An dieser Stelle geschieht also etwas Außerordentliches: der vormals
wortunfähige Hinterwäldler wird zum Erzähler. Der Dämme sprengende
Flußgott hat ihn zum Dichter gemacht (beide Male, als von seiner Fähigkeit zu erzählen die Rede ist, befindet sich der Sträfling in seiner Erzählung auf dem Fluß selber). Der Fluß, der in seiner Chaos schaffenden
Laune das Land befruchtet hat, hat auch das Gemüt des dürren »hillbilly«
erweckt. Es ist nun deutlich, daß diese Geschichte über eine Flutkatastro-
phe erstaunlich viel mit Literatur zu tun hat. Das Motiv »Gelebte Literatur« in den hier geschaffenen unerwarteten und anscheinend unpassenden
Umständen erzeugt eine erstaunliche Motivfolge: nachgeahmte Literatur,
versuchtes Verbrechen, Verurteilung, Gefängnis, Naturkatastrophe, Frei-
lassung, Queste, Irrfahrt, Tod und Wiedergeburt, Geburtshilfe, Prüfung,
Reinigung, Entsühnung, Rückkehr, erzählte Erfahrung.

Der Ring hat sich geschlossen, das Motiv der »gelebten Literatur« wird
zurückgeführt auf seinen echten Ursprung: Literatur als Frucht von außerordentlichen Erfahrungen. »Old Man« ist somit eine Erzählung über die
Entstehung von Literatur, und dies wird sowohl durch *plot* wie Erzählweise ausgedrückt: Der Inhalt der Erzählung ist die Voraussetzung und
Ursache ihrer Entstehung.

»Gelebte Literatur« ist ein Motiv, das in das weite Gebiet von menschli-
cher Torheit und Schwäche fällt, wenn auch meist einer ambitionierten,
nach Idealen hungernden Torheit. Diese kann komische oder tragische
Konsequenzen haben. Bei Cervantes zeigt die Verbindung des Komischen
mit dem Tragischen an, daß eine außerordentliche Vertiefung dieses Motivs erreicht ist. Faulkner erreicht auf der Elementarebene und in härteren
Konturen eine Verschmelzung des Grotesken mit dem Ergreifenden. Man
mag dies als eine spezifisch amerikanische Version ansehen, als eine Art
von Demokratisierung des Motivs, das hier seine Wirkung auf den einfachen Mann, einen tumben Hinterwäldler, anstatt auf Gebildete oder Bü-
cherwürmer ausübt, und dies sogar mit besonderer Vehemenz. Aber auch
bei dieser Anwendung findet eine Diskussion ästhetischer Prinzipien statt.
Wenn der Versuch, das Leben nach dem Vorbild der Literatur zu gestalten, eine Umkehrung des richtigen Verhältnisses darstellt, nach dem Literatur Mimesis der Realität ist, nicht aber Wirklichkeit (Natur) aus Nachahmung von Literatur entstehen kann, so rückt Faulkner diese Verkehrung zurecht, und »Old Man« ist die Parabel dieser Berichtigung. Daß sie

mit Hilfe von *rites de passage* geschieht, verweist auf eine innere Verwandtschaft: beide Motive haben mit falscher oder richtiger Lebensbewältigung
zu tun und damit mit dem Verhältnis von Realität und Idealität, und dies
ist etwas, was der Novize dieser *rites de passage* lernen muß. Der tumbe
Hinterwäldler, in der unselbständigen Nachahmung eines schlechten Ab-
klatsches von Leben befangen, ist zunächst ohne die Fähigkeit, Realität
und Fiktion zu trennen. Erst als er von einer Naturgewalt gezwungen
wird, seine *rites de passage* unter extremen existentiellen Bedrohungen zu
bestehen, hat er nicht nur ein echtes Verhältnis zur Realität gewonnen, er
kann jetzt davon berichten: er produziert Literatur als Mimesis seiner eigenen Erfahrungen.

Das Motiv »Gelebte Literatur« ist von außerordentlicher literarischer
Fruchtbarkeit: Diskussionen über Literatur, ja sogar die Produktion von
Literatur innerhalb der Fiktion gehören, wie Don Quijote beweist, zu seinem natürlichen Repertoire. Don Quijote findet im Zweiten Buch die
Abenteuer des Ersten bereits gedruckt vor; Faulkner läßt uns miterleben,
wie einer »who could not tell« zum Dichter wird, nachdem er dem Irrtum
von »gelebter Literatur« abgeschworen hat.

Der doppelgesichtige Leverkühn

Motivverschränkungen in Thomas Manns *Doktor Faustus*

Von

ELISABETH FRENZEL

In seinem nachträglichen Bericht *Die Entstehung des Doktor Faustus* erwähnt Thomas Mann als wohl früheste Fixierung des Projekts *Doktor
Faustus* einen »Drei-Zeilen-Plan des Dr. Faust vom Jahre 1901«[1]. Erhalten
ist im Nachlaß Manns eine Notiz aus dem Jahre 1905:

> Novelle oder zu ›Maja‹. Figur des syphilitischen Künstlers: als Dr. Faust und dem
> Teufel Verschriebener. Das Gift wirkt als Rausch, Stimulans, Inspiration; er darf in
> entzückter Begeisterung geniale, wunderbare Werke schaffen, der Teufel führt ihm
> die Hand. Schließlich aber holt ihn der Teufel: Paralyse. Die Sache mit dem reinen
> jungen Mädchen, mit der er es bis zur Hochzeit treibt, geht vorher.[2]

Dieser skizzenhafte Umriß läßt erkennen, daß das Kennwort »Dr. Faust«
sich primär auf das Teufelsbündner-Motiv bezieht, der übrige Inhalt aber
mit dem Faust-Stoff wenig gemein hat, sondern durch die Problematik des
Künstlertums bestimmt ist, die als Thema im gesamten Werk Thomas
Manns immer wieder aufscheint. Die Betonung des diabolischen Moments
im Faust-Stoff läßt die auch durch die Zufügung des »Dr.« angedeutete
Nähe zum spätmittelalterlichen Volksbuch und die Distanz zum Goetheschen *Faust* spürbar werden.

Während der Emigrationszeit scheinen sich dann bei Thomas Mann,
aktiviert vor allem durch seine politischen Rundfunkansprachen[3], im Zu-

---

[1] Th. Mann, *Die Entstehung des Doktor Faustus,* in *Gesammelte Werke* (Frankfurt a. M.,
²1974), Bd. XI, S. 145–301, hier S. 155. – Der Entstehungsbericht wird im laufenden Text zitiert durch in Klammern gesetztes E mit der entsprechenden Seitenzahl.

[2] Die im allgemeinen nicht zugänglichen frühen Notizbücher Manns konnten von H.
Wysling für den Aufsatz »Zu Thomas Manns ›Maja‹-Projekt«, in P. Scherrer u. H. Wysling,
Quellenkritische Studien zum Werk Thomas Manns, Thomas-Mann-Studien, 1 (Bern, 1967),
S. 48–63, benutzt werden. G. Bergsten, *Thomas Manns Doktor Faustus. Untersuchungen zu den
Quellen und zur Struktur des Romans,* Studia Litterarum Uppsalensis, 3 (Stockholm, 1963), S.
69, und L. Voss, *Die Entstehung von Thomas Manns ›Doktor Faustus‹. Dargestellt an Hand von
unveröffentlichten Vorarbeiten,* Studien zur deutschen Literatur, 39 (Tübingen, 1975), S. 8, zitieren Manns Faustus-Notiz nach Wysling. Allerdings hat Mann die alte Notiz 1943 abge-
schrieben und an den Anfang des neuen Notizenkonvoluts gestellt, das L. Voss als erste benutzen konnte; dabei setzte er den letzten, für ihn nicht mehr relevanten Satz mit dem Bezug
auf das Motiv des reinen Mädchens in Klammern; vgl. Voss S. 15.

[3] Vgl. z. B. Th. Mann, »Deutschland und die Deutschen« (1947), in *Gesammelte Werke*
(Anm. 1), Bd. XI, S. 1126–1148.

sammenhang mit Überlegungen zum Entwicklungsgang der deutschen Geschichte und vor allem zu den Irrwegen deutscher Politik seit 1933 neue Aspekte für die Gestalt des Faust ergeben zu haben. Faust und das Faustische, seit Goethes Drama im 19. Jahrhundert als etwas typisch Deutsches interpretiert und im Sinne des »Wer immer strebend sich bemüht...« zunehmend positiv gesehen, stellte sich für Mann als durchaus ambivalenter, dämonisch-archaischer Komplex dar, innerhalb dessen Freisprechung und Erlösbarkeit mit einem Fragezeichen zu versehen sind. Die Geburt des Faust-Stoffes gehört der Reformationszeit an, die für Mann den Aufruhr der Subjektivität gegen die absoluten Normen, die Absonderung Deutschlands von der europäischen Kulturgemeinschaft, den Aufbruch antirationaler, als »Innerlichkeit« bezeichneter Kräfte bedeutet, die zwar einen gewissen Fortschritt und großartige Leistungen produzieren, aber auch einen Rückschlag ins Antihumane anzeigen und von da an die Entwicklung des Deutschtums kennzeichnen sowie schließlich zur Entartung führen; es sei ein Verhängnis, daß den Deutschen oft gerade ihr Gutes zum Bösen geraten sei. Thomas Mann sah einen inneren Zusammenhang zwischen Faust und Luther, deren Leben sich in der gleichen zentralen Gegend Deutschlands abspielte. Die diese beiden charakterisierende Mentalität wird im Laufe der folgenden vierhundert Jahre wiederholt in Vertretern eines Deutschtums lebendig, die das Faustische repräsentieren, das sich mit den dem Normalmenschen gesetzten Grenzen nicht abfindet und sich strebend um ein Übermenschliches bemüht.

Noch mit den letzten Kapiteln des *Joseph*-Romans beschäftigt, nahm Thomas Mann sich während einer Reise im November 1942 als Lektüre Igor Strawinskys Memoiren und zwei – wie er mitteilt – ihm »längst bekannte« Bücher, E. F. Podachs *Nietzsches Zusammenbruch* und die Erinnerungen Lou Andreas-Salomés an Nietzsche, vor, ohne später erklären zu können, welcher Gedanken- und Interessenrichtung diese ihn angeblich »geheimnisvoll« anmutende Zusammenstellung von Musik und Nietzsche zu diesem Zeitpunkt gedient haben könne (E, S. 151). Nun, er las – so heißt es – »mit dem Bleistift«, was man doch nur tut, wenn man aus der Lektüre irgendeinen Nutzen ziehen möchte, und die Anfang Januar 1943, unmittelbar nach Beendigung des *Joseph*-Romans, in Gang gesetzte Bibliotheksbestellung für das *Volksbuch* und die Briefe Hugo Wolfs (E, S. 155) dürfte doch wohl durch diese Lektüre ausgelöst worden sein. Ich möchte annehmen, daß bei ihr die Initialzündung lag für die Idee, daß Nietzsche, der Syphilitiker, der moderne Faust sein könnte; vielleicht war der Anstoß die überraschende Feststellung, daß die 24 Jahre Lebensfrist, die der Teufel Faust für dessen Seelenheil verkauft, *cum grano salis* mit der Zahl von Jahren übereinstimmen, die Nietzsche von der Infektion bis zu seinem Zusammenbruch gegeben waren[4] – Zahlenmystik und Zahlenspielerei gehö-

---

[4] Mann hat sich schon zu einem frühen Zeitpunkt mit der Frage nach dem Abstand zwischen Ansteckung und Ausbruch der Krankheit beschäftigt, sich in diesem Sinne Notizen über die Vita Robert Schumanns und Nietzsches gemacht (vgl. Voss [Anm. 2], S. 22) und ab-

ren zum Kompositionsprinzip des *Faustus*-Romans. Hugo Wolf, der an der gleichen Krankheit wie Nietzsche gelitten hatte, wurde vom Stoff sammelnden Autor nur kurz getestet und mit einigen Briefstellen und Fakten vereinnahmt[5], im Ganzen aber als Modell verworfen, da sich sein Wahnsinn nach Manns Ansicht zwar auch, »wie bei Nietzsche, in Größenideen äußert, aber nichts Großes hat« (E, S. 159). Nietzsche also, dessen Philosophie, wie Mann schon 1917 geäußert hatte, »einem großen Dichter auf ganz ähnliche Weise zum Glücksfall und Glücksfund hätte werden können wie die Schopenhauers dem Tristan-Schöpfer«[6], und der nach seiner Meinung unter die Musiker gerechnet werden könne[7], wird für Mann der »deutsche Tonsetzer Adrian Leverkühn«, der damit auch Manns Vorstellung vom Faustischen erfüllt, denn er empfand es als einen »Fehler der Sage [...], daß sie Faust nicht mit der *Musik* in Verbindung« gebracht habe: »Er müßte musikalisch, müßte Musiker sein«[8]. Die Musik war für Mann die deutscheste, weil am meisten mystische und ambivalente Kunstgattung.

Deutlich bleiben die Spuren der auslösenden Nietzsche-Literatur im Roman erhalten. Podach hatte in seinem Buch *Nietzsches Zusammenbruch*[9] zum ersten Mal die erreichbaren Materialien über die Tage des Ausbruchs der Krankheit zusammengetragen und die Protokolle der Kliniken in Basel und Jena veröffentlicht. Nachdrücklich prägen Züge des sich mit Fürsten, dem Gott Bacchus und dem Gekreuzigten euphorisch identifizierenden kranken Philosophen und die Ecce-Homo-Gebärde des Zusammenbrechenden das Bild Leverkühns. Ebenso bedeutsam wird für Manns Protagonisten das von Podach herausgestellte und in dem bald darauf von Mann ebenfalls zu Rate gezogenen Buch von H. W. Brann *Nietzsche und die Frauen*[10] noch genauer untersuchte vergebliche Bemühen Nietzsches um die Liebe von Frauen, bei dem ihm stets Freunde den Rang abliefen. Nietzsches erfolgloses Liebes- und Eheangebot ließ sich in Parallele setzen zu dem Liebes- und Eheverbot, das der Teufelspakt Faust auferlegt und das eine Rettung Fausts verhindern soll. Wesentliche Züge gewinnt die Figur Leverkühns aus der von Deussen[11] überlieferten Flucht Nietzsches aus einem Bordell, in das er versehentlich geraten war, und der von

---

schließend festgestellt: »Die 24 Teufelsjahre entsprechen der Inkubationszeit der luetischen Paralyse« (ebd., S. 31).

[5] Vgl. Voss (Anm. 2), S. 33. – Auch Bild und Leben Robert Schumanns haben gewisse Stützen geliehen (vgl. auch Anm. 25).

[6] Th. Mann, *Betrachtungen eines Unpolitischen,* in *Gesammelte Werke* (Anm. 1), Bd. XII, S. 9–567, hier S. 84.

[7] Th. Mann, »Dostojewski – mit Maßen« (1946), in *Gesammelte Werke* (Anm. 1), Bd. IX, S. 656–674, hier S. 663. – Manns Einschätzung der Musikalität Nietzsches zeigt den Einfluß von E. Bertram, *Nietzsche. Versuch einer Mythologie* (Berlin, 1918).

[8] Mann, »Deutschland und die Deutschen« (Anm. 3), S. 1131.

[9] E. F. Podach, *Nietzsches Zusammenbruch* (Heidelberg, 1930).

[10] H. W. Brann, *Nietzsche und die Frauen* (Leipzig, 1931).

[11] P. Deussen, *Erinnerungen an Friedrich Nietzsche* (Leipzig, 1901), S. 24.

seinen Interpreten geltend gemachten Vorstellung von einer Infektion seelischer Art, die zu späterer Rückkehr gezwungen habe[12]. Wichtig vor allem wird dabei die von Brann geäußerte Meinung, die Infektion sei bewußt herbeigeführt worden[13]: Was bei dem jungen Nietzsche aus angeblich »inneren Sühnegründen« vorstellbar ist, wird bei Leverkühn zur er-
wünschten teuflischen Vergiftung mit dem Ziel der Enthemmung um des
sogenannten künstlerischen Durchbruchs, also um des Werkes willen.
Konstitutiv wurde auch das Podach und Brann entnommene Motiv der
Einschaltung eines Freundes als Heiratsvermittler, die bei Nietzsche mit
Hemmungen und merkwürdiger Unbekümmertheit um die Seelenlage der
jeweils begehrten Frau[14] erklärbar wäre und bei Leverkühn von Thomas
Mann in teuflische, dem Freund Verderben bringende Planung umgedeutet worden ist.

Außer diesen dominierenden Motiven lassen sich zahlreiche von Thomas Mann aus Nietzsches Schriften und der Sekundärliteratur gezogene
Details feststellen, nach denen der Romanautor seine Figur modellierte
und die äußere sowie innere Vita des Philosophen auf die seines Musikers
übertrug[15]: Leverkühns körperliche Erscheinung bleibt zwar absichtsvoll
im Ungewissen, denn nur die Farbe der Augen – ihr Grau-grün mit einem
rostfarbenen Ring um die Pupille entspricht dem von Möbius[16] angegebe-
nen Braun-grün der Augen Nietzsches – spielt eine gewisse leitmotivische
Rolle. Aber das vom Vater ererbte »Hauptwehe«, der überragende Eindruck des Gymnasiasten, die Rückbindung an die Stadt seines Aufwach-
sens, die Thomas Mann Kaisersaschern nennt, der Studienbeginn bei der
theologischen Fakultät, die um eines verehrten Lehrers willen vollzogene
Übersiedlung nach Leipzig (wohin das diesem Ort adäquatere Bordell-Er-
lebnis verlegt ist), die folgenreiche Ansteckung, die Hingabe an das Werk,
die mit immer größerer Einsamkeit erkauft wird, besonders jedoch der
durch die Krankheit bedingte Wechsel von Tiefpunkten schmerzvoller
Unproduktivität mit Höhenflügen euphorischer Leistungsfähigkeit und eines ins Selbstüberhebliche sich steigernden Glücks- und Kraftgefühls sind
genau Nietzsches Lebensgang nachgezeichnet[17]. Aus einem der Tief-
punkte erhebt sich Leverkühn, rauschhaft inspiriert, zur Komposition seiner »Apocalipsis cum figuris« wie Nietzsche zur Niederschrift seines *Zarathustra,* und der nach erneutem körperlich-seelischen Rückfall erfolgende

[12] Vgl. dazu Th. Mann, »Nietzsches Philosophie im Lichte unserer Erfahrung« (1947), in
Gesammelte Werke (Anm. 1), Bd. IX, S. 675–712, hier S. 679 f.
[13] Brann (Anm. 10), S. 208.
[14] Ebd., S. 116.
[15] Vgl. dazu H. Mainzer, »Thomas Manns *Doktor Faustus* – ein Nietzsche-Roman?«,
Wirkendes Wort, 21 (1971), S. 24–38, sowie Th. Rehbock, »Thomas Mann – Friedrich Nietzsche«, in *Die menschliche Individualität: Festschrift zum 85. Geburtstag von Herbert Cysarz,* In-
tegrale Anthropologie, 1 (München, 1981), S. 29–76.
[16] P. J. Möbius, *Über das Pathologische bei Nietzsche* (Wiesbaden, 1902), S. 13.
[17] Mann notierte: »Inspiratorische Wirkung kommt nach 12–14 Jahren auf die Höhe.«
Zit. nach Voss (Anm. 2), S. 179.

»kammermusikalische Hochertrag« samt der Konzeption von »Dr. Fausti Weheklag« entspricht den letzten beiden Schaffensjahren Nietzsches mit *Antichrist, Der Fall Wagner, Dionysos-Dithyramben, Götzen-Dämmerung* und *Ecce homo,* ehe der Zusammenbruch geschieht. Adrian Leverkühn stirbt nach der gleichen Zeit geistiger Umnachtung wie Nietzsche, zehn Jahren, am gleichen Tag wie dieser, am 25. August, im gleichen Alter von 55 Jahren. Sogar Randmotive, wie die Sorge um diätetische Nahrung und ihre Zusammenstellung, die den berühmt gewordenen Helden umsorgenden Frauen mit ihrer Eifersucht, der aufflammende Haß des Helden gegen die ihn heimholende Mutter und der Geburtstagsbesuch des Freundes bei dem Umnachteten sind, wie Thomas Mann es nennt, »Zitate« aus der Nietzsche-Literatur. Doch auch die geistige Position Nietzsches in einer Ära der Stagnation hat Thomas Mann in diejenige des Musikrevolutionärs umzugießen gewußt: Was bei jenem die Umwertung aller Werte, ist bei dem vierzig Jahre jüngeren Musiker die Überwindung verbrauchter Traditionen, der »Durchbruch« aus epigonenhafter Nachahmung und parodistischer Kälte zu einem neuen Tonsystem[18], dargestellt allerdings als eine in genauer Kenntnis des Preises und des Ausgangs mit teuflischer Hilfe vollbrachte Tat, während Nietzsche, obwohl die stimulierende Wirkung der Krankheit dankbar bekennend, von deren Charakter und schließlicher Zuspitzung nichts ahnte. Auch die Divergenz zwischen der Ablehnung nationaler Enge und der untilgbaren Eingesenktheit in deutsches Wesen sowie dem Mangel an Weltoffenheit charakterisiert sowohl Nietzsche wie Leverkühn. Außerdem baute Thomas Mann, für den das Schicksal Leverkühns, »der das Leid der Epoche trägt« (E, S. 203), ja kein privates, sondern ein symbolhaft politisches war, Aufstieg und Untergang seines Helden in ein Geschichtsbild ein, in dem nicht nur die wiederholte Diskussion und widersprüchliche Wirkung deutlich wird, sondern das seinen Stempel durch Nietzsches geschichtsphilosophische These von der »ewigen Wiederkehr des Gleichen« empfangen hat. Davon wird noch zu sprechen sein.

Die Beziehung zwischen dem Modell Nietzsche und der Kunstfigur Adrian Leverkühn ist klar: Nietzsches Name, so sagt Thomas Mann in *Die Entstehung des Doktor Faustus,* komme wohlweislich in dem ganzen Buch nicht vor, »eben weil der euphorische Musiker an seine Stelle gesetzt ist, so daß es ihn nun nicht mehr geben darf«, und er hatte augenscheinlich nichts dagegen einzuwenden, daß man sein Werk einen Nietzsche-Roman genannt hat (E, S. 166). Da es Nietzsche für Leverkühn nicht gibt, kann er ihn nicht nachleben, ganz abgesehen davon, daß eine Imitatio in diesem Fall nicht einer literarischen Gestalt, sondern einer realen historischen gegolten hätte. Der Nachvollzug von Nietzsches Vita ist eine Sache des Regisseurs Thomas Mann und nicht die seines Geschöpfs.

---

[18] Vgl. dazu A. Schlee, *Wandlungen musikalischer Strukturen im Werke Thomas Manns. Vom Leitmotiv zur Zwölftonreihe,* Europäische Hochschulschriften, Reihe 1, 384 (Frankfurt a. M., 1981), sowie C. Dahlhaus, »Fiktive Tonmusik«, *Jahrbuch der Deutschen Akademie für Sprache und Dichtung* (1982), S. 33–49.

Wie nun verhält es sich mit dem zweiten, zunächst auffälligeren Modell
für Leverkühn, das dem Roman den Titel gab, Dr. Faustus? Auch zwischen ihm und Leverkühn sind, über das anfänglich zündende Teufelsbündner-Motiv hinaus, Entsprechungen hergestellt, die das Geschehen
dem Faust-Stoff angleichen[19]: Die bäuerliche Herkunft, die Förderung
des Knaben durch einen städtischen Verwandten, das anfängliche Theolo-
gie-Studium, der Übergang zu einem dubioseren Fach, das für Adrian Leverkühn eine Verwandtschaft mit »dem Laborieren und insistenten Betreiben der Alchemisten und Schwarzkünstler von ehemals« (S. 176)[20] hat, der
Pakt, der nun nicht mehr an dem »vierigen Wegschied« im »Spesser
Wald«[21], sondern in einem Preßburger Bordell stattfindet, die Disputatio-
nen mit dem Teufel, von Thomas Mann auf die eine in Italien reduziert[22].
Interessant ist, daß Thomas Mann einige Akzentuierungen, die ihm für
seinen neuen Faust wesentlich schienen, der Einleitung von Robert Petsch
entnahm, in dessen Ausgabe er das Volksbuch benutzte: Die Hervorhebung des hoffärtigen Kopfes seines Helden, der sich um tieferer Einsichten willen des höllischen Helfers versichert, des Liebes- und Eheverbots
und der Vorstellung, daß der Teufelsbündner seine Seele durch Drangabe
des Leibes retten könne. Aus dieser letzteren entwickelte Thomas Mann,
gestützt zugleich auf sein Wissen um Selbstmordversuche Hugo Wolfs
und Robert Schumanns, den Selbstmordversuch Leverkühns kurz nach
Ausbruch der Krankheit. Dagegen war aus dem teufelsverschworenen Leben des mittelalterlichen Faust wenig für Leverkühn zu gewinnen, weil der
Held des *Volksbuchs* aus gröberem Holz gemacht ist und seine Zeit mit
Gelagen, Hurerei, phantastischen Reisen und Zauberkunststücken zur Belustigung hoher Herren und zur Fopperei seiner Mitmenschen hinbringt.
Thomas Mann übernahm nur Fausts Reise »in das Gestirn«[23] und wan-
delte sie ab in einen auf der Lektüre moderner naturwissenschaftlicher Bücher beruhenden spielerisch-hintergründigen Bericht Leverkühns über
eine fiktive, angeblich mit einem amerikanischen Professor unternommene
Fahrt ins All. Der Schluß des Romans mit Leverkühns Vertonung von
»D. Fausti Weheklag« und dem sich eng an »D. Fausti oratio an die Studenten«[24] anlehnenden Bekenntnis vor seinen versammelten Freunden nähert sich dann wieder der Vorlage an.

Aber ahmt Leverkühn den Faustus nach, lebt er ein Leben nach literarischem Muster? Ganz eindeutig ist die an seine Freunde gerichtete Be-

---

[19] Vgl. dazu G. Bianquis, »Thomas Mann et le Faustbuch de 1587«, in ders., *Etudes sur Goethe* (Paris, 1951), S. 163–168.

[20] Th. Mann, *Doktor Faustus,* in *Gesammelte Werke* (Anm. 1), Bd. VI. Das Werk wird im laufenden Text durch in Klammern gesetzte Seitenzahlen zitiert.

[21] *Das Volksbuch vom Doctor Faust,* hg. v. R. Petsch (Halle, ²1911), S. 14.

[22] Vgl. Voss (Anm. 2), S. 26–28 u. 204.

[23] *Volksbuch* (Anm. 21), S. 54–58.

[24] Der Faust des Volksbuchs ist D. theol. Wahrscheinlich um der Optik und der besseren Verständlichkeit willen hat Th. Mann das »D.« in »Dr.« abgewandelt.

kenntnisrede Leverkühns, der, wie Faust, um sein bevorstehendes Ende
weiß, nach dem Muster von »D. Fausti oratio« in Szene gesetzt und formuliert. Aber es ist die Rede eines, bei dem von Satz zu Satz deutlicher der
Wahnsinn ausbricht und der schließlich in paralytischem Schock und Kol-
laps zusammensinkt; hier kam dem Autor Mann eine der nahezu unheimlichen Deckungsgleichheiten von Mythos und historischer Realität zu
Hilfe: Hugo Wolf hat 1897 – ohne allerdings wie Faust und Leverkühn
um den nahen Zusammenbruch zu wissen – eine Gesellschaft eingeladen,
um aus seiner Oper *Manuel Venegas* vorzuspielen, und zeigte sich bei dieser Zusammenkunft als völlig geistesgestört[25]. Für den Oratorienkompo-
nisten Leverkühn waren Fausts Ende und vor allem die »Weheklag« ein
Stoff gewesen, der seinen zunehmend apokalyptischen Phantasien und seinem Glauben an die eigene Verdammnis nahelag. Im Höhenflug paralyti-
scher Euphorie identifiziert er sich mit dem Helden seines Werks, wie er
sich anläßlich der Vertonung von Klopstocks »Frühlingsfeier« und der Arbeit an »Die Wunder des Alls« so in seinen Stoff eingelebt hatte, daß er im
Gespräch mit dem Freund an der »Vortäuschung einer gewissen besonderen, persönlichen, direkten Informiertheit seinerseits über die Bewandt-
nisse von Himmel und Erde« (S. 365) festhielt und während des Studiums
mittelalterlicher Endzeitvisionen zum Zwecke der Verarbeitung in seine
»Apocalipsis cum figuris« seine Gefühle mit denen des Johanni Martiri im
Kessel gleichsetzte (S. 470)[26]. Die einmalige, im Verlöschen des Verstan-
des vollzogene Angleichung an das Ende des D. Faust reicht nicht aus, um
hier von »gelebter Literatur« in dem bisher von der Kommission erarbeite-
ten Sinne einer Imitatio zu sprechen. Kannte Leverkühn das Volksbuch
überhaupt, bevor es ihm zur kompositorischen Aufgabe wurde, über das
Maß eines gut Gebildeten seiner Tage hinaus, so daß er sein Leben danach
hätte einrichten können? Der Leser erfährt in Thomas Manns Roman sehr
viel über des Helden Lektüre, aber unter den Titeln aus älterer und neuerer europäischer Literatur wird das *Volksbuch vom Doctor Faust* nicht genannt. Erst mit dem Augenblick, in dem der Freund Zeitblom auf Adrians
Tisch das Notenblatt mit der Aufschrift »Diese Trawrigkeit bewegte Doctor Faustum, daß er seine Weheklag auffzeichnete« findet (S. 608), tritt
das Volksbuch als Lektüre Adrians in Erscheinung. Lektüre ist zwar für
Adrian Leverkühn Anregung und Baustein für sein Werk, aber er ist ein
viel zu selbständiger, stolzer, die eigene Wesensart von derjenigen der übrigen absetzender Charakter, als daß er sein Leben nach einem literarischen Vorbild ausrichten würde. Die bisherigen Untersuchungen über das
Motiv der »gelebten Literatur« haben gezeigt, daß es sich bei den Träger-
figuren um naive, weltfremde, unerweckte, abseits lebende oder zu kurz
gekommene Personen handelt. Wäre wirklich denkbar, daß ein Künstler,

[25] Vgl. Voss (Anm. 2), S. 32f. u. 211.
[26] Leverkühns Schilderung seines körperlichen und seelischen Zustandes entspricht einer
Beschreibung des ersten Blattes der Dürerschen Holzschnittreihe *Apocalipsis cum figuris*.

der an die Überwindung des Epigonentums Leib und Seele setzt, der sich
von allen, auch den bedeutendsten, Vorbildern befreit und der das Gefühl
des Erwähltseins besitzt, sich in das Kielwasser eines fremden Individuums
begibt? Wo es um seine Existenz geht, kann er eine literarisch vorgegebene Rolle nicht spielen, wohl aber da, wo er sein Ich verhüllt und sich
verstellt, mit treuherzigen Shakespeare-Worten den Freund ins Verderben
schickt und hinterher den Enttäuschten spielt. Hier macht Thomas Mann
in seinem Entstehungsbericht übrigens den feinen Unterschied, daß zwar
das Werbungsmißgeschick Nietzsches in den Roman eingegangen sei, das
Motiv »von Leverkühn selbst her gesehen« jedoch eine »Shakespeare-Re-
miniszenz« (E, S. 166) darstelle, die den Sonetten und drei Komödien
Shakespeares entliehen wurde.

Welche Funktion und Bedeutung kommt aber den zahlreichen Anspielungen auf das *Volksbuch* und Zitaten aus ihm zu, die in Manns Roman
eingebaut sind? Sie gehören zum größten Teil dem Erzähler-Text an, dessen Autor Leverkühns Freund und Biograph Zeitblom ist, so daß der Leser
den Charakter und das Leben des Musikers nur – das von Leverkühn
selbst aufgezeichnete Teufelsgespräch und einige Briefe ausgenommen –
in der Perspektive Zeitbloms zu sehen bekommt. Dieser Jugendfreund des
Helden ist zwar nach Manns Bekenntnis mit diesem durch geheime Identität (vgl. E, S. 204) [27] verbunden, aber er bleibt in bezug auf die dämonische
Sphäre durch seine katholische Provenienz sowie humanistisch-rationale
Grundhaltung von ihm getrennt und steht ihr und dem Werben des Freundes um sie von Kindheit an mit Sorge und Grauen gegenüber. Dabei darf
nicht unbeachtet bleiben, daß Zeitblom in der Periode der Niederschrift
seiner Biographie sowohl den Ausgang von Leverkühns Schicksal wie
auch dessen Aufzeichnung des Teufelsgesprächs kennt und von diesen
Fakten sicher so stark beeindruckt ist, daß er nicht umhin kann, Ähnlichkeiten mit Fausts Schicksal auch dort zu sehen, wo er sie zu Lebzeiten des
Freundes, ohne diese Kenntnis, vielleicht nicht sah. Er befindet sich in der
Funktion von Fausts Famulus Wagner, der die Taten seines Meisters auf-
zeichnet; er schreibt zur Warnung der Mit- und Nachwelt eine Teufels-
bündnerbiographie und legt sie von vornherein als solche an. Vermöge der
Einschaltung des besorgten, wissenden und literarisch gebildeten Erzählers erreicht Thomas Mann eine ständige Parallelisierung zwischen Lever-
kühn und Faust, zwischen moderner Endzeit und einer unheilträchtigen
Vergangenheit. Diese Parallelisierung durch den katholischen Gymnasial-
professor beginnt bereits bei der Schilderung von Adrians Vater Jonathan
Leverkühn, von dessen Interessen Zeitblom sagt, daß sie »von gewissen
Zeiten« in dem Sinne charakterisiert worden wären, »er habe wollen ›die

---

[27] Zu dieser geheimen Identität gehört auch, daß Fakten aus der Vita Nietzsches, die für
Leverkühn nicht passen, auf den andersgearteten Zeitblom übertragen werden: die in der
Schulzeit hervorgetretene Schwäche in Mathematik, das Studium der klassischen Sprachen,
die Ableistung des Militärdienstes bei einem Artillerieregiment in Naumburg.

elementa spekulieren‹« (S. 22) – eine aus dem *Volksbuch* genommene Wendung.

> Jonathan Leverkühn war ein Mann besten deutschen Schlages, wie er in unseren Städten kaum noch begegnet [...]. Eine Physiognomie, wie geprägt von vergangenen Zeiten, gleichsam ländlich aufgespart und herübergebracht aus deutschen Tagen von vor dem Dreißigjährigen Kriege. (S. 20)

Wenn dagegen in dem von Adrian Leverkühn aufgezeichneten Teufelsgespräch der Teufel ständig auf das Schicksal von Adrians Vorgänger Faust zurückweist, so könnte man erklärend anführen, daß der Teufel – nehmen wir den Gesprächspartner als Realität – ja schon jenen mustergültigen Pakt vor vierhundert Jahren abgeschlossen hat und daß er überhaupt in der menschlichen und deutschen Geschichte allgegenwärtig war, daher in seiner großen Verteidigungsrede sowohl mit Worten Fausts wie Luthers, Nietzsches, Hugo Wolfs, Adornos und schließlich Thomas Manns selber sprechen kann[28]. Deutlich wird allerdings, daß das Teufelsgespräch – gleich, ob man es als eine von dem Helden aufgezeichnete wirkliche Begebenheit oder als von ihm schriftlich festgehaltenen inneren Dialog interpretiert – den spätesten Zeitpunkt für eine Bewußtwerdung seines Schicksals und damit auch der Parallele zu dem Fausts bedeutet, eine Parallele, die von Leverkühn nicht angestrebt wurde und in der er sich keineswegs gefällt, sondern die ihm vom Schicksal zwanghaft aufoktroyiert wird infolge seiner besonderen Begabung und Situation. »Mit deinem Blut hast du's bezeugt«, sagt der Teufel, »und dich gegen uns versprochen und bist auf uns getauft – dieser mein Besuch gilt nur der Konfirmation« (S. 311). Man könnte sich fragen, ob diese »Konfirmation« an Stelle der Sekundärsymptome von Adrians Krankheit steht, deren Ausbleiben von Zeitblom »gegen jeden fachmännischen Zweifel« behauptet wird (S. 211). Der endgültig Gezeichnete und sich seiner Lage bewußte Leverkühn jedenfalls zieht sich nun in die Einsamkeit von Pfeiffering zurück. Er empfindet den Erkauf seines rauschhaft gesteigerten Selbstgefühls und Schaffens als Schuld, vermag sich aber nicht davon zu lösen. Sein Schuldbewußtsein kulminiert in der Selbstidentifikation mit dem Teufelsbündner Faust bei seiner letzten Ansprache an den Bekanntenkreis.

Aber schon vor der einschneidenden Teufelsbegegnung läßt Thomas Mann den modernen Teufelsbündner Leverkühn selbst häufig Wendungen aus dem *Volksbuch* gebrauchen, die ihm eigentlich nicht parat sein könnten, wenn er nicht genaue Kenntnis des Textes besäße und eine Imitation seines Vorgängers anstrebte. So verwendet er z. B. in dem Brief, in dem sich sein Übergang zum Musikstudium ankündigt, den Ausdruck des *Volksbuches* »die Hl. Schrift unter die Bank legen«[29] und charakteri-

---

[28] Die in *Doktor Faustus,* S. 323 f., angeführten Argumente des Teufels in bezug auf die Genie spendende Krankheit sind mehrfach wörtlich nach den dort auf Nietzsche bezogenen Äußerungen Manns in seinem »Dostojewski«-Aufsatz (Anm. 7), S. 666 f., zitiert.

[29] *Volksbuch* (Anm. 21), S. 12.

siert seine Zweifel dadurch, daß eine innere Stimme ihn mit der Formel:
»O Homo fuge!« warne, die in Fausts Hand blutig eingegraben steht, als
er den Pakt unterzeichnet[30]. Diese Zitate sind jedoch von Mann nicht als
Imitatio, sondern als unwillentliche, wenn nicht sogar unwissentliche gemeint. Sie erklären sich aus Thomas Manns schon erwähnter historisch-
politischer Überzeugung, die sich auf Nietzsches im *Zarathustra* verkün-
dete These von der »ewigen Wiederkehr des Gleichen« stützen kann. Leverkühn ist wie sein Vater »aufgespart« und »herübergebracht« aus einer
vergangenen Zeit, die aus seinem Munde spricht. Der ständige Verweis
des Romans auf die Lutherzeit als die Epoche, in der nicht nur der Über-
mensch Faust lebte, die Dürersche *Melencholia* geschaffen, die für den
Helden Leverkühn so entscheidende Krankheit eingeschleppt wurde, sondern auch für die gesamte deutsche Entwicklung ein seelischer Krank-
heitskeim virulent zu werden begann, will bewirken, daß die Zeit des Nie-
dergangs, in der sich das Leben Adrians abspielt, und diejenige der Katastrophe, in der seine Biographie aufgeschrieben wird, als mythische Wie-
derholungen dieser Epoche erscheinen und der Held zur Reinkarnation
des alten Faust wird. In ihm wiederholt sich ein Muster, das in der deutschen Geschichte mit gewisser Regelmäßigkeit, z.B. in Nietzsche, Gestalt
gewinnt. Leverkühns Person ist eine Summierung der historischen Entwicklung. »Mit einem Fuß stand meine Erzählung ja immer in jener Zeit«
(E, S.186), sagt Thomas Mann in bezug auf das Reformationszeitalter, er
läßt seinen Helden in Redewendungen aus Luthers Briefen – allerdings oft
in der durch den Theologieprofessor Kumpff verzerrten Form – sprechen,
ihn statt der dritten die zweite Person Pluralis als Anrede verwenden und
mit altertümlicher, verschnörkelter Schrift schreiben. Thomas Mann stülpt
Lokalitäten und Personen eine Maske aus früheren Tagen über, macht aus
der biederen Juristen- und Pensionärsstadt Naumburg durch Einschmel-
zung von Merkmalen anderer alter Städte des mitteldeutsch-norddeut-
schen Raumes das mit seiner »altertümlich-neurotischen Unterteuftheit«
(S.52) unheimliche Kaisersaschern und gibt vielen Gestalten der Handlung Namen, die er im Briefwechsel Luthers, im *Hexenhammer,* in der Rie-
menschneider-Biographie von Karl Stein und in Wilhelm Waetzoldts Dü-
rer-Monographie gefunden hat: Ölhafen, Schneidewein, Zeitblom[31]. So
wie seine dem 20. Jahrhundert angehörigen Romangestalten bezeichnende
Namen aus ferner Zeit tragen und damit Vergangenheit als Gegenwart repräsentieren, so trägt Adrian Leverkühn, zwanghaft dafür »aufgespart«,
das Schicksal einer historisch-literarischen Gestalt aus früherer Zeit; aber
er ist weit davon entfernt, dieser bewußt nachzuleben.

---

[30] Ebd., S.20.
[31] Bergsten (Anm.2), S.41ff., und Voss (Anm.2), S.74–77 u. 87–91.

Annäherung an Werther

Literarisches Modell als Mittel der Selbstfindung für Ulrich Plenzdorfs Wibeau

Von

ELISABETH FRENZEL

Durchaus nicht alle Titelfiguren, die in der Literatur des 18. Jahrhunderts durch das Attribut »neu« als Innovationen einer bereits bekannten literarischen Gestalt ausgewiesen werden und auf diese zurückverweisen, sind zugleich Repräsentanten des Motivs der »gelebten Literatur«, denn fast alle wissen nichts von ihren literarischen Ahnen oder kommen doch nicht auf den Einfall, sie zum Modell ihres eigenen Lebens zu wählen[1]. Der Titel von Ulrich Plenzdorfs Roman und Theaterstück *Die neuen Leiden des jungen W.* erinnert nicht nur formal an eine Gepflogenheit des 18. Jahrhunderts, sondern verweist darüber hinaus ganz direkt auf einen der berühmtesten Romane jener Zeit. Und außerdem ist Plenzdorfs Titelheld, der junge W., Edgar Wibeau, nicht ein unwissentlicher, sondern ein wissentlicher und willentlicher Nachfahre von Goethes erfolgreicher Romanfigur, dem jungen Werther.

An dem Problem der Deckung und Nichtdeckung von Vorbild und Nachahmung, das sich bei der Untersuchung des Motivs der »gelebten Literatur« in Plenzdorfs Werk ergeben wird, entzieht sich vieles endgültiger Festlegung, aber in einem sind sich Goethes *Leiden* und Plenzdorfs *Neue Leiden* merkwürdig nahe: in Wirkung und Erfolg. Das Erscheinen der Erzählfassung der *Neuen Leiden des jungen W.* in der für die DDR tonangebenden Zeitschrift *Sinn und Form* im Jahre 1972 erregte außerordentliches Aufsehen. Die Aufführung der dramatisierten Fassung durch das Landestheater Halle im Mai 1972 sorgte für weitere Verbreitung und Diskussion des Textes. Das Echo war so stark und widersprüchlich, daß die gesellschaftskritische Brisanz durch eine eigens angesetzte Diskussion in der

---

[1] Zu nennen wären Rousseaus *Julie ou la nouvelle Héloise* (1761), Goethes in die Sesenheimer Zeit zurückreichendes Märchen *Die neue Melusine,* Wielands Kleinepos *Der neue Amadis* (1771), J. M. R. Lenz' Komödie *Der neue Menoza* (1774), K. Ph. Moritz' Erzählfragment *Die Neue Cecilia* (1794). Mir ist nur ein Werk bekannt, in dem das »neu« den beabsichtigten Nachvollzug eines literarisch vorgeprägten Lebens bedeutet, der französische, anonym erschienene Roman *La nouvelle Talestris* (1700); vgl. E. Frenzel, »H. A. von Zigler als Opernlibrettist. Die lybische Talestris – Stoff, Textgeschichte, literarische Varianten«, *Euphorion,* 62 (1968), S. 278–300, hier S. 287.

Akademie der Künste in Berlin Ende Oktober 1972 abgefangen wurde. Fast alle deutschen Bühnen spielten das Stück nach; zwei Jahre lang lag es an der Spitze der Spielpläne. 1973 erschien die überarbeitete Romanfassung sowohl in Rostock als auch in Frankfurt/Main. Bis 1980 kamen rund 15 Übersetzungen in fremde Sprachen heraus. Der weltweite Ruhm von Goethes *Werther* dürfte seinem Nachfahren bei dieser Verbreitung hilfreich gewesen sein. Auch die erstaunliche Anzahl wissenschaftlicher Stellungnahmen zu Plenzdorfs Text – die einschlägige Bibliographie erfaßte 1982 bereits 72 Nummern – ist sicher zum Teil dem *Werther*-Bezug zuzuschreiben, der dem Erfolgswerk einen »serieusen« Anspruch verlieh, während die Tagespresse sich – in Ost und West aus unterschiedlichen Gründen – mehr der gesellschafts-kritischen Relevanz des Werkes zuwandte und den *Werther*-Bezug eher am Rande behandelte, ihn sogar als »amüsanten Trick« oder »frappierenden Gag« abtat[2]. Auch die Widersprüche und Mißverständnisse, denen sich der Verfasser des *Werther* ausgesetzt sah, wiederholten sich bei der Rezeption der *Neuen Leiden*. Wie Werther gilt Wibeau manchem Kritiker als »verhaltensgestört«[3], und weltanschauliche Orthodoxie verurteilt den von ihm handelnden Text als gefährlich[4] oder plädiert für ein Verbot wie einst Pastor Goeze gegenüber Goethes *Werther*[5]. Gegner, aber auch manche Befürworter vermissen eine deutlichere Distanzierung Plenzdorfs von seinem Helden[6], ähnliche Vorwürfe waren damals sowohl von dem Aufklärer Lessing[7] als auch von der schwärmerischen Goethe-Freundin Auguste Gräfin Stolberg[8] erhoben worden.

Wie Goethes *Werther* sind Plenzdorfs *Neue Leiden* ein Werk für die junge Generation, die sich mit dem jeweiligen Titelhelden identifiziert. Die Stürmer und Dränger solidarisierten sich mit dem bedingungslosen, empfindsamen Subjektivismus Werthers, seinem Rückzug in die Innerlichkeit und schließlichen Selbstmord bis zum Nachvollzug, und in den siebziger Jahren des 20. Jahrhunderts begrüßten die Jugendlichen den langhaarigen Aussteiger, Popmusik-Fan und zeitweiligen Arbeitsverweigerer als ei-

---

[2] Die Referate der Akademie-Diskussion vom Oktober 1972, ursprünglich abgedruckt in *Sinn und Form,* 25 (1973), sowie Pressestimmen aus Ost und West werden im folgenden zitiert nach *Plenzdorfs »Neue Leiden des jungen W.«,* hg. v. P.J.Brenner, Suhrkamp Taschenbuch, 2013 (Frankfurt a.M., 1982). – Zitat aus M.Reich-Ranicki, »Der Fänger im DDR-Roggen. Ulrich Plenzdorfs jedenfalls wichtiger Werther-Roman«, in Brenner, S.262–269, hier S.264.

[3] F.K.Kaul in einer »Diskussion um Plenzdorf«, in Brenner (Anm.2), S.151–153.

[4] Vgl. ebd., S.152f.

[5] Vgl. K.Rothmann, *Johann Wolfgang Goethe. Die Leiden des jungen Werthers. Erläuterungen und Dokumente* (Stuttgart, 1971), S.127f.

[6] Vgl. F.Plate, »Neue Leiden ohne Standpunkt«, in Brenner (Anm.2), S.224–229.

[7] Vgl. G.E.Lessings Brief an Eschenburg am 26.X.1774; abgedr. bei Rothmann (Anm.5), S.136f.

[8] Vgl. Auguste Gräfin Stolbergs Brief an Heinrich Christian Boie am 14.XI.1774; abgedr. ebd., S.135f.

nen der Ihren. Peter Wapnewski hat den Grund eines solchen Erfolges darin vermutet, daß beide Werke »an die latenten Bedürfnisse, Sehnsüchte, Hoffnungen und deren durch Verhaltung angestaute kritische Energie« appellieren, wobei die »Affinität der Leser von 1775 und 1975 [...] im Bereich des Lebensgefühls beider Generationen zu suchen« sei, »deren Gleichartigkeit nicht Resultat gleichartiger Voraussetzungen sein muß«[9]. Der modische Konsensus einer Generation im Zeichen des blauen Werther-Fracks und in dem der Blue Jeans hat Verwandtschaft. Eine derartige Sensibilität des Autors für die Bedürfnisse einer Generation muß bei der ästhetischen Bewertung seines Werks mit in die Waagschale gelegt werden.

Im alten und im neuen Falle prägt diese Sensibilität sehr wesentlich den Bereich des Sprachlichen. Die Sprache der Werther-Briefe gilt als Versuch Goethes, bisher noch nicht artikulierte seelische Verhaltensweisen sprachlich auszudrücken, und als Voraussetzung für das Gelingen dieses Versuchs wurde ein in bestimmten Leserschichten vorhandenes gemeinsames affektives Bewußtsein konstatiert, in dem Elemente der neuen Wirklichkeit schon verfügbar waren[10]. Goethes Leser gehörten einer »emotionalen Elite« an, die sich im Herausgebervorwort des Buches als »gute Seele« apostrophiert sehen und als Empfänger der Briefe verstehen konnte[11]. Auch Wibeau hat solche Leser und Hörer, die zwar nicht als »Elite« angesprochen werden können, aber seelisch auf eine solche Gestalt vorbereitet und für die Wirkung seiner Rede offen gewesen sind. Wie Werther von den übrigen Personen des Romans nicht verstanden wird, so findet auch Wibeau kein Echo bei seiner fiktionalen Umwelt; beider Worte sind gewissermaßen über die Köpfe der Kunstfiguren hinweg an ein Publikum gerichtet, das sie begreift.

Daraus erhellt, daß der alte und der neue Text einer gewissen Leserschicht eher Bestätigung gewähren, als daß sie revolutionierend wirken. Obgleich aus einer bestimmten historisch-lokalen Situation heraus entstanden und für sie berechnet, kann, wie die zahlreichen Übersetzungen beweisen, der Text Plenzdorfs auch außerhalb der DDR und außerhalb des deutschen Sprachraums verstanden werden. Er bietet Identifikationsmöglichkeiten für eine ganze Generation. Allerdings sind, so ist einschränkend gesagt worden, »historische Situierungen nicht übertragbar«[12]. Da-

---

[9] P. Wapnewski, »Zweihundert Jahre Werthers Leiden oder: Dem war nicht zu helfen«, *Merkur* 29 (1975), S. 530–544, hier S. 533 f.; auch abgedr. in Brenner (Anm. 2), S. 324–343.

[10] Vgl. V. Lange, »Die Sprache als Erzählform in Goethes ›Werther‹«, in *Formenwandel. Festschrift zum 65. Geburtstag von Paul Böckmann,* hg. v. W. Müller-Seidel/W. Preisendanz (Hamburg, 1964), S. 261–272.

[11] M. Nutz, »Die Sprachlosigkeit des erregten Gefühls. Zur Problematik der Verständigung in Goethes *Werther* und seiner Rezeption«, *Literatur für Leser* (1982), S. 217–229, hier S. 223.

[12] G. Großklaus, »West-östliches Unbehagen. Literarische Gesellschaftskritik in Ulrich Plenzdorfs *Die neuen Leiden des jungen W.* und Peter Schneiders *Lenz*«, *Basis. Jahrbuch für deutsche Gegenwartsliteratur,* 5 (1975), S. 80–99, hier S. 80.

her war die Aufnahme des Werkes bei den westlichen Rezipienten gelassener, heiterer und ohne jene für die Aufnahme im Osten bezeichnende Brisanz.

Die kulturpolitische Diskussion, die der Text Plenzdorfs in der DDR auslöste, könnte aus der vorliegenden Untersuchung ausgeklammert werden, wenn sie sich nicht zum Teil gerade an den *Werther*-Bezug des Werkes knüpfte. Die Debatte, in deren Mittelpunkt die öffentliche Aussprache in der Akademie der Künste im Oktober 1972 stand und die im übrigen darauf abzielte, das inzwischen mit großem Beifall aufgenommene Werk nicht zum politischen Exempel hochzuspielen, kreiste hauptsächlich um folgende Fragen: Wurde durch die Gleichsetzung eines modernen »verhaltensgestörten« Jugendlichen mit Goethes Romanfigur nicht das so hoch bewertete »kulturelle Erbe« verunglimpft?[13] War dieser Jugendliche als repräsentativ für zumindest einen Teil der DDR-Jugend anzuerkennen? Werde durch die Darstellung eines negativen Helden das positive Ideal aufgelöst und mache sie nicht die Einführung eines positiven Gegenspielers nötig? Ging die Rechtfertigung des Aussteigers Wibeau durch das *Werther*-Modell nicht fehl, da Wibeau sich zu seiner Entschuldigung nicht auf die sozialpolitische Situation berufen könne, die Werther für das Verständnis der DDR zu einer positiven Figur mache?[14] Seit der *Werther*-Interpretation durch Georg Lukács war Goethes Gestalt für den sozialistischen Realismus Repräsentant einer »Rebellion«, Vertreter eines positiven Humanismus, dessen Ringen um eine »einheitliche und allumfassende Entfaltung der menschlichen Persönlichkeit« an den Standesschranken, sowohl den feudalen als auch den arbeitsteiligen bürgerlichen, scheitert und ihn mit Notwendigkeit in den Selbstmord treibt[15]. Wenn Plenzdorf *Werther*-Zitate, die eine inzwischen überholte Gesellschaftsordnung kritisieren, durch seinen Helden auf die in der DDR existierende Gesellschaft bezog, schien der Anspruch, die ständischen Hindernisse bei der Persönlichkeitsentfaltung und die durch Arbeitsteilung entstandene Entfremdung des Menschen von der Arbeit beseitigt zu haben, nicht oder noch nicht eingelöst[16].

---

[13] Vgl. Brenner (Anm. 2), S. 151–153.

[14] Vgl. W. Girnus, in Brenner (Anm. 2), S. 153–155.

[15] Der *Werther*-Aufsatz von G. Lukács wurde erstmals 1939 in Moskau publiziert und erschien in Westeuropa in Lukács' Sammelband *Goethe und seine Zeit* (Bern, 1947) als »Die Leiden des jungen Werther«, S. 17–30; Zit. S. 23 u. 22. In diesem Zusammenhang ist zu berücksichtigen, daß die offizielle Kulturpolitik der DDR damals gerade den Ansatz, Werthers Selbstverwirklichungsversuch weniger aus dem gesellschaftlichen Umfeld als aus dem Charakter Werthers als dem eines durch die Innenwelt bestimmten autonomen modernen Menschen zu erklären, abgewiesen hatte. P. Müllers Buch *Zeitkritik und Utopie in Goethes »Werther«* (Berlin, 1969) war auf heftigen Widerstand gestoßen, so daß der Autor sich einer Selbstkritik unterziehen mußte; vgl. ders., »Angriff auf die humanistische Tradition«, *Weimarer Beiträge*, 19 (1973), Heft 1, S. 109–127, Heft 3, S. 92–109.

[16] Vgl. E. Mannack, »Die Auseinandersetzung mit literarischen Mustern: *Die neuen Leiden des jungen W.*«, in ders., *Zwei deutsche Literaturen* (Kronberg, 1977), S. 84–98, hier S. 88 f., J. Scharfschwerdt, »Werther in der DDR. Bürgerliches Erbe zwischen sozialistischer

So ergab sich – abgesehen von dem Versuch, Wibeau zu einer lächerlichen Negativfigur herabzustufen[17] – das Bemühen, den *Werther*-Bezug des Textes als zum Teil unstimmig und vor allem als nicht von zentraler Bedeutung hinzustellen[18]. Das kluge und behutsame Referat »Goethe in der Figurenperspektive«[19], mit dem Robert Weimann die Diskussion einleitete, stellte die Weichen: Das Epitheton »neu« im Titel der Erzählung wiege schwerer als das abgekürzte »W.«, die Diskongruenz zwischen *Werther* und den *Neuen Leiden* habe ein höheres Gewicht als die Kongruenz beider Texte. Wibeaus Rivale Dieter, in dem Weimann die erwünschte positive Gegenfigur sehen wollte, sei durch Anlehnung an Goethes Albert blaß ausgefallen. Die Mehrdeutigkeit des Schlusses schrieb Weimann nicht einer künstlerischen Absicht, sondern einem Unvermögen zu: Die widersprüchliche Auskunft darüber, ob Wibeau an seinen Arbeitsplatz in der Provinz zurückkehren wollte, wurde als mißglückter Versuch einer Darstellung jugendlicher Spontaneität gewertet und der tödliche Ausgang als eine den »komisch-satirischen Gestus« der Fabel und den Charakter Wibeaus strapazierende »tragische Überfrachtung«[20]. Denn Werthers Individualitätsproblematik treffe auf Wibeau nicht zu, Werthers Flucht nach innen werde zwar von Wibeau nach dem klassischen Vorbild zitiert, in Wirklichkeit jedoch überwunden: er habe seine Arbeitsaufgabe gefunden, sie freilich im tödlichen Alleingang forciert. Der Schluß sei daher kein Nachvollzug des Musters, sondern dessen Aufhebung. Für orthodoxere Kritiker blieben Plenzdorfs nicht deutlich zu Tage tretende Distanz zu seinem Helden und die möglicherweise gewollte Vieldeutigkeit des Werks eine Gefahr, die den Grundsatz der Parteilichkeit untergrabe[21].

Der umstrittene siebzehnjährige Lehrling Edgar Wibeau im ›VEB Hydraulik‹ einer Provinzstadt nahe bei Berlin, musterhafter Schüler und musterhafter Sohn einer von ihrem Mann verlassenen Mutter, die der dem Werk angeschlossenen Berufsschule als Leiterin vorsteht, ist insgeheim von der eigenen Vorbildlichkeit und derjenigen der anderen angewidert. Nach einer Auseinandersetzung mit seinem Ausbilder verläßt er heimlich mit seinem Freund Willi Ausbildungsplatz und Heimat, um in Berlin bei der Hochschule der Künste anzukommen; er hält seinen verschwundenen

---

Kulturpolitik und gesellschaftlicher Realität«, *Jahrbuch der deutschen Schillergesellschaft,* 22 (1978), S. 235–276, hier S. 253 f., und P. J. Brenner, »Die alten und die neuen Leiden. Kulturpolitische und literarhistorische Voraussetzungen eines Textes in der DDR«, in ders. (Anm. 2), S. 11–68, hier S. 28.

[17] Vgl. W. Girnus, »Lachen über Wibeau ... aber wie?«, in Brenner (Anm. 2), S. 189–204.
[18] Vgl. F. P. Waiblinger, »Zitierte Kritik. Zu den Werther-Zitaten in Ulrich Plenzdorfs *Die neuen Leiden des jungen W.*«, *Poetica,* 8 (1976), S. 71–88, hier S. 71–74, und Brenner (Anm. 16), S. 28 f.
[19] R. Weimann, »Goethe in der Figurenperspektive«, in Brenner (Anm. 2), S. 155–173.
[20] Ebd., S. 161.
[21] Vgl. Plate (Anm. 6), S. 224–229.

und unbewußt zum Idol erhobenen Vater für einen Maler und sich selbst
für talentiert. Aber seine »abstrakten« Werke werden von einem Hoch-
schulprofessor abgelehnt. Während Willi nach Mittenberg zurückkehrt,
ergreift Edgar mit Willis Hilfe von einer Laube Besitz, die dessen Eltern
gehörte und auf Abbruch steht. Hier lebt er, endlich allein, eine Zeitlang
so, wie es ihm gefällt, tanzend, singend, Jazzkonzerte besuchend, mit seinem Künstlertum kokettierend. Außer dem ihm nahezu unbekannten Vater hugenottischer Herkunft verehrt er den Jazztrompeter Satchmo sowie
die einzigen ihm aus der Literatur bekannten Helden Robinson Crusoe
und den der Schule entlaufenden jungen Holden Caulfield aus dem Roman *Der Fänger im Roggen* des Amerikaners J. D. Salinger.

Als er in der ersten Nacht in der Laube vergeblich nach Lesestoff sucht,
entdeckt er im Garten auf dem »Plumpsklo« ein Heft, dessen Deckel sowie erste und letzte Seiten er zu dringenderen Zwecken als den eigentlichen benutzt. Den Rest liest er dann und liest damit, ohne je den Autor
oder den Titel des Textes zu erfahren, Goethes *Werther,* den er zwar zunächst voller Unverständnis in die Ecke wirft, schließlich aber doch in
dreistündiger Lektüre bewältigt. Als er sich in den folgenden Tagen immer
stärker in die auf dem Nachbargrundstück tätige Kindergärtnerin Charlie
verliebt, zitiert er, zunächst aus »Jux« und um zu bluffen, dann mit sich
steigernder Identifikation, Stellen aus *Werther,* um seinem Freund Willi
auf Tonbändern Nachricht von seinem Leben zu geben. Auch im Gespräch mit der ihn etwas bemutternden und ermahnenden Charlie verwendet er zu deren Verblüffung Zitate aus dem *Werther,* den er bald auswendig kennt. Als Dieter, Charlies Verlobter, von der Armee zurückkehrt und
Edgar der Kindergärtnerin einmal etwas zu nahe getreten ist, scheint es
mit dieser Romanze vorbei; die Geldmittel sind ausgegangen, Wibeau
sieht sich nach Arbeit um und landet bei der Malerbrigade eines volkseige-
nen Betriebes, mit deren Leiter Addi er sich allerdings schlecht verträgt.
Trotz der Unterstützung durch den verständnisvollen Altkommunisten
Zaremba wird er vom Platz gewiesen, als er in einer kritischen Situation
wieder einmal mit einem *Werther*-Zitat aufgetrumpft hat. Da Edgar von
Addis fehlgeschlagenem Projekt eines nebellosen Farbspritzgeräts weiß,
beschließt er, den Widersacher durch den Bau eines eigenen Gerätes auszustechen. Auf Zarembas Drängen wird er freilich bald wieder zur Brigade und zur Arbeit zurückgeholt. Edgar spielt nun den Braven und Gefü-
gigen, um im Schutz vermeintlicher Angepaßtheit und ohne Wissen der
anderen sein Gerät bauen zu können.

Jetzt meldet sich die inzwischen verheiratete Charlie wieder bei ihm, die
Beziehung zu dem Ehepaar wird freundlicher, aber als Ehemann Dieter
sich wieder einmal weniger seiner Frau als seinem Germanistik-Studium
widmet, animiert Charlie aus Trotz Edgar zu Zärtlichkeiten, die er zu einem intimen Kontakt ausweitet, der ihn Charlies Freundschaft kostet.
Nun bleibt Edgar nur noch die Selbstverwirklichung durch die in Angriff
genommene Erfindung: Die Zeit drängt, die Laube soll dem Bulldozer

zum Opfer fallen, die Mutter, deren Drängen auf Auskünfte Willi nicht mehr hat standhalten können, kann jede Stunde in Berlin eintreffen. Wibeau ist gezwungen, bei seiner mit unzulänglichen Mitteln unternommenen Konstruktion zu »pfuschen« (P, S. 142)[22], er hält sein Werk selbst für »normalerweise technisch nicht vertretbar«, aber es kommt ihm »auf das Prinzip an«, auf den Triumph über Addi, zu dem er sagen will: »Drück mal auf den Knopf hier!« (P, S. 145). Als Wibeau selbst zur Probe dann auf diesen Knopf drückt, erleidet er einen Stromschlag, an dessen Folgen er am 24. Dezember stirbt.

Den Text der *Neuen Leiden* – ich beziehe mich zunächst ausschließlich auf die Romanfassung von 1973 – eröffnen vier fiktive Zeitungsausschnitte, in denen der Tod Edgar Wibeaus als Meldung gebracht bzw. von den Arbeitskollegen und von der Mutter trauernd angezeigt wurde. Die Geschichte seines Lebens wird dann durch Stimmen vermittelt, einen »Erzähler« gibt es nicht: Man vernimmt die Worte des Vaters, der sich nach der Todesnachricht auf den Weg gemacht hat, um etwas über den ihm nahezu unbekannten Sohn zu erfahren; er befragt die Mutter, Willi, Charlie, Addi. In diese durch Erkundungen und Aussagen entstehende Rekonstruktion seiner Biographie schaltet sich der tote Protagonist von jenseits des »Jordan« ein und bestätigt, korrigiert, ergänzt das, was da an Indizien zu Tage kommt. Auf diese Weise ergibt sich ein dialektisches Gesprächs- und Dokumentationsmuster[23]. Edgars Worte sind jedoch nicht an die Figuren aus seinem Leben gerichtet, sie werden von diesen gar nicht vernommen, sondern sie gelten dem Leser, einem anonymen Publikum, das von Edgar auch direkt mit »Leute« angeredet wird. Wenn schon die amtlichen und persönlichen Auskünfte sich deutlich nur im Bereich von Mutmaßungen bewegen, so bleibt doch auch durch Edgars Jenseitskommentar mit seinem rechthaberischen Imponiergehabe, seiner Selbstironie sowie seinen scheinbar aus der neuen Perspektive gewonnenen Einsichten vieles im Unklaren, im Zwielicht.

In Plenzdorfs Dokumentationsmuster lassen sich wesentliche Formmerkmale des Goetheschen Romans wiedererkennen[24]. Auch *Die Leiden des jungen Werthers* kennen keinen durchgängig berichtenden olympischen Erzähler, der wesentliche Inhalt wird in Werthers Briefen mitgeteilt. Während Wibeaus Erklärungen aus dem Jenseits den Briefen Werthers entspre-

---

[22] U. Plenzdorf, *Die neuen Leiden des jungen W.* (Frankfurt a. M., 1973); das Werk wird im laufenden Text zitiert durch in Klammern gesetztes P mit der entsprechenden Seitenzahl. – Die entsprechenden Stellen aus *Die Leiden des jungen Werthers* werden zitiert nach *Goethes Werke,* hg. im Auftr. der Großherzogin Sophie (Weimar, 1887–1920), Abt. I, Bd. XIX (1899), und zwar im laufenden Text durch in Klammern gesetztes G mit der entsprechenden Seitenzahl.

[23] Vgl. M. Jurgensen, »Werther und kein Ende. Anmerkungen zu Ulrich Plenzdorfs *Die neuen Leiden des jungen W.*«, Journal of the Australasian Universities Language and Literature Association, 48 (1977), S. 283–295, hier S. 293.

[24] Vgl. ebd., S. 284.

chen, nehmen die Untersuchungen des Vaters und seiner Gespächspartner
die Stellung des fiktionalen Herausgebers im *Werther* ein, der sich bereits
am Beginn des Romans an den Leser wendet und sich nach dem Brief vom
6. Dezember erneut einschaltet, um mitzuteilen, daß er nunmehr durch
»genaue Nachrichten aus dem Munde derer, [...] die von seiner Geschichte wohl unterrichtet sein konnten« (G, S. 141), Werthers letzte Briefe
ergänzen werde. Auch die in Goethes Roman eingebauten Handlungs-
und Charakteranalogien zur Haupthandlung – das Schicksal des aus unglücklicher Liebe in Wahnsinn gefallenen Heinrich und das des aus dem
gleichen Grunde zum Mörder gewordenen Knechts – haben bei Plenzdorf
ihre Entsprechung sowohl in der Geschichte des Schülers Holden wie in
der des Filmhelden, der Clown werden will.

Die Sprache des neuen Werther nun ist als Gegenentwurf zur Sprache
der Erwachsenen sowie zum offiziellen Parteiidiom zu verstehen und hebt
sich entsprechend von den übrigen Partien des Plenzdorfschen Textes ab.
Auch hier läßt sich eine moderne Analogie zu der sich aus den Fesseln der
Normalsprache befreienden, seinen Vorgesetzten zum Beispiel durch die
Neigung zu Inversionen verärgernden Gefühlssprache Werthers feststellen. Aber an die Stelle der Höhen und Tiefen ausmalenden Empfindsamkeit des jungen Goethe ist bei Plenzdorf eine saloppe, unterkühlte, selbst
das Wort »Liebe« aussparende Sprachgebung getreten. Sie dient ebenso
dem Ausdruck der nonkonformistischen Haltung Wibeaus wie die Ablehnung klassischer Musik und »empfohlener« Bücher. Das Vorbild für diese
Sprache läßt sich leicht in Salingers *Der Fänger im Roggen* finden, dessen
Stil in den slawischen Literaturen schon vor Plenzdorf zum Paradigma der
sogenannten Jeans-Prosa geworden war, die evasive Tendenzen der entsprechenden Werke anzeigte[25]. Plenzdorf schöpfte aus dem begrenzten
Reservoir eines vorhandenen urbanen jugendlichen Jargons, den er künstlerisch verdichtete, so daß eine Kunstsprache entstand, die mit ihrer
Saloppheit, ihren Vulgarismen, Redewendungen, plötzlich mit »oder so«
oder »und das« abgebrochenen Sätzen, ihren bereits im Umlauf befindlichen oder analog gebildeten Metaphern und sogar einer Sprachneuschöp-
fung »das popt« (d.i. macht Eindruck, Freude, Vergnügen) einen unbe-
dingten Echtheitseindruck macht[26].

Während sich die formale Annäherung an *Werther* erst dem späteren
und genauen Hinsehen erschließt, springt die thematische, durch Inhalt

---

[25] Vgl. A. Flaker, *Modelle der Jeans-Prosa. Zur literarischen Opposition bei Plenzdorf im ost-
europäischen Romankontext* (Kronberg, 1975), S. 22–25; Flaker nennt als Prototyp für Literatur mit evasiver Tendenz den Russen V. Aksënov (vgl. S. 39). – Es ist anzumerken, daß Plenzdorf Salingers Roman in der deutschen Übertragung von H. Böll benutzte, die, wie I. H. Reis,
Ulrich Plenzdorfs Gegenentwurf zu Goethes »Werther« (Berlin, 1977), S. 95–97, feststellte, die
im Vergleich mit der Wibeaus zahmere Sprache Holdens noch dämpfte.
[26] Vgl. die genaue sprachliche Untersuchung durch E. Lang, »Die Sprache Edgar Wibeaus: Gestus, Stil, fingierter Jargon. Eine Studie über Ulrich Plenzdorfs *Die neuen Leiden des
jungen W.*«, *Studia Poetica,* 3 (1980), S. 183–241.

und Gehalt dieser Textmontage ausgedrückte sofort ins Auge. Wenn Robert Weimann mit kulturpolitischer Absicht feststellte: »die scheinbare Parallelität der Figuren birgt eine Dialektik von Entsprechung und Nichtentsprechung, die jegliche Identität der Leiden der zwei jungen ›W‹ ausschließt«[27], so ist das vom Standpunkt einer Untersuchung des Motivs der »gelebten Literatur« nicht verwunderlich, sondern trifft ins Wesen des Motivs. Denn in allen untersuchten Varianten des Motivs ergab sich, daß seine tragischen wie komischen Wirkungen auf der Spannung zwischen Entsprechung und Nichtentsprechung beruhen. Eine »Identität« von Vorbild und Nachlebendem entspräche einer künstlerisch zweitrangigen Nachahmung, wie sie im späten 18. Jahrhundert als Wertheriade auftauchte.

Die Dialektik von Entsprechung und Nichtentsprechung dokumentiert sich schon in dem ungeheuren sprachlichen Abstand von Goethes Roman, an dem Wibeaus erste *Werther*-Lektüre scheitert, an jenem Übermaß von »Herz und Seele und Glück und Tränen«, von dem er sich nicht vorstellen kann, »daß welche so geredet haben sollen, auch nicht vor dreihundert Jahren« (P, S. 37). Auch später, bei wachsendem Verständnis für den Text, kommt er »einfach nicht mit dieser Sprache zu Rande« (P, S. 58); er bezeichnet sie einmal als »Althochdeutsch« (P, S. 99), und Charlie vermutet, daß er das »Blech« aus der Bibel habe (P, S. 57).

Der zweite Vorwurf, den Wibeau dem ihm unbekannten Verfasser macht, erwächst aus seinen ganz anderen Moralvorstellungen, die ihn kein Verständnis dafür aufbringen lassen, daß Werther »einfach den Löffel« abgibt, weil er die Frau, die er haben will, nicht kriegen kann, statt daß er »was *machte*«, worauf »diese Charlotte« ja nur warte: »Wenn ich mit einer Frau allein im Zimmer bin [...], dann versuch ich doch *alles*« (P, S. 36). Doch schon am nächsten Morgen, nach der ersten Begegnung mit Charlie, bedient er sich, wenn auch zunächst aus »Jux«, für seine erste Tonbandnachricht an Willi eines *Werther*-Textes, in dem sowohl die in Wibeaus Sprache nur mit den Worten: »Ich dachte, mich streift ein Bus« (P, S. 48) formulierbare Betroffenheit über die Begegnung wie ein von ihm nur erahnbares neues Verhältnis zum weiblichen Geschlecht mitschwingt:

> Kurz und gut, Wilhelm, ich habe eine Bekanntschaft gemacht, die mein Herz näher angeht ... Einen Engel ... Und doch bin ich nicht imstande, dir zu sagen, wie sie vollkommen ist, warum sie vollkommen ist, genug, sie hat allen meinen Sinn gefangengenommen (G, S. 23 f.; P, S. 51).

In acht solchen Meldungen an den Freund berichtet er über den Fortgang seiner Romanze, die durch ihre Figurenkonstellation schicksalhaft in den Gleisen der ihm auf diese Weise näherrückenden und verständlicher werdenden *Werther*-Geschichte verläuft. Schon anläßlich der nächsten Nachricht löst zwar Werthers Beteuerung: »Sie ist mir heilig. Alle Begier schweigt in ihrer Gegenwart« (G, S. 54) ärgerliches Kopfschütteln aus:

---

[27] Weimann (Anm. 19), S. 160.

»War das ein Krampf! Vor allem das mit der Begier«, aber gleich darauf fügt Wibeau nachdenklich hinzu: »Das heißt, so ganz blöd war es auch wieder nicht« (P, S.58). Als er nämlich, nun schon ganz in Werthers Spuren, einen Schattenriß von Charlie abnahm, hatte er sich »analysiert« und festgestellt, daß er »gar nicht *alles* wollte. Ich meine: ich wollte schon, bloß nicht gleich. [...] Zum erstenmal wollte ich warten damit« (P, S.54). Wenn dann seinem »Dran bleiben« an Charlie gewisse Grenzen gesetzt werden, weil Dieter, der, wie Albert mit Lotte, mit Charlie schon von Kindheit an bekannt ist, von einem längeren Dienst bei der Armee zurückkommt, findet Wibeau für seine Gefühle gegenüber dem begünstigten Nebenbuhler ebenso den »passenden Text« – »Glücklicherweise war ich nicht beim Empfange! Das hätte mir das Herz zerrissen« (G, S.59; P, S.72) – wie für das kluge Taktieren Charlie–Lottes zwischen den beiden Männern (vgl. G, S.59; P, S.78). Für die erste unfreiwillige Trennung von Charlie kann Werthers aus Liebesgewißheit und Abschiedsschmerz gemischter Gefühlsausbruch anläßlich seines Aufbruchs am Ende des ersten Buches herhalten: »Das war eine Nacht! Wilhelm! Nun überstehe ich alles! Ich werde sie nicht wiedersehen!« (G, S.80f.; P, S.84), und seinen Rausschmiß aus der Brigade gibt Wibeau etwas geschönt mit Werthers Meldung wieder: »Ich habe meine Entlassung verlangt ... Bringe das meiner Mutter in einem Säftchen bei« (G, S.93 u. 106; P, S.101).

Die Meldungen an Willi haben die Funktion, den Fortgang der Handlung auf eine für den Empfänger und die später Nachforschenden verschlüsselte, unverständliche Art zu fixieren, wobei das Verständnis des Absenders für das, was er da auf Tonbändern hinausschickt, deutlich wächst. Wibeau hat sich ja nicht, wie andere Figuranten des Motivs der »gelebten Literatur«, von der Lektüre begeistert, das Leben nach dem literarischen Vorbild gemodelt, sondern seine Erlebnisse zwingen ihm die Parallele zu einem literarischen Modell auf und lassen seine anfängliche Ablehnung in immer größere, bald auch willentliche Annäherung umschlagen. Dazu hat Plenzdorf den Verlauf der Aussteiger- und Liebesgeschichte durch viele kleine Züge dem Vorbild angeglichen. Auch Werther ist ja – der erste Satz des Romans: »Wie froh bin ich, daß ich weg bin«, beweist es – Zwängen in seiner Heimat entlaufen, und seine Erleichterung entspricht dem begeisterten Ausbruch Wibeaus, als er in der Laube begreift, daß »ich ab jetzt machen konnte, wozu ich Lust hatte« (P, S.29). Seine »Kolchose« im Berliner Laubengelände, zunächst natürlich ein bißchen Robinsons Insel, entspricht doch auch Werthers »verfallenem Kabinettchen« (G, S.7) und anderen einsamen Lieblingsplätzen. Beide jungen W. haben bewußt die Bücher aus ihrer früheren Welt nicht mit an ihren Zufluchtsort genommen, und bei dieser Entscheidung hat Werthers »Ich will nicht mehr geleitet, ermuntert, angefeuert sein« seine Entsprechung in Wibeaus Ablehnung empfohlener Bücher (G, S.10; vgl. P, S.32f.); neue Lektüre gewinnt umprägenden Einfluß: Wie Werther Homer und später den *Ossian* mit sich herumträgt, so trägt Wibeau *Werther* unter dem Hemd auf der Brust.

Beide jungen W. dilettieren in der Malerei, wobei unwichtig ist, ob sie wirklich Künstler sind, und bedeutsam nur, daß sie eine unbürgerliche Tätigkeit suchen[28]; der Schattenriß Lotte-Charlies, der in beiden Fällen in die Hand der Geliebten übergeht, ist das wichtigste Ergebnis dieser Tätigkeit. An Charlie sind die vielzitierten »Scheinwerfer« Lottes schwarzen Augen gleich, ihre sie umgebenden »Gören« übernehmen die vermittelnde Funktion von Lottes jüngeren Geschwistern, Lottes Tanzleidenschaft erscheint wieder im Tanz Charlies mit Wibeau auf der Leiter, Charlies kühle Beziehung zu dem etwas trockenen Dieter entspricht Lottes Beziehung zu Albert, die Nachricht von der Eheschließung erreicht beide Liebhaber, die von der Existenz eines Verlobten zunächst nicht beeindruckt sind, erst nach dem Vollzug. Beide bemühen sich vergebens darum, dem glücklicheren Rivalen Gerechtigkeit widerfahren zu lassen (vgl. G, S. 113 u. 128; P, S. 77). Wibeaus spielerisches Hantieren mit Dieters Luftgewehr, einer ungleich weniger gefährlichen Waffe als Alberts Pistolen, löst zwar ein der entsprechenden Stelle in Goethes Roman entnommenes Zitat über die Macht der Leidenschaft aus (vgl. G, S. 72; P, S. 82), aber das Streitgespräch über den Selbstmord unterbleibt, und die Waffe hat bei Plenzdorf auch ihre wichtige und die Geliebte in das Geschehen einbindende Funktion für den Tod des Protagonisten verloren.

Im alten wie im neuen Text ist die Mutter diejenige, die den Sohn wieder einreihen möchte (vgl. G, S. 56; P, S. 83 f.). Die Erfüllung dieses Wunsches vollziehen beide Söhne jedoch mehr aus Enttäuschung und eigenem Entschluß, obwohl sie später zornig der Mutter die Schuld an ihrem Versagen zuschreiben: »Und daran seid ihr alle schuld, die ihr mich in das Joch geschwatzt und mir so viel von Aktivität vorgesungen habt« (G, S. 93; P, S. 101). Auch die beiden Figuren, die Wibeaus kurze »Aktivität« begleiten, haben im *Werther* ihre Entsprechungen. Der Chef der Brigade, Addi, die »Streberleiche« (P, S. 86), ist in dem Gesandten präfiguriert, dessen Charakterisierung denn auch zu derjenigen Addis dient (vgl. G, S. 91; P, S. 99), und der hilfreiche alte Zaremba weist auf den Grafen C... im *Werther* zurück[29]. Wibeaus schon immer bedrohte, weil »auf Abriß« stehende Idylle wird im Zuge staatlichen Planens durch den Bulldozer vernichtet, Werthers Zufluchtsplätzchen durch Überschwemmung und die spießbürgerliche Ordnungsliebe von Menschen, denen schattenspendende alte Nußbäume beschwerlich sind. Das Ausscheiden Wibeaus aus der Brigade bzw. Werthers aus der Gesellschaft und die Wiederbegegnung mit der Geliebten führt bei beiden zum Ausbruch der Leidenschaft, der eine Trennung für immer verursacht. Die regennasse Spree-Szenerie, in der dies bei

---

[28] Vgl. Jurgensen (Anm. 23), S. 293.
[29] Vgl. Ph. Forget, »Distanz und Ironie als Ausdruck von Gefühlswandel oder Tradition und Textproduktion in Plenzdorfs ›Neue Leiden des jungen W.‹«, in *Pathos, Affekt, Gefühl. Philosophische Beiträge,* hg. v. J. Craemer-Ruegenberg (Freiburg, 1981), S. 333–362, hier S. 352 f.

Plenzdorf geschieht, gemahnt an die düstere *Ossian*-Stimmung der letzten
Zusammenkunft Werthers mit Lotte. Die Unterschiede im Verhalten der
Paare beruhen auf den veränderten Beziehungen der Geschlechter zueinander: Lotte entflieht aus Werthers Umarmungen nach den Worten: »Sie
sehn mich nicht wieder«, aber »mit dem vollsten Blick der Liebe«, in das
Nebenzimmer, während Werther sie nicht zu halten wagt (G, S. 176).
Charlie steigt, nachdem ihre Herausforderung: »Willst du einen Kuß von
mir?« (P, S. 134) mit mehr als nur einem Kuß beantwortet worden ist, bei
der Landung wortlos aus dem Boot und läuft fort. Werther erlebt nur Lottes Verführbarkeit, Wibeau wird durch Charlie verführt, aber dann geht es
ihm doch wie dem zaghafteren jungen Mann des 18. Jahrhunderts:

> Wenn ich in Filmen oder wo diese Stellen sah, wo eine weg will und er will sie halten,
> und sie rennt zur Tür raus, und er stellt sich bloß in die Tür und ruft ihr nach, stieg
> ich immer aus. Drei Schritte, und er hätte sie gehabt. Und trotzdem saß ich da und
> ließ Charlie laufen. (P, S. 135)

Lottes ahnungsvolle Mahnung: »Sein Sie ein Mann!« (G, S. 157) hat die
Katastrophe nicht verhindern können, und Wibeaus nachträgliche Einsicht: »Ich als Mann hätte die Übersicht behalten müssen« (P, S. 139) kann
sie nicht ungeschehen machen.

Diese auf der Handlungsebene liegenden Analogien beider Texte sind
von Weimann und von späteren Interpreten gegen solche abgesetzt worden, die sich auf die innere Entwicklung des Helden beziehen und als »Pa-
rolen« Wibeaus fungieren[30]. Geht man davon aus, daß Plenzdorf eine
echte Parallelität beider Figuren gesehen und sie auch künstlerisch realisiert habe, so ist diese Sonderung, vor allem für die Analyse des Motivs
der »gelebten Literatur«, nicht besonders dienlich, denn dann müssen
pragmatischer Nexus und Idealnexus miteinander verzahnt sein und eine
Einheit bilden; ihr Auseinanderfallen würde zu satirischen Wirkungen
führen.

Die Provokation, die durch die Fremdheit des *Werther*-Textes angeregt
und von Wibeau nicht nur zur Verblüffung des Freundes Willi, sondern
seiner gesamten Umgebung eingesetzt wird, schlägt auf den Schützen der
»Werther-Pistole« zurück und zwingt ihn zum Nachdenken. Indem er die
hinter dem pragmatischen Nexus der Liebesgeschichte liegenden tieferen
psycho-sozialen Erfahrungen erkennt, an denen Werther leidet, merkt Wibeau, daß sie seinen eigenen vergleichbar sind. Literarisches Erlebnis dient
der Erhellung eigener Erlebnisse, Wibeau entdeckt einen geistigen Vorfahren, der ihm schließlich zum Medium der Selbstverständigung wird[31], die
er schon als Schüler anstrebte: »Mein größtes Vorbild ist Edgar Wibeau.
Ich möchte so werden, wie er mal wird« (P, S. 15). Ihm wird klar, daß die
Flucht aus der Kleinstadt, dem Betrieb, der mütterlichen Obhut der
gleichen Fesselung und Abtötung seiner schöpferischen Fähigkeiten durch

---

[30] Weimann (Anm. 19), S. 162.
[31] Vgl. Großklaus (Anm. 12), S. 88.

ein kleinbürgerliches Pflichtenreglement entsprang, das Werther beklagt (vgl. G, S.12 f.), und er spielt dessen an Wilhelm gerichtete Verteidigung geistig-künstlerischer Freiheit jetzt Dieter gegenüber aus:

> Man kann zum Vorteile der Regeln viel sagen, ungefähr was man zum Wohle der bürgerlichen Gesellschaft sagen kann. Ein Mensch, der sich nach ihnen bildet, wird nie etwas Abgeschmacktes und Schlechtes hervorbringen, wie einer, der sich durch Gesetze und Wohlstand modeln läßt, nie ein unerträglicher Nachbar, nie ein merkwürdiger Bösewicht werden kann; dagegen wird aber auch alle Regel, man rede, was man wolle, das wahre Gefühl von Natur und den wahren Ausdruck derselben zerstören. (G, S.17 f.; P, S.75 f.)

Gleich zweimal – gegenüber der zur Arbeit mahnenden Charlie und gegenüber den um ihre Erfindung bemühten Arbeitsgenossen – wird das die Einsicht in die »Entfremdung« des Arbeitslebens festhaltende Zitat als Schußwaffe eingesetzt und damit ihr Überdauern auch in der sozialistischen Gesellschaft bekundet:

> Es ist ein einförmiges Ding um das Menschengeschlecht. Die meisten verarbeiten den größten Teil der Zeit, um zu leben, und das bißchen, das ihnen von Freiheit übrigbleibt, ängstigt sie so, daß sie alle Mittel aufsuchen, um es loszuwerden. (G, S.11 f.; P, S.56 u. 100)

Wibeau erkennt zitierend und erfahrend als Ausweg aus seiner Individualitätskrise den schon instinktiv begonnenen Rückzug aus der Gesellschaft mit ihren »gelassenen Herren«, die um ihre wohlbehüteten Gartenhäuschen, Tulpenbeete und Krautfelder besorgt sind: »Das alles, Wilhelm, macht mich stumm. Ich kehre in mich selbst zurück, und finde eine Welt!« (G, S. 14) [32]. Gefühle und Worte »aus der totgesagten Phase des bürgerlichen Individualismus« [33] erweisen sich Wibeau als ganz aktuell, er wird, sein Selbstverwirklichungsrecht in die Tat umsetzend, ein Einsamer. In dieser Einsamkeit ist für ihn, der den »Vorbildern« entfloh und den der idealisierte Vater bei einer kurzen Begegnung enttäuschte, Werther das neue Vorbild [34], ist ihm Schützenhilfe, Schutzschild [35], Zuflucht [36], Bundesgenosse [37], der von Goethe empfohlene »Freund [...], wenn du aus Ge-

---

[32] Dieses so wichtige Zitat führt Plenzdorf zwar unter den Nachrichten auf, die Willi dem Vater Wibeaus vorführt (S.17–19, hier S.19), er hat aber den Augenblick im Laufe der Handlung, an dem dieses Zitat abgeschickt wurde, nicht angegeben. In der Urfassung von Plenzdorfs Text, bei Brenner (Anm.74), S.112, schickt Wibeau das Zitat ab, als er nach langer, vergeblicher Arbeitssuche an einem Tiefpunkt angekommen ist und hungrig an einer Mohrrübe knabbert; durch diese Situation bekommt es einen ironischen Akzent.

[33] H. R. Jauß, »Ästhetische Erfahrung als Verjüngung des Vergangenen (Klassik – wieder modern)«, in Sprache und Welterfahrung, hg. v. J. Zimmermann (München, 1978), S.301–328, hier S.326.

[34] Vgl. G. Kluge, »Plenzdorfs neuer Werther ein Schelm?«, Amsterdamer Beiträge zur neueren Germanistik, 7 (1978), S.164–206, hier S.202 f.

[35] Vgl. ebd., S.190.

[36] Vgl. ebd., S.193.

[37] Vgl. P. Biele, »Nochmals – ›Die neuen Leiden...‹«, in Brenner (Anm.2), S.205–212, hier S.207.

schick oder eigener Schuld keinen nähern finden kannst« (G, S. 3). Gerade dadurch, daß die Seiten des *Werther*-Heftes fehlen, die es geschichtlich fixierbar gemacht hätten, gewinnt es überzeitliches Gewicht, kann es seine Funktion als Präformation von Weltverständnis voll entfalten und in dem Prozeß des Mündigwerdens eines jungen Lehrlings die entscheidende Mittlerrolle einnehmen[38]. Der Prozeß der Identifikation Wibeaus mit Werther geht von »Dieser Werther hatte sich wirklich nützliche Dinge aus den Fingern gesaugt« (P, S. 76) über »langsam gewöhnte ich mich an diesen Werther« (P, S. 78), die vertrauliche Bezeichnung »Old Werther« (P, erstmals S. 78) und »Der Mann wußte Bescheid« (P, S. 78) bis zu dem erstaunten, die Verwandtschaft seiner Eifersucht mit der Werthers beglaubigenden »Ich hätte nie im Leben gedacht, daß ich diesen Werther mal so begreifen würde« (P, S. 124) und schließlich jenem letzten verzweifelten »Ich war jedenfalls fast so weit, daß ich Old Werther verstand, wenn er nicht weiterkonnte« (P, S. 147).

Bei diesem Vorgang der Selbstfindung durch Identifikation mit dem literarischen Modell fällt der sprachlichen Reifung eine wichtige Rolle zu. Die Kluft, die Wibeau von Werther trennt, besteht nicht nur in zweihundert Jahren Kulturentwicklung, sondern auch in dem Unterschied zwischen einem voll erwachsenen, auf der Höhe humanistischer Bildung und ihrer sprachlichen Möglichkeiten stehenden Bürgersohn und einem auf historisch-ästhetischem Gebiet unerfahrenen Lehrling, der sich in einem ausdrucksarmen, standardisierten Jargon bewegt. Die Anlaufphase, d. h. die Phase in der Entwicklung des Helden, die vor der entscheidenden Lektüre liegt, wird eindringlich vorgeführt, so daß der Zustand Wibeaus als eines dem dichterischen Kunstwerk naiv gegenübertretenden Illiteraten sich deutlich abzeichnet und seine Begegnung mit *Werther* in ihrer ganzen Brisanz erkennbar wird. Die sozialen und erotischen Erfahrungen, die er in sich zu bewältigen sucht, überschreiten so sehr seine sprachlichen Mittel, daß er gelegentlich stumm bleibt oder sich in das ihm sehr gelegen kommende Zitat flüchtet. So kann er seine Gefühle gegenüber Dieter nur durch nicht einmal voll verstandene Zitate ausdrücken (vgl. z. B. G, S. 59 u. 144; P, S. 124, sowie G, S. 144; P, S. 129). Freilich isolieren ihn seine Zitierungen auch von seiner Umgebung, so daß er angesichts zu erwartenden Unverständnisses vorzieht, einen Zitat-Brief an Charlie gar nicht abzuschicken (vgl. G, S. 96; P, S. 116)[39]. Er hat nicht gelernt, Sprache zur Vermittlung von Problemen zu benutzen, seine vorfabrizierte, in Schlagwortschienen laufende Sprache springt aus dem Gleis, wenn es um differenziertere Fragen geht[40]. Aber die Schulung an *Werther* und die Stärke

---

[38] Vgl. Waiblinger (Anm. 18), S. 79–86.

[39] In Plenzdorfs Urfassung, bei Brenner (Anm. 74), S. 123, schickt Wibeau den Zitat-Brief tatsächlich ab.

[40] Vgl. G. Brinker-Gabler, »Ich weiß nicht, ob mich einer versteht, Leute. Funktions- und Wirkungspotential von Teenagersprache und Werther-Zitat in Ulrich Plenzdorfs *Die neuen Leiden des jungen W.*«, *Literatur und Wissenschaft im Unterricht*, 11 (1978), S. 80–92, hier S. 85–89, und Jauß (Anm. 33), S. 325.

des Gefühls für Charlie bewirken, daß Wibeau sich im Augenblick des Glücks oder in dessen Nachgefühl sprachlich befreien kann. Mit dem Satz: »Ihr Gesicht roch wie Wäsche, die lange auf der Bleiche gewesen ist« (P, S. 134) hat er zu eigenem Ausdruck gefunden. Auf dem schwierigen Gebiet der Gesellschaftskritik gelingt diese Befreiung jedoch nicht[41].

Die *Werther*-Zitate Plenzdorfs sind, wie Wapnewski nachgewiesen hat, in einigen Fällen aus mehreren entfernt voneinander stehenden Stellen zusammengesetzt und zu neuen, dem Zitierer gemäßen Einheiten verschmolzen[42]. Wie könnte Wibeau auch bei noch so gutem Gedächtnis größere Stellen fehlerlos zitieren, und wie verfiele er nicht auf die Möglichkeit, für ihn Wesentliches unter Auslassungen zu konzentrieren? Plenzdorf eliminiert nicht nur hier manches, was zur Gefühlslage Werthers gehört, aber für den neuen Werther seine Bedeutung verloren hat: das Naturgefühl, die schwärmerische Neigung für Kinder und das einfache Volk sowie eine pietistisch eingefärbte Religiosität. Die Natur, in die sich Wibeau scheinbar zurückzieht, ist für ihn nur eine Art Schutzwall gegen die von ihm verlassene Gesellschaft, und seine Werther-Nachfolge nimmt sogar parodistische Züge an, wenn er, in einen sandigen Salatkopf beißend, vor Charlie die Sätze von der »Wonne des Menschen« zitiert, der »ein Krauthaupt auf seinen Tisch bringt, das er selbst gezogen« (G, S. 40; P, S. 69 f.). Sein Umgang mit den Kindern hat nur den Zweck, an Charlie »dran zu bleiben«, und die Schwärmerei für das einfache Volk, dem Wibeau ja selbst angehört, wird ersetzt durch die aus umgekehrter Perspektive entstandene, bei einem Sozialisten immerhin merkwürdige Neigung für den Adel, dem der Hugenotten-Abkömmling gern angehören möchte; sie ist Teil seines Bestrebens, sich abzusondern und auszuzeichnen[43]. Mit dem sicher erziehungsbedingten Mangel an Religiosität hängt Wibeaus Desakralisation der für Werther so entscheidenden Werte Natur, Kunst und Liebe zusammen[44]. Finden sich Werther und Lotte tränenden Auges bei Klopstocks »Frühlingsfeier«, so glaubt Wibeau, daß gemeinsames Lachen verbinden könnte (vgl. G, S. 36; P, S. 34). Während er immerhin einen gewissen Grad von Sublimierung der Liebe im Gefolge Werthers erlebt[45], sind ihm dessen Existenzangst[46], dessen immer wieder scheiternder Versuch, sich verströmend diese Welt zu umfassen, die daher schon vor der Begegnung mit

---

[41] Vgl. Waiblinger (Anm. 18), S. 85 u. 87.

[42] Vgl. Wapnewski (Anm. 9), S. 536–539. – Ph. Forget (Anm. 29), S. 343 ff., hat ergänzend die Funktion und Bedeutung der vorgenommenen Auslassungen untersucht.

[43] Vgl. A. Hsia, »Zur Werther-Krankheit bei Werther, Wibeau und Schnier«, *Colloquia Germanica,* 16 (1983), S. 148–165, hier S. 156 f.

[44] Vgl. G. Favier, »Hybris et fierté. La parodie des classiques chez Ulrich Plenzdorf«, *Recherches Germaniques,* 9/10 (1979/80), S. 205–233, hier S. 223 f.

[45] Vgl. C. Cases, »Plenzdorfs entsublimierter Werther«, *Annali del Istituto Universitario Orientale,* Sezione Germanica XVIII, 1, Studi Tedeschi (1975), S. 129–143, hier S. 133.

[46] Vgl. B. Fenn, »Ulrich Plenzdorfs *Die neuen Leiden des jungen W.* Die Verwertung eines literarischen Modells«, *German Studies in India,* 4 (1980), S. 10–16, hier S. 11 f.

Lotte ausgesprochene Befürchtung, »unter der Gewalt der Herrlichkeit dieser Erscheinungen« zu erliegen (G, S. 8), und die Gewißheit, »diesen Kerker« jederzeit verlassen zu können (G, S. 16), völlig fremd [47]. Dennoch sind auch die Leiden Wibeaus wie die Werthers ein Leiden an der Welt [48]. Sie entspringen primär seiner Individualität und beruhen im Grunde nicht auf gesellschaftlichen Voraussetzungen. Wibeau reibt sich, weil es für ihn keine andere gibt, an der Welt, in die er hineingewachsen ist, an einer begrenzten Welt also; und er reibt sich an ihr mit dem ihm eigenen begrenzten Sensorium. So wenig wie Werther ist Wibeau ein Revolutionär; er anerkennt die Ordnung, in der er lebt, mit ein paar pauschalen, von viel Egozentrizität gekennzeichneten Sätzen, aber seine Sensibilität und sein Selbstbewußtsein fühlen sich durch Zwänge verletzt und treiben ihn zunächst zum Rückzug in die Innenwelt.

Dieser Rückzug nun war zwar dem wohlhabenden Bürgersohn des 18. Jahrhunderts möglich, aber dem in der DDR aufgewachsenen Wibeau ist eine Evasion auf die Dauer verwehrt. Als einzige Möglichkeit, den Zwängen zu entkommen, bleibt ihm nur eine besondere, ihn auszeichnende Leistung. Diesen Weg, den Werther verschmähte, betritt Wibeau mit dem Projekt seiner nebelfreien Farbspritze. Im Gegensatz zu der Interpretation Weimanns hat die Kritik eindeutig, wie ich glaube, nachgewiesen, daß Wibeaus Engagement für seine Erfindung keiner Wiedereinordnung in die Arbeitswelt und in die Moral des Kollektivs gleichkommt. Wibeau arbeitet nicht um des Arbeitens willen, er entscheidet souverän: »Wenn ich arbeite, dann arbeite ich, wenn ich gamle, dann gamle ich« (P, S. 66). Sein Eintritt in die Malerbrigade dient zunächst der Selbsterhaltung, seine spätere Hingabe an jene Farbspritze entspringt dem Bestreben, sich »einen Namen« zu machen (P, S. 25), das »verkannte Genie« (P, erstmals S. 25), als das er sich aufspielt, in ein anerkanntes umzuwandeln. Seine Erfinderarbeit vollzieht sich abseits vom Kollektiv.

Man hat aus diesem Abstand zwischen dem »sehr simplen Selbstgefühl« [49] Wibeaus und Werthers idealistischer Hybris auf die Unmöglichkeit einer Werther-Nachfolge in heutiger Zeit überhaupt geschlossen. Die Gleichung gehe nicht auf, weil dem Subjektivismus Wibeaus als Grundlage das für Werther stimmige Erlebnis einer ganzen Generation fehle. Wibeau sei eher ein Pikaro als ein Werther [50], sein Individualitätsideal sei im Ver-

---

[47] Volker Braun hat in seiner *Unvollendeten Geschichte* (Frankfurt a. M., 1977), S. 45 f., durch das Medium seiner Heldin kritisch angemerkt, daß Werther sich am »Kern« der Welt gestoßen habe, während Wibeau sich »an allem Äußeren« stoße. »Und doch war auch in all dem Äußeren ein Inneres, Wibeau drang nur nicht hinein.« – Vgl. auch U. Brandes/A. C. Fehn, »Werther's Children: The experience of the second generation in Ulrich Plenzdorf's *Die neuen Leiden des jungen W.* und Volker Braun's *Unvollendete Geschichte*«, *The German Quarterly*, 56 (1983), S. 608–623.

[48] Vgl. Wapnewski (Anm. 9), S. 530.

[49] Favier (Anm. 44), S. 233.

[50] Vgl. Kluge (Anm. 34), S. 192 f., und D. G. John, »Ulrich Plenzdorf's *Die neuen Leiden des jungen W.* The Death of a Fool«, *Modern Drama*, 23 (1980/81), S. 33–43, hier S. 33.

gleich mit demjenigen Werthers privatistisch und angesichts der weiterentwickelten Verhältnisse anachronistisch; schon die Schrebergartenidylle, in der er es zu verwirklichen suche, sei in der nachbürgerlichen Gesellschaft nicht mehr möglich und deute auf das Ende des Ausbruchsexperiments hin[51]. Eberhard Mannack hat zur Widerlegung solcher Thesen bereits das Echo angeführt, das Wibeau in der DDR gefunden habe[52]; hinsichtlich der Laube als Symbol eines überständigen Kleinbürgerideals sei auf die Wirklichkeit in den Städten der DDR hingewiesen[53].

Zweifellos trägt Wibeau, besonders durch seine Eulenspiegeleien während der Arbeit in der Malerbrigade, pikareske Züge, ein Pikaro ist er deswegen nicht. Der Autor Plenzdorf hat die Gestalt und ihr Schicksal durch einen Kunstgriff vor unzeitgemäßer werthersche Sentimentalität und vor zu direkter anklägerischer Geste bewahrt: Wibeau erzählt und kommentiert sein Leben ja aus dem Jenseits, als ein Darüberstehender, den Geschehnissen Entrückter und sie zugleich beredt Einordnender, und Plenzdorf hat ihm dazu eine Eigenschaft verliehen, die Pikareskes und Parodistisches in das Gesichtsfeld rückt: die Ironie. In Wibeaus posthumen Reden erscheint sein früheres Denken und Handeln relativiert, er nennt sich wiederholt einen »Idioten«, eine Selbstkritik, die auch Werther nicht ganz fremd ist, der sich gelegentlich »Thor« oder »Fratze« schilt. Sowohl Wibeaus Verhalten gegenüber Charlie wie seine mangelnde Anpassung an die Forderungen der Gesellschaft erscheinen in der Selbstdarstellung als Unreife: »Ich Idiot wollte immer der Sieger sein« (P, S. 147). Die Ironie, mit der er sein Tun und Lassen darstellt und mit der er sich auch von Charlies sowie Addis späteren Urteilen distanziert, läßt zwar die Möglichkeit einer Überwindung seiner früheren Haltung zu, doch nimmt andererseits sein Kommentar häufig seine »Idiotien« zurück und macht sie aus der einstmaligen Situation heraus verständlich[54]. Beredter geworden, als er diesseits des »Jordan«[55] war, will er Abstand zu seinem früheren Ich zeigen und doch zugleich um Verständnis für es werben, wobei diese Zwiespältigkeit seiner Position durch seine unzulängliche Sprache unterstrichen wird, die den erlebten Konflikt nicht zu erfassen vermag, sondern, hierhin und dorthin tastend, an ihm abgleitet. Durch dieses Pendeln zwischen Bestätigen

---

[51] Vgl. Großklaus (Anm. 12), S. 87 f. u. 92.

[52] Vgl. Mannack (Anm. 16), S. 96.

[53] Die Städte der DDR sind von ungewöhnlich ausgedehnten Laubengeländen umgeben. Diese entspringen durchaus einer kleinbürgerlichen Flucht ins Private und liefern außerdem einen Ausgleich für knapp bemessenen Wohnraum und geringe Möglichkeiten zum Kauf von frischem Obst und Gemüse, ja selbst Blumen.

[54] Vgl. Kluge (Anm. 34), S. 184.

[55] Die Metapher »Über den Jordan gehen« findet sich in der Bedeutung »Sterben« augenscheinlich vor Plenzdorf im Deutschen nicht. Sie wurde im Englischen durch die religiöse Literatur des 18. Jahrhunderts geprägt und dem Autor wahrscheinlich durch amerikanische Neger-Spirituals vermittelt; sie gehört dem pietistischen Vorstellungsbestand der Werther-Zeit an, der Himmelreich und Jenseits mit dem Gelobten Land gleichsetzte, das die Israeliten durch Überqueren des Jordan erreichten. Vgl. J. H. Reid, »›Über den Jordan gehen‹: a note on the history of a metaphor«, *New German Studies,* 11 (1983), S. 155–169.

und In-Frage-Stellen wird die Eindeutigkeit des Charakters aufgehoben, und wie der tote Wibeau zum lebenden, so gewinnt der Autor Distanz zu seiner Figur und kann mit Recht behaupten, sein Werk sei »bewußt auf Auslegbarkeit geschrieben«[56]. Diese Fähigkeit zur Distanzierung von sich selbst und zur Selbstironie, die dem empfindsamen Werther – der ja nicht aus dem Jenseits spricht – weitgehend fremd ist[57], berührt natürlich auch die Beziehung Wibeaus und seines Schöpfers zu dem klassischen Text, in dessen »naiver« Behandlung durch den Werther des 20. Jahrhunderts ironische und gelegentlich parodistische Lichter aufscheinen, ohne daß von einer *Werther*-Parodie die Rede sein kann[58].

Die Doppelbödigkeit der Äußerungen Wibeaus von jenseits des Jordan wird da entscheidend, wo es um sein Ende, den möglichen Nachvollzug von Werthers Selbstmord geht, der – seinerseits rückbezogen auf ein literarisches Vorbild, den durch den Vater erfüllten Todeswunsch der Emilia Galotti – dem Roman des jungen Goethe seine einzigartige Bedeutung in der Literatur des 18. Jahrhunderts eintrug. Darüber, ob Wibeaus Unfalltod Zufall oder Selbstmord ist, sind die Interpreten geteilter Meinung, und für viele entscheidet sich an diesem Punkte die Frage einer Nachfolge Werthers oder einer Distanzierung von ihm. Die Urteile reichen von »der absolut zufällige Tod«[59], »vermeidbarer Unfall«, also »nicht schicksalhaft«[60], »Zufall an Stelle von Notwendigkeit«[61], »ich entscheide mich für die Unfall-Variante«[62], »nicht durch Selbstmord, sondern durch Unfall«[63], »für Plenzdorfs Edgar hätte es einen Ausweg gegeben«[64] und »Kurzschluß«[65] bis zu »Selbstmord in der vom Vorbewußtsein angelegten Maske des ›Unfalls‹«[66], »Selbstopfer«[67], »kein Zufall«[68], »Konsequenz«[69]

---

[56] Plenzdorf, in Brenner (Anm. 2), S. 178.

[57] Daß, wie Forget (Anm. 29), S. 351, behauptet, in Plenzdorfs Roman ein unüberbrückbarer Gegensatz zu Werthers Humor-, Ironie- und Distanzlosigkeit artikuliert werde und daß darum jeder Versuch, zwischen beiden Texten zwingend auf einen Konsens hinweisende Parallelen zu systematisieren, fragwürdig sei, halte ich für eine Überbewertung dieser Komponenten.

[58] Gegen die Interpretation des Plenzdorfschen Textes als Parodie des *Werther* äußert sich Mannack (Anm. 16), S. 85.

[59] Favier (Anm. 44), S. 229.

[60] Jurgensen (Anm. 23), S. 85–87.

[61] Cases (Anm. 45), S. 131.

[62] Biele (Anm. 37), S. 207.

[63] A. Stephan/I. Stephan, »Werther und Werther-Rezeption. Ein Unterrichtsmodell zur Aufarbeitung bürgerlichen Selbstverständnisses«, *Projekt Deutschunterricht,* 9 (1975), S. 146–176, hier S. 166. – Brenner (Anm. 16), S. 31.

[64] Reis (Anm. 25), S. 108.

[65] J. Neubauer, »Trends in Literary Reception: Die neuen Leiden der Wertherwirkung«, *German Quarterly,* 52 (1979), S. 69–79, hier S. 69.

[66] K. Partl, »Die neuen Leiden des jungen W.«, in *Lexikon der Weltliteratur,* hg. v. G. v. Wilpert, Bd. II (Stuttgart, ²1980), S. 818.

[67] Sh. B. Shrotri, »Das Werther-Thema«, *German Studies in India,* 6 (1982), S. 188–191, hier S. 191.

[68] Waiblinger (Anm. 18), S. 75.

[69] Brinker-Gabler (Anm. 40), S. 89.

und »Notwendigkeit«[70] des Scheiterns, Wibeau müsse sterben, »um nicht eingereiht zu werden«, man könne seinen Unfalltod »mit einem beabsichtigten Selbstmord gleichsetzen«[71].

Ich halte die Offenheit des Schlusses, die Undeutlichkeit in der letzten Konsequenz der Werther-Nachfolge, für künstlerische Absicht, der eine Festlegung durch Interpretation widerspräche. Dennoch ließe sich durch eine Analyse der Situation Wibeaus vor seinem Ende wohl der Annäherungswert einer Deutung erreichen. Während die immer wieder durchbrechende Todesbezogenheit, ja Todessehnsucht Werthers dem naiv lebenshungrigen Wibeau fernliegt, gibt es bei ihm doch auch Todesgedanken, Todesahnungen. Auch er hat über den Tod nachgedacht, hat sich überlegt, was er bei einem plötzlichen Tode vom Leben gehabt hätte (vgl. P, S.23), kann sich aber ein Ende nicht vorstellen (vgl. P, S.136), meint in einer gewissen Vorkenntnis seines Schicksals, »man dürfte nicht älter werden als siebzehn – achtzehn« (P, S.27). Mit seiner Verkündigung von jenseits des Jordan: »Wir alle hier wissen, was uns blüht. Daß wir aufhören zu existieren, wenn ihr aufhört, an uns zu denken« (P, S.16f.) tritt er deutlich in Parallele zu Überlegungen Werthers in dessen Brief vom 26. Oktober 1772 (vgl. G., S.126). Wie der religiöse, transzendente Aspekt solcher Gedanken, besonders die Vorstellung von einem Wiedersehen nach dem Tode, die Werthers Abschiedsszene am Ende des Ersten Buches beherrscht, bei Plenzdorf entfällt, so natürlich auch die Opfertod- und Nachfolge-Christi-Geste am Schluß des Zweiten Buches[72]. In Goethes und Plenzdorfs Text stehen aber schon einleitend Äußerungen der bejahenden Annahme des späteren Todes – im *Werther*: »und mit mir mag werden, was will, so darf ich nicht sagen, daß ich die Freuden, die reinsten Freuden des Lebens nicht genossen habe« (G, S.38) und in den *Neuen Leiden*: »Hier hat niemand schuld, nur ich. [...] Edgar Wibeau [..] hat sich in Berlin als Anstreicher durchgeschlagen, hat seinen Spaß gehabt, hat Charlotte gehabt und hat beinah eine große Erfindung gemacht, *weil er das so wollte*!« (P, S.16).

Die Äußerungen Wibeaus über eine mögliche Rückkehr nach Mittenberg, also über eine Kapitulation, die den Selbstmord ausschließen würde, erscheinen widersprüchlich. Als es nach dem vorläufigen Abbruch der Beziehungen zu Charlie nicht mehr »popt«, konstatiert er, daß er nicht daran denke, nach Mittenberg zurückzukehren (P, S.84), als er jedoch nach dem völligen Ende dieser Beziehung spürt, daß er ohne Charlie »in Berlin nichts mehr zu bestellen« habe (P, S.139), will er die Spritze fertig machen, »sie Addi auf den Tisch knallen und dann abdampfen nach Mittenberg und von mir aus die Lehre zu Ende machen. So weit war ich. [...] Wahrscheinlich war mir einfach bloß mulmig wegen Weihnachten« (P, S. 139, ähnlich S.142). In seinem letzten Kommentar aber heißt es dann:

[70] Kluge (Anm.34), S.19.
[71] Hsia (Anm.43), S.157 u. 159.
[72] Vgl. Scharfschwerdt (Anm.16), S.268.

Ich hätte diesen Reinfall sowieso nicht überlebt. Ich war jedenfalls fast so weit, daß
ich Old Werther verstand, wenn er nicht mehr weiterkonnte. Ich meine, ich hätte nie
im Leben freiwillig den Löffel abgegeben. Mich an den nächsten Haken gehängt oder
was. Das nie. Aber ich wär doch nie *wirklich* nach Mittenberg zurückgegangen. [...]
Das war vielleicht mein größter Fehler: Ich war zeitlebens schlecht im Nehmen. Ich
konnte einfach nichts einstecken. Ich Idiot wollte immer der Sieger sein. (P, S. 147)

Wenn die erste und die letzte Aussage zur Frage der Rückkehr und
Wiedereinordnung gleich lauten, dazwischen aber eine Art Rückzieher
Platz greift, so sind diese gegensätzlichen Entscheidungen aus der Situation eines Menschen gefällt, für den es an sich – wie für Werther – kein
Zurück und keinen Kompromiß gibt, dem aber im Augenblick deutlicher
Enttäuschung und Mutlosigkeit ein Ausweichen noch nicht ausgeschlossen scheint. Wibeau klammert sich an seine Erfindung, die ihm die Möglichkeit eröffnen könnte, nicht oder doch als »Sieger« nach Mittenberg
zurückzukehren. Wie aber, wenn »sein NFG« sich, wie er aus dem Jenseits
erkennt, als »nichts« (P, S. 96) erweist? Was bliebe ihm dann? Wie ginge
der Alleingang, den er eingeschlagen hat, ohne den Erweis einer besonderen Leistung in der Ordnung, in der er lebt, aus? So, wie es dann kam,
»war es am besten. Ich hätte diesen Reinfall sowieso nicht überlebt« (P, S.
147). Charlies dreimaliges: »dem war nicht zu helfen« (P, S. 73) und Wibeaus deutlich an Werther angelehntes: »Ich war nicht mehr zu retten« (P,
S. 134)[73] signalisieren eine Ausweglosigkeit, die Wibeau zwingt, Werther
zu verstehen, der »nicht mehr weiterkonnte« (P, S. 147). Sie treibt ihn
zwar nicht zum Selbstmord, aber dazu, daß er bei der Konstruktion
»pfuscht« und die Möglichkeit des Todes einkalkuliert. Vermeidbar ist
dieser Tod also nicht und auch kein Zufall, sondern er beruht auf einer
Art Gottesurteil; insofern ist der Tod des neuen jungen W. dem des alten
in seiner inneren Konsequenz verwandt und hat mit diesem auch nicht
ohne Grund das Datum, den 24. Dezember, gemeinsam.

Ähnlich wie Wibeau sich im Laufe des Geschehens der Figur Werthers
annähert, vollzog offensichtlich Plenzdorf im Laufe der längeren Entstehungsgeschichte des Werks eine Annäherung an *Die Leiden des jungen
Werthers.* Die erst kürzlich veröffentlichte Film-Fassung von 1968/69[74]
zeigt eine wesentlich andere Haltung des Autors gegenüber Edgar Wibeau
und dessen Vorbild Werther, und es erweist sich, daß diese überholten
Züge in der Endfassung nicht spurlos getilgt wurden.

Die Urfassung gehört noch zum Typ des sog. »Produktionsromans«,
der in der sowjetischen Literatur der dreißiger und vierziger Jahre entstand, als normatives Modell in anderen sozialistischen Literaturen nach-

---

[73] Wibeaus Feststellung ist deutlich angelehnt an die Zeilen Werthers, die dieser nach
dem Urteil über den aus Liebe zum Mörder gewordenen Knecht – »Nein, er ist nicht zu retten« – zu Papier bringt: »Du bist nicht zu retten, Unglücklicher! Ich sehe wohl, daß wir nicht
zu retten sind« (G, S. 148).

[74] Die im Jahre 1968–1969 im Auftrage der DEFA als Szenarium für einen Film geschrie-
bene und damals nicht realisierte Urfassung von Plenzdorfs *Die neuen Leiden des jungen W.*
wurde erstmals abgedruckt bei Brenner (Anm. 2), S. 71–138.

geahmt wurde und in der Literaturkritik der DDR auch als »Ankunftsliteratur« bezeichnet worden ist[75]. In diesem Genre wird die nonkonformisti-
sche Hauptgestalt im Laufe der Handlung zu einem aktiven und bewußten
Mitglied des sozialistischen Kollektivs umerzogen. Auch das Motiv einer
den Sozialismus fördernden Erfindung der Hauptgestalt, die infolge geg-
nerischer Machenschaften zunächst nicht in die Praxis umgesetzt, schließlich jedoch durch Ausschaltung der Widerstände realisiert werden kann,
gehört in die Tradition des sozialistischen Realismus, und für die beiden
Prototypen der Arbeitswelt, Addi und Zaremba, den übereifrigen jungen
und den verständnisvollen alten Arbeiter, lassen sich die Modelle hier[76]
und nicht nur im *Werther* aufzeigen. Der »Produktionsroman« hat also
eine positive Schlußperspektive, ein Happy-End, und so auch Plenzdorfs
Urfassung: Edgar Wibeau kommt bei seinem Experiment nicht um, sondern wird nur schwer verletzt; infolgedessen entfällt der Kommentar aus
der anderen Welt, es entfallen auch die Recherchen des Vaters und die
Auskünfte der Befragten. Die Ereignisse werden, beginnend mit Wibeaus
Leben in Mittenberg, in chronologischer Folge dargestellt. Noch im Kran-
kenhaus wird Wibeaus Erfindung als internationales Patent durch die Brigade vorgeführt und gefeiert, und das Ganze endet mit dem sich in seinem
Ruhm sonnenden, auf dem »Corso« seiner Heimatstadt flanierenden Wibeau.

Ein solcher Held kann natürlich kein Werther sein. In Plenzdorfs Urfassung ist Wibeau tatsächlich noch ein eitler, arroganter und recht untra-
gischer Pikaro, dessen Werther-Nachahmung satirisch-parodistische Züge
trägt. In Tagträumen versetzt er sich in Werthers Zimmer, die Hand am
Hahn der Pistole, die er an seine Schläfe gesetzt hat; dann sieht er sein eigenes Begräbnis, getreu der Überlieferung: »Handwerker trugen ihn«[77].
Auch in kleinen Zügen zeigt sich die parodistische Haltung: Edgar nimmt
die Schleife von Charlies Sommerkleid und legt sie zwischen die Seiten
des *Werther,* den er im Hemd trägt: bei der Nachricht von Charlies Heirat
greift er nach dem Schattenriß an der Wand und zerreißt ihn »langsam
und theatralisch«[78]; zu dem Fahrer des Bulldozers sagt er »groß und ruhig: ›Kommen Sie Weihnachten, dann bin ich auf jeden Fall nicht mehr
da‹«[79]. Sein Experiment mit dem NFG gerät zu einer Karikatur von Werthers Selbstmord: Wie im *Werther* Alberts Pistolen, so ist hier Dieters
Luftdruckgewehr als Instrument der Selbsttötung vorgesehen, und es han-

---

[75] Vgl. Flaker (Anm. 25), S. 30 ff., und Brenner (Anm. 16), S. 37; »Ankunftsliteratur« nach
Brigitte Reimanns Roman *Ankunft im Alltag* (1961).
[76] Vgl. Cases (Anm. 45), S. 135. – J. H. Reid, »Gerd Bieker's *Sternschnuppenwünsche* – a
forerunner of *Die neuen Leiden des jungen W.*?«, *German Life and Letters*, 37 (1983/84), S.
135–149, hat darauf hingewiesen, daß die aus dieser literarischen Tradition entwickelten
Sternschnuppenwünsche in dem Schicksal des jungen Aussteigers und seiner nicht akzeptierten Erfindung Züge von Plenzdorfs Text vorweggenommen haben.
[77] Plenzdorf, Urfassung (Anm. 74), S. 96 f.
[78] Ebd., S. 120.
[79] Ebd., S. 133.

delt sich auch um einen wirklichen Selbstmordversuch. Wibeau baut das
Gewehr so in seinen Apparat ein, daß er, als das Gerät nach viermaligem
Versuch nicht funktioniert hat, mit einer Reißleine einen Schuß auslöst,
der nun unbeabsichtigterweise nicht ihn trifft, sondern zur Betätigung des
Schalthebels führt. Wibeau wollte wirklich den »Reinfall« nicht überleben.
Seine Pose als verkanntes Genie wird dadurch ausgespielt, daß er versucht,
als Graphiker unterzukommen, ehe er sich zum Bau herabläßt. Die Gestalt
des Vaters und die Beziehung Wibeaus zu ihm als seinem Maler-Idol hat
deutlichere Konturen, der Vater erkennt als einziger die Herkunft der Zitate aus dem *Werther* und errät, daß der in seiner Wohnung aufgetauchte
Heizungsmonteur sein Sohn war; diese Züge des Vater-Motivs bleiben bis
in die dramatische Fassung des Textes[80] konstant.

Den Schritt zur offensichtlich durch *Werther* bestimmten tragischen
Lösung mit ihren inhaltlichen und formalen Konsequenzen tat Plenzdorf
erst mit der in *Sinn und Form* abgedruckten Fassung, jedoch blieb in ihr
noch ein Rest des versöhnlichen Schlusses im Stile des »Produktionsromans« erhalten: Die Brigade erreicht es, daß ihrem Arbeitsgenossen eine
posthume Ehrenrettung durch Anerkennung seiner Spritze zuteil wird;
den Schluß bildet zum Zeichen, daß das Kollektiv etwas zugelernt hat, Addis reuiges Bekenntnis: »Wir durften ihn einfach nicht allein murksen lassen«[81]. In der dramatischen Fassung fällt auch diese posthume Rehabilita-
tion als letzter motivischer Rest aus dem »Produktionsroman« fort, und
Addis reuiger Satz ist an eine weniger betonte Stelle gerückt. Die endgültige Fassung von 1973 zeigt dann eine weitere, im Drama noch nicht vor-
genommene Parallelisierung mit dem Werk Goethes. Sie baut als Charak-
teranalogie die Filmgeschichte von dem »prachtvollen« Jungen und seinem
weniger prachtvollen Bruder ein, mit der Plenzdorf eine eigene frühere,
dem »Produktionsroman« zugehörige Arbeit glossiert (vgl. P, S. 40 f.)[82];
sie ergänzt Wibeaus Wesenszüge durch das vergebliche Bemühen um Gerechtigkeit gegenüber Dieter, sie richtet die Szene, in der Charlie ihm
wortlos davonläuft, nach der entsprechenden im *Werther* aus und unterstreicht die Ausweglosigkeit seiner Lage durch Charlies mehrfache Beteuerung, daß ihm »nicht zu helfen« gewesen sei. Das wieder in Addis
Schlußworten stehende Mitschuld-Bekenntnis des Kollektivs ist in das un-
gewissere: »Aber wir durften ihn wohl nicht allein murksen lassen« abgewandelt (P, S. 148)[83].

---

[80] Die dramatische Fassung von Plenzdorfs Text als »Stück in zwei Teilen« wurde am
18.5.1972 im Landestheater Halle uraufgeführt und erschien im Druck zusammen mit *Die
Legende von Paul und Paula* in Berlin-Ost 1974 (zusammen mit dramatischen Texten anderer
Autoren in *Spectaculum*, 20 [1974], S. 237–283).

[81] Plenzdorf, »Die neuen Leiden des jungen W.«, Erstabdruck in *Sinn und Form*, 24
(1972), S. 254–310, hier S. 310.

[82] Es handelt sich um Plenzdorfs Drehbuch zu dem Film *Kennen Sie Urban?* (1971). Vgl.
Lang (Anm. 26), S. 194 f.

[83] Im Zusammenhang der Annäherung Plenzdorfs an *Werther* hat G. Labroisse, »Überlegungen zur Interpretationsproblematik von DDR-Literatur an Hand von Plenzdorfs *Die*

Plenzdorfs Annäherung an *Werther*, d.h. die zunehmend ernster genommene Parallele seiner modernen Fabel zu einem klassischen Stoff, die
sich ihm anfänglich nur durch die »Aktualität bestimmter Textstellen«[84]
aufdrängte und die in ihren Handlungselementen eher zu einem parodistischen Ansatz aufzufordern schien, hängt sicher mit der ernsten Erfahrung
des Autors zusammen, »daß [...] die Hauptrolle äußerer Druck gespielt
hat, will sagen, mehrere Jahre, in denen ich nie ganz das machen konnte,
was ich wollte, und ebenso wiederholte Zurückweisungen des Stoffes«[85].
Der »Druck« also, unter dem das Werk entstand, teilte sich dem Druck
mit, unter dem Wibeau litt, so daß der Autor und sein literarisches Geschöpf eine zunehmende Sympathie für die Romanfigur des 18. Jahrhunderts empfanden und sich an ihnen die Weisheit des alten Goethe bewahr-
heitete:

> Gehindertes Glück, gehemmte Tätigkeit, unbefriedigte Wünsche sind nicht Gebre-
> chen einer besonderen Zeit, sondern jedes einzelnen Menschen, und es müßte
> schlimm sein, wenn nicht jeder einmal in seinem Leben eine Epoche haben sollte, wo
> ihm der *Werther* käme, als wäre er bloß für ihn geschrieben.[86]

---

neuen Leiden des jungen W.«, *Amsterdamer Beiträge zur neueren Germanistik,* 4 (1975), S.
157–181, hier S. 176, darauf hingewiesen, daß Plenzdorf die ursprünglich recht frei wiedergegebenen Zitate aus *Werther* schon in der dramatisierten Fassung, systematisch aber in der
Endfassung, nach dem Originaltext korrigiert habe.

[84] Plenzdorf, (Diskussionsbeitrag), in Brenner (Anm. 2), S.178.

[85] Ebd.

[86] J.P.Eckermann, Gespräch mit Goethe vom 2.1.1824.

REGISTER

(In Zusammenarbeit mit Petra Ehrenbrink
erstellt von Thomas Habel)

I. Sachregister

Die wichtigsten Aspekte des Motivs der »gelebten Literatur« lassen sich über die Lemmata **Held(in), Lektüre, Lektürefolgen, Lesen, Leser** und **Romanlektüre** erschließen. Querverweise zu weiteren Stichwörtern schaffen überdies einen Bezug auch zu sonstigen für das Motiv bedeutsamen Gesichtspunkten.

II. Personen- und Werkregister

Verfasser von Sekundärliteratur sind nicht verzeichnet

Theodor Wolpers (Hg.) · Motive und Themen in Erzählungen des späten 19. Jahrhunderts

Bericht über Kolloquien der Kommission für literaturwissenschaftliche Motiv- und Themenforschung 1978–1979. Teil I. (Abhandlungen der Akademie der Wissenschaften in Göttingen, Phil.-Hist. Klasse III/127). 1982. 154 Seiten mit 4 Abbildungen, kartoniert

Theodor Wolpers (Hg.) Motive und Themen romantischer Naturdichtung

Textanalysen und Traditionszusammenhänge im Bereich der skandinavischen, englischen, deutschen, nordamerikanischen und russischen Literatur. Bericht über Kolloquien der Kommission für literaturwissenschaftliche Motiv- und Themenforschung 1981–1982. (Abhandlungen der Akademie der Wissenschaften in Göttingen, Phil.-Hist. Klasse III/141). 1984. 314 Seiten, kartoniert

Josef Fleckenstein/Karl Stackmann (Hg.) · Über Bürger, Stadt und städtische Literatur im Spätmittelalter

Bericht über Kolloquien der Kommission zur Erforschung der Kultur des Spätmittelalters 1975–1977. (Abhandlungen der Akademie der Wissenschaften in Göttingen, Phil.-Hist. Klasse III/121). 1980. 328 Seiten mit 12 Abb., kart.

Theodor Wolpers · Bürgerliches bei Chaucer

Mit einer Skizze des spätmittelalterlichen London. Abdruck aus „Über Bürger, Stadt und städtische Literatur im Spätmittelalter". *Herausgegeben von Josef Fleckenstein und Karl Stackmann.* 1981. 76 Seiten, kartoniert

Cord Meckseper/Harald Siebenmorgen (Hg.) Die alte Stadt: Denkmal oder Lebensraum?

Die Sicht der mittelalterlichen Stadtarchitektur im 19. und 20. Jahrhundert. Mit Beiträgen von Michael Brix, Hermann Glaser, Kristiana Hartmann, Dieter Lange, Jürgen Paul und Monika Steinhauser. (Kleine Vandenhoeck-Reihe 1508). 1985. 186 Seiten mit 44 Abbildungen, kartoniert

Heinz-Joachim Müllenbrock · Der englische Landschaftsgarten des 18. Jahrhunderts und sein literarischer Kontext

Als öffentlicher Vortrag der Joachim Jungius-Gesellschaft der Wissenschaften gehalten am 5.11.1985 in Hamburg. (Veröffentlichung der Joachim Jungius-Gesellschaft der Wissenschaften Hamburg 54). 1986. 25 Seiten mit 5 Abb., kart.

Vandenhoeck & Ruprecht · Göttingen/Zürich

Wolfgang Haubrichs (Hg.) · Erzählforschung

Theorien, Modelle und Methoden der Narrativik
Band 1. Zehn Beiträge. 1976. 332 Seiten, kartoniert
Band 2. Vierzehn Beiträge. 1977. 301 Seiten, kartoniert
Band 3. Vierzehn Beiträge. 1978. 416 Seiten, kartoniert
Beihefte 4, 6 und 8 zur „Zeitschrift für Literaturwissenschaft und Linguistik/LiLi"

Franz K. Stanzel · Theorie des Erzählens

(UTB Uni-Taschenbücher 904). 3., durchgesehene Auflage 1985. 339 Seiten, 1 Faltkarte, Kunststoff

Franz K. Stanzel · Typische Formen des Romans

Mit einem Nachwort. (Kleine Vandenhoeck-Reihe 1187). 10., durchgesehene Auflage 1981. 81 Seiten, kartoniert

Silvio Vietta (Hg.) · Die literarische Frühromantik

Acht Beiträge. (Kleine Vandenhoeck-Reihe 1488). 1983. 223 Seiten, kartoniert

Eudo C. Mason · Deutsche und englische Romantik

Eine Gegenüberstellung. (Kleine Vandenhoeck-Reihe 85). 3. Auflage 1970. 142 Seiten, engl. broschiert

Hans Steffen (Hg.) · Die deutsche Romantik

Poetik, Formen und Motive. Vierzehn Beiträge. (Kleine Vandenhoeck-Reihe 1250). 3. Auflage 1978. 288 Seiten, kartoniert

Deutsche Literatur und Französische Revolution

Sieben Studien von Gonthier-Louis Fink, Walter Müller-Seidel, Claude David, Gerhard Kaiser, Lawrence Ryan, Kurt Wölfel, Richard Brinkmann. (Kleine Vandenhoeck-Reihe 1395). 1974. 191 Seiten, kartoniert

Oskar Seidlin · Klassische und moderne Klassiker

Goethe – Brentano – Eichendorff – Gerhart Hauptmann – Thomas Mann. (Kleine Vandenhoeck-Reihe 355). 1972. 152 Seiten, kartoniert

Vandenhoeck & Ruprecht · Göttingen/Zürich